2025
기술신용평가사
한권으로 끝내기

3급

PASS WITH FLYING COLORS

시대에듀

2025 기술신용평가사 3급
한권으로 끝내기

Always **with you**

사람의 인연은 길에서 우연하게 만나거나 함께 살아가는 것만을 의미하지는 않습니다.
책을 펴내는 출판사와 그 책을 읽는 독자의 만남도 소중한 인연입니다.
시대에듀는 항상 독자의 마음을 헤아리기 위해 노력하고 있습니다. 늘 독자와 함께하겠습니다.

자격증 · 공무원 · 금융/보험 · 면허증 · 언어/외국어 · 검정고시/독학사 · 기업체/취업
이 시대의 모든 합격! 시대에듀에서 합격하세요!
www.youtube.com ➜ 시대에듀 ➜ 구독

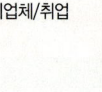

머리말

PREFACE

2014년 7월 금융위원회가 기술금융 인프라 확충을 위해 시행한 기술신용평가 제도가 10년이란 세월을 넘기면서 양적으로는 기술신용대출 잔액이 300조원 내외를 유지하는 괄목한 실적을 이루었다. 하지만 그동안 시행과정에서 여러 문제점이 도출되기도 하였다. 금융위는 이러한 문제점을 개선하고 질적 성장에 중점을 두고자「기술금융 개선방안」을 2024년 상반기에 발표하였다. 한편 기술신용평가 인력을 확충하기 위한 기술신용평가사 자격제도는 2016년 도입 이래 현재까지 순조롭게 잘 진행되고 있다.

무형자산을 매우 중요시 여기는 현 시점에서는 이공계열 전문가가 회계 및 기업신용분석을 알아야 하고, 반면에 금융계 전문가들은 기술에 대한 전문지식을 습득해야 하는 시기이다. 따라서 문과·이과 혼합적인 성격을 지닌 기술신용평가의 중요성은 매우 크다고 할 수 있다. 기술신용평가사 1급 취득자는 은행에서 TCB전문인력으로 인정받아 평가부서로 이동하는 사례가 늘고 있고, 일부 은행은 인사 혜택 및 가점을 부여하기도 하며, 기술보증기금 등은 입사 서류전형에서 기술신용평가사 3급 이상 취득자에게 가점을 부여하고 있다. 최근에는 변리사, 경영지도사 등 여러 전문직들도 기술신용평가사 자격 취득에 높은 관심을 보이고 있다.

필자는 기술신용평가사 시험이 처음 치러진 첫해(2016년) 제2회 시험에서 3급에 합격하고 연이어 2급, 1급까지 합격하였다. 당시만 해도 현재처럼 기술신용평가 시험과목에 적합한 전문서적이 없어 기보가 일반도서 중에서 알려준 책으로 공부하였는데 학습범위가 너무 넓었다. 또한 시험후기도 전혀 없었던 악조건을 경험한 필자는 시험 합격 후에 후학도에게 도움을 주고자 2017년 5월 포털 다음(Daum) 카페에 "기술신용평가사 자격시험 길라잡이"를 개설한 후 학습정보 등을 수집해 현재까지 회원들에게 제공해 오고 있으며, 학습정보 등을 바탕으로 본서를 집필하게 되었다.

본서의 특징에 대해 간단히 요약하면 다음과 같다.
첫째, 단기간에도 학습이 가능하도록 개념 위주의 요약 형태로 집필하였다.
둘째, 단원별 출제예상문제, 최종모의고사는 기출유형문제를 상당수 반영하였다.
셋째, 빈출도 표시를 하여 상대적 중요도를 쉽게 파악하도록 하였다.
넷째, 매년 업그레이드를 통해 개정 내용 등을 즉각 반영하였다.

끝으로 본서가 기술신용평가사 3급 시험을 준비하는 모든 수험생들에게 도움이 되었으면 한다. 아울러 본서를 출간하는 데 힘써주신 시대에듀 편집자 및 관계자에게도 감사의 인사를 드린다.

유무환 드림

자격시험안내

INTRODUCE

기술신용평가사란?

기술신용평가사란 기업의 객관적 등급이나 공정가치를 산출하기 위하여 기업에 대한 기술평가와 재무현황에 대한 신용평가 등을 수행하고 평가결과를 등급 또는 금액으로 산출하는 전문평가사를 말합니다. 기술신용평가사 자격시험은 3급, 2급, 1급으로 구분되며, 3급 자격증을 구비하여야 2급, 나아가 1급 시험에도 응시할 수 있습니다.

시험구성

과목명	세부과목명	문항 수	배점 총점	합격기준 평균점수	과락
기술평가와 신용분석기초	기술평가	50	100	60	-
	신용분석기초				
경영컨설팅과 지식재산권	경영컨설팅	50	100	60	-
	지식재산권				
합계		100	200	-	-

시험일정

접수기간	시험일자	합격자 발표
4월 말~5월 초	5월 말	6월 중순
10월 말~11월 초	11월 말	12월 중순

※ 2025년 정확한 시험일정은 기술보증기금(tca.kibo.or.kr)에서 확인하시기 바랍니다.

시험 관련 세부정보

구분	내용
시험주관처	기술보증기금
응시자격	제한없음
응시료	50,000원
시험기간	14:00~16:00(120분)
문제형식	객관식 5지선다형

과목별 학습전략

STRATEGY

2025 기술신용평가사 3급 한권으로 끝내기

1과목 기술평가

1장 | 기술에 대한 이해

기술의 정의를 이해하기 위해서는 기술과 과학의 차이를 정확하게 이해하는 것이 중요합니다. 기술의 분류와 법률적 정의, 무형자산 등에 유의하여 학습합니다. 기술경영에 대한 내용으로 기출빈도가 높은 스핀오프 등의 기술사업화 유형을 숙지합니다.

2장 | 기술평가의 이해

기술신용평가 내용을 알기 전에 먼저 기술평가의 내용을 전반적으로 알아야 합니다. 기술력평가와 기술가치평가에 대한 개념을 이해하여야 하며, 기술평가 인프라와 주요 기술평가모형에 대한 이해가 필요합니다. 아울러 기술가치평가의 평가방법별로 특징을 숙지합니다.

3장 | 기술신용평가제도

기술신용평가제도가 시행된 배경(정부의 기술금융 정책), 법률적 정의 및 특성, 은행의 실적평가 등에 대한 이해가 필요합니다. 기술신용등급, 신용등급, 기술등급을 이해하여야 하며, 등급 산출을 위한 평가모형과 TCB평가서에 대한 내용을 중점적으로 반복 학습하여야 합니다. 특히 기술신용등급, TCB와 TDB 내용은 기출빈도가 높으니 꼭 이해하고 넘어가야 합니다. 기술등급 산출을 위한 기술사업역량과 기술경쟁력 세부 평가항목도 기출빈도가 높으니 꼭 학습해야 합니다.

4장 | 기술금융의 이해

국내 기술금융 정책을 이해해야 합니다. 특히 2014년 기술신용평가제도가 탄생하게 된 정책들과 이후 주요 정책은 학습이 필요합니다. 국내 기술금융의 실태와 유형을 이해하여야 하며, 융자, 보증, 투자 유형별 주요 상품을 중심으로 학습해야 합니다. 투·융자 복합금융, 즉 메자닌 금융 등은 기출빈도가 높으므로 반드시 학습하고 넘어가야 합니다.

2과목 신용분석기초

1장 | 기업신용분석의 이해

신용위험·신용평가의 의미와 등급, 신용분석의 주안점, 기업활동 및 신용분석요소, 신용분석기법에 대한 이해도를 평가하는 단원입니다. 특히 신용분석요소, 신용분석기법에 대한 이해를 평가하는 문제가 출제되고 있으니 유의하여 학습합니다. 신용분석의 위험요소는 3장에서 더 상세히 내용을 다루고 있으므로 상호 연관된 학습도 필요합니다.

2장 | 재무회계와 재무제표

재무제표를 학습하기에 앞서 회계의 기초지식이 우선 요구됩니다. 자산, 부채 및 자본, 수익과 비용에 대한 내용을 이해하도록 합니다. 본장은 재무상태표, 포괄손익계산서, 현금흐름표의 재무제표를 이해하고 있는지 평가하는 단원입니다. 재무상태표, 포괄손익계산서, 현금흐름표의 구조와 유용성, 분석과 사례에 대해 학습하고, 특히 재무상태표에 대해서는 기출빈도가 높으니 유의하여 학습합니다.

과목별 학습전략

2025 기술신용평가사 3급 한권으로 끝내기

STRATEGY

3장 | 위험분석

기업경영에 미치는 위험요소들과 사업분석에 대한 전반적인 내용에 대한 이해가 필요합니다. 특히 산업위험, 경영위험, 영업위험의 내용은 기출빈도가 높으니 유의하여 학습합니다. 지급능력분석에서는 특히 단기지급능력이 중요하며, 이와 관련된 재무제표 비율을 이해해야 하고 기업부실에 대한 종류와 특성을 구분하여 학습해야 합니다.

3과목 경영컨설팅

1장 | 경영컨설팅의 이해

경영컨설팅, 컨설턴트 등 경영컨설팅 전반의 주요 특징에 대해 학습합니다. 공급측면의 이론과 수요측면의 이론에 관한 문제가 꾸준히 출제되고 있으니 꼭 숙지하고 넘어가야 합니다.

2장 | 국내외 컨설팅산업

컨설팅산업의 특징, 컨설팅의 역사 등에 대해서 학습합니다. 컨설팅의 역사와 시장 현황은 꾸준히 출제되고 있으니 꼭 숙지하고 넘어가야 합니다.

3장 | 컨설턴트 요건

컨설턴트가 갖추어야 할 요건들에 대해 이해하고 있는지 평가하는 단원입니다. 특히 커뮤니케이션 스킬, 문제해결 스킬 5요소는 기출빈도가 높으니 유의하여 학습합니다.

4장 | 컨설팅 수행모델과 관리

컨설팅 수행모델과 발전방향에 대해서 학습합니다. 컨설팅 수행모델과 컨설팅방법론을 잘 구분하여 학습하도록 하고, 컨설팅 달성 방향과 프로젝트 관리에 대해서도 학습합니다. 특히 수행모델 중 전통 이론적 모델들, ILO-밀란 모형은 기출빈도가 높으니 유의하여 학습합니다.

5장 | 컨설팅방법론

문제해결 컨설팅 도구와 경영전략 컨설팅 도구들의 활용용도를 잘 구분하여 학습하도록 합니다. 각 도구들의 특징은 매번 기출 사례가 있으니 유의하여 학습합니다.

6장 | 중소기업 컨설팅

중소기업, 혁신형 중소기업의 개념을 이해해야 합니다. 아울러 중소기업 정책컨설팅에 대한 내용은 매번 기출된 사례가 있으니 유의하여 학습합니다. 최근 들어 이슈가 되고 있는 중소기업 디지털전환 컨설팅에 대한 내용도 중점 학습이 필요합니다.

4과목 지식재산권

1장 | 지식재산권의 개요

지식재산권의 종류와 범위, 그리고 신지식재산권과 관련된 내용을 이해하고 있는지 평가하는 단원입니다. 신지식재산권 중에서 컴퓨터 프로그램, 영업비밀 등은 향후 출제가능성이 높으므로 미리 학습하도록 합니다. 산업재산권(특허권, 실용신안권, 디자인권, 상표권) 등을 비교한 표들은 반드시 숙지하고 넘어가야 높은 점수를 받을 수 있습니다. 아울러 지식재산권 관련 WIPO, WTO TRIPs는 출제가능성이 높으므로 학습이 필요합니다.

2장 | 특허권

지식재산권 과목에서 특허권은 가장 출제비중이 높은 단원입니다. 특허를 출원하기 위한 절차, 특허의 요건과 명세서에 대해 유의하여 학습하도록 합니다. 특허요건 구분, 산업상 이용가능성, 진보성 판단의 주요 내용은 기출 사례가 있으니 반복 학습이 필요합니다. 아울러 특허권의 법적인 보호의 해석, 침해 여부, 특허심판의 종류와 요건, 특허소송은 기출빈도가 높으니 반드시 숙지해야 합니다.

3장 | 실용신안권

실용신안권의 특성을 이해해야 하고, 특허권과의 차이점을 중점 학습합니다.

4장 | 디자인권

디자인의 출원과 등록, 디자인권의 각종 제도 등을 이해해야 합니다. 매번 1~3문제는 출제되고 있으니 유의하여 학습합니다.

5장 | 상표권

상표권의 개념, 상표 출원 및 등록, 상표권의 효력 및 침해에 대한 내용을 이해해야 합니다. 매번 1~2문제는 출제되고 있으니 유의하여 학습합니다.

6장 | 저작권

저작권의 개념, 저작자와 저작물에 대한 개념을 이해해야 합니다. 특히 저작인격권과 저작재산권은 매번 반복 출제되고 있으니 유의하여 학습합니다.

7장 | 특허정보조사 및 해외출원

특허정보조사의 개념을 이해해야 하며, 해외출원제도는 매번 출제되고 있으므로 반드시 숙지해야 합니다. 특히 PCT해외출원제도는 반복 출제되고 있으며, 헤이그 국제출원 및 마드리드 국제출원도 기출 사례가 있으니 유의하여 학습합니다.

이 책의 구성과 특징

STRUCTURE

출제경향이 반영된 '핵심이론' 및 '개념체크 O/X'

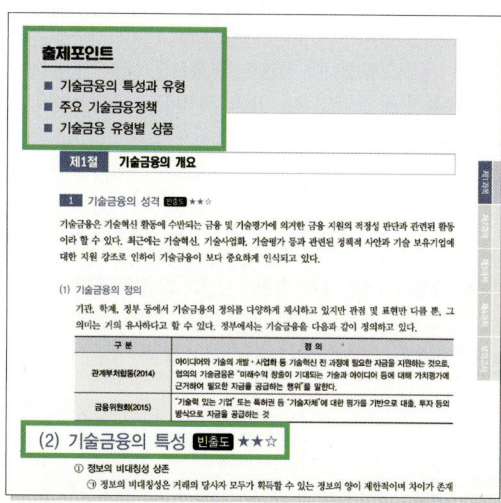
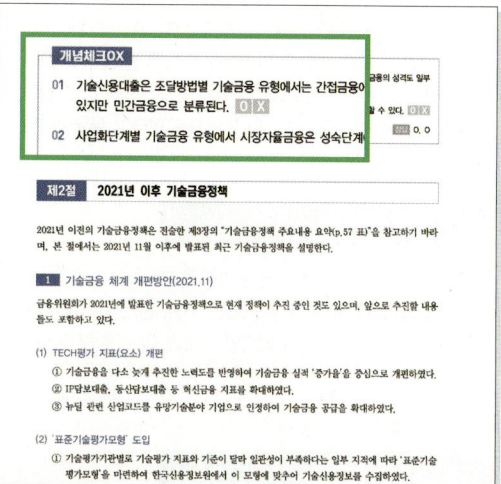

▶ 출제포인트를 중심으로 하여 출제경향이 반영된 핵심이론을 담았습니다.
▶ 기출데이터를 기반으로 빈출도를 별의 개수(★)로 나타내어 학습방향 설정에 도움이 되도록 하였습니다.
▶ 개념체크 O/X를 통해 중요내용을 확실히 학습할 수 있도록 하였습니다.

내용의 이해를 돕는 '다양한 보조 장치' 수록

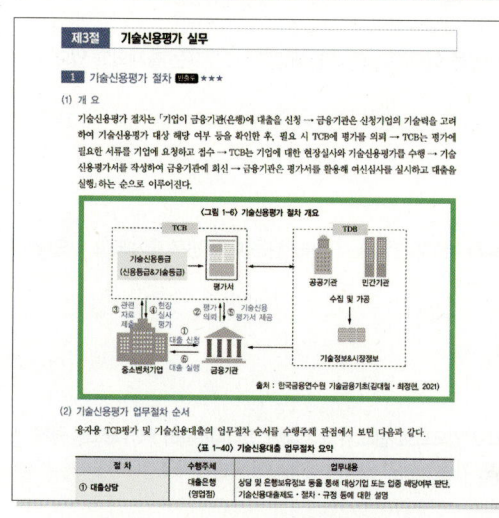
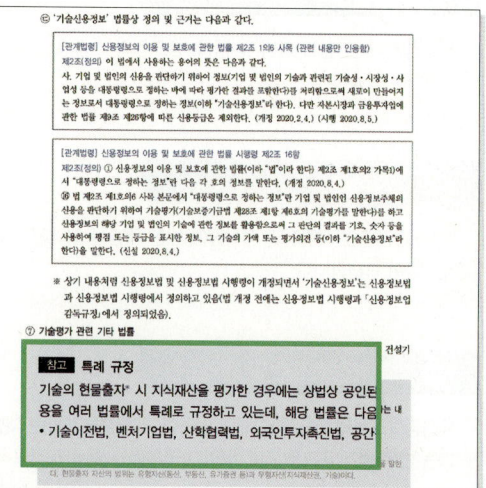

▶ 표와 그림을 다수 수록하여 본문 내용을 더욱 쉽게 이해하도록 하였습니다.
▶ 초급자도 쉽게 학습할 수 있도록 생소한 용어는 '*'에 부가적으로 설명하였습니다.
▶ 참고 박스를 통해 관련 이론에 대한 보충학습을 할 수 있습니다.

합격의 공식 Formula of pass 시대에듀 www.sdedu.co.kr

출제유형과 중요도를 반영한 '출제예상문제'

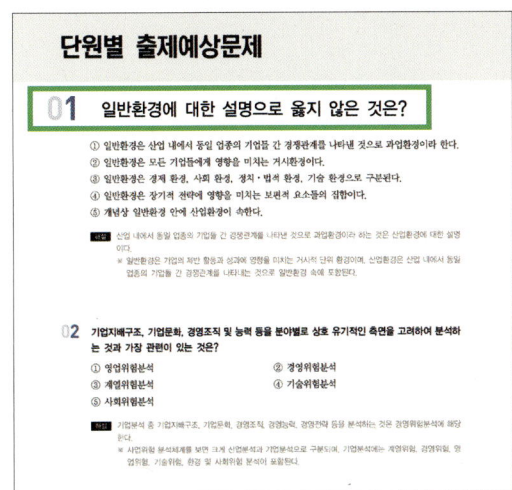
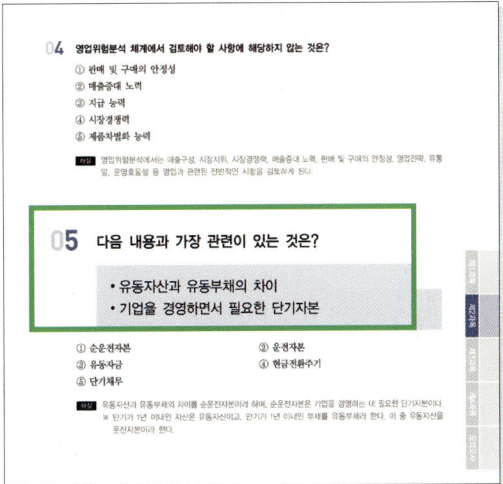

▶ 기출유형 분석과 시험 주관처의 수험가이드 기준에 따라 단원별 출제예상문제를 구성하였습니다.
▶ 다양한 유형의 문제를 통해 학습한 이론을 확실하게 복습하고, 시험에 나오는 출제유형을 익힐 수 있습니다.

실전감각을 높여주는 '최종모의고사'

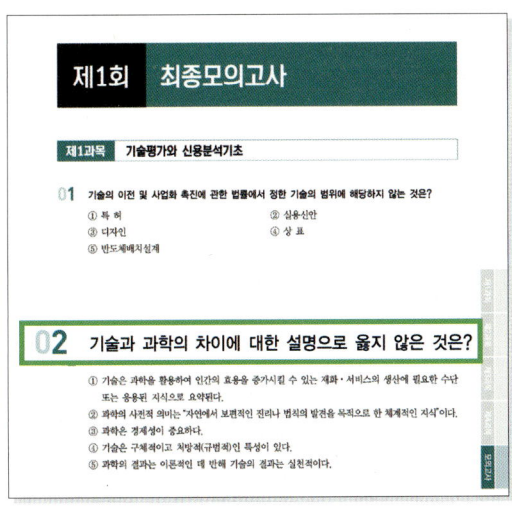
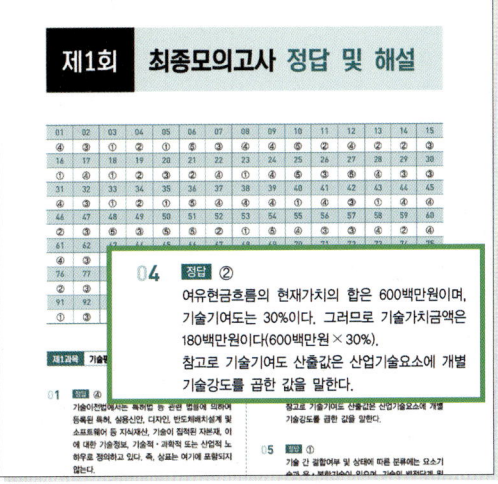

▶ 최신 출제유형에 기반하여 구성된 최종모의고사 3회분을 통해 시험 직전 실전감각을 키울 수 있습니다.
▶ 정답과 오답에 대한 상세한 해설로 혼자서도 학습이 가능합니다.

4주 완성 학습플랜

2025 기술신용평가사 3급 한권으로 끝내기

PLAN

1주	1일차	2일차	3일차	4일차	5일차	6일차	7일차
	1과목					2과목	
	1장	2장	3장	4장		1장	2장

2주	1일차	2일차	3일차	4일차	5일차	6일차	7일차
	2과목			3과목			
	2장	3장		1장	2장	3장	4장

3주	1일차	2일차	3일차	4일차	5일차	6일차	7일차
	3과목		4과목				
	5장	6장	1장	2장	3장	4장	5장

4주	1일차	2일차	3일차	4일차	5일차	6일차	7일차
	4과목		모의고사			최종점검 마무리	
	6장	7장	1회	2회	3회		

2025 기술신용평가사 3급 한권으로 끝내기

6주 완성 학습플랜

PLAN

1주	1일차	2일차	3일차	4일차	5일차	6일차	7일차
	1과목						
	1장		2장			3장	

2주	1일차	2일차	3일차	4일차	5일차	6일차	7일차
	1과목		2과목				
	4장			1장			2장	

3주	1일차	2일차	3일차	4일차	5일차	6일차	7일차
	2과목			3과목			
	3장			1장			2장	

4주	1일차	2일차	3일차	4일차	5일차	6일차	7일차
	3과목						
	3장		4장		5장		6장

5주	1일차	2일차	3일차	4일차	5일차	6일차	7일차
	3과목	4과목					
	6장	1장	2장		3장	4장	5장

6주	1일차	2일차	3일차	4일차	5일차	6일차	7일차
	4과목		모의고사			최종점검 마무리	
	6장	7장	1회	2회	3회		

이 책의 목차

CONTENTS

제1과목 기술평가

- 1장 기술에 대한 이해 · 3
- 2장 기술평가의 이해 · 27
- 3장 기술신용평가(TCB)제도 · 55
- 4장 기술금융의 이해 · 91

제2과목 신용분석기초

- 1장 기업신용분석의 이해 · 109
- 2장 재무회계와 재무제표 · 130
- 3장 위험분석 · 194

제3과목 경영컨설팅

- 1장 경영컨설팅의 이해 · 223
- 2장 국내외 컨설팅산업 · 232
- 3장 컨설턴트 요건 · 245
- 4장 컨설팅 수행모델과 관리 · 264
- 5장 컨설팅방법론 · 279
- 6장 중소기업 컨설팅 · 301

제4과목 지식재산권

- 1장 지식재산권의 개요 · 317
- 2장 특허권 · 328
- 3장 실용신안권 · 358
- 4장 디자인권 · 361
- 5장 상표권 · 377
- 6장 저작권 · 392
- 7장 특허정보조사 및 해외출원 · 406

부록 최종모의고사

- 제1회 최종모의고사 · 421
- 제2회 최종모의고사 · 447
- 제3회 최종모의고사 · 474
- 정답 및 해설 · 502

제1과목 기술평가

- **CHAPTER 01** 기술에 대한 이해
- **CHAPTER 02** 기술평가의 이해
- **CHAPTER 03** 기술신용평가(TCB)제도
- **CHAPTER 04** 기술금융의 이해

회독체크

구 분	학습포인트	1회독	2회독	3회독
제1장	제1절 기술의 정의 및 성격	☐	☐	☐
	제2절 기술경영에 대한 이해	☐	☐	☐
제2장	제1절 기술평가 개요	☐	☐	☐
	제2절 기술평가 인프라	☐	☐	☐
	제3절 주요 기술평가모형의 이해	☐	☐	☐
	제4절 기술가치평가(모형)의 이해	☐	☐	☐
제3장	제1절 TCB 관련 주요 정부정책 및 제도	☐	☐	☐
	제2절 기술신용평가의 이해	☐	☐	☐
	제3절 기술신용평가 실무	☐	☐	☐
제4장	제1절 기술금융의 개요	☐	☐	☐
	제2절 2021년 이후 기술금융정책	☐	☐	☐
	제3절 국내 기술금융 운영실태	☐	☐	☐

☑ 칸에 학습진도를 체크하세요.

지식에 대한 투자가 가장 이윤이 많이 남는 법이다.

– 벤자민 프랭클린 –

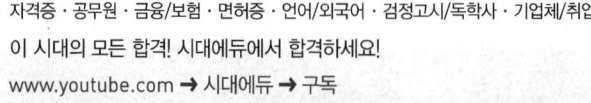

CHAPTER 01 기술에 대한 이해

> **출제포인트**
> - 기술의 개념, 기술과 과학의 차이
> - 기술의 속성 및 분류
> - 기술 관련 용어
> - 기술혁신과 기술사업화 유형

제1절 기술의 정의 및 성격

1 기술(Technology)의 정의 [빈출도] ★★☆

(1) 사전적 정의

기술의 사전적 정의는 "과학이론을 실제로 적용하여 자연의 사물을 인간생활에 유용하도록 가공하는 수단"을 의미한다. 즉 통신기술과 생산기술 등 인간생활에 유용한 수단으로 활용되는 과학이나 산업에서 다루는 기술을 의미한다.

(2) 전통적 관점에서의 정의(협의의 기술)

세계지식재산권기구(WIPO)는 기술을 "특정 분야 지식의 실제적 응용과정과 절차, 제조 또는 농업·공업 등의 분야에서 서비스를 제공하기 위한 체계화된 지식"으로 정의하였다. 이는 전통적 관점에서의 기술로서 다음과 같은 모든 활동을 포함한다.
① 투입물을 산출물로 변환하는 과정
② 산출물을 더 많이 생산하거나 더 좋은 제품을 만드는 모든 활동
③ 상기 ① 또는 ②와 관련된 지식이나 정보
④ 인간에 체화되어 있는 '경험·기능·노하우' 등

(3) 현대적 관점에서의 정의(광의의 기술)

협의의 기술에 '자본, 인력, 조직과 역량, 산업여건과 시스템'까지를 포함하는 개념이다.

(4) 관련 법률에서의 정의 빈출도 ★★☆

① 기술의 이전 및 사업화 촉진에 관한 법률(약칭 : 기술이전법) 제2조에서는 다음과 같이 기술을 명시하고 있다.
  ㉠ 특허, 실용신안, 디자인, 반도체집적회로의 배치설계 및 소프트웨어 등 지식재산
  ㉡ 지식재산의 기술이 집적된 자본재
  ㉢ 지식재산 또는 자본재 등에 관한 정보
  ㉣ (동법 시행령) 기술이전 및 사업화가 가능한 기술적·과학적 또는 산업적 노하우
② 산업교육진흥 및 산학협력 촉진에 관한 법률(약칭 : 산학협력법) 제2조 제8호 및 동법시행령 제3조는 '기술지주회사'의 사업화 대상 기술의 범위를 규정하고 있는 조항으로 그 범위는 기술이전법에서 정한 기술의 범위와 동일하다.
③ 벤처기업육성에 관한 특별법(약칭 : 벤처기업법) 제6조 제1항은 벤처기업에 대한 현물출자 대상이 무엇인지를 규정하고 있는 조항으로, 특허권, 실용신안권, 디자인권, 저작권, 그 밖에 이에 준하는 기술과 그 사용에 관한 권리를 그 대상으로 규정하고 있다.
④ 외국인투자촉진법(약칭 : 외국인투자법) 제2조 제1항 제8호 라목에는 외국인투자자의 출자 목적물을 규정하고 있는데, 그 대상으로 산업재산권, 대통령령으로 정하는 지식재산권, 그 밖에 이에 준하는 기술과 이의 사용에 관한 권리도 포함하고 있다.

요약·정리해 보면, 기술이전법, 산학협력법에서는 상표권과 저작권이 기술의 범위에 포함되어 있지 않으며, 외국인투자법에서는 타 법률과 다르게 상표권을 포함한 산업재산권, 컴퓨터프로그램저작물(저작권), 반도체집적회로배치설계권(신지식재산권)이 기술의 범위에 포함되어 있다.

2 기술과 과학·지식·기능의 개념 및 관계

(1) 과학(Science)의 개념

① 과학은 사전적으로 "보편적인 진리나 법칙의 발견을 목적으로 한 체계적인 지식"의 뜻을 가진다.
② 과학의 법칙은 보편적이고 미래 예측적이지만, 기술의 규칙은 구체적이고 규범적인 특성이 있다.

〈표 1-1〉 과학과 기술의 개념 비교 빈출도 ★★☆

구 분	과 학	기 술
대 상	자연현상	인공물
동 기	지적 호기심	실제 유용성
과 정	가설연역적, 검증	가설의 응용, 문제해결
특 성	보편적, 미래 예측적	구체적, 처방적(규범적)
목 적	자연현상의 합리적 이해, 근본적 원리 추구	인공물의 이해, 경제적 유용성
결 과	지식의 축적(이론적), 실험·분석·종합능력	물건의 생산·개량(실천적), 서비스, 효율

출처 : 기술평가와 금융(김재진, 2022)

(2) 지식(Knowledge)의 개념
① 지식의 사전적 의미는 "어떤 대상에 대하여 배우거나 실천을 통해 알게 된 명확한 인식이나 이해, 그리고 알고 있는 내용이나 사물"로 정의하고 있다.
② 지식의 형태에 따라 암묵지와 형식지로 구분된다.

〈표 1-2〉 지식의 형태에 따른 분류

구 분	개 념	사 례
암묵지	• 학습과 체험을 통하여 개인에게 습득되지만 겉으로는 드러나지 않는 내재적 지식 • 인간의 몸과 두뇌에 체화되어 있으며 언어, 부호 등의 형식으로 표현이 어렵고 주관적이며 개인적인 특성	자전거타기, 기예, 기능
형식지	• 암묵지가 문서나 매뉴얼처럼 외부로 표출되어서 여러 사람이 공유할 수 있는 지식 • 책이나 문서, 기호, 그림 등으로 표현하여 지식의 대량보급 및 대량소비가 가능(명시적 지식)	특허, 디자인, 공정규격, 처리방법 및 이론

출처 : 기술평가와 금융(김재진, 2022)

(3) 기능(Skill, Technique, Craft)의 개념
① 기능은 누군가 어떤 일을 완수할 수 있게 하는 방법이나 절차로써 반복적인 훈련 혹은 연습을 통해 일정기간 동안에 개발되어 숙련된 능력으로 기술을 포함할 수도 있고 포함하지 않을 수도 있다.
② 기술과 기능의 차이는 다음과 같다.

〈표 1-3〉 기술과 기능의 비교

구 분	기 술	기 능
개 념	과학적 지식의 응용·혁신, 인공물에 체화	기술이 개인의 능력으로 체화
과 정	연구개발, 기술혁신	학습과 경험
특 성	과학적, 이론적, 보편적, 객관적, 구조적, 체계적	경험적, 신체적, 개별적, 주관적, 비체계적
산출물	물건의 생산, 개량, 시스템	서비스

출처 : 기술평가와 금융(김재진, 2022)

3 기술의 특성

기술의 개념과 체계에 대하여 일반적이고 공통적인 합의를 이루는 것이 어려운 이유는 기술이 갖는 여러 가지 특성에 기인하기 때문이다. 기술의 특성은 본질적 특성과 경제·사회적 특성으로 나눌 수 있다.

(1) 본질적 특성 빈출도 ★☆☆
① 비가시성(Invisibility)
㉠ 기술은 물리적 실체가 없는 무형적·개념적 성격이 강하며, 눈에 보이지 않고 만질 수 없는 기술의 경우에는 기계 설비 등 하드웨어에 체화되기도 하고 암묵적 지식형태로 개인 또는 조직에 체화되기도 한다.
㉡ 기술의 비가시성은 모방을 어렵게 하고 기술이전을 어렵게 하는 요인으로 작용한다.

② 상호의존성(Interdependence)

기술이 여러 원리나 다른 기술, 물리적 실체, 개인·조직, 산업 등과 결합되었을 때 더 나은 기능을 발휘하거나 새로운 기술로 발생한다. 예를 들면, 로봇청소기는 기존 진공청소기에 로봇기술을 적용하여 청소기의 성능 향상과 함께 센서 등 로봇기술의 용도가 확장된 사례라고 볼 수 있다.

③ 복잡성(Complexity)

개발과정이 복잡·다양하고 정형적 구조가 없으며 표준화도 어렵다.

④ 진부화(Obsolescence)

기술은 원래의 기능을 충분히 발휘하지 못하거나 대체기술의 출현으로 인해 기술의 가치가 감소하고 진부화의 특성을 가진다. 기술의 진부화는 물리적, 기능적, 경제적 진부화로 나눌 수 있다.

개념체크OX

01 특성을 비교하면 기술은 구체적, 규범적인 반면에 과학은 보편적, 미래 예측적이다. O X

02 지식의 형태상 분류에서 특허는 암묵지에 해당된다. O X

정답 O, X

---

(2) 경제·사회적 특성 빈출도 ★☆☆

① 공공재(Public Goods)

기술은 사용자 간 소비가 경합되지 않고, 대가를 지불하지 않았다고 해서 배제시킬 수 없는 공공재적 성격을 가지고 있다. 즉 기술은 비배제성과 비경합성의 특성을 지닌다.

㉠ 비배제성 : 어떤 기술을 개발했다고 하더라도 제3자가 쉽게 이용이 가능하다.

㉡ 비경합성 : 다른 사람이 기술을 사용했다고 해서 타인이 덜 사용하는 것은 아니다.

② 외부성(Externality) 빈출도 ★☆☆

㉠ 외부효과란 개인·기업·정부 같은 경제주체의 행위가 정상적인 거래 및 가격결정과정을 통하지 않고 다른 경제주체에게 편익을 주거나(긍정적 외부성) 비용을 유발시키는(부정적 외부성) 것을 뜻한다.

㉡ 신기술을 개발하거나 기존 기술이 발전하는 경우 기존 기업들은 대가를 지불하지 않고도 생산비용을 절감하게 되는 편익을 취할 수 있게 된다.

③ 불확실성(Uncertainty)

㉠ 실제 결과가 기대한 결과에서 이탈될 가능성으로, 기술에 관한 불완전한 정보 및 정보비대칭에서 발생한다.

㉡ 불확실성은 기술에 대한 과소투자를 초래하고 가치측정을 어렵게 하며 공공재적 성격 및 외부성과 함께 기술시장의 형성을 방해하는 요인으로 작용하기도 한다.

④ 축적성(Accumulation)

기술은 오랜 기간 경험과 학습을 통해 축적되고 혁신을 가져오는 특성을 지닌다.

⑤ 법적 권리성(Legal Rights)
  ㉠ 국가가 기술의 개발자에게 개발된 기술에 대해 특정기간 동안 직접적 지배가 가능하도록 법적 권리성을 부여한다.
  ㉡ 특허제도, 영업비밀보호제도 등이 법적 권리성의 한 예이다.

4 기술의 유형 및 분류 빈출도 ★★☆

기술의 분류는 관점에 따라 다양하게 분류할 수 있다.

(1) 기술의 결합 여부에 따른 분류

① 요소기술 빈출도 ★★☆
  ㉠ 요소기술은 제품을 생산할 때 사용하는 단위요소의 기술을 말한다. 하나의 요소기술만으로 제품이 되는 경우는 거의 없으며, 하나의 요소기술에 혁신이 일어나는 것만으로는 신제품이 생산되기 어렵다는 특성이 있다.
  ㉡ 예를 들면, 화자(話者) 확인시스템에서 화자인식을 통해 신분확인을 하고 출입을 통제하는 기술, 또는 안면인식기술이 요소기술에 해당된다.
  ㉢ 요소기술의 평가는 적용제품에 대한 기여도, 기술의 독창성(특허 등의 지식재산권 평가 포함), 기술의 우위성, 기술의 파급효과, 기술 예측을 통한 기술의 발전가능성에 대한 검토로 이루어진다.

② 융・복합기술 빈출도 ★☆☆
  ㉠ 융・복합기술은 다양한 기술이 서로 융화되고 결합되면서 단일 기술의 한계를 극복하거나 기존 기술에 비해 현저한 성능 향상이 이루어지거나 다른 기술의 효용성이 융합되거나 할 때 창출된 새로운 기술을 말한다.
    • 융합기술의 사례 : 의료기술과 정보통신기술이 융합되어 새로운 기술로 헬스케어가 탄생함
    • 복합기술의 사례 : 프린터에 팩스와 복사기 등의 기능을 추가한 복합기(각각의 본질은 유지하면서 서른 다른 기술이 접목됨)
  ㉡ 융・복합기술을 평가할 때는 요소기술의 평가항목에 대한 평가는 물론 제품의 수익성, 가격경쟁력(타사제품과 가격 비교), 품질경쟁력(타사제품과 비교), 대체가능성, 시장점유율 등에 대한 검토가 이루어진다.

〈표 1-4〉 기술융합화와 기술복합화의 특징 비교

구 분	기술의 융합화	기술의 복합화
결합형태	A + B = C (화학적 결합)	A + B – A' or B' 또는 A + B = AB (물리적 결합)
융합목적	신기술 개발	기존 제품/서비스의 고도화
특 징	혁신성, 독창성	향상성
	태동기술	개선기술
파급효과	새로운 시장형성	기존 시장의 유지 및 확대

출처 : 기술평가와 금융(김재진, 2022)

(2) 기술의 발전단계 및 수명주기에 따른 분류

기술이 특정기업에 미치는 경쟁력(중요도)을 기준으로 태동기술, 전개기술, 핵심기술, 근간기술(= 기반기술)로 분류할 수 있다. 이 분류 방법은 기술수명주기와 잘 부합하기 때문에 기술원천의 탐색 및 평가 등에 유용하게 사용할 수 있다.

〈표 1-5〉 기술의 발전단계 및 수명주기에 따른 분류 빈출도 ★☆☆

발전단계	개념 및 특성	경쟁력 (중요도)	수명주기
근간기술 (Base Technology)	• 사업수행을 위해서 반드시 보유해야 할 기술 • 표준화되어 있으며 대부분의 경쟁자들도 이용 가능	낮음	성숙기, 쇠퇴기
핵심기술 (Key Technology)	• 제품과 공정의 차별화 및 경쟁우위를 갖는 기술 • 제품과 공정에서 실용화가 잘된 기술 • 제품・기업・국가 핵심기술의 의미와 범위가 다름	매우 높음	성숙기, 성장후기
전개기술 (Pacing Technology)	• 초기 실용화가 가능하나 개발단계에 있는 기술 • 사업화되지는 않았지만 향후 경쟁우위를 가져올 수 있는 핵심기술로 발전할 가능성이 있음	높음	성장전기
태동기술 (Embryonic Technology)	• 연구개발 초기단계의 기술이 제품에 적용되려면 기술의 진보와 시간이 요구됨 • 불확실성이 매우 높으나 신산업 또는 신사업을 창출할 수 있는 미래의 전략기술로 발전할 수도 있음	불투명	발아기

출처 : 기술평가와 금융(김재진, 2022)

특히 핵심기술은 제품, 기업과 같은 미시적 관점과 산업과 국가와 같은 거시적 관점에 따라 그 범위와 의미에 차이가 발생한다.

① 제품의 핵심기술
  ㉠ 현재 기획된 예상 제품의 경쟁우위를 결정하는 요소기술을 뜻한다. 다만 앞으로 경쟁우위 확보 가능성이 낮으면 핵심기술이라 할 수 없다.
  ㉡ 제품의 핵심기술은 시장・기술 변화 등으로 인해 기준과 개념도 바뀔 수 있는 상대적 개념이다.

② 기업의 핵심기술
  ㉠ 현재의 신제품 등 기업경쟁력에 직접적인 영향을 미치는 핵심기술이 외부로 유출되었을 때 기업에 중대한 손실을 입히는 기술을 의미한다.
  ㉡ 제품설계 및 생산을 지원하는 서비스 및 인프라도 핵심기술에 포함한다.

③ 국가의 핵심기술(거시적 관점)
  ㉠ 국가핵심기술 유출 시에 현재 또는 미래 국가경제・산업・안보 등에 중대한 악영향을 미치는 핵심기술을 의미한다.
  ㉡ 산업기술의 유출방지 및 보호에 관한 법률에서는 "국가핵심기술*"의 정의를 명시하고 있다.

*국가핵심기술이란 국내외 시장에서 차지하는 기술적・경제적 가치가 높거나 관련 산업의 성장잠재력이 높아 해외로 유출될 경우에 국가의 안전보장 및 국민경제의 발전에 중대한 악영향을 줄 우려가 있는 산업기술이다.

(3) 기술의 적용분야·변화대상에 따른 분류

기술의 적용분야 및 기술변화의 대상에 따라 제품기술, 공정기술, 정보기술로 분류할 수 있다.

〈표 1-6〉 기술의 적용분야·변화대상에 따른 분류

구 분	제품기술 (Product Technology)	공정기술 (Process Technology)	정보기술 (Information Technology)
개 념	기술적 아이디어를 제품·서비스에 구현시키는 기술	제품의 생산이나 서비스를 제공하는 과정에서 적용되는 기술	컴퓨터 기반 정보 및 정보시스템의 제공, 처리, 이용관련 기술
특성1	고유성능·기능·화학적 특성 등	효율적 생산방법, 물류방법 등	• 사람·사물·공간 간 초연결 • 지식, 정보의 네트워크화
특성2	What/Why (범위의 경제)* 실현	How (규모의 경제)* 실현	How/When/Where/Who/What (네트워크 경제)*
사 례	캐논이 카메라 외에 복사기, 프린터 등으로 제품 확장	첨단제조기술이나 사무자동화 기술 등에 활용	기업 전반에서 활용

출처 : 기술평가와 금융(김재진, 2022) 내용을 토대로 저자 재정리

*범위의 경제란 생산제품의 범위를 확대하면 생산비용이 절감되는 효과를 의미한다.
*규모의 경제란 규모가 커질수록 또는 생산량이 커질수록 평균비용이 감소되는 효과를 의미한다.
*네트워크 경제란 네트워크에 이용자가 추가될 때 비용은 추가되지 않고 한계이익은 더 증가하는 효과를 의미한다.

개념체크OX

01 화자(話者) 확인시스템에서 화자 인식을 통해 신분확인을 하고 출입을 통제하는 기술, 또는 안면인식 기술들은 융·복합기술에 해당된다. O X

정답 X

---

(4) 기업회계기준에 따른 기술의 분류 빈출도 ★☆☆

① 회계상 기술의 개념
   ㉠ 기술은 물리적 실체가 없는 무형의 자원으로서 재무제표상에 인식이 되려면 지식재산권을 확보하였거나 권리화 가능성 등 일정 조건을 갖추어야 한다.
   ㉡ 회계상으로 지식재산권은 무형자산으로 반영될 수 있으며, 그 외의 대부분의 기술은 부외자산으로 반영된다.
   ㉢ 무형자산의 유형으로는 지식재산권(산업재산권, 저작권 등), 개발비, 영업권, 컴퓨터 소프트웨어, 라이선스(면허)와 프렌차이즈, 임차권리금, 광업권, 어업권 등이 있다.

② 산업재산권 계상
   ㉠ 자체 개발한 산업재산권인 경우 : 개발에 투입된 직접재료비, 직접노무비, 제조간접비 등 취득원가로 계상한다.
   ㉡ 외부로부터 기술이전거래인 경우 : 구입가액에 부대비용(법률비용 등)을 합산한 금액을 취득원가로 계상한다.

③ 개발비 계상

인식기준에 따라 계정과목이 달라지므로 연구단계와 개발단계로 구분하여 계상한다.
- ㉠ 연구단계 : 무형자산의 인식요건*에 충족되지 않으므로 연구기간 중 발생한 비용을 연구비에 반영한다.
- ㉡ 개발단계 : 개발기간 중에 발생한 지출이 무형자산의 인식요건에 충족되면 무형자산으로 인식하고, '개발비' 계정으로 계상하며, 그 밖의 지출은 비용으로 처리한다.

*무형자산의 인식요건이란 '식별가능성', '통제가능성', '미래경제적 효익' 요건을 모두 갖춰야 무형자산으로 인식된다는 조건이다(후술한 '무형자산' 내용 참조, p.16).

④ 영업권 계상
- ㉠ 영업권은 인수합병 등의 과정에서 기업의 순자산이 공정가액을 초과하여 지급한 금액을 말한다. 재무제표상에 나타나지 않는 가치를 인정해 주는 일종의 권리금 성격이다.
- ㉡ 영업권은 무형자산으로 가치를 인식하여 영업권 과목에 계상한다.

⑤ 컴퓨터 소프트웨어 계상
- ㉠ SW를 기업 내부에서 개발한 경우 : 지출 내용이 무형자산의 인식요건을 모두 갖추면 '개발비' 과목으로 계상하며, 그렇지 않으면 경상개발비라는 당기비용으로 처리한다.
- ㉡ SW를 외부에서 구입한 경우 : 무형자산의 인식요건을 모두 충족하면 구입비용은 '소프트웨어' 과목에 계상한다.

5 기술 관련 용어

(1) 기술완성도 빈출도 ★☆☆

① 기술완성도란 단순한 아이디어로 출발하여 기술개발에서 사업화 단계에 이르기까지의 진척도를 말한다.
② 기업의 R&D관리, 사업위험관리, 의사결정 등에 활용된다.
③ 기술의 완성도가 높을수록 불확실성과 위험도는 감소하게 되며, 사업화 성공가능성은 높아지게 된다.
④ 기술완성도의 측정방법으로는 TRL(Technology Readiness Level, 기술준비도 또는 기술성숙도) 모델과 TF 모델이 있다. TRL 모델은 현 수준의 기술적 위치 파악, 기술 투자 관련 결정, 기술 추이 판단에 활용되고 있다.
⑤ TRL은 핵심요소기술의 기술성숙도를 수준별로 정의하고 객관적인 지표를 통해 기술개발단계를 〈표 1-7〉에서와 같이 9단계로 구분하고 있다.

〈표 1-7〉 TRL 단계(공통 분야)

단 계	세부단계	정 의*
기초연구(T1)	1	기초 이론/실험
	2	실용 목적의 아이디어, 특허 등 개념 정립
실험(T2)	3	실험실 규모의 기본성능 검증
	4	실험실 규모의 소재/부품/시스템 핵심성능 평가
시작품(T3)	5	확정된 소재/부품/시스템 시작품 제작 및 성능 평가
	6	파일롯 규모 시작품 제작 및 성능 평가
실용화(T4)	7	신뢰성 평가 및 수요기업 평가
	8	시제품 인증 및 표준화
사업화(양산)(T5)	9	사업화

*TRL 단계별 정의는 기술 분야에 따라 달라질 수 있음

(2) 기술수명과 진부화

① 기술의 수명

　㉠ 기술도 시간이 지남에 따라 쇠퇴하게 되는데 일반적으로 도입기, 성장기, 성숙기, 쇠퇴기 단계로 구분하고 있다. 이를 기술수명주기(TLC : Technology Life Cycle)라고 한다.

　㉡ 기술수명주기는 새로운 기술 혁신의 채택, 수용 및 궁극적인 감소를 예측할 수 있게 한다.

　㉢ 에버렛 로저스(Everett M. Rogers)는 기술수명주기의 각 단계에서 새로운 기술을 수용하는 소비자 성향을 5단계로 나누어 공통적인 특성을 발표하였다.

〈표 1-8〉 신기술 제품 수용자의 인구 범주 빈출도 ★★★

인구범주	특 성
혁신수용자 (Innovators)	모험심이 상당해서 복잡성과 불확실성이 높은 제품을 구매하며, 선택으로 인한 실패나 손해를 두려워하지 않는 성향을 갖고 있음
조기수용자* (Early Adopters)	사회에서 의견을 주도할 가능성이 매우 높은 사람들로, 신제품이나 신기술을 전파하는 역할을 함
전기다수수용자 (Early Majority)	많은 사람들의 의견과 태도에 영향을 미치는 것은 아니지만, 친구들이나 동료들과 자주 서로에게 영향을 주고받는다는 특징을 가짐
후기다수수용자 (Late Majority)	혁신적인 제품에 회의적인 시각을 가지며, 혁신 전파에 대한 압력이 가해질 때까지 수용하지 않는 경향이 있음
지각수용자 (Leggards)	사회의 영향을 받지 않고 자신만의 기준에 따라 의견이나 태도 등을 선택하며, 혁신자들을 비판적으로 바라보는 성향을 가짐

*조기수용자는 선각수용자 또는 선도수용자라고도 불림

　※ 후술한 '캐즘' 〈그림 1-1〉 참조, p.20

② 기술의 진부화 빈출도 ★☆☆

　기술의 진부화란 새로운 기술을 적용한 제품이 지속적으로 개발됨에 따라 기존 기술의 경제적 가치가 감소하는 현상을 말한다. 기술의 진부화에 영향을 미치는 요인에 따라 물리적 진부화, 기능적 진부화, 경제적 진부화로 구분된다.

㉠ 물리적 진부화 : 건물, 기계장치 등 유형자산의 경우 시간의 경과에 따른 노후화로 인해 가치가 감소하는 것을 말한다. 무형자산의 경우에는 물리적 진부화는 고려의 대상이 아니다.
　　㉡ 기능적 진부화 : 기술자산의 기능, 효용, 가치를 감소시킬 수 있는 구조, 재료 또는 디자인 등의 결점에서 발생하는 진부화이다. 급격한 기술변화 속에서 기술적 진부화는 기능적 진부화의 핵심요인이 되고 있다.
　　㉢ 경제적 진부화 : 기술이 고유한 기능은 수행하고 있으나 외부적인 요인으로 인해 수익성이 떨어지는 경우에 발생하는 진부화를 말한다. 경제적 진부화의 요인으로는 하강산업, 원자재 가격의 급상승, 관련법규의 규제, 인력난 등을 들 수 있다.

(3) 기술력·기술수준·기술격차

① 기술력
　㉠ 기술력은 짧게 말하면 기술 역량의 크기라고 할 수 있다. 즉, 기술을 사용하는 주체가 기술을 습득하고 소화하고 사용하고 변용하여 창조하는 제반능력으로 요약할 수 있다.
　㉡ 기술력은 국가 간, 기업 간, 산업 간 등 비교상대(또는 시점)가 존재해야 측정가능한 상대적 비교개념이다.

② 기술수준
　㉠ 기술수준은 일반적으로 특정 시점의 기술성능의 측정치를 나타낸 것이다. 즉 최고 기술 보유국의 기술수준을 100%로 보았을 때의 상대적 기술수준을 말하는 것이다(예 한국의 기술수준은 70%).
　㉡ 기술수준을 평가하는 방법은 평가대상의 차원에 따라 거시적 접근방법과 미시적 접근방법으로 분류하고 있다. 또한 거시적 접근방법은 국가·산업·기업의 기술수준으로 분류된다.
　　• 국가의 기술수준 : 국가 간 기술수준의 순위파악을 목적으로 한다.
　　• 산업의 기술수준 : 산업 간 기술수준 차이의 발생요인을 파악하여 효율적인 기술개발정책 입안을 목적으로 한다.
　　• 기업의 기술수준 : 기업의 기술개발자원에 대한 효율성 및 효과성 분석을 목적으로 한다.

③ 기술격차
　기술격차는 최고기술 보유국의 기술수준에 도달하는 데 소요될 것으로 예측되는 기간을 의미한다(예 한국의 기술격차는 미국 대비 5년).

개념체크OX

01 기술의 진부화에서 무형자산의 경우 물리적 진부화는 고려 대상이 아니다. O X

02 기술력은 기술을 사용하는 주체가 기술을 습득하고 소화하고 사용하고 변용하여 창조하는 제반능력이라 할 수 있다. O X

정답 O, O

(4) 기술신용평가

기술신용평가 시스템은 2014년 금융위원회가 기술신용정보를 활용한 기술금융활성화 정책의 일환으로 탄생되었다. 기술신용평가의 평가 대상은 기업 및 기술이며, 기술사업화 역량에 기반한 미래성장가능성과 채무불이행위험을 평가하는 것으로, 기술신용평가에서 산출된 기술신용등급에 따라 기술신용대출의 유무 및 이자율이 결정된다.

〈표 1-9〉 기술 관련 평가의 형태와 수단

구 분	신용평가	기술신용평가	기술평가*	기술가치평가
측정대상	기업의 신용리스크	기업의 신용리스크 + 기술력	기술력	기술의 가치
평가결과 표현 형태	신용등급	신용등급, 기술등급, 기술신용등급	기술등급	화폐액
모 형	신용평가모형	TCB평가모형	기술력등급모형	기술가치평가모형
표현형태의 성격	상대평가	상대평가	상대평가	절대평가 (정량적 평가)

*여기서 기술평가는 기술력등급평가와 같은 의미임

〈표 1-10〉 신용평가, 기술력등급평가, 기술신용평가 특성 비교 빈출도 ★☆☆

구 분	신용평가	기술력등급평가	기술신용평가
시간 지평의 중점	과거 및 현재	현재 및 미래	
중시하는 사업주체의 생존속성	신용기반 지속가능성	기술기반 성장가능성	(기술 + 신용) 성장가능성
평가내용	최근 과거의 재무실적과 현재 인적 역량 기반평가	기술사용 주체의 다양한 기술사업화 역량을 평가	기술사업화 역량에 기반하여 미래성장가능성과 채무불이행위험을 평가
평가요소의 비중	Backward-looking 과거 실적 및 현재 상황 분석 > 미래추정 주관성 < 객관성	Backward-forward looking 과거 실적 및 현재 상황 분석 + 미래추정 주관성 + 객관성	Backward-forward looking 과거 실적 및 현재 상황 분석 + 미래추정 주관성 + 객관성
한 계	무형자산의 과소평가	신용위험의 체계적 평가 부족	절충에 따른 Trade-off

출처 : 기술금융의 이해와 실무(송경모, 김재진 외 3명, 2021) 내용을 토대로 저자 재정리

① 정부의 기술금융정책에 대한 이해

국내의 기술금융정책은 기술사업화와 금융이라는 두 가지 관점에서 추진되고 있다. 산업통상자원부와 과학기술정보통신부 등은 기업의 기술사업화를 지원하는 수단으로 기술금융을 활용하며, 금융위원회, 중소벤처기업부 등은 금융산업의 변화와 중소기업금융 관점에서 기술금융(기술신용대출 등)을 지원하는 정책을 수행하고 있다. 하지만 이러한 기술금융을 지원하기 위해 평가하는 기술평가제도는 복잡하게 얽혀져 있는 것이 현실이다.

㉠ 2014년 기술신용평가제도가 도입되기 이전부터 각 법률마다 기술평가제도 및 기술평가기관이 지정·운영된 관계로 기술평가의 정의, 용어, 평가방법, 평가모형 등이 제각각이어서 해당 내용을 이해하는 데 애로사항이 많다.

ⓒ 기업의 기술사업화를 위해 정책적인 기술금융 및 IP금융 지원을 위해 평가하는 기관을 '기술평가기관'으로, 은행을 통해 민간 기술금융(기술신용대출) 지원을 위해 평가하는 기관을 '기술신용평가기관'으로 본서에서는 정의한다.

ⓒ '기술평가기관'은 관련법에서 정한 목적에 맞게 기술평가를 수행하고 있는데, 주로 정책기술금융에 대한 평가이며 이외 현물출자, 기술이전, 투자유치 등의 기술평가도 수행하고 있다. 법상 기술평가는 기술력등급평가와 기술가치평가(IP가치평가 포함) 형태로 이루어진다(후술한 '기술평가 인프라' 내용 참조, p.30).

ⓔ 금융위원회의 기술신용평가제도는 기술신용평가기관을 지정하여 민간금융인 은행의 기술신용대출에 대한 기술신용평가를 수행하는 업무를 포함한다.

② 기술신용평가의 성격

기술신용평가는 신용평가도 함께 이루어지기 때문에 기술력등급평가로 단정하기는 어렵고 종합기술평가의 성격을 가진다고 할 수 있다. 기술보증기금의 기술평가운용요령 제16조(종합기술평가) 제7항에서는 '기술신용정보 산출 및 제공을 위한 평가'를 명시하고 있다. 다만, 기술신용평가에서 수행되는 기술평가는 기술력등급평가 성격을 가지고 있다고 할 수 있다.

(5) 기술신용평가기관

'기술신용평가기관'은 신용정보의 이용 및 보호에 관한 법률을 근거로 탄생되었으며, 'TCB회사'와 '자체TCB은행'을 포함한 개념이다.

(※ 본서에서는 'TCB회사', '자체TCB은행' 용어로 표기함)

〈표 1-11〉 기술신용평가기관(융자용) 현황[*1] 빈출도 ★☆☆

명 칭	구 분	기관명
기술신용평가기관[*2] (민간)	TCB회사	한국평가데이터
		NICE평가정보
		이크레더블
		NICE디앤비
		SCI평가정보
		한국기술신용평가
	자체TCB은행	• 레벨4 : 기업, 산업, 국민, 신한, 우리, 하나, 부산, iM뱅크, 농협 • 레벨3 : 경남
(공공)		기술보증기금[*3]

[*1] 2024년 12월 기준임
[*2] 평가기관 용어의 혼선이 있을 수 있어 본서에서는 융자용은 "기술신용평가기관"으로, 투자용은 "투자용 기술평가기관"으로 표기함
[*3] 기술보증기금은 금융위원회로부터 조건부 기술신용평가기관을 허가받은 관계로 은행 등에 기술신용평가서 발급 및 IP담보 대출 평가 서비스 등을 할 수 없음('24.9.27. 금융위 신용정보업 허가 취득)

6 지식재산권

(1) 지식재산의 정의
① 지식재산, 지적재산, 무체재산 등 혼용해서 사용하고 있는데 2005년 특허청이 지적재산을 지식재산으로 통일해서 사용함에 따라 본서에서도 지식재산으로 통일해서 사용한다.
② 지식재산(IP : Intellectual Property)이란 지식재산권에 의하여 보호되는 대상이다. 우리나라 지식재산기본법 제3조에는 "지식재산"과 "신지식재산"에 관한 정의가 명시돼 있다.

지식재산	인간의 창조적 활동 또는 경험 등에 의하여 창출되거나 발견된 지식·정보·기술, 사상이나 감정의 표현, 영업이나 물건의 표시, 생물의 품종이나 유전자원, 그 밖에 무형자산인 것으로서 재산적 가치가 실현될 수 있는 것
신지식재산	경제·사회 또는 문화의 변화, 과학기술의 변화, 과학기술의 발전에 따라 새로운 분야에서 출현하는 지식재산

(2) 지식재산권의 정의
① 지식재산기본법(제3조)에서는 지식재산권을 "법령 또는 조약 등에 따라 인정되거나 보호되는 지식재산에 관한 권리"로 정의하고 있다.
② 세계지식재산권기구(WIPO)는 지식재산권을 "문학, 예술 및 과학 작품, 연출, 예술가의 공연, 음반 및 방송, 발명, 과학적 발견, 공업의장, 등록상표, 상호 등에 대한 보호권리와 공업, 과학, 문화 또는 예술분야의 지식활동에서 발생하는 기타 모든 권리를 포함한다."라고 정의하고 있다.

(3) 지식재산권과 소유권의 차이
① 지식재산권은 독점적, 배타적인 권리를 가지고 있어 소유권과 유사하나, 소유권과 달리 동시에 복수 이용이 가능하다.
② 반면에 지식재산권은 부동산의 소유권처럼 직접 지배가 불가능하기 때문에 권리 침해 시 발견이나 입증이 쉽지 않다는 점도 있다.

(4) 영업비밀
① 영업비밀은 비밀로 유지·관리되고 있는 상태를 보호하는 것으로서 생산방법, 판매방법, 기타 영업활동에 유용한 기술성 또는 경영상의 정보를 보호대상으로 하고, 등록절차는 불필요하며, 비밀로 유지되는 한 권리행사 기간의 제한이 없는 제도이다.
② 영업비밀은 특허처럼 독점배타권을 부여하는 것이 아니라 '정보를 비밀로 유지하는 상태'를 보호하고 이를 침해하는 행위를 금지하는 것에 대하여 법률로 정하고 있다.

개념체크 OX

01 지식재산권은 독점적, 배타적인 권리를 가지고 있어 소유권과 유사하나, 소유권과 달리 동시에 복수 이용이 가능하지만 직접 지배는 불가능하다. O X

정답 O

7 무형자산

(1) 무형자산의 개념

무형자산은 유형자산에 대응하는 개념으로 한국채택국제회계기준(K-IFRS)에서는 무형자산에 대한 분류기준을 물리적인 실체는 없지만 식별이 가능한 비화폐성자산으로 정의한다.
① 회계적인 관점에서 기업은 미래에 경제적 효익이 기업에 유입될 가능성이 높고, 취득을 위해 필요한 원가를 신뢰성 있게 측정할 수 있는 것에 대해서만 무형자산으로 인식하고 있다.
② 다만, 무형자산의 경우 자산의 정의와 함께 식별가능성, 자원에 대한 통제가능성을 추가적인 인식기준으로 제시하고 있다.

(2) 무형자산으로의 인식요건 빈출도 ★★☆

① 식별가능성
  ㉠ 다른 자산들과 분리하여 거래할 수 있거나 계약상 또는 법적 권리로부터 발생하여야 한다.
  ㉡ 다만, 무형자산이 분리가능하지 않더라도 다른 방법으로 무형자산을 식별할 수 있다면 식별가능성으로 인정된다.
  ㉢ 예를 들면, 제조설비를 제조공정에 대한 특허권과 함께 일괄취득한 경우에는 그 특허권은 분리가능하지는 않지만 식별가능하다.

② 통제가능성
  자산을 통해 발생하는 미래경제적 효익을 기업이 통제할 수 있어야 한다. 즉 제3자의 접근을 제한할 수 있는지 여부에 의해 판단할 수 있다.

③ 미래경제적 효익
  자산을 통해 제품의 매출, 용역수익, 원가절감 또는 자산의 사용에 따른 기타 효익의 형태로 발생하여야 한다.

(3) 무형자산의 종류

무형자산으로 분류하는 것들은 산업재산권, 영업권, 라이선스와 프랜차이즈, 광업권, 어업권, 차지권, 컴퓨터 소프트웨어, 개발비, 기타의 무형자산 등이 있다.

(4) 기술의 회계처리 빈출도 ★☆☆

① 기술은 무형자산으로 회계처리되지만, 모든 기술을 무형자산으로 보는 것은 아니다. 한국채택회계기준(K-IFRS)에서 정한 무형자산의 인식조건에 충족된 기술만 재무제표에 보고된다.
② 대부분의 경우 기업이 갖고 있는 기술 전부가 재무제표에 반영되지 않으며, 산업재산권, 개발비 일부만 무형자산으로 인식된다. 다만, 인수합병(M&A)을 통한 영업권은 무형자산의 인식조건에는 일부 충족되지 않지만 예외적으로 무형자산으로 인식되고 있다.
(※ 전술한 '기업회계기준에 따른 기술의 분류' 참조, p.9)

제2절 기술경영에 대한 이해

1 기술경영 개요

(1) 기술경영의 정의

기술경영에 대한 정의는 매우 다양하지만 전반적인 내용은 유사한 면이 많다. 대표적인 정의와 종합적인 정의는 다음과 같다.

① 미국 국가위원회(NRC : National Rearch Council)는 "기술경영이란 공학 및 과학, 경영원리를 결합하여 조직의 목적을 달성하기 위해 기술적 능력을 기획·개발·운용하는 활동"이라고 하였다.
② 미국 국립과학학회(National Academy of Sciences, 1987)는 "기술경영이란 엔지니어링, 과학 그리고 경영의 원리를 연결하여 기술적 역량을 계획, 개발 그리고 실행하여 조직의 전략과 운영상의 목표들을 만들고 달성하는 것"이라고 정의하였다.
③ 종합적인 정의 : 기술경영이란 엔지니어링과 경영이라는 두 분야를 연결·통합하여 주는 것으로, 글로벌 경제에서 효과적으로 경쟁하기 위한 기술 중심 기업의 성공을 다루는 학문이다.

(2) 기술경영의 영역

기술의 관점에서 기술전략을 수립하고 R&D 및 기술관리 그리고 기술사업화에 이르는 과정과 인적·물적자원, 조직 등의 기술경영요소를 통합하고 공유하며 협력하는 활동이 기술경영의 영역이라고 할 수 있다.

〈표 1-12〉 기술경영의 분류(영역)

기술경영	기술사업화	• 기술거래 및 협상, 창업 • 기술사업화 전략	
	기술전략	• 사업전략과 기술전략 연계 • 신사업 및 신제품 구상	
	기술개발	R&D 과제평가 및 이전	
		R&D 과제수행	연구방법론
			과제관리
	기술인프라	• 기술정보관리 • R&D 예산 및 자원배분(회계관리) • R&D 조직관리 및 인사관리 • 기술전략 실행	

출처 : 중소기업의 기술경영(전경련중소기업협력센터, 2007)

2 기술혁신 빈출도 ★★☆

(1) J.A. 슘페터의 기술혁신 이론
① 기술의 변화와 생산조직의 변화는 새로운 재료, 새로운 공정, 새로운 제품, 새로운 산업조직, 새로운 시장이 창출되면서 경제시스템의 구조적 변화를 주기 때문에 기술의 변화와 생산조직의 변화를 혁신(Innovation) 요소로 보았고, 구조적인 변화는 '창조적 파괴'로 불렀다.
② 슘페터의 5가지 혁신 유형 중 새로운 재료의 획득, 새로운 공정의 도입, 새로운 제품의 개발은 기술혁신으로, 새로운 조직방식의 도입과 시장의 개척은 산업혁신으로 구분하였다.
③ 슘페터의 혁신유형은 OECD가 제정한 기업의 혁신활동 가이드라인인 오슬로 매뉴얼에 반영되었다. 오슬로 매뉴얼에는 상품혁신, 공정혁신, 마케팅혁신, 조직혁신 내용을 담고 있다.

(2) 기술혁신의 변화속도에 따른 분류 빈출도 ★★☆
① 급진적 혁신
  ㉠ 급진적 혁신은 기존의 기술시스템이 다른 시스템으로 전환되는 근본적인 변화를 뜻한다. 이 혁신은 기존의 산업에서는 사용되지 않았던 자원이나 속성을 사용하여 기존 산업의 형태를 변화시키는 방식으로 발생하는 것이다.
  ㉡ 상대적으로 유연한 시장에 진입하거나 시장에 새롭게 진입하는 경쟁자들이 주로 채택하게 된다.
  ㉢ 과학적 지식에 바탕을 두고 제품과 공정에 혁신적인 변화가 일어난다는 점이 급진적 혁신의 특성이다.
② 점진적 혁신
  ㉠ 점진적 혁신은 기존의 것에 대한 분석이나 전문적 지식을 통하여 그 연속선상에서 변화를 가져오는 방식으로 발생한다.
  ㉡ 주로 생산경험을 바탕으로 한 기술자들의 필요 또는 연구개발에 의해서 일어나는 수요견인적 특성을 지닌다.
  ㉢ 주로 기업내부에서 일상적으로 기존의 것을 개선하는 혁신활동이다.

(3) 기술혁신 대상에 따른 분류 빈출도 ★☆☆
① 제품 혁신
  ㉠ 기술적으로 새로운 유형의 제품 또는 서비스를 출시하거나 기존의 제품 또는 서비스를 혁격하게 개선하는 과정을 말하며, 소비자가 쉽게 인식할 수 있다는 점이 특징이다.
  ㉡ 제품 혁신의 예로 애플의 아이폰, 다이슨의 날개 없는 선풍기가 있다.
② 공정 혁신
  ㉠ 제품의 생산과정에서 기존 공정을 개선하는 테크닉(작업방법, 장비, 작업흐름)의 변화를 의미하며, 기술자체의 변화를 의미하는 것은 아니다.
  ㉡ 경쟁사에 의해 모방되기 쉬우며, 안정화되거나 표준화된 제품의 대량생산 단계에서 많이 나타나는 특징이 있다.
  ㉢ 공정 혁신의 예로 스마트공장이 있다.

(4) 기술의 S-Curve 빈출도 ★☆☆

기술의 진보 정도가 S자형 곡선을 보이는 것으로, 대부분의 하이테크 산업에서 나타난다. S자의 곡선은 처음에는 기술수준이 느리게 진보되다가 어느 순간에 도달하면 급속도로 진보하며 폭발적인 성장을 보이지만 이후 어느 시점에서는 정체되면서 사라지는 것을 보여준다.

(5) 기술혁신과 유사한 용어의 개념

① 발명(Invention)

지식을 창의적으로 활용하여 특수한 재화나 공정을 창출하는 활동으로서 실용화 여부와는 상관이 없다. 발명은 기술혁신에 비해 좁은 의미로 사용되고 있다.

② 개발(Development)

기초연구와 응용연구의 결과를 바탕으로 물리적인 하드웨어, 소프트웨어, 서비스 등으로 변환시켜서 실용화하는 과정을 의미한다. 발명은 개발을 통해 새로운 기술로 태어나 상품화로 이어진다.

③ 기술사업화(Technology Commercialization)

기술·지식을 활용하여 신제품·신사업을 창출하거나 그 과정에서 관련기술의 향상·적용을 위한 일련의 혁신활동이다(김재진 2022).

〈표 1-13〉 발명·기술혁신·사업화의 관계(예 백열전구)

과학적 발견	발명	기술혁신	기술사업화
전자기학 : 물질에 전기를 통과시키면 빛과 열이 발생	• 전자기이론을 이용하여 Humphry Davy가 아크 등을 발명 • Swan이 전구 개발	에디슨은 아크 등과 전구에서 사업화 가능성 발견(1878) → 백열전구 주변기(전구, 발전기, 전선, 소켓) 개발 → 1880년 조명시스템 개발	에디슨의 '백열등' 사업화 → 전기의 시대 개막

출처 : 기술평가와 금융(김재진, 2022)

개념체크OX

01 기술의 관점에서 기술전략을 수립하고 R&D 및 기술관리 그리고 기술사업화에 이르는 과정과 인적·물적자원, 조직 등의 기술경영요소를 통합하고 공유하며 협력하는 활동이 기술경영의 영역이라 할 수 있다. O X

정답 O

---

3 기술사업화

(1) 기술사업화의 의의

① 기술사업화의 일반적인 개념

기술혁신의 전(全) 주기적인 관점에 따른 개념으로, "개발된 기술이전·거래·확산·적용을 통해 부가가치를 창출하는 제반 활동과 그 과정"으로 정의된다.

② 기술이전법상 개념(협의의 개념)

기술사업화는 "기술을 이용하여 제품의 개발·생산 및 판매를 수행하거나 그 과정의 관련 기술을 향상시키는 것"으로 정의된다.

③ 기술보증기금법상 개념
'신기술사업자'의 정의 및 '신기술사업'의 범위를 정하고 있는데 신기술사업의 범위에서도 기술사업화의 개념이 전술한 기술사업화 개념과 거의 유사하다.

④ 광의의 개념
기술사업화는 사업화를 전제로 한 기술개발활동을 비롯하여 개발된 기술의 사업화 과정에서 필요한 기술의 응용과 개량, 기술의 독점적·배타적 권리와 경제적 가치를 높이기 위한 지식재산권화, 개발된 기술이 적용된 제품의 개발·생산·판매활동, 기타 개발된 기술을 기반으로 한 창업, 투자유치, 기술금융 등 제반 기업활동을 포함한다.

(2) 기술사업화 관련 용어의 개념 빈출도 ★☆☆

① 기술이전(Technology Transfer)
㉠ 기술사업화의 전(前) 단계로 기술 보유자로부터 그 외의 자에게 기술이 이전되는 것을 말한다.
㉡ 미국의 대학 등 공공연구 부문에서는 기술사업화를 기술이전의 결과로 간주하여 기술이전에 보다 큰 정책적 비중을 두고 있다.

② 캐즘(Chasm)
㉠ 일반적으로 첨단기술이나 신제품이 개발되면 초기시장에서 주류시장으로 진입하기까지 일시적 수요가 정체되거나 후퇴하는 단절현상을 말한다.
㉡ 기술사업화는 시장수용 단계가 전기다수 수용자(Early Majority) 그룹까지 도달했을 때에 성공한 것으로 인식된다.
㉢ 캐즘이라는 단절현상을 극복하지 못하면 기술사업화에 성공하지 못하고 시장에서 실패한 것이다.

〈그림 1-1〉 혁신제품에 대한 시장수용단계와 캐즘

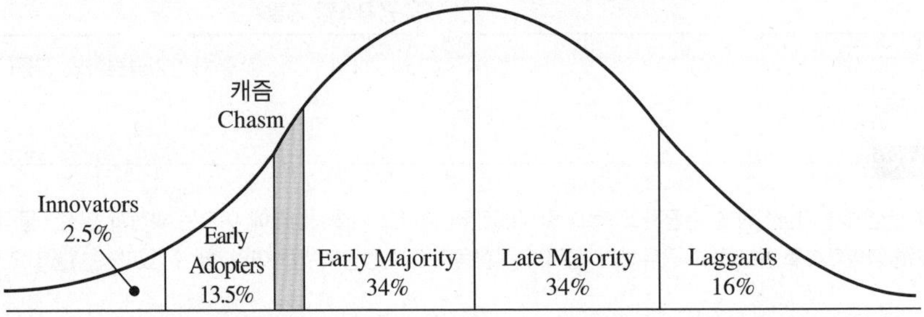

출처 : Geoffrey Moore's 'Crossing the Chasm' diagram(1991)

(3) 기술사업화의 유형 빈출도 ★★★

기술사업화에는 양도, 기술 라이선싱, 공동연구, 합작투자, 인수·합병 등의 유형이 있으며, 이들 사이의 상호 간 배타성은 성립하지 않는다.

① 자체개발 사업화
㉠ 기업이 자체적으로 기술을 개발하고 해당 사업부를 통해 사업화가 이루어지는 유형이다.
㉡ 장점 : 필요기술을 독점적으로 확보하고, 핵심역량을 축적할 수 있으며, 향후 다른 제품이나 기술개발에도 응용가능성이 높다.

ⓒ 단점 : 기술의 확보 및 사업화를 하는 데 장기간 소요되어 개발비 부담이 크고 상업적 성공에 대한 불확실성이 크다.
② 인수・합병(M&A)
　㉠ 기술 도입자(민간기업 등)가 사업화 추진을 위해 필요한 기술과 경영 인프라를 보유한 기술 보유자(민간기업 등)를 인수・합병하는 유형이다.
　㉡ 장점 : 사업화 기간과 투자 부담이 감소하여 전체적으로 통제력을 확보할 수 있다.
　ⓒ 단점 : 합병 후 통합과정이 쉽지 않으며, 이에 따라 비용도 증가한다.
③ 양도(기술 매매)
　㉠ 기술 보유자(공공연구기관, 민간기업)가 기술 도입자(민간기업 등)에게 기술의 소유권을 이전하는 유형이다.
　㉡ 장점 : 소유권 이전 방식이므로 기술사업화 방식에서 가장 간단하다.
　ⓒ 단점 : 이해관계자가 많기 때문에 기술의 개별화・모듈화가 쉽지 않으며, 적정한 기술대가의 결정이 어렵다.
④ 공동연구
　㉠ 기술 보유자(공공연구기관 등)가 기술 도입자에게 기술을 이전하는 것을 목적으로 보유자와 도입자가 공동연구를 수행하는 유형이다.
　㉡ 수행주체의 형태에 따라 기업 간 R&D, 기업과 대학 간 R&D, 기업과 대학 및 공공연구소 간 R&D로 구분된다.
⑤ 합작투자 빈출도 ★☆☆
　㉠ 기술 보유자와 기술 도입자가 합작하여 제3의 기업을 설립하고 사업화를 추진하는 유형이다. 기술 보유자가 공공연구기관인 경우에는 주로 보유기술을 현물출자하여 참여한다.
　㉡ 장점 : 기술사업화의 성공 가능성이 상대적으로 높은 편이다.
　ⓒ 단점 : 합작 투자회사에 대한 관리가 쉽지 않으며, 이해관계가 상충되거나 주도권 경쟁이 격화될 경우에는 와해되기 쉽다.
⑥ 기술 라이선싱(실시권 허락) 빈출도 ★☆☆
　㉠ 기술 보유자가 기술 도입자에게 기술의 실시권(License)을 허락하는 유형을 말한다.
　㉡ 라이선싱은 상대적으로 기술비용이 낮고 사업화 소요기간이 짧은 분야에서 이용되고 있는 사업화 방식이다.
　ⓒ 주로 기술수명주기상 성숙기 및 쇠퇴기에 속한 기술 중심으로 라이선싱이 이루어진다.
⑦ 상호실시(Cross License)
　㉠ 각각의 상호 보완적인 기술을 보유하고 있는 기업 주체 간에 각각의 기술에 대하여 상호 라이선스를 부여하는 방법이다. 특허상호실시허락이라고도 한다.
　㉡ 기술 라이선싱의 특이한 방식 중 하나로 주로 동등한 수준의 기업 간에 일어난다.
⑧ 기술지주회사
　㉠ 기술 보유자(공공연구기관 등)가 기술지주회사를 설립하고 보유기술을 자본금 형식으로 출자하여 기술사업화를 목적으로 하는 자회사를 운영하는 것을 말한다.
　㉡ 기술창업 및 합작투자기업 설립 등 자본참여 방식이어서 적극적인 기술사업화의 유형이다.

⑨ 외주개발
　㉠ 외부의 기술개발을 전문으로 하는 주체들과 상거래 형식의 계약을 통해 필요한 기술을 개발하고 구매하는 방식이다.
　㉡ 기술적 역량을 단기간에 확보해야 할 경우 또는 내부의 개발인력이 없거나 부족한 경우 선택할 수 있는 기술사업화 유형이다.
⑩ 스핀오프(기업분할) 빈출도 ★★☆
　㉠ 스핀오프(Spin-off)는 분할회사가 가지고 있던 기술을 현물출자하는 등의 방법으로 자회사를 신설하고 창업자를 통해서 사업화를 추진하는 방식을 말한다.
　㉡ 분사하는 기업 측면에서는 모기업의 자원과 경험을 활용할 수 있고, 어느 정도 모기업과의 협력이 가능하기 때문에 전략적인 기술획득 및 이전사업화 유형이라 할 수 있다.
　㉢ 분사 후에는 모기업의 지원이 끊기는 경우가 대부분이어서 자금부족이나 매출부진에 빠질 위험이 있다.
⑪ 특허풀(Patent Pool)
　㉠ 다수의 특허권자들이 특허업무대행기관에 자신들의 특허를 공동으로 위탁관리하도록 한곳에 모은 특허권의 집합체(Pool)이다.
　㉡ 장점 : 특허풀 제도를 통해 특허권자는 자기의 특허를 직접 관리하는 데 소요되는 시간 및 비용을 절약하고 저렴하게 특허를 이용할 수 있으며, 특허분쟁도 예방할 수 있다.
　㉢ 단점 : 특허풀 결성을 주도할 공정한 기관의 부재, 우수 특허 확보의 어려움 등 운영여건이 아직 성숙되어 있지 않다.

개념체크OX

01　자체개발 사업화는 필요기술을 독점적으로 확보하고 핵심역량을 축적할 수 있으며, 향후 다른 제품이나 기술개발에도 응용가능성이 높다. O X

02　합작투자는 분할회사가 가지고 있던 기술을 현물출자하는 등의 방법으로 자회사를 신설하고 창업자를 통해서 사업화를 추진하는 방식을 말한다. O X

정답 O, X

CHAPTER 01 | 기술에 대한 이해

단원별 출제예상문제

01 협의의 기술 개념에 대한 설명으로 옳지 않은 것은?

① 투입물을 산출물로 변환하는 과정
② 산출물을 더 많이 생산하거나 더 좋은 제품을 만드는 모든 활동
③ ① 또는 ②와 관련된 지식이나 정보
④ ①~③ 및 자본, 인력, 조직과 역량, 산업여건 및 시스템
⑤ 인간에 체화되어 있는 경험, 기능, 노하우 등

해설 전통적 관점에서의 기술은 협의의 기술 개념(①·②·③·⑤)이며, 현대적 관점에서의 기술은 광의의 기술 개념으로 협의의 기술에 조직 상황과 산업여건까지(④)를 포함한다.

02 기술의 이전 및 사업화 촉진에 관한 법률 및 동법 시행령에서 정한 '기술'에 해당하지 않는 것은?

① 특허·실용신안·디자인·반도체집적회로의 배치설계 및 소프트웨어 등 지식재산
② 지식재산의 기술이 집적된 자본재
③ 지식재산 또는 자본재 등에 관한 정보
④ 특정 분야 지식의 실제적 응용과정, 절차, 제조
⑤ 이전 및 사업화가 가능한 기술적·과학적 또는 산업적 노하우

해설 전통적 관점에서의 정의(협의의 기술)에 대한 설명이다.
①·②·③은 기술이전법 제2조에 명시한 '기술'에 대한 설명이고, ⑤는 동법 시행령(대통령령)으로 정한 '기술'의 정의이다.

03 기술, 지식, 기능의 차이점에 대한 설명으로 옳지 않은 것은?

① 기술은 누군가 어떤 일을 완수할 수 있게 하는 방법이나 절차로써 일정기간 동안 반복적인 훈련 또는 연습을 통해 숙련된 능력이다.
② 기능은 '경험적·신체적·개별적' 특성을 가진다.
③ 기술은 제품을 생산하기 위한 제조 및 설계 관련 노하우이다.
④ 지식은 배움과 실천을 통해 알게 된 명확한 인식이나 이해이다.
⑤ 내재적 지식인 암묵지로는 기능, 기예(art, craft) 등이 있다.

해설 기술이 아닌 기능에 대한 설명이다.
※ 기술은 일반적으로 '과학적·이론적' 특성을 갖는 반면에, 기능은 기술 또는 개인의 능력으로 반복적인 훈련 또는 연습을 통해 숙련되기 때문에 '경험적·신체적·개별적' 특성을 갖는다.

정답 01 ④ 02 ④ 03 ①

04 기술의 속성 중 본질적 속성과 거리가 먼 것은?

① 비가시성(Invisibility) ② 외부성(Externality)
③ 상호의존성(Interdependence) ④ 복잡성(Complexity)
⑤ 진부화(Obsolescence)

> **해설** 기술의 본질적 속성에는 비가시성, 상호의존성, 복잡성, 진부화가 해당하며, 경제·사회적 속성에는 공공재, 외부성, 법적 권리성, 불확실성, 축적성이 해당된다.

05 기술의 유형에 대한 설명으로 옳지 않은 것은?

① 기술 간 결합여부 및 결합상태에 따라 요소기술과 융·복합기술로 분류할 수 있다.
② 요소기술의 평가는 기술을 적용한 제품에 대한 기여도, 기술의 독창성, 기술의 우위성, 기술의 파급효과, 기술예측을 통한 기술의 발전 가능성에 대한 검토를 통하여 이루어지고 있다.
③ 융·복합기술의 평가는 요소기술의 평가항목을 포함하여 제품의 수익성, 가격경쟁력, 대체 가능성, 시장점유율 등에 대한 검토를 통해 이루어지고 있다.
④ 기술이 적용되는 분야 및 기술변화의 대상에 따라 태동기술, 전개기술, 핵심기술, 근간기술로 분류할 수 있다.
⑤ 근간기술은 사업수행을 위해 반드시 보유해야 할 기반기술로 표준화되어 있는 경우가 많다.

> **해설** 기술의 적용분야·변화대상에 따라 제품기술, 공정기술, 정보기술로 분류하며, 기술의 발전단계 및 수명주기에 따라 태동기술, 전개기술, 핵심기술, 근간기술로 분류할 수 있다.

06 기업회계기준상 기술의 분류에 대한 설명으로 옳지 않은 것은?

① 기술은 무형자산으로 회계 처리하며, 재무제표에 반드시 반영하여야 한다.
② 기술은 산업재산권 또는 개발비의 일부로 인식되거나 인수합병(M&A)을 통한 영업권 등 일부로 인식된다.
③ 산업재산권이 아닌 대부분의 기술은 부외자산으로 남는다.
④ 기술을 무형자산으로 인식하려면 식별가능성, 통제가능성, 미래경제적 효익이 충족되어야 한다.
⑤ 무형자산은 재무상태표상의 비유동자산에 속한다.

> **해설** 기술은 무형자산으로 인식하고 있어 재무제표에 무형자산으로 회계 처리된다. 하지만 반드시 반영하는 것은 아니며, 무형자산의 인식요건을 충족할 경우에만 반영한다. 실무상 성격에 따라 산업재산권, 개발비, 영업권은 무형자산으로 인식하여 재무제표에 반영한다.

07 기술완성도에 대한 설명으로 옳지 않은 것은?

① 아이디어 단계에서 기술개발 등으로 이어지는 기술개발의 진척도가 어느 정도인지를 나타낸다.
② 기술의 완성도가 높을수록 불확실성과 위험도가 감소한다.
③ TRL은 5단계와 12개의 세부단계로 구분되어 있다.
④ 기술완성도 측정방법으로 주로 TRL이 활용되고 있다.
⑤ 기술완성도는 기업의 R&D관리, 사업위험관리, 의사결정 등에 활용되고 있는 핵심요소이다.

> **해설** TRL은 5단계와 9개의 세부단계로 구분된다.
> ※ 기술의 완성도는 제품 양산화가 적용될 수 있는 단계에 가까울수록 불확실성과 위험도가 감소하기 때문에 사업화 성공가능성은 높아진다. 따라서 기술평가등급에 긍정적인 영향을 미친다. 기술의 완성도 측정방법에는 주로 TRL(기술성숙도)이 활용된다.

08 지식재산에 대한 설명으로 옳지 않은 것은?

① 지식재산은 창작물과 영업상의 표지 등 지적 활동에서 발생하는 모든 결과물을 말한다.
② 지식재산기본법에서는 "지식재산"과 "신지식재산", "영업비밀"에 관한 정의를 명시하고 있다.
③ 신지식재산은 "경제・사회 또는 문화의 변화나 과학기술의 발전에 따라 새로운 분야에서 출발하는 지식재산"이다.
④ 지식재산권은 "법령 또는 조약 등에 따라 인정되거나 보호되는 지식재산에 대한 권리"이다.
⑤ 지식재산권의 유형은 산업재산권, 저작권, 신지식재산권으로 구분하고 있다.

> **해설** 지식재산기본법에서는 "지식재산"과 "신지식재산"에 관한 정의를 명시하고 있다.
> ※ 부정경쟁방지 및 영업비밀보호에 관한 법률에서는 "영업비밀"을 "공공연히 알려져 있지 아니하고 독립된 경제적 가치를 가지는 것으로서, 비밀로 관리된 생산방법, 그 밖에 영업활동에 유용한 기술상 또는 경영상의 정보"라고 명시하고 있다.

09 기술과 같이 무형자산인 경우에 고려되지 않는 진부화는?

① 물리적 진부화 　　　　　　　② 기능적 진부화
③ 기술적 진부화 　　　　　　　④ 경제적 진부화
⑤ 시간적 진부화

> **해설** 물리적 진부화는 유형자산에서 발생하는 진부화이다.
> ※ 기술의 수명을 결정하는 요인인 진부화에는 물리적 진부화, 기능적 진부화, 경제적 진부화가 있다.

10 '급진적 혁신'의 내용으로 옳지 않은 것은?

① 기존의 것에 대한 분석이나 전문적 지식을 통해 그 연속선상에서 형성되는 변화이다.
② 상대적으로 유연한 시장이나 새로이 산업에 진입하는 경쟁자들이 주로 채택한다.
③ 예를 들면, 전기자동차 또는 자율주행차를 개발해서 출시하게 되면 자동차 관련 산업 전 분야에 큰 변화를 가져오는 혁신이다.
④ 기술이 과학적 지식에 바탕을 둔 기술주도적 혁신이다.
⑤ 불확실성이 높고 불연속적으로 일어나는 특성을 지닌다.

> 해설 기존의 것에 대한 분석이나 전문적 지식을 통해 그 연속선상에서 형성되는 변화는 점진적 혁신에 대한 내용이다.
> ※ 급진적 혁신은 기존의 기술시스템이 다른 기술시스템으로 전환되는 근본적인 변화를 가져오는 혁신이며, 점진적 혁신은 기존 기술시스템 내에서 시스템 개선, 보완적 혁신을 가리킨다.

11 기술사업화에 대한 설명으로 옳지 않은 것은?

① 기술이전법에서는 기술사업화를 "기술을 이용하여 제품의 개발·생산 및 판매를 수행하거나 그 과정의 관련 기술을 향상시키는 것"으로 정의하고 있다.
② 기술보증기금법에서는 '신기술사업자'의 정의 및 '신기술사업'의 범위를 정하고 있는데 이는 기술사업화의 개념과 거의 유사하다.
③ 스핀오프(Spin-off)는 분할회사가 가지고 있던 기술을 현물출자 등의 방법으로 자회사를 신설하고 창업자를 통해 사업화를 추진하는 방식을 말한다.
④ 기술지주회사는 기술을 보유한 대학 및 공공연구기관 등이 자본 및 기술을 출자하여 설립한 기술사업화 전문조직이다.
⑤ 기술사업화의 유형은 상호 배타성이 성립한다.

> 해설 기술사업화의 개념도 다양하듯이 기술사업화의 유형도 다양한데 각각의 유형이 독립적이 아니라 상호 연관되는 성격도 가지고 있기 때문에 상호 배타성이 성립하지는 않는다.

12 다음 설명에 해당하는 기술사업화의 유형은 무엇인가?

> • 기술 보유자와 기술 도입자 등 2개 이상의 기업이 새로운 회사를 설립하여 운영함
> • 기술 보유자가 공동연구기관인 경우는 주로 보유기술을 현물출자하여 참여함

① 기술 매매
② 기술 라이선싱
③ 합작투자
④ 스핀오프
⑤ 기술지주회사

> 해설 상호보완적인 기술이나 자원을 갖고 있는 기업 간에 전략적으로 공동투자 및 제휴 파트너십을 맺는 기술사업화의 유형인 합작투자에 대한 설명이다.

CHAPTER 02 기술평가의 이해

> **출제포인트**
> - 기술평가의 정의 및 유형
> - 기술평가 인프라
> - 기술등급평가모형 및 기술가치평가모형

제1절 기술평가 개요

1 기술평가의 정의

기술평가의 정의는 일반적 정의(협의, 광의)와 각 법률에서 정한 정의로 나눌 수 있다.

(1) 일반적 정의

① 협의의 기술평가
크게 기술력평가와 기술가치평가로 구분되는데, 기술경영과정에서 기술평가라 함은 일반적으로 협의의 기술평가를 의미한다.

② 광의의 기술평가
기술개발이 초래할 부정적 효과를 신속히 파악하여 사회적으로 바람직하고 유용한 기술개발의 촉진에 기여하는 평가를 말한다. 기술영향평가가 여기에 해당된다고 할 수 있다.

〈표 1-14〉 기술평가의 구분과 개념 빈출도 ★☆☆

구 분		내 용
협의의 기술평가	기술력 평가	기술을 활용하는 주체의 인력, 조직, 지원서비스 등을 종합적으로 고려해 해당 주체의 기술개발과 흡수·혁신 능력을 등급과 점수 등 다양한 형태로 표시 및 평가하는 것
	기술가치 평가	사업화하려는 또는 사업화된 기술이 그 사업을 통해 창출하는 경제적 가치를 기술시장에서 인정된 가치평가 원칙과 방법론에 따라 평가하는 것
광의의 기술평가		• 기술과 관련된 정책결정에 활용할 중립적인 대안과 결과를 제공하기 위해 신기술의 적용 시 예상되는 결과와 신기술 도입 등을 평가하는 것 • 기존 기술의 새로운 변화가 사회에 미치는 여러 가지 영향을 체계적으로 판별해 내고 분석·평가하는 절차(일종의 조기경보시스템)

출처 : 「기술평가기준 운영지침」, 산업통상자원부(2014)

(2) 법규상 정의
　① 기술이전법에서의 '기술평가' 정의
　　㉠ 기술평가란 기술이전·사업화에 의해 발생하는 기술의 경제적 가치를 평가하는 것이다.
　　㉡ 기술이전법에서는 기술의 평가요소에 대한 언급은 없다.
　② 기술보증기금법에서의 '기술평가' 정의
　　㉠ 기술평가란 해당 기술과 관련된 기술성·시장성·사업성 등을 종합적으로 평가하여 금액·등급·의견 또는 점수 등으로 표시하는 것이다.
　　㉡ 기술보증기금법에서는 기술의 평가요소를 구체적으로 명시하였다.
　③ 발명진흥사업운영요령에서의 '발명의 평가' 정의
　　위 두 법률상 기술평가 정의를 포함한 내용을 반영하지만, 기술이 아닌 '발명'(특허, 실용신안)에 한정하고 있다.

(3) 기술평가의 중요성(활용)
　① 정책적인 측면
　　산업기술혁신정책을 수립하고 집행하는 과정에서 정책적 지원의 타당성을 검토하거나 기술개발투자 등의 의사결정기준으로 활용한다.
　② 기술혁신 프로세스 측면
　　연구·기획·평가·관리 등 기술개발과정의 효율성을 높이는 데 활용한다.
　③ 기술이전 사업화 측면
　　창업투자, 인수합병, 기술이전, 합작 등에서 의사결정이나 협상 등의 참고자료로 기술가치평가가 활용된다.
　④ 산업 또는 중소기업육성 측면
　　기술력은 있으나 물적 담보력이 취약한 초기 기업 등에게 기술력을 담보로 투·융자형 기술금융을 공급하거나 공공 또는 민간 보유기술의 이전·거래를 원활하게 한다.

2 기술평가의 유형 빈출도 ★★★

현재 국내에서는 각 법규에 따른 기술평가에 대한 내용들에 차이가 있으며 기술평가의 유형에 대해서도 일정한 기준이 없다. 산업통상자원부 고시 「기술평가기준 운영지침」에서는 기술평가 유형을 기술력평가, 기술가치평가로 명시하였으며, 기술보증기금의 「기술평가규정」에서는 기술가치평가, 기술사업타당성평가, 종합기술평가로 구분하고 있다. 여기에서는 비교적 많이 활용되는 기술력평가, 기술사업타당성평가, 기술가치평가 세 유형을 정리하였다.

(1) 기술력평가
　① 기술력평가는 사업주체가 기술 혹은 아이디어를 사업화하거나 투자를 확대하고자 할 때 사업주체의 기술경영역량, 기술역량, 시장잠재력, 사업화역량 등을 종합적으로 평가하고 평가결과를 등급, 점수 등으로 표시하는 것을 의미한다.

② 「기술평가기준 운영지침」에서는 기술력평가를 "기술평가의 한 유형으로, 기술을 활용하는 주체의 인력, 조직, 지원서비스 등을 종합적으로 평가함으로써 그 주체의 기술개발, 흡수 및 혁신능력을 평가하는 것"이라 정의하고 있다.

③ 참고로 기술신용평가는 기술등급평가와 신용등급평가를 함께 반영하기 때문에 종합기술평가의 성격을 가진다고 할 수 있다. 다만, 기술신용평가에 포함된 기술등급평가는 기술력평가 범주에 가깝다.

(2) 기술사업타당성평가

① 사업을 시행하기 이전에 특정사업의 성공가능여부에 대한 정보를 파악하기 위하여 사업추진능력, 기술성, 경제성, 위험정도 등을 평가하는 총체적인 평가활동으로 등급, 점수, 의견으로 표시하는 것을 의미한다.

② 좁게는 비즈니스 모델 중심으로, 넓게는 기술성뿐만 아니라 경제성 등 사업의 전반적인 기업가치평가까지 포괄하고 있다.

(3) 기술가치평가

기술로 현재 시현되고 있거나 장래 시현될 기술의 가치를 평가하여 결과를 금액으로 표시하는 평가를 의미한다.

〈표 1-15〉 기술력평가와 기술가치평가 비교   빈출도 ★★☆

구 분	기술력평가	기술가치평가
평가결과	등급(Grade)	금액(Value)
평가방법	기술평가표 적용	수익접근법, 시장접근법, 비용접근법 등
적용사례	벤처기업확인, 기술보증지원평가	IP보증, 기술사업의 이전
용 도	여신심사용기술평가, R&D평가	기술담보대출 평가, 기술거래, 기술투자 등

개념체크OX

01 무형의 기술을 대상으로 기술성, 사업성, 시장성을 검토하여 금액, 등급, 점수, 의견 등으로 표시하는 평가활동은 협의의 기술평가로 정의한다. O X

02 산업부 고시 「기술평가기준 운영지침」에서는 기술평가 유형을 기술력평가, 기술가치평가로 구분하였다. O X

정답 O, O

제2절 기술평가 인프라

기술평가 핵심인프라에는 관련 법률 및 정책, 법상 기술평가기관(전문인력, 평가모형) 등이 있다.

1 기술평가 관련 법률 및 정책

우리나라 정부 각 부처에서는 고유사업의 목적에 따라 다양한 기술평가기관을 근거법령에 의거하여 지정·운영하고 있다. 정부부처별 사업목적에 따른 기술평가제도를 정리하면 〈표 1-16〉과 같다.

〈표 1-16〉 관련 법령에 따른 국내 기술평가제도

정부부처	관련 법령	평가목적	비 고
산업통상자원부	기술의 이전 및 사업화 촉진에 관한 법률	기술이전 및 사업화, 기술담보 및 기술활용 촉진	-
	외국인투자촉진법	산업재산권의 기술가치평가	상법 제299조의2 감정인
	저탄소녹색성장기본법	녹색인증평가	-
교육부	산업교육진흥 및 산학협력 촉진에 관한 법률	대학기술지주회사 기술현물출자 등	-
과기부	과학기술기본법	기술영향 및 기술수준평가	-
특허청	발명진흥법	지식재산권의 사업화	'발명의 평가기관'
중소벤처기업부	벤처기업육성에 관한 특별법	벤처기업 확인	법령 개정 ('21년 시행)
		벤처기업 육성지원	
	기술보증기금법	신기술사업 중소기업 자금 공급	-
	중소기업기술혁신촉진법	중소기업의 기술혁신 지원	-
농림축산식품부	농림수산식품과학기술육성법	기술영향 및 기술수준평가	-
국토교통부	건설기술진흥법	건설기술진흥사업	-
금융위원회	신용정보의 이용 및 보호에 관한 법률	효율적인 기술평가 시스템 구축을 위한 기술금융 활성화	2014년 7월 업무개시, '기술신용평가기관'* 지정·운영

*평가기관 호칭에서 금융위 관련은 '기술신용평가기관'으로, 나머지는 '기술평가기관'으로 불리고 있음

(1) 법률

① 기술이전법 빈출도 ★☆☆
  ㉠ 목적 : 기술이전 및 거래를 통한 사업화 촉진
  ㉡ 기술평가에 관한 모법(母法)이라 할 수 있으므로 주요내용을 살펴보는 것은 관련 법률이나 정책을 이해하는 데 도움이 된다.

〈표 1-17〉 기술이전법상 기술평가 관련 내용 요약

구 분	내 용	법조항
용어의 정의	기술평가에 관한 정의	법 제2조
기술평가 관련 정책 시행 법제화	기술이전·사업화촉진계획에 기술평가 활성화방안을 수립·시행하도록 함	법 제5조
기술의 현물출자	법상 기술평가기관의 기술평가를 받은 경우 상법상 공인된 감정인이 감정한 것으로 간주	법 제23조
기술평가체제의 확립에 필요한 내용	기술평가활성화를 위해 기술평가기관과 인력을 육성하는 등의 시책마련 법제화	법 제32조
	정부 연구개발사업 성과의 이전 및 사업화 촉진을 위해 경제성 평가 실시	법 제33조
	기술평가 기법의 개발 및 보급과 유관기관의 활용 촉진	법 제34조
	기술평가를 위한 전담인력 및 관리조직 등의 기준을 갖춘 기관을 기술평가기관으로 지정하고 시행가능사업과 의무사항 명시	법 제35조

출처 : 기술평가와 금융(김재진, 2022) 내용을 토대로 저자 재정리

② 기술보증기금법
  ㉠ 목적 : (기술보증기금법) 신기술사업자에 대한 자금의 공급 원활화
           (업무방법서) 기술개발과 기술이전 촉진, 기술금융 지원
  ㉡ 주요내용 : 기술평가를 기금의 업무로 명시, 기술평가의 기준·절차·방법·종류 마련, 기술평가 기준 등을 적은 업무방법서 작성 등이 규정되어 있다.

③ 발명진흥법
  ㉠ 목적 : 발명의 사업화 촉진
  ㉡ 주요내용 : 발명의 평가기관 지정, 평가기관의 요건, 평가기관에 대한 지원 등이 명시되어 있다.

④ 벤처기업법
  ㉠ 목적 : 기존 기업의 벤처기업 전환, 벤처기업의 창업 촉진
  ㉡ 주요내용 : 벤처기업 평가기준과 평가방법 마련, 벤처기업확인 전문기관 지정, 지식재산권(특허, 실용신안, 디자인, 저작권)의 현물출자 특례, 기술평가기관 지정 등이 명시되어 있다.

⑤ 지식재산기본법
  ㉠ 목적 : 지식재산의 창출·보호 및 활용 촉진
  ㉡ 주요내용 : 지식재산 가치평가 기법 및 평가 체계 확립, 지식재산 관련 거래·금융 등에 활용되도록 정부가 지원, 관련 인력의 양성 등이 명시되어 있다.
    또한 지식재산의 유동화 촉진을 위한 제도 정비 방안, 지식재산에 대한 투자, 융자, 신탁, 보증 등의 활성화 방안 등 기술금융과 관련된 내용을 선언적으로 명시하고 있다(제25조 지식재산의 활용 촉진).

⑥ 신용정보의 이용 및 보호에 관한 법률(약칭 : 신용정보법) 빈출도 ★★★
  ㉠ 목적 : 신용정보의 효율적 이용과 체계적 관리 도모, 신용정보의 보호
  ㉡ 주요내용 : 신용정보법 및 동법 시행령에 명시된 기술신용평가 관련 내용으로 기술신용정보의 정의, 기술신용평가업무, TCB회사 허가 요건 등이 담겨 있다. 따라서 기술신용평가의 근거 법령은 신용정보법이다.
  ㉢ '기술신용정보' 법률상 정의 및 근거는 다음과 같다.

> [관계법령] 신용정보의 이용 및 보호에 관한 법률 제2조 1의6 사목(관련 내용만 인용함)
> 제2조(정의) 이 법에서 사용하는 용어의 뜻은 다음과 같다.
> 사. 기업 및 법인의 신용을 판단하기 위하여 정보(기업 및 법인의 기술과 관련된 기술성·시장성·사업성 등을 대통령령으로 정하는 바에 따라 평가한 결과를 포함한다)를 처리함으로써 새로이 만들어지는 정보로서 대통령령으로 정하는 정보(이하 "기술신용정보"라 한다). 다만 자본시장과 금융투자업에 관한 법률 제9조 제26항에 따른 신용등급은 제외한다. (개정 2020.2.4.) (시행 2020.8.5.)

> [관계법령] 신용정보의 이용 및 보호에 관한 법률 시행령 제2조 16항
> 제2조(정의) ① 신용정보의 이용 및 보호에 관한 법률(이하 "법"이라 한다) 제2조 제1호의2 가목1)에서 "대통령령으로 정하는 정보"란 다음 각 호의 정보를 말한다. (개정 2020.8.4.)
> ⑯ 법 제2조 제1호의6 사목 본문에서 "대통령령으로 정하는 정보"란 기업 및 법인인 신용정보주체의 신용을 판단하기 위하여 기술평가(기술보증기금법 제28조 제1항 제6호의 기술평가를 말한다)를 하고 신용정보의 해당 기업 및 법인의 기술에 관한 정보를 활용함으로써 그 판단의 결과를 기호, 숫자 등을 사용하여 평점 또는 등급을 표시한 정보, 그 기술의 가액 또는 평가의견 등(이하 "기술신용정보"라 한다)을 말한다. (신설 2020.8.4.)

  ※ 상기 내용처럼 신용정보법 및 신용정보법 시행령이 개정되면서 '기술신용정보'는 신용정보법과 신용정보법 시행령에서 정의하고 있음(법 개정 전에는 신용정보법 시행령과 「신용정보업 감독규정」에서 정의되었음)

⑦ 기술평가 관련 기타 법률
앞서 다룬 법령 외에도 산업교육진흥 및 산학협력촉진에 관한 법률, 산업기술혁신촉진법, 건설기술진흥법, 저탄소녹색성장기본법, 과학기술기본법 등이 있다.

> 참고 특례 규정
> 기술의 현물출자* 시 지식재산을 평가한 경우에는 상법상 공인된 감정인이 감정한 것으로 간주한다는 내용을 여러 법률에서 특례로 규정하고 있는데, 해당 법률은 다음과 같다.
> • 기술이전법, 벤처기업법, 산학협력법, 외국인투자촉진법, 공간정보산업진흥법
>
> *현물출자란 벤처기업 등의 회사를 설립할 때 또는 회사가 신주발행을 할 때 금전 이외의 재산으로 출자하는 것을 말한다. 현물출자 자산의 범위는 유형자산(동산, 부동산, 유가증권 등)과 무형자산(지식재산권, 기술)이다.

> **개념체크 OX**
>
> 01 기술이전법은 기술이전 및 거래를 통한 사업화 촉진을 목적으로 하며 기술평가에 관한 모법이라 할 수 있다. O X
> 02 기술신용평가의 근거가 된 법률은 기술이전법이다. O X
>
> 정답 O, X

(2) 정부정책

① 산업통상자원부(수행기관 : 한국산업기술진흥원)
  ㉠ 기술이전・사업화에 관한 정책목표와 그 목표 달성을 위하여 "기술이전・사업화 촉진계획"을 수립・시행하고 있다. 이 촉진계획에는 기술이전・사업화 정책목표와 전략, 예산, 기반확충 등 기술평가활성화 방안을 포함해야 한다고 명시하고 있다.
  ㉡ 주요 기술평가 관련 정책 : 기술가치평가모형 개발 및 활용인프라 구축, 기술가치평가 실무매뉴얼 제작 보급, 「기술평가기준 운영지침」 및 기술평가품질관리 지침 제정, 혁신형 중소기업 기술평가비용 지원사업 등이 있다.

② 중소벤처기업부(수행기관 : 기술보증기금)
  ㉠ 기술보증기금은 기술평가를 통한 업무특화의 일환으로 정책을 추진하는 과정에서 다양한 기술평가제도 및 사업을 개발하여 추진하고 있다.
  ㉡ 주요 기술평가 관련 정책 : 기보 고유의 기술평가시스템인 KTRS 모형 개발, 기술가치평가기법 개발, 여신심사용 기술평가 인증제도 실시, 기술평가에 의한 벤처・이노비즈 인증 및 지원 제도 등이 있다.

③ 특허청(수행기관 : 한국발명진흥회)
  ㉠ 특허청은 발명진흥법에 명시된 발명의 사업화 촉진을 위해 평가기관의 지정 및 지원, 발명의 기술성・사업성 평가수수료 지원, 발명의 사업화에 대한 자금 지원 등에 관한 정책을 수립・시행하고 있다.
  ㉡ 주요 기술평가 관련 정책 : 발명평가의 전문인력의 양성, 발명평가기법의 개발 및 보급, 발명평가와 관련된 정보의 수집 및 제공 등이 있다.
  ㉢ IP가치평가에 크게 기여 하였고 IP금융의 활성화를 위해 IP금융 확대방안 등을 매년 업무계획에 반영하고 있다.

2 기술평가시스템

기술평가를 수행하는 기술평가기관이 지정되어야 하고, 기술평가기관은 기술평가 전문인력과 평가관리조직을 갖추어야 하며, 기술평가모형을 보유하여야 한다. 이들을 통틀어 기술평가시스템이라고 한다. 현재 우리나라는 관련 법령에 따라 각각 기술평가기관을 지정하도록 되어 있으며 법상 기술평가기관마다 전문인력 요건, 기술평가모형 등이 조금씩 차이가 있다.

(1) 기술평가기관

① 기술이전법에 의거 지정된 기술평가기관 빈출도 ★☆☆
  ㉠ 기술평가기관 지정요건 4가지 : 기술평가 전문가, 수행관리조직, 기술평가모델, 기술평가에 관한 정보의 수집·관리·유통 등을 위한 정보망 등 4가지 요건 모두 보유한 법인이어야 한다.
  ㉡ 공공기관만 지정해오다가 2016년부터 민간 기술평가기관 지정도 늘어나고 있다.

② 발명진흥법에 의거 지정된 '발명의 평가기관'
  ㉠ 발명의 평가기관 유형 3가지 : 기술성 평가기관, 사업성 평가기관, 기술성 및 사업성 평가기관으로 구분하여 지정하고 있다.
  ㉡ 발명의 평가기관은 특허 등 산업재산권 평가에 국한되어 있지만 기술평가기관과 거의 동일한 개념이다.

③ 벤처기업법에 의거 지정된 기술평가기관
  ㉠ 2가지 유형의 평가기관이 있다.
    • 벤처기업 확인을 위한 전문평가기관
    • 현물출자대상으로 명시한 지식재산권 등의 가격을 평가하기 위한 기술평가기관
  ㉡ 벤처기업 확인유형은 벤처투자유형, 연구개발유형, 혁신성장유형, 예비벤처기업 등 4개이다.

〈표 1-18〉 벤처기업 유형별 전문평가기관 및 평가분야

유형별	전문평가기관	평가분야
벤처투자유형	한국벤처캐피탈협회	투자요건
연구개발유형	중소벤처기업진흥공단, 신용보증기금	사업성 평가
혁신성장유형	기술보증기금, 한국농업기술진흥원, 연구개발특구진흥재단, 한국과학기술정보연구원, 한국발명진흥회, 한국생명공학연구원, 한국생산기술연구원	기술성 평가 및 사업성 평가
예비벤처기업	기술보증기금	기술성 평가 및 사업성 평가

(2) 기술평가인력

① 기술이전법상 기술평가기관의 기술평가인력
  ㉠ 산업통상자원부 「기술평가기준 운영지침」에서는 '기술평가기관에서 기술평가를 수행하는 전문가'로 정의하였다.
  ㉡ 기술이전법 시행령에서 정한 인적 요건은 특정 분야의 전문자격을 취득한 사람 3명 이상 및 기술평가사업에 5년 이상 종사한 전문가 7명 이상 모두를 상시 고용할 것을 명시하고 있다.

② 발명진흥법상 발명의 평가기관의 평가인력
  발명진흥법 시행령에서 정한 전문인력의 요건은 변리사, 회계사, 기술사 자격을 취득하거나 관련 분야 박사학위를 소지한 3명 이상 및 발명의 평가 관련 업무에 5년 이상 종사한 사람 7명 이상의 전문인력을 모두 상시 고용할 것을 명시하였다.

③ 신용정보법상 기술신용평가기관의 기술평가인력
  신용정보법 시행령에서는 TCB평가기관의 인적·물적 요건에 대하여 규정하고 있는데 인적 요건에 맞는 상시고용인력 10명 이상을 갖추어야 한다.
  (※ 후술한 'TCB회사의 인가요건' 참조, p.62)

3 기술평가모형 빈출도 ★★☆

기술평가모형은 기술평가의 내용 및 평가결과의 표현방법, 목적과 용도에 따라 다양한 모형이 존재한다. 국내 기술평가기관들이 주로 사용하는 모형은 기술력등급평가모형*과 기술가치평가모형이다.

*산업부에서 발간한 기술평가 실무가이드에서는 '기술력등급평가모형'으로, 기술보증기금은 '기술등급평가모형'이란 용어로 사용하고 있다.

(1) 기술력등급평가모형

기술력등급평가란 개별 기술의 상대적 수준 또는 기업의 전체적인 기술역량 등의 비교우위성에 대한 평가결과에 미리 정해놓은 등급을 부여하는 평가방법이다.

① 평가영역 및 기준

기술평가기관마다 서로 다른 기술력 평가모형일지라도 기술성·시장성·사업성 평가 등 3가지 평가영역과 경영자 관련 평가요소들은 공통적으로 포함하고 있다.

② 평가모형체계

기관별 평가목적에 맞추어 표준화된 평가절차를 평가모형에 반영하여 활용하고 있다. 기술평가모형은 목적과 모형 간 정합성을 확보하고, 평가절차를 표준화·정형화함으로써 평가업무의 효율성과 객관성 및 신뢰성을 제고할 수 있다.

③ 등급체계

기술평가등급의 표시방법 및 체계 그리고 등급별 정의는 법상 기술평가기관마다 평가목적 또는 용도에 따라 다르게 운영되고 있다.

④ 기술력등급평가모형의 활용

기술분야의 R&D 우선순위를 정해야 할 때, 대규모 R&D 투자의 위험부담 최소화를 위한 의사결정 시에 활용된다.

(2) 기술가치평가모형

① 기술가치평가는 사업화하려는 기술이나 사업화된 기술이 그 사업을 통해 창출하는 경제적 가치를 기술시장에서 일반적으로 인정된 가치평가 원칙과 방법론에 따라 평가하는 것을 말한다.

② 기술가치평가 방법은 다양하지만 일반적으로 인정된 방법론인 수익접근법, 시장접근법, 비용접근법, 로열티공제법* 등이 주로 사용된다. 보다 상세한 내용은 후술한 "기술가치평가모형"(p.42)에서 정리하였다.

*로열티공제법은 수익접근법과 시장접근법을 혼합한 방법론이다.

개념체크OX

01 기술력등급평가란 개별 기술의 상대적 수준 또는 기업의 전체적인 기술역량 등의 비교우위성에 대한 평가결과에 미리 정해놓은 등급을 부여하는 평가방법이다. O X

정답 O

4 기술평가 지원인프라

전술한 법률, 정책, 기술평가시스템은 기술평가 핵심인프라에 해당되며, 이를 원활하게 운영하기 위해서는 지원인프라도 필요하다.

(1) 기술평가 관련 정보 DB

기술정보, 시장정보, 사업정보, 환경정보 등을 체계적으로 구축한 데이터베이스를 말한다. 이들 정보를 수집하고 구축하고 제공함으로써 기술평가에 소요되는 시간과 비용을 절감시킬 뿐 아니라 기술평가의 질적 수준도 높일 수 있다. 정보제공시스템은 NTB(기술은행) 등 여러 기관에서 운영 중이다. TCB평가를 수행할 때는 한국신용정보원의 TDB를 가장 많이 활용한다.

(2) 기술이전·거래 플랫폼

주로 공공기관에서 기술이전·거래 플랫폼을 운영하고 있다. 주요 기술정보서비스를 제공하는 곳은 NTB(KIAT운영), Tech-Bridge(기보 운영), KDB기술거래마트(산은 운영), 미래기술마당(과학기술일자리진흥원 운영) 등이 있다.

(3) 기술평가인력 양성·교육 프로그램

① 국내에서는 기술평가인력을 양성하기 위해서 협회를 중심으로 교육이 이루어지고 있으며, 자격제도도 시행 중에 있다. 아직까지 기술평가와 관련된 국가공인 자격제도는 없으며, 민간자격(등록)제도는 여러 기관에서 운영 중에 있다. 주로 기업·기술가치평가사 중심으로 이루어져 왔다.

② 2015년 금융위원회의 '기술금융체계화 및 제도개선방안'에 따라 은행권의 기술금융 및 기술신용평가 역량을 강화할 목적으로 민간자격인 기술신용평가사 제도를 도입하였고 2016년에 시행하여 현재에 이르고 있다.

제3절 주요 기술평가모형의 이해

일반적으로 널리 알려진 기술평가모형에는 기술보증기금의 대표적 기술평가모형인 KTRS, 금융위원회와 산업통상자원부가 공동으로 개발한 투자용 기술평가 등이 있다. 현재 TCB기관이 운용 중인 '표준기술평가모형'은 기보 'KTRS'를 기반으로 2015년에 만들어진 기보TCB평가모형을 벤치마킹하여 2021년 6월 한국신용정보원과 TCB기관 공동으로 개발한 표준 평가기준 및 모형을 말한다.

1 기술보증기금의 KTRS와 AIRATE(전문가·AI기반 新기술평가시스템)

기술보증기금은 고유의 기술평가시스템인 'KTRS(Kibo Technology Rating System)'를 개발하여 2005년 7월부터 업무에 적용하였다.

(1) KTRS 개요
  ① KTRS는 기보가 기술평가 업무 수행과정에서 축적된 경험과 데이터를 바탕으로 개발한 독창적인 기술평가시스템으로서, 기술의 사업화 성공 가능성과 부실화 위험 등을 평가하고 있다.
  ② KTRS는 기보의 기술금융업무에 적용한 이후, 대내외 변화에 맞추어 수차례의 개선을 거쳤고 기술신용평가(TCB) 등 유사 기술평가모형 개발의 토대가 되었다.

(2) AIRATE(전문가·AI기반 新기술평가시스템) 개요

기보는 급변하는 경제, 산업, 기업, 기술 환경에 선제적으로 대응하기 위해 그동안 운용해오던 KTRS의 진단·분석 결과와 축적된 기술평가 빅데이터를 기반으로 인공지능(AI)의 신기술을 적용한 新기술평가시스템(브랜드 명 : AIRATE)을 독자 개발하여 2021년부터 보증용 기술평가업무에 적용하고 있다.

> AIRATE(에어레이트)
> AIRATE는 과학적 통계기반의 표준모형체계를 구성하는 평가지표를 기반으로 전문가평가와 인공지능의 유기적인 결합을 통해 평가등급(점수)이 산출되는 맨(Man)-머신(Machine) 콜라보 시스템으로 기술보증기금의 新기술평가시스템을 통칭하는 브랜드 명이다. AI의 정확성과 전문가의 통찰력 및 안정성을 동시에 추구한 점이 AIRATE의 특징이다.
>
> 출처 : 기술보증기금 홈페이지

(3) KTRS 기술평가항목
  ① 기술평가항목의 대항목을 경영진역량, 기술성, 시장성, 사업성으로 구분하고, 그 아래에는 중항목과 소항목으로 구성하였으며, 평가항목의 구성과 가중치는 평가목적과 용도에 따라 다르게 운영하고 있다.
  ② 소항목의 평점합계(전문가 성장평점)와 신경망 성장평점을 기반으로 한 기술사업성장평점과, 전문가와 신경망 위험평점을 기반으로 한 기술사업위험평점을 가중결합하여 최종평점 및 최종 기술사업평가등급을 산출한다.

〈표 1-19〉 기술보증기금 KTRS 기술평가항목

대항목	중항목	소항목(31개 평가항목)
경영진역량	기술역량	동업종경험수준, 기술지식수준, 기술이해도
	관리능력	기술인력관리, 경영관리능력, 기술경영전략
	경영진 인적구성 및 팀워크	경영진의 전문지식수준, 자본참여도, 경영주와의 관계 및 팀워크
기술성	기술개발 추진능력	기술개발전담조직, 기술(디자인)인력
	기술개발 현황	기술개발 및 수상(인증)실적, 지식재산권 등 보유현황, 연구개발투자
	기술혁신성	기술의 차별성, 모방의 난이도, 기술의 수명주기상 위치
	기술완성도 및 확장성	기술의 완성도, 기술적 파급효과
시장성	시장지향성	목표시장의 규모, 시장의 성장성
	경쟁요인	경쟁상황, 법·규제 등 제약/장려요인
	경쟁력	인지도, 시장점유율
사업성	제품화역량	생산역량, 투자계획의 적정성, 자금조달능력
	수익전망	마케팅역량, 판매처의 다양성 및 안정성, 투자 대비 회수 가능성

출처 : 기술보증기금 홈페이지

(4) 기술평가등급모형 구성체계

기보의 기술평가모형 구성체계는 크게 표준모형, 정책표준모형, 독립정책모형으로 구분하고 표준모형은 일반, 창업으로 정책표준모형은 정책일반, 정책창업으로 세분화하였다.

① **표준모형(KTRS계열 2종)** : 공통의 표준 평가지표를 가짐으로써 모형의 관리성, 데이터베이스 공유 기반의 신경망 학습이 가능한 모형이다. 일반표준모형은 모든 기업에 적용하며 창업표준모형(KTRS-SM)은 창업 7년 이내인 기업에 적용한다.

※ 이전에 있었던 KTRS-BM모형은 폐지됨(2020.12.29.)

② **정책표준모형** : 녹색기술평가모형 외(총 5종)

③ **독립정책모형** : R&D평가모형 외(총 5종)

④ 기존에 산업·기술·업종별로 구축된 모형체계를 제조업군과 서비스업군으로 양분하고 그 아래 10개의 산업섹터를 재정비하였다.

따라서 현재 기보의 기술평가등급모형은 12종의 모형과 47개의 세부모형을 운영 중이다.

〈그림 1-2〉 기보의 기술평가등급모형 체계

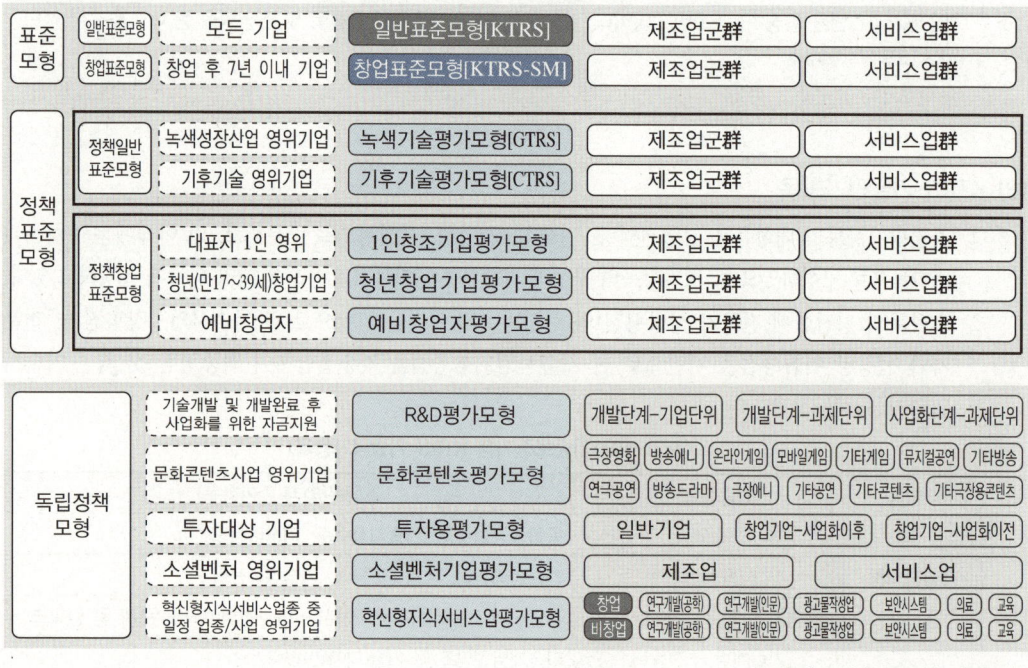

출처 : 기술보증기금 홈페이지

개념체크OX

01 KTRS는 기보의 기술금융업무에 적용한 이후, 대내외 변화에 맞추어 수차례의 개선을 거쳤고 기술신용평가(TCB) 등 유사 기술평가모형 개발의 토대가 되었다. O X

02 기보의 창업표준모형(KTRS-SM)은 창업 7년 이내인 기업에 적용하고 있다. O X

정답 O, O

(5) AIRATE 기술사업평가등급 산출체계

① 새로 개정된 기보 표준모형의 기술사업평가등급 산출체계는 기존 모형과 비교할 때 고성장 및 지속 가능성장 개념과 기술혁신역량모형 및 지수를 도입하고, 체계적 위험(거시 환경변수)과 비체계적 위험(기업내부 환경변수)을 재정립한 것이 특징이다.

> **기술사업성장평점 산출과정 개요**
> - 전문가성장모형 → ① 전문가성장평점(AHP) 산출
> - 신경망성장모형 → ② 신경망성장평점(인공신경망) 산출
> - 기술혁신역량모형 → ③ 기술혁신역량평점(인공신경망) 산출
> ③과 ①, ②의 평점을 조정하여 ④ '기술사업성장평점' 산정
>
> **기술사업위험평점 산출과정 개요**
> - 전문가위험모형 → ⑤ 전문가위험평점(AHP) 산출
> - 신경망위험모형 → ⑥ 신경망위험모형(인공신경망) 산출
> - 환경위험모형 → ⑦ 환경위험평점(인공신경망) 산출
> ⑦과 ⑤, ⑥의 평점을 조정하여 ⑧ '기술사업위험평점' 산정
>
> → ④와 ⑧을 최종결합하여 '기술사업평가등급'이 산정
>
> 출처 : 기술보증기금 홈페이지 내용을 토대로 저자 재정리

② 기술사업평가등급은 기술사업성장평점과 기술사업위험평점을 가중합·조정함을 통해 최종평점(등급)을 산출한다.

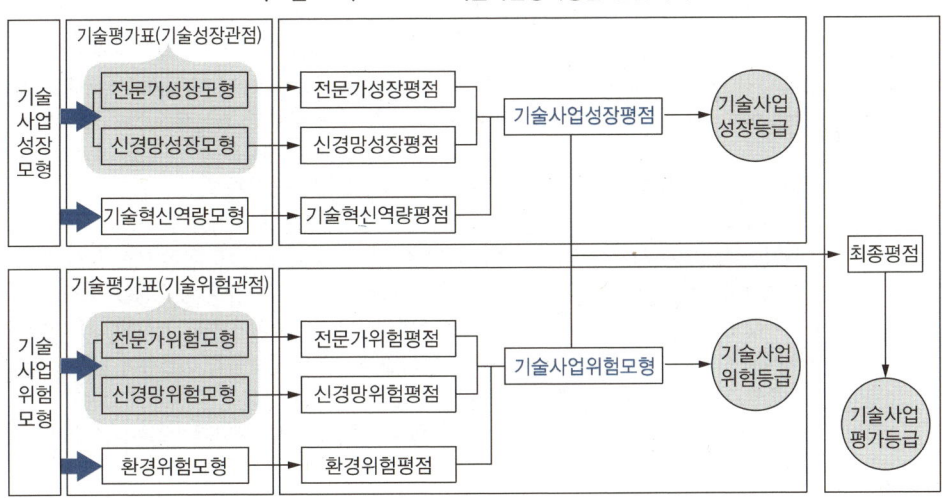

〈그림 1-3〉 AIRATE 기술사업평가등급 산출체계

출처 : 기술보증기금 홈페이지

③ AIRATE 기술사업평가등급 체계

기존의 10등급 체계를 보다 세분화하여 14등급 체계로 구축하여 운영하고 있다.

(6) 기술평가결과의 활용

① 기술평가보증 대상기업의 선별과 지원한도 등을 결정하는 기준으로 활용한다.
② 벤처인증, 이노비즈 인증, 특허권의 사업평가, 여신심사용 기술평가인증서 발급, R&D평가, 기술이전·거래평가에 활용되고 있다.

> **참고** K-TOP 서비스 개시
>
> (1) K-TOP 개요
>
> K-TOP(Korea-Technology rating Open Platform)은 기술보증기금의 KTRS-FM(기술평가 신속표준모형)과 혁신성장역량지수(Tech-index), 원천기술 평가모델 등 3가지 인공지능(AI) 기반 기술평가 콘텐츠를 통해 각 기업의 기술평가정보를 등급화·수치화된 형태로 제공하고 은행 등 유관기관이 이를 검색·조회할 수 있게 하는 국내 최초의 개방형 기술평가 플랫폼이다.
>
> | 기술평가 플랫폼 | 개 요 |
> | --- | --- |
> | ① KTRS-FM
(신속표준모형) | 창업초기기업(3년)과 신속보증 지원평가에 최적화된 AI기반 평가모형으로, 자가진단을 통한 기술사업 평가등급 제공
※ [등급구분] AAA, AA, A+, A, BBB+, BBB, BB+, BB, B+, B, CCC, CC, C, D (총 14개) |
> | ② 혁신성장역량지수
(Tech-Index) | 중소기업의 혁신성장역량을 의미하는 객관적인 지수(0~100점)로서, 기업이 보유한 기술혁신역량 및 미래성장가능성 정보 제공 |
> | ③ 원천기술 평가모델 | 기술개요 입력만으로 기술이 보유한 원천성을 자동으로 평가하는 AI기반 평가모델로, 원천성 등급 및 기술 위치정보(기술의 생성·확장·소멸주기 파악) 등 제공
※ [등급구분] AAA, AA, A, BBB, BB, B, CCC, CC, C, D (총 10개) |
>
> 출처 : 기술보증기금
>
> (2) K-TOP 활용
>
> ① K-TOP을 통해 기보가 보증심사 목적으로 생산해온 기술평가 정보를 민간 기술금융에 활용하도록 하였다. 이에 정부는 「중소기업 도약 전략(24.4.29)」 등의 후속조치 일환으로 기보의 K-TOP을 도입하였으며 중소벤처기업부와 'K-TOP 공동 활용 업무협약'을 맺은 중소기업 지원 공공기관, 시중은행, 벤처투자기관 등은 중소기업 기술평가 시 K-TOP를 활용할 수 있다. 2024년 11월부터 협약기관과의 테스트를 진행한 후 2025년 상반기에는 모든 기업까지 확대 시행한다.
> ② K-TOP을 통해 기업은 기술 역량을 스스로 진단해 혁신활동을 이어갈 수 있고, 은행·투자기관은 기업 선정·심사 시 기술평가정보를 활용할 수 있게 되어 중소벤처기업에 대한 투자 및 융자가 활성화될 것으로 보인다. 공공기관 역시 각 정책 목적에 맞게 사업 수행 역량을 높일 수 있다.
> ③ 실제 기존 보증절차는 △상담 △서류제출 △현장실사 △기술평가 등의 4단계를 거쳐야 보증 가능 여부를 확인할 수 있었지만, K-TOP이란 온라인 기술평가 플랫폼을 이용하여 기업이 자발적으로 기술평가를 진행해 신속하게 보증 가능 여부를 확인할 수 있다.
> ④ KTRS-FM 기술평가표는 표준모듈, 청년창업모듈, 1인창조모듈, 예비창업모듈 등 4종으로 구분된다.

2 금융위원회의 융자용 기술신용평가 및 투자용 기술평가

(1) 융자용 기술신용평가 빈출도 ★★☆

① 2014년 1월 관계부처 합동으로 발표한 「기술금융활성화를 위한 기술평가시스템 구축방안」에 따라 2014년 7월부터 도입되었다.

② 기술력 평가와 동시에 신용을 종합적으로 평가한 새로운 개념의 평가모형이 개발・시행되었다. 이는 경제성을 기반한 성장가능성 또는 기술적 파급효과를 파악하는 데 초점을 두고 있다.
③ 융자용 TCB평가를 기반으로 한 TCB회사는 한국평가데이터*, 나이스평가정보, 이크레더블, 나이스디앤비, SCI평가정보, 한국기술신용평가이다.

*한국평가데이터는 옛 '한국기업데이터'에서 변경된 사명임

(2) 투자용 기술평가(2016년 투자용 TCB모형) 빈출도 ★☆☆

① TCB평가모형을 토대로 엔젤이나 벤처캐피탈 등이 기업의 성장가능성을 판단할 수 있도록 하는 투자용 기술평가모형을 기술보증기금과 한국산업기술진흥원이 공동 개발하였으며, 2016년 4월부터 투자용 기술평가를 시행하였다.
② 투자용 기술평가모형은 일반기업, 사업화이전 기업, 사업화이후 기업의 3가지 모형으로 구분하였다.
③ 등급 산출은 적용모형의 결정, 기술평가표에 따른 평가, 전문가모형 평점 산출, 통계모형 평점 산출, 종합평점 산출 및 등급결정의 순서로 진행한다.
④ 금융위의 투자용 기술평가모형은 TI1에서 TI10까지 총 10개 등급을 부여하고 있다.
⑤ 투자용 기술평가를 수행하는 곳은 총 6개 기관으로 한국평가데이터, 나이스평가정보, 이크레더블, 나이스디앤비, 기술보증기금, 한국농업기술진흥원*이다.

*한국농업기술진흥원은 옛 '농업기술실용화재단'에서 변경된 사명임

3 산업통상자원부의 투자용 기술력평가*

2016년 시행한 금융위의 투자용 기술평가모형과 거의 동일하며 일부 내용만 변경하여 시행하고 있다.

*2007년 이후 산업통상자원부에서 실시해오던 융자용 기술평가사업은 금융위원회의 TCB제도가 도입되면서 2015년 종료되고, 2016년 이후에 '투자용 기술력평가지원사업'으로 명칭 및 성격이 전환되었다.

(1) 기술평가영역 및 기준

① 기존 금융위의 투자용 기술평가표에서 소항목의 중요도와 항목 간 유사정도를 파악하여 항목수를 간소화하고 모형별로 재구성하였다.
② 기술역량에서 지식재산역량 항목을 중항목으로 하여 권리안정성, 권리행사제한 가능성, 지식재산 이용률 등의 소항목을 추가한 것이 기존 투자용 기술평가모형과 다른 점이다.
③ 기업의 성장단계에 따른 구분은 2016년 최초 모형과 동일하지만 연도 기준을 일부 보완하였다.
  ㉠ 사업화 이전기업(창업기업1) 모형 : 창업 후 7년 이내 기업으로 제품/서비스 출시 전이거나, 출시 후 2년이 경과하지 않아 매출액성장률을 계산할 수 없는 경우에 적용
  ㉡ 사업화 이후기업(창업기업2) 모형 : 창업 후 7년 이내 기업으로 제품/서비스 출시 후 2년이 경과하여 매출액성장률 계산이 가능한 경우에 적용
  ㉢ 일반기업 모형 : 창업 후 7년 초과 시 적용

(2) 평가모형 체계 및 등급 산출

① 투자용 기술력평가모형의 등급 산출 순서는 2016년 기존 모형과 동일하나, 평점 산출 및 등급결정에서 차이가 있다.
② 투자용 기술력 평가등급은 AAA에서 C까지 총 9개 등급을 부여하고 있다.
※ 2016년 금융위의 투자용 TCB모형은 TI1에서 TI10까지 총 10개 등급 부여하고 있어 산업부의 투자용 기술력평가 모형과는 다소 차이가 있다.

4 한국거래소의 기술특례상장용 기술력평가

한국거래소는 유망 기술기업의 증권시장 진입 기회를 부여하기 위해 해당 기업의 기술력을 평가하여 일정요건을 충족하는 기술기업은 상장함으로써 자금을 조달할 수 있도록 기술상장특례제도를 운영하고 있다. 개정된 내용을 보면 보유 기술의 "기술력"(혁신기술 트랙) 또는 기업의 "사업성・성장성"(사업모델 트랙)을 인정받은 경우, 최소 재무요건*만으로 상장예비심사 신청을 허용하는 특례를 부여한다('23.7.27 개정, '23.12 개정).

*자기자본 10억원 이상 또는 시가총액 90억원 이상

(1) [혁신기술 트랙] 2개의 전문평가기관으로부터 각각 A등급과 BBB등급 이상 평가를 획득한 기술력 있는 기업(혁신기술기업)에 특례를 부여한다.
※ 단, 딥테크 등 첨단기술분야 기업으로 충분한 시장평가가 있는 경우 기술평가를 1개(단수평가)로 완화한다. 이를 "초격차 기술특례"라고 부르기도 한다.
(2) [사업모델 트랙] 상장주선인(증권사)이 높은 매출・이익 성장 등이 예상되는 기업에 대해 성장성보고서와 함께 추천하는 경우에 특례를 부여한다.

개념체크OX

01 금융위원회의 투자용 기술평가모형은 TI1에서 TI10까지 총 10개 등급을 부여하고 있다. O X

정답 O

제4절 기술가치평가(모형)의 이해

1 기술가치평가 빈출도 ★★☆

전술한 바와 같이 기술평가 유형은 크게 기술력평가와 기술가치평가로 구분되고, 모형은 동일 명칭의 모형을 사용한다. 기술가치평가 업무를 기관들이 수행할 때 공통적으로 적용하는 실시원칙, 전제조건, 목적과 방법 등이 있는데 정부의 기본지침이라 할 수 있는 산업통상자원부의 「기술평가기준 운영지침」을 근거로 제시하고 있다.

(1) 기술가치평가의 유용성
① 기술에 대한 현재 및 잠재적 투자 또는 신용의사결정에 유용한 정보를 제공한다.
② 기술로부터 미래현금흐름의 금액, 시기의 불확실성 등을 측정하는 데 유용한 정보를 제공한다.
③ 기술의 경제적 자원 및 경제적 자원의 변화에 관한 유용한 정보를 제공한다.

(2) 기술가치평가의 실시원칙
① 기술가치평가 실시의 일반원칙
  ㉠ 기술평가자는 기술평가를 수행함에 있어 객관성, 전문성, 신뢰성을 확보하여야 한다.
  ㉡ 기술성, 권리성, 시장성, 사업성 등을 종합적으로 분석 및 평가하여야 한다.
  ㉢ 기술평가의 기준 시점은 기술평가보고서의 제출일시로 한다.
② 공정시장가치 원칙 빈출도 ★★☆
  ㉠ 평가결과로 산출되는 가치는 공정시장가치*이어야 한다.
   *공정시장가치란 측정 기준시점의 주된(또는 가장 유리한) 시장에서 시장참여자 사이의 정상거래를 통해 자산을 매도하고 수취하거나 부채를 이전하면서 지급하게 될 가격을 말한다.
  ㉡ 공정시장가치를 산출하기 위해서는 적용된 가정의 합리성, 정보의 적시성, 추정의 신뢰성이 확보되어야 한다.

(3) 기술가치평가의 전제조건 및 가정 빈출도 ★☆☆
① 전제조건 : 기술사업화 전제, 평가시점 전제, 사업타당성 전제
② 평가조건의 설정 및 사용원칙 적용
  ㉠ 여러 가지 대안 중에서 가장 채택 가능성이 큰 조건을 설정하여 가장 효율적이고 효과적인 사용(Highest and Best Use) 원칙을 적용해야 한다.
  ㉡ 이 원칙은 활용 분야가 다수인 경우 가장 높은 가치를 발생시킬 수 있는 분야에 적용한다는 것을 의미한다(「기술평가기준 운영지침」 제10조).
③ 기술가치평가의 기본 가정 : 기술실체의 가정, 기술존속의 가정, 평가기간의 가정

〈표 1-20〉 기술가치평가의 기본 가정

구 분	내 용
기술실체의 가정	기술을 기업이 아닌 기술자체로 평가
기술존속의 가정	반증이 없는 한 미래에도 계속하여 존재할 것이라고 가정
평가기간의 가정	인위적으로 정한 평가시점이나 평가기간으로 가정

출처 : 기술가치평가 실무요령(기술보증기금, 2008) 내용을 토대로 저자 재정리

④ 평가의 한계 : 평가자는 해당 기술평가 과정에서 사용된 가정과 제한적인 조건 등을 제시하여야 하며, 기술평가 유효기간을 포함하여 상황의 변화에 따라 평가결가가 달라질 수 있음을 명시하여야 한다.

(4) 기술가치평가의 목적과 용도 표시 빈출도 ★☆☆

평가의 목적이나 용도에 따라 관점이나 고려되는 요인이 달라질 수 있고 기술가치평가 결과의 보고 형태도 달라질 수 있기 때문에 평가 전에 목적과 용도를 명시하여야 한다(「기술평가기준 운영지침」 제16조).

〈표 1-21〉 기술가치평가의 목적과 용도

구 분	내 용
이전·거래	기술의 매매, 라이선스 가격 결정
현물출자	기술 또는 지식재산권의 현물출자
금 융	기술의 담보권 설정 또는 투자유치
전 략	기업의 가치 증진, 기술상품화, 분사(Spin-off), 장기 전략적 경영계획 수립
세 무	기술의 기증, 처분, 상각을 위한 세무계획 수립 및 세금 납부
소 송	지식재산권 침해, 채무불이행, 기타 재산 분쟁 관련 소송
청 산	기업의 파산 또는 구조조정에 따른 자산평가, 채무상환계획 수립
기 타	특례상장 등

출처 : 기술평가운영지침(산업통상자원부 고시 제2016-114호)

(5) 기술가치평가의 방법 적용 빈출도 ★★☆

기술가치평가의 방법을 선택하려면 평가시점에서 대상과 관련된 기술거래시장 존재여부, 수집가능한 자료들의 범위, 평가의 목적 및 용도 등을 종합적으로 검토하여 결정한다. 이론 및 실무에서 제시하고 있는 평가기법은 수익접근법, 시장접근법, 비용접근법이 주로 사용된다.

가 정	적용 평가방법
• 미래현금흐름 추정이 가능한 경우 • 활성화된 거래시장이 존재하지 않는 경우 • 거래시장 자체가 정상적으로 작동하지는 않지만 대상기술을 사업화할 수 있는 경우	수익접근법
• 평가시점 현재 동질성 있는 기술에 대한 가격을 시장에서 관찰할 수 있는 경우	시장접근법
• 과거 투입비용 추정이 가능한 경우 • 시장접근법이나 수익접근법을 적용할 수 없는 경우 • 기술의 완성도가 낮은 미성숙된 기술을 가치평가할 경우	비용접근법

개념체크OX

01 기술가치평가에서 공정시장가치를 산출하기 위해서는 적용된 가정의 합리성, 정보의 적시성, 추정의 신뢰성이 확보되어야 한다. O X

02 평가시점 현재 동질성 있는 기술에 대한 가격을 시장에서 관찰할 수 있는 경우에는 비용접근법을 사용한다. O X

정답 O, X

2 기술가치평가 방법 빈출도 ★☆☆

(1) 수익접근법(기술요소법)

가장 널리 사용되는 DCF모형은 현금흐름 추정기간 동안의 의사결정 등에 의한 변동요인이 반영되는지 여부에 따라 정태적 수익접근법과 동태적 수익접근법으로 구분된다.

① 정태적 수익접근법

현금흐름 추정기간 동안 의사결정에 의한 변동요인이 없다고 가정하여 기술가치를 산출하는 것으로, 추정을 위한 핵심변수는 기술의 경제적 수명, 여유현금흐름, 할인율, 기술기여도 등이다.

② 동태적 수익접근법

미래현금흐름의 확률적·선택적 불확실성을 반영하여 기술가치를 산출하는 방법으로, 의사결정 수익접근법, 실물옵션 수익접근법, 위험조정 수익접근법 등이 있다.

③ DCF모형의 정태적 수익접근법 개념

장래에 창출되는 현금흐름에 일정 할인율을 적용하여 현재가치로 산출하고 이를 기술가치로 도출하는 평가기법이다.

④ DCF모형의 기술가치평가 산식 빈출도 ★★☆

> **기술가치평가 수익접근법**
>
> $$기술가치 = \sum_{t=1}^{n} \frac{FCF_t}{(1+r)^t} \times 기술기여도$$
>
> t = 년 수, n = 기술의 경제적 수명, FCF = 여유현금흐름, r = 할인율

⑤ 기술가치평가(수익접근법)의 주요변수 빈출도 ★★★

㉠ 기술의 경제적 수명 : 어떤 기술자산을 이용함으로써 이익이 산출되는 기간을 의미하며, 기술자산을 이용함으로써 더는 이익이 발생하지 않게 되는 시점 또는 다른 기술자산을 이용함으로써 보다 큰 이익을 산출할 수 있게 되는 시점을 말한다. 실무에서는 기술의 경제적 수명을 산출하는 방법으로 주로 '기술순환주기(TCT)'* 지수를 사용한다.

*기술순환주기란 특허 DB를 분석하여 개별기술에 대한 특허의 연차별 인용빈도수를 활용하는 지수이다.

㉡ 여유현금흐름(FCF) : 사업주체가 일정기간 벌어들이는 총현금수입에서 현금법인세비용 및 현금영업비용과 미래 성장을 위한 순운전자본 투자 및 설비투자 지출액까지 차감한 다음에 남아 있는 현금흐름을 말한다. 매출액 추정에서부터, 원가 및 판매관리비, 자본적 지출, 운전자본 증감액 등을 추정하는 일련의 과정을 거치게 된다.

> FCF = 영업이익* − 법인세 − 자본적 지출 + 감가상각비용 − 운전자본증감액

*영업이익 = 매출액 − 매출원가 − 판매비와 관리비

ⓒ 할인율 : 수익접근법에서 미래여유현금흐름을 현재가치로 환산하기 위한 비율이다. 실무에서는 할인율 대용치로 가중평균자본비용(WACC)을 주로 사용한다.

WACC는 아래 식에서 보듯이 세후 타인자본비용과 자기자본비용을 자본구성비로 가중평균하여 산출한다.

$$WACC = (타인자본비용)^* \times (1 - 법인세율) \times (타인자본비율) + (자기자본비용)^* \times (자기자본비율)$$

*타인자본비용 = 상장기업 타인자본비용 + 추가위험 스프레드
*자기자본비용 = 상장기업 자기자본비용 + 사업화위험 프리미엄 + 규모위험 프리미엄

ⓓ 기술기여도 : 기술 도입 또는 사용에 따른 경제적 이익(순현금흐름의 증가분)의 창출에 기여한 유·무형자산 중 기술무형자산(또는 기술요소)이 이익창출에 공헌한 상대적인 비중이다.
기술기여도의 추정은 산업기술요소와 개별기술강도의 곱으로 정의하는 기술요소법을 활용하고 있으며, 기술의 비중을 반영하고 있다.

$$기술기여도 = 산업기술요소 \times 개별기술강도$$

또한 산업기술요소는 업종별 무형자산비중과 평균기술자산비중의 곱으로 산출한다.

$$산업기술요소 = 무형자산비중^* \times 평균기술자산비중^*$$

*무형자산비중 = 무형자산가치 / 기업가치
　무형자산가치 = 기업시장가치(시가총액) − 자기자본의 장부가치
　기업가치 = 기업시장가치(시가총액) + 부채가치
*기술자산비중 = 연구개발비 / (연구개발비 + 광고비 + 교육훈련비)

(2) 시장접근법 빈출도 ★☆☆

시장접근법은 평가대상 기술과 동일 또는 유사한 기술이 활성시장에서 거래된 가치에 근거하여 비교분석을 통해 상대적인 가치를 산정하는 방법을 말한다. 시장접근법은 다음과 같은 전제조건을 만족해야 신뢰성 있는 가치를 산출할 수 있다.

> **시장접근법 전제조건**
> - 비교가능한 기술자산이 활발히 거래되는 시장이면서 업종이 동일하거나 유사하여야 한다.
> - 비교가능한 기술자산에 대한 과거 거래실적이 다수 존재하여야 한다.
> - 비교가능한 기술자산의 거래가격에 관한 정보의 접근이 용이하여야 한다.
> - 독립된 당사자 간의 거래 즉, 거래 당사자들이 자유의사에 의한 거래이어야 한다.
> - 수익성, 시장점유율, 신기술의 영향, 진입장벽, 법적 보호범위, 경제적 잔존기간 등에서도 조건이 유사하여야 한다.

(3) 로열티공제법

① 로열티공제법의 개념

로열티공제법은 기업이 대상기술을 보유하지 못하여 제3자로부터 라이선스하는 경우를 가정하고, 대상기술의 경제적 수명기간에 라이선스 비용으로 지급해야 하는 로열티의 현재가치를 기술의 가치로 추정하는 방법이다.

② 로열티율 추정 및 조정계수 산출

로열티공제법을 사용하려면 로열티율을 추정해야 하며, 로열티율에 대한 조정계수를 산출하여야 한다.

③ 유사 모델의 로열티참조법

로열티공제법과 유사한 로열티참조법은 현재 기술보증기금에서 활용되고 있다. 로열티참조법은 단지 유사기술의 라이선스 거래에 적용한 로열티율을 참조함으로써 보다 다양한 분야에서 기술의 가치를 추정할 수 있는 방법이다. 로열티공제법이든 로열티참조법이든 기술의 가치를 산출하는 식은 동일하게 적용된다.

④ 로열티참조법 모델의 기술가치평가 산식(기보 활용 산식)

로열티참조법 기술가치평가 산식

$$기술가치 = \sum_{t=1}^{n} \frac{(로열티율 \times 조정계수 \times 매출액)(1 - 법인세율)}{(1+r)^t}$$

(t = 년 수, n = 기술의 경제적 수명, r = 할인율)

※ 로열티참조법은 현금흐름 산출방식이 수익접근법과 유사하지만 기술기여도는 적용하지 않음

⑤ 로열티참조법 현금흐름 산출 예시

구 분	1차 연도	2차 연도	3차 연도	4차 연도	5차 연도
추정매출액	500	550	650	750	850
세전로열티액[*1]	25	27.5	32.5	37.5	42.5
법인세	5	5.5	6.5	7.5	8.5
세후로열티액[*2]	20	22	26	30	34
현가계수(10% 가정)	0.91	0.83	0.75	0.68	0.62
현재가치[*3]	18.2	18.3	19.5	20.4	21.1
기술가치[*4]	97.5				

[*1] 세전로열티액 : 추정매출액 × 유사비교기술의 로열티율(5.0%) × 조정계수(1.0%)
[*2] 세후로열티액 : 세전로열티액 - 법인세
[*3] 현재가치 : 세후로열티액 × 현가계수
[*4] 기술가치 : 현재가치의 합

(4) 비용접근법(원가접근법) 빈출도 ★☆☆

① 비용접근법의 개념
평가대상 기술의 개발에 소요된 과거비용 또는 평가대상 기술과 동일한 경제적 효익을 가지는 대체기술을 개발하는 데 투입될 비용을 기준으로 기술의 가치를 산출하는 방법이다.

② 비용접근법의 구분
역사적 원가법, 재생산 비용법, 감각상각된 대체비용법, 조정재생산 비용접근법으로 구분된다.

③ 가치산출 순서
㉠ 재생산 가정 하에 과거의 기술개발 과정에서 투입된 요소들은 동일하게 유지된 상태에서 각 요소의 비용을 평가시점 기준으로 재조정한다.
㉡ 재조정한 후 개발자의 기회비용 보상액을 추정한다.
㉢ 진부화에 의한 가치 감소분을 차감한다.

④ 비용접근법 선택의 전제조건

> - 합리적으로 기술개발 비용의 산정이 가능하여야 한다.
> - 기술개발에 투입된 총비용과 진부화에 의한 가치하락을 산정할 수 있어야 한다.
> - 신기술 획득 내지 개발비용과 그 자산으로부터 내용연수 기간 중에 얻어지는 효익의 경제적 가치가 일치할 것으로 추정이 가능하여야 한다.

(5) 조정재생산 비용접근법 빈출도 ★☆☆

① 조정재생산 비용접근법의 개념
조정재생산 비용접근법은 역사적 원가법에 의해 기술개발 당시 투입된 비용을 평가시점에 재생산할 때의 비용으로 환산하고, 기술개발 후 경과된 기간에 의해 발생하는 기술의 진부화로 인한 가치감소분과 평가시점에서 특수한 수요증가 요인에 의한 가치가 상승할 가능성을 반영하여 기술의 가치를 산출하는 방법이다.
조정재생산 비용접근법의 산식은 다음과 같다.

> 기술가치 = 재생산비용 + 개발보상비용 − 진부화로 인한 가치감소분 + (선택요인 : 시장수요 가산요인)

② 조정재생산 비용접근법의 주요변수
㉠ 재생산비용은 기술개발 시 소요된 인건비, 연구기자재비, 기타연구개발비 등을 말한다.
㉡ 개발보상비용은 개발주체가 개발비용을 평가대상 기술의 개발에 투입하고, 여타 자본을 활용하는 기회에 투자하지 못했기 때문에 상실된 이익의 크기를 말한다.
㉢ 기술의 진부화란 새로운 기술이 적용된 제품이 지속적으로 개발됨에 따라 모든 자산 또는 기술은 그 가치가 감소하게 되는데 이를 진부화라고 하며, 자산의 감가상각과 유사한 개념이다.

〈표 1-22〉 전통적 비용접근법과 조정재생산 비용접근법

구 분		내 용	조정재생산 비용법
전통적 비용 접근법	역사적 원가법	• 평가대상 기술을 개발하는 데 투입되었던 과거의 제반비용을 합산하여 가치를 평가 • 평가대상기업이 기술개발비용에 대한 적절한 기록을 가지고 있는 경우에 적용 가능	과거의 원재료 등 투입항목 인정
	재생산 비용법	• 같은 원재료, 생산방법, 디자인 등을 사용해 현 시점에 다시 개발한다고 가정했을 때의 비용을 가치로 인정하는 평가방법	평가시점에 재생산 시 예상 투입비용 활용
	감가상각된 대체비용법	• 평가대상 기술과 다른 원재료, 형태 또는 외양을 가지지만 동등한 기능과 활용도를 가지는 자산을 재창출하는 데 소요되는 비용에 기술의 물리적 퇴화 및 진부화로 인한 가치감소를 반영하여 산출 • 비용접근법 중 공정시장가치를 가장 잘 반영하는 방식임	진부화 등에 의한 가치감소 반영

출처 : 기술보증기금 기술가치평가 실무매뉴얼, 기술신용평가입문(김재진, 2022)

개념체크OX

01 수익접근법에서 추정을 위한 핵심변수로는 기술의 경제적 수명, 여유현금흐름, 할인율, 기술기여도 등이 있다. O X

02 조정재생산 비용접근법은 역사적 원가법에 의해 기술개발 당시 투입된 비용을 평가시점에 재생산할 때의 비용으로 환산하고, 기술개발 후 경과된 기간에 의해 발생하는 기술의 진부화로 인한 가치감소분 등을 반영하여 기술의 가치를 산출하는 방법이다. O X

정답 O, O

단원별 출제예상문제

01 평가범위 측면에서의 기술평가에 대한 설명으로 옳지 않은 것은?

① 협의의 기술평가는 기술의 기술성, 사업성, 시장성을 검토하여 금액, 등급, 점수, 의견 등으로 표시하는 평가활동으로 정의하며 이는 미시적 관점에서 본 것이다.
② 광의의 기술평가는 기술과 관련된 정책결정에 중립적이고 사실적인 일련의 대안 및 결과들을 제공하기 위하여 신기술 도입 등에 대한 평가이다.
③ 현재 국내 기술평가이론과 실무방법에서 언급되고 있는 기술평가의 대부분은 협의의 기술평가를 바탕으로 하고 있다.
④ 조기에 경보하기 위해 실시하는 일종의 기술영향평가는 협의의 기술평가에 가깝다고 할 수 있다.
⑤ 기술이전법상 기술평가의 정의는 "사업화를 통해 발생할 수 있는 기술의 경제적 가치를 가액, 등급 또는 점수 등으로 표현하는 것"으로 명시되었다.

해설 조기에 경보하기 위해 실시하는 일종의 기술영향평가는 광의의 기술평가에 가깝다고 할 수 있다.
※ 평가범위 측면에서의 기술평가는 일반적으로 협의의 기술평가와 광의의 기술평가로 구분할 수 있다. 국내 기술평가이론과 실무방법은 대부분 협의의 기술평가 범위에 속하며, 광의의 기술평가는 신기술 등이 실제 적용 시 사회적·문화적·정치적·경제적 그리고 환경적 영향들에 어떻게 미치는가를 분석하는 평가이다.

02 기술가치평가와 기술력평가의 차이에 대한 설명으로 옳지 않은 것은?

① 기술가치평가는 화폐단위로 나타내고, 기술력평가는 등급이나 점수로 나타낸다.
② IP담보대출 평가는 지식재산권에 대한 기술가치평가이다.
③ 평가 목적에 있어서, 기술력평가는 기술사업화 주체가 기술을 사용하여 수익을 창출할 수 있는 능력이 어느 정도인지를 평가하는 데 반해, 기술가치평가는 기술이 사업을 통해 창출하는 경제적 가치를 평가하는 것이다.
④ 기술력평가에는 공정가치주의를 원칙으로 한다.
⑤ 기술가치평가에서는 몇 가지 기본 가정이 전제된다.

해설 기술가치평가는 전제 및 가정, 사용원칙 등이 정해져 있으며, 공정가치주의를 원칙으로 한다.
※ 기술평가의 유형은 등급이나 점수로 나타내는 기술력평가와 화폐단위로 나타내는 기술가치평가로 구분된다.

03 우리나라는 관련 법령에 따라 각각 기술평가기관을 지정하고 있다. 다음 중 이에 해당하지 않는 법령은?

① 기술이전법
② 벤처기업법
③ 발명진흥법
④ 산학협력법
⑤ 중소기업기본법

해설 중소기업기본법은 기술평가기관 지정과는 관련성이 없다.

04 기술력등급모형에 대한 설명으로 옳지 않은 것은?

① 기술력등급평가는 개별 기술의 상대적 수준 또는 기업의 전체적인 기술역량 등의 비교 우위성에 대한 평가결과에 미리 정해놓은 등급을 부여하는 평가방법이다.
② 기술력등급평가는 정량화가 곤란한 분야를 평가하는 경우에 사용되는 방법으로써 절대적으로 옳은 선택을 찾고자 할 때 적합한 평가방법이다.
③ 국내 기술평가기관들은 서로 다른 기술력 평가모형을 사용할지라도 기술성·시장성·사업성 평가 등 3가지 기본 평가영역과 경영자 관련 평가요소들을 공통적으로 포함하고 있다.
④ 평가의 목적 또는 기술의 성격과 환경에 따라 평가항목 및 가중치는 다르게 설정되며, 특정 항목에 대한 평가는 기술 분야별 특성과 평가전문가의 판단에 의존할 수밖에 없다.
⑤ 평가기관별로 기술평가등급의 표시방법 및 체계, 등급별 정의는 평가목적 또는 용도에 따라 다르게 운영되고 있다.

해설 기술력등급평가는 절대적으로 옳은 선택보다는, 보다 나은 최선의 선택을 찾고자 할 때 적합한 평가방법이다.

05 현재 시행 중인 벤처기업 확인유형에 해당하지 않는 것은?

① 예비벤처기업
② 벤처투자유형
③ 연구개발유형
④ 혁신성장유형
⑤ 대출·보증유형

해설 벤처기업 확인유형은 벤처기업의 요건에 따라 벤처투자유형, 연구개발유형, 혁신성장유형 그리고 예비벤처기업 등 4가지 유형으로 구분한다.
※ 예비벤처기업 확인은 기술보증기금 단독으로 기술성과 사업성을 평가해서 인증해주는 유형이다.

정답 01 ④ 02 ④ 03 ⑤ 04 ② 05 ⑤

06 기술보증기금의 기술력등급평가모형에 대한 설명으로 옳지 않은 것은?

① 2021년 1월부터 新기술평가시스템 즉, 에어레이트(AIRATE)를 적용하고 있다.
② 에어레이트는 KTRS의 진단·분석 결과와 축적된 기술평가 빅데이터를 기반으로 인공지능 등의 신기술을 적용한 새로운 기술평가시스템이다.
③ '전문가평가모형'과 '인공지능평가모형'이 독립적으로 상호 보완하는 구조로 결합되어 있다.
④ 기술사업성장평점과 기술사업위험평점을 가중결합하여 최종평점 및 최종 기술사업평가 등급을 산출한다.
⑤ 기술사업평가등급 체계는 10단계 등급으로 운영하고 있다.

해설 기술사업평가등급 체계는 보다 세분화하여 현재 14단계 등급으로 운영하고 있다.

07 기술가치평가의 전제 및 가정에 대한 설명으로 옳지 않은 것은?

① 기술가치평가는 기술사업화를 전제로 한다.
② 기술가치평가는 연구 단계를 포함하여 사업화 단계에 이르는 모든 기술을 대상으로 한다.
③ 기술가치평가는 기술의 사용에 따라 충분한 사업타당성이 있는 경우에 수행된다.
④ 기술가치평가는 객관성·전문성·신뢰성을 확보하도록 기술평가기준을 준수해야 한다.
⑤ 채택 가능성이 높은 조건을 설정하여 가장 효율적이고 효과적인 사용 원칙을 적용하여야 한다.

해설 연구 단계는 불확실성이 높기 때문에 기술가치평가는 부적절하다. 따라서 개발 단계 이상의 완성도에 이른 기술을 대상으로 하는 것이 적절하다.

08 대상기술의 경제적 수명기간 동안 기술사업화를 통해 발생할 미래 경제적 이익을 적정 할인율을 적용하여 현재가치로 환산하여 기술가치를 산출하는 방법은?

① 수익접근법
② 비용접근법
③ 로열티공제법
④ 시장접근법
⑤ 조정재생산접근법

해설 수익접근법에 대한 내용이다.
※ 기술가치평가의 방법에는 주로 수익접근법, 시장접근법, 비용접근법이 활용되며, 로열티를 환산할 수 있는 경우에는 로열티공제법도 활용된다.

09 기술가치평가모형 중 수익접근법에 대한 설명으로 옳지 않은 것은?

① 수익접근법은 평가 대상으로부터 발생되는 미래현금흐름의 현재가치 합계로써 평가 대상을 평가하는 방식이다.
② 이 방법의 가장 큰 유용성은 공정시장가치의 정의를 구체화하는 점이다.
③ 수익접근법에 필요한 핵심 추정변수는 기술의 경제적 수명, 여유현금흐름, 할인율, 기술기여도이다.
④ 미래의 수익을 추정하여 기술의 가치를 평가하는 가장 일반적인 방법이 수익접근법이다.
⑤ 동태적 수익접근법, 로열티공제법도 수익접근법에 포함된다.

> **해설** 로열티공제법은 수익접근법과 시장접근법의 성격을 동시에 가지고 있으므로 수익접근법에 포함된다고 할 수 없다.
> ※ 수익접근법은 추정기간 동안 발생하는 현금흐름의 변동요인이 반영되는지 여부에 따라 정태적 수익접근법과 동태적 수익접근법으로 구분할 수 있다.

10 여유현금흐름 산출식으로 옳은 것은?

- EBIT : 영업이익
- t : 법인세
- Dep : 감가상각비
- NWC : 운전자본 증감액
- CE : 자본적 지출액

① EBIT − t + NWC − Dep − CE
② EBIT − t + Dep + NWC − CE
③ EBIT − t + CE − NWC − Dep
④ EBIT − t + NWC + CE − Dep
⑤ EBIT − t + Dep − NWC − CE

> **해설** 여유현금흐름은 일련의 사업활동에서 발생하는 현금의 유입 및 유출에 대한 회계적인 분석에 의해 산출되는 값이다. 여유현금흐름을 산출하려면, 위의 5가지 항목을 필요로 한다.

11 기술력평가의 평가항목에 해당하지 않는 것은?

① 기술역량
② 시장잠재력
③ 사업화역량
④ 수익성
⑤ 기술경영역량

> **해설** 수익성은 기술가치평가와 관련이 있다.

정답 06 ⑤ 07 ② 08 ① 09 ⑤ 10 ⑤ 11 ④

12 기술의 이전 및 사업화 촉진에 관한 법률 시행령에서 정한 기술평가기관의 지정기준에 해당하지 않는 것은?

① 일정한 자격요건을 갖춘 전문가들을 상시 고용하여야 한다.
② 기술평가사업을 수행하기 위한 관리조직을 갖추어야 한다.
③ 기술가치, 기술력 등을 평가하는 기술평가모델을 보유하여야 한다.
④ 기술평가 실무가이드북을 갖추어야 한다.
⑤ 기술평가에 관한 정보의 수집·분석·유통 등을 위한 인터넷 홈페이지를 보유·운영하고 있어야 한다.

해설 기술이전법 시행령에서 정한 기술평가기관의 지정기준은 상시 고용 전문가(①), 관리조직(②), 기술평가모델(③), 정보망 보유·운영(⑤)이다.

13 기술력등급평가의 용도에 해당하지 않는 것은?

① 기술이전 및 거래를 위한 평가
② R&D 평가
③ 이노비즈기업 인증을 위한 평가
④ 중소벤처기업에 대하여 지원되는 기술개발 관련 자금, 창업자금 등 선정을 위한 평가
⑤ 코스닥 기술특례상장을 위한 평가

해설 기술이전 및 거래를 위한 평가는 기술가치평가의 용도에 해당한다.
※ 기술가치평가는 기술거래(기술의 구입, 판매, 라이선싱 등) 시 가격을 산정할 때 활용되며, 이외에도 기술투자, 경영전략, 법적 대응, R&D 관리, IP담보대출 등에 활용된다.

14 산업통상자원부의 기술평가 정책으로 옳지 않은 것은?

① 기술평가에 의한 벤처·이노비즈기업 인증·지원제도 시행
② 국가차원의 신뢰성 있는 기술가치평가모형 개발 및 활용인프라 구축
③ 기술가치평가 실무매뉴얼 제작 보급
④ 「기술평가기준 운영지침」 및 「기술평가품질관리 지침」 제정
⑤ 혁신형 중소기업 기술평가비용 지원사업

해설 기술평가에 의한 벤처·이노비즈기업 인증, 지원제도 시행은 중소벤처기업부의 기술평가 정책이다.

CHAPTER 03 기술신용평가(TCB)제도

> **출제포인트**
> - TCB 관련 정부 기술금융정책
> - TCB 추진배경 및 TDB의 이해
> - TECH평가와 은행 자체 TCB역량평가
> - 기술신용등급, 기술등급, 신용등급의 정의와 특성
> - 기술신용평가 절차
> - 기술신용평가등급 산출을 위한 평가모형의 구성과 특성
> - 기술신용평가서의 종류, 구성, 평가항목

제1절 TCB 관련 주요 정부정책 및 제도

1. 정부의 기술금융정책에 대한 이해 〈빈출도 ★★★〉

(1) 추진배경 및 경과

국내의 기술금융정책은 기술사업화와 금융이라는 두 가지 관점에서 추진되어 왔다. 산업통상자원부나 과학기술정보통신부 등에서는 기업의 기술사업화를 지원하는 수단으로 기술금융을 활용하였으며, 금융위원회, 중소벤처기업부 등에서는 금융산업의 변화와 중소기업금융 관점에서 정책을 수립하고 있다. 기술금융정책은 정부 여러 부처가 협력하여 추진하고 있다.

① 추진배경
  ㉠ 2014년 TCB평가제도가 도입되기 직전에 국내 기술금융시장은 기술보증기금의 기술평가보증이 절대적인 비중을 차지하고 있었으며, 당시 기술평가 인프라가 적었고 경험과 노하우도 빈약한 상태이어서 더 이상 기술금융을 확대하지 못하고 정체된 상황이었다.
  ㉡ 따라서 은행권 기술금융 활성화를 위해서는 무엇보다도 효율적이고 공신력 있는 기술평가시스템의 구축이 필수적인 상황이었다.

② 추진경과
  ㉠ 2013년 박근혜정부가 출범한 후 금융위원회는 창조경제를 뒷받침하기 위한 핵심정책 과제들을 선정하고 구체적인 추진방안을 마련하기 시작하였다.
  ㉡ 창조경제 구현을 위해서는 기술·아이디어가 제대로 평가되고 우수 아이템의 사업화 지원 및 금융지원이 이루어질 수 있는 환경조성이 필요하다는 결론에 이르렀다.
  ㉢ 2014년 1월 금융위원회가 「기술금융활성화를 위한 기술평가시스템 구축방안」을 발표하면서 기술신용평가(TCB)제도가 탄생되었다.

(2) 금융위원회의 「기술금융활성화를 위한 기술평가시스템 구축방안(2014.1)」

① 추진목표

금융기관의 기술금융을 활성화하기 위해서는 효율적인 기술신용평가시스템 구축이 전제조건이다. 또한 기술신용평가시스템이 효율적으로 운영되려면 기술신용평가에 필요한 기술정보·기술평가·거래정보에 대한 DB가 구축되고 접근이 용이해야 하며 다음으로 기술신용평가를 수행할 조직과 인력, 표준평가모형, 업무매뉴얼, 평가활성화를 위한 유인책 등이 있어야만 완전한 기술평가시스템 구축이라 할 수 있다.

② 주요내용

이 정책은 개인 및 기업에 대한 신용평가체계 구축 사례를 벤치마킹한 것으로, 기술정보 및 기술평가 시스템 구축을 통하여 기술금융의 기반을 마련하는 것이 주목적이다. 이러한 기술금융활성화의 기반이 되는 기술평가 생태계를 조성하기 위해 추진과제로 ㉠ 공공재적 성격의 기술정보DB 구축, ㉡ 민간 기술신용평가기관(TCB) 활성화, ㉢ 금융권의 기술평가 역량 제고, ㉣ 기술평가정보의 활용도 제고를 발표하였다.

〈표 1-23〉 기술신용평가시스템 구축을 위한 추진과제와 추진결과

4가지 과제	주요내용	추진결과
공공재적 성격의 기술정보DB (TDB) 구축	• 기술정보DB는 효율적 지배구조 설정이 중요하며 전문성과 독립성이 확보될 수 있는 TDB 구축 필요성 제기 • 기술정보, 권리정보, 시장정보, 평가 및 거래정보 축적 • TDB의 독립적 운영 구축 필요	• 현재 한국신용정보원에서 TDB 관리 및 운영 • 관련 근거 마련
민간 기술신용평가기관 (TCB) 활성화	• 외부 전문평가기관 설립 필요성 • 인적·물적요건 충족 시 민간 TCB사 허용 • 신용정보법 개정으로 TCB, TDB 법적근거 마련 필요성 제기	• 민간 TCB기관 설치 • 신용정보법 개정
은행의 기술평가 관련 역량 제고	• 금융회사 공동 표준모델 개발과 업무매뉴얼 개발 • 기술금융실적 및 평가 인프라 구축에 따른 인센티브 부여 제기 • 금융권의 전문인력, 평가조직을 독려차원에서 가점 부여 제기	• TCB평가모형 개발 • TECH평가 실시 • 은행자체역량 정착로드맵 마련
기술평가정보의 활용도 제고	• 은행의 신용평가, 여신심사 시 평가결과 반영 유도 • 투자자 보호를 위해 상장, 공시 등에 평가정보 활용 유도	• 기술신용정보 공유 • 정책금융 시 활용확대 • 투자용 기술평가모형 개발

출처 : 금융위 「기술금융활성화를 위한 기술평가시스템 구축방안(2014.1)」 내용을 토대로 저자 재정리

③ 추진결과

4가지 추진과제 모두 발표된 정책 그대로 추진되면서 현재는 기술신용평가시스템이 완전히 구축된 상태이다.

(3) TCB 관련 정책 추진경과

「기술금융활성화를 위한 기술평가시스템 구축방안」 발표 이후 수많은 정책과 제도가 시행되었다. 2014년부터 2021년까지 추진해온 TCB 관련 정책 추진경과는 〈표 1-24〉로 요약·정리하였다.

〈표 1-24〉 기술금융정책 주요내용 요약(2014년~2021년)

시 기	주요내용

2014	• 「기술금융활성화를 위한 기술평가시스템 구축방안」 발표(1월)
	  - 추진과제 : ① 공공재 성격의 TDB 구축 ② 민간 TCB 활성화 ③ 은행 등 금융권의 기술평가역량 제고 ④ 기술신용평가기관의 기술평가정보 활용도 제고
	• 은행권 기술신용대출 개시(6월)
	• TDB 서비스 개시(7월)
	• TCB평가기관 지정 : 기보, 한국기업데이터(6월), 나이스평가정보(7월)
	  ※ 기보는 2018년 6월 말 TCB 업무 종료
	• 「창조금융활성화를 위한 금융혁신 실천계획」 발표(8월)
	• 「기술금융실적 평가 및 인센티브 실시계획」 발표(9월)
	• TECH평가가 포함된 「은행권 혁신성 평가방안」 발표(10월)
	  ※ 2016년 상반기부터 TECH평가만 계속 실시하고 나머지는 폐지함

2015	• 신용정보법에 "기술신용정보" 추가 • 은행 및 TCB 기술금융 실태조사 실시(4월) • 투자용 TCB평가 개시(4월) • TCB평가기관 추가 지정 : 이크레더블(4월) • 「기술금융 체계화 및 제도 개선방안」 발표(6월) • 은행의 자체 TCB평가를 위한 「기술신용대출 정착 로드맵」 발표(8월)

2017	• 2단계 기술금융 발전 로드맵 발표(1월)
	  - 주요내용 : ① 질적 평가를 강화하는 방향으로 TECH 평가기준 개선 ② 기술평가와 여신심사 일원화 ③ 기술금융 투자 활성화 ④ TCB 신뢰성 및 활용도 제고 ⑤ TDB 인프라 정비
	• TCB평가기관 추가 지정 : 나이스디앤비(1월), SCI평가정보(3월)
	• 건강한 창업생태계 조성지원방안 발표(4월)
	  - TCB 및 TDB 활용 강화조치 포함
	• 혁신창업 생태계 조성방안 발표(11월)
	  - 통합여신평가모형 개발, 투자연계보증 도입

2018	• IP금융 활성화 종합계획 발표(12월) - 추진과제 : IP담보대출, IP보증, IP투자 활성화, 금융친화적인 IP가치평가체계 구축, IP담보대출 회수지원펀드
2019	• 기술금융실적 평가 개편
2020	• 신용정보법 및 시행령 개정 시행(8월) - 기업CB 인가 요건 등 명시 • 기술금융가이드라인 마련(12월)
2021	• 기술신용대출 잔액 300조원 돌파('21.7월 말 기준) • TCB평가기관 추가 지정 : 한국기술신용평가(9월) • 기술금융 체계 개편방안 발표(11월) - 주요내용 : ① TECH평가 지표 개편 ② '표준평가모형' 도입 ③ 기술평가 품질 관리체계 구축 ④ 통합여신모형 단계적 도입

출처 : 정부 발표내용 등을 토대로 저자 재정리

※ 2021년 11월 이후 기술금융정책은 제4장 제2절 참고

개념체크 OX

01 TDB구축을 처음 제시한 정책은 「기술금융활성화를 위한 기술평가시스템 구축방안」이다. O X

정답 O

2 TDB 빈출도 ★★★

(1) TDB의 개념

TDB(Tech Data Base)는 TCB평가기관 및 금융기관 등을 대상으로 기술평가 및 여신·투자 등에 활용되는 기술정보, 시장정보, 기술신용정보를 가공·분석한 정보 등을 제공하기 위해 신용정보법에서 정한 종합신용정보집중기관이 구축·운영하는 통합정보시스템을 말한다.

(2) TDB의 법률적 근거

TDB는 기술금융활성화를 목적으로 2014년 7월 설립되었으며, 신용정보법 및 동법 시행령, 신용정보업감독규정에 따라 한국신용정보원(종합신용정보집중기관)에서 그 기능을 수행하고 있다.

※ 시행 초기에는 전국은행연합회에서 TDB를 운영(2014.7)하였으나, 한국신용정보원이 설립(2016.1)되면서 TDB 관련 업무가 한국신용정보원으로 이전되었다.

(3) TDB의 역할 빈출도 ★★☆

TDB의 역할은 DB수집, DB생산, 평가분석, 기술사업화 지원이다.

〈표 1-25〉 TDB의 역할

구 분	내 용
DB수집	• 기관 간 네트워크 • 외부 시장정보 • 해외정보
DB생산	• 자체 생산 보고서 • 외부 전문가 활용 • 수집정보 가공
평가분석	• 모형 고도화 지원 • 기술금융 통계/분석 정보 • 기술평가 자원서비스
기술사업화 지원	• 기업 기술력 평가 지원 • 투자 및 융자 지원 • 기술사업역량 제고

출처 : 한국신용정보원 홈페이지 "기술신용정보(TDB)"

(4) TDB 제공 정보의 분류 및 내용

TDB 제공 정보는 정보의 원천에 따라 기술신용정보, 자체생산정보로 구분되며 최근에는 미래산업정보도 별도 제공하고 있다. 자체생산정보로는 기업기술력정보, 기술정보, 시장정보, 통계분석정보, IP금융정보, 참고정보가 있다. 현재 TDB는 신용정보법에 따른 기술신용정보 제공이용기관인 은행 및 TCB회사 외에 자율이용기관(기술평가 및 금융 산업과 관련 있는 공공기관 및 법에 근거하여 설립된 비영리기관) 등에서 이용하고 있다.

① 기술신용정보 빈출도 ★★★

㉠ 협의의 기술신용정보는 기술신용평가결과만을 의미하며, 광의의 기술신용정보는 신용거래능력판단정보, 신용거래정보, 신용도판단정보까지를 포함한 넓은 개념이다.

㉡ 한국신용정보원의 기술신용정보관리규약('24.9.5 개정)에는 기술신용정보관리기준을 명시하고 있는데, 이 기준에는 식별정보, 신용거래능력판단정보, 신용거래정보, 신용도판단정보에 대한 내용이 들어있다.
㉢ 식별정보란 특정 신용정보주체를 식별할 수 있는 정보이며, 신용거래능력판단정보는 신용정보주체의 신용거래능력을 판단할 수 있는 정보를 의미한다. 신용거래능력판단정보에는 기술신용평가정보, 기술가치평가정보, 기술신용평가신청 및 결과정보가 포함된다.
㉣ 신용거래정보란 신용정보주체의 거래내용을 판단할 수 있는 정보로 기술신용정보에 기반한 기업신용공여정보를 말한다.
㉤ 신용도판단정보란 신용정보주체의 신용도를 판단할 수 있는 정보로 연체정보와 부도정보가 포함된다.

〈표 1-26〉 신용거래능력판단정보

■ 기술신용평가정보

구 분	등록정보	내 용	등록 시기	등록 기관	비 고
기업 개요	발급번호	해당 기업체의 기술신용평가서 발급번호	등록사유 발생일 (기술신용 평가서 발급일자) 로부터 7영업일	기술신용 평가서 발급기관	기술신용 평가서 원문 포함
	기업개요	설립일자, 기업규모, 기업체주소, 종업원수, 업종코드, 기술코드 등			
평가 개요	평가모형	해당 기업체의 기술신용평가등급을 산출한 산출모형 코드			
	평가목적	투자참고/정책자금지원/기업홍보/기타 구분			
	등 급	기술신용등급, 신용등급, 기술등급			
	발급일자	기술신용평가서 발급일자			
	의뢰일자	기술신용평가 의뢰일			
	의뢰기관	신용정보원에서 부여한 기관코드 4자리			
	재무기준일	평가에 활용된 재무자료 기준일자			
	평가서 종류	신규/재평가 등 평가서 종류 및 현장실사 구분 등			
	기술금융대상조건	기술금융가이드라인에 따른 대상조건			
	기술신용등급	대/중/소항목 항목명과 항목별 평가등급			
	사업분야	사업분야별 주요제품 및 매출구성비(매출비중)			
	기술사업역량	경영주역량, 경영진역량, 기술개발환경, 기술개발실적, 인증/수상실적, 지식재산권 보유현황, 연구개발투자현황, 영업현황, 체크평가 소항목 판단근거 등			
	기술경쟁력	핵심기술명, 기술성격, 기술완성도, 기술수명, 혁신성장품목코드, 기술우수성, 시장규모, 시장성장률, 체크평가 소항목 판단근거 등			

■ 기술가치평가정보

구 분	내 용	등록기관	비 고
기업개요	해당 기업체의 기술가치평가서 발급번호, 기업체유형, 업종코드 등	기술가치평가서 발급기관	신용정보원 협약 기관에 한함
평가개요	평가의뢰기관, 사업유형, 평가대상 특허 등록번호, 평가대상 특허의 최종권리자, 평가대상 발명의 명칭, IPC코드, 평가용도, 평가비용, 평가방법, 평가기준일, 평가서 발급일 및 유효일 등		
평가내용	경제적 수명, 기여도/로열티율, 할인율, 평가결과(평가액) 등		

■ 기술신용평가신청 및 결과정보

구 분	내 용	비 고
기술신용 평가신청	여신신청금액, 여신실행예정일자, 온렌딩여부, 초기기업 우선치리 신청여부, 신청자 지점코드, 신청자 지점명, 평가관리번호, 평가신청 취소사유 등	신용정보원을 통해 은행과 평가기관 간 전송되는 기술신용평가 신청 및 결과정보를 별도 전산양식에 따라 신용정보원이 직접 등록
기술신용 평가결과	발급번호, 의뢰기관, 평가기관, 법인(사업자)등록번호, 등급, 발급일자, 기술사업역량 및 기술경쟁력 평가등급 및 판단근거 등	

〈표 1-27〉 신용거래정보 및 신용도판단정보

집중정보	구 분	등록정보	등록시기
신용거래정보	기업신용공여	전체 대출잔액, 전체 담보부대출잔액, 전체 운전자금대출잔액, 전체 시설자금대출잔액	등록사유일(매월 마지막 영업일)로부터 7영업일
	기술신용대출	기술신용대출잔액, 기술신용대출식별번호, 기술금융 대상, 거래구분, 신용공여과목코드, 기술신용대출 발생일자, 대출금액, 대출잔액, 금리정보, 기술신용평가정보, 지식재산권담보(보증)대출, 담보(보증)정보	
신용도판단정보	연체정보	연체여부, 원금연체금액	
	부도정보	부도여부, 최종부도일자	

ⓑ 등록기관은 신용정보주체의 신용거래능력판단정보를 다음 각 호에 따라 등록하여야 한다.
- 기술신용평가정보 : 등록사유발생일은 평가서 발급일로 하며, 등록사유발생일로부터 7영업일 이내에 등록
- 기술가치평가정보 : 등록사유발생일은 매분기 마지막 영업일로 하며, 등록사유발생일로부터 7영업일 이내에 등록
- 대출금융기관은 신용거래정보 및 신용도판단정보 등록 시 이와 관련한 기술신용정보를 포함하여 함께 등록

ⓢ 기술신용정보의 등록 및 이용기준 : 신용정보업감독규정(제26조의4 제3항 별표6)에는 기술신용정보와 기술신용정보 관련 신용공여현황 및 신용도 판단정보의 구체적인 등록 및 이용기준이 명시되어 있다.

〈표 1-28〉 신용정보업감독규정 "별표6"의 기술신용정보의 등록 및 이용기준

등록정보	등록기관	등록기준		이용기관
		대상주체	등록시기	
기술신용정보	영 제21조 제2항의 기관 중 해당 등록정보 보유기관	해당 기업 및 법인	등록사유발생일로부터 7영업일 이내	영 제21조 제2항의 기관 중 신용조사회사 중 해당 등록정보 보유기관
신용공여 현황 및 신용도 판단정보	상 동	상 동	상 동	상 동

② 자체생산정보

자체생산정보는 한국신용정보원이 외부로부터 수집한 기술정보, 시장정보 등을 토대로 자체 생산한 TDB정보를 말한다.

〈표 1-29〉 TDB 제공 정보 빈출도 ★☆☆

구 분	내 용
기업기술력정보	• BTIS(Business Technology Information System), 기업다중분석(TeMA) DB 등 기업기술력정보 • TCB평가결과정보 : 기술신용평가를 받은 기업에 대한 평가결과정보 • 기업비즈맵 : 기업의 거래관계 정보를 기반으로 기업의 비즈니스 현황을 한눈에 파악할 수 있는 인포그래픽 서비스
기술정보	• TDB기술정보 : 통계청 품목분류코드 및 산업부 산업기술분류코드에 따른 품목(기술)별 개요 및 동향, 업체 현황, 분석의견 등 • TDB Plus(심층분석 보고서) : 산업 또는 시장에서 이유화되는 기술(제품) 등을 선정한 심층분석 정보 등
시장정보	• TDB시장정보 : 통계청 품목분류코드에 따른 제품별 시장개요 및 특징, 시장규모 및 전망, 업체현황 외 정보 등 • TDB시장 Brief 정보 : 바이오, 식품, 화장품, 건설, 정보통신 등 업종 품목별 시장규모 및 업체정보 등 • TDB 해외시장정보 등
통계분석정보	• TCB 평가현황 통계(T-trend) : 기술신용평가기관의 기술신용평가 건수, 기술등급(T등급)의 분포 및 추이 • 기술금융(여신)현황 통계(F-trend) : 기술신용공여현황 추이를 은행별, 산업별 등 다양한 관점에서 분석하여 제공 • 기술금융 이슈 및 시장전망(TAGR 시장규모 추정) 분석 등
IP금융정보	• IP담보대출 현황통계, IP금융 기업정보 등
참고정보	• 증권사 산업분석보고서, 지적재산권, 논문, 외부시장정보 등

출처 : 한국신용정보원 홈페이지 TDB정보

③ 미래산업정보

6대 미래산업 분야(핀테크, 빅데이터, AI, 차세대 네트워크, 스마트 모빌리티, 첨단헬스케어)의 최신기술·시장동향 및 기업정보를 조사·분석하여 TDB 내(內) '미래산업정보' 서비스를 통해 제공하고 있다.

> **개념체크OX**
>
> 01 신용정보법의 종합신용정보집중기관은 현재 한국신용정보원으로 지정되어 있으며, 기술신용정보의 집중업무뿐만 아니라 자체생산정보 등을 제공하고 있다. O X
>
> 02 광의의 기술신용정보란 기술신용정보 외에 신용거래정보, 신용도 판단정보를 포함한 개념이다. O X
>
> 정답 O, O

3 기술신용평가기관 빈출도 ★★★

(1) 기술신용평가기관의 개념

기술신용평가기관은 독립적인 "TCB회사"와 "자체TCB은행"을 포함한다.

① TCB회사
  ㉠ TCB평가를 위한 인적·물적 요건을 갖추고 신용정보법(제2조 제8호의3 다목)에 의거 기업신용조회업 또는 기술신용평가업을 금융위원회로부터 인가받아 TCB평가를 업으로 하는 자를 말한다.
  ㉡ 현재 TCB업무를 수행 중인 곳은 한국평가데이터, 나이스평가정보, 이크레더블, 나이스디앤비, SCI평가정보, 한국기술신용평가 총 6곳이다(2024년 12월말 기준).

② 자체TCB은행
  금융위원회의 기술신용대출 정착로드맵에 따라 기술평가 역량을 갖춘 것으로 인정받아 자체적으로 TCB평가를 수행할 수 있는 레벨2~레벨4를 부여받은 은행을 말한다(※ 후술한 "은행 자체 TCB평가역량 심사" 참조, p.64).

(2) TCB회사의 인가요건

TCB회사는 TCB평가업무를 수행하는 데 필요한 조직과 전문인력, 평가모형, 전산시스템을 갖추어야 한다.

※ 신용정보법 및 동법 시행령이 개정(2020.8.5.)되면서 기업CB 인가단위를 기업등급제공, 기술신용평가, 정보조회업으로 구분하였고, 기술신용평가업을 인가받으려면 최소 자본금 20억원, 상시고용 전문인력 10명 이상을 보유하여야 한다.

〈표 1-30〉 TCB회사 인적·물적 인가요건

구 분	내 용	관련 법조항
인적 요건	기술신용평가업무를 하는 기업신용조회업을 영위하려면 다음 각호의 어느 하나에 해당하는 상시고용인력 10명 이상을 갖추어야 함 가) 공인회계사 나) 기술사, 기술거래사 또는 변리사 다) 3년 이상 신용정보주체에 대한 신용상태를 평가하는 업무에 종사했던 사람 라) 3년 이상 기술에 관한 가치를 평가하는 업무에 종사했던 사람 마) 3년 이상 기업정보조회업에 종사했던 사람 바) 3년 이상 신용정보 등의 분석에 관한 업무(정보분석 및 정보 기획 업무 등을 포함한다)에 종사했던 사람 사) 3년 이상 신용정보집중기관에 근무한 경력이 있는 사람	신용정보법 시행령 제6조 제1항, 제2항 제1호

물적 요건	설비 : 신용정보 등의 처리를 적정하게 수행할 수 있다고 금융위원회가 정하여 고시하는 정보처리·정보통신 설비	신용정보법 시행령 제6조 제2항 제2호

출처 : 신용정보법 시행령을 토대로 저자 재정리

4 은행권 기술금융 실적평가(TECH평가) 빈출도 ★★☆

(1) TECH평가의 개념

기술금융실적(TECH)* 평가는 기술금융 활성화 및 기술금융 인프라 정착을 위해 은행의 기술금융실적을 상대적으로 평가하여 평가결과에 따라 인센티브를 차등 부여하는 제도이다.

*TECH는 기술금융 비중(Technology Financing), 기술사업화 지원(Entrepreneurship), 신용지원 비중(Credit Financing), 전문인력(Human Resources)을 의미한다.

(2) 도입배경 및 경과

「TECH평가 및 인센티브 실시계획(2014.9)」과 TECH평가가 포함된 「은행혁신성 평가방안(2014.10)」을 발표·시행하였다. 이후 제도개선을 통해 2016년 상반기부터 은행혁신성평가 지표 중 기술금융실적평가(TECH평가)만 남겨두고 나머지는 폐지하였다. TECH평가 시행 이후에도 TECH평가지표는 그 동안 여러 번의 변경 과정을 거쳤다.

(3) TECH평가요소

〈표 1-31〉 TECH평가지표 요약

구 분	평가지표	배 점	평가요소
정량평가	1. 기술금융 공급규모	33	• 기술신용대출 총 잔액, 기술신용대출 차주 수 • 기술금융 우대금리 제공 정도 등(16점, 신설)
	2. 기술대출 기업지원	42	• 기술신용대출 중 신용대출 잔액 • IP담보대출 잔액
	3. 기술기반 투자	10	• 기술평가 기반 투자 순증액 및 증가율
정성평가	4. 지원역량	15	• 기술금융 역량강화 및 관리체계 구축, 품질제고 • 통합여신모형 도입 노력

출처 : 금융위원회 보도자료('24.6.28) 'TECH평가지표 개선사항'

① 평가지표의 기술금융 공급규모, 기술대출 기업지원, 기술기반 투자는 정량적으로 평가하고 지원역량(은행별 내재화 정도)은 정성적으로 평가한다.

※ TECH평가지표 중 평가요소와 배점은 정책목표의 취지에 따라 수시로 변경되고 있다.

② 2024년 6월 발표된 개선내용을 보면, TECH평가요소에 은행의 기술금융 우대금리 제공 정도 등을 신규로 추가하고 기술금융의 신용대출 배점을 확대하는 등 담보·매출이 부족하더라도 기술력을 보유한 기업이 대출한도나 금리에서 우대받을 수 있도록 하여 기술금융 본연의 취지를 강화하는 데 주안점을 두었다.

(4) 추진방향

① 기술금융 확대를 위한 은행 간 자율경쟁체계를 확립

은행별 기술금융 확대 여건을 고려한 리그 재편성을 통해 기술금융 활성화를 위한 효율적인 경쟁체계를 수립하였다. 인터넷 전문은행과 외국은행 국내지점을 제외한 모든 은행을 대상으로 반기별로 평가하며 대형리그, 소형리그, 기타로 구분하여 평가한다.

㉠ 대형리그 : 국민, 신한, 우리, 하나, 농협, 기업은행
㉡ 소형리그 : 부산, iM뱅크, 경남, 광주, 전북, 수협, 한국씨티, SC제일은행
㉢ 기타 : 한국산업은행, 한국수출입은행, 제주은행(이상 2025년 현재)

② 신뢰성 있는 평가체계를 마련

㉠ TECH평가 결과를 최종 검증하는 평가위원회를 구성하였고, TECH평가위원회는 매년 상·하반기를 구분하여 2회 TECH평가 결과를 발표하고 있다.
㉡ 평가위원회는 위원장은 금융연구원 부원장, 위원은 금융위원회 산업금융과장, 금융감독원 관련 직무팀장, 한국신용정보원 기술정보부장, 기보 기술평가부장, 한국금융연구원 연구위원 인력으로 구성된다.

〈표 1-32〉 TECH평가 일정 및 절차

구 분	자료작성	자료집계	평 가	확정·발표	인센티브
	은 행	금감원	각 실무반	평가위원회	기보·신보
상반기	~12월	~1월 말	2월 중순	2월 말	3월~8월
하반기	~6월	~7월 말	8월 중순	8월 말	9월~2월

③ 기술금융 확대 유인 제공으로 인센티브 차등 부여

TECH평가 순위에 따라 정책 금융 인센티브가 차등 부여되고 있다. 현재 정책금융 인센티브 차등 부여대상은 은행의 신용보증기금 및 기술보증기금에 대한 출연료율이다. 예를 들면, TECH평가 1~2위 은행은 출연료율을 내려주는 반면 하위 1~3위 은행은 출연료율을 올리는 방식으로 차등 부여하는 방식이다.

개념체크 OX

01 TECH평가에서 T는 기술금융 비중을 의미한다. O X

정답 X

---

5 은행 자체 TCB평가역량 심사 시행 빈출도 ★★★

기술금융분야에서 외부 TCB회사의 기술신용평가 시스템이 자리 잡게 되었으며, 역량을 인정받은 은행은 자체 기술신용평가를 통해 기술신용대출을 할 수 있도록 「은행 자체 TCB평가를 위한 기술신용대출 정착로드맵(2015.8)」을 마련하였다. 은행 자체 TCB평가역량 심사항목은 전문인력, 평가서 수준, 실시기간, 기타 물적 요건으로, 평가 결과에 따라 은행 자체 기술금융 수준을 레벨1에서 레벨4까지 단계적으로 상향하도록 되어 있다.

(1) 심사방법
① 자체 TCB평가를 실시하고 있거나 앞으로 실시하기 위해 심사를 신청한 은행을 대상으로 한다. 심사대상기간은 6개월 단위로 하고 해당 반기 동안 발급된 자체 TCB평가서가 심사 대상이다.
② 실시요건은 전문인력 수, 평가서 수준, 실시기간, 기타 물적 요건 등 4개 요건을 심사하여 자체평가 실시여부 및 단계를 결정하고 있다.

〈표 1-33〉 은행 자체 TCB평가역량 심사 단계별 세부요건 빈출도 ★★★

구 분	예비실시	부분실시		전면실시
	레벨1	레벨2	레벨3	레벨4
전문인력 수 (소형은행)	5명 이상 (3명 이상)	10명 이상 (5명 이상)	15명 이상 (7명 이상)	20명 이상 (10명 이상)
평가서 수준 (소형은행)	70점 이상 60% (70점 이상 70%)	70점 이상 70% (70점 이상 80%)	70점 이상 80% (80점 이상 80%)	80점 이상 80% (80점 이상 80%)
직전레벨 실시기간	–	6개월	6개월	1년
기타 물적요건	• 평가조직 : 자체평가 전문인력이 독립되어 평가업무가 가능한 별도 전담조직 마련 • 평가모형 : 현행 TCB평가모형에 준하는 자체 평가모형 개발 • 전산화 : 기술평가업무 전반에 대한 전산화 ※ 단, 레벨1은 평가자료의 전자문서화 및 중앙집중식 관리체계가 구축된 경우 인정 • 평가결과 집중체계 : 기술신용정보를 한국신용정보원에 집중하는 체계 마련			

출처 : 금융위 「은행 자체 TCB평가를 위한 기술신용대출정착 로드맵(2015.8)」 내용을 토대로 재정리

(2) 요건별 심사 기준 빈출도 ★★★

① 전문인력
은행 자체 TCB평가 전문인력의 요건은 다음과 같다.

> 상시 고용 기술전문인력
> • 자연계열 박사, 변리사, 기술사, 연구소* 근무 연구원(경력 3년 이상), 기술신용평가 업무 종사 경력자(경력 2년 이상)*, 기술거래사(취득 후 경력 3년 이상), 기술신용평가사 1급
>
> *연구소란 국공립・정부출연・대학부설・기초연구진흥 및 기술개발지원에 관한 법률 제14조 제1항 제2호의 기업부설 연구소를 의미한다.
> *기술신용평가 업무 종사 경력자의 인정범위는 기술이전법 제35조의 기술평가기관, 금융기관, TCB의 기술평가업무 경력을 의미한다.

출처 : 금융위 「은행 자체 TCB평가를 위한 기술신용대출정착 로드맵(2015.8)」 내용을 토대로 재정리

② 평가서 수준
은행의 대출이 승인된 TCB평가서를 임의추출하여 평가품질, 등급적정성, 기술금융의 적합성 등을 심사한다.

③ 실시기간
자체평가 단계에 따라 직전 실시레벨에서 일정 기간 이상 자체 TCB평가를 실시한 경우만 심사대상으로 운영하고 있다.

④ 기타 물적요건
평가조직, 평가모형, 전산화, 평가결과 집중체계 등으로 구성되어 있다.

(3) 심의체계

자체 TCB역량 심의위원회를 설치하고 심의위원회 운영·관리는 한국신용정보원이 수행한다.

(4) 레벨 진입 은행(2024년 12월 기준)

- 레벨4 진입은행 : 산업, 기업, 국민, 신한, 우리, 하나, 부산, iM뱅크, 농협
- 레벨3 진입은행 : 경남

6 기술금융가이드라인 마련(2020.12) 빈출도 ★★☆

(1) 기술금융가이드라인 구성

기술금융가이드라인은 기술금융 대상업종, 업무절차 등의 세부기준 등을 규정화한 지침서로 금융위원회가 마련하여 2021년부터 시행하였다. 가이드라인은 총 8장 74조로 구성되어 있다.

(2) 기술금융가이드라인 특징 요약

① 기술금융 인프라 체계적 구축 명시
② 기술평가대상 명확화
③ 기술신용대출 절차 명확화
④ 업무규범 및 윤리원칙 제시
⑤ 내·외부 품질관리체계 구축

(3) 주요내용

기술금융가이드라인 주요내용은 〈표 1-34〉와 같다.

〈표 1-34〉 기술금융가이드라인 주요내용

구 성		주요내용 및 주요사항
제1장	총 칙	(내용) 목적 및 적용범위, 기술금융 개념 및 용어 정의 (주요사항) ① 기술평가방식에 따른 기술금융 구분 ② 업무에 따른 기술평가자 범위 정의
제2장	기술금융 인프라	(내용) 기술금융 업무수행에 필요한 조직, 인력, 평가모형, 평가유형 및 종류, 전산화 등의 요건을 재정립·상세화 (주요사항) ① TCB평가모형 요건 재정의 ② 평가모형 개발·변경에 따른 절차 및 운영기준 정의
제3장	기술금융대상	(내용) 기술금융 절차상 주요 준수사항 및 기준을 정의 (주요사항) 기술금융 대상업종 정의, 대상업종 미해당 시 취급가능한 기준 및 절차 정의
제4장	기술신용대출 절차	(내용) 기술금융 절차상 주요 준수사항 및 기준을 정의 (주요사항) ① 표준평가서 및 간이평가 요건 강화 ② 기술신용평가 원칙(등급산출, 평가의견) 제시 ③ 내부검수체계 원칙(조직, 검수자, 검수기준, 관리) 제시 ④ 평가서 발급 전 사전등급 제공 금지 ⑤ 은행의 TCB평가서 적정성 점검 실시

제5장	기술평가 업무규범	(내용) 기술평가 독립성, 불공정 영업행위 방지, 기술평가자 윤리원칙, 이해상충 방지 등을 규정 (주요사항) ① 기술평가 독립성 보장 ② 타 상품 강요, 평가자 영업행위, 평가신청 대가 사은품제공 등의 불공정 행위 금지 ③ 기술평가자 윤리원칙 제시 ④ 이해상충방지(신용평가회사 표준내부통제기준 준용)
제6장	TECH 평가	(내용) 은행 기술금융 실적(TECH)평가를 규정화
제7장	은행자체 TCB평가역량 심사	(내용) 은행 자체 TCB역량 심사를 규정화
제8장	기술평가 품질관리체계	(내용) TCB회사 및 은행에 대한 내·외부 품질관리체계 구축 (주요사항) ① 품질요건 신설 및 준수 ② 내부 품질관리체계 구축(품질관리책임자에 의한 상시 품질모니터링 실시 및 보고) ③ 외부 품질관리체계 구축(외부 전문가로 구성된 '품질심사관리위원회'가 품질 수준을 반기별로 심사하여 품질 수준(등급)에 따른 인센티브를 차등 부여)

출처 : 기술금융의 이해와 실무(김재진·송경모 외 3명, 2021)

제2절 기술신용평가의 이해

1 기술신용등급의 개념 및 특성 빈출도 ★★★

(1) 기술신용평가 등급의 개념

기술신용평가는 용도에 따라 융자용과 투자용으로 구분된다. 융자용 기술신용평가는 기술등급, 신용등급, 최종등급(기술신용등급)으로 산출하여 평가한다.

① 기술등급

기술등급은 기업의 기술경쟁력과 기술사업화 역량 등을 평가하여 미래성장성을 나타내는 것으로 "T등급"으로 표시한다(예 T3, T4).

② 신용등급

신용등급은 기업의 재무상황 등을 평가하여 미래의 채무불이행위험을 나타내는 것으로 "CB등급"으로 표시한다(예 CB3, CB4).

③ 기술신용등급

기술신용등급은 기술등급과 신용등급의 가중합으로 산출하며, 기업의 미래성장가능성을 반영한 채무불이행위험을 나타내는 등급이다(예 A, BBB).

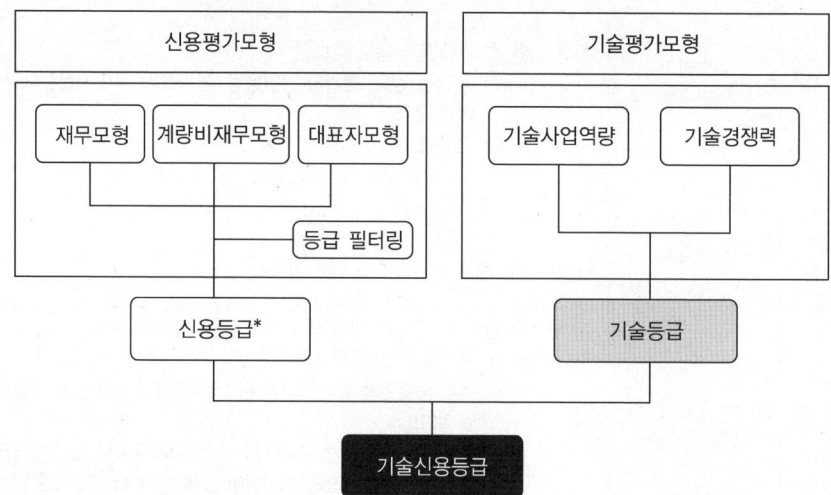

〈그림 1-4〉 기술신용등급 산출 프로세스

* 신용등급이란 재무모형, 계량비재무모형, 대표자모형의 결합으로 산출되는 시스템등급에 필터링을 적용한 계량모형등급을 의미함

출처 : 한국금융연수원 기술금융기초(김대철·최정현, 2021)

※ 참고로 투자용 기술평가는 "TI등급"으로 표시한다(예 TI 3, TI 4).

개념체크OX

01 기술금융가이드라인은 기술금융 대상업종, 업무절차 등의 세부기준 등을 규정화한 지침서로 산업통상자원부가 마련하여 2021년부터 시행하였다. O X

02 기술신용등급은 기업의 기술경쟁력과 기술사업화 역량 등을 평가하여 미래성장성을 나타내는 등급이다. O X

정답 X, X

---

2 기술신용등급체계 및 등급정의 빈출도 ★★★

(1) 등급체계

① 신용평가모형은 재무모형, 계량비재무모형, 대표자모형의 결합 형태이며 시스템등급에 필터링을 적용한 후 신용등급(CB등급)을 산출한다. 신용등급은 18등급 체계이다.

② 기술평가모형은 기술사업역량과 기술경쟁력의 결합 형태로 기술등급(T등급)을 산출한다. 기술등급은 10등급 체계이다.

③ 기술신용등급은 신용평가모형에서 산출된 신용등급과 기술평가모형에서 산출된 기술등급을 가중결합하여 기술신용등급(TCB등급)을 산출하게 된다. 기술신용등급은 18등급 체계이다.

④ 기술등급과 신용등급 간 결합비율은 여러 가지를 사용하나 일반적으로 3 : 7을 적용하고 있다. 현재 기술신용평가기관들은 한 가지 고정비율을 사용하거나, 규모, 업력 등에 따라 비율을 차등적용하기도 한다.

(2) 기술신용등급 이용 사례

기술신용등급 이용 목적에는 융자용, 투자용, 자사평가, KRX기술 특례상장, 조달청 평가 등이 있다.

〈표 1-35〉 기술신용등급 이용 사례

이용목적	이용주체	기술신용평가(등급) 종류		
융자용	은 행	기술신용평가	기술신용등급	TCB등급 = T등급 + CB등급
투자용	은행, VC, 기업	투자용 기술평가	투자용 기술평가등급	TI등급
자사평가	기 업	기술신용평가	기술신용등급	TCB등급 = T등급 + CB등급
KRX기술 특례상장	VC, 기업, 증권사 등 상장주관사	KRX기술평가	KRX기술평가등급	기술평가등급
조달청 평가	기 업	기술평가	기술평가등급	T등급

(3) 기술신용등급 정의

등급체계 및 정의는 기술신용평가기관별로 다르게 정하고 있다. 아래 〈표 1-36〉은 나이스디앤비의 기술신용등급 정의에 대한 예시이다.

〈표 1-36〉 기술신용등급 정의(예시)

등 급	부도율	정 의
AAA	0.02%	기술사업의 미래성장가능성을 충분히 고려할 때, 최소의 신용위험을 가지고 있으며, 가장 높은 신용상태를 보유한 기업
AA	0.04%	기술사업의 미래성장가능성을 충분히 고려할 때, 매우 낮은 신용위험을 가지고 있으며, 높은 신용능력을 보유한 기업
A	0.20%	기술사업의 미래성장가능성을 충분히 고려할 때, 낮은 신용위험을 가지고 있는 기업
BBB	0.70%	기술사업의 미래성장가능성을 충분히 고려할 때, 양호한 신용능력을 보유하고 있으나, 향후 신용능력의 저하 가능성이 존재하는 기업
BB	1.78%	기술사업의 미래성장가능성을 충분히 고려할 때, 보통의 신용능력을 보유하고 있으나, 외부환경 변화에 따른 신용능력의 저하가 우려되는 기업
B	4.85%	기술사업의 미래성장가능성을 충분히 고려할 때, 보통의 신용능력을 보유하고 있으나, 외부환경 변화에 따른 신용능력의 저하 가능성이 높은 기업
CCC	8.60%	기술사업의 미래성장가능성을 충분히 고려할 때, 낮은 신용상태이며, 향후 부실화가 예상되어 주의를 요하는 기업
CC	15.0%	기술사업의 미래성장가능성을 충분히 고려할 때, 열악한 신용상태이며, 향후 부실화 가능성이 높은 기업
C	60.0%	기술사업의 미래성장가능성을 충분히 고려할 때, 신용능력이 매우 열악하며, 향후 부실화 가능성이 매우 높은 기업
D	100%	현재 신용위험이 실제로 발생하였거나 부도에 준하는 상태에 처해있는 기업

*A, BBB, BB, B 등급의 경우 +/0/- 의 세부등급을 추가적으로 제시하여, 세부 18등급 체계이다.

출처 : 나이스디앤비

(4) TCB평가 활용

① 한도와 금리를 확정하고 기술신용대출을 결정하는 데 활용된다.
② 조달청 및 공공기관의 중소기업자 간 경쟁물품 입찰 건에 대한 계약이행능력심사 시 기술능력평가 항목에서 기술등급(T등급)을 활용한다.
③ 정부 R&D 과제 선정 시 기술등급이 우수하면 가점을 주거나 예외로 인정해 주기도 한다.
④ 우수등급을 받은 기업들은 회사 홍보자료로 활용한다.

(5) 기술신용평가의 특성

〈표 1-37〉 신용평가·기술평가·기술신용평가의 특성 비교

구 분	신용평가	기술평가	기술신용평가
평가대상	기업의 신용위험	기술력, 기술가치	기업의 신용위험 + 기술력
평가관점	재무실적, 지속 가능성	사업역량기반 미래 가능성	실적·현실기반 미래 가능성
평가지표	비교적 객관성 높음	주관성 > 객관성	주관성 + 객관성
한 계	무형자산 과소평가 가능성	신용위험평가 미흡	신용평가와 기술평가 결합에 따른 Trade-off 발생

출처 : 기술신용평가입문(김재진, 2022)

3 기술신용평가모형과 평가항목 구성 빈출도 ★★★

(1) 기보 TCB표준모형(2014년 처음 시행)

기술보증기금은 기술신용평가제도 시행에 맞춰 KTRS 기술평가표를 기반으로 '기보 TCB표준모형'을 개발하였다. 이 모형은 대항목 2개, 중항목 8개, 소항목 33개로 구성되었다.

※ 기술보증기금은 당초 기술신용평가기관이지만 금융위원회가 은행 자체 TCB업무 역량을 높이기 위해서 기술보증기금의 융자용 TCB업무 기간을 연장하지 않고 2017년 종료하였다.

(2) 기술신용평가기관의 TCB모형

① 현 황

기술신용평가기관의 TCB평가모형은 2021년까지 대부분 '기보 TCB표준모형'을 벤치마킹하여 각 평가기관마다 자체 특성을 반영한 자체 모형으로 지표 및 기준이 다르게 운영되어 왔다. 그러나 2022년 1월부터는 지표와 기준이 통일된 '표준기술평가모형'을 적용하여 운영하고 있다.

② '기보 TCB표준모형'과 '표준기술평가모형'의 연관성

'표준기술평가모형'은 '기보 TCB표준모형'을 변형한 형태이나 세부평가항목의 평가 내용은 동일하기 때문에 평가를 위한 세부내용 검토방법은 크게 차이가 없다. 다만 '표준기술평가모형'에서는 부도변별력(AR)과 기술력 평가(AHP) 관점에서 중요도가 높은 28개 항목을 선정함으로써 5개의 항목이 줄었다('기보 TCB표준모형'에서는 33개 항목이었음).

(3) 금융위(신정원) 표준기술평가모형 개발·운영(2022년부터 시행)

금융위원회는 2021년 11월 「기술금융 체계 개편 방안」을 발표하였는데 이 방안에는 '표준기술평가모형' 시행 내용도 포함되었다.

> **표준기술평가모형**
> 기술신용평가기관(TCB회사와 자체TCB은행)별로 기술평가 지표·기준이 달라 일관성이 부족하다는 지적에 따라 금융위원회는 '표준기술평가모형'을 마련하여 2022년 1월부터 적용·시행하고 있다. 표준기술평가모형은 한국신용정보원과 기술신용평가기관이 공동으로 개발한 표준 평가 기준 및 모형으로 중요지표 28개를 표준항목으로 정하고 있고 일반기업과 창업기업의 가중치를 달리하고 있다.
> 한편, 금융위원회는 통합여신모형을 단계적으로 도입하는 것을 추진하고 있으며, 도입방안을 3단계로 구분해 실시하기로 하였다. 현재는 1단계인 도입단계에 있다.
> 출처 : 금융위 「기술금융 체계 개편 방안(2021.11)」 내용을 토대로 저자 재정리

현재 TCB기관들이 운용 중인 '표준기술평가모형'의 구성체계는 〈표 1-38〉과 같으며, 후술한 TCB 평가지표 및 평가항목별 주안점 내용은 '표준기술평가모형'을 중심으로 설명한다.

〈표 1-38〉 TCB평가모형의 평가항목 구성체계 빈출도 ★★★

대항목(2)	중항목(8)	소항목(평가항목 28)
기술사업역량	경영주역량	동업종경험수준, 기술지식수준, 기술경영관리능력 (3)
	경영진역량 (관리능력)	기술인력관리, 경영진 전문성, 경영진 자본참여도 (3)
	기술개발역량	연구개발조직, 기술인력 전문성, 연구개발투자비율, 기술개발 및 수상(인증)실적, 지식재산권 보유현황 (5)
	제품화역량	생산역량, 투자규모의 적정성, 자금조달능력 (3)
	수익전망	마케팅역량, 판매처의 다양성 및 안정성, 수익창출역량 (3)
기술경쟁력	기술혁신성 (기술우위성)	기술차별성, 모방의 난이도, 기술완성도, 기술자립도, 기술확장성 (5)
	시장현황	시장규모, 시장성장성, 시장구조 및 특성 (3)
	제품우위성 (시장경쟁력)	인지도, 시장확보 가능성, 경쟁제품과의 비교우위성 (3)

출처 : 한국신용정보원, 금융위 '표준기술평가모형(안)' 내용을 토대로 저자 재정리

개념체크 OX

01 신용등급과 기술신용등급은 18등급 체계이다. O X

02 기술신용등급의 정의는 TCB회사 모두 공통으로 사용하고 있어 동일하다. O X

정답 O, X

4 금융위원회의 투자용 기술평가모형 빈출도 ★☆☆

(1) 투자용 기술평가모형의 특징

투자용 기술평가모형은 기업의 안정성 및 부실위험 예측에 중심을 둔 기존의 융자용 TCB평가모형과는 달리, 다음과 같은 특징이 있다.

① 성장가능성 평가에 초점을 두고 있고 등급화(TI등급)한 것이다.
② 기술보호성, 성장성, 수익성, 기업가정신, 신뢰성 등 투자 관점의 평가지표를 강조하였다.
③ 평가의 정확성을 제고하기 위해 기업을 성장단계별로 세분화하였다. 즉 사업화이전(창업 후 5년 이내 기업), 사업화이후(창업 후 5년 이내 기업), 일반기업(창업 후 5년 이후)이다.
※ 금융위의 기존 투자용 기술평가모형은 5년을 기준으로 한 반면, 산업부 발행 기술평가 실무가이드에서는 7년을 기준으로 하고 있다.

(2) 투자용 기술평가모형 구조

투자용 기술평가모형은 전문가 평점모형과 통계 평점모형이 결합하는 구조로 모형이 구성되어 있다.

〈그림 1-5〉 투자용 기술평가모형 구조

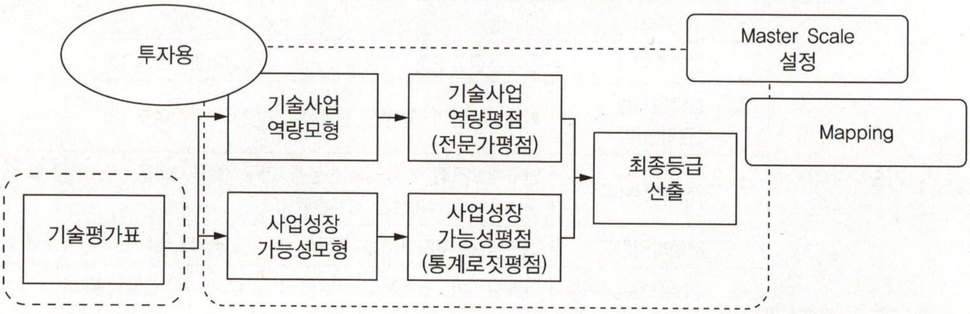

출처 : 금융위원회 보도자료(2015.12)

(3) 투자용 기술평가모형 등급산출 순서

① 적용모형의 결정
② 기술평가표에 따른 평가
③ 전문가모형 평점 산출
④ 통계모형 평점 산출
⑤ 종합평점 산출 및 등급결정의 순으로 진행한다.

종합평점 산출 시에는 전문가 평점과 통계 표준모형에 대한 가중치를 25% 및 75%로 각각 부여하고 이를 결합하여 최종평점을 산출한다.

> 최종평점 = (전문가 표준평점 × 0.25) + (통계 표준평점 × 0.75)

(4) 등급체계

투자용 기술평가모형의 등급체계는 10등급(TI1~TI10)이다. 등급별 정의는 기술력과 시장성장잠재력을 기준으로 미래성장가능성을 판별하는 방식으로 등급을 정의하고 있다.

(5) 투자용 기술평가모형과 융자용 TCB평가모형

〈표 1-39〉 투자용 기술평가모형과 융자용 TCB평가모형 비교

구 분	투자용 기술평가모형	융자용 TCB평가모형
평가목적	기술투자기업 선별에 활용	여신심사 및 의사결정에 활용
평가관점	성장성 및 투자회수가능성	부실가능성(신용위험)
평가결과	TI등급(10등급), 평가의견	T등급(10등급) + CB등급(18등급), TCB등급(18등급), 평가의견
모형종류	사업화단계별·업력별 세분화	업종·업력·기업규모별 세분화
등급산출	TI등급 : 기술사업역량평점(전문가평점)과 사업성 장가능성평점(통계로짓평점)의 가중합으로 산출	• T등급 : 전문가에 의한 기술평점 • TCB등급 : T등급(기술평점)과 CB등급(신용평점)의 가중합으로 산출

출처 : 기술평가와 금융(김재진, 2022) 내용을 토대로 저자 재정리

개념체크 OX

01 투자용 기술평가모형은 기술보호성, 성장성, 수익성, 기업가정신, 신뢰성 등 투자 관점의 평가지표를 강조하였다.

O X

정답 O

---

5. 기술신용평가모형의 적합성 검증

(1) 적합성 검증 개요

① 적합성 검증은 신용등급이 리스크를 적절히 차별화하고 리스크 요소 측정치가 관련 리스크 특성을 적절히 나타내고 있는지 여부를 평가하기 위한 절차 및 활동을 말한다.
② TCB평가모형별, 기업규모별, 소항목별로 변별력 및 안정성, 등급분포 분석, 그밖에 적합성 검증에 필요한 분석을 실시하여야 한다.

(2) 적합성 검증 방법

① 변별력 분석

변별력 분석은 개별 리스크 요소 역시 정상과 부도 차주를 구별하는 데 유의한 지표인지 여부를 검증하는 방법이다. 검증 방법으로는 주로 ROC곡선이 이용되고 있다.

② 안정성 분석

안정성 분석은 모형 내에 사용된 리스크 요인과 신용도 간의 인과관계가 적절하게 신용평가모형에 반영되었는지를 검증하는 것을 말한다. 검증 방법으로는 모집단의 안정성 지수(PSI)와 신용등급의 기간별 안정성 분석을 많이 이용한다.

③ 등급계량화

등급계량화는 평가모형의 결과에 따라 비슷한 리스크를 가진 차주끼리 묶어 등급화하는 과정을 말한다.

제3절 기술신용평가 실무

1 기술신용평가 절차 빈출도 ★★★

(1) 개 요

기술신용평가 절차는「기업이 금융기관(은행)에 대출을 신청 → 금융기관은 신청기업의 기술력을 고려하여 기술신용평가 대상 해당 여부 등을 확인한 후, 필요 시 TCB에 평가를 의뢰 → TCB는 평가에 필요한 서류를 기업에 요청하고 접수 → TCB는 기업에 대한 현장실사와 기술신용평가를 수행 → 기술신용평가서를 작성하여 금융기관에 회신 → 금융기관은 평가서를 활용해 여신심사를 실시하고 대출을 실행」하는 순으로 이루어진다.

〈그림 1-6〉 기술신용평가 절차 개요

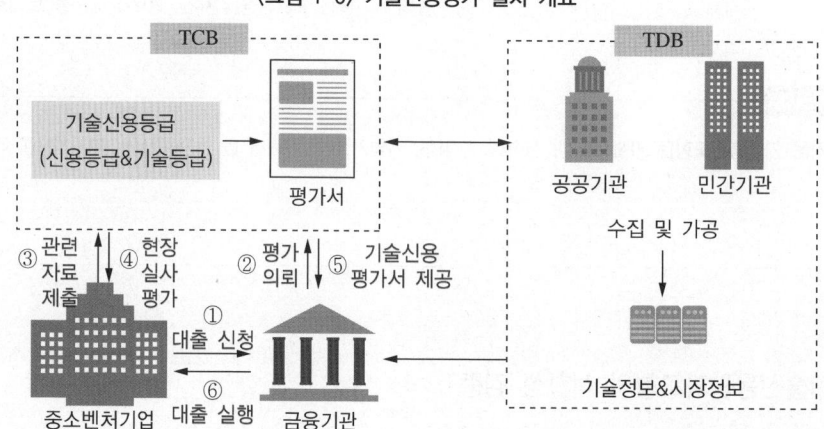

출처 : 한국금융연수원 기술금융기초(김대철·최정현, 2021)

(2) 기술신용평가 업무절차 순서

융자용 TCB평가 및 기술신용대출의 업무절차 순서를 수행주체 관점에서 보면 다음과 같다.

〈표 1-40〉 기술신용대출 업무절차 요약

절 차	수행주체	업무내용
① 대출상담	대출은행 (영업점)	상담 및 은행보유정보 등을 통해 대상기업 또는 업종 해당여부 판단, 기술신용대출제도·절차·규정 등에 대한 설명
② TCB 평가의뢰	TCB 회사 / 자체 TCB 은행	TCB회사, 자체TCB은행 기술평가전담부서에 표준·약식 등 평가유형을 구분하여 의뢰
③ 조사자료접수, 예비평가		• 조사자료는 기업 및 기술력 파악에 필요한 핵심자료 위주로 접수 • 현장실사 및 본평가 전 핵심사항 사전검토
④ 현장실사		평가자·전문가가 출장하여 경영자 등 면담, 기술 및 기업평가요소 확인
⑤ 본평가		평가등급산출, 분석 및 평가의견 작성, TCB평가 관련법규 준수
⑥ 내부검수		내부검수체계에 따라 평가의 품질관리
⑦ 평가서 발급		평점위원회 등급확정 후 평가서 발급, 발급 전 은행에 정보제공금지

⑧ 적정성 점검(심사, 대출)	대출은행 (영업점)		여신심사 시 TCB평가결과에 기반한 기술심사의견 반영, 기술력에 따라 대출금리·한도 등 차별 적용(TCB평가의견 적정성 점검)
⑨ 기술신용정보 집중	TCB 회사	자체 TCB 은행	기술신용정보를 등록사유일로부터 7영업일 이내에 한국신용정보원에 집중

출처 : 기술평가와 금융(김재진, 2022)을 토대로 저자 재정리

① 대출상담

기술신용대출 상담 시에 신청기업이 TCB평가서에 기반한 기술금융 대상기업 및 업종에 해당되는지를 판단해야 한다. 한편 차주에게는 현장실사 등 기술금융 절차를 반드시 안내하여야 한다. 실무에서 기술금융 대상 여부는 「기술금융가이드라인」을 참고하여 기술금융 대상 기업인지를 판단한다.

> **기술금융 대상**
> 중소기업기본법상 중소기업(자)에 해당하고 아이디어와 기술의 개발·사업화 등 기술연관성이 높은 업종과 기업으로 정의
> - 제조업, 지식서비스 산업, 문화콘텐츠 산업 중 기술연관성이 높은 업종
> - 기술기반 환경·건설업, 신재생에너지산업 영위기업
> - 벤처기업, 기술혁신형 중소기업(이노비즈), 지식재산권 보유기업, 신기술창업전문회사 등 기술연관성이 객관적으로 입증되거나 현재 연구개발비 지출 중인 기업 등
>
> 출처 : 「기술금융가이드라인」 제3장을 토대로 일부 요약정리

② TCB 평가의뢰

TCB 평가의뢰 시에 대출은행(영업점)은 평가유형을 결정하여야 하며, TCB회사에 의뢰할 것인지 당해 은행 기술평가전담부서에 의뢰할 것인지를 결정한다. 평가유형에 따라 평가의 범위와 내용이 달라지므로 표준·약식평가, 심층·간이평가 등 평가유형을 구분하여 평가의뢰한다.

〈표 1-41〉「기술금융가이드라인」에 따른 TCB 평가 종류 및 의뢰기준 빈출도 ★★★

종 류	표준평가 대비	의뢰기준
표준평가	세부평가의견 필수	• 은행과 관계가 형성되지 않은 최초 거래기업인 경우 • 자체 TCB평가서를 의뢰하는 경우로써 해당은행 기준으로 자체 TCB평가가 처음인 경우 • 기타 TCB평가서의 세부평가의견 반영이 필요한 경우로써 은행 내부규정이 정한 경우
약식평가	세부평가의견 생략	• 표준평가가 아닌 신규평가 • 재평가*인 경우에는 간이평가가 아닌 경우
간이평가	세부평가의견 생략 현장실사 생략	• 기술신용대출잔액 1억원 이하 기업 중 2회 이하 간이평가를 진행한 재평가인 경우 • 기술신용대출잔액 1억원 초과 기업 중 간이평가 실시여부 판별표에서 모두 "부" 판정을 받은 경우 • 재평가이면서 현장실사가 필요치 않은 경우 (※ 간이평가는 재평가인 경우에만 해당됨)
심층평가	세부평가의견 추가	리스크가 큰 대규모 여신 등 표준평가보다 강화된 기술력 평가가 필요한 경우

*재평가란 은행을 기준으로 평가서 유효기간 만료 후 3개월 이내에 전차와 동일한 TCB회사에 다시 의뢰하는 경우를 말함

> **개념체크 OX**
>
> 01 대기업뿐만 아니라 중견기업도 기술신용대출 대상에서 제외된다. O X
>
> 정답 O

③ **조사자료 접수 및 예비평가** 빈출도 ★★☆
  ㉠ 예비평가, 본평가에 앞서 대출신청기업으로부터 기본적인 서류를 받아야 한다. 공통적으로 접수하는 기본자료는 다음과 같다.
    • 필수자료 : 기술개요표(기술사업계획서), 정보제공동의서, 사업자등록증사본, 주주명부, 재무제표(최근 3개년) 등
    • 기업현황 자료 : 법인등기사항증명서, 4대보험 가입자명부(상시근로자수 확인에 필요), 회사소개서, 사업장 관련자료(부동산등기부등본, 임차계약서 등)
    • 기술력현황 자료 : 지식재산권목록, 기술개발·인증·수상실적, 기술인력 관련자료 등
  ㉡ 평가책임자는 기본자료를 토대로 평가대상 기술·사업현황, 동업계(업종) 및 시장현황 등을 개략적으로 파악한 후 현장실사 및 면담자료로 활용한다.

④ **현장실사** 빈출도 ★☆☆
  ㉠ 현장실사는 본평가 전에 실시하는 것으로 신규평가(표준) 시에는 반드시 현장실사를 하여야 한다. 다만, 천재지변 등으로 현장에 접근이 어려운 경우에는 현장실사를 생략할 수 있다.
  ㉡ 재평가의 경우에는 TCB회사가 작성한 기업조사표*를 활용할 경우에 현장실사를 생략할 수 있다.
    *기업조사표란 회사 개요와 함께 인력, 매출, 사업구조 등 지난 평가 때 조사했던 현황과 달라진 사항을 정리한 표를 말한다.

⑤ **본평가**
  ㉠ 평가등급 산출
    • 주관적인 판단이 필요한 경우 관련 근거를 반드시 명기하여야 한다.
    • 업종·업력·기업규모 등에 따라 다수의 모형을 운영할 경우, 해당 TCB회사의 운용기준에 의거 가장 잘 반영할 수 있는 모델을 선택·적용해야 한다.
  ㉡ 평가의견 및 주요 평가사항
    • 평가의견은 핵심기술, 기술경쟁력 및 차별성 등이 명확해야 하며, 등급과 의견 간에 일관성이 유지되어야 한다.
    • 주요 평가사항은 신청 기술(제품)의 기술성, 기술적용 제품/서비스 시장성, 기술적 역량, 기술사업화 타당성, 그리고 재무 상황, 영업 현황, 금융거래 현황 등이 있다.
  ㉢ 평가서 작성기간
    • 평가서 품질 저하를 최소화하기 위해서 접수일부터 평가서발행일까지 평가에 필요한 최소기간을 정하였다. 최소 작성기간은 영업일 기준으로 신규평가는 3일, 재평가는 2일이다.

〈표 1-42〉 본평가 시 수행내용

구 분	내 용
신청 기술에 대한 평가	• 핵심기술의 내용을 파악하고 그 기술의 독창성, 차별성, 모방 가능 여부 확인 • 신청 기술이 기존 사업(기술)과 연계성, 전략적 부합성을 갖추었는지 파악 • 생산설비의 보유 및 가동 현황, 제조시스템을 확인하고 신청 기술의 개발 및 제품화 가능성, 제품생산능력(시설, 인력, 원자재 조달) 파악
신청 기술(제품)의 시장성에 대한 평가	• 신청 기술을 제품화할 경우 해당 제품의 시장규모 • 유사·동일 제품의 생산업체와 시장현황 등 전반적인 시장구조 확인 • 신청기업의 영업·마케팅 능력을 파악하여 신청 기술을 사업화할 경우 시장에서의 기술 경쟁력 및 시장진입 가능 여부 파악 • 관련 해당 산업의 시장성장 가능성과 시장진입 시 선결과제(인허가, 인증, 제도적 규제)가 무엇인지 확인
신청 기업의 기술적 대응능력 평가	• 경영자의 기술 경험, 신청 기술에 대한 정확한 인식과 기술적 대처 능력 파악 • 신청 기업의 기술개발조직, 인력, 설비 등 기술개발능력 확인 • 기업 자체의 기술력(기술인증, 산업재산권, 기술개발실적)을 객관적으로 확인하고 필요할 경우 자료 획득
기업의 기술사업화 타당성 평가	• 현재 진행되고 있는 기업의 사업 현황(매출, 수주 현황 등) 확인 • 신청 기술의 사업화를 위한 전력 타당성 여부, 사업화 성공 가능성 확인 • 사업화 성공 시 기업에 미치는 영향(재무구조 개선, 매출, 시장 선점, 기존 사업의 수주 증가 등)을 종합적으로 파악
재무 상황, 영업 현황, 금융거래 현황 등 경영일반사항	• 주요 거래처 현황, 최근 영업 현황, 재무제표 및 부속명세서 등 확인 • 기타 대표자, 기술개발자, 경영일반에 대한 전반적 사항 검토

출처 : 기술금융의 이해와 실무(김재진·송경모 외 3명, 2021)를 토대로 저자 재정리

⑥ 내부검수 빈출도 ★☆☆

완료된 TCB평가서는 평가결과의 적정성 및 공정성 제고를 위해 내부검수체계를 통해 평가서 품질을 검수받게 된다.

㉠ 기술평가 품질관리는 TCB회사 및 레벨 4단계에 있는 자체TCB은행이 기술평가 인프라, 평가등급, 평가의견 등의 적정성을 검토하는 업무를 말한다. 단, 레벨 1~3단계의 TCB은행은 의무가 아닌 자율적으로 실시할 수 있다.

㉡ 기술평가 품질관리 요건은 전문인력요건과 다음의 검수체계요건으로 구분된다.
- (조직) 평가조직과 분리되어 검수업무를 주업무로 하는 독립된 검수조직
- (검수자) 기업·기술평가 관련 전문성을 갖춘 자로 충분한 검수인력을 확보
- (검수기준) 별도의 체계적인 검수기준을 마련·운영(검수의견, 체크리스트 등)
- (검수이력관리) 검수결과에 따른 피드백 및 보완사항 등에 대해 체계적인 관리 실시

⑦ 평가서 발급

TCB평가기관은 평가 및 검수를 거쳐 평정위원회에서 등급이 확정되면 TCB평가서를 의뢰 은행(대출은행)에 발급한다. 여기서 TCB평가기관이 유의할 점은 현장실사 또는 평가서 작성 착수 이후 평가서 발급 전까지 평가와 관련된 사항을 의뢰 은행에 제공해서는 안 된다는 점이다.

⑧ 여신심사·대출·적정성 점검

의뢰 은행(대출은행)은 「은행업감독규정」에 따라 여신심사 시 기업여신심사 의견에 TCB평가결과에 기반한 기술심사 의견을 기재하고 있다.

㉠ 기술심사 의견은 기업 기술력에 대한 심사역의 분석의견으로 TCB평가결과, 기술 현황 및 개요, 기술경쟁력 등에 관한 의견으로 구성된다.

㉡ 은행은 발급된 TCB평가서에 대해 평가등급 및 평가의견의 적정성 여부를 지속적으로 점검하여야 한다.

⑨ 기술신용정보 집중 빈출도 ★★☆

「신용정보업감독규정」 제24조의2 별표6 및 제26조에 따라 기술신용정보를 한국신용정보원에 집중해야 한다.

㉠ 기술신용평가기관인 경우 : TCB평가서 전문 및 원문 형태로 등록사유발생일(발급일)로부터 7영업일 이내에 집중해야 한다.

㉡ 은행인 경우 : 기술신용대출 관련 신용거래정보 및 신용도판단정보, 신용거래능력 판단정보를 등록사유발생일(매월 마지막 영업일)로부터 7영업일 이내에 집중해야 한다.

2 기술신용평가서의 작성 빈출도 ★★★

(1) TCB평가서 구성체계

① TCB평가는 평가 심도 및 범위, 현장실사 실시 여부 등에 따라 표준·약식·간이·심층평가로 구분하고 있다(평가기관마다 평가서명칭 및 구성방식 등에 차이가 있음).

〈표 1-43〉 평가유형별 구성 및 주요내용 빈출도 ★★★

평가유형	평가서 주요항목	평가서 주요내용
표준평가	기업 및 기술현황	• 기업개요 : 기업·대표자명, 법인·사업자번호, 설립일, 업종 등 • 기술현황 : 핵심(평가대상) 기술명 및 산업기술분류 등
	평가결과	평가등급(T등급, CB등급, TCB등급) 및 총괄의견 등
	평가요약	평가 세부항목별 평가등급 및 요약 평가의견
	세부평가의견	• 평가 세부항목별 등급산출 근거의견 • 평가대상기술 관련 기술성, 시장성, 사업성 세부 의견
	기 타	등급정의, 기업분석, Peer분석 등
약식평가	표준평가서에서 세부평가의견이 제외된 형태 등	
간이평가	약식평가와 동일하나, 현장실사를 생략하는 경우	
심층평가	표준평가서에서 세부평가의견이 강화된 형태 등	

출처 : 한국기술신용평가(주) 홈페이지

② TCB평가는 기존 거래·평가 여부, 유효기간 등에 따라 신규평가와 재평가로 구분한다.

〈표 1-44〉 TCB 신규평가와 재평가의 정의 빈출도 ★☆☆

평가종류	기 준	평가유형
신규평가	• 최초 기술금융 기업 등 기존 평가이력이 없는 기업에 대한 평가 • 기존 평가서의 유효기간 만료 후 3개월 이상 경과된 기업은 평가이력이 없는 것으로 간주	표준평가 약식평가 심층평가
재평가	은행을 기준으로, 평가서 유효기간 만료 등의 사유로 유효기간 경과 후 3개월 이내에 전차 평가와 동일한 TCB평가기관에 다시 평가를 의뢰하는 평가	약식평가 간이평가

출처 : 한국기술신용평가(주) 홈페이지

③ 평가서 기재내용 빈출도 ★★☆

㉠ 평가서 앞부분 : 발급번호, T등급, CB등급, TCB등급, 총괄의견 등 평가결과, 기업체명, 법인·사업자등록번호, 평가일자와 재무기준일, 평가기관 및 제출처(은행), 평가서 구분, 기본사항 등
㉡ 평가서 다음 부분 : 기업 및 기술현황, 세부항목별 평가결과, 중항목 중심의 요약평가의견, 세부평가의견 순으로 구성
㉢ 세부항목별 평가결과는 5점 척도로 평가한 소항목별 평가결과를 하나의 표로 정리
㉣ 요약평가의견은 중항목 중심으로 평가의견을 요약
㉤ 세부평가의견은 소항목 및 중항목에 대한 평가근거와 평가결과를 도표로 제시하고 그에 대한 평가의견을 약술

(2) 평가의견 작성

평가의견은 기술평가표에서 제시된 평가항목에 따라 평가한 내용들을 간략하게 기술하는 것이다. 평가의견 작성 시 유의해야 할 사항은 다음과 같다.
① 가급적 이해하기 쉽게 평범한 용어로 작성하며, 사진 또는 표, 그림 등을 활용한다.
② 핵심내용 위주로 기술하고, 간결·명확한 표현을 사용하며, 중복된 표현은 피한다.
③ 자료 내용들을 그대로 복제하는 것은 지양한다.

(3) 평가서 유효기간

기술신용평가서의 유효기간은 일반적으로 표지의 평가서 발급일로부터 1년을 원칙으로 하고 있다. 다만, 기술의 진부화속도 등을 감안하여 기술별로 유효기간을 단축하여 운영할 수 있다.

개념체크OX

01 TCB평가서 품질관리를 위해서 TCB회사 및 레벨1 ~ 레벨4 TCB은행은 자체적으로 내부검수체계를 반드시 갖추어야 한다. O X

02 약식평가는 현장실사도 없고 세부평가의견도 없는 평가방식이다. O X

정답 X, X

3 TCB 평가지표 및 평가항목별 주안점 빈출도 ★★★

본서에서는 한국신용정보원과 TCB기관이 공동으로 개발한 '표준기술평가모형'을 근거로 하여 서술한다. '표준기술평가모형'에서의 대항목은 2개로 나뉘어 있는데, 기술사업역량(내부 인프라)과 기술경쟁력(기술·시장 요소)이다.

(1) 기술사업역량(대항목)

기술사업역량에서의 중항목은 경영주역량, 관리능력(혹은 경영진역량), 기술개발역량, 제품화역량, 수익전망이 포함된다.

① 경영주역량

해당 소항목은 동업종경험수준, 기술지식수준, 기술경영관리능력으로 이루어져 있다.

〈표 1-45〉 경영주역량(중항목) 평가 주안점

소항목	평가 주안점
동업종경험수준	경영주의 동업종 근무경력을 정량적으로 평가
기술지식수준	전공분야 학위, 자격증, 동업종 경력 등을 종합적으로 고려하여 정량적으로 평가
기술경영관리능력	기술경영 지식, 인력·조직관리, 기술경영전략, 사업수완·의지, 기업가정신 등

㉠ 동업종경험수준은 일반적으로 한국표준산업분류의 중분류가 일치하는 경우를 동업종 근무경력으로 인정하고 있다.
㉡ 기술지식수준은 경영주의 취득학위, 전공학과, 자격증 및 근무경력 등의 확인을 통해 종합적으로 판단한다. 동업종경험수준과 기술지식수준은 객관적인 평가가 가능한 항목이다.
㉢ 기술경영관리능력은 경영주로서 갖추어야 할 기술인력·조직관리, 기술경영전략, 대외협상력, 사업수완, 사업화 의지 등을 평가하는 것으로 이에 부합하는 다수의 항목을 정해놓고 충족 정도를 체크하는 체크리스트 방법을 사용하는 항목이다.

② 경영진역량(관리능력)

경영진역량 혹은 관리능력이라고도 한다. 경영진역량은 경영주를 제외한 관리, 기획, 재무, 기술(디자인), 마케팅 등을 담당하는 핵심인력의 관리분야 경력 및 전문지식, 경영전략, 기술인력관리 등을 종합적으로 평가한다.

〈표 1-46〉 경영진역량(중항목) 평가 주안점

소항목	평가 주안점
기술인력관리	연구개발·생산기술인력 등, 인센티브, 목표관리 등의 관리체계
경영진 전문성	경영진(관리, 기획, 재무, 기술)의 학위, 경력, 전문지식, 경영전략 등을 평가
경영진 자본참여도	상근 경영진의 실질적인 지분참여를 검토하여 평가

㉠ 기술인력관리에서는 기술인력에 대한 인센티브 제도 보유 여부, 기술개발과 관련된 목표관리시스템 보유 여부 그리고 연구책임자의 역량 등을 평가한다.
㉡ 더 많은 경영진이 자본참여를 한다면 기업의 가치를 올리는 데 더 적극적으로 기업 경영에 참여하기 때문에 해당 평가지표의 점수가 높이 평가된다.

③ 기술개발역량

기술개발역량은 평가기준이 계량화되어 있어 평가결과가 객관적이다.

〈표 1-47〉 기술개발역량(중항목) 평가 주안점

소항목	평가 주안점
연구개발조직	기업부설연구소 또는 연구개발전담부서, 자체연구소 운영 및 보유기간
기술인력 전문성	기술개발인력의 질적·양적 수준을 평가, 평가방법은 경영주와 동일
기술개발 및 수상(인증)실적	최근 3년간 기술개발, 기술관련 인증 및 수상실적 평가
지식재산권 보유현황	특허, 실용신안, 디자인, 상표 등 보유현황
연구개발투자비율	당기연구개발비 대비 매출액 비율

㉠ 연구개발조직은 한국산업기술진흥협회가 인증한 기업부설연구소 또는 연구전담부서 보유 여부와 보유기간을 평가하게 되며, 인증이 안 된 자체연구소를 보유하는 경우에는 배점을 상대적으로 낮게 평가한다.

㉡ 기술인력의 범위는 연구개발 인력 외에도 공정기술과 품질관리 등의 생산인력도 포함한다.

㉢ 기술개발실적에서는 보다 세분화하여 기술개발실적, 기술상용화실적, 제품상용화실적으로 구분함으로써 기술상용화실적에 가점을 주는 방식을 사용한다.
- 기술개발 : 자체 중장기 계획에 따라 기술개발을 완료하여 시제품을 제작한 경우
- 기술상용화 : 기술개발을 기반으로 제품화하여 시장에 출시한 경우
- 제품상용화 : 동일한 기술을 사용하나 제품이 상이한 경우로, 금형을 제작하는 기술을 보유한 기업이 고객사로부터 기본 금형 설계 후 Spec.을 변경한 금형을 제품으로 납품하는 경우
※ TCB평가 현장실사 실무에서는 기술상용화와 제품상용화를 구분하기가 어려울 경우가 많이 발생하는데, 기본 금형에서 변경하여 금형으로 뜬 제품 개발은 제품상용화로 보면 된다.

㉣ 인증은 최근 3년 이내의 기술 관련 인증을 실적으로 인정한다. 예를 들면, ISO 인증시리즈, NET, NEP, IR52장영실상 등이다.

㉤ 수상은 최근 3년 이내의 기술 관련 수상을 실적으로 인정한다. 벤처창업대전 수상, 대한민국 기술대상 수상 등은 인정되지만, 국세청의 우수납세자 표창은 수상으로 인정되지 않는다.

④ 제품화역량

제품화역량은 생산역량, 투자규모, 자금조달능력 등을 평가자의 주관적 판단 또는 체크리스트 방식으로 평가한다.

〈표 1-48〉 제품화역량(중항목) 평가 주안점

소항목	평가 주안점
생산역량	생산시설이나 투입인력 그리고 재료와 부품조달용이성 등을 고려하여 평가
투자규모의 적정성	투자계획의 수립 여부와 소요자금 추정의 적정성 등을 종합적으로 평가
자금조달능력	경영주와 기업이 향후 필요자금을 적기에 조달할 수 있는 능력을 평가

㉠ 생산역량은 생산시설 규모·수준, 생산인력 수준 및 수급상황, 원재료·부품의 수급용이성을 평가한다. 외주생산의 경우에는 외부생산업체의 안정성과 품질·가격 경쟁력을 평가한다.

㉡ 투자규모의 적정성은 기술(제품)의 개발, 제품화, 상용화 및 마케팅 등 전 과정에 대한 투자계획의 수립 여부와 소요자금 추정의 적정성, 투자규모의 적정성을 종합적으로 평가한다.

⑤ 수익전망

수익전망은 마케팅역량, 판매처의 다양성 및 안정성, 수익창출역량을 평가하며, 평가자의 주관적 판단 또는 체크리스트 방식으로 평가한다.

〈표 1-49〉 수익전망(중항목) 평가 주안점

소항목	평가 주안점
마케팅역량	시장 및 경쟁업체 분석 자료 수립 여부, 마케팅 조직 및 인력수준 평가
판매처의 다양성 및 안정성	판매처의 다양성 여부, 지속적인 거래유지 가능성 여부 등을 평가
수익창출역량	매출액 대비 이익 증대 노력, 투자회수가능성, 비용 구조 등을 평가

㉠ 마케팅역량은 마케팅 조직, 마케팅 인력수준, 시장분석능력 및 전략보유 등을 평가한다.
㉡ 판매처의 다양성 및 안정성은 판매처 수, 매출비중, 거래기간, 거래조건 등과 매출비중이 큰 주요 거래처와의 지속적인 거래관계 유지가능성 등을 평가한다.
㉢ 수익창출역량은 매출액 대비 이익 규모, 이익실현 시기, 비용 구조 및 투자 회수가능성 등을 종합적으로 평가한다.

(2) 기술경쟁력(대항목)

기술경쟁력의 중항목으로는 기술혁신성, 시장현황, 시장경쟁력이 있다.

① 기술혁신성(기술우위성)

기술혁신성은 평가대상기업의 기술경쟁력을 평가자의 주관적 판단 또는 체크리스트 방식으로 평가한다. 기술혁신성은 기술우위성이라고도 한다.

〈표 1-50〉 기술혁신성(중항목) 평가 주안점

소항목	평가 주안점
기술차별성	기존 기술 대비 기술의 차별성 및 신기술 분야 개척가능성 등을 고려하여 평가
모방의 난이도	기술개발에 소요되는 비용, 기간, IP등록, 사업에 미치는 영향으로 평가
기술완성도	기술의 단계(아이디어, 시제품제작, 제품화완료, 양산준비, 사업화) 평가
기술자립도	사업화를 위한 다른 보완기술 또는 지원기술의 필요 여부 등을 기반으로 평가
기술확장성	신청 기술이 가지고 있는 기술의 확장성을 평가

㉠ 기술차별성을 평가할 때는 업종별(제조업, SW업, 디자인업 등) 특성을 감안하여 평가해야 한다.
㉡ 모방의 난이도를 평가할 때는 평가대상기술이 IP등록이 되었는지, 리버스엔지니어링*으로 모방이 어려운 기술인지, 개발비와 소요기간의 필요 수준이 어느 정도인지를 평가한다.

*리버스엔지니어링이란 모방하고자 하는 제품을 분리·분해를 통해 동일한 제품을 만들어 내기 위한 각종의 자료를 얻어내는 것을 말한다. 리버스엔지니어링이 용이할수록 모방의 난이도는 낮아진다.

㉢ 기술완성도는 평가대상기술이 아이디어 단계에서 사업화 단계에 이르는 과정 중 어디에 위치하고 있는지를 파악하는 지표이다.
㉣ 기술확장성은 평가대상업체와 평가대상기술을 바탕으로 타 분야로의 확장성을 평가자가 주관적인 판단 또는 체크리스트 방식으로 평가한다.

② 시장현황

시장현황은 시장규모, 시장성장성, 시장구조 및 특성 등을 고려하여 평가자의 주관적 판단 또는 체크리스트 방식으로 평가한다.

〈표 1-51〉 시장현황(중항목) 평가 주안점

소항목	평가 주안점
시장규모	기술적용 제품군의 국내외 시장규모, 공신력 있는 자료를 활용하여 평가
시장성장성	시장의 성장추세 및 전망 등을 고려하여 평가
시장구조 및 특성	집중도, 시장의 비용구조, 경쟁상황, 해당 제품이 속한 시장의 특성을 평가

③ 제품우위성(시장경쟁력)

제품우위성은 시장경쟁력이라고도 한다. 제품우위성은 기술적용 제품의 인지도, 시장확보 가능성, 경쟁제품과의 비교우위성을 평가자가 주관적 판단 또는 체크리스트 방식으로 평가한다.

시장현황은 평가대상업체의 제품이 속한 시장의 규모, 성장성, 구조, 특성을 평가하는 데에 초점을 둔 반면에, 시장경쟁력은 평가대상업체의 제품이 얼마나 우위성을 가지고 시장에 진입할 수 있느냐에 초점을 둔 평가이다.

〈표 1-52〉 시장경쟁력(중항목) 평가 주안점

소항목	평가 주안점
인지도	제품 또는 브랜드에 대한 인지의 정도, 고객충성도 등 평가
시장확보 가능성	시장진입장벽 등을 파악하여 평가
경쟁제품과의 비교우위성	경쟁제품의 존재여부, 가격, 품질 경쟁력, 대체가능성 등 평가

개념체크OX

01 TCB평가 항목에서 기술혁신성(중항목)은 기술사업역량에 포함된다. O X

02 TCB평가 항목 중 제품화역량에는 생산역량, 투자규모 대비 적정성, 자금조달능력, 마케팅역량이 포함된다. O X

정답 X, X

CHAPTER 03 | 기술신용평가(TCB)제도

단원별 출제예상문제

01 2014년 금융위원회는 기술신용평가에 기초한 기술금융활성화 정책의 추진과제를 발표하였다. 다음 중 4가지 추진과제에 해당하지 않는 것은?

① 은행 혁신성 평가 도입
② 공공재 성격의 기술정보DB(TDB) 구축
③ 민간 기술신용평가기관(TCB) 활성화
④ 금융권의 기술평가역량 제고
⑤ 기술평가정보의 활용도 제고

> **해설** 금융위는 「기술금융활성화를 위한 기술평가시스템 구축방안(2014.1)」을 발표하면서 4가지 추진과제(②·③·④·⑤)를 제시하였다. 같은 해 10월에는 "TECH평가"가 포함된 「은행권 혁신성 평가방안」을 발표하였다.

02 TCB와 TDB에 대한 설명으로 옳지 않은 것은?

① TCB와 TDB의 운영주체는 다르다.
② TCB와 TDB는 상호 밀접한 연관관계를 가지고 있는 네트워크이다.
③ TCB와 TDB 모두 금융위원회가 '기술금융활성화 정책'을 추진하면서 탄생되었다.
④ TCB에서 TDB를 구축·관리하고 있다.
⑤ TCB와 TDB의 근거 법률은 동일하다.

> **해설** 기술평가 생태계는 금융회사(은행), TCB, TDB 등이 끊임없이 상호작용하며, 기술정보·평가정보 등을 공유·환류해 나가는 유연한 네트워크이다.
> ※ TCB는 Technology Credit Bureau의 약어로 기술신용평가기관이며, TDB는 Technology Data Base의 약어로 기술정보 DB 등을 포함한 통합정보시스템으로 한국신용정보원이 그 기능을 수행하고 있다. TCB, TDB는 모두 신용정보의 이용 및 보호에 관한 법률을 근거로 하여 탄생되었다.

03 기술신용평가 수행기관(등록기관)은 해당 기업 및 법인의 '기술신용정보'를 반드시 등록해야 한다. 다음 중에서 등록시기로 옳은 것은?

① 등록사유발생일로부터 3영업일 이내
② 등록사유발생일로부터 5영업일 이내
③ 등록사유발생일로부터 7영업일 이내
④ 등록사유발생일로부터 10영업일 이내
⑤ 등록사유발생일로부터 2주 이내

> **해설** 「신용정보업감독규정」 "별표6"에는 기술신용정보의 등록 및 이용 기준을 규정하고 있다.
> • 기술신용평가기관인 경우 : TCB평가서 전문 및 원문 형태로 등록사유발생일(발급일)로부터 7영업일 이내에 집중해야 한다.
> • 은행인 경우 : 기술신용대출 관련 신용거래정보 및 신용도판단정보, 신용거래능력 판단정보를 등록사유발생일(매월 마지막 영업일)로부터 7영업일 이내에 집중해야 한다.

04 TECH평가에서 TECH가 의미하는 것 중 가장 거리가 먼 것은?

① 기술금융 비중
② 기술사업화 지원
③ 신용지원 비중
④ 지원역량(전문인력)
⑤ 기술성숙기업 지원

> **해설** TECH에서 T는 기술금융 비중(Technology Financing), E는 기술사업화 지원(Enterpreneurship), C는 신용지원 비중(Credit Financing), H는 전문인력(Human Resources)을 의미한다.

05 TECH평가지표 중에서 정성평가 지표에 해당하는 것은 다음 중 어느 것인가?

① 공급규모
② 시스템
③ 신용지원
④ 우수기술
⑤ 투 자

> **해설** 정성평가 지표에는 기술금융 역량, 리스크관리, 시스템이 포함된다.
> • 정량평가 평가지표 : 공급규모, 기술대출기업지원, 기술기반 투자확대
> • 정성평가 평가지표 : 지원역량(기술금융 역량, 리스크관리, 시스템)

정답 01 ① 02 ④ 03 ③ 04 ⑤ 05 ②

06 은행 자체 기술신용평가 역량 심사 요건으로 빈칸에 들어갈 말이 옳게 연결된 것은?

항 목	레벨1(예비)	레벨2(정식)	레벨3(정식)	레벨4(전면)
전문인력 (소형은행 제외)	5명 이상	10명 이상	15명 이상	(㉠) 이상
직전 실시기간	–	6개월	6개월	(㉡)
자체 TCB대출 가능금액	–	20%	(㉢)	제한 없음

	㉠	㉡	㉢
①	25명	1년	40%
②	20명	1년	50%
③	20명	6개월	50%
④	25명	6개월	40%
⑤	20명	1년	80%

해설 ㉠ 20명, ㉡ 1년, ㉢ 50%이다.
※ 「기술신용대출 정착로드맵(2015.8)」에 따라 은행 자체 TCB평가역량 심사제도가 탄생했다. 요건별 심사는 전문인력, 평가서 수준, 실시기간, 기타 물적 요건을 대상으로 하며, 레벨 단계별로 요건을 구분하였다.

07 기타 물적 요건은 모든 레벨의 은행이 자체 TCB평가를 원활히 수행하기 위해 구비해야 할 요건이다. 다음 중 이에 해당하지 않는 것은?

① 평가조직
② 평가모형
③ 전산화
④ 평가서 분석팀
⑤ 평가결과 집중체계

해설 은행 자체 TCB평가역량 심사 시 물적 요건으로 평가조직 요건, 평가모형 요건, 전산화 요건, 평가결과 집중체계 요건을 모두 갖추어야 한다.

08 「기술금융가이드라인」에 포함된 내용이 아닌 것은?

① 기술금융대상
② 기술신용대출 절차
③ 은행 자체 TCB평가역량 심사
④ 기술평가 품질관리체계
⑤ 기술가치평가 지침

해설 2021년부터 적용 중인 「기술금융가이드라인」은 총 8장 74조로 구성되었으며, 주요 구성은 총칙, 기술금융인프라, 기술금융대상, 기술신용대출 절차, 기술평가 업무규범, TECH평가, 은행 자체 TCB평가역량 심사, 기술평가 품질관리체계 등이다.

09 기술신용등급(TCB등급)에 대한 설명으로 옳지 않은 것은?

① 기술신용등급은 기업의 미래 성장가능성을 반영한 채무불이행 위험을 나타내는 등급으로 등급기호로 표시한 것이다.
② 기술평가등급과 신용평가등급을 각각 산출한 후 각 등급별 평점의 가중결합으로 산출한다.
③ 기술신용등급과 신용등급은 동일한 평가등급체계로 되어 있어 부도율 관점에서 기업의 신용도 변동 폭을 쉽게 파악할 수 있다.
④ 평가등급별 정의는 TCB기관 별로 일부 상이할 수 있다.
⑤ 기술신용등급은 일부 대표등급에 +, -로 세분화하여 10개 등급으로 운영되고 있다.

해설 기술평가등급(T등급)은 10등급체계로, 신용평가등급(CB등급) 및 기술신용등급(TCB등급)은 18등급체계로 운영하고 있다. 다만, 기술평가등급(T등급)도 세분화하여 18등급체계로 운영하는 평가기관이 있다.

10 다음 신용평가와 기술신용평가를 비교한 표에서 옳지 않은 것은?

	종 류	신용평가	기술신용평가
①	평가대상	기업의 신용위험	기업의 신용위험 + 기술력
②	평가관점	실적·현실기반 미래 가능성	재무실적, 지속 가능성
③	항 목	재무정보, 금융거래정보	경영주, 사업역량, 기술경쟁력
④	평가지표	비교적 객관성 높음	주관성 + 객관성
⑤	한 계	무형자산 과소평가 가능성	신용평가와 기술평가 결합에 따른 Trade-off 발생

해설 기술신용평가는 평가관점에서 보면 과거실적과 현재상황을 기반으로 미래의 가능성을 평가하며, 신용평가는 재무실적과 지속 가능성을 초점으로 평가한다.

11 「기술금융가이드라인」에서 명시한 TCB평가 구분에 해당하지 않는 것은?

① 표준평가 ② 약식평가
③ 간이평가 ④ 임시평가
⑤ 심층평가

해설 「기술금융가이드라인」에서는 TCB평가 유형을 표준평가, 약식평가, 간이평가, 심층평가로 구분하고 있다.

정답 06 ② 07 ④ 08 ⑤ 09 ⑤ 10 ② 11 ④

12 기술신용평가서의 평가항목 중 '기술혁신성(중항목)'에 해당하지 않는 것은?

① 기술의 차별성
② 기술인력 전문성
③ 모방의 난이도
④ 기술자립도
⑤ 기술완성도

> **해설** 기술인력 전문성은 '기술개발역량(중항목)'에 해당된다.
> • 기술의 차별성 : 기존 기술 대비 생산성, 효율성, 상업적 성공, 신기술 분야 개척가능성 등을 종합적으로 평가한다.
> • 모방의 난이도 : 기술개발에 소요되는 비용, 기간, IP등록 등을 종합적으로 평가한다.
> • 기술자립도 : 다른 보완기술 또는 지원기술 필요 여부를 파악하여 평가한다.
> • 기술완성도 : 기술의 각 단계를 평가한다.

13 상업화를 위한 다른 보완적인 기술이나 지원기술의 필요 여부 등을 기반으로 평가하는 지표는?

① 기술의 차별성
② 모방의 난이도
③ 기술의 완성도
④ 기술의 자립도
⑤ 기술수명

> **해설** 기술혁신성(또는 기술우위성) 항목에는 기술의 차별성, 모방의 난이도, 기술의 완성도, 기술의 자립도, 기술의 확장성 등 평가지표가 있다. 상업화를 위한 다른 보완적인 기술이나 지원기술의 필요 여부 등을 기반으로 하는 지표는 기술의 자립도이다.

14 TCB평가서의 기술사업역량(대항목) 평가 내용에 해당하지 않는 것은?

① 마케팅 조직 및 인력수준, 시장분석 및 전략수립 여부를 평가한다.
② 기존기술 대비 생산성, 효율성, 상업적 성공, 신기술 분야 개척가능성 등을 종합적으로 평가한다.
③ 경영주를 제외한 상근 경영진의 실질적인 자본참여도를 검토하여 평가한다.
④ 기술개발역량의 핵심지표로 기업부설연구소, 전담부서운영 여부를 평가한다.
⑤ 생산시설 규모 및 수준, 생산인력 수준 및 수급현황, 원재료·부품 등의 수급용이성을 평가한다.

> **해설** 기존기술 대비 생산성, 효율성, 상업적 성공 등을 종합적으로 평가하는 항목은 기술경쟁력(대항목)에서 '기술의 차별성'에 해당되는 내용이다.
> ※ TCB평가서는 크게 기술사업역량(대항목)과 기술경쟁력(대항목)으로 구분된다.

15 약식 기술신용평가서의 주요구성에 포함되지 않는 것은?

① 등급결과
② 항목별 평가결과
③ 세부 평가의견
④ 기업 및 기술현황
⑤ 기타 분석 및 참고자료

> **해설** 기술성·시장성·사업성 분석의견과 세부 평가의견은 표준평가에는 포함되지만 약식평가에는 포함되지 않는다.

16 다음 설명 중 옳지 않은 것은?

① TCB평가서 표지부분에는 평가대상기업과 기술, 등급과 요약 평가의견 등이 총괄 표시되어 평가서 전체의 개략적인 내용을 제시하고 있다.
② 총괄의견은 기술등급과 신용등급 표시와 함께 신용등급대비 기술신용등급의 변동상황 등을 종합적 시각에서 기술한 평가의견이다.
③ 기술신용평가기관들의 평가서는 체계와 주요 항목은 모두 동일하나 평가서의 명칭, 항목의 배치 및 디자인은 평가기관별로 차이가 있다.
④ TCB평가서 앞부분에는 등급정보와 기본사항이 기재되어 있고, 다음으로 기업 및 기술 현황, 세부 항목별 평가결과, 중항목 중심의 요약평가의견, 세부평가의견 순으로 구성되어 있다.
⑤ 기술신용평가서의 유효기간은 평가 의뢰일로부터 1년으로 정해야 한다.

> **해설** 기술신용평가서의 유효기간은 평가 의뢰일이 아닌 평가서 발급일로부터 1년을 원칙으로 하고 있다. 다만, 기술의 진부화속도 등을 감안하여 기술별로 유효기간을 단축하여 운영할 수 있다.
> ※ TCB회사는 기보의 기술평가서를 벤치마킹하여 TCB평가서를 제정하였기에 유사한 형태를 가지고 있다.

17 기술가치평가에서 가치의 개념으로써 다음 중 옳은 것은?

① 공정시장가치
② 전략가치
③ 투자가치
④ 사회가치
⑤ 공공가치

> **해설** 기술가치평가에서 가치의 개념은 공정시장가치이다.

18 투자용 기술평가에 대한 설명으로 옳지 않은 것은?

① 2016년부터 시행한 투자용 기술평가모형은 산업통상자원부의 주도하에 만들어졌다.
② 2015년 6월에 발표된 「기술금융체계화 및 제도개선방안」의 세부추진과제에 투자용 기술평가제도 시행이 포함되었다.
③ 엔젤이나 VC가 기업의 성장가능성을 판단할 수 있도록 하기 위해 투자용 기술평가모형을 개발한 것이다.
④ 산업부의 투자용 기술력평가모형은 2016년의 기존 모형과 동일하게 일반기업, 사업화이전 기업, 사업화이후 기업 유형으로 구분하였으며, 세부 구분내역만 일부 보완하였다.
⑤ 기업의 미래성장가능성을 평가하여 투자대상 기업을 선정·지원하기 위해 마련된 모형이다.

해설 투자용 기술평가모형은 금융위(기보)와 산업부(한국산업기술진흥원)가 공동으로 개발하였다.

CHAPTER 04 | 기술금융의 이해

> **출제포인트**
> - 기술금융의 특성과 유형
> - 주요 기술금융정책
> - 기술금융 유형별 상품

제1절 기술금융의 개요

1 기술금융의 성격 빈출도 ★★☆

기술금융은 기술혁신 활동에 수반되는 금융 및 기술평가에 의거한 금융 지원의 적정성 판단과 관련된 활동이라 할 수 있다. 최근에는 기술혁신, 기술사업화, 기술평가 등과 관련된 정책적 사안과 기술 보유기업에 대한 지원 강조로 인하여 기술금융이 보다 중요하게 인식되고 있다.

(1) 기술금융의 정의

기관, 학계, 정부 등에서 기술금융의 정의를 다양하게 제시하고 있지만 관점 및 표현만 다를 뿐, 그 의미는 거의 유사하다고 할 수 있다. 정부에서는 기술금융을 다음과 같이 정의하고 있다.

구 분	정 의
관계부처합동(2014)	아이디어와 기술의 개발·사업화 등 기술혁신 전 과정에 필요한 자금을 지원하는 것으로, 협의의 기술금융은 "미래수익 창출이 기대되는 기술과 아이디어 등에 대해 가치평가에 근거하여 필요한 자금을 공급하는 행위"를 말한다.
금융위원회(2015)	"기술력 있는 기업" 또는 특허권 등 "기술자체"에 대한 평가를 기반으로 대출, 투자 등의 방식으로 자금을 공급하는 것

(2) 기술금융의 특성 빈출도 ★★☆

① 정보의 비대칭성 상존
  ㉠ 정보의 비대칭성은 거래의 당사자 모두가 획득할 수 있는 정보의 양이 제한적이며 차이가 존재하는 상태에서 발생한다.
  ㉡ 이러한 정보의 격차(Information Gap)로 인하여 개인적 편익을 추구하는 도덕적 해이와 역선택의 위험에 빠질 우려가 있어 기술금융을 기피하게 된다.

② 높은 불확실성
   ㉠ 불확실성은 발생할 수 있는 대체적인 상황들이 무엇인지조차 알 수 없음을 의미하는데 안정성, 예측성을 최우선시하는 금융의 속성상 불확실성에 대해 기피하는 경향이 매우 크다.
   ㉡ 따라서 기술금융 공급자는 불확실성이 낮은 기업을 선호하게 된다.
③ 담보력이 미약한 무형자산
   ㉠ 기술기업은 무형의 지식재산이 핵심 경쟁력으로 자리 잡고 있지만 은행 등 금융공급자들은 물적 담보력이 확실하고 회수위험이 낮은 기업들을 선호하는 경향이 있다.
   ㉡ 이로 인하여 지식을 기초로 하여 사업화하려는 벤처기업 등이 자금조달에 어려움을 겪게 된다.
④ 기술의 외부효과성 빈출도 ★★☆
   ㉠ 기술 모방 등의 이유로 인하여 기술개발로부터의 이익을 전부 사유화하기는 쉽지 않다.
   ㉡ 이처럼 개발이익을 전적으로 사유화하지 못하고 금융공급자들도 충분한 보상을 받지 못할 가능성이 있어 기술금융 공급을 꺼리게 된다.
⑤ 기술투자의 불가분성
   ㉠ 기술투자 시에는 연구개발 단계와 시장확보 단계에서 일정한 규모의 투자가 필요하다. 이 투자 규모가 장벽으로 작용하여 시장참여가 어려워지며, 이에 따라 경쟁이 제한되어 시장의 효율성이 저해된다.
   ㉡ 금융공급자 입장에서는 기술투자를 단계별 프로젝트로 나누어 금융공급을 하는 것이 바람직하나, 기술의 불가분성 속성에 따라 여러 단계의 프로젝트로 구분하는 것이 불가능하다. 따라서 자금공급이 적시에 단계별 공급이 이루어지지 않는 문제점이 발생한다.

2 기술금융의 유형 빈출도 ★☆☆

(1) 조달방법별 기술금융 유형 : 직접금융, 간접금융

〈표 1-53〉 조달방법별 기술금융 유형

구 분	내 용	사 례
직접금융	증권 등의 발행을 통해 금융시장에서 직접 조달	주식, 회사채, 기업어음 등
간접금융	금융기관의 대출을 통해 자금을 조달	기술신용대출, 기술보증서대출, IP담보대출, 개발기술사업화자금

출처 : 기술금융의 이해와 실무(김재진·송경모 외 3명, 2021)

(2) 공급주체별 기술금융 유형 : 정책금융, 민간금융

① 정책금융
   출연, 보조금, 대출, 보증, 보험 등을 포함하여 정부의 정책목적을 달성하기 위해 지원하는 제반 금융을 총칭한다.
② 민간금융
   일반은행, VC 등이 기술기업의 혁신활동에 공급하는 시장친화적 형태의 금융을 말한다. 기술신용대출은 민간금융으로 분류되지만 넓은 의미에서는 정책금융에 포함될 수도 있다.

〈표 1-54〉 공급주체별 기술금융 유형

구 분		사 례
정책금융	출연, 보조금	국가 R&D 사업, 기술혁신개발사업 등
	융 자	개발기술사업화자금, 정보통신분야기술개발융자 등
	투 자	모태펀드, 성장사다리펀드, 공공기관의 투자 등
	보 증	기술보증기금의 기술평가보증, 지식재산평가보증 등
민간금융	은행 융자	일반은행, 국책은행의 기술신용대출 등
	VC투자	기술기업에 대한 주식, CB, BW 등

출처 : 기술금융의 이해와 실무(김재진·송경모 외 3명, 2021)

(3) 사업화단계별 기술금융 유형 : R&D · 창업 · 성장 · 성숙 지원금융

〈표 1-55〉 사업화단계별 기술금융 유형

구 분	R&D	창 업	성 장	성 숙
금융유형	R&D금융	창업금융	성장지원금융	시장자율금융
특 징	위험부담형	위험부담 · 공유형	위험공유형	위험해소형
공 공	출연 · 보조금, 장기저리 · 무이자 융자 등	창업혁신사업화자금, 기술평가보증, 창업펀드, TIPS	온렌딩대출, P-CBO보증, 공공기관 투자	국책은행 공공성 자금
민 간	엔젤투자, 크라우드펀딩	VC투자, 엔젤투자, TIPS(정부자금 매칭)	기술신용대출, IP담보대출, VC펀드	상업대출, 회사채, CB, 기업어음, IPO(기술상장특례)

출처 : 기술신용평가입문(김재진, 2022)

3 지식재산금융의 개념

(1) 지식재산금융(IP금융)의 정의

① 지식재산금융에 대한 정의는 다양하지만 일반적으로 "지식재산금융은 지식재산(권)의 활용 가치를 높이고 지식재산에 기초하여 금융기능을 제공하는 제반활동"으로 정의할 수 있다.
② 금융위원회와 특허청이 발표한 「지식재산금융 활성화 종합대책(2018)」에서는 IP금융의 개념을 "특허권 등 지식재산권을 이용해 자금을 융통하는 일련의 금융활동"으로 설명하고 있다.

(2) IP금융과 기술금융의 개념 비교 빈출도 ★☆☆

〈표 1-56〉 IP금융과 기술금융의 비교

구 분	IP금융	기술금융
정보비대칭성	지식재산권은 재산권적 성격으로 정보비대칭성과 불확실성이 다소 완화되고 거래가능성이 높음	기술보유기업과 금융공급자 간 기술에 대한 정보비대칭성으로 역선택, 도덕적 해이 발생
불확실성		기술개발과 사업화 과정에서 평가·관리할 수 없는 불확실한 요소들이 산재
분리가능성	담보권 인정 등 지식재산권은 양도와 담보설정이 법상* 허용되어 금융수단으로 활용될 소지가 큼 *동산·채권등의 담보에 관한 법률	무형자산적 성격, 대부분의 특정기술 또는 특정기업에 의미가 있어 일반적으로 분리·거래가능성이 낮음

> **개념체크 OX**
>
> 01 기술신용대출은 조달방법별 기술금융 유형에서는 간접금융에 속하며, 공급주체별 유형에서는 정책금융의 성격도 일부 있지만 민간금융으로 분류된다. O X
>
> 02 사업화단계별 기술금융 유형에서 시장자율금융은 성숙단계에서 지원하는 것이 가장 적합하다고 할 수 있다. O X
>
> 정답 O, O

제2절 2021년 이후 기술금융정책

2021년 이전의 기술금융정책은 전술한 제3장의 "기술금융정책 주요내용 요약(p.57 표)"을 참고하기 바라며, 본 절에서는 2021년 11월 이후에 발표된 최근 기술금융정책을 설명한다.

1 기술금융 체계 개편방안(2021.11)

금융위원회가 2021년에 발표한 기술금융정책으로 현재 정책이 추진 중인 것도 있으며, 앞으로 추진할 내용들도 포함하고 있다.

(1) TECH평가 지표(요소) 개편
① 기술금융을 다소 늦게 추진한 노력도를 반영하여 기술금융 실적 '증가율'을 중심으로 개편하였다.
② IP담보대출, 동산담보대출 등 혁신금융 지표를 확대하였다.
③ 뉴딜 관련 산업코드를 유망기술분야 기업으로 인정하여 기술금융 공급을 확대하였다.

(2) '표준기술평가모형' 도입
① 기술평가기관별로 기술평가 지표와 기준이 달라 일관성이 부족하다는 일부 지적에 따라 '표준기술평가모형'을 마련하여 한국신용정보원에서 이 모형에 맞추어 기술신용정보를 수집하였다.
② '표준기술평가모형'은 일반기업인 경우 중요지표 28개를 표준항목으로 정하였다.

(3) 기술평가 품질관리체계 구축
① 업계 전문가 등으로 구성된 '품질심사관리위원회'(신용정보원에서 운영)에서 기술평가 품질을 반기마다 객관적으로 실사하였다.
② 평가품질 심사 결과(우수, 보통, 미흡)에 따라 결과 공시 등을 포함하여 인센티브를 차등 부여하였다.
※ 우수/미흡 사실 공지, 미흡 시 개선계획 제출, TECH평가 정성지표 4% 반영(4/100점)

(4) 통합여신모형 단계적 도입
금융위원회는 중장기적으로 기술평가가 여신시스템에 내재화되어 '기술력'이 있으면 '신용등급'까지 개선될 수 있도록 통합여신모형을 단계적으로 추진할 계획이다.

〈그림 1-7〉 신용평가모형과 통합여신모형의 비교

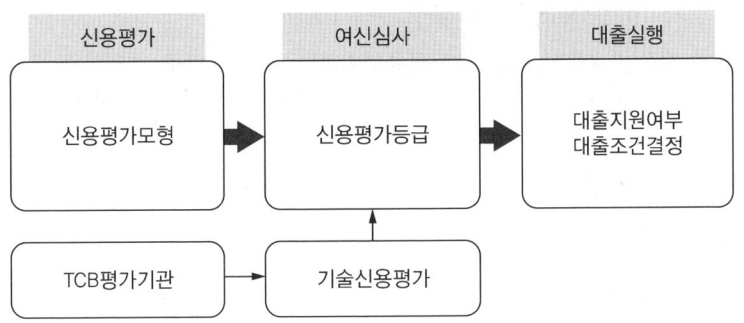

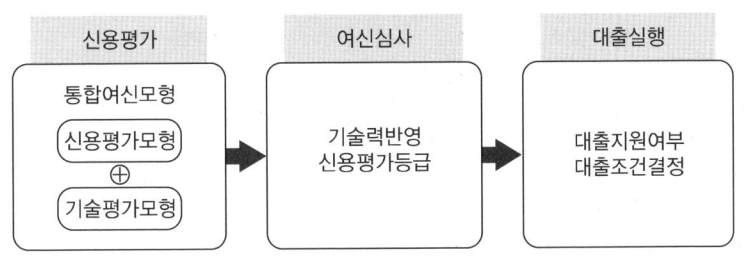

출처 : 금융위원회「기술금융 체계 개편방안」보도자료(2021.11.29.)

기술요소 반영 범위에 따라 통합여신모형은 3단계로 나누어 단계적으로 추진한다.

〈표 1-57〉 통합여신모형 단계적 도입 방안

구 분	주요내용
1단계(도입)	비재무모형 내에 기술요소의 일부를 반영 ※ 참조모형(금감원 승인 要), 대안모형, Over-ride에 반영하는 경우도 인정
2단계(부분통합)	비재무모형 내에 표준기술평가 필수항목의 20% 이상을 직접 반영
3단계(완전통합)	필수항목의 50% 이상을 직접 반영 → 신용평가모형과 기술평가모형 결합

출처 : 금융위원회「기술금융 체계 개편방안」보도자료(2021.11.29.)

개념체크OX

01 기술평가 품질관리 체계에서 '품질심사관리위원회'는 한국신용정보원에서 운영·관리한다. O X

정답 O

2. 기술금융 개선방안(2024.4 및 2024.6)

2014년에 도입된 기술금융 제도는 10년 동안 양적으로 크게 성장하면서 중소기술기업의 자금애로를 해소하고 은행의 여신관행을 개선하는 데 기여하였다. 그러나 한편으로는 제도 시행과정에서 여러 미비사항들이 드러나면서 제도 개선이 요구되었다. 이에 금융위원회는 미비사항들을 개선함과 동시에 질적 성장에 중점을 둔「기술금융 개선방안」을 2024년 4월에 발표하였고 2개월 후인 6월에 추가 개선방안을 내놓았다. 주요 내용을 정리하면 〈표 1-58〉, 〈표 1-59〉와 같다.

〈표 1-58〉 기술금융 개선방안 주요내용('24.4.3 발표, '24.7.1 시행)

구 분	주요내용
기술신용평가	• 기술금융 대상에서 非기술기업 제외 • 평가의 현지조사 및 평가서 세부평가의견 작성 의무화 • 신규평가 의뢰 시 은행 본점에서 임의로 평가사 배정 • 기술신용평가 등급 산출 하한기준 및 AI를 활용한 평가등급 가이드 마련[*1]
품질심사평가	• 평가 변별력 강화를 위해 기준 강화 및 판정결과 계량화 • 우수평가사와 미흡평가사에 인센티브와 패널티 제공 • 평가품질에 따라 평가물량을 배정받는 환경 마련 • 은행 자체 품질심사평가를 신용정보원 품질심사평가로 통합
테크평가	• 기술금융의 우대금리 지표 신설 • 기술금융의 신용대출 지표 배점 확대
행위규칙 정비	• 은행의 행위규칙을 「신용정보법」[*2]에 규정 • 「신용정보법」에 규정된 기술신용평가사 행위규칙 정비

[*1] AI등급 가이드 제공 '25. 1분기 시행 및 테크평가 중 우대금리 사항은 '24. 9월 이후 실적부터 평가
[*2] 은행과 평가사의 행위규칙 등 규율체계 정비를 위한 「신용정보법」 개정

〈표 1-59〉 추가 개선방안 주요내용('24.6.28 발표, '24.7.1 시행)

구 분	주요내용
기술신용평가	• 은행에서 차주에게 기술금융 절차 필수 안내(현지조사 등) • 평가 시 기술개요표(기업작성) 및 기업조사표(평가사 작성) 필수 활용 • 평가에 필요한 최소한의 시간 보장(신규평가 3일, 재평가 2일) • 평가사 인력요건을 자체평가은행 기준으로 일원화하여 평가역량 제고 • 업무규범을 정비하여 기술금융의 신뢰성 제고
품질심사평가	• 품질심사평가 결과에 대한 재심의요구권 신설 • 기존 3단계로 분류되었던 평가결과를 5단계로 세분화 • 자체평가은행역량심사를 품질심사관리위원회로 통합하여 운영
테크평가	• (공급규모) 평가액 지표를 잔액 지표로 대체 및 차주수 지표 배점 축소 • (기업지원) 기술금융 취지에 맞게 IP평가 및 창업기업 지원에 집중 • (투자) 은행 간 형평성을 고려하여 은행의 투자실적으로 한정 • (정성) 배점을 확대하여 기술금융의 신뢰성 및 역량 강화 도모

제3절 | 국내 기술금융 운영실태

국내 주요 기술금융 운영은 융자, 보증, 투자 형태 등으로 구분된다.

융 자	기술신용대출, IP담보대출, 기술력평가대출, 온렌딩대출, 개발기술사업화자금 등
보 증	기술평가보증, 자산유동화보증(P-CBO 보증) 등
투 자	벤처캐피탈 투자, 엔젤 투자, 모태펀드, TIPS 프로그램 등

1 융 자

(1) 기술신용대출 빈출도 ★★☆

기술신용대출은 기술신용평가기관의 TCB평가결과를 활용하여 실행되는 신용대출로 2014년 7월에 처음 도입되었다. 도입 전 기술보증기금이 운영 중인 '기술평가인증부 신용대출' 제도를 기반으로 하여 개발된 것이다. 기술신용대출의 도입으로 우수한 기술력에 비해 상대적으로 신용등급이 낮은 기업의 금융접근성을 높여주는 효과가 나타났다.

(2) IP담보대출 빈출도 ★☆☆

① 개 념
  ㉠ 특허 등과 같은 지식재산권(IP)을 금융기관에 담보로 제공하고 기업의 소요자금을 조달하는 기술금융이다. 대부분 특허를 담보로 하기 때문에 '특허담보대출'이라고도 불린다.
  ㉡ 「기술금융가이드라인」에서의 IP담보대출의 정의 : 기업이 보유한 IP에 대하여 기술이전법 제35조에 따른 기술평가기관 또는 발명진흥법 제28조에 따른 평가기관에서 발급한 기술가치평가서를 참고하여 은행 또는 보증기관이 특허청 등록원부에 질권설정한 대출을 의미한다.

② 문제점
부실 발생 시 IP거래시장이 활성화되어 있지 않은 상황에서 담보로 취득한 IP의 처분이 어려워 채권회수가 곤란하다는 점이다. 이런 문제점을 보완하고자 2018년 12월에 금융위원회와 특허청이 공동 발표한 '지식재산금융활성화 종합대책'에서 'IP담보회수지원시스템'이 도입·운영되도록 하였다.

③ IP담보회수지원시스템

〈그림 1-8〉 IP담보대출 회수지원시스템

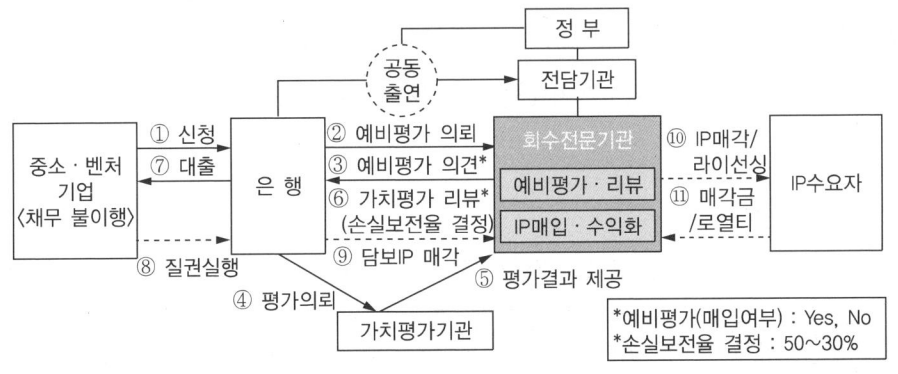

출처 : 특허청

⊙ 정부·은행이 공동 출연한 회수전문기관이 대출실행 전에 핵심IP 여부를 검토하여 부실발생 시 IP매입 여부와 손실보전율(50~30%)을 결정하고 이후 실제 기업의 채무 불이행으로 은행이 보유하게 된 IP를 매입하며 IP중개협약기관을 통해서 IP를 수익화한다.
ⓒ 회수전문기관의 업무전담은 한국발명진흥회이며, IP중개협약기관은 특허청과 IP중개를 협약 체결한 특허법인, 민간기술거래기관이다.

(3) 기타 융자형 기술금융

① 기술력평가대출

기술력평가대출은 산업은행이 운영하는 것으로 대표적인 기술금융상품은 기술평가(TCB)신용대출과 KDB테크노뱅킹이 있다.

② 온렌딩대출

⊙ 산업은행이 중점 운영 중인 국내의 대표적인 중소·중견기업 정책금융제도이다. 온렌딩대출은 중개금융기관(은행 및 여신전문금융회사)이 자체 금융절차에 따라 대출적격 여부 심사 후 산업은행으로부터 장기·저리자금을 전대받아 해당 중소·중견기업을 지원하는 대출제도이다.

ⓒ 온렌딩 지원대상 기업의 요건은 다음과 같다.
- 금융감독원 표준 신용등급체계상 6~11등급에 해당하는 중소기업
- 금융감독원 표준 신용등급체계상 7~11등급에 해당하는 중견기업

③ 기타 대출

기타 기술금융상품으로는 중진공의 개발기술사업화자금, 한국은행의 금융중개지원대출, 기술보증기금 등 일부은행이 취급하는 기술평가인증서신용대출 등이 있다.

개념체크 OX

01 IP담보대출 부실 발생 시 IP거래시장이 활성화되어 있지 않은 상황에서 담보로 취득한 IP의 처분이 어려워 채권회수가 곤란하다는 점을 보완하고자 2018년 '지식재산금융활성화 종합대책'에서 도입한 'IP담보회수지원시스템'이 현재 운영 중이다. O X

정답 O

---

2 보 증

보증형태의 국내 기술금융은 기보의 기술평가보증이 주도하고 있으며, 신보 등도 IP를 평가하여 보증지원하고 있다.

(1) 기술평가보증

① 기술평가보증은 기술보증기금(기보)이 운영하는 기술금융의 핵심 상품으로 기업보유 기술의 평가에 최적화된 AIRATE(新기술평가시스템)를 통해 기 사업의 미래 성공가능성과 부실가능성을 종합적으로 평가하여, 그 기술평가결과를 토대로 보증의사결정을 하는 보증상품이다.

② 기술평가보증은 기술력과 사업성 등을 평가하여 미래 성장가능성 중심으로 심사하기 때문에 재무상황 및 신용도, 과거실적과 채무상환능력 위주 심사의 일반보증과는 차이가 있다.
③ 기보는 기술금융상품(R&D보증, 기술창업보증, 기술평가보증, IP평가보증, 보증연계투자 등)을 운영하는 한편, 기술가치평가, 벤처기업확인, 이노비즈 인증평가, 기술거래 중개지원 등의 업무를 운영하고 있다.

(2) 자산유동화보증(P-CBO 보증)

① 자산유동화의 개념

자산유동화란 채권, 부동산, 지식재산권 등의 자산을 집합화(Pooling)하여 그 자산을 기초로 유동화증권을 발행하고 이를 통해 자본시장에서 자금을 조달하는 일련의 행위를 말한다.
㉠ 자산유동화의 이점은 기술기업의 재무구조 개선, 자금조달비용 절감, 투자자 확대 등이다.
㉡ 자산유동화 형태의 기술금융상품은 기보의 유동화회사 보증(P-CBO)과 정부에서 추진하는 지식재산권 유동화 활성화사업 등이 있다.

② 기보의 P-CBO 개념
㉠ 기보는 SPC(유동화전문회사)가 발행하는 P-CBO 중 선순위 원리금 지급을 보장하기 위해 SPC가 은행과 체결하는 신용공여 약정에 대하여 기보가 신용보증을 제공하는 제도이다.
㉡ 이 제도는 신용도가 낮아 회사채발행이 어려운 중소벤처기업이 회사채 발행을 통해 자본시장에서 직접 자금조달이 가능하여 자금조달비용 절감과 자금난 해소에 기여하고 있다.

3 투 자

(1) 벤처캐피탈 투자 빈출도 ★★☆

① 벤처캐피탈(VC)의 개념

VC는 리스크는 높으나 기술력이 우수하고 미래 성장가능성이 큰 중소벤처기업에 대하여 지분참여 방식으로 자본을 투자하고 기술 또는 경영지원을 통해 성장시켜 향후 지분매각으로 고수익을 실현하려는 모험자본이라 할 수 있다.

② VC투자의 특징과 투자기업에 미치는 영향
㉠ 지분 투자를 통해 자금을 공급함으로써 기업 입장에서는 자금을 영구적으로 사용할 수 있으며, 자기자본 증가로 재무구조를 개선할 수 있다.
㉡ 벤처기업이 필요로 하는 재무, 마케팅, 기술지원 등 기업의 성장을 위한 경영서비스를 제공받는다.
㉢ 기업공개를 원활하게 이루어질 수 있도록 지원한다.
㉣ 기업경영에 관한 감시와 통제를 통해 위험을 관리하고 정보비대칭성 및 대리인 문제를 완화하며 기업경영의 투명성을 높일 수 있다.

③ 벤처기업의 성장단계와 기술금융의 관계

> **벤처기업의 성장단계와 기술금융의 관계**
> - 발아 및 신생 단계(0~3년) : 자체자금, 가족, 친구, 엔젤, 정부지원금 등으로 운영한다.
>   - 발아 단계는 신기술·사업 아이디어의 개발, 사업타당성을 검토하는 단계이다.
>   - 신생 단계는 시제품을 개발하며, 초기 시장조사 및 마케팅을 시행하는 단계이다.
> - 성장초기 및 확장 단계 : 성장초기에는 주로 투자전문 VC가 투자하며, 확장단계 이후에는 VC뿐만 아니라 사모펀드(PEF) 등이 투자한다.
>   - 성장초기 단계는 시제품의 소규모 상용화와 향후 양산을 위해 준비하는 단계이다.
>   - 확장 단계는 양산으로 시장 영향력을 확대해 나가는 단계이다.
> - 성장후기 단계 : 투자를 가장 선호하여 다양한 투자가 이루어진다.

④ VC의 유형

투자주체에 따른 VC 유형은 공공벤처캐피탈, 독립벤처캐피탈, 금융권 벤처캐피탈, 기업벤처캐피탈(CVC)로 구분된다.

> **벤처캐피탈의 유형**
> - 공공벤처캐피탈 : 정부 등 공공성 기관이나 기금이 투자재원을 조달하여 금융시장에서 정보비대칭성과 고위험으로 소외되기 쉬운 중소벤처기업에게 투자함으로써 시장의 실패를 보완하는 역할을 수행한다.
> - 독립벤처캐피탈 : 민간투자자들이 자본 이득을 얻기 위해 설립한 창업투자회사(또는 조합), 신기술사업금융회사 등 일반 벤처캐피탈을 지칭하는 것으로 고위험, 고수익의 투자형태를 보이고 있다.
> - 금융권 벤처캐피탈 : 은행, 보험, 증권회사 등이 투자재원을 조달하여 금융운용에 관한 전문지식과 경험, 네트워크 역량을 바탕으로 보험자본시장에 참여하고 있다.
> - 기업벤처캐피탈(CVC : Corporate Venture Capital) : 대기업 등이 출자한 VC를 말하는데, 자본이득을 목적으로 투자하거나 모기업이 전략적으로 추진하는 사업에 시너지효과를 가져올 수 있는 기업에 투자한다. 이들은 모기업의 인적·물적 자원, 인프라를 제공하여 창업기업이 성장 기반을 마련하도록 지원하기도 한다.
>
> 출처 : 기술금융의 이해와 실무(김재진·송경모 외 3명, 2021)

(2) 엔젤투자

① 엔젤은 창업초기 단계의 성장유망한 중소기업에게 위험자본 제공과 함께 제반 경영 노하우를 지원하는 개인투자자로 요약할 수 있다.

② 엔젤은 일반투자자, 엔젤클럽, 전문엔젤투자자 등으로 구분하고 있지만, 상호 배타적인 관계는 아니다.

> **엔젤의 유형**
> - 일반투자자 : 법령상의 소득공제 신청대상자로서 개인이 직접 투자하거나 개인이 창업투자조합, 벤처투자조합 등에 출자하는 경우로 구분함
> - 엔젤클럽 : 엔젤투자자들이 동호회 형태로 모여 투자정보를 공유하고, 공동으로 투자를 검토하고 집행하는 모임으로서, 엔젤투자지원센터 등록 시 클럽활동비 지원 및 엔젤투자매칭펀드 신청이 가능함
> - 전문엔젤투자자 : 개인이 투자실적, 경력, 자격요건 등 대통령령으로 정하는 기준에 충족하여 전문엔젤투자자 자격을 부여받은 자로서, 코넥스 참여가 가능하며, 투자기업은 벤처기업 인증을 받을 수 있음
>
> 출처 : 기술금융의 이해와 실무(김재진·송경모 외 3명, 2021)

(3) 모태펀드 빈출도 ★☆☆
  ① 한국벤처투자 모태펀드
    ㉠ 모태펀드란 전체 출자자금을 하나의 펀드(母펀드)로 결성하고, 모펀드를 통해 펀드운용사가 결정하는 투자 펀드(子펀드)에 출자하는 펀드를 말한다.
    ㉡ 한국벤처투자 모태펀드는 벤처기업법에 의거 중소벤처기업부, 중진공, 문화체육관광부 등으로부터 출자를 받아 조성된 펀드이다.
    ㉢ 현재 한국벤처투자가 운영하고 있으며, 투자대상은 창업투자조합, 한국벤처투자조합, 기업구조조정조합, 사모투자전문회사 등이다.
    ㉣ 조성 목적
      • 혁신형 중소벤처기업에 대한 안정적인 투자재원 공급
      • 중소벤처기업의 성장과 발전을 위한 투자촉진
      • 벤처캐피탈의 활성화 및 선진화
  ② 한국성장금융의 모태펀드
    ㉠ 2013년 8월 자본시장과 금융투자업에 관한 법률에 의거 성장사다리펀드가 조성되었다. 3개 출자기관(산업은행, 기업은행, 은행권 청년창업재단)과 민간 자금을 매칭하여 3년간 6조원을 조성하는 것을 목표로 하고 있다.
    ㉡ 2016년 한국성장금융투자운용이 설립되면서 성장사다리펀드는 한국성장금융이 운용하고 있다. 현재 성장사다리펀드를 비롯하여 뉴딜산업스케일업펀드, 이차전지성장펀드, 자본시장스케일업펀드 등을 결성하여 기업 성장단계별 투자자본을 시장에 공급하는 마중물 역할을 수행하고 있다.
    ㉢ 조성 목적
      • 창업·혁신 기업에 대하여 투융자 복합방식의 자금을 공급
      • 정책자금의 모험자본 역할 수행과 민간자금 유입 기반을 마련
      • 지식재산권 등 다양한 자산을 활용한 자금조달 여건을 조성

(4) TIPS(팁스) 프로그램 빈출도 ★☆☆
  ① 개 념
    TIPS(Tech Incubator Program for Startup)는 민간 엑셀레이터가 주도하고 공공(중기부)은 후원하는 형태로 자금뿐만 아니라 TIPS운영사의 보육·후속투자 유치 등 다양한 지원을 하고 있는 국내 대표적인 기술창업육성프로그램이다. 팁스 프로그램의 주체는 TIPS운영사, 창업팀, 정부로 구성되어 있다.
  ② 운영절차
    운영사 선정 → 창업팀 선정 → 보육멘토링 → 졸업 및 후속투자 순으로 이루어지고 있다.

4 기 타

(1) 투·융자 복합금융(메자닌금융) 빈출도 ★★☆

① 개 념

투·융자복합금융은 리스크가 큰 사업에 대한 원활한 자금공급을 위해 일정금리 외에 사업성공 시 투자자에게 주식 관련 권리와 같은 '성공보수'를 제공하고 자금을 조달하는 금융기법으로 메자닌금융(Mezzanine Finance)*이라고도 칭한다.

*메자닌(Mezzanine)은 건물 1층과 2층 사이를 잇는 라운지를 뜻하는 이탈리아어로 부채와 자본의 중간적 성격을 가진다는 점에서 유래됨

② 종 류

투·융자복합금융을 위해 발행되는 증권은 신주인수권부사채(BW)와 전환사채(CB)로, 대표적인 메자닌금융에 속한다.

(2) 기술자산유동화(P-CBO)

① 개 념

기술자산유동화란 특허권 또는 특허권으로 인한 채권 등과 같은 기술자산을 기초로 증권을 발행하여 일반투자자로부터 자금을 조달하는 것을 말한다.

② 기본구조

IP보유기업이 특허, 로열티채권을 SPC에 양도하고 SPC는 양도받은 '특허권 또는 로열티채권과 관련된 현금흐름'을 기초자산으로 하여 기술유동화증권(TBS)을 발행하는 형태로 진행되며, 보증기관(기보)이 TBS에 신용보증을 하면 우량증권(선순위 TBS)으로 바뀌고 이를 시장의 투자자에게 판매하는 구조이다.

〈그림 1-9〉 P-CBO 발행구조 개념도

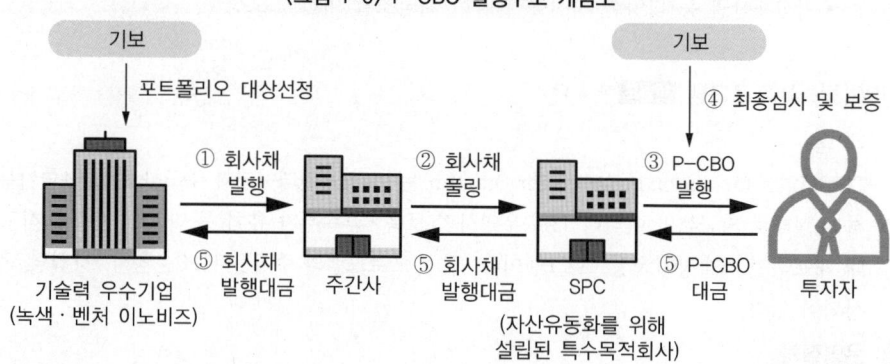

출처: 기술보증기금

③ 유사한 제도: IP-SLB 펀드

기술자산유동화 구조는 동일하지만 성격이 다소 차이가 있는 IP-SLB 펀드가 있다.

㉠ IP-SLB(Sale & License-Back) 펀드는 기업이 특허, 상표 등 IP를 IP펀드에 매도하여 소요자금을 조달하고 기업이 다시 IP펀드로부터 실시료를 내고 IP기술을 사용하다가 종료시점에 IP를 재매입하는 기술금융 상품이다.

㉡ 이 제도는 지식재산권을 담보로 제공하여 필요자금을 조달하고 일정기간 동안 실시료(이자)를 지급하는 양도담보의 성격을 띠고 있다.

> **개념체크OX**

01 엔젤투자는 리스크는 높으나 기술력이 우수하고 미래 성장가능성이 큰 중소벤처기업에 대하여 지분참여 방식으로 자본을 투자하고 기술 또는 경영지원을 통해 성장시켜 향후 지분매각으로 고수익을 실현하려는 투자 형태이다. O X

02 투·융자 복합금융은 리스크가 큰 사업에 대한 원활한 자금공급을 위해 일정금리 외에 사업성공 시 투자자에게 주식관련 권리와 같은 '성공보수'를 제공하고 자금을 조달하는 금융기법으로 메자닌금융이라고도 한다. O X

정답 X, O

단원별 출제예상문제

01 2014년 기술금융의 도입 배경에 대한 설명으로 옳지 않은 것은?

① 혁신주도형 성장으로 전환하여야 하는 시점이고, 기술력을 가진 경쟁력 있는 기업들이 급속히 늘어나는 추세였다.
② 과거의 고도 성장기에서 안정성장 단계에 접어들었지만, 기업의 가치는 커진 만큼 담보나 보증을 기반한 기업금융 확대가 더욱 절실하였다.
③ 기술혁신 기업은 기술력을 바탕으로 높은 경제적 부가가치를 창출할 수 있지만, 사업의 리스크도 커지므로 민간 금융시장에서 자금조달이 용이하지 않았다.
④ 특히 창업 초기인 경우 담보제공 및 대출보증의 여력이 없는 경우가 대부분이었다.
⑤ 국가의 경쟁력 확보 및 성장 원동력 육성 차원에서 기술력을 가진 기업들을 선별·지원하는 금융의 중요성에 대한 인식이 커지고 있었다.

> **해설** 과거 대부분의 금융기관이 담보나 보증 등 위험회피가 손쉬운 기업금융에 치중하고 있었기 때문에, 사업 초기 기술력을 가진 기업은 금융 지원을 거의 받지 못하는 실정이었다. 따라서 실질적인 기술금융의 도입이 절실히 필요하게 되었다.

02 자금조달방법 기술금융 유형 중 간접금융과 관련성이 가장 낮은 것은?

① 기술신용대출
② 온렌딩대출
③ 회사채
④ 기술보증서대출
⑤ 개발기술사업화자금

> **해설** 직접금융에는 주식(투자), 회사채, 기업어음이 있고, 간접금융에는 기술신용대출, 기술보증서대출, IP담보대출, 온렌딩대출, 개발기술사업화자금이 있다.
> ※ 자금조달방법에 따른 기술금융 유형은 직접금융과 간접금융으로 구분된다.

03 기술금융의 특징에 대한 설명으로 옳지 않은 것은?

① 금융시장이 평가하고 관리할 수 없는 기술개발 과정의 불확실성이 있다.
② 상대적으로 유연한 시장이면서 고수익이 창출되어 자금공급자가 선호한다.
③ 기술개발 또는 사업화에 실패할 경우 투자자금을 회수하기 어렵다.
④ 중소기업금융이 지니는 금융거래 당사자 간 획득할 수 있는 정보의 양이 제한적이다.
⑤ 기술혁신으로 인한 사회적 편익은 사적인 이익을 초과하는 외부효과이다.

해설 기술금융시장은 불확실성이 상대적으로 크고 기술금융 수요기업의 현금흐름에 높은 변동성이 발생하여 자금 공급자는 변동성이 낮은 기업을 선호한다.
※ 기술금융의 특징에는 높은 불확실성, 정보비대칭성 상존, 담보력이 미약한 무형자산, 기술의 외부효과, 기술투자의 불가분성 등이 있다.

04 기술금융과 가장 관련성이 낮은 것은?

① 기술개발과 기술사업화
② 벤처캐피탈의 투자
③ 자산유동화보증(P-CBO 보증)
④ IP담보대출
⑤ 한 기업의 기술개발로부터의 이익 사유화

해설 특허권 등을 제외하고는 기술개발로부터의 이익을 전적으로 사유화하기 어렵다. 따라서 한 기업의 기술개발투자는 다른 기업의 기술개발투자 성과를 높여주는 외부효과를 가지고 있다.

05 지식재산금융(IP금융)의 특징에 대한 설명으로 옳지 않은 것은?

① 지식재산권을 이용해 자금을 융통하는 일련의 금융활동이다.
② IP평가를 기반으로 한 보증·대출·투자를 제시하고 있다.
③ 지식재산권은 양도와 담보설정이 법률적으로 허용되어 금융수단에 활용될 여지가 크다.
④ 국내에서는 IP금융과 기술금융을 별도 구분하고 있어 기술금융과는 달리 인식된다.
⑤ 지식재산권은 재산권의 성격으로 정보비대칭성과 불확실성이 다소 완화되어 거래가능성이 높다.

해설 IP금융과 기술금융은 별도 구분되어 있지 않으며, IP금융이 기술금융에 포함되는 것으로 보고 있다.
다만, IP금융은 기술금융에 비해 재산권의 성격상 정보비대칭성과 불확실성이 다소 완화되어 거래가능성이 기술금융보다 높다.

06 2014년도 TCB대출(기술신용대출) 제도가 생기기 전에 시행했던 기술금융제도에 대한 설명으로 옳지 않은 것은?

① 기술담보대출, 기술평가보증, 기술평가인증서 대출, 산업은행의 기술력 평가대출, 벤처캐피탈 등이 있었다.
② 시장친화성이 높은 기술금융상품(기술평가인증서 대출)일수록 활성화가 되지 않았다.
③ 당시 기술평가보증이 우리나라만의 독특한 기술금융시장을 이끌어 왔다.
④ 기술금융 특성상 직접금융이 더 적합함에도 당시에는 간접금융 형태의 기술금융제도가 활성화되어 있었다.
⑤ 벤처캐피탈은 안정적 기업에 대한 투자보다는 창업 초기 기업에 대한 투자에 더 치중하였다.

해설 당시 벤처캐피탈은 안정적 기업에 대한 투자에 더 치중하였다.

정답 01 ② 02 ③ 03 ② 04 ⑤ 05 ④ 06 ⑤

07 다음 〈보기〉가 설명하는 것은?

> 통상적으로 리스크는 높으나 기술력이 우수하고 미래 성장가능성이 큰 중소벤처기업에 대하여 지분참여 방식으로 자본을 투자하고, 기술 또는 경영지원을 통해 성장시켜 지분매각으로 고수익을 실현하려는 모험자본

① 엔 젤
② 벤처캐피탈
③ 모태펀드
④ 3F
⑤ 메자닌 금융

해설 벤처캐피탈(VC)은 지분 투자를 통해 자금을 공급하는 특징을 가진다.
※ 벤처캐피탈과 엔젤 투자와의 차이점은 VC 투자자는 전략적 자세로 기업의 경영에 관여하는 반면, 엔젤 투자자는 우연한 기회에 투자대상을 발견하게 되고 투자결정도 VC보다 상대적으로 간단하게 이루어진다는 점이다. 메자닌 금융은 투·융자 복합금융을 말한다.

08 사업화단계별 기술금융 유형 중 성장금융에 가장 가까운 것은?

① 기술신용대출
② 크라우드 펀딩
③ 엔젤 투자
④ 벤처캐피탈 투자
⑤ TIPS(정부자금 매칭)

해설 엔젤 투자와 크라우드 펀딩은 R&D 단계에, 벤처캐피탈 투자, 엔젤 투자, TIPS는 창업 단계에, 기술신용대출은 성장 단계에서 주로 지원하고 있다.
※ 사업화단계별에 따른 기술금융 유형은 R&D, 창업, 성장, 성숙 단계로 구분할 수 있다.

09 모태펀드에 대한 설명으로 옳지 않은 것은?

① 기업에 직접 투자하기보다는 개별 펀드(투자조합)에 출자하여 수익을 추구하는 펀드이다.
② 한국벤처투자 모태펀드는 자본시장과 금융투자업에 관한 법률에 설립근거를 두고 있다.
③ 전체 출자자금을 하나의 펀드(母펀드)로 결성하고, 모펀드를 통해 펀드운용사가 결성하는 투자펀드(子펀드)에 출자하는 펀드이다.
④ 국내 VC들은 모태펀드 출자금을 Seed Money로 하여 벤처펀드를 결성하고 있다.
⑤ 현재, 자본시장 내 창업벤처자금의 선순환과 혁신성장을 위해 성장사다리펀드를 비롯하여 다양한 목적의 펀드를 운영하고 있다.

해설 한국벤처투자 모태펀드는 벤처기업법을 설립근거로 두고 있다.

제2과목

신용분석기초

CHAPTER 01 기업신용분석의 이해
CHAPTER 02 재무회계와 재무제표
CHAPTER 03 위험분석

회독체크

구 분	학습포인트	1회독	2회독	3회독
제1장	제1절 신용위험의 의미	☐	☐	☐
	제2절 신용분석(신용평가)에 대한 이해	☐	☐	☐
	제3절 기업활동 및 신용분석요소	☐	☐	☐
	제4절 신용분석기법	☐	☐	☐
제2장	제1절 재무회계의 이해	☐	☐	☐
	제2절 재무제표의 이해	☐	☐	☐
	제3절 자산의 이해	☐	☐	☐
	제4절 부채와 자본의 이해	☐	☐	☐
	제5절 수익과 비용의 이해	☐	☐	☐
	제6절 현금흐름표의 이해	☐	☐	☐
	제7절 재무제표분석	☐	☐	☐
	제8절 관계비율(재무비율) 분석	☐	☐	☐
제3장	제1절 기업경영에 미치는 위험 개요	☐	☐	☐
	제2절 사업위험분석	☐	☐	☐
	제3절 지급능력분석	☐	☐	☐
	제4절 기업부실과 재무제표 분석	☐	☐	☐

☑ 칸에 학습진도를 체크하세요.

아이들이 답이 있는 질문을 하기 시작하면
그들이 성장하고 있음을 알 수 있다.

– 존 J. 플롬프 –

CHAPTER 01 기업신용분석의 이해

> **출제포인트**
> - 신용위험, 신용분석, 신용평가의 개념
> - 신용분석의 주기, 절차와 체계

제1절 신용위험의 의미

1 신용의 의미

(1) "신용(Credit)"이란 인간관계에서 상호 신뢰하는 것을 뜻하지만 경제적인 측면에서의 신용은 채무자의 채무상환능력과 채무상환의지에 대한 채권자의 신뢰도를 의미한다.

(2) 신용을 대상으로 하는 화폐의 유통을 "금융"이라 한다. 또한 금융기관 등의 원금 회수와 이자수익에 대하여 상대방을 신용하여 화폐를 이전하는 것을 "신용공여"라 하며 이를 대출 형식으로 실행하면 "신용대출"이라 한다.

(3) 간략하게 채권자의 입장에서 신용의 개념을 정리한다면 '적기에 채무를 상환할 수 있는 경제적인 능력'이라 할 수 있다.

2 신용위험의 의미와 위험요소

(1) "신용위험(Credit Risk)"이란 차주가 약정대로 채무상환을 불이행함으로 인하여 신용공여자인 채권자가 입게 될 손실 가능성을 의미한다.

(2) 신용위험은 크게 내부위험요소와 외부위험요소로 구분할 수 있는데 다음 〈표 2-1〉과 같다.

〈표 2-1〉 신용위험 요소별 비교 빈출도 ★☆☆

구 분		내 용
내부위험요소	경영위험	경영자의 전문지식 및 과거 위기대처능력 등의 부재, 경영의 비효율성으로 인한 위험
	영업위험(기술위험 포함)	기술력, 생산능력, 마케팅능력 등 영업활동에 필요한 효율성의 부족으로 인한 위험
	재무위험	기업의 자금조달 능력 및 부채과다 등으로 인한 위험
외부위험요소	시장위험	주로 거시적인 경제변수로부터 발생될 수 있는 위험 예 경기변동, 정부정책의 변화, 환율의 변동, 금리 및 물가의 변동
	산업위험	경쟁기업 및 대체제의 출현 등으로 인한 위험
	환경 및 사회적인 위험	각종 환경오염 등의 유발로 기업이 손실을 입을 수 있는 위험 예 환경파괴로 받게 되는 법적인 제재, 회사에 악영향을 미치는 소송 또는 체납 등

제2절 신용분석(신용평가)에 대한 이해

1 신용분석(Credit Analysis)의 의미

(1) "신용분석"은 분석대상기업(채무자)이 채무를 만기일에 상환할 수 있는지를 파악하는 것을 말한다. 이는 채무상환능력*을 보유하고 있는지의 여부와 상환능력의 수준까지 포함한 분석이다.

*채무상환능력은 채무를 갚을 수 있는 현금성자산의 보유량을 의미한다.

(2) "신용평가(Credit Rating)"는 투자자 보호를 위해 금융상품이나 신용공여 등에 원리금이 상환될 가능성과 기업이나 법인 등의 신용도를 평가하는 것으로 신용분석의 의미와 유사하게 통용되고 있다. 신용평가의 결과를 구체적으로 등급화시킨 것이 "신용등급"이다.

(3) 채무상환능력을 적절하게 평가하기 위해서는 신용분석과정에서 재무적인 비율분석 외에도 사업의 본질 및 경제성에 대한 검토, 기업 경쟁력 수준, 경영진과 경영전략 등과 같은 구조적인 문제에 대한 분석도 함께 이루어져야 한다.

(4) 요약 정리하면 신용분석은 상환재원인 기업의 현금창출능력을 평가하는 작업이며, 현금창출의 핵심인 매출 및 수익을 포함한 미래의 현금흐름을 감소시킬 수 있는 위험요인들에 대하여 그 위험의 크기를 평가하는 것이다.

2 신용분석과 신용평가의 비교 빈출도 ★★★

(1) 신용분석과 신용평가

앞서 언급했듯이 신용분석과 신용평가는 거의 동일한 내용으로 통용되지만, 분석결과의 주요 이용자와 결론의 제공형식에서는 차이가 있다. 신용분석결과의 이용자는 보통 금융기관의 내부고객인 반면에 제3자 입장에서 수행한 신용평가결과의 이용자는 다수 불특정 투자자이다. 신용분석은 채무자 또는 특정채무의 신용위험 수준을 분석하는 작업이다. 신용분석을 보다 깊이 이해하려면 신용분석의 대상 및 기준을 살펴보아야 한다.

〈표 2-2〉 신용분석과 신용평가 비교

구 분	신용분석	신용평가
주요 이용자	금융기관 내부고객, 관계자	다수 불특정 투자자
제공 방식	금융기관이 채무자 또는 특정채무의 신용위험 수준을 분석하여 내부적으로 활용	제3자가 독립적으로 신용분석을 수행하여 의견을 제시하는 방식

(2) 신용분석의 대상

① 신용분석의 대상인 신용위험은 채무불이행위험(Default Risk)과 손실위험(Risk of Loss)을 포함한다. 다만 손실위험 중에서 '시장가치 하락에 따른 손실위험'의 경우는 금리변동이나 환율변동과 같은 시장위험을 내포하고 있기 때문에 신용분석 대상이 아니다.

② 기업의 채무불이행위험 정도는 현금흐름 창출능력 및 채무상환 부담의 비교와 미래의 환경변화에 따른 채무상환능력의 안정성 수준에 대한 분석을 통해 알 수 있다.

③ '채무불이행 시 발생할 손실위험'은 기업이 보유한 자산의 가치와 청산 시의 시장성, 개별 채무에 대한 신용도 보강수준(지급보증, 담보제공, 약정사항 등), 법률구조와 자본구조상의 상환우선순위 등에 따라 손실위험 정도가 달라진다.

(3) 신용분석의 기준

① 신용분석은 분석대상기업의 과거실적 및 현재 신용상태 파악에 치중하기보다는 전문가로서 합리적 이성에 기초하여 환경변화와 이에 따른 사업 및 재무상태 변화를 전망하여 판단하여야 한다.
② 이때, 전망하는 시간적 범위는 경기순환의 한 주기 전체를 포함하는 기간이어야 한다. 이에 따라 신용분석 의견은 경기순환주기를 포괄한 위험요소를 반영하여 안정적으로 유지되도록 표현하여야 한다.
③ 신용분석 의견은 주관성이 포함된 결론을 논리적으로 제시하는 의견이다. 신용분석 의견은 사후적으로 신용도에 따른 채무불이행 발생률의 상관성을 유지함으로써 신뢰성을 확보하여야 하며, 개별 채무가 전체 포트폴리오 내에서 위치하는 신용위험의 상대적 서열을 정확하게 설정하는 데에도 그 주요기능이 있다.

(4) 신용분석의 평가시기 빈출도 ★☆☆

금융기관에서 실시하는 신용분석의 평가시기는 대체적으로 다음 〈표 2-3〉와 같이 나누어진다.

〈표 2-3〉 신용분석의 평가시기

구 분	내 용
신규 평가	• 최초로 대출금 등 신용을 공여하기 위하여 실시하는 신용분석 • 목적 : 여신을 지원하기 전 의사결정
정기 평가	• 기존 여신고객일 경우에는 매년 결산월 이후 3개월 이내에 갱신된 회계정보와 사업환경을 토대로 실시하는 정기적인 신용분석 • 연간 1회 실시되지만 신용도가 상대적으로 낮은 기업인 경우에는 연간 2회 이상 신용분석을 실시할 수도 있음 • 목적 : 여신고객의 대출금리 등에 적용
수시 평가	• 신용등급에 영향을 미칠 만한 중대한 대내외적 사건이 발생했을 경우에 실시하는 신용분석 • 목적 : 해당 기업의 중요한 위험요소들의 현실화에 빠르게 대비

(5) 신용분석 시 고려요인 빈출도 ★☆☆

① 신용분석 시 고려요소는 1, 2, 3차적 고려요인으로 나누어 볼 수 있다.
  ㉠ 1차적 고려요인 : 기업신용에 영향을 미치는 요소로 기업의 경영 분야, 사업 분야, 재무 분야 등이 포함된다.
  ㉡ 2차적 고려요인 : 1차적 요소 전반에 영향을 줄 수 있는 요소로 계열 분야, 산업 분야, 금융 분야 등이 포함된다.
  ㉢ 3차적 고려요인 : 1차적, 2차적 모든 요소에 포괄적인 영향을 미치는 요소로 산업정책 분야, 금융정책 분야, 거시경제 분야 등이 포함된다.
  ㉣ 기업 외화표시 채무의 신용위험 분석의 경우에는 상기의 고려요인 외에 해당국가의 신용도에 대한 분석도 함께 이루어져야 한다.

② 기업신용위험 분석 시의 접근방법으로는 Top-down 방법이 많이 사용된다. 즉, 3차적 고려요인인 거시경제와 관련된 변수(경기, 금리, 환율, 인플레이션 등)에 대하여 먼저 살펴보고, 그 다음으로 2차적 고려요인과 관련된 산업분석을 실시하며, 최종적으로 1차적 고려요인과 관련된 개별기업에 대한 분석(경영요소, 사업요소, 재무요소)이 실시되는 접근방법이다.
③ 산업분석은 기업이 영위하는 사업이 속하는 산업의 환경요소, 수요공급, 연관산업, 경쟁강도 및 재무특성의 분석을 통해 산업의 동태성과 안정성의 특성을 평가하는 과정이다.
④ 산업분석을 실시할 때는 산업의 특징 및 현재시장에서의 해당기업의 지위와 같은 사항들을 우선적으로 파악하는 현상파악을 한 후, 원인분석을 거쳐 진단과 전망을 하여 해당기업의 미래 수익성 변화를 예측하고 종합적인 평가를 수행한다.

개념체크OX

01 영업위험은 기업의 자금조달 능력 및 부채과다 등으로 인한 위험을 말한다. O X

02 신용분석 시 고려요소로 2차적 고려요인에는 기업의 경영 분야, 사업 분야, 재무 분야 등이 포함된다. O X

정답 X, X

---

(6) 신용분석의 절차 빈출도 ★☆☆

일반적인 신용분석의 절차는 고객정보조사, 위험요소 평가, 재무분석과 재무전망, 신용등급의 결정 순으로 이루어진다.

〈표 2-4〉 신용분석의 절차

구 분		내 용
1. 고객정보조사(고객신용조사)		분석대상 기업의 실체를 이해하기 위한 조사로 객관적인 사실에 대한 조사로 실시
2. 위험요소 평가	경영위험 평가	경영조직, 경영시스템과 지배구조, 최고경영자, 경영진, 대주주, 경영의 영속성과 안정성, 경영목표와 경영전략 등을 분야별로 상호 유기적인 측면을 고려하여 평가
	시장위험 평가	시장위험은 기업의 입장에서는 통제하기 불가능한 변수이지만 경영자의 능력이나 대처방법에 따라 개별 기업의 위험도는 달라질 수 있어 평가자는 이러한 대처방법들을 참고하여 평가
	산업위험 평가	산업고유의 특성이나 환경, 시장의 매력도, 업종의 주기적 특성, 수요와 공급요인 분석, 경쟁 구조, 신규 진입장벽 등에 대한 분석
	영업위험 평가	분석 대상기업의 영업활동의 전반적인 측면을 검토하여 확인 가능한 위험과 비효율성처럼 눈에 보이지 않는 위험을 찾아 평가
	기술위험 평가	• 분석 대상기업의 기술개발능력, 기술개발환경 등을 평가하며, 나아가 경쟁업체 또는 업계 선두기업의 기술력과 비교를 통해 평가 • 지식재산권 보유 유무, 인증 건수, 기술연구소 유무, 기술인력 현황, 연구개발비용의 규모, 연구실적, 제품개발실적 등을 참고하여 계속기업으로서의 지속적인 성장이 가능한지를 평가
	환경·사회위험 평가	환경위험과 사회적인 평판리스크는 매우 중요한 신용위험요소이므로 현장답사를 통해 평가
3. 재무분석과 재무전망		최근 3개년도 재무제표를 분석한 후 재무전망까지 평가
4. 신용등급 결정		기업신용등급의 확정

고객정보조사와 위험요소 평가를 마친 후에는 재무분석과 재무전망을 실시한다.

① 재무분석과 재무전망
  ㉠ 재무분석은 재무상태표, 포괄손익계산서, 현금흐름표 등을 분석하는 것으로 시작하며, 최소한 과거 3개년도의 재무제표를 분석하고 그 변화추세를 이해한 다음에 최소 1년, 길게는 3년의 재무전망이 이루어져야 한다.
  ㉡ 재무전망은 합리적인 가정과 타당성 있는 근거 하에 추정되어야 하며, 추정결과에 대하여 다각도로 시뮬레이션(감응도분석* 또는 시나리오분석)이 이루어져야 한다. 이는 경영환경의 예상치 못한 변화로 인하여 재무예측이 빗나가 받게 될 재무위험의 크기를 사전에 미리 점검하여 보는 작업이다.

  *감응도분석이란 투자전망을 판단하는 기법의 하나로 하나의 투입요소가 변할 때 결과 값이 어떻게 달라지는지 분석하는 일을 말한다.

② 신용등급의 결정
  기업신용등급은 기업의 부도 가능성을 평가하며 기업 신용위험의 상대적인 수준을 서열화한 뒤, 위험 수준이 유사한 기업들을 동일한 등급으로 계량화한 지표로 문자, 기호, 숫자 등으로 표시한 것이다. 기업신용등급은 금융기관 등에서 기업의 신용위험을 바탕으로 의사결정이 필요한 경우 참고지표로 사용된다.

3 신용등급의 이해 빈출도 ★★★

(1) 전문신용평가기관의 신용등급 정의 및 체계

① 국내 신용평가기관은 주로 장단기 채권의 신용등급을 부여하는 업무를 맡고 있다. 통상 신용등급 체계는 장기신용등급과 단기신용등급으로 나뉜다.
  ㉠ 장기신용등급을 받아야 하는 유가증권의 대표적인 예는 채권, 특히 회사채이다. 채권등급(Bond Rating)은 통상적으로 회사채의 만기가 1년 이상인 관계로 장기신용등급이라고 한다.
  ㉡ 단기신용등급은 만기가 단기인 "기업어음등급(Corporate Paper Rating)"을 말한다.
② 국내 신용평가기관의 신용등급 표시체계는 세계적인 신용평가기관인 S&P의 표시 방식이 통용되고 있다. 국내 신용평가기관의 등급정의 체계는 다음 〈표 2-5〉와 같다.

〈표 2-5〉 국내 신용평가기관의 등급정의 및 표시체계

포괄적 등급정의	평가대상별 등급정의	표시체계
장기신용등급	㉠ 장기 채무자 신용등급(적용대상 : 기업신용평가) ㉡ 장기 채무 신용등급(적용대상 : 사채 등, 대출채권, 자산유동화 회사채, 유동화익스포저, 보험금 지급능력평가 등)	AAA, AA, A, BBB, BB, B, CCC, CC, C, D
단기신용등급	㉠ 단기 채무자 신용등급(적용대상 : 기업어음, 전자단기사채 등) ㉡ 단기 채무 신용등급(적용대상 : 지급보증 기업어음, 지급보증 전자단기사채, 자산유동화기업어음, 자산유동화전자단기사채 등)	A1, A2, A3, B, C, D

출처 : 기술신용평가입문(조희제·강수진, 2022)

> **참고** 국내 신용평가회사 현황
>
> 한국기업평가, NICE신용평가, 한국신용평가, 서울신용평가(기업어음, 자산유동화증권 평가만 취급)
> ※ 신용평가회사는 신용정보회사와 다르므로 용어상 혼돈하지 않도록 주의해야 한다. 신용정보회사 대부분은 TCB평가 업무를 같이 겸하고 있다.

〈표 2-6〉 단기신용등급(기업어음 신용등급)의 등급별 정의

신용등급	등급의 정의
A1	매우 우수한 단기 신용상태, 단기적인 채무불이행 위험이 매우 낮음
A2	우수한 단기 신용상태, 단기적인 채무불이행 위험이 낮음
A3	보통 수준의 단기 신용상태, 단기적인 채무불이행 낮지만 변동성 내재
B	불안정한 단기 신용상태, 단기적인 채무불이행 위험 상존
C	불량한 단기 신용상태, 단기적인 채무불이행 위험 높음
D	채무불이행 상태

※ A2부터 B까지는 동일 등급 내에서 상대적인 우열을 나타내기 위해 "+" 또는 "-"의 기호를 부가 가능

출처 : 한국기업평가(주) 홈페이지

〈표 2-7〉 장기신용등급(채권 신용등급)의 등급별 정의

신용등급	등급의 정의
AAA	최고 수준의 신용상태, 채무불이행 위험이 거의 없음
AA	매우 우수한 신용상태, 채무불이행 위험이 매우 낮음
A	우수한 신용상태, 채무불이행 위험이 낮음
BBB	보통 수준의 신용상태, 채무불이행 위험이 낮지만 변동성 내재
BB	투기적인 신용상태, 채무불이행 위험 증가 가능성이 상존
B	매우 투기적인 신용상태, 채무불이행 위험이 상존
CCC	불량한 신용상태, 채무불이행 위험이 높음
CC	매우 불량한 신용상태, 채무불이행 위험이 매우 높음
C	최악의 신용상태, 채무불이행 불가피
D	채무불이행 상태

※ AA부터 B까지는 동일 등급 내에서 상대적인 우열을 나타내기 위해 "+" 또는 "-"의 기호를 부가할 수 있음

출처 : 한국기업평가(주) 홈페이지

(2) 신용등급의 사후관리

신용등급은 매년 기존 등급의 유효함을 정기 점검해야 하며, 상환능력에 영향을 줄만한 신용사건이 발생하였거나 발생이 확실시된다면 신용등급을 적기에 또는 적절히 조정하여야 한다.

(3) 등급전망(Rating Outlook) 빈출도 ★☆☆

등급전망은 발행자 또는 발행자의 장기채무(무보증채무)에 대하여 향후 1~2년 이내의 신용등급 방향성에 대한 평가시점에서의 전망을 표시한 것이다. 예를 들어 A+라고 하는 하나의 등급만을 공시하는 것으로 끝나는 것이 아니라 A+/Stable 같은 식으로 등급전망을 함께 표기해서 공시하는데, 이는 일단 A+라는 신용등급으로 공시함과 동시에 미래에 A+등급이 현재와 같이 유지될 가능성이 높다는 것을 의미한다. 등급전망은 모든 장기신용에 부여되며, 다음 〈표 2-8〉와 같이 여러 종류의 표기방법이 있다.

〈표 2-8〉 등급전망부호 및 정의

표기방법	정의
Stable(안정적)	향후 1~2년 내에 등급의 변동 가능성이 낮은 경우
Positive(긍정적)	향후 1~2년 내에 등급의 상향 가능성이 있는 경우
Negative(부정적)	향후 1~2년 내에 등급의 하향 가능성이 있는 경우
Evolving(유동적)	향후 1~2년 내에 등급의 상향, 하향, 유지될 수도 있어 등급의 변동방향이 불확실한 경우
None(없음)	등급감시대상(Rating Watch)이 부여되었거나, C등급 또는 D등급인 경우

출처 : 기술신용평가입문(조희제・강수진, 2022)

개념체크OX

01 BBB 이상의 장기신용등급은 시장에서 투자적격등급으로 인정한다. O X

02 등급전망 Stable은 1~2년 내에 등급의 변동가능성이 낮은 경우를 뜻한다. O X

정답 O, O

---

(4) 등급감시(Credit Watch)

6개월 이내에 등급을 하향 또는 상향조정할 가능성이 있을 정도의 중대한 대내외적 사건이 발생했을 경우에 등급감시부호를 부여한다.

〈표 2-9〉 등급감시부호의 정의

등급감시부호	정의
↑ (상향)	등급 상향 검토
↓ (하향)	등급 하향 검토
◆ (불확실)	등급 불확실 검토

(5) 세계 3대 신용평가기관의 신용등급 표기

외국신용평가기관 중에서 투자가들의 의사결정에 큰 영향을 미치는 대표적인 신용등급 평가기관은 미국의 S&P(Standard & Poor's)와 무디스(Moody's), 그리고 영국의 피치(Fitch) 등이 있다. 기호의 표기는 평가기관마다 다소의 차이가 있다.

① 만기가 1년 이상인 장기신용등급 표기는 우리나라에서 S&P 방식이 통용되고 있다.

> **S&P 방식의 장기등급 표시**
>
> (투자적격등급)　　　　　　　　　　(투기등급)
>
> AAA, AA, A, BBB　　　　　　　　BB, B, CCC, CC, C, D

② 반면에 무디스는 전통적으로 S&P와 다른 표기체계와 정의를 채택하고 있지만 시장에서는 양자를 모두 투자등급과 투기등급으로 구분하여 등급 간 암묵적인 대응관계가 형성되고 있다.

> **Moody's 방식의 장기등급 표시**
>
> (투자적격등급)　　　　　　　　　　(투기등급)
>
> Aaa, Aa1, Aa2, Aa3, A1, A2, A3　　Ba1, Ba2, Ba3, B1, B2, B3,
> Baa1, Baa2, Baa3　　　　　　　　Caa1, Caa2, Caa3, Ca, C

※ 자본시장에서는 BBB 이상의 회사채에 대해 투자적격등급으로 인정하고 있다.

(6) 신용등급의 활용

산정된 신용평가등급은 다음과 같이 다양한 용도로 활용되고 있다.
① 고객선정의 기준
② 여신한도관리 및 여신의사 결정
③ 신용위험관리
④ 이자율 및 수수료 결정
⑤ 대손충당금 설정기준
　기업여신 대손충당금 적립비율은 신용등급 또는 신용점수별로 차등 적용되고 있으며 같은 등급이라도 채무자 신용위험의 크기와 담보의 종류에 따라 적립비율은 달라진다.
⑥ 외부 관계자 업무 참고

제3절　기업활동 및 신용분석요소

1　기업활동

평가자는 기업활동과 위험요소들을 신용평가의 대상으로 본다. 기업활동을 5가지로 분류해 보면 구매활동, 생산활동, 판매활동, 재무활동, 경영활동으로 나눌 수 있다.

(1) 구매활동

전통적인 구매방식에서의 초점은 주로 가격, 품질, 적기구매에 두고 있으나, 최근 들어 구매전략이 강조되고 있다. 따라서 가격, 품질, 납기준수능력, 경영 호환성, 지리적 접근성, 양질의 원자재 확보 등을 종합적으로 분석하여야 한다.

(2) 생산활동

생산계획, 공정관리, 작업관리, 품질관리, 설비관리, 외주관리, 자재관리, 생산입지 등을 분석하여야 한다.

① 생산계획

인적자원, 물적자원 및 설비의 이용가능성을 감안한 능력요구계획, 제품별 생산계획인 기준생산계획 및 자재소요계획이 수립되어야 한다.

② 공정관리

작업능률을 최대한 향상시키는 관리가 이에 해당한다.

③ 작업관리

작업 표준화, 작업자에 대한 교육 및 훈련, 작업환경 등이 해당한다.

④ 품질관리

품질 향상과 품질의 균질화를 목적으로 한다.

⑤ 설비관리

공장의 자동화 수준, 설비 등에 대한 교체계획 등이 해당한다.

⑥ 자재관리

재고발생 비용 최소화, 생산비의 절감, 생산효율성 제고 등이 해당한다.

(3) 판매활동

판매활동에는 마케팅전략, 판매계획, 제품의 가격 결정, 판매촉진 활동 등이 포함된다.

① 마케팅전략

일반적으로 외부환경분석과 3C분석, 시장세분화를 통해 표적시장 선정, 포지셔닝 방향을 설정하고 마케팅믹스의 단계를 거쳐 수립하여야 한다.

② 판매계획

과거의 실적이나 내부능력 및 미래의 시장 환경을 고려하여 수립되어야 한다.

③ 제품의 가격 결정

동종업체 대비 경쟁우위를 가질 수 있는 수준인지, 기업의 유지와 성장을 위한 합리적인 가격인지를 고려하여 결정한다.

④ 판매촉진 활동

주로 광고와 홍보를 들 수 있다.

(4) 재무활동

재무활동이 효율적으로 이루어지려면 회계정보가 생성되어야 한다. 회계정보는 기업의 이해관계인들에게 기업의 경영상태를 제공하는 재무회계와 기업내부의 경영의사결정을 위한 관리회계의 목적에서 필요로 한다. 또 다른 재무활동으로는 재무구조 분석, 자본조달 등이 해당된다.

① 재무구조 분석

재무상태가 과소 또는 과대평가되지 않도록 기업의 재무제표를 수정하는 절차를 가져야 한다.

② 자금조달

자금조달은 크게 자기자본조달, 금융기관으로부터의 자금조달, 금융기관 이외로부터의 자금조달로 구분되며, 자금을 조달하는 수단도 주식, 대출금, 복합증권 등 다양하다.

(5) 경영활동

경영활동은 경영에 필요한 계획을 세우고 이를 실행하며 결과를 계획과 대비하는 평가 과정을 거치게 되는 일련의 과정들을 의미한다. 경영계획 수립, 효율적인 예산 편성 등은 이에 포함된다.

2 기업활동에 따른 위험요소

(1) 대표적인 위험요소

매출액(판매활동)이 증가하면 구매활동과 생산활동이 증가하며, 이를 지원하는 재무활동과 이들 활동을 전반적으로 지휘하고 주도하는 경영활동도 증가한다. 기업활동은 각각에 여러 가지 위험요소들이 내재한다. 위험요소 중에는 대표적으로 영업위험과 재무위험을 들 수 있다.

① 영업위험

구매활동, 생산활동, 판매활동, 경영활동으로부터 발생할 수 있는 여러 가지 위험을 말한다. 또한 산업위험, 정치·경제·사회적 위험도 영업위험에 포함된다.

② 재무위험

채무자가 영위하는 사업활동이 아닌 영역의 활동, 주로 차입, 증자, 재무적 보증 등을 포함하는 자금조달 활동과 비영업활동에서 발생할 수 있는 위험이다.

(2) 위험요소 파악 정보

영업위험요소와 재무위험요소를 파악하는 데 중요한 자료 및 정보로는 감사보고서, 결산서, 영업보고서나 사업보고서, 향후 사업계획서, DART(금융감독원 전자공시시스템) 등이 있다.

① 재무위험요소 분석자료 : 감사보고서와 결산서 및 관련 명세서
② 영업위험요소 분석자료 : 영업보고서, 사업보고서, 사업현황서
③ 기타 자료 : 해당 기업의 신용분석자료, 해당 산업의 산업동향보고서, 산업분석보고서, 관련 잡지, 신문 및 통계자료 등

3 신용분석요소 및 상환재원 분석 빈출도 ★★☆

(1) 신용분석의 5가지 요소(신용분석 5C)

① 경영자특성(Character)

대출계약을 이행하고자 하는 기업의 의지 또는 책임감, 대출자의 일반적인 특성을 분석한다.

② 상환능력(Capacity)

대출원리금을 상환할 수 있는 능력을 분석한다. 상환능력은 신용분석 5가지 요소 중 가장 중요도가 큰 요소이다.

③ 자본규모(Capital)

총자산에 총부채를 공제한 순자산을 통해 측정한다.

④ 담보물(Collateral)

채무불이행 시 담보물 처분으로 대출금을 상환하기 위한 장치이다.

⑤ 대출조건(Conditions)

대출의 목적과 계약사항에 대한 것이다.

(2) 상환재원 분석 빈출도 ★★★

채권자가 신용분석을 할 때 상환재원을 산정하게 되는데, 이때 상환재원으로 고려할 수 있는 항목은 5가지 정도로 요약된다. 5가지 항목 중에서는 영업현금흐름이 가장 중요하다.

〈표 2-10〉 상환재원의 5가지 항목

구 분	내 용
영업현금흐름	5가지 상환재원 중 가장 중요함. 영업결과로 내부에 유보되는 여유현금흐름이므로 상환부담도 없고 비용도 발생하지 않음
재차입	회사채 발행, 다른 금융기관 차입 등으로 비용이 발생함
자산매각	영업활동에 상대적으로 기여도가 낮은 자산 즉, 비핵심자산의 처분 등
자본금증액	유상증자 등으로 마련, 주주에게 배당금을 지급하는 비용 발생
관계사차입금	해당기업과 이해관계에 있는 관계회사로부터의 차입

개념체크OX

01 기업활동을 크게 구매활동, 생산활동, 판매활동, 재무활동, 경영활동으로 나누게 되는데, 기업활동도 신용평가 대상이 된다. O X

02 신용분석의 5C는 경영자특성(Character), 상환능력(Capacity), 자본규모(Capital), 고객특성(Customer), 대출조건(Conditions)이다. O X

정답 O, X

제4절 신용분석기법

1 정태분석과 동태분석 빈출도 ★☆☆

(1) 정태분석

① 정태분석(Static Analysis)은 해당 기업의 특정시점에 있어서 기업의 재무상태를 분석하는 것이다. 정태분석은 주로 재무상태표(Balance Sheet)를 대상으로 이루어지며, 재무상태표 분석 시에 비율분석이 많이 사용된다.

② 비율분석 방법으로는 구성비율분석법(Component Ratio Analysis)과 관계비율분석법(Salient Ratio Analysis)이 주로 사용된다.

〈표 2-11〉 비율분석 종류

구 분	내 용
구성비율분석법	재무상태표를 분석하는 데 있어서 전체에 대하여 특정부분이 얼마를 차지하는가를 파악하는 데 사용되는 방법 예 총자산 중에서 유동자산이 차지하는 비율 　총자산 중에서 비유동자산이 차지하는 비율
관계비율분석법	재무상태표상의 서로 다른 부분들을 비교하는 방법 예 부채비율(자기자본과 부채의 비교) 　유동비율(유동부채와 유동자산의 비교)

출처 : 기술신용평가입문(조희제·강수진, 2022)

(2) 동태분석

① 동태분석(Dynamic Analysis)은 일정기간의 영업활동 결과로 발생된 재무상태의 변화를 분석하는 것이다. 동태분석의 주요 대상은 포괄손익계산서(Profit & Loss Account)와 현금흐름표(Cash Flow Statement)이다.

② 포괄손익계산서 분석에도 구성비율분석법이 많이 활용되고 있다. 동태분석을 위하여 사용되는 구성비율분석법으로 매출총이익(매출액-매출원가)이 매출액에서 차지하는 비율을 나타내는 매출총이익률, 영업이익이 매출액에서 차지하는 비율을 나타내는 영업이익률, 당기순이익이 매출액에서 차지하는 비율을 나타내는 당기순이익률 등이 있다.

2 절대분석과 상대분석

(1) 절대분석

절대분석이란 기업의 설립부터 현재까지의 전반적인 영업능력 및 경제상황을 분석함으로써 해당 기업의 미래를 예측하는 것을 말한다. 따라서 절대분석을 하기 위해서는 과거 수년간의 영업성장 분석과 재무제표 분석이 필요하다.

〈표 2-12〉 절대분석의 의미

구 분	내 용
절대분석의 초점	성장과정(주주, 경영진, 자금력, 관련 법규, 시장상황 등), 최근 4년간 해당 기업의 재무제표 변화, 영업성장의 원인과 위험요소들을 분석
절대분석의 예측	최근 3년간의 영업상황과 시장상황을 고려해 해당 기업의 미래를 예측
절대분석의 목적	채권자(은행) 입장에서 목적은 작지만 우량기업을 찾는 것

출처 : 최신기업신용분석(권성일, 2015)

(2) 상대분석 빈출도 ★☆☆

상대분석이란 같은 업종에 있는 경쟁회사의 매출액과 당기순이익 비교 또는 해당 산업의 평균비율(부채비율 혹은 유동비율 등) 비교를 통하여 해당 기업의 각종 비율의 우량 여부를 분석하는 것이다.

〈표 2-13〉 상대분석의 문제점

구 분	내 용
시차의 문제	12월 결산법인의 재무제표 공시 시기(3월 중순)와 기업경영분석 발간 시기(7월~8월)에 시차가 있어 적어도 7월까지는 기다려야 함
기업 간 업종의 불일치	현실적으로 한 기업은 복수의 업종에 종사하므로 기업 간 업종이 완벽히 일치하기가 어려움
기업 간 회계정책의 상이점	재고자산의 평가와 유형자산의 감가상각은 서로 다른 회계방법으로 도출된 것이므로 수치 비교와 의미 부여에는 한계가 발생함

출처 : 최신기업신용분석(권성일, 2015)

3 기본분석기법

(1) 계단식분석법(Escalator Analysis)

계단식분석법은 원인을 분석하는 방법으로 두 비교연도 간 다른 수치를 찾아내고, 그 수치 차이의 원인을 찾아낸 다음, 또 그 원인의 원인을 찾아나가는 방식을 말하며, 마치 계단을 내려가는 것과 같은 구조를 가졌다 하여 계단식분석법이라고 불린다.

① 예를 들면 어떤 기업의 매출총이익률(매출총이익 / 매출액 × 100)이 제7기에 비하여 제8기에 하락했다면, 그 원인을 분석을 하는 경우에 계단식분석법을 사용한다.
② 만약 전년도에 비하여 금년도 매출총이익률 하락의 원인이 원재료비의 증가로 밝혀졌다면, 다시 원재료비의 증가에 대한 원인이 원재료량의 증가인지 혹은 원재료단가의 상승인지를 밝혀내야 한다. 원재료단가의 상승이 원인일 때 원재료가 수입품이라면, 단가의 상승이 원화가치의 하락(환율 상승) 때문인지도 확인해야 한다.

(2) 추세분석법(Trend Analysis) 빈출도 ★☆☆

추세분석법은 정태비율(예 부채비율 및 유동비율)을 사용하여 동태적으로 분석하게 하는 기법을 말한다. 따라서 수년간의 비교재무제표에 추세분석기법을 적용하면 대상 기업의 재산상태의 변화를 파악하고 그 원인을 분석할 수 있다.

〈표 2-14〉 추세분석법의 예

(단위 : 백만원)

구 분	제10기	제11기	제12기
매출액	500%	600%	750%
부채비율	300%	317%	200%
매출총이익률	20%	20%	27%

출처 : 최신기업신용분석(권성일, 2015)

(3) 백분율법

백분율법은 각각의 재무제표에서 합계를 표시한 수치를 100%로 하여 해당 수치의 계정과목들이 나타내는 수치를 A/100%로 표시하여 비교연도와 비교하는 방법이다. 예를 들어 총자산을 100%로 표시하고 백분율로 나타내면 다음 〈표 2-15〉와 같이 표시된다.

〈표 2-15〉 백분율법의 표시방법

(단위 : 백만원)

구 분	제10기	제11기	제12기
유동자산	150 (37.5%)	240 (40.0%)	200 (33.3%)
비유동자산	250 (62.5%)	300 (60.0%)	400 (66.7%)
자산총계	400 (100%)	500 (100%)	600 (100%)
부채총계	300 (75.0%)	380 (76.0%)	400 (66.7%)
자본총계	100 (25.0%)	120 (24.0%)	200 (33.3%)
매출액	500 (100%)	600 (100%)	750 (100%)
매출원가	400 (80.0%)	480 (80.0%)	550 (73.3%)
매출총이익	100 (20.0%)	120 (20.0%)	200 (26.7%)
제비용	80 (16.0%)	90 (15.0%)	150 (20.0%)
당기순이익	20 (4.0%)	30 (5.0%)	50 (6.7%)

출처 : 최신기업신용분석(권성일, 2015)

① 백분율법을 재무상태의 자산계정에 적용하면, 해당 기업의 자산을 구성하고 있는 주요 계정이 총자산에 대하여 차지하는 구성비율을 나타내므로 주요 계정이 총자산에서 차지하는 비중을 파악하는데 도움이 된다.
② 수익성 분석을 위해서는 포괄손익계산서에 백분율법을 적용한다.

개념체크OX

01 절대분석의 문제점으로 시차의 문제, 기업 간 업종의 불일치, 기업 간 회계정책의 상이점을 들 수 있다. O X
02 추세분석법은 정태비율을 사용하여 동태적으로 분석하게 하는 것을 말한다. O X

정답 X, O

---

4 신용분석 3단계 분석법 빈출도 ★★★

신용분석 3단계 분석법은 현상파악, 원인분석, 진단과 전망의 체계를 갖고 있는 논리적 분석법이다. 실무에서 유용하게 사용하는 분석기법으로 종합보고서 작성 외에도 재무상태표분석, 포괄손익계산서분석, 현금흐름표분석 및 산업분석에 활용되고 있다.

(1) 현상파악
① 현상파악은 신용분석의 일부분으로서 수행하는 해당 기업의 재무제표를 분석함에 있어서 재무제표의 주요 변화를 파악하는 것이다.
② 예를 들어, 재무상태표를 분석할 때 기준연도의 자산, 부채, 자본의 상태를 파악하고, 기준연도에 비하여 다음연도의 자산, 부채, 자본의 주요 구성요소(계정과목)의 변화를 평가하는 것을 말한다.

(2) 원인분석
① 원인분석은 재무제표의 현상파악을 통하여 발견된(전년도에 비하여) 당해 연도 특정 계정과목에서 일어난 큰 변화의 원인을 분석하는 것이다.
② 예를 들어, '매출액이 전년도 매출액에 비하여 증가했는데 계산을 해 보니 30%가 증가했다.' 이러한 분석은 매출액 변화에 대한 현상파악이다. 반면에 원인분석은 이러한 성공적인 30% 매출액 증가의 원인이 무엇인가를 분석하는 것이다.
③ ②의 원인으로 제품가격의 인상, 특정제품의 매출 증가, 특정지역에서의 매출액 증가 등을 그 원인으로 분석한다.

(3) 진단과 전망
진단과 전망은 신용분석의 마지막 단계로서 현상파악과 원인분석을 통하여 기업의 최근 몇 년간의 재산상태 및 영업상황의 변화와 원인을 파악하고, 기업의 현재 영업상황과 향후 사업계획, 시장의 현재 상황과 향후 전망, 금융시장의 동향 등을 종합적으로 고려하여 단기적 혹은 장기적으로 그 기업을 진단하고 전망하는 것이다.

5 금융지원의 기본(Basic of Financing)

(1) 금융지원의 기본이란 유동자산과 같은 단기자산은 단기자금으로 지원하고 유형자산과 투자자산 같은 장기자산은 장기자금(장기차입금, 자기자본, 현금흐름)으로 지원하는 것을 말한다.
(2) 즉, 1년 이내에 현금으로 전환되는 단기자산은 단기자금으로 지원하고, 장기간에 걸쳐 감가상각을 통하여 투자자금이 회수되는 장기자산은 장기자금으로 지원하는 것이다.

6 시나리오분석법 빈출도 ★★☆

(1) 시나리오분석법(Scenario Analysis)은 'What-if questions'을 기본 형태로 하며 최상의 경우(best case), 기준의 경우(base case), 최악의 경우(worst case)의 3가지 시나리오를 가정하여 결과를 예측하는 분석법이다.
(2) 예를 들어, '올해의 매출액이 전년도에 비해 25% 정도 성장할 것으로 예측했으나 15%만 성장했다면 예상이익이 얼마나 감소할까?'를 분석하는 것이다.
(3) 시나리오분석의 목적과 절차는 다음 〈표 2-16〉와 같다.

〈표 2-16〉 시나리오분석의 목적과 절차

구 분	내 용
목 적	미래에 예상되는 위험의 정도를 평가함으로써 투자가 성공한 경우와 실패한 경우의 결과를 사전에 파악해 보는 것이다.
분석절차	㉠ 먼저 구하고자 하는 지표를 설정한다. 　[예] 당기순이익, 영업활동에서 유입된 현금흐름, NPV 등 ㉡ 만약 구하고자 하는 지표의 대상이 현금흐름이라면 그 기업의 이익 및 비용에 영향을 미치는 중요한 요소([예] 이익-제품시장가와 판매량, 비용-가변비용과 고정비용)를 각각 한두 가지 설정한다. ㉢ 요소들의 가격이 변동할 수 있는 범위를 정하고 이 범위를 가지고 시나리오를 만들기 위하여 각 요소가격에 대하여 예상가격(기준가격) 상하로 낮은 가격과 높은 가격을 정한다. ㉣ 각 요소들의 기준가격을 모아서 현금흐름을 구하는 변수로 사용하여 현금흐름의 기준금액을 구할 수 있다. 만약 현금흐름에 가장 플러스(+)적인 영향을 미칠 수 있는 요소가격들을 변수로 사용한다면 최상의 시나리오와 최악의 시나리오별로 구하려는 최종 재무지표 값을 구할 수 있다.

출처 : 최신기업신용분석(권성일, 2015)

7 부실예측 판별함수

(1) 단일변수분석기법

단일변수분석은 기업의 부실을 가장 잘 예측할 수 있는 하나의 변수(재무비율)를 이용하여 기업부실을 예측하는 분석방법이다. Beaver(1966)의 연구가 대표적인 연구로서 도산예측분야에 대한 체계적 분석의 시작이라고 할 수 있다. 다만, 단일변수분석은 다변량분석보다 유용성이 떨어진다는 단점이 있다.

(2) 다변량분석기법(Z-모형 판별함수분석법) 빈출도 ★☆☆

① Z-모형 판별함수분석법은 미국의 알트만(Altman, 1968) 교수에 의하여 개발되었으며 기업도산에 영향을 줄 것으로 판단되는 주요 변수를 규명하고 측정함으로써 기업도산 전(前) 도산징후를 사전에 파악하는 데에 그 목적이 있다.

② 알트만은 기업도산 예측에 중요한 항목 5가지를 유동성, 수익성, 레버리지, 지불능력, 활동성으로 선정하였다. 즉 과거 이용 빈도를 고려하여 기업평가에 유용한 지표로 사용된 22개의 재무비율 중에서 기업도산에 가장 중요하다고 생각되는 5개의 변수를 정하여 만들었다.

③ Z-모형분석은 최초의 모형에서 2회에 걸쳐 수정되었다.

〈표 2-17〉 Z-모형 판별함수 5개의 변수

- 운전자본(유동자산 - 유동부채) ÷ 총자산
- 잉여금(이익잉여금 + 자본잉여금) ÷ 총자산
- 이자와 세금차감전이익 ÷ 총자산
- 자본의 시장가치 ÷ 총부채
- 매출액 ÷ 총자산 (※ 2차 수정에서 본 변수는 제외됨)

출처 : 최신기업신용분석(권성일, 2015)

단원별 출제예상문제

CHAPTER 01 | 기업신용분석의 이해

01 신용에 대한 설명으로 옳지 않은 것은?

① 자본주의 경제 발전과 더불어 확대·발전한 자본주의 경제체계의 중요한 요소이다.
② 화폐의 지불이 연기되어 신용이 주어지는 "상업신용"에서 유래하였다.
③ 신용을 화폐의 흐름측면에서 보면, 재화와 교환을 매개하는 수단으로만이 아니라 가치의 이전이라는 수단으로 흐르게 한다.
④ 상업신용은 화폐의 직접 매매를 수반하여 경제적 제거래를 성립시킨다.
⑤ 채권자의 입장에서 보면, 기업의 신용은 "적기에 채무를 상환할 수 있는 채무적인 능력"이라 할 수 있다.

> **해설** 상업신용은 화폐의 직접 매매를 수반하지 않고 경제적 제거래를 성립시켜 재화와 용역의 대량생산·유통을 가능하게 한다.

02 다음 내용은 어떤 위험에 대한 설명인가?

> 거래 당사자에게 대출을 하거나 거래 상대방의 채권을 구매한 후 거래 상대방의 신용도가 하락하거나 부도가 발생함으로써 생길 수 있는 위험

① 신용위험 ② 재무위험
③ 경영위험 ④ 채권위험
⑤ 사업위험

> **해설** 기업의 경영악화로 인하여 채무상환능력을 상실한 경우에 발생되는 것이 신용위험이다.

정답 01 ④ 02 ①

03 다음 설명 중 옳지 않은 것은?

① 기업의 현금흐름을 악화시키는 요인으로는 경영위험 등 내부위험요소와 시장위험 등 외부위험요소들이 있다.
② 신용분석과정에서는 재무적인 비율 분석 이외에도 기업의 구조적인 문제에 대한 분석도 함께 이루어져야 한다.
③ 신용분석과정에서 상당수는 주관적 판단으로 이루어질 수밖에 없다.
④ 신용등급 결정은 재무적인 비율에 의해 이루어지므로 기타 사업위험 요인들에 의해 신용등급이 결정되지는 않는다.
⑤ 채무자의 신용평가를 위하여 채무자의 채무상환능력과 상환의지를 분석하는 것을 신용분석이라 한다.

해설 신용등급은 재무적인 비율뿐만 아니라 기타 사업위험 요인들에 의해서도 결정된다.

04 신용분석에 대한 설명으로 옳지 않은 것은?

① 신용분석이란 분석 대상 기업이 채무상환능력을 보유하고 있는지의 여부를 확인하는 절차이며, 상환능력의 수준까지도 평가하는 것을 의미한다.
② 채무상환능력은 현금성자산과 고정자산을 포함한 보유량을 의미한다.
③ 신용분석하는 시점에서의 채무상환능력도 중요하지만 미래 현금흐름창출능력이 더 중요하다.
④ 여기서 신용분석은 신용평가와 동일한 개념이다.
⑤ 신용평가의 결과를 구체적으로 등급화시킨 것을 신용등급이라고 한다.

해설 채무상환능력은 상환재원인 현금성자산의 보유량을 의미하며, 미래 현금창출능력까지 포함한다.
※ 기업의 현금창출은 영업활동을 통해 제품을 판매한 후 창출한 현금을 의미한다.

05 신용분석 시 고려할 요소에 대한 설명으로 옳지 않은 것은?

① 1차적으로 기업신용에 영향을 미치는 요소는 경영 분야, 사업 분야 및 재무 분야이다.
② 2차적 요소로는 계열 분야, 산업 분야 및 금융 분야를 들 수 있다.
③ 3차적 고려요인은 산업정책 및 금융정책 분야와 거시경제 분야 등이다.
④ 기업 외화표시 채무의 신용위험 분석 시 해당국가의 신용도에 대한 분석을 수행해야 하는 것은 선택사항이다.
⑤ 기업의 신용분석 시 일반적으로 Top-down 접근방법이 많이 사용된다.

해설 외화표시 채무의 신용위험을 분석함에 있어서는 다양한 위험요소 이외에 해당국가의 신용도에 대한 분석도 함께 이루어져야 한다.

06 신용등급 체계에 대한 설명으로 옳지 않은 것은?

① 장기신용등급은 1년 이상 만기의 회사채에 대한 평가 결과를 신용등급으로 표시한 것이다.
② 등급정의 체계는 장기신용등급과 단기신용등급으로 구분된다.
③ 국내신용평가회사의 회사채 등의 표시체계는 무디스의 장기평가 등급체계와 비슷하다.
④ 등급전망이란 발행자 또는 발행자의 장기채무에 대하여 향후 1~2년 이내의 신용등급 방향성에 대한 평가시점에서의 전망을 표시한 것을 말한다.
⑤ 장기신용등급 정의와 단기신용등급 정의는 다르다.

> **해설** 국내신용평가회사의 회사채 등의 표시체계는 S&P의 장기평가 등급체계와 비슷하다.
> ※ 장기신용등급은 장기 채무자 신용등급(적용대상 : 기업신용평가 등)과 장기 채무 신용등급(적용대상 : 사채 등)으로 정의되며, 단기신용등급은 단기 채무자 신용등급(적용대상 : 기업어음 등)과 단기 채무 신용등급(적용대상 : 지급보증 기업어음 등)으로 정의된다.

07 다음은 신용분석의 5가지 요소 중에 무엇에 대한 설명인가?

> 채무자가 채권자에게 제공하는 물건으로 신용이 공여되는 순간부터 상환이 불이행되는 경우에 처분하여 대출금액을 상환하기 위한 장치이다.

① 경영자 특성   ② 상환능력
③ 담보물   ④ 대출조건
⑤ 자본규모

> **해설** 신용분석의 5가지 요소 중 담보물에 대한 내용이다.

08 신용등급에 대한 설명으로 옳지 않은 것은?

① 신용등급(Credit Rating)은 특정 회사채에 투자하는 투자자가 감당할 채무불이행위험에 대한 신용평가사의 공식적인 의견이다.
② 발행사가 이자와 원금을 정해진 시한 내에 지급할 수 있는 능력에 대한 평가를 간단히 제시하는 방식 중의 하나이다.
③ 신용등급모형에서 같은 등급의 기업은 유사한 신용위험을 포함하고 있기 때문에 신용과 관련된 의사결정에서 동일하게 취급하는 집단으로 분류한다.
④ 신용등급은 채무상환능력에 초점을 두고 분석한 결과를 여러 등급으로 나누며 그 나누어진 등급을 문자, 기호, 숫자 등으로 표시한 것이다.
⑤ 단순한 평가방식보다 객관적이며 신용분석전문가가 변수에 대한 추정치를 제시하면서 주관적인 면을 배제한다.

> **해설** 단순한 평가방식보다 객관적이지만 여전히 신용분석전문가가 변수에 대한 자신의 추정치를 제시한다는 측면에서 주관적인 측면이 존재한다.

09 절대분석과 상대분석에 대한 설명으로 옳지 않은 것은?

① 절대분석에서는 한 기업의 설립배경부터 현재까지의 전반적인 영업능력 및 경제상황을 분석한다.
② 절대분석은 채권자 입장에서 작지만 우량기업을 찾는 것에 그 목적이 있다.
③ 상대분석에서는 해당 기업이 속해 있는 산업의 평균 비율을 비교분석한다.
④ 상대분석은 같은 업종에 있는 경쟁회사의 매출액이나 당기순이익을 각각 비교하는 등의 방법이다.
⑤ 상대분석에서는 현재의 영업상황과 시장을 고려하여 기업의 미래를 예측하기 때문에 재무제표가 공시되는 시기는 문제가 되지 않는다.

> **해설** 상대분석에서는 시차의 문제가 발생한다. 이외에도 기업 간 업종의 불일치, 기업 간 회계정책의 상이점도 상대분석의 문제점이다.

10 다음은 채권자 입장에서 볼 때 대출금의 상환재원이 될 수 있는 것을 정리한 것이다. 다음 중 가장 중요한 상환재원은 어느 것인가?

① 자산매각
② 자본금증액
③ 영업현금흐름
④ 재차입
⑤ 관계사차입금

> **해설** 5가지 상환재원 가운데 가장 바람직한 상환재원은 기업의 차입금융이 성공하여 영업이익을 증대시키고 그 결과로 유입된 영업현금흐름이 가장 중요한 재원이다.

11 다음은 무엇에 대한 설명인가?

> 두 비교연도에 있어서 변화된 숫자나 비율을 확인한 다음 그 원인을 찾아내고, 또다시 그 원인에 영향을 준 요소를 찾아내는 분석기법

① 추세분석법
② 백분율법
③ 계단식분석법
④ 시나리오분석법
⑤ 다변량분석기법

> **해설** 계단식분석법에 대한 내용이다.
> ※ 신용분석기법 중 기본분석기법에는 추세분석법, 계단식분석법, 백분율법이 있다. 추세분석법은 정태비율을 사용하여 동태분석으로 전환하는 데 사용되며, 계단식분석법은 원인을 분석하는 기법으로 사용된다.

12 신용분석 절차에 대한 설명으로 옳은 것은?

① 경영위험 평가는 신용분석자의 판단이 내려지는 분석적인 일이 아니며, 객관적인 사실에 대한 조사이다.
② 경기하강, 금리상승, 환율변동, 유가상승 및 정부정책의 변화 등에서 발생되는 신용위험을 산업위험이라고 한다.
③ 경기변동, 기업의 위기상황 등 stress 상황도래 시 해당 기업이 영향을 받게 되는 수준을 평가하는 것이 시장위험이다.
④ 국내의 주요 인증 건수, 기술연구소 유무, 기술인력 현황, 연구개발비용의 규모, 연구실적 등을 참고하여 계속기업으로서의 지속적인 성장이 가능한지를 평가하는 것이 영업위험 평가이다.
⑤ 최근 국내 및 세계 금융기관들이 환경을 주요 경영문제로 인식하고 있으며, 환경위험을 주요 신용위험 원천의 하나로 파악하고 환경위험관리를 금융기관의 전반적인 위험관리에 통합시키는 노력을 지속하고 있다.

해설 ①은 고객정보조사, ②는 시장위험, ③은 산업위험, ④는 기술위험 평가에 대한 내용이다.

13 신용위험의 요소는 내부위험요소와 외부위험요소로 구분할 수 있다. 다음 중 외부위험요소에 해당되는 것은?

① 경영위험
② 산업위험
③ 기술위험
④ 영업위험
⑤ 재무위험

해설 산업위험은 외부위험요소에 해당되며 경영위험, 기술위험, 영업위험, 재무위험은 내부위험요소에 해당된다.

14 신용등급의 활용처로 옳지 않은 것은?

① 고객선정의 기준
② 대손충당금 설정기준
③ 여신한도관리 및 여신의사 결정
④ 수신금리 결정기준
⑤ 신용위험관리

해설 신용등급은 금융회사의 여신금리를 결정하는 수단으로 사용되며, 수신금리 결정과는 관련성이 없다.

정답 09 ⑤ 10 ③ 11 ③ 12 ⑤ 13 ② 14 ④

CHAPTER 02 | 재무회계와 재무제표

> **출제포인트**
> - 회계상 거래, 결산과정, 재무제표의 의의 및 유용성, 유동자산·재고자산 및 무형자산
> - 사채의 발행과 회계처리, 충당부채, 자본잉여금 및 이익잉여금
> - 재무제표(재무상태표, 포괄손익계산서, 현금흐름표 등) 구조와 특성
> - 재무제표 분석(비율분석) : 안정성 비율, 활동성 비율, 수익성 비율

제1절 재무회계의 이해

1 회계의 기본개념

(1) 회계의 의의

오늘날 회계란 회계정보이용자가 기업의 사정을 잘 알고 의사결정을 할 수 있도록, 경제적 정보를 식별·측정하고 이를 전달하는 과정을 말한다. 즉 기업실체의 경영활동과 관련하여 경제행위를 측정하고 회계정보를 산출하여 이를 정보이용자에게 전달함으로써 이해관계자의 의사결정에 도움을 주는 정보제공 활동으로 정의할 수 있다.

> - 회계는 기업에 대한 재무정보를 제공한다(전통적 기능).
> - 회계는 정보이용자가 합리적인 의사결정을 할 것이라고 가정한다.
> - 회계는 기업의 경영활동을 식별·측정하여 회계정보이용자에게 유용한 정보를 제공한다.

(2) 회계의 기능

① 정보 제공의 기능

회계정보이용자가 회계정보를 이용하여 예상되는 수익과 위험을 평가하고 기업가치와 경영성과를 산정하게 함으로써 기업 간 비교를 통해 효율적으로 활용하게 된다. 이러한 과정을 통해 희소자원의 효율적 배분에 기여하게 된다.

② 수탁책임의 보고

회계는 수탁책임에 대해서 보고하는 기능을 한다. 수탁책임이란 채권자나 투자자가 기업에 투자한 재산의 관리와 운용을 위임받은 경영자에 대해 책임을 묻는 것을 뜻한다.

③ 사회적 직능의 수행을 위한 기초자료 제공

회계는 효율적이고 공평한 배분을 위해 사용되는 정책수단으로 이용된다. 즉 세금의 징수, 근로협약의 체결, 공공요금의 결정, 보조금의 지급 등의 기초자료로 회계를 활용한다.

2 회계순환과정(Accounting Cycle)

회계순환과정이란 회계기록의 대상이 되는 경제적 사상을 식별하여 장부상에 기록(인식)하는 것을 출발점으로 하여, 정보이용자들에게 회계정보를 제공해 주는 수단인 회계보고서(재무제표)를 작성하기까지의 일련의 과정이다.

> **회계의 순환과정**
> - 기중거래기록 : 회계상 거래(거래의 인식) → 분개(분개장, 전표) → 전기(총계정원장)
> - 결산 절차 : 시산표 작성 → 결산수정분개 및 전기(분개장 및 원장) → 수정후 시산표 작성 → 재무제표 작성 → 계정의 마감(분개장 및 원장) → [반복순환] 회계상 거래

(1) 단계별 회계의 순환
① 1단계 : 복식부기 방식으로 분개하는 단계이다.
② 2단계 : 유형별로 분류하여 장부에 기입하는 단계, 즉 전기 단계이다.
③ 3단계 : 한곳에 모아서 요약·집계하는 단계, 즉 시산표 작성 단계이다.
④ 4단계 : 결산 절차를 거쳐 재무제표를 작성하는 단계이다.

구 분	1단계	2단계	3단계	4단계
경영활동	기 록	분 류	요 약	보 고
장부(서식)	분개장	원 장	시산표	재무제표

(2) 회계상 거래
① 거래의 인식
  ㉠ 회계상의 거래는 회계순환과정의 출발점이다.
  ㉡ 거래는 기업의 자산·부채·자본의 증가 또는 감소, 수익·비용의 발생 또는 소멸을 일으키는 모든 사건(events)을 말한다.
  ㉢ 따라서 변동의 크기를 화폐 단위로 측정하지 못하거나 자산, 부채, 자본의 변동에 영향을 주지 않으면 회계상의 거래라고 할 수 없다.

② 거래의 이중성
  ㉠ 자산·부채·자본의 구성항목이나 금액을 변화시키는 거래에는 원인과 결과라는 두 가지 속성이 함께 들어 있는데, 이를 거래의 이중성이라고 한다.
  ㉡ 따라서 왼쪽의 차변요소와 오른쪽의 대변 요소로 나누어 거래의 이중성을 기록한다.
  ㉢ 이와 같이 거래를 차변과 대변으로 구분하여 기록하는 방법을 복식부기라고 한다.

③ 거래의 8요소 빈출도 ★☆☆
복식부기상의 거래는 자산, 부채, 자본, 수익, 비용의 증감 내역을 차변 요소와 대변 요소로 분류하는데 이를 거래의 8요소라고 한다.

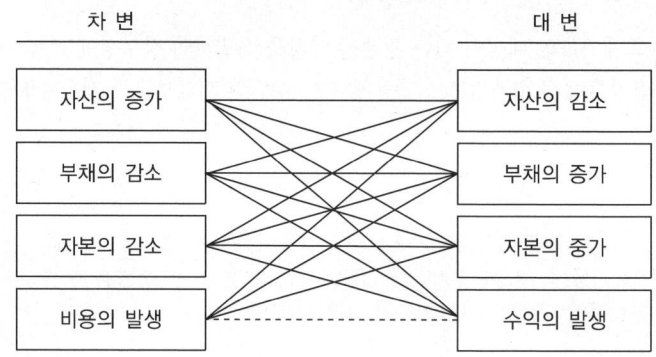

〈그림 2-1〉 거래의 8요소

(3) 계 정

동일한 성격이나 동일한 종류의 자산·부채·자본·수익·비용의 항목별로 일정기간 그들의 증감변동 내역을 기록·계산하기 위한 부기상의 특수양식을 말한다. 계정은 편의상 T자 형식으로 표시된 T계정을 사용한다. 계정과목은 계정의 명칭이며, 총계정원장은 거래로 인해 발생하는 각 계정들의 중간 내용을 모두 모아 놓은 장부이다.

(4) 분개와 전기

회계의 거래는 회계 기간 중 발생하는 매일의 거래들을 식별하여 계정별로 전기하여 장부에 기록하는 기중거래의 기록과 회계기간 말에 이루어지는 작업이며, 재무제표를 완성하는 절차를 결산이라고 한다.

① 분개(Journalizing)

분개는 계정에 미치는 영향을 총계정원장에 기입하기 전에 거래의 계정과목을 확인·분류하고 금액을 차변 요소와 대변 요소로 구분하여 기록하는 절차를 말한다.

예 '상품 1,000,000원을 현금으로 구입하다' 거래가 발생했을 때의 분개

| (차) 상 품 | 1,000,000 | (대) 현 금 | 1,000,000 |

분개 절차를 거치게 되면 기록되는 거래의 이중성에 따라 차변과 대변에 기입하는 금액이 항상 일치하게 된다. 이를 "대차평균의 원리"라고 한다.

② 전기(Posting)

전기는 자산, 부채, 자본, 수익과 비용의 변동으로 발생된 거래의 분개 내용을 총계정원장 계정의 차·대변에 이기하는 기술적이고 반복적인 절차이다.

(5) 결산 절차의 개요

결산 절차에서 가장 먼저 수행하는 것은 수정전 시산표 작성이고 수정분개 후 기말 수정사항을 정리한 다음에 수정후 시산표를 작성하는 것이다. 수정후 시산표의 자산, 부채, 자본계정들을 활용하여 재무상태표를 만들고 수익과 비용계정들을 활용하여 포괄손익계산서를 만든다.

결산 전	결산 1단계	2단계	3단계	4단계
수정전 시산표 작성	수정분개	수정후 시산표 작성	재무제표 작성	장부 마감

① 시산표(Trial Balance, T/B)

시산표란 총계정원장에 설정되어 있는 각 계정과목들을 일목요연하게 하나의 표에 집약시킨 것인데, 두 가지 목적을 위해 작성한다.

㉠ 차변 합계와 대변 합계가 일치하는지 검증하여 재무제표 작성 전에 오류를 확인한다.
㉡ 모든 계정의 잔액을 한곳에 집계하여 재무제표의 작성을 용이하게 한다.

시산표등식(Trial Balance Equation)은 다음과 같다.

$$자산 + 비용 = 부채 + 자본 + 수익$$
$$(차변\ 요소) \qquad (대변\ 요소)$$

다만, 시산표는 오류가 발생했을 때 오류의 존재는 알려 주지만 오류의 원인이 무엇인지 알려주지 못하며, 시산표의 차변 합계와 대변 합계가 일치한다고 해서 오류가 전혀 없다는 것을 의미하지는 않는다는 것이 한계점이다.

> **개념체크OX**
>
> 01 회계란 회계정보이용자의 합리적 판단이나 경제적 의사결정에 필요한 정보를 식별·측정·전달하는 과정을 말한다. O X
>
> 02 시산표는 총계정원장에 설정되어 있는 각 계정과목들을 일목요연하게 하나의 표에 집약시킨 표를 말한다. O X
>
> 정답 O, O

3 결산 본절차

(1) 결산수정분개(= 결산정리분개)

① 자산과 부채는 거래 발생 시점의 취득 금액으로 기록한다. 하지만 기업회계기준에는 자산과 부채의 평가에 역사적 원가 이외의 평가기준을 적용하도록 하고 있어 역사적 원가 이외의 평가를 적용해야 하는 계정에 대해서는 기말 수정이 필요하다.
② 손익측정도 발생주의 회계 원칙에 따르기 때문에 기간손익의 정확한 측정을 위해서는 당해연도 포괄손익계산서에 포함될 정확한 수익과 비용의 금액 산정을 위해 수정하게 된다.
③ 기말 결산 시에 수정할 사항은 많지만, 몇 가지 수정할 유형을 정리하면 다음과 같다.

〈표 2-18〉 결산수정(정리)의 주요 유형 빈출도 ★☆☆

구 분	내 용
유가증권 공정가액평가	공정가치측정금융자산 등
현재가치평가	장기성채권, 채무
선급·이연항목	비용의 이연(선급비용)과 수익의 이연(선수수익)
예상발생항목	비용의 예상(미지급비용)과 수익의 예상(미수수익)
추정항목	비용의 추정(대손충당금, 감가상각 등의 회계처리)
재고자산평가	재고자산감모손실, 재고자산평가손실 계상

출처 : 기술신용평가입문(조희제·강수진, 2022)을 토대로 저자 재정리

㉠ 당기손익공정가치금융자산은 단기간 매매차익을 목적으로 취득한 유가증권으로 결산일 현재의 시가인 공정가치로 평가한다.
㉡ 선급비용은 당기에 이미 지급한 비용이지만 실제로는 차기에 지급해야 하는 성격을 지녔기 때문에 이연시켜 할 비용으로 결산 시점에서 자산으로 계상한다. 선급비용에는 선급보험료, 선급이자, 선급임차료 등이 있다.
㉢ 선수수익은 당기에 이미 수취한 수익이지만 실제로는 차기에 수취해야 하는 성격을 지녔기 때문에 이연시켜 할 수익으로 결산 시점에서 부채로 계상한다. 선수수익으로는 선수이자, 선수임대료 등이 있다.
㉣ 미지급비용은 당기에 발생한 비용이지만 결산 시점에 아직 미지급상태인 관계로 부채로 계상한다. 미지급비용에는 미지급이자, 미지급급여, 미지급임차료 등이 있다.
㉤ 미수수익은 당기에 발생한 수익이지만 결산 시점에 아직 미수취 상태인 관계로 자산으로 계상한다. 미수수익에는 미수이자, 미수임대료 등이 있다.

(2) 정산표(Work Sheet, W/S)

① 정산표는 수정전 시산표에 결산수정(정리)분개를 반영하여 재무제표가 작성되는 과정을 일목요연하게 파악할 수 있도록 집계한 일람표를 말한다. 즉, 수정분개가 정확하게 전기되었는지를 확인하기 위해 작성하는 표이다. 정산표는 반드시 작성할 의무가 있는 회계보고서는 아니며 결산이 복잡한 경우에만 작성해보는 보조 서식이라 할 수 있다.
② 정산표의 작성절차는 수정전 시산표 계정과목의 잔액을 차변과 대변으로 구분하여 옮겨 적고 결산수정분개의 내용을 결산정리분개란의 해당 계정과목을 찾아 차변과 대변에 금액을 기재한다. 그리고 잔액시산표의 금액과 결산정리분개의 금액을 가감하여 수정후 시산표의 란을 채운다.

(3) 포괄손익계산서계정의 마감

① 재무상태표계정은 영구계정이지만 손익계산서 계정은 임시계정이다. 따라서 포괄손익계산서계정을 마감하기 위해서는 회계기중 발생한 수익·비용의 거래내용만을 총괄적으로 집계하기 위한 별도의 계정을 설정할 필요가 있다. 이것이 손익계정 또는 집합손익계정이다.
② 총계정원장의 수익·비용계정 잔액을 전부 집합손익계정으로 대체시키게 되면, 수익·비용계정은 자동적으로 대차균형이 되어 마감된다. 이 상태에서 포괄손익계산서계정에 대해서는 더 이상의 회계기록이 필요치 않게 되는데, 그것은 수익·비용계정이 손익계산을 위해 한 회계기간만 나타났다 사라지는 임시계정이기 때문이다.
③ 다만 한 가지, 손익계정에서 계산된 기간순손익을 재무상태표의 이익잉여금계정에 대체시켜 주는 회계처리만 수행하면 된다. 즉 수익계정과 비용계정을 마감하여 산출한 금액이 집합손익계정에 기입하며, 그 금액이 당기순이익 또는 당기순손실로 확정되는 것이다.

당기순이익이 발생한 경우
(차) 집합손익　　　　　×××　　(대) 이익잉여금　　　　　×××

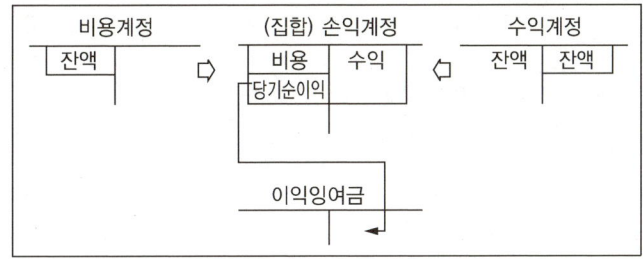

〈그림 2-2〉 수익, 비용 손익계정의 마감 및 대체절차

(4) 재무상태표계정의 마감(이월)

재무상태표계정은 임시계정이 아니고 기업 내에 실제 존재하는 항목을 표시하는 영구계정이기 때문에, 차기로 이월되는 금액만 정확히 표시해 주면 된다. 재무상태표계정 중 자산계정은 잔액이 차변에 남고 부채와 자본은 잔액이 대변에 남아있게 된다.

(5) 재무상태표와 포괄손익계산서의 상관관계

복식부기의 원리에 따라 기중에는 거래 발생 시마다 계정의 증가 또는 감소를 계속기록하게 되며, 기말에 계정별 잔액을 재무상태표와 포괄손익계산서로 옮겨 기록하여 기말 재무상태표가 만들어진다.

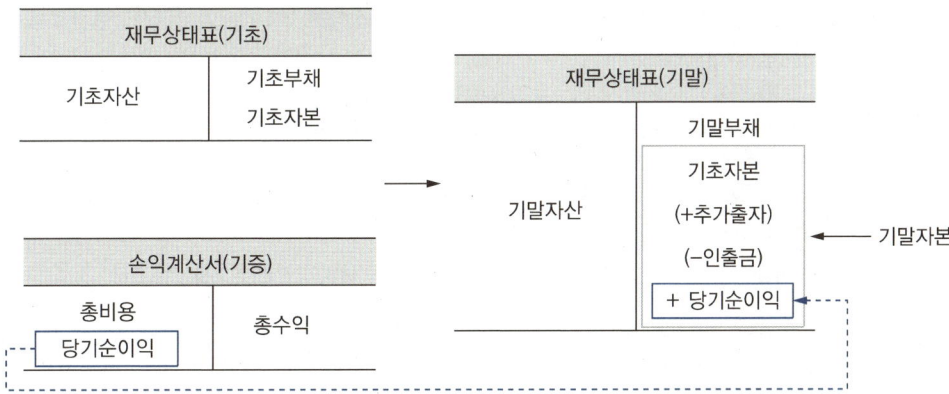

〈그림 2-3〉 재무상태표와 포괄손익계산서의 관계(당기순이익이 발생한 경우)

개념체크OX

01 선급비용은 이연시켜 할 비용으로 결산 시점에서 부채로 계상한다. O X

02 집합손익계정은 영구계정이다. O X

정답 X, X

제2절 재무제표의 이해

1 재무제표(Financial Statement)

(1) 재무제표의 의미

재무보고의 핵심적인 보고수단인 재무제표는 기업의 경제적 자원인 자산과 의무인 부채, 자기자본 등의 변동에 관한 정보를 제공하는 회계보고서로 기업의 재무상태, 경영성과, 자기자본의 변동을 보고하는 주요 수단이다.

(2) 재무제표의 특징

① 재무제표는 기업의 경영활동 중 화폐액으로 표시할 수 있는 내용을 나타낸다.
② 재무제표는 기업의 경영활동에 관한 과거와 현재의 내용을 전달하지만, 미래의 예측치 및 인적자원은 포함하지 않는다.
③ 재무제표는 기업의 특정시점과 일정기간 동안의 경영활동을 전달하기 때문에 경영자의 주관적인 추정치가 상당히 포함되어 있다.

(3) 재무제표의 종류 빈출도 ★★★

한국채택국제회계기준(K-IFRS)에 따른 재무제표는 재무상태표, 포괄손익계산서, 현금흐름표, 자본변동표, 주석으로 구성된다.

〈표 2-19〉 재무제표의 종류

구 분	내 용
재무상태표	일정시점 기업의 재무상태를 나타낸다.
포괄손익계산서	회계의 일정기간 동안 경영성과를 측정한다.
자본변동표	회계기간 동안 자본의 변동 내역에 관한 정보를 제공한다.
현금흐름표	일정기간 동안 현금흐름의 변동 내역을 파악한다.

※ 이익잉여금처분계산서는 K-IFRS기준으로 재무제표에 포함되지 않지만 K-GAAP(회계원칙)에서는 재무제표에 포함된다.

(4) 재무제표의 변동

재무제표는 상호 연계되어 〈그림 2-4〉와 같이 영향을 미치게 된다.

〈그림 2-4〉 재무제표의 변동

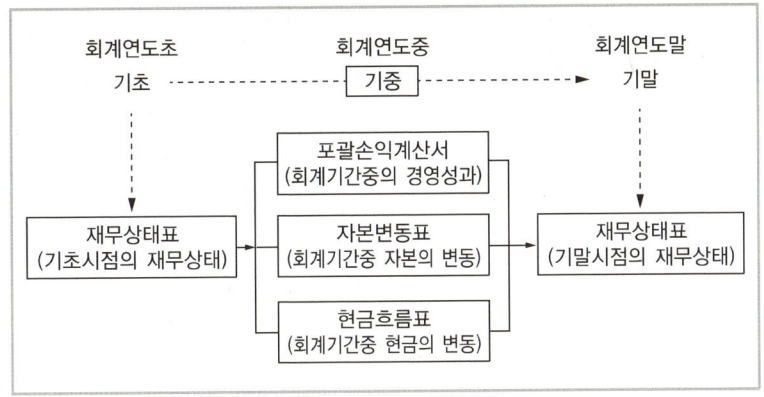

출처 : 기술신용평가입문(조희제·강수진, 2022)

(5) 정태적 보고서와 동태적 보고서 빈출도 ★★★

- 정태적 보고서(일정시점의 보고서) : 재무상태표
- 동태적 보고서(일정기간의 보고서) : 포괄손익계산서, 현금흐름표, 자본변동표

2 재무상태표(Statement of Financial Position) 빈출도 ★★★

(1) 재무상태표의 의미

재무상태표는 일정시점에 있어서 기업이 보유하고 있는 자산, 부채, 자본의 상태를 나타내는 정태적 보고서이며 재무상태표는 재무상태표 등식에 의거하여 만들어진다.

(2) 재무상태표의 특징

① 재무상태표에서 말하는 일정시점은 결산일, 즉 재무상태 작성일을 말한다.
② 기업이 보유한 자산에 대하여 채권자의 지분(부채)은 어느 정도이고 주주의 지분(자본)은 어느 정도인지를 나타낸다.
③ 재무상태표 등식에 따라 작성되며, 차변 합계와 대변 합계액은 항상 일치하여야 한다.

재무상태표 등식
- 자산(자금의 사용 및 운용) = 부채 + 자본(자금의 조달 및 원천)
- 기업(총자산) = 주주부분(자기자본) + 채권자부분(타인자본)

출처 : 최신기업신용분석(권성일, 2015)

(3) 재무상태표의 구조

자산			부채 및 자본		
유동자산		×××	**부 채**		×××
당좌자산	×××		유동부채	×××	
재고자산	×××		비유동부채	×××	
비유동자산		×××	**자 본**		×××
투자자산	×××		자본금	×××	
유형자산	×××		자본잉여금	×××	
무형자산	×××		자본조정	×××	
기타 비유동자산			기타포괄손익누계액	×××	
			이익잉여금	×××	
자산 총계		×××	**부채 및 자본 총계**		×××

(4) 재무상태표의 유용성(장점) 빈출도 ★★☆

① 재무적 탄력성과 유동성에 대한 정보를 제고한다. 재무적 탄력성은 현금흐름의 시기나 크기를 조정하여 예상하지 못한 자금수요나 투자기회에 효과적으로 대처할 수 있는 능력을 말한다. 또한 유동성은 현금으로 실현되거나 전환되는 데 소요되는 시간이다.
② 자산 구성비율은 기업의 투자의사결정 형태를 보여준다.
③ 부채와 자본의 구성비율은 기업이 투자를 위해 조달한 의사결정의 정보를 제공한다.
④ 보유자산의 가치분석을 통하여 보유자산이 지닌 미래의 현금흐름창출능력 예측에 대한 유용한 정보를 얻을 수 있다.
⑤ 기업의 자본구조에 관한 정보를 얻을 수 있다.
⑥ 재무위험에 관한 정보를 얻을 수 있다.

(5) 재무상태표의 한계(단점) 빈출도 ★★☆

① 재무상태표에 표시되는 자산과 부채는 역사적 원가(취득원가)를 바탕으로 평가되기 때문에 현재가치를 제대로 나타내지 못한다.
② 매출채권의 대손율, 재고자산의 판매 가능성 및 감모율, 유형과 무형자산의 내용연수는 주관적인 추정에 근거하여 산정한다.
③ 계량화하기 힘든 비재무적 요소(경영진의 능력, ESG 수준, 인적자원의 질 등)는 반영하지 못한다.
④ 화폐가치의 등락에 따른 자산 및 부채의 변동을 반영하지 못한다.
⑤ 동종업계에 있는 기업들 간에 서로 다른 자산의 평가방법(예 감가상각의 경우 정률법, 정액법 등)을 취하는 경우에는 동 기업들 간의 자산에 대한 비교에 의미가 없을 수 있다.

(6) 재무상태표상의 기업 자산 빈출도 ★★☆

재무상태표상의 자산 계정과목은 기업의 자산을 나타내며, 재무상태표 분석 시에 핵심자산과 비핵심자산을 구분하여 기업의 핵심자산을 별도 산출하기도 한다. 기업의 핵심자산이란 미래현금창출능력 개선, 영업활동의 지원, 매출증대 등에 기여하는 역할을 하는 자산을 말한다.

〈표 2-20〉 기업의 자산

총자산			
핵심자산		비핵심자산	
단기자산	장기자산	단기자산	장기자산
매출채권, 재고자산, 미수금	업무용토지, 생산시설, 연구개발투자비용	단기금융상품, 유가증권, 단기대여금	비업무용토지, 투자유가증권, 관계사증권

출처 : 최신기업신용분석(권성일, 2015)

3 포괄손익계산서(Income Statement)

(1) 포괄손익계산서의 의미 빈출도 ★★★

① 손익계산서는 일정기간(회계기간)에 발생한 모든 수익과 이에 대응하는 모든 비용을 적정하게 표시함으로써 기업의 경영성과를 나타내는 동태적 보고서이다. 즉, 기업이 일정기간 고객에게 제공한 재화·용역을 화폐액으로 나타낸 것이며, 수익으로 계상되는 금액은 현금판매뿐만 아니라 외상판매한 것도 포함된다.

② 손익계산서에 포괄이익을 포함할 경우에 포괄손익계산서라고 한다. 자본거래를 제외하고 모든 기업의 거래로부터 주주의 청구권인 자본이 증가하거나 감소한 금액에 대한 정보, 기타 포괄손익이 있으면 K-IFRS(한국채택국제회계기준)에서는 포괄손익계산서를 작성하도록 하고 있다.

(2) 포괄손익계산서의 유용성(장점) 빈출도 ★★☆

① 포괄손익계산서에는 기업의 수익성 수준, 매출과 비용, 대손충당 및 대손상각 비용, 사업폐지부문, 비경상항목손익의 정보가 포함되어 있다.
② 일정기간 동안 기업의 경영성과를 측정 가능하게 한다.
③ 기업의 수익성 및 미래의 이익창출능력도 예측할 수 있다.
④ 수익과 비용의 발생 및 원천에 대한 정보를 제공한다.
⑤ 기업의 각종 비용지급능력에 대한 정보를 제공한다.

(3) 포괄손익계산서의 한계 빈출도 ★★☆

① 비화폐적 요소(예 브랜드 가치, 고객만족도, 충성도 등)나 가격 변동 등에 따른 경제적 실질가치의 반영에 측정의 오류가 발생할 수 있다.
② 기업의 주관적인 추정치로 인해 회계 이익의 질에 문제가 발생한다.
③ 발생주의회계에 의하여 작성된 손익계산서는 수익이나 비용의 발생과 현금화의 시차로 인하여 수익·비용이 정확히 대응되지 못한다.
④ 비교대상기업 간 원가적용방식(선입선출법 혹은 후입선출법 등)이나 비용계산방식(정률법 혹은 정액법 등)이 다른 경우에는 업종 등이 유사하더라도 수익성의 우열을 가려내기 곤란하다.

> **개념체크 OX**
>
> 01 재무상태표는 회계의 일정기간 동안 경영성과를 측정하는 표이다. O X
>
> 02 손익계산서에서 수익으로 계상되는 금액은 현금판매뿐만 아니라 외상판매한 것도 포함된다. O X
>
> 정답 X, O

4 자본변동표(Statement of Changes in Equity)

(1) 자본변동표의 의미

자본변동표는 일정기간 동안 발생한 소유주 지분의 변동을 표시하는 재무보고서이다. 자본을 구성하고 있는 납입자본(자본금과 자본잉여금), 자본조정, 기타포괄손익누계액, 이익잉여금(결손금), 비지배지분의 포괄적 정보 변동내역을 제공한다.

(2) 자본변동표와 이익잉여금처분계산서 빈출도 ★☆☆

① 자본변동에 대한 체계적이고 포괄적인 정보 제공 필요성이 제기되고 있어 회계기준서에서는 자본변동표를 기본 재무제표의 하나로 포함시키고 있다.

② 기존의 이익잉여금처분계산서는 기본 재무제표에서 제외되어 자본변동표의 주석으로 공시한다.
(※ 이익잉여금처분계산서는 현행 기업회계기준에서 기본 재무제표에 포함되지만, 한국채택회계기준에서는 기본 재무제표에 포함되지 않는다.)

5 현금흐름표(Statement of Cash Flows)

(1) 현금흐름표의 의미 빈출도 ★★★

현금흐름표는 한 회계기간에 발생한 기업의 영업활동, 투자활동 및 재무활동으로 인하여 발생된 현금유입과 현금유출에 관한 정보를 요약한 동태적 보고서이다. 따라서 그 기간 동안 기업의 현금이 어떻게 조달되어 어디에 사용되었는지, 즉 현금의 조달과 운용에 관한 정보를 보여주는 재무제표이다. 재무제표이용자 입장에서 보면 현금창출능력과 현금흐름의 사용용도를 평가할 수 있는 유용한 기초자료가 된다.

(2) 현금흐름표의 유용성(장점) 빈출도 ★★☆

① 포괄손익계산서에서 나타내지 못하는 영업활동에서 발생한 현금유입의 크기를 보여 준다.

② 현금흐름표에 나타난 현금의 유출과 유입의 정보는 영업활동, 재무활동, 투자활동의 결과만을 보여주는 재무상태의 정보를 보완하는 데 활용될 수 있다.

③ 자금조달능력, 부채상환능력, 비용지급능력 등을 파악할 수 있다.

④ 현금흐름표 분석을 통하여 투자활동(즉 핵심자산에 투자 등)을 파악함으로써 그 기업의 미래현금흐름창출능력을 예측할 수 있다.

⑤ 이익의 질(quality)을 평가하는 정보로 활용할 수 있다.

6 회계원칙과 외부회계감사제도

재무제표가 정보이용자에게 효과적인 정보전달 수단이 되도록 회계원칙과 외부회계감사제도가 운영된다.

(1) 회계원칙

'일반적으로 인정된 회계원칙(GAAP ; Generally Accepted Accounting Principles)'은 재무제표 작성을 위한 일반원칙으로 보편타당하고 합리적으로 인정되는 회계원칙이 제정되어 있다. 다만, 다음의 경우에는 별도의 회계기준을 적용하여야 한다.

상장기업	비상장기업	
	외부감사대상	비외부감사대상
한국채택국제회계기준(K-IFRS)	일반기업회계기준(K-GAAP)	중소기업회계기준

(2) 회계기준 체계 빈출도 ★☆☆

현재 세 가지 체계의 회계기준이 적용되고 있다. 상장기업(금융회사 포함)이 강제적으로 적용해야 하는 한국채택회계기준, 외부회계감사대상 비상장기업이 적용해야 하는 일반기업회계기준과 외부회계감사대상이 아닌 비상장중소기업이 적용할 수 있는 중소기업회계기준이다.

〈표 2-21〉 K-IFRS와 K-GAAP 주요내용(일부만 발췌) 비교

구 분	K-IFRS	K-GAAP
주 재무제표	연결재무제표	개별재무제표
분반기 보고	개별/연결 재무제표 작성	개별 재무제표만 작성
연결범위	소유지분율 50% 초과, 소유지분율 50% 이하일 경우 '사실상 지배' 여부를 판단하여 결정	소유지분율 30% 초과 최대주주
	비외감 대상도 연결범위에 포함(매각 예정기업 제외)	외부감사 대상제외 등의 사유로 일부 종속회사 연결대상 제외
	실질지배력 기준에 의해 SPC 포함 가능	특수목적회사(SPC) 제외
유형·무형 자산	원가모형이나 공정가치를 활용한 재평가모형 중 선택	원가모형만 인정('08년부터 유형자산 재평가만 허용)
투자부동산	원가모형이나 공정가치 모형 중 선택	원가모형만 인정
영업권	상각하지 않고 손상평가	20년 이내에서 정액법 상각
대손충당금	객관적인 손상 사유가 발생한 경우에 발생손실 추정액으로 설정	합리적이고 객관적인 기준에 따라 산출한 대손추정액을 설정
상환우선주	상환해야 하는 계약상 의무 등을 부담하는 경우 부채로 분류	자본으로 분류

출처 : 한국금융연수원, 신용분석기초2(이기만, 2018) 내용을 토대로 저자 재정리

(3) 국제회계기준(IFRS : International Financial Reporting Standards)

① 국제회계기준의 의미

국제회계기준위원회에서 회계언어가 국제적으로 통용될 수 있도록 통일하기 위해 제안한 회계기준이 국제회계기준이다. IFRS는 원칙중심의 회계기준이라 국내 회계기준과 많은 차이점이 있어 2007년 12월 한국채택기업회계기준(K-IFRS)을 제정 공표하였다. 국제회계기준 로드맵에 따르면, 원칙적으로 모든 상장법인은 2011년부터 국제회계기준을 적용하여야 한다.

② K-IFRS의 도입 효과
　㉠ 국제 자본시장에서 재무정보에 대한 한국기업의 신뢰도가 상승한다.
　㉡ 국내 기업들이 해외 상장추진 시에 재무제표 작성의 이중부담이 경감된다.
　㉢ 연결재무제표 공시로 재무상태 및 경영성과를 하나의 경제적 실체로 정보 제공이 가능하다.
③ K-IFRS의 특징
　㉠ K-IFRS의 주 재무제표는 연결재무제표이다.
　㉡ K-IFRS는 자산과 부채에 대한 공정가치 평가를 확대하였다. 즉, 정보의 적시성과 목적적합성을 중시하여 자산과 부채의 평가에 공정가치 반영을 장려하고 있다.
　㉢ 경제적 실질을 반영할 수 있는 합리적 회계원칙을 제시하고 있으며, 거래의 실질을 반영한다.
　㉣ 회계처리의 원칙만 제시하고 있어 경영자가 원칙에 입각하여 자율적으로 경영판단에 따라 재무제표를 작성한다.

(4) 외부회계감사제도 빈출도 ★☆☆

① 운영목적
기업회계기준에 따라 중요성의 관점에서 재무제표가 공정하게 표시되었는지 독립된 감사인이 의견표명을 함으로써 재무제표 이용자의 신뢰 수준을 향상시키기 위함이다. 의무적으로 외부감사를 받아야 하는 기업은 외감법 시행령 제5조에 규정되어 있다.

② 감사보고서
신용분석의 자료로서 받아보는 자료 중 가장 중요한 자료는 외부감사인(회계법인)의 감사보고서이다.
　㉠ 감사보고서는 감사인(회계법인)의 감사의견을 공식적으로 전달하는 최종 산출물이다. 감사보고서에는 재무제표에 대한 경영진의 책임, 감사인의 책임, 감사의견 및 강조사항 등으로 구성이 되고 재무제표, 재무제표에 대한 주석, 내부회계관리제도 검토의견, 외부감사 실시 내용 등이 포함된다.
　㉡ 외부감사의 의견에는 적정의견, 한정의견, 부적정의견, 의견거절 등 4종류가 있다.

〈표 2-22〉 외부감사의 의견 종류 및 정의 빈출도 ★★☆

구 분	내 용
적정의견	감사범위가 제한을 받지 않고, 재무제표가 기업회계기준에 따라 적정하게 작성되었다고 판단되는 경우
한정의견	재무제표가 중요하게 왜곡 표시된 경우이거나, 감사인이 충분하고 적합한 감사 증거를 입수할 수 없을 때 표명되는 경우(중요하지만 전반적이 아닐 때)
부적정의견	왜곡 표시가 재무제표에 개별적으로 또는 집합적으로 중요하며, 동시에 전반적이라고 결론을 내리는 경우
의견거절	충분하고 적합한 감사증거를 입수할 수 없으며, 발견되지 아니한 왜곡표시가 있을 경우 이것이 재무제표에 미칠 수 있는 영향이 중요하고 동시에 전반적일 수 있다고 결론을 내리는 경우

감사의견의 종류별 판단 기준은 다음 〈표 2-23〉에서 명확히 알 수 있다.

〈표 2-23〉 감사의견의 종류별 판단 기준 빈출도 ★☆☆

감사의견을 변형시키는 사항	감사의견 변형사유가 재무제표에 미치거나 미칠 수 있는 영향의 전반성에 대한 감사인의 판단		
	중요하지 않은 경우	중요하지만 전반적이지 아니한 경우	중요하여 전반적인 경우
① 재무제표가 중요하게 왜곡표시된 경우(기업회계기준의 위배)	적정의견	한정의견	부적정의견
② 충분하고 적합한 감사증거를 입수할 수 없는 경우(감사범위 제한)	적정의견	한정의견	의견거절

출처 : 한국금융연수원, 일반기업회계기준(이용호・심층진)

(5) 회계공준(= 회계가정)

① 회계공준의 의미
  ㉠ 회계공준(Accounting Postulates)이란 회계를 둘러싸고 있는 환경으로부터 도출된 가정으로서 회계의 기본가정이라고도 한다. 회계원칙의 기초가 되는 기본적 가정, 자명한 명제, 또는 가설적인 명제로써 논리의 체계를 형성하는 데 있어 기초가 된다. 재무제표 작성과 표시를 위한 개념체계에는 기본 가정을 계속기업으로 두고 있다.
  ㉡ 회계가정은 일반적으로 적합성, 공헌성, 일관성, 독립성의 요건을 갖추어야 한다.

② 유용한 재무정보의 질적특성 빈출도 ★☆☆
  질적특성이란 재무제표를 통해 제공되는 정보가 이용자에게 유용하기 위해 갖추어야 할 속성을 말한다. 유용한 재무정보가 되기 위해서는 목적적합해야 하고, 표현하고자 하는 내용을 충실하게 기술해야 하며(근본적 질적특성), 재무정보가 비교가능하고, 검증가능하고 적시성이 있어야 하며, 이해 가능한 경우 재무정보의 유용성은 보강되어야 한다(보강적 질적특성).

〈그림 2-5〉 재무정보(재무제표)의 질적특성

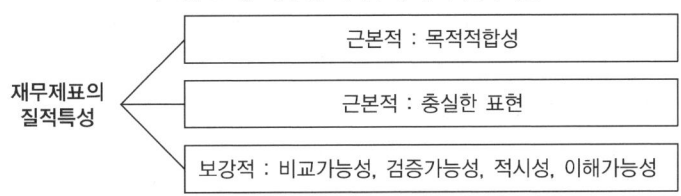

  ㉠ 유용한 재무정보의 근본적 질적특성
    • 목적적합성 : 목적적합한 재무정보는 정보이용자의 의사결정에 차이가 나도록 할 수 있다.
    • 충실한 표현 : 완벽하게 충실한 표현이 되기 위해서는 세 가지 특성이 있어야 한다.

> **충실한 표현이 되기 위한 조건**
> ㉮ 서술은 완전*하여야 한다.
>   *여기서 완전한 서술이란 정보 이용자가 서술되는 현상을 이해하는 데 필요한 모든 정보를 포함하는 것이다.
> ㉯ 서술은 중립적*이어야 한다.
>   *여기서 중립적 서술이란 재무정보의 선택이나 표시에 편의가 없는 것을 의미한다.
> ㉰ 서술에 오류*가 없어야 한다.
>   *기술에 오류나 누락이 없고, 보고 정보를 생성하는 데 적용되는 절차의 선택과 적용 절차에 오류가 없다는 의미이다.

ⓒ 재무정보의 보강적 질적특성
- 비교가능성(Comparability) : 정보이용자가 의사결정을 함에 있어 항목 간의 유사점과 차이점을 식별하고 이해할 수 있게 하는 질적특성이다.
- 검증가능성(Verifiability) : 정보가 나타내는 경제적 현상을 충실하게 표현하는지를 정보이용자가 확인하는 데 도움을 주는 것이 검증가능성이다.
- 적시성(Timeliness) : 의사결정에 영향을 미칠 수 있도록 의사결정자가 정보를 제때에 이용가능하게 하는 것을 의미한다.
- 이해가능성(Understandability) : 정보를 명확하고 간결하게 분류하고 특징지으며, 표시하면 이해 가능하게 되는 것을 의미한다.

(6) 재무제표 요소의 인식

재무제표의 인식이란 기업이 경영활동을 통해서 발생하는 사건을 회계장부에 기록할 것인지 기록하지 않을 것인지 결정하는 것이다. 재무제표 요소가 재무제표에 인식되기 위해서는 다음의 기준이 모두 충족되어야 한다.

- 그 항목과 관련된 미래경제적 효익이 기업에 유입되거나 기업으로부터 유출될 가능성이 높아야 한다.
- 그 항목의 원가 또는 가치를 신뢰성 있게 측정할 수 있어야 한다.

① 미래경제적 효익의 발생 가능성을 판단하는 기준은 미래 현금흐름 및 현금성자산이 직접 혹은 간접적으로 기업에 유입될 잠재력이 있는지 여부이다.
② 신뢰성 있는 측정이 가능한 원가 또는 가치를 갖고 있어야 한다.

(7) 재무제표 요소의 측정

측정은 재무상태표와 포괄손익계산서에 인식되고 평가되어야 할 재무제표 요소의 화폐금액을 결정하는 과정이다. 측정기준의 예로 역사적 원가, 현행원가, 현행유출가치, 현재가치가 있다.

① **역사적 원가** : 자산은 취득의 대가로 자산 취득 당시에 지급한 현금 또는 현금성자산이나 그 밖의 대가의 공정가치*로 취득원가를 기록한다.

  *공정가치란 측정일에 시장참여자 사이의 정상거래에서 자산을 매도하면서 수취하거나 부채를 이전하면서 지급하게 될 가격을 의미함

② **현행원가** : 자산은 동일하거나 또는 동등한 자산을 현재시점에서 취득할 경우 그 대가로 지급해야 할 현금이나 현금성자산의 금액으로 평가한다.
③ **현행유출가치(= 이행가치)** : 자산은 정상적으로 처분하는 경우 수취할 것으로 예상되는 현금이나 현금성자산의 금액으로 평가한다.
④ **현재가치** : 자산은 정상적인 영업과정에서 그 자산이 창출할 것으로 기대되는 미래 순현금유입액의 현재할인가치로 평가한다.

> **개념체크 OX**
>
> 01 감사의견에서 왜곡 표시가 재무제표에 개별적으로 또는 집합적으로 중요하며 동시에 전반적이라고 결론을 내리는 경우는 부적정의견에 해당된다. O X
>
> 02 재무정보의 근본적 질적특성에는 목적적합성, 충실한 표현, 비교가능성이 있다. O X
>
> 정답 O, X

제3절 자산의 이해

자산은 일반적으로 보고기간(재무상태표일) 후부터 1년 이내에 실현될 것으로 예상되는 경우에는 유동자산으로 분류된다. 그 밖의 모든 자산은 비유동자산으로 이해하면 된다.

1 유동자산

유동자산은 기업이 통상적으로 1년의 정상영업주기 내에 현금으로 전환될 것으로 예상되거나, 판매 또는 소비할 의도 또는 단기매매 목적으로 보유하는 자산 등을 말한다. 예를 들면 현금, 매출채권, 상품과 제품, 1년 이내에 현금화할 수 있는 자산 등이다.
유동자산은 당좌자산과 재고자산으로 분류된다.

(1) 당좌자산 빈출도 ★☆☆

즉시 현금화가 가능하며 다른 자산의 취득 또는 유동부채의 지급에 충당할 수 있는 자산을 당좌자산이라 한다. 당좌자산은 현금 및 현금성자산, 단기투자자산, 매출채권 및 기타당좌자산으로 구분된다.

① 회계상 현금 및 현금성자산

현금 및 현금성자산이란 큰 거래비용 없이 현금으로 전환이 용이하고 이자율 변동에 따른 가치 변동의 위험이 중요하지 않은 금융상품으로서 취득 당시 만기(또는 상환일)가 3개월 이내에 도래하는 것을 말한다.

> **현금 및 현금성자산**
> - 통화 : 지폐, 동전
> - 통화대용증권 : 타인발행수표, 자기앞수표, 가계수표, 우편환증서, 전신환증서, 배당금수령통지서, 만기가 도래한 채권 이자표, 만기도래어음 등
> - 단기성 예금(만기 3개월 이내) : 보통예금, 당좌예금 등

㉠ 유동성을 상실한 부도수표나 부도어음은 회계상 현금에 포함되지 않는다.
㉡ 현금성자산(현금등가물)이란 유동성이 매우 높은 단기투자자산으로서 유가증권 및 단기금융상품 중 만기 또는 상환일이 3개월 이내에 도래하는 것을 말한다.

ⓒ 참고로 기업은 기말 시점에 재무상태표에 당좌예금 잔액을 정확히 반영하기 위해 은행계정조정표를 많이 이용한다. 은행계정조정표는 회사 장부의 당좌예금 잔액과 은행에서 관리하는 당좌예금원장 잔액을 조정하기 위하여 작성하는 표이다.

> **참고** 당좌자산에 해당하지 않는 예
> - 직원가불금 및 차용증서 : 단기대여금
> - 우표 및 수입인지 : 선급비용 및 소모품
> - 선일자수표 : 어음상의 매출채권 또는 미수금
> - 당좌차월 : 단기차입금
> - 당좌개설보증금 : 장기금융상품
>
> 출처 : 기술신용평가입문(조희제·강수진, 2022)

② 단기금융상품

단기금융상품은 만기가 1년 이내에 도래하는 금융상품을 말한다.
  ㉠ 단기금융상품에는 정기예금, 정기적금, 사용제한 예금, 금전신탁, 양도성 예금증서, 신종기업어음(CP), 어음관리구좌(CMA), 중개어음, 표지어음, 환매채 등이 있다.
  ㉡ 사용이 제한되어 있는 예금에 대해서는 사용제한 내용을 주석으로 기재하여야 한다.

③ 유가증권

유가증권은 지분증권과 채무증권으로 구분된다.
  ㉠ 지분증권은 소유지분을 나타내며 보통주, 우선주, 수익증권, 신주인수권 등이 포함된다.
  ㉡ 채무증권은 증권상 표시된 금액을 청구할 수 있는 권리로 국채, 공채, 사채 등이 있다.

④ 매출채권 빈출도 ★☆☆

매출채권은 일반적 상거래, 즉 재화의 판매 또는 용역의 제공 등 매출액(수익)을 발생시키는 거래에서 발생한 외상매출금과 받을어음을 말한다. 외상매출금은 재화나 용역을 판매하는 경우에 발생하는 채권을 말하며, 받을어음은 외상매출금의 현금회수시점을 확정한 어음으로 수취하는 경우에 발생하는 어음상의 채권을 말한다. 또한 매출채권은 대손충당금, 할인어음 및 배서어음을 차감한 금액으로 표시한다.

  ㉠ 매출채권 조정 항목 : 매출환입, 매출에누리, 매출할인
    - 매출환입 : 매출된 제품(상품)이 품질차이, 변질, 파손, 계약 취소 등의 사유로 인해 상품을 반품받는 것을 말한다.
    - 매출에누리 : 매출된 제품(상품)이 품질불량, 수량차이 등의 사유로 인해 당초의 판매가격에서 차감하는 금액을 말한다.
    - 매출할인 : 판매자가 외상매출채권을 신속히 회수할 목적으로 할인해 주는 것을 말한다.
  ㉡ 매출채권 대손충당금 : 회수불가능하게 된 매출채권을 대손금이라 하며, 이의 발생을 대손이라고 한다. 손실 발생에 대한 객관적인 증거가 있으며, 미래현금흐름에 영향을 미치는 경우에는 대손상각비로 인식하여야 한다. 추정되는 대손의 회계처리방법으로 직접상각법과 충당금설정법이 있다.
    - 직접상각법 : 매출채권 중 회수불능 금액을 당기비용으로 인식하고 채권잔액에서 직접 차감하는 방법이다.

- 충당금설정법 : 회계기말에 남아 있는 채권 중 대손예상액을 추정하여 기말수정분개를 하고 대손이 발생하면 대손충당금으로 차감하는 방법이다.

구 분	회계처리			
직접상각법	(차) 대손상각비	×××	(대) 매출채권	×××
충당금설정법	(차) 대손상각비	×××	(대) 대손충당금	×××

대손이 확정될 경우의 회계처리는 다음과 같다. 대손확정액을 매출채권계정 대변에 기록하여 매출채권을 감소시키고 같은 금액을 대손충당금과 상계처리한다.

구 분	회계처리			
대손확정액 < 대손충당금 잔액	(차) 대손충당금	×××	(대) 매출채권	×××
대손확정액 > 대손충당금 잔액	(차) 대손충당금(전기) 대손충당금(당기)	××× ×××	(대) 매출채권	×××

⑤ 기타당좌자산

미수수익, 미수금, 선급금, 선급비용, 선급법인세 등이 기타당좌자산에 포함된다. 미수수익은 당기에 속하는 수익 중 미수액으로 하며, 선급비용은 선급된 비용 중 1년 내에 비용으로 되는 것을 선급비용으로 한다.

> **개념체크OX**
>
> 01 만기 3개월인 예금은 현금 및 현금성자산에 포함되지 않는다. O X
>
> 02 매출채권은 일반적 상거래, 즉 재화의 판매 또는 용역의 제공 등 매출액(수익)을 발생시키는 거래에서 발생된 외상매출금과 받을어음을 말한다. O X
>
> 정답 X, O

(2) 재고자산

재고자산은 영업활동에서 판매를 위하여 보유 중인 자산(제품, 상품)과 판매를 위하여 생산 중인 자산(재공품, 반제품) 및 생산이나 서비스제공에 투입된 원재료나 소모품의 형태로 존재하는 자산을 말한다. 재고자산에는 상품, 제품, 반제품 및 재공품, 원재료, 미착상품, 적송품 등과 선박, 건설업의 미완성공사 등이 포함된다.

> **재고자산이 회계상 중요한 자산이 된 이유**
> - 기업의 기본적 자원이며, 금액이 크다.
> - 총자산에서 차지하는 비중이 크다.
> - 기업경영활동의 주요 대상이면서 이익 창출에 주요 원천이 된다.
> - 평가방법에 따라 매출원가가 달라져 매출총이익에 영향을 미친다.
> - 재고의 규모에 따라서 생산계획, 자금계획이 수립된다.

① 재고자산과 매출원가 빈출도 ★★☆

전기에서 이월된 기초재고액과 당기 중 매입한 상품금액을 합친 것이 총원가이다. 이 총원가에서 외부로 판매되고 남은 기말상품재고액을 차감하면 매출원가가 된다.

> 기초상품재고액 + 당기상품매입액 − 기말상품재고액 = 매출원가

② 재고자산의 취득원가 빈출도 ★☆☆

재고자산의 취득원가는 매입부대비용을 포함한다. 매입부대비용이란 자산 사용이 가능한 시점에 이르기까지 사용된 금액을 말하는데 여기에는 매입운임, 매입수수료, 운송보험료, 하역비용, 수입 관련 관세 등이 포함된다. 또한 제조회사에서의 제조원가는 판매가능한 상태로 도달할 수 있도록 사용되는 모든 비용이 포함된다.

> 취득원가 = 순수매입가격 + 매입부대비용
> 제조원가 = 직접재료비 + 직접노무비 + 제조간접비

③ 재고자산의 수량 파악 빈출도 ★☆☆

재고자산의 수량을 파악하는 방법은 크게 계속기록법과 실지재고조사법으로 구분되며, 이 두 가지를 병행한 혼합법이 있다. 분개방법도 재고량 파악 방법에 따라 달라진다.

㉠ 계속기록법
- 계속기록법은 재고자산을 판매할 때마다 판매된 수량을 계속 기록하여 판매가능재고수량에서 판매된 수량을 차감하여 기말재고수량을 파악하는 방법이다.
- 정확한 재고현황을 확인할 수 있는 장점도 있지만 기말에 재고실사를 진행하지 않으면 재고감모손실을 파악할 수 없으며, 매번 기록해야 하기에 실무상 번거로운 단점도 있다. 고가품의 상품을 취급하는 기업에게는 계속기록법이 적절할 수 있다.

> 기초재고수량 + 당기매입수량 − 당기판매수량 = 기말재고수량

〈표 2-24〉 계속기록법 적용 시 회계처리

구 분	회계처리			
상품 매입	(차) 상 품	×××	(대) 매입채무(또는 현금)	×××
상품 판매	(차) 매출채권(현금) 매출원가	××× ×××	(대) 매 출 상 품	××× ×××

ⓒ 실지재고조사법
- 실지재고조사법은 보유 중인 재고자산을 결산기말에 또는 정기적으로 조사하여 기말재고수량을 결정하고 판매된 수량은 판매가능재고수량에서 기말재고수량을 차감하여 결정하는 방법이다.
- 재고조사를 통해 기말재고수량을 파악하기 때문에 기말실지재고수량을 자동으로 파악할 수 있고, 계속기록법처럼 매번 기록하는 것이 아니라 실무상 번거로움도 없다. 이 방법은 저가품인 다품종을 취급하는 기업에게는 적절할 수 있지만 재고자산감모손실을 파악할 수 없는 단점도 있다. 이는 재고자산감모손실이 매출원가에 포함될 수 있기 때문이다.

> 기초재고수량 + 당기매입수량 − 기말실지재고수량 = 당기판매수량

- 실지재고조사법에서 회계처리는 계속기록법과 달리 매출원가는 기입하지 않는다.

구 분	회계처리			
상품 매입	(차) 매 입	×××	(대) 매입채무(또는 현금)	×××
상품 판매	(차) 매출채권(현금)	×××	(대) 매 출	×××

또한 장부 마감을 위해 결산수정 분개를 진행하여야 한다. 이를 통해 매입계정 잔액에는 매출원가금액만 남게 되고 매입계정이 매출원가로 전환된다. 기말상품재고액은 상품계정으로 차기이월하여 마감하고 매입계정과 매출계정은 포괄손익계산서 항목으로 집합손익으로 대체한다.

구 분	회계처리			
기초상품재고	(차) 매 입	×××	(대) 상 품	×××
기말상품재고	(차) 상 품	×××	(대) 매 입	×××
장부마감 대체분개	(차) 매 출	×××	(대) 손 익	×××
	(차) 손 익	×××	(대) 매 입	×××

ⓒ 혼합법 : 혼합법은 계속기록법과 실지재고조사법을 병행하는 방법으로서 계속기록법에 의하여 상품재고장의 기록을 유지하고, 일정시점에서 실지재고조사도 실시하는 방법이다.

④ 재고자산의 단가 결정 빈출도 ★☆☆

동일한 종목의 재고자산이라도 구입시점마다 구입단가가 달라진다면 어떠한 단가를 적용하는가에 따라 매출원가와 기말재고금액이 달라진다. 어떤 단가를 적용할지 선택하는 과정으로 개별법, 선입선출법, 후입선출법, 평균법(이동평균법, 총평균법) 등의 방법이 있다.

㉠ 개별법
- 개별법은 재고자산이 판매되는 시점마다 판매한 재고자산의 단가를 정확히 파악하여 기록하는 방법이다.
- 장점은 실제 물량흐름 정보가 손익에 반영된다는 점이다.
- 단점은 상품의 종류가 많고 거래가 빈번하면 실무적으로 번거로우며, 경영자가 의도적으로 이익을 조작할 수도 있다는 점이다.

㉡ 선입선출법(First-In First-Out, FIFO) 빈출도 ★☆☆
- 선입선출법은 실제물량의 흐름에 관계없이 먼저 구입한 자산이 먼저 판매된 것으로 가정하여 원가배분하는 방법이다. 기말재고액은 최근의 매입원가로 표시하고 매출원가는 과거의 매입원가로 포괄손익계산서에 반영된다.

- 장점은 기말재고액이 최근의 원가를 나타내므로 이론적인 타당성이 있으며, 그 적용기법도 비교적 간단하다는 점이다.
- 단점은 현행수익과 과거원가가 대응되어 수익비용이 적절히 이루어지지 않으며, 물가가 계속 상승하고 있는 경제여건 하에서는 이익이 과대계상된다는 불합리가 존재할 수 있다.

ⓒ 후입선출법(Last-In First-Out, LIFO)
- 후입선출법은 실제물량의 흐름에 관계없이 가장 최근에 매입된 재고자산이 먼저 매출된다는 가정 하에서 단위원가를 적용시키는 방법이다. 기말재고액은 과거의 매입원가로 표시하고 매출원가는 최근의 매입원가로 평가하여 포괄손익계산서에 표시한다.
- 장점은 현행수익과 최근 원가가 대응되기 때문에 수익비용 대응이 이뤄지며, 인플레이션 하에서는 이익이 과소계상되어 절세효과가 있다는 점이다.
- 단점은 기말재고금액이 시가와 큰 차이가 발생할 수 있다는 점이다.
- K-IFRS에서는 후입선출법을 인정하지 않고 있다.

ⓔ 평균법
- 평균법은 실제 물량흐름에 관계없이 일정기간 발생한 판매가능 재고원가를 평균하여 그 평균단가를 기준으로 배분하는 방법이다. 평균법은 이동평균법과 총평균법으로 구분된다.
- 평균법에 계속단가기록법을 적용하면 이동평균법이라 하고, 평균법에 기말단가기록법을 적용하면 총평균법이라 한다. 따라서 이동평균법은 실지재고조사법을 적용할 수 없고 총평균법은 계속기록법을 적용할 수 없다.

ⓜ 원가배분결과의 상대적 크기 빈출도 ★☆☆
- 물가상승 시 : 선입선출법, 평균법, 후입선출법 순으로 기말재고금액이 크고, 매출원가는 적다. 그러므로 순이익은 선입선출법이 가장 높은 금액을 보고하고 후입선출법이 가장 적은 순이익 금액을 보고한다.
- 일단 채택한 방법은 정당한 사유가 없는 한 계속적으로 적용하여야 한다.

> **원가배분결과 상대적 크기 : 물가상승 시**
> - 기말재고 : 선입선출법 > 이동평균법 ≥ 총평균법 > 후입선출법
> - 매출원가 : 선입선출법 < 이동평균법 ≤ 총평균법 < 후입선출법
> - 순이익 : 선입선출법 > 이동평균법 ≥ 총평균법 > 후입선출법

개념체크OX

01 실지재고조사법은 보유 중인 재고자산을 결산기말에 또는 정기적으로 조사하여 기말재고수량을 결정하고 판매된 수량은 판매가능재고수량에서 기말재고수량을 차감하여 결정하는 방법이다. O X

02 재고자산의 단가 결정에서 계속되는 인플레이션 하에서는 선입선출법이 후입선출법보다 이익이 과소계상된다. O X

정답 O, X

⑤ 추정에 의한 기말재고자산의 결정 빈출도 ★☆☆
  ㉠ 매출총이익률법 : 매출총이익률법은 과거의 매출총이익률을 이용하여 당기 매출원가를 추정한 후 이를 적용하여 기말 재고금액을 산정하는 방법이다. 재해로 인해 재고자산이 소실되어 기말 재고자산을 정상적으로 평가할 수 없을 때 이 방법을 사용한다.

  - 매출총이익률 = 매출총이익 / 매출액
  - 추정매출원가 = 매출액 × (1 – 매출총이익률)
  - 기말재고액 = 판매가능상품원가* – 추정매출원가
  *여기서 판매가능상품원가는 기초재고액 + 당기매입액임

  ㉡ 매출가격환원법(= 소매재고법) : 매출가격환원법은 판매가에 의해 평가된 기말재고액에 원가율을 곱하여 기말재고금액의 원가를 산정하는 방법이다. 이 방법은 많은 종류의 상품을 취급하는 소매업에 적합하다.

  - 원가율 = 판매가능상품(원가) ÷ 판매가능상품(매가)
  - 기말상품재고(매가) = 판매가능상품(매가) – 매출액
  - 기말상품재고(원가) = 기말상품재고(매가) × 원가율

⑥ 기말재고자산의 평가
  기말재고자산의 평가는 결산기말 보유 중인 재고자산의 가치하락(재고자산평가손실)과 수량부족(재고자산감모손실)을 반영하는 절차를 말한다.
  ㉠ 재고자산평가손실
    - 재고자산평가손실은 보수주의 관점에서 취득원가와 순실현가능가치* 중 보다 낮은 금액으로 재고자산을 평가하도록 하고 있는데 이를 저가주의 또는 저가법이라고 한다. 재고자산에 대한 저가주의는 종목별로 적용함을 원칙으로 한다.
    *순실현가능가치란 재고자산의 추정판매가격에서 판매 시 정상적으로 발생하는 추정판매비용을 차감한 금액을 말한다.
    - 재고자산을 저가로 평가하여 발생하는 순실현가능가치와 취득원가의 차액은 재고자산평가손실로 인식하여 비용처리하며, 재무상태표에는 재고자산평가충당금으로 설정하여 재고자산을 차감한다.
  ㉡ 재고자산감모손실 : 재고자산감모손실은 재고자산의 도난, 파손, 분실 등으로 인하여 발생한 기말재고자산의 수량 차이를 말한다. 재고자산감모손실이 발생한 경우에는 기말재고액을 감소시키고 감모손실만큼 인식하여 비용처리한다.

2 비유동자산

비유동자산은 유동자산 이외의 자산으로 투자자산, 유형자산 및 무형자산 등으로 나뉜다.

(1) 투자자산

투자자산이란 기업 본래의 목적이 아니라 다른 기업을 지배 또는 통제하거나 여유 자금을 장기간 활용하여 이윤을 얻을 목적으로 투자하는 자산을 말한다. 투자자산에는 장기금융상품, 장기투자증권, 장기대여금, 장기매출채권, 투자부동산, 지분법 적용투자주식 등이 포함된다.

① 유형자산과 구별

투자자산은 기업의 주된 영업활동과 직접 관련되어 있지 않아 유형자산과 구별된다.

② 유동자산과 구별

투자자산은 1년 이상 장기 보유를 한다는 점에서 유동자산과 구별된다.

(2) 유형자산

유형자산이란 재화나 용역의 제공, 타인에 대한 임대 또는 관리활동에 사용할 목적으로 보유하는 물리적 실체가 있는 자산으로 한 회계기간을 초과하여 사용할 것이 예상되는 자산을 말한다.

① 유형자산의 비용 배분

㉠ 토지, 건설중인 자산 등과 같은 특수한 자산을 제외하고는 시간의 흐름에 따라 사용·진부화 등 여러 가지 원인으로 인하여 그 물리적·경제적 가치가 점차 감소되어 가는데 가치감소분을 감가상각을 통해 비용으로 배분한다. 감가상각비는 취득원가에서 감가상각누계액과 감액손실누계액이 차감된 순액으로 표시한다.

㉡ 무형자산과 구별 : 유형자산은 영업활동에 사용할 목적으로 보유하는 물리적 형태의 자산이므로 무형자산과 구별된다.
- 타인에게 임대하여 수익을 목적으로 보유하는 경우에도 유형자산으로 본다.
- 유형자산은 1년을 초과한 장기간에 걸쳐 미래의 경제적 효익을 제공하는 자산이다.

② 유형자산의 인식요건

유형자산의 인식요건에 충족되려면 우선 유형자산의 정의에 맞아야 하며, 미래의 경제적 효익을 가져다주며 취득원가를 측정할 수 있어야 한다.

㉠ 미래경제적 효익 : 유형자산으로 인식되려면 자산으로부터 미래경제적 효익이 기업으로 유입될 가능성이 높아야 한다. 자산과 관련된 권리와 의무를 상당부분 이전받은 경우에도 유형자산으로 본다.

㉡ 취득원가 측정 가능 : 유형자산으로 인식되려면 신뢰성 있게 취득원가를 측정할 수 있어야 한다. 미래경제적 효익이 유입될 가능성이 높아도 자산의 금액을 측정할 수 없다면 유형자산으로 볼 수 없다. 이런 경우에는 주석 등을 활용하여 공시하여야 한다.

③ 유형자산의 종류 빈출도 ★☆☆

㉠ 토지 : 영업을 위하여 보유하고 있는 토지(대지, 임야, 전답, 잡종지 등)는 유형자산이다.
- 전매목적의 토지나 비업무용 토지는 투자자산으로 분류한다.
- 토지의 취득원가는 토지를 사용가능한 상태로 만들기까지 지출되는 모든 비용을 포함한다.

ⓒ 설비자산 : 설비자산은 장기간 영업활동을 위해 보유하는 유형자산으로 건물, 구축물, 차량운반구, 선박 등 다양한 형태로 존재한다.
ⓒ 기계장치 : 기계장치는 일반기계, 운송설비 및 기타의 부속설비 등을 포함한다.
ⓔ 건설중인 자산 : 건설중인 자산은 건설이 완료되지 않은 경우에 사용하는 일시적인 계정이며, 건설이 완료되고 영업에 사용되면 해당 유형자산 계정으로 대체 처리한다.
  • 건설에 사용된 차입금에서 발생한 순금융비용은 건설중인 자산에 포함된다.

④ 감가상각의 3요소 및 회계처리
감가상각이란 유형자산의 취득원가에서 잔존가액을 차감한 잔액(감가상각대상금액)을 그 자산의 경제적 효익이 발생하는 기간(내용연수) 동안 체계적이고 합리적으로 배분하는 과정을 말하며, 감가상각으로 연도별로 배분하는 금액을 감가상각비라고 한다. 따라서 감가상각을 수행하는 데 필요한 3요소는 취득원가, 잔존가액, 내용연수이다.

ⓘ 취득원가 : 취득원가는 유형자산의 최초 구입가격 또는 제작금액에다, 이를 본래의 목적에 사용 가능하도록 하는 데 소요된 일체의 부대비용을 합계한 금액으로 결정하여야 한다. 또한 유형자산 취득 후에 발생하는 자본적 지출도 그 시점에서 미상각된 채 남아있는 취득원가에 가산하여야 한다.
ⓒ 잔존가액(= 잔존가치) : 잔존가액은 유형자산의 내용연수가 종료되는 시점에 처분 예정가액에서 처분 예상비용을 차감한 금액의 추정치를 말한다. 취득원가에서 잔존가액을 차감한 금액이 자산의 존속기간에 걸쳐 비용으로 상각처리할 감가상각 대상금액이 된다. 감가상각 대상금액은 감가상각의 기준이 되는 금액으로 자산의 사용기간 중 비용화할 전체 금액이다.

$$감가상각\ 대상액 = 취득원가 - 잔존가액$$

ⓒ 내용연수 : 내용연수는 기업에서 자산이 사용가능할 것으로 기대되는 기간 또는 자산에서 얻을 것으로 예상되는 생산량이나 이와 유사한 단위수량을 말한다. 내용연수는 시간적인 단위 추정 외에도 산출량, 조업도 등도 측정할 수 있다.
ⓔ 감가상각 회계처리 : 결정된 감가상각비는 차변에, 관련 평가계정인 감가상각누계액은 대변에 계상한다. 한편 재무제표에 반영하려면 장부가액으로 하여야 한다. 장부가액은 감가상각누계액과 감액손실누계액을 공제한 금액이다.

개념체크OX

01 원가배분의 결과 계속적으로 물가상승 시기인 경우에는 선입선출법, 평균법, 후입선출법 순으로 기말재고금액이 크고, 매출원가는 적다. O X

02 감가상각을 수행하는 데 필요한 3요소는 취득원가, 잔존가액, 내용연수이다. O X

정답 O, O

⑤ 감가상각방법 빈출도 ★☆☆

기업회계기준서에서 정하고 있는 유형자산의 감가상각방법에는 정액법, 정률법, 연수합계법, 생산량비례법 등이 있다.

㉠ 정액법 : 매기 일정액을 감가상각비로 계상하는 방법으로써, 감가상각 대상금액(취득원가-잔존가액)을 내용연수로 나누어 연도별 감가상각액으로 결정한다. 정액법은 어떤 방법보다도 적용하기가 간편하여 실무에서 널리 쓰이고 있다.

$$감가상각비 = \frac{취득원가 - 잔존가액}{내용연수}$$

㉡ 체감상각법(정률법, 연수합계법, 이중체감법) : 초기에 많은 금액을 상각하고 기간이 경과함에 따라 점차 감가상각비를 적제 인식하는 방법으로 정률법, 연수합계법, 이중체감법이 있다. 체감상각법은 수익·대응의 관점에서 정액법보다 합리적이라 할 수 있다. 법인세 관리 측면에서도 초기에 감가상각비를 크게 인식하여 순이익이 낮게 계상되고 내용연수가 종료되는 시점으로 갈수록 감가상각비를 적게 인식하여 순이익이 높게 계상된다.

- 정률법 : 유형자산의 기초장부가액에 일정한 상각률을 곱하여 해당 기의 감가상각비를 산출하는 방법이다. 취득원가에서 감가상각누계액을 차감한 잔액에 상각률을 곱하여 감가상각비를 산정한다.

$$감가상각비 = 장부가액(취득원가 - 감가상각누계액) \times 상각률$$
$$상각률 = 1 - \sqrt[내용연수]{\frac{잔존가액}{취득원가}}$$

- 연수합계법 : 매년 연수합계에 대한 잔존 내용연수의 비율을 감가상각 대상 금액에 곱하여 감가상각비를 산출하는 방법이다.
- 이중체감법 : 정률법과 동일하고 상각률만 정액법의 2배를 적용하는 방법이다.

㉢ 생산량비례법 : 보유 중인 자산의 가치감소가 단순히 시간이 경과함에 따라 나타난다고 하기보다는 생산량에 비례하여 나타난다고 하는 것을 전제로 하여 감가상각비를 계산하는 방법이다. 이때의 비례관계는 총 추정생산량에 대한 실제생산량의 비율로서 산정한다.

⑥ 재평가

기업은 원가모형이나 재평가모형 중 하나를 회계정책으로 선택하여 유형자산 분류별로 동일하게 적용하여야 한다. 원가모형은 유형자산을 최초 인식한 후에 원가에서 감가상각누계액과 손상차손누계액을 차감한 금액을 장부금액으로 한다. 재평가모형은 유형자산을 최초 인식한 후에 공정가치를 신뢰성 있게 측정할 수 있을 때 재평가 시점의 공정가치에서 이후의 감가상각누계액과 손상차손누계액을 차감한 재평가금액을 장부금액으로 한다.

㉠ 유형자산별 공정가치 결정
- 토지, 건물의 공정가치 : 일반적으로 공인된 감정평가인의 감정에 의하고 시장에 근거한 증거로 결정한다.
- 설비, 기계장치의 공정가치 : 감정에 의한 시장가치에 의한다.

ⓒ 재평가 수행빈도 : 재평가되는 유형자산의 공정가치 변동에 따라서 재평가 빈도도 달라질 수 있다. 재평가된 자산의 공정가치가 장부금액과 중요하게 차이가 나는 경우에는 추가적인 재평가가 필요하다. 반면에 공정가치가 경미하여 빈번한 재평가가 필요하지 않은 경우도 있는데 이 때는 매 3년이나 5년마다 재평가하는 것으로 충분하다.

ⓒ 재평가 시 회계처리
- 자산의 장부금액이 재평가로 인해 증가된 경우 : 증가액은 기타포괄손익으로 인식하고 재평가잉여금의 과목으로 자본(기타포괄손익누계액 항목)에 가산한다. 그러나 동일한 자산에 대하여 이전에 당기손익으로 인식한 재평가감소액이 있다면 그 금액을 한도로 재평가증가액만큼 당기손익으로 인식한다.
- 자산의 장부금액이 재평가로 감소된 경우 : 감소액은 당기손익으로 인식한다. 그러나 그 자산에 대한 재평가잉여금의 잔액이 있다면 그 금액을 한도로 재평가감소액을 기타포괄손익으로 인식한다. 기타포괄손익으로 재평가감소액을 인식할 경우 자본에 누계된 재평가잉여금이 감소하게 된다.

〈표 2-25〉 자산 재평가 시 회계처리

최초 재평가 결과	최초 재평가 시 회계처리	이후 재평가 시 회계처리
장부금액의 증가 (평가증)	'재평가잉여금' 인식 (기타포괄손익)	ⓐ 평가증 : 재평가잉여금 추가 인식 ⓑ 평가감 : 전기 이전 인식한 재평가잉여금을 우선 감소시키고, 부족분은 재평가손실 인식
장부금액의 감소 (평가감)	'재평가손실' 인식 (당기비용)	ⓐ 평가감 : 재평가손실 추가 인식 ⓑ 평가증 : 전기 이전 인식한 재평가손실만큼 재평가 이익을 인식하고, 부족분은 재평가잉여금 인식

출처 : 기술신용평가입문(조희제·강수진, 2022)

⑦ 유형자산 평가 시와 처분 시 회계처리
㉠ 유형자산 평가 시 회계처리 : 유형자산의 진부화 또는 시장가치의 급격한 하락 등으로 인해 미래경제적 효익이 장부가액에 현저히 미달할 가능성이 있는 경우에는 감액손실 인식 여부를 검토하며 이때 현저한 감액가능성이 판단되면 회수가능가액이 장부가액에 미달되는 금액만큼을 손상차손으로 인식한다. 손상차손은 다음과 같이 회계처리한다.

| (차) 유형자산손상차손 | ××× | (대) 손상차손누계액 | ××× |

유형자산손상차손은 포괄손익계산서 영업외비용으로 기록하고 손상차손누계액은 재무상태표에 해당 유형자산의 취득원가를 차감하는 형식으로 기록한다.

㉡ 유형자산의 제거 및 회계처리 : 유형자산의 내용연수가 종료되는 시점 또는 그 이전에 더 이상 미래경제적 효익이 없을 때 처분한다. 유형자산의 순매각금액과 장부금액(취득원가-감가상각누계액)의 차액을 유형자산처분손익으로 인식하여 포괄손익계산서에 영업외수익 또는 영업외비용으로 회계처리한다.

(3) 무형자산

무형자산은 물리적 형태는 없지만 식별가능하고 기업이 통제하고 있으며 미래경제적 효익이 있는 자산을 말한다.

① 무형자산의 성립요건 빈출도 ★★★

기업회계기준서에서는 무형자산이 성립되는 조건으로 식별가능성, 자원에 대한 통제, 미래경제적 효익의 존재 등을 제시하고 있다.

식별가능성	그 자산이 다른 자산으로부터 분리될 수 있거나 법적 권리를 창출할 수 있음을 의미
자원에 대한 통제	그 자원의 미래경제적 효익에 대해 제3자의 접근을 제한하는 것을 의미
미래경제적 효익	재화의 매출이나 용역의 제공에 따른 수익, 원가절감 등의 효과로 나타나는 것을 의미

㉠ 판매용 자산은 물리적 형태는 없더라도 무형자산이 아닌 재고자산이다.

㉡ 영업권은 광의의 무형자산에 속하지만, 기업회계기준에서는 무형자산에 포함되지 않는다. 이유는 식별가능하지 않고 무형자산의 정의를 충족하지 못하기 때문이다.

② 무형자산의 인식조건

기업회계기준서에서는 미래경제적 효익의 유입가능성이 매우 높고 자산의 취득원가를 신뢰성 있게 측정할 수 있을 때 무형자산으로 인식하고 있다.

㉠ 기업합병(M&A)으로 취득한 무형자산의 공정가액을 신뢰성 있게 측정하지 못할 경우에는 무형자산으로 인식할 수 없고 영업권으로 본다.

③ 무형자산의 취득원가 결정 및 상각 회계처리

㉠ 무형자산의 취득원가는 취득시점이나 생산시점에 지급한 현금 및 현금성자산 또는 제공할 대가의 공정가액으로 한다.
- 외부구입하는 경우 : 취득원가는 매입원가에 부대비용(등록비, 제세공과, 법률수수료 등)을 가산한 금액으로 한다.
- 내부창출한 경우 : 취득원가는 제작원가에 직접 관련한 지출과 합리적으로 배분된 간접적 지출을 가산한 금액으로 한다.

㉡ 상각은 유형자산의 감가상각과 마찬가지로 무형자산의 원가를 수익에 대응시키기 위하여 비용으로 배분시키는 과정이다. 무형자산의 상각은 무형자산의 내용연수가 유한한지 또는 비한정인지에 따라 회계처리가 달라진다.

㉢ 일반적으로 무형자산 상각 시 회계처리는 당해 연도 상각금액을 무형자산상각비계정의 차변에 기록하며, 같은 금액을 무형자산계정 대변에 기록하여 무형자산에서 직접 차감한다.

| (차) 무형자산상각비 | ××× | (대) 무형자산 | ××× |

㉣ 무형자산상각비는 제조활동과 연관되면 제조원가에, 기타 영업활동과 연관되면 포괄손익계산서에 판매비와 관리비 항목으로 보고한다.

④ 무형자산의 종류 빈출도 ★★☆

주요 무형자산으로는 영업권(사업결합으로 인식한 영업권), 산업재산권, 개발비 등을 들 수 있다.

㉠ 영업권 : 사업결합에 인식한 피취득자의 식별가능한 취득 자산과 인수 부채의 순액에 대한 취득자의 지분을 초과하는 금액을 말한다. 따라서 기업결합 및 전세권 취득의 경우에 유상으로 취득하는 매입영업권만이 무형자산으로 인식하여 영업권으로 계상할 수 있고 내부창출영업권은 자산으로 인정되지 않는다.

㉡ 산업재산권 : 특허권, 실용신안권 등과 같이 법률로 일정기간 동안 독점적, 배타적으로 이용할 수 있는 권리로 무형자산으로 인식된다. 그러나 KS, Q마크 획득비용은 무형자산이 아니므로 발생한 시점의 당기비용으로 처리한다.

㉢ 개발비 : 신제품, 신기술 등의 개발과 관련하여 발생한 비용으로 식별가능하고 미래의 경제적 효익을 확실히 기대할 수 있는 것을 말한다. 하지만 개발비를 제외한 연구비나 경상개발비는 무형자산의 일정요건을 갖추지 못하여 비용으로 처리한다.

항 목	정 의	회계처리
연구비	연구단계에서 발생한 비용으로 인식조건의 미충족	판매비와 관리비
개발비	개발단계에서 발생한 비용으로 인식조건의 충족	무형자산
경상개발비	개발단계에서 발생한 비용으로 인식조건의 미충족	판매비와 관리비

출처 : 기술신용평가입문(조희제・강수진, 2022)

⑤ 무형자산의 제거

무형자산의 장부금액은 처분하거나 사용 또는 지분을 통하여 미래경제적 효익이 기대되지 않을 때 제거한다. 이와 관련된 내용은 유형자산의 제거와 동일하다.

개념체크OX

01 기업회계기준서에서는 무형자산이 성립되는 조건으로 식별가능성, 자원에 대한 통제, 미래경제적 효익의 존재, 취득원가의 측정을 제시하고 있다. O X

02 회계처리에 있어 연구비는 판매비와 관리비로 처리하고, 개발비 및 경상개발비는 무형자산으로 처리한다. O X

정답 X, X

제4절 부채와 자본의 이해

기업에 투입된 총자본은 원천에 따라 타인자본인 부채와 자기자본으로 구분되며, 부채는 유동부채와 비유동부채로 나뉜다. 자본은 기업의 총자산에서 총부채를 차감하고 남은 잔여지분으로 소유주지분 또는 주주지분으로도 불린다. 자본은 자본금, 자본잉여금, 자본조정, 기타포괄손익누계액 및 이익잉여금(또는 결손금)으로 구성한다.

1 유동부채

유동부채는 재무상태표일로부터 부채의 지급시기가 1년 이내에 도래하는 부채를 말한다. 유동부채는 매입채무, 단기차입금, 유동성 장기부채 및 기타유동부채 등으로 분류한다.

(1) 매입채무
① 매입채무는 일반적인 상거래에서 발생한 외상매입금과 지급어음을 의미한다.
　㉠ 외상매입금은 매입에누리 및 환출 등을 차감한 순액으로 기재한다.
　㉡ 지급어음은 상거래에서 발생한 상업어음만을 매입채무로 계상하며 자금조달 목적인 융통어음은 단기차입금으로 처리한다.
② 매입채무 조정항목으로 매입환출과 매입에누리, 매입할인을 들 수 있다.

(2) 단기차입금
단기차입금은 재무상태표일로부터 1년 이내에 지급기일이 도래하는 단기성 차입금을 말하며, 금융기관 단기차입금, 관계회사 단기차입금 등이 포함된다.

(3) 유동성 장기부채
유동성 장기부채는 비유동부채의 장기차입금이나 회사채 중 1년 이내에 상환기일이 도래되는 부채를 말한다.

(4) 예수금
예수금이란 궁극적으로 제3자에게 지급하여야 할 금액을 임시 보관하는 형태로 하여 계상한 부채를 말한다. 근로소득세예수금, 국민연금예수금, 건강보험료예수금 등처럼 세분화하여 사용할 수 있다.

2 비유동부채

비유동부채는 재무상태표일로부터 1년 이내에 지급기한이 도래하지 않은 장기부채를 말하며, 회사채, 장기차입금, 장기성매입채무, 기타유동부채 등이 있다. 비유동부채는 기업의 장기지급능력을 평가하는 데 중요한 요소가 된다.

(1) 회사채
① 개 요
　회사채라 함은 주식회사가 장기적으로 자금을 조달하기 위해서 계약에 따라 일정 이자를 지급하고 만기에 원금을 상환할 것을 약정한 채무증권이다. 회사채는 일반적으로 '사채'라고 불린다.
② 사채증서 기재사항
　사채증서에는 발행회사명, 발행일, 액면가액, 만기일, 이자지급일, 이자율 등의 항목 등이 기재된다.

③ 사채발행 유형

사채발행에는 액면이자율과 시장이자율의 차이 때문에 사채발행차금이라는 것이 발생하며, 발행형태에 따라 액면발행, 할인발행, 할증발행의 유형으로 구분된다. 액면발행은 액면가액과 발행가액이 일치하는 것이고 할인발행은 액면가액이 발생가액보다 큰 경우이며 할증발행은 반대의 경우이다.

④ 사채발행 관련 용어

사채의 발행 내용을 이해하려면 먼저 사채와 관련된 용어 및 흐름을 정확히 알아야 한다.

- 액면금액 : 사채증서의 액면에 표시된 금액(발행회사가 만기일에 상환해야 하는 금액임)
- 액면이자율(표시이자율) : 사채증서에 기재된 이자율(사채투자자에게 지급할 액면이자가 결정)
  ※ 사채 이자는 시장이자율이 아닌 액면이자율임
- 발행금액 : 액면금액과 액면이자를 발행 당시 시장이자율로 할인한 현재가치(사채투자자로부터 조달한 순수 금액으로 발행회사로 현금유입되는 금액임)
- 시장이자율 : 사채를 발행하는 시점에 만기 가액을 얻을 수 있는 수익률(사채투자자들이 받기를 희망하는 금액임)
  ※ 사채에서는 유효이자율법을 적용한 유효이자율이라고 함
- 사채발행기간 : 발행일에서 만기일까지 기간으로 2년, 3년이 일반적임(사채발행기간에 매년 일정시점에 정기적으로 사채투자자에게 이자 지급)
- 사채발행비 : 사채발행과 관련된 제비용(사채발행비는 사채할인발행차금에 가산하고, 사채할증발행자금에 차감함)
- 사채할인발행차금 : 발행가액을 액면가액보다 낮게 발행하는 할인발행으로 인해 발생하는 차액을 말함
- 사채할증발행차금 : 발행가액을 액면가액보다 높게 발행하는 할증발행으로 인해 발생하는 차액을 말함

⑤ 사채의 흐름(예시)

사채의 흐름에 대한 이해를 돕기 위한 예시(할인발행의 경우)는 다음과 같다.

- 액면가 100,000원
- 만기 3년, 매년 말 이자 지급(1월 1일 발행을 가정함)
- 액면이자율 8%, 시장이자율 10%

㉠ 액면금액(액면가)은 100,000원이고 매년 말 액면이자 8,000원(100,000원×8%)을 3회에 걸쳐 투자자에게 지급한다. 발행회사 입장에서는 현금유출에 해당한다.

㉡ 발행금액(발행가)은 시장이자율을 반영한 현가계수로 계산된 현재가치로 95,025원이다. 발행회사 입장에서는 현금유입에 해당되어 차변에 현금 또는 보통예금으로 인식한다.
(※ 발행가 산정은 본 단원의 학습 범위를 벗어나므로 산정 계산은 생략함)

㉢ 액면금액과 발행금액의 차이가 4,975원 발생하는데 이때 이 금액은 사채할인발행차금 계정으로 회계처리한다.

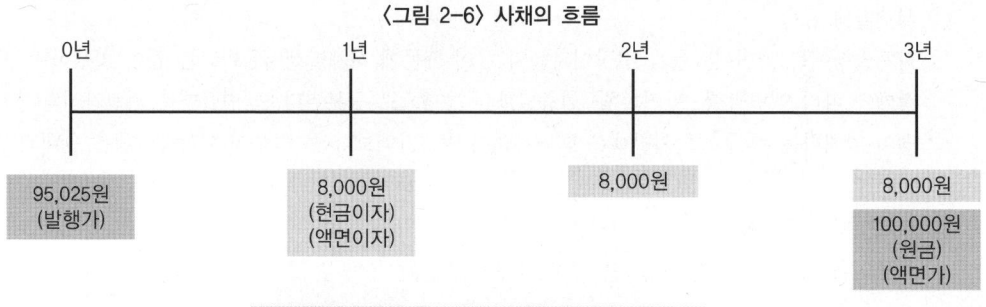

〈그림 2-6〉 사채의 흐름

사채할인발행차금 = 100,000 - 95,025 = 4,975원

⑥ 사채 발행 형태별 비교 빈출도 ★☆☆

액면발행, 할인발행, 할증발행 시 비교 내용을 요약하면 다음 〈표 2-26〉과 같다.

〈표 2-26〉 사채 발행 형태별 비교

발행 형태		내 용	회계처리
액면발행	발 행	액면가액 = 발행가액	(차) 현 금　　　　(대) 사 채
	이자율	액면이자율 = 시장이자율	
할인발행	발 행	액면가액 > 발행가액	(차) 현 금　　　　(대) 사 채 　　　사채할인발행차금
	이자율	액면이자율 < 시장이자율	
할증발행	발 행	액면가액 < 발행가액	(차) 현 금　　　　(대) 사 채 　　　　　　　　　　사채할증발행차금
	이자율	액면이자율 > 시장이자율	

⑦ 사채 이자지급시점의 기말수정 분개

사채를 할인발행 또는 할증발행을 하게 되면 사채발행차금을 사채 발행기간 동안 매년 일정 방법으로 상각하고 그 상각금액을 추가적으로 인식하는 이자비용의 기말수정 분개가 필요하다. 기업회계기준에서는 사채발행차금 상각방법으로 유효이자율법 적용을 원칙으로 하고 있다. 유효이자율법이란 사채의 장부가액에 유효이자율을 곱하여 당기 비용으로 인식하고 유효이자액과 액면이자액의 차액을 사채발행차금 상각액으로 회계처리하는 것을 말한다.

㉠ 사채할인발행차금인 경우 기말수정 분개(유효이자율 적용 시)

```
(차) 이자비용                    ×××   (대) 현 금                      ×××
     (사채의 장부가액 × 유효이자율)          (액면가액 × 액면이자율)
                                          사채할인발행차금              ×××
                                          (유효이자액 - 액면이자액)
```

㉡ 사채할증발행차금인 경우 기말수정 분개(유효이자율 적용 시)

```
(차) 이자비용                    ×××   (대) 현 금                      ×××
     (사채의 장부가액 × 유효이자율)          (액면가액 × 액면이자율)
     사채할증발행차금              ×××
     (액면이자액 - 유효이자액)
```

⑧ 사채의 상환 시 회계처리
  ㉠ 만기상환 시 : 사채증서에 표시된 만기일에 증서에 표시된 액면가액(원금)을 상환하는 것을 만기상환이라고 한다. 사채발행차금이 발행기간 동안에 상각과정을 통해 소멸되었기 때문에 만기일이 되면 사채의 장부가액과 액면가액이 같아진다. 따라서 만기 시 회계처리는 간단하다.

(차) 사 채	×××	(대) 현 금	×××

  ㉡ 조기상환 시 : 조기상환시점에서 사채의 장부가액을 확정하여야 한다. 조기상환일 경우 발행시점과 상환시점 간에 시장이자율이 다르기 때문에 사채상환손익이 발생한다. 이유는 발행회사마다 요구수익률 및 신용도가 다르고 자금시장의 상황도 수시로 변동되기 때문이다. 사채상환차손은 영업외비용으로 사채상환차익은 영업외수익으로 포괄손익계산서에 반영한다.
  조기상환으로 사채상환이익이 발생한 경우의 분개는 다음과 같다.

(차) 사 채	×××	(대) 현 금	×××
		사채할인발행차금	×××
		사채상환차익	×××

(2) 장기차입금

장기차입금이란 상환기일이 1년 이후에 도래하는 차입금을 말하며, 금융기관으로부터의 차입금, 관계회사 장기차입금, 주주·임원·종업원 장기차입금 등을 포함한다. 한편 결산일에는 유동성 대체* 분개를 실시하여야 한다.

*유동성 대체란 매년 말 기준(12월 결산업체인 경우)으로, 1년 이내에 상환기간이 도래하는 비유동부채(장기차입금)에 대해 단기차입금으로 대체 회계처리하는 것을 말함

(3) 장기성매입채무

장기성매입채무란 상거래로부터 발생되는 매입채무 중에서 1년 이후 만기가 도래하는 외상매입금과 지급어음을 말한다. 장기간 신용거래인 경우에는 일반적으로 채권확보 차원에서 어음을 교환하게 된다. 장기성매입채무는 어음발행 기재사항이 사채와 유사한 관계로 사채의 회계처리 기준에 맞춰 처리하면 된다.

(4) 충당부채

① 충당부채의 의미 및 충족요건
  충당부채란 당기에 지출되지 않지만 미래에 지출이 확실할 것으로 예상하여 당기수익에서 차감하는 것이 합리적이라고 판단되는 경우의 추산한 지출금액이다.

> **충당부채로의 충족요건(아래 3가지가 모두 충족되어야 함)**
> - 미래의 지출이 확실할 것
> - 당해 지출의 원인이 당기에 발생된 것
> - 당해 지출금액을 합리적으로 추정할 수 있을 것

② **충당부채와 우발부채의 차이**

충당부채와 우발부채는 불확실성을 전제로 하고 있다는 점에서 유사하지만, 충당부채는 부채의 인식기준을 모두 충족하는 추정부채인 반면, 우발부채는 부채의 인식기준을 모두 충족시키지 못한 잠재적 부채이다. 따라서 우발부채는 부채로 인식하지 않는다.

③ **충당부채의 종류**

충당부채는 퇴직급여충당부채, 제품보증충당부채, 경품충당부채, 손해배상충당부채 등 여러 가지가 있다. 이중 대표적인 것은 퇴직급여충당부채이다.

④ **퇴직급여충당부채**

㉠ 퇴직급여충당부채는 종업원이 퇴직 시 지급될 퇴직금을 미리 예상하여 인식한 부채이다. 즉 회기말에 전(全) 직원이 일시에 퇴직할 경우에 지급되어야 할 퇴직금 총액에 해당되는 금액이다.

㉡ 회계처리 : 이미 설정한 퇴직급여충당부채가 있을 경우에는 차액만을 추가로 회계처리하고 퇴직금 지급 시 퇴직급여충당부채와 상계처리한다. 기말에 결산정리에서는 퇴직급여충당부채의 전입회계처리를 하여야 한다. 퇴직급여충당부채전입액은 전기말 퇴직금추계액에서 당기에 지급한 퇴직금을 차감한 잔액을 당기말 퇴직금추계액에서 다시 차감한 금액이다.

> 퇴직급여충당부채전입액(당기분)
> = 당기말 퇴직금추계액 - (전기말 퇴직금추계액 - 당기중 퇴직금지급액)
>
> 〈결산정리분개〉
> (차) 퇴직급여   ×××   (대) 퇴직급여충당부채   ×××
>
> 〈퇴직금 지급 시〉
> (차) 퇴직급여충당부채   ×××   (대) 현 금   ×××

개념체크OX

01 유동부채에는 매입채무, 단기차입금, 유동성 장기부채, 예수금 등이 포함된다. **O X**

02 사채 발행 시 발행가액을 액면가보다 낮게 발행함으로써 발생하는 차액을 사채할증발행차금이라고 한다. **O X**

정답 O, X

3 자 본

자본 또는 소유자 지분이란 기업실체에 대하여 자금·재화·용역 등을 제공함으로써, 그 경제적 가치의 제공자가 기업에 대하여 획득하는 재산적인 권리이다. 회계상으로는 '자산 – 부채 = 자본'이다. 자본은 다음과 같이 분류된다.

〈표 2-27〉 자본의 분류　빈출도 ★★☆

자본의 분류 개요
1. 자본금(법정자본)
   ㉠ 보통주자본금
   ㉡ 우선주자본금
2. 자본잉여금
   ㉠ 주식발행초과금
   ㉡ 감자차익
   ㉢ 기타 자본잉여금 : 자산재평가적립금(차액), 자기주식처분이익, 전환권대가, 신주인수권대가 등
3. 이익잉여금
   ㉠ 이익준비금
   ㉡ 기타법정적립금 : 기업합리화적립금, 재무구조개선적립금 등
   ㉢ 임의적립금 : (적극적 적립금) 사업확장적립금, 감채기금적립금, 신축적립금
             　　(소극적 적립금) 배당평균적립금, 결손보전적립금, 자가보험적립금 등
4. 자본조정
   ㉠ 주식할인발행차금
   ㉡ 배당건설이자
   ㉢ 자기주식
   ㉣ 미교부주식배당금
5. 기타포괄손익누계액

(1) 자본금

주식회사의 자본금은 주주에 의하여 납입된 자본 중에서 상법에 의하여 자본금으로 확정된 금액(발행주식수 × 주당 액면가액)으로 법정자본이라고 한다. 자본금은 보통주자본금과 우선주자본금으로 분류된다.

① 주식의 종류
   ㉠ 보통주 : 보통주란 여러 종류의 주식 중 상대적인 의미에서 기본이 되는 주식을 말한다. 따라서 한 종류의 주식만 발행한 경우에는 그 주식 모두가 보통주가 된다. 보통주주는 주주총회에서 의결권이 있으며 이익배당을 받을 권리가 있다.
   ㉡ 우선주 : 우선주란 보통주에 비해 특정 사항에 대해서 우선적 지위를 갖는 주식을 말한다. 우선주주는 배당이나 청산 시 등에 우선청구권이 있지만 주주총회에서 회사의 제반업무에 관한 의결권이 없는 것이 일반적이다. 우선주는 우선권 부여에 따라 이익배당 우선주, 전환우선주, 상환우선주로 구분할 수 있다.

② 주식발행 시 회계처리

주식발행 형태에 따라 액면발행, 할인발행, 할증발행으로 구분된다. 액면발행은 주권에 기재된 액면가액과 발행 시의 발행가액이 같은 경우를 말하며, 할인발행은 액면가액이 발행가액보다 큰 경우로 이때 미달금액은 주식할인발행차금으로 계상한다. 할증발행은 반대로 액면금액을 초과한 금액을 주식발행초과금으로 계상한다.

다음 〈표 2-28〉은 주식발행 형태에 따른 회계처리방법을 나타낸 것이다.

〈표 2-28〉 주식발행 회계처리

주식발행 형태	회계처리
액면발행 (발행가액 = 액면가액)	(차) 현 금　　　　　×××　　(대) 자본금　　　　×××
할인발행 (발행가액 < 액면가액)	(차) 현 금　　　　　×××　　(대) 자본금　　　　××× 　　　주식할인발행차금　××× ※ 주식할인발행차금은 자본의 차감적 조정항목으로, 그 상각액은 포괄손익계산서의 비용항목으로 취급하지 않고 재무상태표의 자본조정항목으로 처리한다.
할증발행 (발행가액 > 액면가액)	(차) 현 금　　　　　×××　　(대) 자본금　　　　××× 　　　　　　　　　　　　　　　주식발행초과금　××× ※ 주식발행초과금은 재무상태표의 자본잉여금으로 처리한다.

③ 자본의 감소(감자)

기업은 여러 가지 이유로 인해 자본금을 감소시키는 경우가 발생할 수 있다. 자본의 감소는 감자라고도 하는데 주식의 소각을 들 수 있다. 주식의 소각 방법으로 실질적 감자와 형식적 감자가 있다.

㉠ 실질적 감자(유상감자) : 실질적 감자는 주주로부터 주식을 반환받아 소각하고 그 대가로 현금 등을 지급하여 기업의 순자산을 실질적으로 감소시키는 거래이다.
- 이때 소각된 주식의 액면가액과 주주에게 대가로 준 환급액 간에 차이가 발생할 수 있는데 환급액이 액면가액보다 적을 경우에는 감자차익으로 계상하고 반대로 환급액이 액면가보다 클 경우에는 감자차손으로 계상한다.
- 감자차익은 자본거래를 통해 발생한 것이므로 재무상태표의 자본잉여금으로 계상하고 감자차손은 자본조정에 속하므로 자본 전체에서 차감한다.
- 감자차손은 감자차익의 범위 내에서 상계처리하고, 남은 잔액만을 감자차손으로 회계처리한다.

㉡ 형식적 감자(무상감자) : 형식적 감자는 주주로부터 주식을 반환받아 소각하고 아무런 감자대가를 지급하지 않는 거래로 순자산의 변동은 없고 명목상으로만 자본금이 감소하는 것이다.

(2) 자본잉여금

잉여금의 발생은 주식의 발행, 증자, 감자와 같은 자본거래로 인한 것과 손익거래로 인한 것이 있는데, 이 중 자본거래로 인하여 발생한 잉여금을 자본잉여금이라 한다. 자본잉여금은 자본전입으로 자본금이 될 수 있지만 배당의 재원은 될 수 없다. 자본잉여금은 주식발행초과금과 감자차익, 자기주식처분이익 등의 기타자본잉여금으로 구성된다.

① 주식발행초과금

주식발행초과금은 주식발행비용 등을 차감한 후의 주식발행가액이 액면가액을 초과하는 금액을 말한다.

② 감자차익

기업이 주주에게 감자대가를 지급하고 자본금을 감소시키는 경우에 감소된 자본금이 감자대가를 초과하면 그 초과금액을 감자차익이라 한다. 감자차손은 이와 반대의 경우이다.

③ 기타자본잉여금

기타자본잉여금에는 자기주식처분이익, 전환권대가, 신주인수권대가 등이 포함된다.

> 자본잉여금 용도
> - 자본잉여금은 자본거래에서 발생한 것이므로 잉여금 사용에도 제한적임
>   (주식발행을 통한 자본금으로의 전입, 누적된 이월결손금 보전 시에는 가능함)
> - 이익 배당으로의 사용은 불가함

(3) 이익잉여금(유보이익)

이익잉여금은 기업의 경상적인 영업활동, 자산의 처분 및 기타 임시적인 손익거래에서 발생한 결과로서 주주배당금으로 지급되거나 자본으로 대체되지 않고 남아있는 부분의 금액을 말한다. 그래서 유보이익이라고도 불리고 있다. 이익잉여금에는 이익준비금, 기타법정적립금, 임의적립금, 차기이월이익잉여금(또는 차기이월결손금)이 포함된다.

① 이익준비금 및 기타법정적립금

㉠ 이익준비금 : 상법에서 이익준비금의 적립 요건을 규정하고 있다. 이익준비금의 용도는 결손보전이나 자본전입만 가능하다.

㉡ 기타법정적립금 : 기타의 법률에 의해 강제적으로 적립을 해야 하는 적립금으로 기업합리화적립금, 재무구조개선적립금 등이 이에 포함된다.

② 임의적립금

임의적립금은 정관 내 규정이나 주주총회 결의 등을 통해 기업이 필요에 따라 임의적으로 적립한 금액을 말한다. 적립목적이 달성되어도 계속 존치하는 적극적 적립금과 적립목적이 달성되면 소멸하는 소극적 적립금으로 나눌 수 있다.

③ 이익잉여금 처분

이익잉여금 처분 가능액은 미처분이익잉여금과 임의적립금 이입액의 합계금액으로 이익준비금, 기타법정적립금, 배당금, 임의적립금으로 처분하는 것을 이익잉여금 처분이라 한다. 이익잉여금을 처분하려면 주주총회에서 승인을 받은 후에 처분이 확정된다.

이익잉여금 처분절차에 따른 회계처리방법은 다음과 같다.

㉠ 결산일에 손익계정을 통해 계산된 당기순이익을 미처분이익잉여금으로 대체처리한다.

| (차) 손 익 | ××× | (대) 미처분이익잉여금 | ××× |

ⓒ 주주총회의 승인을 얻어 확정되면 승인일 기준으로 다음과 같이 회계처리한다.

(차) 미처분이익잉여금	×××	(대) 이익준비금	×××
		법정적립금	×××
		미지급배당금	×××

※ 배당금의 처분승인이 나면 미지급배당금은 유동부채에 해당되어 부채로 설정한다.

ⓒ 실제 배당지급일이 되면 현금으로 지급되므로 다음과 같이 회계처리한다.

(차) 미지급배당금	×××	(대) 현 금	×××

개념체크OX

01 자본잉여금에는 주식발행초과금, 주식할인발행차금, 감자차익 등이 포함된다. O X

02 자본잉여금은 이익 배당으로의 사용은 불가하나, 이익잉여금은 이익 배당으로 사용할 수 있다. O X

정답 X, O

(4) 자본조정

자본조정은 자본금이나 자본잉여금으로 분류할 수 없는 항목을 말한다. 자본조정 항목에는 주식할인발행차금, 자기주식, 전환권대가, 신주인수권대가, 출자전환대가, 주식선택권, 신주청약증거금, 배당건설이자 등이 있다.

① 자기주식

자기주식이란 기업이 이미 발행된 유통주식 중에서 발행기업이 시장에서 매입(유상취득)하거나 증여(무상취득)에 의하여 취득한 후, 현재 기업 내에 보관하고 있는 주식이다.

㉠ 회사가 자기주식을 시장에서 유상취득을 하면, 장부상에서 자기주식의 금액을 취득원가로 계상하여 자본조정으로 분류한다.

※ 자기주식의 회계처리는 원가법과 액면가법이 있지만, 기업회계기준에서는 원가법만 인정하고 있다.

㉡ 그 이후 취득 목적이 달성되어 소각이 이루어지면, 자본금의 감소가 초래되면서 액면금액과 취득원가의 차이가 감자차익(또는 감자차손)으로 인식된다. 만일 자기주식을 재판매(처분)하였을 경우에는 재판매가격과 취득원가의 차이가 자기주식처분손익으로 인식된다.

② 주식할인발행차금

주식할인발행차금이란 기업이 주주에게 주식을 발행하고 자본금을 증가시키는 경우에 발행금액이 증가된 자본금에 미달하면 그 미달금액을 말한다. 이러한 주식할인발행차금을 생성시키는 주식발행 형태를 할인발행이라고 한다.

(5) 기타포괄손익누계액

기타포괄손익누계액이란 손익거래 중 당기순손익에 포함되지 않는 기타포괄손익의 잔액을 말한다. 즉 당기순손익에 포함되지 않은 수익과 비용의 누계액을 말한다. 이에는 해외사업환산손익과 기타포괄손익공정가치측정금융자산평가손익, 파생상품평가손익 등이 있다.

(6) 자본변동표

① 자본변동표의 의미

자본변동표는 일정시점 현재 기업실체의 크기와 일정기간 동안 기업실체의 자본의 변동에 관한 정보를 표시한 재무제표이다.

② 자본변동표의 유용성
   ㉠ 재무제표와 연계성을 향상시켜 재무제표의 이해를 높여준다.
   ㉡ 재무상태표의 기초 자본 잔액과 기말 자본 잔액을 제시하고 있어 재무상태표와 연결가능하다.
   ㉢ 자본의 변동내역은 포괄손익계산서와 현금흐름표에 나타난 정보와 연결가능하다.

(7) 자기자본분석 빈출도 ★☆☆

재무상태표상의 자기자본은 곧 자본총계를 말하는데, 이는 기업가치를 나타낸다. 크게 보면 자본총계는 자본금, 주식발행초과금, 유형자산재평가적립금(차액), 이익잉여금으로 구성된다고 볼 수 있다. 4가지 계정의 비중에 따라 분석대상이 되는 기업들의 미래현금창출능력이 다르게 평가된다. 또한 분석대상기업의 설립연도를 파악하여 비교해 보았을 때 〈표 2-29〉에서 자본금 500억원이 2,000억원이 되기까지 A기업은 15년, B기업은 20년이 소요됐다면, A기업이 미래현금창출능력이 더 높다고 평가될 수 있다.

〈표 2-29〉 자기자본분석 예시

구 분	A기업	B기업	분 석
자본금	500억원	500억원	초기 투자액 = 자본금
주식발행초과금 (자본잉여금)	200억원	700억원	B기업은 자본총계 구성 중 해당부분의 비중(주식발행초과금/자본총계)이 가장 크다(700/2,000). 해당 비중이 높다는 것은 유상증자 시 할증발행이 있었으며 할증률 또한 높았음을 의미한다. 이는 투자자의 수요가 높았다는 의미이다.
자산재평가적립금 (자본잉여금)	800억원	400억원	A기업은 자본총계 구성 중 해당부분의 비중(자산재평가적립금/자본총계)이 가장 크다(800/2,000). 해당 비중이 높다는 것은 보유자산의 가치 상승으로 자산평가금액이 높아졌음을 의미한다.
이익잉여금	500억원	400억원	영업활동으로 인한 수익성을 나타낸다. 해당 비중이 크다는 것은 영업활동으로 인한 수익성이 크다는 것을 의미하므로, B기업보다는 A기업이 영업활동으로 인한 수익성이 더 높았다는 것을 의미한다.
자본총계	2,000억원	2,000억원	-

출처 : 시대고시기획 기술신용평가사 3급(김건우, 2021)

> **개념체크OX**
>
> 01 자본변동표는 일정시점 현재 기업실체의 크기와 일정기간 동안 자본의 변동을 표시한 재무제표이다. O X
>
> 정답 O

제5절 수익과 비용의 이해

1 수익과 비용

(1) 수익(Revenues)

수익은 자산의 유입이나 증가 또는 부채의 감소에 따라 자본의 증가를 초래하는 특정 회계기간 동안에 발생한 경제적 효익의 증가로 자본이 증가하게 되지만 자본참여자로부터의 출자와 관련된 자본의 증가는 수익에 포함되지 않는다. 수익에는 영업수익과 영업외수익이 있다.

① 수익과 차익

차익은 비유동자산 중 유형자산 등을 처분하는 과정에서 발생하며 장부가액 증가로 인해 발생하는 미실현이익을 포함한다. 차익은 미래경제적 효익의 증가를 가져오기 때문에 본질적으로 수익과 큰 차이가 없어 차익을 별개의 요소로 인식하지는 않는다.

② 수익의 인식

㉠ 수익에 관한 회계처리에서 가장 중요한 문제는 수익을 인식하는 시점을 결정하는 것이다.
㉡ 수익은 미래경제적 효익의 유입가능성이 높고, 그 효익을 신뢰성 있게 측정할 수 있을 때만 포괄손익계산서에 인식한다.
㉢ 수익은 일반적으로 재화의 판매시점에 인식하지만, 판매시점 이전에 수익을 인식하기도 하고 판매시점 이후에 수익을 인식하기도 한다.

(2) 비용(Expenses)

비용이란 자산의 유출이나 소멸 또는 부채의 증가에 따라 자본의 감소를 초래하는 특정 회계기간 동안에 발생된 경제적 효익의 감소로서, 지분참여자에 대한 분배와 관련된 것은 제외한다. 비용에는 영업비용, 영업외비용, 법인세비용 등이 있다.

수익과 직접 관련하여 발생한 비용은 그 수익과 같은 기간에 인식하여야 하는데 이를 수익비용대응의 원칙이라고 한다.

① 비용과 차손

차손은 비용의 정의를 충족하는 비용외 항목으로 기업의 정상 영업활동을 수행하는 과정에서 발생하는 것으로 미래경제적 효익의 감소를 가져오는 것을 말한다. 차손도 별도로 인식하지 않고 비용에 포함한다.

② 비용의 인식
  ㉠ 비용도 수요와 마찬가지로 미래경제적 효익의 유입가능성이 높고, 그 효익을 신뢰성 있게 측정할 수 있을 때만 포괄손익계산서에 인식한다.
  ㉡ 수익비용대응의 원칙에 의거하여 재화의 판매와 동시에 수익 인식이 되고 매출원가를 구성하는 비용 요소가 된다.
  ㉢ 자산으로부터의 효익이 여러 회계기간에 걸쳐 기대되는 경우 이와 관련해서 발생한 특정 성격의 비용은 체계적이고 합리적인 배분 절차에 따라 각 회계기간에 배분하는 과정을 거쳐 인식한다.

2 포괄손익계산서 빈출도 ★★☆

기업은 영업활동 또는 부수적인 활동을 통해 손익을 발생시키고 그 내용을 포괄손익계산서에 보고한다. 포괄손익계산서는 전통적인 손익계산서에 기타포괄손익 항목들이 추가된 것이다.

> **전통적인 손익계산서**
> 매출액 – 매출원가 – 판매비와 관리비 + 영업외수익 – 영업외비용 – 법인세 = 당기순이익(손실)
> **포괄손익계산서**
> [추가] 당기순이익(손실) + 기타포괄손익

포괄손익계산서는 일정기간 기업의 경영성과를 평가하는 데 도움을 주는 수익성과 현금흐름창출 능력을 예측하는 데 유용한 정보를 제공한다.

(1) 포괄손익계산서상의 주요 계정들

① 매출액
  매출액은 순매출액을 의미하는 것으로 순매출액은 총매출액에서 에누리액과 매출할인을 공제하여 산출된 금액이다. 매출액의 인식은 판매수익과 용역수익의 경우로 구분된다.
  ㉠ 상품(제품)의 판매수익의 경우 : 구매자에게 이전되는 대가로 기업에 귀속되는 경제적 효익의 유입가능성이 높으며, 수익과 거래원가, 비용을 신뢰성 있게 측정할 수 있을 때 인식한다.
  ㉡ 용역수익인 경우 : 거래 전체의 수익액과 진행률, 원가 등을 신뢰성 있게 측정할 수 있을 때 인식한다.
② 매출원가
  매출원가는 매출과 관련하여 생산 또는 구매과정에서 발생한 재화와 용역의 소비액과 기타 경비를 더한 금액을 말한다. 매출원가는 다음과 같이 산출한다.

> **판매업의 매출원가**
> 매출원가 = 기초상품재고액 + 당기상품매입원가 – 기말상품재고액
> **제조업의 매출원가**
> 매출원가 = 기초제품재고액 + 당기제품제조원가 – 기말제품재고액

③ 판매비와 관리비

판매비와 관리비는 기업의 판매활동, 관리활동 등으로 발생한 비용으로서 매출원가에 속하지 않는 모든 영업비용을 말한다. 판매비와 관리비의 주요 항목은 급여, 퇴직급여, 감가상각비, 대손상각비, 무형자산상각비 등이 포함된다.

(2) 포괄손익계산서의 구조

포괄손익계산서는 수익, 비용, 순이익(손손실)으로 구성되며 「순이익(순손실) = 수익 – 비용」이라는 등식이 성립한다.

〈표 2-30〉 포괄손익계산서의 구조

계정과목	산출방법
① 매출액	
② 매출원가	
③ 매출총이익(또는 매출총손실)	① - ②
④ 판매비와관리비	
⑤ 영업이익(또는 영업손실)	③ - ④
⑥ 영업외수익	
⑦ 영업외비용	
⑧ 법인세비용차감전계속사업손익	⑤ + ⑥ - ⑦
⑨ 계속사업손익법인세비용	
⑩ 계속사업이익(또는 계속사업손실)	
⑪ 중단사업손익	
⑫ 당기순이익(또는 당기순손실)	⑧ - ⑨ + ⑩ - ⑪
⑬ 기타포괄손익	
⑭ 총포괄손익	⑫ + ⑬

개념체크OX

01 포괄손익계산서는 전통적인 손익계산서에 기타포괄손익 항목들이 추가된 것이다. O X

02 매출액의 개념을 정확하게 표현하면 총매출액을 의미한다. O X

정답 O, X

제6절 현금흐름표의 이해

1 현금흐름표의 개념 빈출도 ★★☆

현금흐름표(Statement of Cash Flows)는 일정기간 동안 기업의 영업활동, 투자활동, 재무활동으로 발생된 현금의 유입과 유출 상황을 요약한 동태적 보고서이다. 즉 현금의 조달과 운용에 관한 정보를 보여주는 재무제표이다.

2 현금흐름표의 장점 및 한계 빈출도 ★★☆

(1) 현금흐름표의 유용성
① 그 기업의 미래현금창출능력, 미래현금흐름의 금액 및 시기 등을 예측하고 평가하는 데 필요한 정보를 제공한다.
② 현금흐름표에 나타난 현금의 유출 및 유입에 대한 정보는 재무상태표의 보완자료로 활용될 수 있다.
③ 투자 및 재무활동에 대한 정보를 제공함으로써 정보이용자들은 기업의 자산이나 부채의 증감 내역을 보다 상세히 알 수 있다.
④ 영업활동을 통한 순현금흐름과 당기순이익 간에 차이가 나는 원인들을 파악할 수 있다.
⑤ 기업의 유동성, 지급능력과 재무 탄력성에 대한 정보를 제공한다.

(2) 현금흐름표의 한계
현금흐름표에서 현금등가물의 범위를 제시하고는 있지만 현금 전체를 포함하고 있는지는 판단하기 어려울 정도로 애매모호하다는 점이 현금흐름표의 한계이다.

3 현금흐름표의 구조

현금흐름표는 영업활동으로 인한 현금흐름, 투자활동으로 인한 현금흐름, 재무활동으로 인한 현금흐름, 기초현금, 기말현금으로 구분된다.

〈표 2-31〉 현금흐름표의 구조(간접법으로 작성)

현금흐름표

한성기업 (2022.1.1.~2022.12.31.) (단위 : 원)

구 분	금 액	
Ⅰ. 영업활동으로 인한 현금흐름		×××
1. 당기순이익	×××	
2. 현금의 유출이 없는 비용 등의 가산	×××	
3. 현금의 유입이 없는 수익 등의 차감	×××	
4. 영업활동으로 인한 자산·부채의 변동	×××	
Ⅱ. 투자활동으로 인한 현금흐름		×××
1. 투자활동으로 인한 현금유입액	×××	
2. 투자활동으로 인한 현금유출액	×××	
Ⅲ. 재무활동으로 인한 현금흐름		×××
1. 재무활동으로 인한 현금유입액	×××	
2. 재무활동으로 인한 유출액	×××	
Ⅳ. 현금의 증가(Ⅰ+Ⅱ+Ⅲ)		×××
Ⅴ. 기초현금		×××
Ⅵ. 기말현금(Ⅳ+Ⅴ)		×××

(1) 발생주의회계에서는 현금의 유출입과 관계없이 수익은 실현기준에 따라, 비용은 발생기준에 따라 인식하고, 현금주의회계에서는 현금이 유입되면 수익으로, 현금이 유출되면 비용으로 기록한다. 재무상태표와 손익계산서는 기업회계기준에 따라 발생주의회계에 의하여 기록하도록 되어 있으므로 현금 변동이 아닌 재무상태의 변동이 있는 거래결과를 나타낸다.

(2) 이에 따라 재무상태표와 손익계산서상의 당기순이익은 실제 변동된 현금증감액과 차이가 있다. 그러나 현금흐름표는 일정기간 동안 기업의 현금조달과 사용을 정확하게 반영해 준다.

4 현금흐름표의 작성 빈출도 ★★☆

(1) 영업활동

① 영업활동이라 함은 일반적으로 제품의 생산과 상품 및 용역의 구매·판매활동을 말하며, 투자활동과 재무활동에 속하지 않는 거래를 모두 포함한다.

② '영업활동으로 인한 현금의 유입'에는 제품 등의 판매에 따른 현금유입(매출채권의 회수 포함), 이자수익과 배당금수익, 기타 투자활동과 재무활동에 속하지 않는 거래에서 발생한 현금유입이 포함된다.

③ '영업활동으로 인한 현금의 유출'에는 원재료, 상품 등의 구입에 따른 현금유출(매입채무의 결제 포함), 기타 상품과 용역의 공급자와 종업원에 대한 현금지출, 미지급법인세가 포함된다.

(2) 투자활동
① 투자활동은 현금의 대여와 회수활동, 유가증권 및 투자자산의 취득과 처분활동, 유형과 무형자산의 처분 등의 활동을 말한다.
② '투자활동으로 인한 현금의 유입'에는 대여금의 회수, 유가증권의 처분, 투자자산에 따른 현금유입액이 포함된다.
③ '투자활동으로 인한 현금의 유출'에는 현금의 대여, 유가증권 및 투자자산의 취득에 따른 현금유출액이 포함된다.

〈표 2-32〉 투자활동으로 인한 현금유입·유출액

투자활동으로 인한 현금유입액	투자활동으로 인한 현금유출액
1. 유동자산의 감소 　• 단기금융상품 　• 단기대여금, 미수금의 회수 2. 투자자산의 감소 　• 장기금융상품, 유가증권의 처분 　• 장기대여금의 회수 3. 유형자산의 감소 　• 토지, 건물 등 유형자산의 처분 4. 무형자산의 감소 　• 산업재산권, 광업권 등의 처분	1. 유동자산의 증가 　• 단기금융상품 　• 단기대여금의 대여 2. 투자자산의 증가 　• 장기금융상품, 유가증권의 취득 　• 장기대여금의 대여 3. 유형자산의 증가 　• 토지, 건물 등 유형자산의 취득 4. 무형자산의 증가 　• 산업재산권, 광업권 등의 취득

출처: 기술신용평가입문(조희제·강수진, 2022)

(3) 재무활동
① 재무활동은 현금의 차입과 상환, 신주발행, 배당금지급 등과 같은 활동으로 부채와 자본계정에 영향을 미치는 거래를 말한다.
② '재무활동으로 인한 현금의 유입'에는 당좌차월액, 장단기차입액, 어음·사채 및 주식발행액 등이 포함된다.
③ '재무활동으로 인한 현금의 유출'에는 차입금의 상환, 유상감자, 자기주식의 취득, 배당금의 지급 등에 따른 현금유출액이 포함된다.

〈표 2-33〉 재무활동으로 인한 현금유입·유출액

재무활동으로 인한 현금유입액	재무활동으로 인한 현금유출액
1. 유동부채의 증가 　• 단기차입금의 차입 2. 비유동부채의 증가 　• 사채의 발행 　• 장기차입금의 조달 3. 자본의 증가 　• 유상증자 　• 자기주식의 처분	1. 유동부채의 감소 　• 단기차입금, 유동성장기부채의 상환 　• 미지급금, 미지급배당금의 지급 2. 비유동부채의 감소 　• 사채의 상환, 자기사채의 취득 　• 장기차입금의 상환 3. 자본의 감소 　• 유상감자 　• 자기주식의 취득

출처: 기술신용평가입문(조희제·강수진, 2022)

5 영업활동으로 인한 현금흐름 산출 방식

영업활동으로 인한 현금흐름은 현금주의 당기순이익을 말한다. 발생주의 회계자료로부터 현금주의 당기순이익을 구하는 방법으로 간접법과 직접법이 있다.

(1) 간접법

간접법은 당기순이익을 표시한 후에 현금의 유출이 없는 비용인 감가상각비 등을 더하고 현금의 유입이 없는 수익 등을 차감하는 역산의 방식으로 빠르게 현금흐름만을 계산하는 방식이다. 현금주의 당기순이익을 유도한 결과치만 기재하므로 현금주의 수익 비용이 항목별로 구체적으로 표시되지 않는다. 간접법은 현금의 유출·유입 내역만을 가지고 발생주의회계에서 현금주의회계로 전환하는 방식이라 작성에 더욱 용이하다는 점을 들어 실무에서 주로 사용된다.

① 간접법의 장점(선호 이유) 빈출도 ★☆☆
  ㉠ 영업현금흐름의 결과치만 보여주므로 상대적으로 작성이 용이하다.
  ㉡ 발생주의 회계의 당기순이익에 익숙한 이용자들에게 혼란을 제공하지 않는다.
  ㉢ 직접법으로 작성하면 추가적인 비용이 들지만 간접법은 항목별로 구체적으로 표시하지 않기 때문에 추가비용이 들지 않는다.

② 간접법의 계산구조
간접법에서 '영업활동으로 인한 현금흐름'을 구하는 과정은 아래와 같이 요약할 수 있다.

〈표 2-34〉 영업활동으로 인한 현금흐름 산출과정(간접법)

발생주의 당기순이익	₩	×××
[1단계] 영업현금흐름과 무관한 손익항목제거		
가산 : 비용 및 손실	(+)	×××
차감 : 수익 및 이득	(−)	×××
[2단계] 영업활동으로 인한 자산 부채의 변동		
가산 : 대변거래(자산감소 혹은 부채증가)	(+)	×××
차감 : 차변거래(자산증가 혹은 부채감소)	(−)	×××
영업활동으로 인한 현금흐름	₩	×××

출처 : 한국신용분석사회(임명호, 2002)

발생주의 손익계산서에서는 (현금흐름 없는) 영업활동관련손익과 (현금흐름 없는) 영업활동과 무관한 손익을 함께 인식하고 있으므로 조정 작업이 필요하다. (현금흐름 없는) 영업활동관련손익은 [2단계]에서 자산, 부채 변동만 반영하면 발생주의 당기순이익에 미친 효과는 자동적으로 소멸되므로 당기순이익에 다시 가감할 필요는 없다. 그러나 (현금흐름 없는) 영업활동과 무관한 손익은 현금주의 수익 비용이 아니므로 [1단계]에서 무조건 제거한다.

> **개념체크OX**
>
> 01 현금흐름표는 영업활동으로 인한 현금흐름, 투자활동으로 인한 현금흐름, 재무활동으로 인한 현금흐름, 기초현금, 기말현금으로 구분된다. O X
>
> 02 간접법은 당기순이익을 표시한 후에 현금의 유출이 없는 비용인 감가상각비 등을 더하고 현금의 유입이 없는 수익 등을 차감하는 역산의 방식으로 빠르게 현금흐름만을 계산하는 방식이다. O X
>
> 정답 O, O

(2) 직접법

직접법은 현금주의 수익 비용을 항목별로 직접 구하여 현금주의 당기순이익을 표시하는 방법이다. 주로 영업활동 거래에서 유입된 현금흐름에서 영업활동으로 인한 현금유출액을 항목별로 차감시켜 나가는 방식으로 작성된다. 이 경우 현금이 수반되는 수익과 비용항목은 원천별로 구분하여 직접 산정하고, 매출과 매출원가에 현금의 유입과 유출이 없는 재고자산, 매출채권, 매입채무 등의 증감을 가감하여서 산정한다.

① 직접법의 장단점

실제 현금 유입의 원천과 현금 유출의 용도를 항목별로 구분하고 총액을 보고하기 때문에 과거의 현금흐름을 이해하는 데 유용하다는 장점이 있지만 작성시간이 많이 소요되는 등 단점도 있어 실무적으로는 간접법을 더 선호하고 있다.

② 기업회계기준에서는 직접법으로 작성하는 경우 당기순이익과 당기순이익에 가감할 항목에 대해 주석으로 기재하도록 하고 있다.

제7절 재무제표분석

1 재무제표분석의 개념 및 방법

(1) 재무제표분석의 개념

① 재무제표분석이란 재무제표를 이용하여 기업의 경영성과 및 재무상태를 종합적으로 분석하는 것을 의미한다. 재무제표분석을 재무분석으로 표현하기도 한다.

② 재무제표분석은 재무제표에 공시된 정보의 분석과 해석을 통해 기업의 수익성, 효율성, 안정성 등을 평가함으로써 그 결과에 대한 원인을 파악할 수 있고, 기업의 미래성과에 대한 예측과 전망을 하는 분석방법이다.

③ 재무제표분석은 재무비율분석과 현금흐름분석 두 개로 구성되며, 여러 상황에 이용된다. 기업의 과거와 현재의 성과에 대한 재무비율 분석은 미래성과 예측의 기초가 되며, 성과예측은 신용평가, 기업가치평가, 증권분석, 도산예측, M&A분석 등에 유용하다.

(2) 재무제표분석과 경영분석의 차이

재무제표분석은 경영분석과는 차이가 있다. 재무제표분석은 계량적 자료(재무제표 등)만을 활용하여 분석하는 데 반해, 경영분석은 계량적, 비계량적 자료(경영자의 능력, 사업현황 등)를 활용하여 기업의 경영상태를 종합적으로 평가하는 것을 말한다.

(3) 재무제표분석 방법

재무제표분석 방법에는 비율분석과 실수분석 등이 있다. 비율분석은 다시 추세비율, 구성비율, 관계비율, 종합재무비율법 등으로 나눠지며, 실수분석은 단순법, 증감법, 균형법 등으로 나눠진다.

① 실수분석(= 절대액 분석)

실수분석은 재무제표의 수치를 그대로 이용하는 방법으로 단순분석, 증감분석, 균형분석이 활용된다.
- ㉠ 단순법은 재무제표에 포함된 항목의 수치를 단순 비교하는 방식이다. 예를 들면 기업의 단기지급능력을 판단하는 데 있어 유동자산에서 유동부채를 차감한 차액으로 판단하는 방법이다.
- ㉡ 증감법은 2개년도 이상의 재무제표를 비교하여 각 항목의 증감 정도를 파악하는 분석을 말한다. 예를 들면 순이익 증감원인 분석, 자금운용 분석 등이 있다.
- ㉢ 균형법은 수익과 비용 등의 균형점을 찾아내서 재무상태를 분석하는 것을 말한다. 균형법 분석을 활용하는 대표적인 것은 손익분기점(BEP) 분석과 레버리지 분석이 있다.

② 비율분석 : 후술한 '2 비율분석' 내용 참조

2 비율분석

(1) 재무비율분석 방법

재무제표상의 개별항목 간의 비율을 산출하여 기업의 재무상태와 경영성과를 분석하는 기법으로서, 주로 장부가치를 기준으로 하는 분석이다. 비율분석에는 일반적으로 추세비율법, 구성비율법, 관계비율법으로 구분하고 있다.

① 추세비율법

추세비율법은 기준연도와 비교연도의 재무제표에 표시된 금액의 변동액 등을 산출하여 미래의 변동을 미리 예측해보는 기법이다.

② 구성비율법

구성비율법은 자산 또는 매출액을 100으로 놓고 각 구성항목이 차지하는 비율을 나타내는 것으로 기업 간 비교가 가능하며, 기간 간 비교도 가능하다.

③ 관계비율(재무비율)분석법

관계비율분석법은 안정성, 활동성, 수익성, 생산성, 성장성 비율 등을 상호 활용하여 분석하는 방법이다. 비율분석 중에서도 특히 관계비율분석은 실무적으로 많이 활용하는 기법이므로 별도의 관계비율분석 단원에서 안정성 비율, 활동성 비율, 수익성 비율, 생산성 비율, 성장성 비율로 구분하여 정리한다.

(2) 재무비율분석 시 유의사항

① 재무비율분석의 유의점

재무비율은 기업성과의 일부만을 제시하고 있으며, 결과를 제시하는 것이지 원인을 제시하는 것이 아니라는 점에 유의해야 한다. 또한 재무비율은 개별적으로 존재하는 것이 아니라 서로 밀접한 상호 관계를 형성하고 있다는 점이다.

② 재무비율분석의 한계점

㉠ 자산의 공정가치 증감으로 자산금액이 왜곡평가될 수 있다.
㉡ 재무비율에 물가변동 등이 제대로 반영되지 않는다.
㉢ 비율이 지니는 시간적 제약이 존재한다. 따라서 재무비율을 기간별로 비교할 때는 기간 간에 영업상황 등을 고려하여 비교한다.
㉣ 비교 기업이 다른 회계처리방법을 이용할 수 있고 영업방법 등도 다를 수 있다.

개념체크OX

01 재무제표분석은 계량적 자료 외에 비계량적 자료(경영자의 능력, 사업현황 등)까지 활용하여 분석하는 것을 말한다. O X

02 구성비율법은 자산 또는 매출액을 100으로 놓고 각 구성항목이 차지하는 비율을 나타내는 것으로 기업 간 비교가 가능하며, 기간 간 비교도 가능하다. O X

정답 X, O

제8절 관계비율(재무비율) 분석

(1) 안정성 비율 빈출도 ★★★

안정성 비율은 재무상태표를 바탕으로 한 관계비율로, 유동성 비율과 레버리지 비율 등으로 나눌 수 있다. 유동성 비율은 유동자산과 유동부채의 비교이며, 레버리지 비율(건전성 비율)은 부채와 자본을 비교한 비율이다. 안정성 비율은 기업의 단기채무와 장기채무 지급능력을 측정하는 데 활용된다. 안정성 비율에는 유동비율, 당좌비율, 현금흐름 유동부채보상비율, 부채비율, 자기자본비율, 비유동장기적합률, 이자보상비율 등이 있다.

① 유동비율 빈출도 ★★☆

$$유동비율 = \frac{유동자산}{유동부채} \times 100\%$$

㉠ 기업의 유동성, 즉 단기채무지급능력을 판단하는 대표적인 지표이다.
㉡ 100% 이하이면 유동성에 문제가 있음을 의미한다.

ⓒ 일반적으로 200% 이상이면 안전한 구간으로 평가된다.
ⓔ 유동비율을 증가시킬 수 있는 방법으로 매출채권 증가, 재고자산 확대, 외상매입대금 축소, 단기차입금 및 유동성 장기부채 감소 등이 있다.

② 당좌비율 빈출도 ★★☆

$$당좌비율 = \frac{당좌자산}{유동부채} \times 100\%$$

㉠ 당좌자산(유동자산에서 재고자산을 제외)을 유동부채로 나눈 비율이다.
㉡ 유동비율의 보완지표로 기업의 단기채무 지급능력을 더 엄격하게 평가한다.
㉢ 누적 재고가 많은 기업의 유동성 측정에 적합하다.
㉣ 일반적으로 100% 이상이면 유동성이 양호하다고 판단한다.
㉤ 유동비율은 양호하지만 당좌비율이 나쁘다면 그 원인은 재고자산의 과도한 투자 때문이다.

③ 현금흐름 유동부채보상비율

$$유동부채보상비율 = \frac{영업활동으로 인한 현금흐름}{평균유동부채} \times 100\%$$

㉠ 영업활동으로 인한 현금흐름을 활용하여 평균적인 유동부채의 상환능력을 측정하는 비율이다.
㉡ 유동비율과 당좌비율의 한계를 보완하는 비율로 최근에 많이 활용된다.

④ 부채비율

$$부채비율 = \frac{부채}{자기자본} \times 100\%$$

㉠ 부채비율이 높을수록 기업의 재무구조가 취약한 것으로 판단한다.
㉡ 하지만 부채비율이 높을수록 재무레버리지 효과도 함께 커진다.
㉢ 가장 대표적인 안전성 비율로 자본구조를 나타내는 지표이다.

⑤ 자기자본비율

$$자기자본비율 = \frac{자기자본}{총자본} \times 100\%$$

㉠ 기업 재무구조의 안정성 여부를 판단하는 대표적인 지표이다.
㉡ 동 비율이 높을수록 재무건전도가 높다는 것을 의미한다.

⑥ 비유동장기적합률

$$비유동장기적합률 = \frac{비유동자산}{자기자본 + 비유동부채} \times 100\%$$

㉠ 비유동자산 취득에 사용한 장기자금의 비중을 측정하는 비율로 재무안정성을 평가한다.
㉡ 일반적으로 100% 미만으로 유지하면 재무구조가 안정적이라고 본다.

⑦ 이자보상비율 빈출도 ★★☆

$$이자보상비율 = \frac{영업이익}{이자비용} \times 100\%$$

㉠ 영업이익이 타인자본을 사용함에 따라 발생하는 이자비용의 몇 배에 해당하는지의 비율이다.
㉡ 100% 미만이면 영업이익으로 이자비용을 충당하지 못한다는 의미이다.

(2) 활동성 비율 빈출도 ★★☆

활동성 비율은 기업이 보유하고 있는 자산을 얼마나 효율적으로 활용하는지를 나타내는 비율로 매출액에 대한 주요자산의 회전율로 나타내는 것이 일반적이다. 회전율은 특정자산에 투하된 자본 한 단위당 실현 매출액 규모를 파악할 수 있는 정보를 제공한다.
활동성 비율에는 총자본회전율, 재고자산회전율, 매출채권회전율, 자기자본회전율 등이 포함된다.

① 총자본회전율

$$총자본회전율 = \frac{매출액}{(전기말총자본 + 당기말총자본) / 2}$$

㉠ 총자본이 1년 동안 매출액으로 몇 번 회전했는지를 나타내는 비율이다.
㉡ 비율이 높다는 것은 기업이 보유한 자원을 효율적으로 이용하고 있음을 뜻한다.

② 재고자산회전율

$$재고자산회전율 = \frac{매출액}{(전기말재고자산 + 당기말재고자산) / 2}$$

$$평균보유기간 = \frac{365}{재고자산회전율}$$

㉠ 재고자산이 일정기간 동안 매출액으로 몇 번이나 전환되었는가를 측정한다.
㉡ 비율이 높을수록 자본수익률이 높아지고 매입채무는 낮아진다. 또한 재고손실을 없애고 보험료, 보관료 등을 절약할 수 있다.

③ 매출채권회전율

$$매출채권회전율 = \frac{매출액}{(전기말매출채권 + 당기말매출채권) / 2}$$

$$평균회수기간 = \frac{365}{매출채권회전율}$$

㉠ 매출채권의 현금화 속도를 측정하는 비율로 회수되어진 횟수로 표시한다.
㉡ 회전율을 높여 회수기간을 짧게 하는 것이 기업에 유리하다.

④ 자기자본회전율

$$자기자본회전율 = \frac{매출액}{(전기말자기자본 + 당기말자기자본) / 2}$$

㉠ 자기자본이 1년 동안 몇 번 회전했는지를 나타내는 비율이다.
㉡ 자기자본 운용능력을 표시한다.

(3) 수익성 비율 빈출도 ★★☆

수익성이란 기업의 경영정책과 의사결정 및 경영활동 등의 총괄적 영업성과를 의미한다. 수익성비율은 일정기간 동안 얼마나 이익을 창출했는지를 보여주는 비율로 총자산순이익률, 자기자본순이익률, 매출액순이익률, 매출액영업이익률, 주당순이익, 주가수익률 등이 있다.

① 총자산순이익률(ROI) 빈출도 ★☆☆

$$총자산순이익률 = \frac{당기순이익}{(전기말총자산 + 당기말총자산) / 2} \times 100\%$$

㉠ 기업에 투자된 총자산이 얼마나 효율적으로 운용되고 있는지를 측정하기 위한 지표이다.
㉡ 당기순이익 대신 영업이익을 적용하면 총자산영업이익률(ROA)이 산출된다.
㉢ 총자산순이익률 = 매출액순이익률 × 총자산회전율 산식으로 분해 가능하다.
㉣ 동업계 평균비율보다 더 높아야 수익성이 양호한 것으로 평가한다.

② 자기자본순이익률(ROE) 빈출도 ★★☆

$$자기자본순이익률 = \frac{당기순이익}{(전기말자기자본 + 당기말자기자본) / 2} \times 100\%$$

㉠ 자기자본(주주지분)을 투자하여 얼마나 이익이 창출되고 있는지를 측정하는 지표이다.
㉡ 동업계 평균비율 이상이면 양호로 본다.

③ 매출액순이익률

$$매출액순이익률 = \frac{당기순이익}{매출액} \times 100\%$$

㉠ 기업의 매출단위당 최종 수익성을 나타내는 비율이다.
㉡ 기업의 전체적인 경영성과를 나타낸다.

④ 매출액영업이익률

$$매출액영업이익률 = \frac{영업이익}{매출액} \times 100\%$$

㉠ 기업의 영업수익성을 판단하는 중요한 지표이다.
㉡ 동 비율이 높아야 수익의 질이 양호하다고 평가할 수 있다.

⑤ 주당순이익(EPS)

$$주당순이익 = \frac{당기순이익 - 우선주배당금}{보통주\ 주식수}$$

㉠ 보통주 1주가 차지하는 이익을 산출하는 비율이다.

⑥ 주가수익률(PER) 빈출도 ★★☆

$$주가수익률 = \frac{1주당\ 시가}{1주당\ 순이익}$$

㉠ 기업의 주가가 1주당 수익의 몇 배가 되는가를 나타낸다.
㉡ 시가총액을 당기순이익으로 나눈 값으로 표현하기도 한다.

⑦ EV/EBITDA 빈출도 ★☆☆

㉠ EV = 자본의 시가 + 부채 − 현금 (EV는 영업에 투입한 자산의 시가 측정치임)
EBITDA = 영업이익 + 감가상각비 + 무형자산감가상각비 (EBITDA는 영업현금흐름의 측정치임)
㉡ EV를 EBITDA로 나눈 값으로 미래이익 성장 지표로 많이 활용된다.

(4) 생산성 비율 빈출도 ★☆☆

생산성 비율은 어떤 조직의 목적을 달성하기 위하여 일정량의 인적·물적 자원을 투입하였을 때 그 결과로 어느 만큼의 산출이 이루어졌느냐 하는 '산출량/투입량'의 비율이다. 동 비율은 기업활동의 능률을 측정·평가하여 그 발생원인과 성과배분의 합리성을 나타낸다.

생산성 비율에는 노동생산성, 자본생산성, 부가가치율, 총자본투자효율, 설비투자효율, 노동소득분배율 등이 포함된다.

(5) 성장성 비율 빈출도 ★☆☆

성장성 비율은 기업의 당해 연도 경영 규모 및 성과가 전년도에 비하여 얼마나 증가하였는지를 나타내는 지표로 미래의 성장잠재력에 관한 정보를 제공할 수 있는 비율이다.

성장성 비율에는 매출액증가율, 총자산증가율, 자기자본증가율, 순이익증가율, 주당순이익증가율 등이 포함된다.

개념체크OX

01 안정성 비율에는 유동비율, 당좌비율, 현금흐름 유동부채보상비율, 부채비율, 자기자본비율, 비유동장기적합률, 이자보상비율 등이 있다. O X

02 매출채권회전율을 높여 회수기간을 짧게 하는 것이 기업에 유리하다. O X

정답 O, O

> [참고] 비율분석의 개념

<그림 2-7> 재무상태표 관련 비율분석

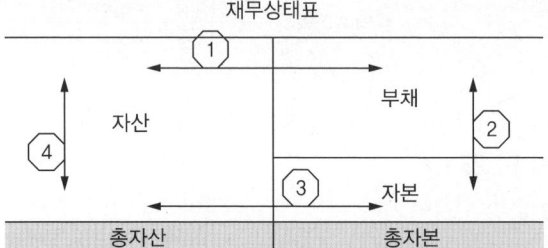

구 분	안정성 비율	내 용	종 류
재무상태표 비율분석	① 유동성 분석	유동자산과 유동부채의 비교	유동비율, 당좌비율, 현금비율
	② 레버리지 분석	부채와 자본의 비교	부채비율, 자기자본비율, (이자보상비율)*
	③ 자본배분의 안정성 분석	자본조달과 운용의 비교	비유동장기적합률, 비유동비율
	④ 자산구성 분석	유동자산과 고정자산의 비교	유동자산구성비율

※ ①~④번은 상기 <그림 2-7> 번호와 매칭되는 번호임
*이자보상비율은 영업이익과 이자비용과의 비교임

<표 2-35> 손익계산서 관련 비율분석

구 분	비 율		내 용	종 류
손익계산서 비율분석	수익성	매출수익률	매출액과 각종 이익의 비교	매출액영업이익률, 매출액순이익률
		자본수익률	투자자본에 대한 수익률	자기자본순이익률, 총자본영업이익률
	활동성	소요운영자금	회전율 측정	재고자산회전율, 매출채권회전율
		자원의 효율적 이용도	자원의 효율적 이용도 측정	총자본회전율, 자기자본회전율
	생산성	–	부가가치의 비교	총자본투자효율, 부가가치율
	성장성	–	기업의 성장성 측정	매출액증가율, 총자산증가율

<표 2-36> 재무비율 간 상호관계 : 자기자본이익률(ROE) 분해* 예시

$$자기자본이익률 = \frac{순이익}{자기자본} \times 100$$

$$= \frac{순이익}{매출액} \times \frac{매출액}{자산} \times \frac{자산}{자본}$$

$$= \frac{순이익}{매출액} \times \frac{매출액}{자산} \times (1 + \frac{부채}{자본})$$

$$= 매출액순이익률 \times 총자산회전율 \times (1 + 부채비율)$$

*ROE 분해는 듀퐁(Dupont) 분해로 불리기도 함

CHAPTER 02 | 재무회계와 재무제표

단원별 출제예상문제

01 회계의 유용성에 대한 설명으로 옳지 않은 것은?

① 기업에 대한 재무정보를 제공한다.
② 기업의 신용상태를 알려준다.
③ 정보이용자가 합리적 의사결정을 할 수 있도록 목적 적합한 정보를 제공한다.
④ 기업의 경영활동을 식별·측정하여 회계정보이용자에게 유용한 정보가 되도록 전달한다.
⑤ 기업의 다양한 이해관계자들이 직면한 형평성 문제를 해결하는 데 도움을 준다.

> **해설** 회계 자체만으로 기업의 신용상태를 알 수 없으며, 기업의 신용상태는 신용분석을 통해서 예측할 수 있다.

02 K-IFRS 기준 재무제표의 종류에 해당하지 않는 것은?

① 현금흐름표
② 재무상태표
③ 포괄손익계산서
④ 이익잉여금처분계산서
⑤ 주석(K-IFRS 기준)

> **해설** 이익잉여금처분계산서는 K-GAAP 기준 재무제표에 포함하고 있다.
> ※ K-IFRS 기준 재무제표의 종류로는 재무상태표, 포괄손익계산서, 현금흐름표, 자본변동표, 그리고 주석이 있다.

03 재무제표에 대한 설명으로 옳지 않은 것은?

① 재무상태표는 일정기간의 재무상태에 관한 정보를 제공하는 재무보고서이다.
② 현금흐름표는 일정기간 동안 기업실체에 대한 현금유입과 현금유출에 대한 정보를 제공하는 재무보고서이다.
③ 자본변동표는 기업실체에 대한 자본의 크기와 그 변동에 관한 정보를 제공하는 재무보고서이다.
④ 주석은 재무제표의 본문에 있는 항목이 불완전한 정보를 제공하는 경우에 추가적인 정보를 제공한다.
⑤ 포괄손익계산서는 일정기간 동안 매출에서 비용을 차감하여 당기순이익이 도출되는 과정을 보여주는 재무보고서이다.

> **해설** 재무상태표는 일정시점 현재 기업의 재무상태에 관한 정보를 제공하는 재무보고서이다.

정답 01 ② 02 ④ 03 ①

04 재무상태표를 통해 파악할 수 있는 것으로 옳지 않은 것은?

① 자산의 구성이나 조달방식을 파악할 수 있다.
② 전년도 자료와의 차이를 파악할 수 있다.
③ 영업자산, 비영업자산과 매도가능자산 등을 파악할 수 있다.
④ 동일업종의 타사와 비교하여 매출이 변화하고 있는가를 파악할 수 있다.
⑤ 기업가치 제고를 위한 자산인가를 판단할 수 있다.

> **해설** 동일업종의 타사와 비교하여 매출의 변화를 파악하려면 포괄손익계산서를 활용한다.

05 다음 설명은 무엇에 대한 것인가?

> 계산과정을 정밀하게 보여주는 표로 수정전 시산표에서 결산수정 분개를 반영하여 재무제표를 작성하는 과정을 보여준다.

① 정산표
② 분개장
③ 시산표
④ 결산수정분개
⑤ 재무상태표

> **해설** 정산표는 작성할 의무가 있는 회계보고서는 아니지만 재무제표 작성과정을 보조하는 양식이다.

06 다음 중 기말 결산 시 수정(정리)하지 않아도 되는 것은?

① 선수수익
② 선급비용
③ 금융자산처분손익
④ 대손충당금
⑤ 공정가치측정금융자산

> **해설** 기말 결산 시 수정(정리)에는 유가증권 공정가액평가(공정가치측정금융자산 등), 현재가치평가(장기성채권, 채무), 선급·이연항목(선급비용, 선수수익), 예상발생항목(미지급비용, 미수수익), 추정항목(대손충당금, 감가상각 등의 회계처리), 재고자산평가(재고자산감모손실, 재고자산평가손실 계상)이 포함된다.
> ※ 역사적 원가 이외의 평가를 적용하는 계정에 대해서는 기말 수정이 필요하다. 기간손익을 정확히 측정하기 위해서 당해연도 포괄손익계산서상에 포함될 정확한 수익과 비용을 산정해야 한다.

07 포괄손익계산서를 통해 알 수 있는 것으로 옳지 않은 것은?

① 일정기간의 회사 경영성과를 측정할 수 있다.
② 동일업종의 타사와 비교하여 매출의 변화를 살펴볼 수 있다.
③ 미래의 이익창출능력을 예측할 수 있다.
④ 판관비의 연도별 변화의 원인을 파악할 수 있다.
⑤ 현금이나 현금성자산의 수준이 매년 무엇에 의해 변화하는가를 파악할 수 있다.

해설 현금이나 현금성자산의 수준이 무엇에 의해 변화하는지는 현금흐름표를 통해 파악할 수 있다.

08 다음 설명에 대한 감사의견의 종류로 옳은 것은?

> 감사인이 충분하고 적합한 감사증거를 입수한 결과 재무제표의 왜곡표시가 개별적으로 또는 집합적으로 중요하나 전반적이지는 않다고 결론을 내린 경우에 표명되는 의견표시

① 적정의견　　　　　　　　　② 한정의견
③ 부적정의견　　　　　　　　④ 의견거절
⑤ 불확실성에 관한 표명

해설 재무제표의 왜곡표시가 있는 경우, 중요하지 않으면 적정의견, 중요하지만 전반적이지 아니하면 한정의견, 중요하며 동시에 전반적인 경우는 부적정의견을 제시한다.
※ 감사보고서의 핵심적인 사항인 감사의견은 기업회계기준에 기반하여 의견을 형성한다. 감사의견에는 적정의견, 한정의견, 부적정의견, 의견거절 4가지가 있다.

09 재무정보의 질적특성에 대한 설명으로 옳지 않은 것은?

① 재무정보의 근본적 질적특성은 목적적합성과 충실한 표현이다.
② 목적적합한 정보는 재무정보를 이용하는 이용자의 의사결정에 차이가 나도록 할 수 있다.
③ 완벽한 충실한 표현이 되기 위해서는 서술은 완전하고 중립적이며, 오류가 없어야 한다.
④ 근본적 질적특성을 보강시키는 보강적 질적특성으로는 비교가능성, 검증가능성, 적시성, 이해가능성이 있다.
⑤ 정보가 나타내려는 경제적 현상을 충실하게 표현하는지를 정보이용자가 확인하는 데 도움을 주는 것이 비교가능성이다.

해설 정보가 나타내려는 경제적 현상을 충실하게 표현하는지를 정보이용자가 확인하는 데 도움을 주는 것은 검증가능성에 대한 설명이다.
※ 재무정보의 질적특성은 근본적 질적특성과 보강적 질적특성으로 나뉜다. 근본적 질적특성은 목적적합성과 충실한 표현이다. 보강적 질적특성은 비교가능성, 검증가능성, 적시성, 이해가능성이다.

정답 04 ④　05 ①　06 ③　07 ⑤　08 ②　09 ⑤

10 다음 재무상태표의 항목을 토대로 계산한 자본은 얼마인가?

- 비유동자산 : ₩60,000,000
- 유동자산 : ₩50,000,000
- 유동부채 : ₩50,000,000
- 비유동부채 : ₩20,000,000

① 3,000만원
② 4,000만원
③ 5,000만원
④ 6,000만원
⑤ 7,000만원

> 해설 자본은 총자산에서 총부채를 차감한 것이므로, 110,000,000원 − 70,000,000원 = 40,000,000원이다.

11 "현금 및 현금성자산" 항목에 포함되지 않는 것은?

① 당좌예금
② 주 식
③ 송금환
④ 통 화
⑤ 타인발행수표

> 해설 주식은 유가증권에 포함한다.
> ※ 현금 및 현금성자산에는 통화, 통화대용증권(타인발행수표, 송금환 등), 요구불예금(당좌예금, 보통예금), 현금등가물이 있다.

12 매출채권에 대한 설명으로 옳지 않은 것은?

① 매출채권은 상거래에서 발생한 채권으로서 외상매출금과 받을어음을 말한다.
② 매출채권은 대손충당금, 할인어음 및 배서어음을 차감한 금액으로 표시한다.
③ 매출채권의 조정항목에는 매출환입, 매출에누리, 매출할인이 있다.
④ 대손은 매출채권이 거래처의 파산이나 채무 불이행 등으로 회수 불가능한 상태가 되는 손실금액을 말한다.
⑤ 추정되는 대손을 회계처리할 경우 반드시 대손충당금으로 설정하여야 한다.

> 해설 매출채권에서 대손이 예상되는 경우, 추정되는 대손액(회수불능 금액)을 매출채권에서 직접 차감하거나 대손충당금을 설정해서 대손을 차감하는 방법을 선택할 수 있다.

13 재고자산 단가 결정 방법과 가장 거리가 먼 것은?

① 계속기록법　　　　　　　② 개별법
③ 후입선출법　　　　　　　④ 이동평균법
⑤ 총평균법

> **해설** 계속기록법과 실지재고조사법은 기말재고 수량 파악 방법이며, 개별법, 후입선출법, 선입선출법, 이동평균법, 총평균법은 재고자산 단가 결정 방법이다.

14 다음 중 수익적 지출에 해당하는 것은?

① 확장·증설을 위한 지출
② 자산의 생산능률·생산능력을 향상시키는 기술
③ 내용연수를 연장시키는 지출
④ 원상회복이나 성능 유지를 위한 지출
⑤ 본래의 용도변경으로 자산의 이용가치를 증가시키는 기술

> **해설** 수익적 지출은 지출의 효과가 성능 수준을 유지하거나 회복시키는 것으로 유형자산의 수선 및 유지를 위한 대부분의 비용이 여기에 해당한다.
> ※ 자본적 지출은 수익적 지출의 상대적 개념이다.

15 충당부채에 대한 설명으로 옳지 않은 것은?

① 충당부채는 당기에 지출되지 않았지만 미래에 확실히 지출될 것으로 예상되어 당기수익에서 차감하는 것이 합리적으로 판단하는 경우 그 금액을 추산하여 회계처리하는 것을 말한다.
② 미래에 지출될 것이 확실하여야 한다.
③ 당해 지출의 원인이 당기에 발생하여야 한다.
④ 당해 지출금액을 합리적으로 추정할 수 있어야 한다.
⑤ 미래 경제적 효익이 추정되어야 한다.

> **해설** 충당부채로 처리하려면 3가지 요건을 갖추어야 하는데, 미래의 지출이 확실하고, 당기에 발생한 것이어야 하며, 합리적인 추정금액이어야 한다.
> ※ 기업회계기준에서는 퇴직급여충당부채, 판매보증충당부채 등을 규정하고 있다.

정답 10 ② 11 ② 12 ⑤ 13 ① 14 ④ 15 ⑤

16 비율분석에 대한 설명으로 옳지 않은 것은?

① 비율분석의 의미는 회계계정 간의 비율을 백분율이나 배수로 표현하는 것이다.
② 비율분석에서는 재무적 정보만을 비율로 표현하여야 한다.
③ 실제로 대부분의 비율이 유사한 관계로 소수의 비율만으로도 기업의 성격을 이해할 수 있다.
④ 비율분석에는 추세비율법, 구성비율법, 관계비율법 등이 있다.
⑤ 관계비율법에는 안정성 비율, 활동성 비율, 수익성 비율, 생산성 비율 등으로 구분된다.

해설 재무적 정보 외에 때로는 노동자 수나 기업이 발행하는 유가증권의 가격 등 비재무적 정보도 비율로 표현된다.

17 재무제표분석 기법에 대한 설명으로 옳지 않은 것은?

① 재무제표를 활용한 분석기법으로는 실수분석과 비율분석으로 구분한다.
② 실수분석은 한 해 또는 여러 해의 재무 수치를 실수 그대로 관찰하는 방법이다.
③ 실수분석에는 단순법, 증감법, 균형법이 있다.
④ 비율분석은 관련된 2개 항목 간 관계를 비율로 산정하여 경영의 내용을 분석 평가하는 기법이다.
⑤ 재무제표분석을 위해서는 계량적 자료 및 비계량적 자료를 활용한다.

해설 재무제표분석에는 계량적 자료만 활용하는 데 반해 경영분석은 계량적 자료 및 비계량적 자료를 모두 활용한다.

18 안정성 비율에 해당하지 않는 것은?

① 유동비율　　　　　　　　② 당좌비율
③ 부채비율　　　　　　　　④ 이자보상비율
⑤ 자기자본증가율

해설 자기자본증가율은 성장성 비율에 속한다.
※ 안정성 비율은 기업의 단기 및 장기 채무 지급능력을 측정하는 방법이다. 안정성 비율로 대표적인 것은 유동비율, 당좌비율, 부채비율, 자기자본비율, 비유동장기적합률, 이자보상비율 등이 있다.

19 다음 자료를 이용하여 계산한 유동비율은?

- 자본 : ₩100,000
- 비유동자산 : ₩120,000
- 유동부채 : ₩40,000
- 비유동부채 : ₩60,000

① 50%
② 60%
③ 100%
④ 150%
⑤ 200%

해설
1) 자산(?) − 부채(₩100,000) = 자본(₩100,000) ∴ 자산 = ₩200,000
2) 자산(₩200,000) = 유동자산(?) + 비유동자산(₩120,000) ∴ 유동자산 = ₩80,000
3) 유동비율(?) = {유동자산(₩80,000) ÷ 유동부채(₩40,000)} × 100 = 200%

20 다음 재무정보를 활용하여 산출된 자기자본회전율로써 옳은 것은? (평균은 전기말과 당기말의 합계를 2로 나눈 값임)

- 총자산평균 : 600
- 총자본평균 : 200
- 영업이익 : 250
- 총부채평균 : 400
- 매출액 : 500
- 당기순이익 : 200

① 83%
② 100%
③ 125%
④ 200%
⑤ 250%

해설 자기자본회전율 = (매출액 ÷ 총자본평균) × 100 = (500 ÷ 200) × 100 = 250%

21 S기업의 주가가 50,000원이고 당기순이익 10억원, 주식발행수가 20만주라 할 때 PER(주가수익률)는 얼마인가?

① 5
② 10
③ 15
④ 20
⑤ 25

해설 1주당 순이익(EPS) = 당기순이익 ÷ 주식발행수 = 1,000,000,000 ÷ 200,000 = 5,000원
주가수익률(PER) = 1주당 시가 ÷ 1주당 순이익(EPS) = 50,000 ÷ 5,000 = 10

정답 16 ② 17 ⑤ 18 ⑤ 19 ⑤ 20 ⑤ 21 ②

22 자산의 장부금액이 최초 재평가로 인해 증가된 경우 증가액은 다음 중 어떤 과목으로 인식하는가?

① 유형자산처분손익
② 해외사업환산손익
③ 기타포괄손익
④ 공정가치측정금융자산평가손익
⑤ 중단사업손익

해설   자산의 장부금액이 최초 재평가로 인해 증가된 경우 증가액은 기타포괄손익으로 인식한다.

23 자본의 분류에서 자본조정에 해당되지 않는 것은?

① 배당건설이자
② 감자차익
③ 주식할인발행차금
④ 미교부주식배당금
⑤ 자기주식

해설   감자차익은 자본잉여금에 해당된다.

24 유형자산의 종류에 해당되지 않는 것은?

① 차량운반구
② 건 물
③ 구축물
④ 투자자산
⑤ 건설중인 자산

해설   비유동자산은 유동자산 이외의 자산으로 이는 투자자산, 유형자산 및 무형자산으로 나누어지므로 유형자산과 투자자산은 별개이다.

25 취득원가 20만원의 기계장치(잔존가치 2만원)를 내용연수 5년으로 감가상각한 예시이다. 예시의 감가상각방법은?

1차년도	(200,000 − 20,000) × (5 ÷ 15) = 60,000원
2차년도	(200,000 − 20,000) × (4 ÷ 15) = 48,000원
3차년도	(200,000 − 20,000) × (3 ÷ 15) = 36,000원
4차년도	(200,000 − 20,000) × (2 ÷ 15) = 24,000원
5차년도	(200,000 − 20,000) × (1 ÷ 15) = 12,000원

① 정액법　　　　　　　　　　② 정률법
③ 연수합계법　　　　　　　　④ 이중체감법
⑤ 생산량비례법

해설　기업회계기준에서 정하고 있는 유형자산의 감가상각방법에는 정액법, 정률법, 연수합계법, 생산량비례법 등이 있다. 본 문제의 예시는 연수합계법이다. 즉, 매년 연수합계에 대한 잔존 내용연수의 비율을 감가상각 대상 금액에 곱하여 감가상각비를 산출하는 방법이다.

26 A기업의 재무정보가 보기와 같을 때 EV/EBITDA는 얼마인가?

- 시가총액 : 1,000억원
- 현금보유량 : 30억원
- 감가상각비 : 5억원
- 차입금 : 230억원
- 세전 영업이익 : 195억원

① 5.0　　　　　　　　　　② 5.4
③ 6.0　　　　　　　　　　④ 6.2
⑤ 7.0

해설　EV(Enterprise Value) = 시가총액 + 차입금 − 현금 = 1,000 + 230 − 30 = 1,200억원
EBITDA = 세전 영업이익 + 유무형감가상각비 = 195 + 5 = 200억원
따라서 EV/EBITDA는 6.0(1,200 ÷ 200)이다.
※ EV : 주주와 채권자로부터 기업을 완전히 인수하는 데 필요한 자금에 해당된다.
※ EBITDA : 주주와 채권자의 지분을 모두 인수했을 경우 영업현금흐름으로 몇 년 만에 투자원금을 회수할 수 있는지를 나타내는 지표이다.

27 손익계산서의 정보가 들어간 재무비율은?

① 매출액 순이익률　　　　　② 부채비율
③ 유동비율　　　　　　　　　④ 자기자본비율
⑤ 비유동장기적합률

해설　매출액 순이익률은 매출액과 순이익의 비교를 나타내는 것으로 손익계산서 관련 재무비율에 속한다.

28 현금흐름표상 영업활동에 의한 현금흐름에 해당되는 것은?

① 건물의 처분
② 사채의 발행
③ 유상증자
④ 관계회사주식의 취득
⑤ 법인세의 지급

해설 법인세의 지급은 영업활동에 의한 현금흐름에 해당된다. 건물의 처분 및 관계회사 주식의 취득은 투자활동에, 사채의 발행 및 유상증자는 재무활동에 해당된다.

29 A기업의 회계정보가 아래 보기와 같을 때 ROE 값은?

- 총자산 : 200억원
- 영업이익 : 12억원
- 매출액 : 300억원
- 자기자본 : 100억원
- 당기순이익 : 10억원

① 8.33%
② 10%
③ 16.66%
④ 20%
⑤ 30%

해설 ROE = 당기순이익 ÷ 자기자본 = 10억원 ÷ 100억원 = 10%

30 일정기간의 회계정보를 제공하는 재무제표에 해당되지 않는 것은?

① 현금흐름표
② 포괄손익계산서
③ 재무상태표
④ 자본변동표
⑤ 정답없음

해설 재무상태표는 일정기간이 아니라 일정시점에 나타내는 재무상태를 제공한다.

31 발행자 입장에서 사채를 할인발행한 경우의 내용으로 옳지 않은 것은?

① 시장이자율(유효이자율)이 액면이자율보다 크다.
② 액면가액이 발행가액보다 크다.
③ 할인발행한 경우 인식하여야 할 이자비용은 액면이자를 초과한다.
④ 이자비용 합계와 액면이자 합계의 차이금액은 발행 당시 사채의 액면 차액으로 이것을 사채할인발행차금이라 한다.
⑤ 사채발행 시 회계처리에서는 사채할인발행차금은 대변에 기재된다.

> **해설** 발행자 입장에서 사채발행 시 회계처리에서는 사채할인발행차금은 차변에 기재된다. 즉, 사채발행 시 차변에 현금, 사채할인발행차금이 기재되며 대변에는 사채가 기재된다.
> 참고로 사채 이자지급시점의 기말수정 분개에서는 차변에 이자비용이, 대변에는 현금, 사채할인발행차금이 기재된다.

32 재무자료가 다음과 같을 경우 이자보상비율은? (단, 이자비용을 제외한 다른영업외 비용은 존재하지 않으며 이자수익, 영업외수익, 세금은 "0"이다)

- 평균매출채권 : 5억원
- 영업이익률 : 20%
- 이자비용 : 0.5억원
- 매출채권회전율 : 3회
- 감가상각비 : 1억원

① 4배 ② 5배
③ 6배 ④ 8배
⑤ 10배

> **해설** 이자보상비율은 영업이익을 이자비용으로 나눈 값이다. 영업이익을 구하려면 먼저 매출액을 산출해야 한다.
> • 매출액 = 평균매출채권 × 매출채권회전율 = 5억원 × 3회 = 15억원
> • 영업이익 = 매출액 × 영업이익률 = 15억원 × 20% = 3억원
> 따라서 이자보상비율 산식에 대입하면 3억원/0.5억원 = 6배이다.

CHAPTER 03 | 위험분석

> **출제포인트**
> - 일반환경분석, 산업구조분석, 사업위험분석 개념
> - 지급능력분석(운전자본, 현금순환주기, 매출채권관리, 유동부채관리)
> - 기업부실, 부실기업 처리방법, 부실징후 예측

제1절 기업경영에 미치는 위험 개요

신용위험을 분석하기 위해서는 일반적으로 거시경제분석, 산업분석, 기업분석 및 재무분석, 지급능력분석 순서로 이루어지는 Top-down 방식을 활용한다. 3장에서는 사업위험분석에 속하는 산업분석과 기업분석을 설명한다.(※ 1장에서는 신용위험 개요를, 2장에서는 재무제표분석, 관계비율 등의 내용을 설명함)

1 신용위험에 미치는 위험요소

기업 신용분석에서 모든 제 분석들은 위험분석까지 포함한다. 예컨대 산업분석하면 일반적인 산업현황분석뿐만 아니라 산업위험분석까지 수행하는데, 이는 제 위험요인들이 기업의 신용위험에 영향을 미치기 때문이다. 일반적으로 기업경영에 영향을 미치는 위험종류와 신용분석요소는 〈표 2-37〉과 같다.

〈표 2-37〉 기업경영에 영향을 미치는 위험종류 및 신용분석요소 빈출도 ★★☆

위험 구분			분석요소
사업 위험	산업위험	산업환경분석	산업의 일반적 특성, 산업의 수명주기, 경기민감도, 수급분석 등
		산업구조분석	산업의 구조적 특성(포터의 5요소)
	기업위험	영업위험분석	매출구성, 시장지위, 시장경쟁력, 매출증대 노력, 판매 및 구매의 안정성, 영업전략(사업전략), 유통망, 운영효율성 등
		경영위험분석	기업지배구조, 경영조직, 경영능력, 경영전략, 기업문화 등
		계열위험분석	계열지배구조, 계열사 간 채무보증, 전략적 중요성
		기술위험분석	기술개발 관련 인프라 수준, 경영진 및 CTO의 기술지식 수준, 기술전담조직 유무, 연구개발비 투입능력 등
		환경 및 사회위험분석	환경 및 사회적 법규 준수 유무, 환경오염 등 환경위험 요소 점검, 산업별 특성의 환경위험 점검
		시장위험, 기타	경기·금리·환율·유가 변동, 정부의 경기정책, (기타)생산위험 등
재무 위험	재무위험분석, 재무분석 (재무제표분석, 지급능력분석)		회계정책, 매출 및 수익구조, 자본구조 및 안정성, 현금흐름, 재무탄력성, 자산건전성 등, 이외에 지급능력분석, 외환위험, 파생상품위험 등

2 신용위험 평가영역

기업신용위험은 크게 사업위험과 재무위험으로 나뉘며, 사업위험은 다시 산업위험과 기업위험으로 구분할 수 있다. 신용분석전문가 또는 평가자는 산업위험은 산업분석을 통해, 기업위험은 경영위험·영업위험·기술위험 등의 분석을 통해, 재무위험은 재무분석을 통해 분석대상 기업의 신용위험을 평가한다.

제2절 사업위험분석

한 기업을 둘러싼 다양한 형태의 사업요소들은 기회 또는 위험요인으로 작용하는데 이는 사업위험과 관련된 분석들을 통해 기회요인은 최대한 활용하고 반대로 위험요인은 찾아내어 극복할 수 있는 전략을 수립하여야 한다. 사업(위험)분석이란 기업의 영업활동과 직결되는 산업의 특성과 시장구조, 개별기업의 경쟁력 원천을 파악하는 것으로 크게 산업분석과 기업분석으로 구분된다. 기업분석은 기업 자체가 안고 있는 위험요소(영업위험, 경영위험, 계열위험, 기술위험 등)들에 대해 해당별 위험분석을 통해 이루어진다.

1 산업분석

산업분석은 그 개별 산업에 대한 특성(예 자본집약적산업, 기술집약적산업 등)을 분석함으로써 그 산업에 대한 현재 및 미래의 수익성과 성장성을 파악하고 예측하는 것을 말한다. 또한 산업위험은 소비자 기호 변화, 기술적 환경 변화 등과 같이 동일한 산업에 속한 개별 기업에 공통적으로 영향을 미치는 위험을 말한다. 산업분석은 산업환경분석과 산업구조분석으로 나눌 수 있다.

(1) 산업환경분석

① 환경의 개념
　㉠ 일반환경은 개별기업 수준이 아닌 모든 기업들에게 영향을 미치는 거시환경으로 산업환경보다 더 큰 개념이다. 일반환경을 구성하는 요소들은 기업의 입장에서 기회요인이 될 수 있고 위험요인이 될 수 있다.
　㉡ 환경의 불확실성으로 인하여 기업은 전략적으로 회피, 설득, 적응, 기대의 형태를 보인다.

〈표 2-38〉 불확실성을 관리하기 위한 전략적 태도

구 분	환경이 변하지 않는 경우	환경이 변하는 경우
기업이 변하지 않는 경우	회피 전략(무시, 은둔)	설득 전략(선전, 로비, 강점부각)
기업이 변하는 경우	적응 전략(추종, 재조직)	기대 전략(전략적 계획)

출처 : 기술신용평가입문(조희제·강수진, 2022) 내용을 토대로 저자 재정리

② 산업의 결정 및 산업환경 특성 파악
　㉠ 산업을 분석할 때 가장 먼저 해야 하는 일이 분석대상 산업을 구체화하는 작업이다. 산업분석의 핵심은 상호 경쟁관계에 놓여 있는 경쟁업체들을 평가하여 분석대상 기업의 위상이 어떠한지를 확인하는 것이다. 가급적 기업의 주력산업의 유사성을 기준으로 결정하는 것이 중요하다.
　㉡ 분석대상 산업의 결정, 국민경제적 위치와 중요성, 전후방 연관산업, 산업의 역사적 배경 및 특성 등을 개괄적으로 파악한 후 일반환경의 구성요소에 대한 검토가 필요하다.

ⓒ 일반환경의 구성요소로는 경제 환경, 사회 환경, 정치·법적 환경, 기술 환경으로 구분되는데 이러한 전반적인 내용들과 산업의 수명주기, 경기민감도, 수급분석 등의 특성파악을 종합적으로 검토하는 것이 산업환경분석이다.

③ 일반환경 조사 시 유의점
ⓐ 동일한 일반환경요소도 산업별로 다르게 영향을 미칠 수 있다.
ⓑ 동일 산업 내에서도 일반환경의 변화가 기업마다 다르게 영향을 미칠 수 있다.
ⓒ 일반환경요소는 상황에 따라 특정 산업에만 영향을 미칠 수 있다.
ⓓ 법적규제 또는 완화는 기업마다 미치는 영향이 다르다.

④ 산업의 수명주기
ⓐ 개별 산업은 산업의 수명주기(Life Cycle)*에 따라 산업환경에 중대한 변화가 발생한다.

*제품의 라이프사이클과 마찬가지로 기업이 속한 산업도 도입기 → 성장기 → 성숙기→ 쇠퇴기의 4단계 라이프사이클로 나눌 수 있다. 특정 산업이 속한 라이프사이클을 파악하면 해당 산업의 성장성과 규모를 전망할 수 있다. 아래 〈표 2-39〉 참조

ⓑ 모든 산업은 경제 전체의 경기순환주기에도 영향을 받는다.
ⓒ 시장에서의 수요와 공급 상황도 산업 또는 개별 기업에 영향을 미친다.

〈표 2-39〉 산업의 수명주기별 특징 빈출도 ★☆☆

구 분	도입기	성장기	성숙기	쇠퇴기
제 품	• 품질열위 • 표준화가 안 됨	• 기술 및 기능상 차별화 시작 • 제품에 대한 신뢰성이 성공요인	• 품질 최고수준 • 차별화가 감소하고 표준화	• 차별화 거의 없음 • 품질저하
마케팅	• 높은 광고비용 • A/S비용 등 마케팅비용 많이 소요	• A/S비율은 도입기보다는 낮으나 여전히 높음 • 광고·유통이 중요	• 시장세분화 가속 • 제품다양화로 수명주기 개선시도 • 포장서비스가 중요하며 광고경쟁 치열	• 광고마케팅 중단 • 마케팅비용 감소
제조 유통	• 가동률 미미 • 생산원가 높음 • 협소한 판매망	• 조업도 높음 • 대량유통판매채널 확보	• 조업도 다소 저하, 설비과잉 발생 • 제품의 다양성 증대로 물적유통비용 증가 • 대량유통체제	• 조업도 현저히 낮아져 설비초과 발생 • 유통경로 축소
경쟁, 사업위험	• 참여기업 적음 • 사업위험 높음	• 신규진입으로 경쟁 증가(경쟁심화) • 성장률 높아지면서 사업위험 감소	• 가격경쟁 • 업계재편 시작	• 철수기업 증가 • 경쟁감소
수익성	• 고마진 • 고가정책 • 저수익성 (투자비용 많음)	• 가격인하 • 수익성 개선 (투자비용 지속)	• 가격인하 • 마진, 수익성 모두 감소	• 저가, 저마진 • 가격지속 하락

출처 : KED신용평가방법론, 기술신용평가입문(조희제·강수진, 2022)

(2) 산업구조분석

① 산업구조분석의 의미
산업구조분석은 경쟁기업, 공급업체, 구매자 등 산업 내 중요 구성원들의 상대적 영향력을 분석하여 경쟁의 강도를 파악하고, 이를 근거로 산업의 전반적인 매력도를 평가하는 것을 말한다. 따라서 산업구조분석은 개별기업의 나무를 보는 것이 아닌 해당 산업의 숲을 보는 분석으로 비유할 수 있다.

② 산업분석의 필요성
㉠ 개별기업의 경영성과는 그 개별기업이 속한 해당산업의 경영성과와 밀접한 관계가 있다.
㉡ 경기변동은 산업마다 체감하는 정도가 다르게 나타난다.
㉢ 산업분석을 하면 산업의 추세분석에 도움이 된다.
㉣ 산업의 구조적 특성을 파악해야 산업 내 해당기업의 미래수익성에 미칠 수 있는 영향을 예측할 수 있다.

③ 산업구조분석 방법론
산업구조분석 방법론으로 가장 대표적인 것은 마이클 포터의 5Force 분석이다. 이외에도 제품수명주기이론, SWOT분석, BCG매트릭스 등이 활용되고 있다.

㉠ 5Force 분석(산업구조분석모형 기법) 빈출도 ★★☆

포터 교수가 소개한 5Force 모델은 산업의 경쟁구조를 분석하는 데 많이 이용된다. 그는 해당 산업의 수익성에 가장 큰 영향을 미치는 요소로 잠재적인 진입기업의 위협, 산업내 기존 기업 간의 경쟁 강도, 대체품의 출현 위협, 구매자의 교섭력, 공급자의 교섭력 등 5가지를 제시하고 있다.

〈그림 2-8〉 포터의 5Force Model

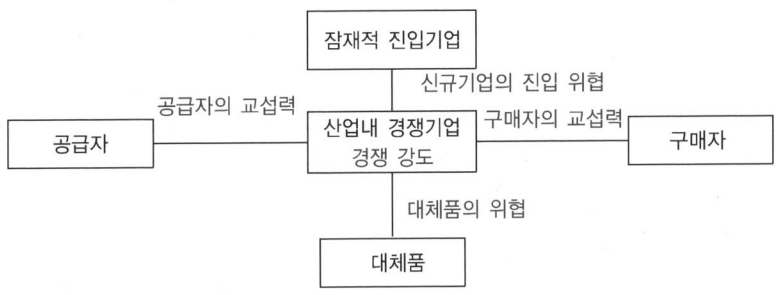

출처 : How Competitive Forces Shape Strategy(Michael E. Porter, 1979)

㉡ SWOT 분석 빈출도 ★☆☆

SWOT 분석은 기업의 내부요인(재무, 영업위험 등) 중에서 Strengths(강점)와 Weakness(약점)를 파악하고 해당 기업이 속한 산업에서 발생하는 기업외부요인(산업위험) 중에서 Opportunities(기회)와 Threats(위협)를 파악한 후 종합적으로 기업신용위험을 분석한다.

〈표 2-40〉 SWOT 기법의 프레임워크

내적요소 외적요소	강점(S) 5~10개의 강점을 나열함	약점(W) 5~10개의 약점을 나열함
기회(O)	SO전략	WO전략
5~10개의 외적인 기회를 나열함	기회의 이점을 얻기 위해 강점을 활용하는 전략을 생성함	약점을 극복하면서 기회의 이점을 살리는 전략을 생성함
위험(T)	ST전략	WT전략
5~10개의 외적인 위험을 나열함	위험을 피하기 위해 강점을 활용하는 전략을 생성함	약점을 최소화하고 위험을 피하는 전략을 생성함

출처 : 경영컨설팅(나도성, 2019)

ⓒ 제품수명주기이론(PLC)

제품수명주기는 일반적으로 도입기, 성장기, 성숙기, 쇠퇴기인 4단계로 구성되며 각 단계별로 제품, 마케팅, 제조, 유통의 경영관리기술, 경쟁강도, 사업위험, 제품 마진 등이 달라지므로 분석대상 기업의 산업이 어느 단계에 있는지를 확인하여 평가하게 된다.

ⓔ BCG 매트릭스 빈출도 ★★☆

보스톤컨설팅그룹(BCG)에 개발한 BCG분석 기법은 기업 내 각 사업단위에 대한 상대적 시장점유율과 시장점유율을 살펴본 후, 어떤 사업단위에 자원을 배분할지를 결정하는 기법이다. 기업의 사업포트폴리오를 전략적 및 재무적 관점에서 객관적으로 평가할 수 있게 된다.

※ BCG 매트릭스, 포터의 5요소, PLC 등은 경영컨설팅 내용과 중복되므로 경영컨설팅을 참고하기 바람

개념체크OX

01 산업분석은 그 개별 산업에 대한 특성(예 자본집약적산업, 기술집약적산업 등)을 분석함으로써 그 산업에 대한 현재 및 미래의 수익성과 성장성을 파악하고 예측하는 것으로 산업환경분석과 산업구조분석으로 나뉜다. O X

02 기업신용분석은 기업 자체가 안고 있는 해당 위험요소들을 파악하는 것까지 포함한 개념이다. O X

정답 O, O

---

2 영업위험분석

다양한 영업활동의 과정에서 어느 한 가지라도 부족하게 되면 전체 영업활동에 지장을 초래하게 되는데 이를 영업위험이라 한다. 영업위험의 수준을 평가하기 위한 항목은 매출구성, 시장지위, 기업경쟁력, 매출증대 노력, 운영효율성, 영업전략 등을 평가하게 된다.

(1) 매출구성

개별기업의 매출구성과 매출추이를 바탕으로 주력사업의 안정성, 사업다각화 등을 검토하는 매출분석을 수행한다. 이때 사업다각화의 효과에 대한 면밀한 검토도 필요하다. 사업다각화는 시장위험의 분산효과로 경기변동, 산업 환경 및 구조의 변화에 따른 변동성을 완충시키는 역할을 하기 때문이다. 또한 관계회사 매출에 대한 해석에도 유의하여 매출분석을 한다.

(2) 시장지위(시장점유율)

기업의 시장지위 분석을 통해 위험을 파악할 때 점검할 중요사항에는 분석연도의 시장순위와 과거의 시장순위 추세, 분석연도의 시장점유율과 과거 시장점유율 추세 등이 있다. 또한 시장점유율이 실질적인 시장지배력을 대표하는지, 높은 시장점유율이 높은 수익으로 연결되는지도 검토할 부분이다.

(3) 기업경쟁력

기업의 시장지위 방향과 지속성 여부는 일반적으로 기업경쟁력에 달려 있고 본원적인 경쟁력의 원천은 품질과 가격이다. 이는 제품 차별화 능력, 비용 우위 요소, 핵심역량 등에 따라 다양한 형태로 나타난다. 기업경쟁력을 파악하기 위해서는 우선 산업내 경쟁력을 결정짓는 요소에 대한 분석이 선행되어야 하는데 일반적으로 경쟁력을 평가하기 위하여 다음과 같은 사항들을 검토하여야 한다.

① 제품 차별화 능력 : 품질 및 가격
  ㉠ 제품의 품질 수준, 시장에서의 상대적 가격 위치와 거래조건
  ㉡ 신제품 개발 능력, 브랜드 인지도, 고객의 제품 평판, 고객충성도
② 비용측면 우위 요소
  ㉠ 생산비용, 판매비용, 인건비 추이
  ㉡ 원재료의 구매처, 구매방법, 구매조건 등
  ㉢ 원재료 비용 상승에 대한 민감도
③ 생산측면 우위 요소(생산효율성 및 기술력)
  ㉠ 가동률 추이, 경쟁사와 비교하여 차이가 나면 원인분석
  ㉡ 수율 및 불량률 추이
  ㉢ 공장입지, 설비의 노후화 정도, 공정관리의 개선노력, 생산규모의 적정성
  ㉣ 생산과 관련된 노동력(임금수준, 이직률, 고급인력 확보) 등
  ㉤ 산업재산권 보유여부, 연구 및 개발을 추진하는 자체 능력 등
  ㉥ 3년간 기술개발실적, 적정 연구원 확보
④ 판매유통측면의 우위 요소
  ㉠ 경쟁회사의 판매유통구조와의 차이 및 장·단점 분석
  ㉡ 판매처의 다양성 및 신용도
  ㉢ 유통채널 관계상의 강·약점
⑤ 재무측면의 우위 요소
  ㉠ 단기 및 장기차입능력, 자금조달능력(외상매출, 유상증자, 재고자산, 외상매입 등)
  ㉡ 매출채권 회수위험의 정도
  ㉢ 운전자금 부담 능력, 신규 투자 능력
⑥ 운용측면의 우위 요소
  ㉠ 규모의 경제, 학습곡선
  ㉡ 시설 확장 계획, 품질관리 운용여부
  ㉢ 노조 현황, 인력관리상의 여건 등

(4) 매출증대 노력

매출증대는 기업의 수익성과 밀접한 관계가 있으므로 분석대상 기업의 국내·외 시장에 대한 총체적인 매출증대 노력을 평가한다. 분석대상 기업의 신제품 개발능력, 유통망 수준, 신시장 개척능력 및 신사업의 추진력 등을 검토하며, 미래의 매출액과 시장지위의 안정성도 판단한다. 기업의 미래 매출액과 시장지위 안정성을 판단하려면 다음의 평가요소를 검토한다.

① 장기공급계약의 유무, 수주잔고의 수준, 선수금 수취 여부
② 신제품 개발 기술력, 관련 산업의 장기전망
③ 신시장 개척을 위한 전략의 적정성 여부
④ 유통망 확보 여부, 목표고객 설정, 소비자 기호 변화, 마케팅능력

(5) 판매 및 구매의 효율성

제품의 다양성, 거래처의 다양성, 거래처와의 신뢰관계, 판매유통조직, 매출채권 관리능력, 지역적 다변화 등을 타경쟁사와 비교·분석을 함으로써 판매 및 구매의 효율성을 판단하게 된다.

또한 원재료의 안정적 물량 확보는 안정적인 생산활동과 연결되므로 원재료 물량 확보 여부도 확인하여야 한다.

(6) 영업전략

영업전략 분석은 경영목표, 현 상황의 영업전략, 외부환경 변화에 대한 대처능력, 해당산업에 대한 인식, 현 상황의 시장지위에 대한 만족도, 실천 가능한 전략 여부 등을 종합 검토하여 미래의 사업전략 방향 및 변화 가능성을 파악하고, 향후 기업이 취할 사업전략이 적절한지를 판단하는 것이다.

개념체크OX

01 영업위험분석은 매출구성, 시장지위, 기업경쟁력, 매출증대 노력, 영업전략, 판매 및 구매의 효율성 등을 종합적으로 판단하는 것을 말한다. O X

정답 O

---

3 경영위험분석

경영위험분석에는 지배구조, 경영조직과 경영능력, 경영목표와 경영전략, 기업문화 등을 분석한다.

(1) 지배구조

지배구조의 개념은 기업의 이해관계자 간의 이해관계를 조율하는 소유구조, 의사결정구조, 경영관리구조 등을 종합한 개념이다. 기업의 지배구조와 관련하여 신용분석을 할 때는 지배구조가 최소한의 요구수준을 충족시키고 있는지, 지배구조가 투명하게 잘 갖춰졌는지를 평가한다.

(2) 경영능력

경영진의 경영능력을 평가하는 기준은 일반적으로 경영자로서의 자질 및 인품, 경영위기 관리능력, 경영정책의 수립과 집행에 있어서의 보수성 등이다. 또한 경영자의 해당산업에 대한 지식과 경험, 국제적인 감각과 학식, 기업관과 윤리의식 등도 중요한 기준이 된다.

(3) 기업문화

기업의 독특한 조직문화는 기업의 경영성과를 높이는 효과를 가져다주기도 하고 부정적인 효과를 가져오기도 한다. 신용분석을 할 때는 대상기업의 조직문화를 확인하여 장기적인 경영비전과 단기적인 경영성과에 어떠한 영향을 미치게 될지도 검토한다.

4 계열위험분석

(1) 계열위험 평가 시 고려할 사항들

① 계열위험분석을 위해서는 계열에 속한 개별기업은 개별기업의 신용위험뿐만 아니라 계열 전체의 신용위험도 평가가 선행되어야 한다.
② 연결재무제표 등을 토대로 개별기업과 계열사 간에 어느 정도의 결속력을 보이고 있는지, 개별기업이 계열위험으로부터 어떤 영향을 받는지 등을 검토한다. 계열 전체에 대한 신용위험분석이 완료되면 개별기업의 신용위험과 계열의 신용위험 간의 긴밀도와 신용절연 정도를 감안하여 신용등급을 판단하게 된다.
③ 특히 계열위험분석에서는 계열사 간의 채무보증, 계열지배구조, 전략적 중요성(사업다각화, 수직계열화, 기업이미지, 자기 성장사업 여부 등)을 꼼꼼히 살펴보아야 한다.

5 기술위험분석

(1) 기술위험을 발생시킬 수 있는 요인들

① 기술개발 관련 인프라 수준의 미흡 또는 낙후
② 최고경영자의 기술력 중요성에 대한 인식 부족
③ 경영진, CTO(기술최고책임자)의 기술 관련 지식의 미흡
④ 기술개발 연구조직의 부재 또는 미약
⑤ 연구인력의 자질 및 능력 부족, 수적 열세
⑥ 연구개발비 투입능력 취약
⑦ 연구실적에 비해 제품화 실적 미흡

(2) 기술위험분석의 중요성

① 기업의 수익가치를 중시하여야 한다. 그 이유는 기업의 수익가치가 개별기업만이 보유한 독점적인 영업권과 기술력, 산업재산권, 브랜드가치 등에 의해 결정되기 때문이다.
② 첨단산업에 속한 기업인 경우에는 현재의 기술력과 기술개발 능력에 대한 평가가 중요한 요소로 작용한다.
③ 기술의 급격한 변동은 위협요인이기도 하고 기회요인이 되기도 한다. 이러한 기회요인을 잘 포착하여 성장을 극대화시킬 수 있는 기술조직의 역량이 필요하다. 따라서 우수한 기술력 유지, 신기술 개발능력 및 여건 조성 등을 점검하는 것이 더욱 더 중요해졌다.

6 환경 및 사회위험 분석

(1) 환경위험 및 사회위험의 개념

환경위험은 인체, 건강, 재산 및 자연환경을 훼손시킴으로 인하여 예상되는 현재 및 미래의 손실 가능성을 말하며, 사회위험은 환경훼손으로 말미암아 결과적으로 기업 평판 및 이미지가 훼손되고 수익이 감소하는 리스크를 말한다.

(2) 잠재적 환경 및 사회위험의 관리 중요성 부각

환경 및 사회위험이 증가하면 대출은행도 법률적인 위험과 평판위험(명성위험)이 증가할 수 있다. 따라서 이러한 리스크가 발생할 수 있는 업종을 영위하는 기업에 대하여는 더 엄격한 신용분석을 수행해야 한다. 은행의 여신심사 담당자와 경영진은 환경 및 사회위험에 대한 지식과 올바른 가치관을 정립하여 거래기업과 공동으로 환경위험을 제거하여야 할 필요가 있다.

제3절 지급능력분석

기업의 지급능력*은 주로 영업활동에서 창출되는 미래 현금흐름에 의해 평가된다. 그렇다면 지급능력에 미치는 중요한 요소들, 요소의 개념, 분석방법 등을 알아보도록 하자.

*기업의 입장에서 보면 '지급능력'이고 채권자 입장에서 보면 '상환능력'임

1 운전자본 빈출도 ★★★

(1) 운전자본 및 순운전자본의 개념

① 유동자산은 만기 1년 이내인 자산을 말하는데, 이 유동자산을 운전자본이라고 한다. 따라서 운전자본 관리의 의미는 유동자산(매출채권, 재고자산, 현금 등)과 유동부채(매입채무 등)를 관리하는 개념과 동일하다고 할 수 있다.
② 순운전자본이란 유동자산에서 유동부채를 뺀 차액으로 기업이 경영하는 데 필요한 단기자본이다.
③ 순운전자본의 크기는 기업의 지급능력에 대한 완충장치로 기업의 단기지급능력을 평가하는 요소로 사용된다. 따라서 순운전자본이 클수록 해당 기업의 단기지급능력이 크다고 볼 수 있다.

(2) 순운전자본과 관련된 비율

① 순운전자본 대 자산비율

$$순운전자본\ 대\ 자산비율 = \frac{순운전자본}{총자산} \times 100\%$$

㉠ 단기 채무의 지급능력을 판단하는 기준이 된다.
㉡ 유동성 비율 중에서 기업의 부실(도산)을 예측하는 데 사용하는 비율이다.

② 순운전자본회전율

$$순운전자본회전율 = \frac{매출액}{순운전자본} = \frac{매출액}{(유동자산 - 유동부채)}$$

㉠ 순운전자본의 효율성을 나타내는 비율로 순운전자본회전율이 낮을 때는 순운전자본에 자금이 묶여 있는 것으로 신용정책, 판매촉진정책, 재고정책, 구매정책의 재검토가 필요하다.
㉡ 기업의 유동성이나 현금흐름 건전도를 평가하는 데 활용한다.

(3) 현금전환주기 빈출도 ★☆☆

① 현금전환주기의 개념

현금전환주기는 제품생산을 위한 원자재 매입대금 지급일로부터 제품 판매로 인한 매출채권 회수까지의 기간을 의미하는데 영업전환주기에서 매입채무 지급기간을 차감하여 계산한다.

② 현금전환주기 산출식

- 현금전환주기 = 재고기간* + 매출채권회수기간* − 매입채무지급기간*
- 영업전환주기 = 재고기간 + 매출채권회수기간

*재고기간 = 재고자산 / 평균매출액
*매출채권회수기간 = 매출채권 / 평균매출액
*매입채무지급기간 = 매입채무 / 평균매출액

㉠ 현금전환주기가 길수록 기업은 더 많은 현금을 보유해야 하는 위험이 있다.
㉡ 기업의 목표 현금전환주기보다 실제 현금전환주기가 더 길어졌다면, 재고기간과 매출채권회수기간을 단축하고 매입채무지급기간은 늘리는 정책을 추진해야 한다.

개념체크 OX

01 운전자본은 유동자산에서 유동부채를 뺀 차액으로 기업이 경영을 하는 데 필요한 단기자본이다. O X

02 현금전환주기는 제품생산을 위한 원자재 매입대금 지급일로부터 제품 판매로 인한 매출채권을 회수하기까지의 기간을 말한다. O X

정답 X, O

(4) 단기채무정책 빈출도 ★☆☆

지급능력분석에서 단기채무정책도 고려 대상이다. 단기채무정책은 유동자산 투자정책과 유동자산 자금조달정책으로 나누어 볼 수 있다.

① 유동자산 투자정책
- ㉠ 탄력적 유동자산 투자정책 : 매출액 대비 유동자산의 비율이 높은 것으로 현금 보유량과 재고자산 투자를 증가시키는 정책을 말한다.
- ㉡ 제한적 유동자산 투자정책 : 매출액 대비 유동자산의 비율이 낮은 것으로 현금 보유량과 재고자산 투자를 줄이는 정책을 말한다.
- ㉢ 탄력적 정책은 완화된 신용정책으로 매출채권의 규모를 크게 유지하는 정책인 반면에 제한적 정책은 신용판매를 허용하지 않아 매출채권을 보유하지 않는 정책이다.

② 유동자산(운전자본) 자금조달정책

유동자산(운전자본) 자금조달정책은 만기일치정책, 공격적인 자금조달정책, 보수적인 자금조달정책으로 구성된다.

- ㉠ 만기일치정책 : 장기자금으로 고정자산과 영구적 유동자산*을 조달하고 단기자금으로 일시적 유동자산*을 조달하는 정책이다.

  *영구적 유동자산이란 기업이 경기변동 상황에서도 항상 유지해야 하는 유동자산의 규모이다.
  *일시적 유동자산이란 경기변동, 계절적 요인으로 인해 변동하는 유동자산의 규모이다.

〈표 2-41〉 유동자산의 구분

총자산	단기자산	일시적 유동자산	유동자산
	장기자산	영구적 유동자산	
		비유동자산	

출처 : 최신기업신용분석(권성일, 2017)

- ㉡ 공격적인 자금조달정책 : 영구적 유동자산의 일부 또는 전부를 단기자금으로 조달하는 정책이다. 이 정책은 향후 은행으로 단기대출의 갱신이 이뤄지지 않거나 이자율 상승의 위험에 노출되는 단점이 있다.
- ㉢ 보수적인 자금조달정책 : 고정자산, 영구적 유동자산과 일시적인 유동자산을 장기자금으로 조달하는 정책이다. 이 정책은 자금조달위험을 감소시키지만 장기자금이 고정자산과 유동자산을 초과하는 경우에는 초과현금이 발생할 수 있다.

(5) 거래신용 빈출도 ★☆☆

① 거래신용이란 기업이 고객에게 제공하는 신용을 말한다.
② 거래신용이 일어나면 기업은 매출채권이 발생하고 고객은 매입채무가 발생한다.
③ 거래신용의 장점은 서류작업이 없다는 것이다. 서류작업이 없어 위험리스크는 높지만 거래 상호간 신뢰를 바탕으로 한다.
④ 거래신용조건은 다음과 같이 표시한다.

> 예 "외상매출에 대한 신용조건은 2/10, n/30이다."
> ⇨ 10일 이내에 결제하면 2%을 할인해 주며, 30일 이내에는 외상매출금 전액을 상환해야 한다는 의미이다.

2 유동자산관리

운전자본관리는 유동자산관리와 유동부채관리를 포함한 개념이라고 앞서 언급하였다. 유동자산관리에는 크게 매출채권관리, 재고관리, 현금관리로 나눌 수 있다.

(1) 매출채권관리

매출채권관리에서 중요한 것은 신용정책과 매출채권 모니터링이다.

① 신용정책
  ㉠ 신용기준(대상)을 먼저 설정하여야 하며, 신용조건으로 할인율과 할인기간을 결정하여야 한다.
  ㉡ 대금회수가 안 되는 경우도 있으므로 사전에 회수정책을 수립하여야 한다.

② 매출채권 모니터링
  매출채권의 회수를 위해서는 매출채권회수기간과 매출채권경과일수표 등으로 모니터링을 하여야 한다.
  ㉠ 매출채권회수기간 모니터링 : 실제 매출채권 평균회수기간이 신용정책에 수립된 회수기간보다 긴 경우에는 개선방안을 수립하여야 한다.
  ㉡ 매출채권경과일수표 모니터링 : 매출채권경과일수표를 작성하면 경과일수별로 매출채권을 구분 관리하기 때문에 모니터링하기에 용이한 점이 있다.

(2) 재고관리

재고관리에서는 적정 재고관리가 중요하다. 재고 과다보유는 창고비용을 증가시키고 과소보유는 주문비용을 증가시킨다. 따라서 재고관리에서는 재고자산 보유의 효용성을 잘 관찰하여야 하며, 총비용을 최소화하는 재고정책 수립이 중요하다.

(3) 현금관리

현금관리방법으로 적절한 것은 단기금융수요를 위해서 현금예산을 관리하는 것이다. 현금예산은 미래 현금수입과 현금지출을 예측하고 이를 상호 비교하는 현금관리 기법이다. 현금예산은 현금수입을 계산하는 단계, 현금지출을 계산하는 단계, 총괄적인 현금예산 계획수립단계로 구분한다.

3 유동부채관리

(1) 매입채무관리

기업의 입장에서 거래신용이 가장 저렴한 단기 조달방법일 경우에는 매입채무를 이용해야 한다. 매입채무 비용은 신용조건에서 정한 할인율과 기간에 의해 결정된다. 따라서 기업은 매입채무관리도 수행하게 되는데, 매입채무신용기간을 모니터링하고 협력업체의 신용조건과 비교·관리하는 업무를 수행하여야 한다.

(2) 은행대출과 기업어음

기업의 단기자금 조달방법으로 매입채무 외에도 은행대출과 기업어음을 이용할 수 있다.

4 자본구조와 재무레버리지 빈출도 ★☆☆

(1) 자본구조

기업의 자본구조는 주주부분(자기자본)과 채권자부분(타인자본, 부채)으로 구성된다. 단지 이 구성비율만 다를 뿐이다. 주주의 몫인 당기순이익은 주주에게 배당금으로 지급하고, 남는 부분은 이익잉여금으로 자본에 전입된다.

(2) 재무레버리지

① 재무레버리지의 의미

재무레버리지는 자본구조에서 부채인 타인자본이 사용되는 정도를 나타내는 것이다. 기업이 차입금융을 이용하여 당기순이익을 증가시켰다면 자본금 이외에 추가적인 차입금융에서 발생한 효과이므로 이를 '재무레버리지효과'라 한다.

② 재무레버리지효과

㉠ 재무레버리지효과가 발생하는 이유는 차입금융으로 지급되는 금융비용은 변동비용이 아니라 고정비용이기 때문이다.

㉡ 따라서 영업이익이 감소하면 부(−)의 재무레버리지효과로 인하여 주주의 몫이 더욱 줄어들게 된다.

(3) 손익분기점 분석

① 손익분기점의 의미

㉠ 손익분기점(BEP : Break-Even Point)이란 특정 영업기간 중 기업이 손실을 보지 않도록 하는 최소한의 판매량을 의미한다. 기술적으로는 기준 이익이 0이 되도록 하는 영업활동의 수준이다.

㉡ 손익분기점이 존재하는 이유는 고정비가 존재하기 때문이다. 판매량의 증감과 무관하게 조업기간 중 고정적으로 투입되는 비용(감가상각비, 차입금 이자, 고정인건비, 고정임대료 등)이 반드시 존재하고, 그 고정비를 포함한 전체 비용을 보상할만한 수준 이상의 판매량을 달성해야만 이익이 남기 때문이다.

② 현금손익분기점

영업현금흐름이 "0"이 되는 현금손익분기점은 영업현금흐름이 "0"이 되는 판매량이다. 영업현금흐름이 "0"이라면 현금손익분기점의 판매량은 다음과 같이 계산한다.

$$\text{손익분기점 판매량}(q) = \frac{\text{고정비용}}{(\text{판매단가} - \text{단위당 변동비})^*}$$

*판매단가에서 단위당 변동비를 뺀 금액을 공헌이익이라고도 함

③ 재무손익분기점

순현가(NPV)가 "0"이 되는 판매량이 재무손익분기점이다. 순현가가 "0"보다 크면 그 투자안은 기업가치를 증가시키는 데 기여하기 때문에 재무담당자에게는 중요한 개념이다.

5 단기지급능력 핵심점검사항

단기지급능력의 점검사항은 재무점검 핵심항목과 비재무점검 핵심항목으로 구분된다.

〈표 2-42〉 단기지급능력의 점검사항

구 분	점검항목	핵심항목
재무점검	자산점검	• 매출채권증가(매출액과 대손상각비 추세를 함께 점검) • 재고자산증가(원재료, 재공품, 제품 및 매출액 추세를 함께 점검) • 현금가능자산 • 외화자산과 외화부채의 비교(환율 추세와 함께 점검)
	부채점검	• 매입채무증가(시장에서 신용공여 상황과 기업의 자금사정을 함께 점검) • 단기차입금 • 유동성장기부채(분기별 상환예정금액 점검)
	자본점검	• 자본구성과 설립연도 • 자본변동(부채비율과 차입금비율) • 자기주식(취득가격 대비 예상처분가격 점검)
	손익점검	• 매출액(판매가격, 판매량 추세 점검) • 매출총이익(재료비, 노무비, 제조경비 점검) • 당기순이익 등 • 대손상각비 및 대손상각비 / 매출액(%)
	현금흐름점검	• 영업운전자본의 전망(운전자본구조 점검) • 영업현금흐름의 전망 • (영업현금흐름 + 현금가능자산) / 유동성장기부채(%)
비재무점검		• 제품선호도 • 시장점유율과 시장지위, 산업점검 • 차입능력점검(단기대출한도사용률)

출처 : 최신기업신용분석(권성일, 2017)

단기지급능력의 분석 시 고려할 중요 비율에는 유동비율, 당좌비율, 현금순환주기, 영업순환주기, 매출채권회전율, 재고자산회전율 등이 있다.

6 장기지급능력 핵심점검사항

장기지급능력 점검사항은 재무점검 핵심항목과 비재무점검 핵심항목으로 구분된다.

〈표 2-43〉 장기지급능력의 점검사항

구 분	점검항목	핵심항목
재무점검	자산점검	• 생산시설증설(시설투자 후에 매출증가 점검) • 지분법적용투자주식(시장가격 또는 장부가치 증가 혹은 감소) • 비핵심자산(가치 증가 혹은 감소)
	부채점검	• 부채총계와 차입금합계 추세 • 장기차입금 연도별 상환계획(주석에서 점검) • 우발채무금액과 우발채무비율(%)
	자본점검	• 자본총계와 자본시장가치 비교(장부주가와 시장주가) • 수정부채비율(%) • 연결수정부채비율(%)
	손익점검	• 수익성 점검 • 원재료비, 원유가격, 환율변동 추세점검 • 연결매출액, 연결영업이익, 연결당기순이익
	현금흐름점검	• 매출과 매출현금흐름 추세 • 매출현금흐름비율(%) 및 매출현금흐름 / 자본금 비율(%) • 매출현금흐름 / 유동성장기부채 • 연결매출현금흐름비율(%)
비재무점검		• 제품선호도(브랜드인지도) • 시장점유율과 시장지위, 산업전망 • 오랜 업력, 대주주 자금력, 경영진 • 수주잔고 및 수주내용 • 노사관계와 기술력

출처 : 최신기업신용분석(권성일, 2017)

장기지급능력의 분석 시 고려할 중요 비율에는 차입금비율, 총부채비율, 이자보상비율, 부채 대 자기자본비율, 배당금보상비율, 비유동장기적합률의 역비율 등이 있다.

> **개념체크OX**
>
> 01 기업이 차입금융을 이용하여 당기순이익을 증가시켰다면 자본금 이외에 추가적인 차입금융에서 발생한 효과이므로 이를 '재무레버리지효과'라 한다. O X
>
> 02 단기지급능력의 분석 시 고려할 중요 비율에는 유동비율, 당좌비율, 현금순환주기, 영업순환주기, 매출채권회전율, 재고자산회전율 등이 있다. O X
>
> 정답 O, O

제4절 기업부실과 재무제표 분석

1 기업의 부실

(1) 기업부실의 개념

기업부실의 정의나 개념은 한마디로 설명하기는 어렵다. 여기서는 일반적으로 널리 알려진 부실기업의 개념을 소개한다. 일반적 개념에서의 기업부실은 경영부실, 지급불능, 파산을 포함한다. 기업부실은 어느 시점에서 돌발적으로 발생하는 것이 아니라 과거 오랜 기간 동안 수익성 악화, 지급능력 저하, 법적 파산의 순서로 진행이 된다.

(2) 기업부실의 단계별 과정 빈출도 ★☆☆

기업부실은 일반적으로 경제적 부실, 재무적 부실, 법률적 부실(파산) 순으로 진행된다. 재무적 부실은 기술적 지급 불능과 실질적 지급 불능으로 구분한다.

〈그림 2-9〉 기업부실의 단계별 현상 및 원인 빈출도 ★☆☆

단계	구분	나타나는 현상	주요 원인
1단계	경제적 부실	• 총수익(TR) < 총비용(TC) • ROIC < WACC, EVA < 0 • 실현이익 < 기대이익	• 비효율적인 경영(비용 증가, 투자 실패) • 제품 경쟁력 저하(매출 부진, 수익성 저하) • 수익성 저하
2단계	기술적 지급 불능	• 단기채무 > 보유현금 • 운전자금 부족 • Payment Record 부실	• 재무구조 안정성 취약 • 방만한 자금관리 • 자금조달 능력 부족
3단계	실질적 지급 불능	• 매출 < 차입금 • 영업CF 지속적(−) • 자본잠식 등 순자산가치(−)	• 과다한 저수익 자산 보유(재고, 매출채권) • 자금조달 곤란, 현금흐름 악화 • 재무구조 악화(과다한 차입금)
4단계	파산	• 유동성 부족 • 재무융통성 저하 • 회생가능성 상실 • 부도	• 파산적 지급 불능 상태 심화 • 유동성 약화 및 재무융통성 상실 • 총체적 신용상태 부실 • 계속기업가치 < 청산가치

출처 : '금융' Vol.728 이기만(2014), 부실예방을 위한 기업부실 조기진단방법

① 경제적 부실

실현이익이 기대이익에 도달하지 못하고 수익성이 떨어진 상태를 말한다. 경제적 부실이 발생하더라도 만기일이 도래한 유동부채가 없다면 지급 불능 상태는 아니다.

② 기술적 지급 불능

유동성 부족으로 만기채무를 상환할 수 없는 경우를 기술적 지급 불능이라 한다. 일시적인 지급 불능 상태라면 언제라도 정상적인 영업재개가 가능한 상태를 말한다.

③ 실질적 지급 불능

총부채가치가 총자산가치를 초과하여 실질 순자산가치가 마이너스가 되는 경우를 실질적 지급 불능이라 한다. 실질적 지급 불능은 만성적인 결손누적 상태가 대부분을 차지하며, 회복이 어렵기 때문에 '파산적 지급 불능'이라고도 불린다.

④ 파산(Bankruptcy)

파산은 실질적 지급 불능의 결과로 인해 기업은 영업활동을 중지하고 채권자들이 기업의 폐지를 법원에 신청하여 기업을 종식시키는 경우를 말한다.

(3) 기업부실의 원인

기업부실의 1차적 원인은 경영자와 관련된 내생적 요인과 경기침체, 원재료 가격상승 같은 외생적 요인을 들 수 있고, 2차적 요인은 경영자의 잘못된 의사결정 결과로서 1차적 요인에 포함되지 않는다.

〈표 2-44〉 기업부실의 인과관계 빈출도 ★☆☆

구 분		부실 원인
1차 원인	내생적 요인	경영자 요인으로 주로 발생
	외생적 요인	경기사정, 자금, 정치, 국제환경, 관련기업 요인으로 주로 발생
2차 원인	판매 행위	거래처 발굴 및 관리 소홀, 출혈판매, 과도한 신용판매
	재무 행위	타인자본 과다, 자기자본 부족, 자금운용계획 부재, 사채/어음 융통
	매입/생산 행위	시설 노후화, 적기 유지/보수 미흡, 신제품개발 실패, 입지 실패, 부적절한 생산설비투자
	조직/노무 행위	내부통제/조정 결여, 높은 이직률, 노사문제 다발
3차 원인		금융비용 과다, 매출액 감소, 임금체불, 생산성 저하, 과다한 재고, 반품 증가

출처 : 기술신용평가입문(조희제·강수진, 2022) 내용을 토대로 저자 재정리

2 기업부실예측 방법

기업부실의 징후를 예측하고 발견하는 방법으로는 재무제표, 기업실태, 외부 이해관계자들로부터의 정보를 활용한다. 일반적으로 부실예측 방법으로 현금흐름분석, 증권시장정보분석, 경영전략분석, 재무제표분석 등이 있다.

(1) 현금흐름분석(Cash Flow Analysis)

기업부실의 최종형태는 현금부족이므로 현금부족으로 인한 채무불이행에 있다. 따라서 기업의 장·단기현금흐름 추이를 면밀하게 관찰하여 현금유출이 현금유입보다 계속 많을 것으로 전망되는 기업은 부실가능성이 높은 기업이라고 판단할 수 있다. 현금흐름분석은 현금부족, 현금창출능력의 부족 등의 직접원인을 발견해 내는 방법이라 할 수 있다.

(2) 증권시장정보분석(Market Information Analysis)

기업의 시장가치를 나타내는 주식수익률, 시장지표, 채권등급 자료 등을 통해 부실가능성을 예측하는 방법이다. 이 방법은 재무제표정보에 비하여 적시성이 높은 장점이 있다.

(3) 경영전략분석(Corporate Strategy Analysis)

국내외 경영환경 변화, 산업경쟁구조 변화, 기업의 비용구조 변화 등에 더해 경영자의 자질이나 경험과 같은 기본적 요인들을 분석하는 방법이다. 기업의 경쟁우위 확보를 위해서 추구하는 경영전략 유형은 원가우위전략, 차별화전략, 특화전략이다.

① **원가우위전략** : 철저한 원가통제로 비용구조 측면에서 경쟁우위를 차지하는 전략
② **차별화전략** : 제품/서비스 측면에서 경쟁기업과 차별화하여 경쟁우위를 차지하는 전략
③ **특화전략** : 특정시장에서 원가우위나 차별화우위 전략으로 경쟁우위를 차지하는 전략

〈표 2-45〉 경영전략에 영향을 미치는 세부부문별 요인들

부문별	영향을 미치는 요소
제품/서비스 다양성	단일제품라인, 복수제품라인
지역범위	세계시장, 전국시장, 특정 지역시장
판매망정책	소비자 직판제도, 도·소매상을 통한 간접판매, 전국적 판매망
상표정책	자가상표, 주문자상표
마케팅 집중도	판매촉진책의 강도, 인적판매, 광고
수직적 계열화	전후방 생산/판매 단계와의 통합도
기술적 리더십	신제품 도입률, 기술적 리더, 기술적 추종자
생산시설활용도	자체생산, 외주생산, 아웃소싱
가격정책	저가정책, 고가정책
투자전략	자체 내부 개발, M&A

출처 : 기술신용평가입문(조희제·강수진, 2022)

※ PIMS(Profit Impact of Market Strategy) 프로젝트에 따르면, 여러 부문별 경영전략 중 전략적 중요성이 높은 것은 신제품도입률, 가격정책, 투자성향전략, 수직 계열화 등이다.

(4) 재무제표분석(Financial Statement Analysis) 빈출도 ★☆☆

① 재무제표분석은 가장 기본이 되는 분석방법으로 재무비율을 산출하여 기업간, 기간별로 비교하는 것으로 부실예측에도 이 방법이 활용된다. 자료 입수의 용이성이 장점이나, 과거시점 정보 및 질적 정보 확인에 한계가 있는 것이 단점이다.

② 사용빈도가 높은 재무비율
깁슨(C.Gibson)에 의하면, 실무상 사용빈도가 높은 재무비율은 수익성지표군들이며, 그 다음으로 부채비율군과 유동성비율군을 제시하고 있다.

수익성지표군	자기자본수익률, 주당이익, 매출액순이익률, 총자산이익률 등
부채레버리지군	고정금융비용보상률, 이자보상비율, 부채비율, 재무레버리지 등
유동성지표군	당좌비율, 유동비율, 재고자산회전율, 매출채권회전율 등

출처 : C.Gibson, 한국신학기술학회 춘계학술논문(정기만, 2011)

3 부실기업의 처리방법

(1) 법정관리(회사정리절차)
부도를 내고 파산 위기에 처한 기업이 회생 가능성이 보이는 경우에 법원의 결정에 따라 법원에서 지정한 제3자가 자금을 비롯한 기업활동 전반을 대신 관리하는 제도이다.

(2) 은행관리
법정관리와 달리 은행관리는 법원이 지정한 제3자가 아닌 주거래은행에서 직원을 파견하여 자금 등을 관리하는 제도이다.

(3) 화 의
기업이 파산·부도 위험에 직면했을 때 법원의 중재를 받아 채권자들과 채무 변제협정(화의조건)을 체결함으로써 파산을 피하는 제도를 말한다. 화의 제도는 법원이 전혀 기업경영에 개입하지 않고 기존 경영주가 기업경영을 계속 맡는다는 점에서 법정관리와 차이가 있다.

(4) 워크아웃(Work-Out, 기업구조조정)
1998년 "기업구조조정 촉진을 위한 금융기관간 협약"에 의해 워크아웃 제도를 추진하였다. 워크아웃은 사실상 부도상태의 기업에 대해 부도처리를 하지 않고 채권 금융기관과 해당기업이 서로 협조하여 기업재무구조를 개선해 부도위기에서 벗어나는 방식을 말한다.

〈표 2-46〉 부실기업 처리방법 간 비교

구 분	법정관리	화 의	워크아웃	파 산
목 적	파산예방 및 회사 정상화	파산예방 및 갱생	부실기업 회생	기업해체
결정의 주체	법 원 (채권자 동의 필요)	채권자 및 채무자 합의를 전제로 법원의 화의 결정	채권단과 기업 간 약정	법 원
법적구속력	• 경영권 박탈 • 채무자, 회생채권자 등 채무를 부담하거나 담보 제공자에 대한 구속력	• 경영권 유지 • 화의 채권자에게만 효력	• 경영권 박탈 가능 • 법적구속력 없음	• 경영권 소멸 • 모든 정리채권자, 정리담보자 권리에 대한 구속력

개념체크OX

01 기업부실은 일반적으로 경제적 부실 → 기술적 지급 불능 → 실질적 지급 불능 → 파산 순으로 진행된다. O X

02 법정관리는 부도를 내고 파산 위기에 처한 기업이 회생 가능성이 보이는 경우에 주거래 은행에서 직원을 파견해서 자금을 비롯한 기업활동 전반을 대신 관리하는 제도이다. O X

정답 O, X

4 부실기업의 회생전략

회생전략을 수립할 때는 부실화의 원인 및 심각도, 과거의 경영전략, 기업환경의 경제적·산업적 특성, 경쟁사의 경영전략, 해당 기업의 제품 특성, 해당 기업의 비용·가격구조, 해당 기업의 관계자 요구사항 등이 고려될 요소이다. 이들 요소 중에 해당 기업의 부실화 원인에 대응되는 회생전략을 추진하는 것이 회생가능을 높이게 된다.

5 기업의 부실징후 예측

기업부실 예측모형 연구분야에 있어서는 알트만(E.Altman)이 선구자였으며 그의 Z-Score모형(알트만 Z값)이 가장 유명하다. 알트만 Z값은 일반 상장기업 모형과 비상장기업(제조업) 모형이 있는데 여기서는 상장기업 모형을 기준으로 설명한다.

(1) 일반기업의 알트만 Z값 빈출도 ★☆☆

알트만 Z값을 계산하여 기업의 부실 수준이 어느 정도인지를 파악하며 기업의 재무상황이 약화 또는 개선되는지를 예측해보는 모형이다.

일반기업의 Z값 판별 산식은 다음과 같다.

$$Z = 1.2X_1 + 1.4X_2 + 3.3X_3 + 0.6X_4 + 1.0X_5$$

기업부실 예측에 가장 중요하다고 생각한 5가지 즉 유동성, 지급능력, 수익성, 레버리지, 활동성 측정의 독립변수를 선정하였다.

일반기업의 Z값 사용변수는 다음 〈표 2-47〉과 같다.

〈표 2-47〉 일반기업의 알트만 Z값 사용 변수 빈출도 ★☆☆

독립변수	재무비율	비 고
X_1	(유동자산 - 유동부채) ÷ 총자산	유동성 측정
X_2	이익잉여금 ÷ 총자산	지급능력 측정
X_3	영업이익 ÷ {(전기총자산 + 당기총자산) / 2}	수익성 측정
X_4	시가총액 ÷ 부채총계	레버리지 측정
X_5	매출액 ÷ {(전기총자산 + 당기총자산) / 2}	활동성 측정

출처 : 기술신용평가입문(조희제·강수진, 2022)

일반기업의 Z값 판별 산식에 대입해서 Z값이 1.81보다 작으면 부실기업이고, 2.99보다 크면 건전기업으로 판단한다.

〈표 2-48〉 알트만 Z값 판단기준(일반 상장기업)

Z값 지수	판 정	내 용
Z < 1.81	부실기업	도산 가능성 매우 높음
1.81 ≤ Z ≤ 2.99	판정 보류	정밀분석 필요
Z > 2.99	건전기업	도산 가능성 거의 없음

출처 : 기술신용평가입문(조희제·강수진, 2022)

(2) 부실기업의 특징 및 대응방안 빈출도 ★☆☆

① 부실기업의 공통적 특징
  ㉠ 단기차입 비중이 과다하다.
  ㉡ 수익성 지표 중에서 매출액영업이익률과 총자산이익률이 매우 낮다.
  ㉢ 성장성이 매우 낮다.
  ㉣ 자산효율성이 산업 평균대비 매우 낮다.
② 대응방안
  ㉠ 매출채권, 재고자산의 감축 활동이 필요하다.
  ㉡ 금융기관 등 외부자금 조달을 최대한 억제하여야 한다.
  ㉢ 수익성과 현금흐름을 중시하는 경영이 되어야 한다.

6 기업여신과정

기업 신용분석 이후 기업여신이 결정되면 대출결정과정을 거치게 된다. 대출결정과정은 일반적으로 대출승인과정, 대출 후 감독과정, 대출종결과정으로 구분한다.

(1) 대출승인과정

① 대출승인 기준인 고객관계의 가치, 재무제표 관련기준, 금융기관 전체 여신 포트폴리오, 전략적 요소, 경영진의 자질, 신용위험, 산업과 경제에 대한 전망 등을 검토한다.
② 대출승인이 되면 대출금액, 이자율, 담보물, 대출약관, 기타 조건 등을 결정한다.

(2) 여신 후 감독과정

① 이자와 원금상환의 시기, 담보로 잡힌 자산가치, 대출약관의 준수 등을 고려하여 대출을 분류하는 과정이다.
② 여신 실무에서는 대출의 분류를 은행업감독규정에 정한 자산건전성 분류기준에 따른다.

〈표 2-49〉 자산건전성 분류기준

구 분	내 용
정상 여신	경영내용, 재무상태 및 미래현금흐름 등을 감안할 때 채무상환능력이 양호한 정상거래처에 대한 자산
요주의 여신	1월 이상 3월 미만 연체대출채권을 보유하고 있는 거래처에 대한 자산
고정 여신	3월 이상 연체대출채권을 보유하고 있는 거래처에 대한 자산 중 회수예상가액 해당부분
회수의문 여신	3월 이상 12월 미만 연체대출채권을 보유하고 있는 거래처에 대한 자산 중 회수예상가액 초과부분
추정손실 여신	12월 이상 연체대출채권을 보유하고 있는 거래처에 대한 자산 중 회수예상가액 초과부분

출처 : 은행업감독규정 [별표3] 자산건전성분류기준 참조

(3) 대출종결과정

대출종결과정에서는 대출분류에 따라 어떻게 회계처리할지를 결정하고 대고객관계를 계속 유지 또는 중단을 결정한다.

7 신용평점 산출과정

금융기관의 신용평점은 기관마다 다르지만 일반적으로 네 단계의 과정을 거친다.

(1) 산업내 경쟁업체와의 상호 비교
산업내 경쟁업체와 비교하여 신용도 평가에 중요한 평가 요소들을 선정한다.
① 양적평가 요소 : 재무비율
② 질적평가 요소 : 재무요소, 마케팅요소, 생산요소, 조직·인사요소, 전략적 요소

(2) 선정된 평가요소에 가중치 부여
평가요소마다 중요도가 다르므로 더 중요한 것에 가중치를 부여한다. 가중치는 주관적 판단에 의한 경우도 있고 통계학적 기법을 이용하기도 한다.

(3) 등급부여
개별 평가요소에 대하여 심사대상기업의 강·약점을 다른 기업과 비교하여 등급을 매긴다.

(4) 종합신용평점 산출
각 평가요소에 가중치를 적용하여 평점을 종합 합산한 후 최종 신용평점을 산출한다. 종합신용평점은 여신결정을 하는 기준이 된다.

8 재무제표 분식

(1) 분식 관련 용어
① 분식회계는 재무제표 정보이용자를 속일 목적으로 고의성을 갖고 부정하게 재무보고를 행하는 것을 말한다.
② 이익조정은 경영진이 의도하는 목표이익에 도달되도록 재무제표를 왜곡 표시하는 행위이다. 이익조정은 분식회계 개념에 포함되는 한 유형이다.

(2) 분식회계의 다양한 유형
① 수익의 과대계상
② 자산의 과대계상
③ 비용의 과소계상
④ 부채의 과소계상 및 기록 누락
⑤ 공시의 누락 또는 허위공시

개념체크OX

01 일반기업의 알트만 Z값 판별변수에 유동성, 지급능력, 수익성, 레버리지, 생산성 측정값이 변수로 사용되었다. O X

02 재무제표 정보이용자를 속일 목적으로 고의성을 갖고 부정하게 재무보고를 행하는 것을 분식회계라고 한다. O X

정답 X, O

CHAPTER 03 | 위험분석

단원별 출제예상문제

01 일반환경에 대한 설명으로 옳지 않은 것은?

① 일반환경은 산업 내에서 동일 업종의 기업들 간 경쟁관계를 나타낸 것으로 과업환경이라 한다.
② 일반환경은 모든 기업들에게 영향을 미치는 거시환경이다.
③ 일반환경은 경제 환경, 사회 환경, 정치·법적 환경, 기술 환경으로 구분된다.
④ 일반환경은 장기적 전략에 영향을 미치는 보편적 요소들의 집합이다.
⑤ 개념상 일반환경 안에 산업환경이 속한다.

> **해설** 산업 내에서 동일 업종의 기업들 간 경쟁관계를 나타낸 것으로 과업환경이라 하는 것은 산업환경에 대한 설명이다.
> ※ 일반환경은 기업의 제반 활동과 성과에 영향을 미치는 거시적 단위 환경이며, 산업환경은 산업 내에서 동일 업종의 기업들 간 경쟁관계를 나타내는 것으로 일반환경 속에 포함된다.

02 기업지배구조, 기업문화, 경영조직 및 능력 등을 분야별로 상호 유기적인 측면을 고려하여 분석하는 것과 가장 관련이 있는 것은?

① 영업위험분석
② 경영위험분석
③ 계열위험분석
④ 기술위험분석
⑤ 사회위험분석

> **해설** 기업분석 중 기업지배구조, 기업문화, 경영조직, 경영능력, 경영전략 등을 분석하는 것은 경영위험분석에 해당한다.
> ※ 사업위험 분석체계를 보면 크게 산업분석과 기업분석으로 구분되며, 기업분석에는 계열위험, 경영위험, 영업위험, 기술위험, 환경 및 사회위험 분석이 포함된다.

03 산업구조분석의 일환인 5Force 분석의 구성요소에 해당하지 않는 것은?

① 공급자의 교섭력
② 구매자의 교섭력
③ 경쟁품의 위협
④ 산업내 경쟁구조
⑤ 시장진입의 위험

> **해설** 5Force 분석의 구성요소는 산업내 경쟁구조, 시장진입의 위험, 구매자의 교섭력, 공급자의 교섭력, 대체품의 위협이다.
> ※ 산업분석에는 산업위험분석과 산업구조분석으로 구분된다. 산업위험분석은 산업의 일반적 특성, 산업의 수명주기, 경기민감도, 수급분석 등이 포함되며, 산업구조분석에는 산업의 구조적 특성을 파악한다. 산업구조분석에서 가장 많이 활용되는 것은 포터의 5Force 분석이다.

04 영업위험분석 체계에서 검토해야 할 사항에 해당하지 않는 것은?

① 판매 및 구매의 안정성
② 매출증대 노력
③ 지급 능력
④ 시장경쟁력
⑤ 제품차별화 능력

> **해설** 영업위험분석에서는 매출구성, 시장지위, 시장경쟁력, 매출증대 노력, 판매 및 구매의 안정성, 영업전략, 유통망, 운영효율성 등 영업과 관련된 전반적인 사항을 검토하게 된다.

05 다음 내용과 가장 관련이 있는 것은?

- 유동자산과 유동부채의 차이
- 기업을 경영하면서 필요한 단기자본

① 순운전자본   ② 운전자본
③ 유동자금   ④ 현금전환주기
⑤ 단기채무

> **해설** 유동자산과 유동부채의 차이를 순운전자본이라 하며, 순운전자본은 기업을 경영하는 데 필요한 단기자본이다.
> ※ 만기가 1년 이내인 자산은 유동자산이고, 만기가 1년 이내인 부채를 유동부채라 한다. 이 중 유동자산을 운전자본이라 한다.

06 유동자산관리 중 매출채권관리에 대한 설명으로 옳지 않은 것은?

① 신용 기준 설정을 위해서는 누구에게 신용을 제공할 것인지 대상을 먼저 설정해야 한다.
② 신용 기간의 설정은 부실 예방에 중요하다.
③ 신용정책을 수립할 때는 회수정책 수립도 함께해야 한다.
④ 매출채권의 회수를 위해서는 매출채권회수기간과 매출채권경과일수표 등으로 모니터링해야 한다.
⑤ 신용정책의 기준 회수기간보다 실제 회수기간이 길어져도 신용정책에 의거 기다린다.

> **해설** 신용정책은 융통성 있게 탄력적으로 운영해야 하므로, 실제 회수기간이 기준 회수기간보다 길면 신용정책의 재검토가 필요하다.
> ※ 매출채권은 기업의 수익과도 관련되므로 신용정책과 회수 모니터링 같은 관리가 중요하다.

정답 01 ① 02 ② 03 ③ 04 ③ 05 ① 06 ⑤

07 기업의 지급능력 분석에서 중요한 점검사항이 아닌 것은?

① 매출액과 매출채권의 회수
② 기업의 차입능력
③ 순운전자본의 크기
④ 현금흐름(현금창출능력)
⑤ 재고자산의 증가

> **해설** 단순히 재고자산 증감 사실만으로 단기지급능력의 강·약을 평가하기는 곤란하다.

08 재고자산관리에 대한 설명으로 옳지 않은 것은?

① 재고를 과다보유하게 되면 창고비용이 증가한다.
② 재고를 과소보유하게 되면 주문비용을 증가시킨다.
③ 기업이 생산에 필요한 원자재를 필요한 시기에 조달하지 못하는 위험을 최소화하기 위해 재고를 보유한다.
④ 최적의 재고량은 변동이 없기 때문에 예상 매입량을 관리해야 한다.
⑤ 재고자산 관련 비용은 취득비용, 주문비용, 유지비용으로 구성한다.

> **해설** 매출규모에 따라 최적의 재고량은 달라지기 때문에 목표 재고량 산정을 위해서는 매출액이 예측되어야 한다.
> ※ 재고자산관리에서는 적정 재고관리가 매우 중요한데 과다보유하면 창고비용이 증가하고, 과소보유하면 주문비용이 증가한다.

09 기업부실에 대한 설명으로 옳지 않은 것은?

① 기업부실은 기술적인 지급불능 상태 또는 기업의 총부채가 총자산을 초과하여 실질적인 지급불능 상태를 말한다.
② 일반적으로 경제적 부실, 재무적 부실, 법률적 부실로 구분한다.
③ 기업부실은 경제적 부실, 재무적 부실, 법률적 부실 순서로 진행된다.
④ 경제적 부실, 재무적 부실 모두 부도를 의미한다.
⑤ 법률적 부실은 파산을 의미한다.

> **해설** 경제적 부실은 경영부실로 수익성이 악화된 상태를 말한다. 하지만 경제적 부실이 반드시 지급불능이나 부도를 의미하는 것은 아니다.
> ※ 기업부실은 경제적 부실, 재무적 부실, 법률적 부실로 이어진다.

10 다음 예시를 이용하여 계산한 현금전환주기(CCC)는 얼마인가?

- 재고자산보유기간 : 38
- 매출채권회수기간 : 8
- 매입채무지불기간 : 66

① 46
② −20
③ 20
④ 74
⑤ 104

해설 　현금전환주기 = 재고자산보유기간(38) + 매출채권회수기간(8) − 매입채무지불기간(66) = −20

11 기업부실의 제1차적 원인에 해당하지 않는 것은?

① 지식, 경험, 의사결정능력 부족
② 자기자본 부족
③ 경기불황 및 업계의 부진
④ 원재료가격의 상승
⑤ 공직, 정치 등에 의한 경영의 방임

해설 　자기자본 부족은 제2차적 원인에 해당된다.
※ 기업부실의 원인은 제1차적, 제2차적, 제3차적 원인으로 구분할 수 있다. 제1차적 원인은 경영자요인, 경기요인, 자금요인, 정치요인 등이 있다.

12 재무제표 분식에 대한 설명으로 옳지 않은 것은?

① 의도적으로 관련 계정과목을 과대 혹은 과소 표시하거나 누락시켜 수행하는 재무보고를 분식회계라고 한다.
② 분식은 회계작성자의 지식부족이나 실수에 의하여 발생되는 회계상의 오류와 구분된다.
③ 분식회계는 대체로 부실기업이 이익을 과대표시하기 위하여 많이 사용된다.
④ 분식은 기업회계기준이 정한 재무제표의 작성기준을 준수하면 거의 할 수 없다.
⑤ 분식회계 유형으로는 자산의 과대 및 부채의 과소 계상, 수익의 과대 및 비용의 과소 계상 형태 등이다.

해설 　기업회계기준이 인정한 범위 내 회계처리의 변경 등을 사용하여도 분식을 할 수 있다.

13 깁슨(C.Gibson)이 제시한 '사용빈도가 높은 유동성지표군'에 해당하지 않는 비율은?

① 매출액순이익율
② 당좌비율
③ 유동비율
④ 재고자산회전율
⑤ 매출채권회전율

> **해설** 매출액순이익율은 수익성지표군에 해당된다.
> ※ 깁슨은 실무적으로 사용빈도가 높은 재무비율을 조사한 결과 수익성지표군들이 가장 많이 사용되고, 다음으로 부채레버리지군과 유동성지표군을 제시하였다.

14 재무비율 중 활동성 비율에 속하는 것으로 옳게 나열된 것은?

① 부채비율, 자기자본비율, 유동비율, 당좌비율
② 이자보상비율, 매출채권회전율, 재고자산회전율, 총자본회전율
③ 매출채권회전율, 총자본회전율, 재고자산회전율, 자기자본회전율
④ 재고자산회전율, 총자산회전율, 총자산이익률, 총자산증가율
⑤ 자기자본이익률, 총자산이익률, 총자산증가율, 영업이익률

> **해설** 활동성 비율에는 총자본회전율, 자기자본회전율, 재고자산회전율, 매출채권회전율 등이 있다.
> ※ 활동성 비율은 자산의 활용성 측면에서 얼마나 빠른 속도로 매출이나 현금 등으로 전환되는지 확인하기 위한 지표이다.

15 (주)청솔의 고정비는 2,000만원, 목표이익은 3,000만원, 단위당 변동비는 600원, 제품의 판매단가는 1,000원이다. (주)청솔의 손익분기점 판매량과 판매액은?

① 12,500개, 50,000,000원
② 50,000개, 50,000,000원
③ 50,000개, 125,000,000원
④ 125,000개, 125,000,000원
⑤ 125,000개, 500,000,000원

> **해설** 영업현금흐름이 "0"이 되는 현금손익분기점은 영업현금흐름이 "0"이 되는 판매량을 의미한다. 따라서 판매량은 고정비용을 공헌이익으로 나눈 값이다. 공헌이익이란 단위당 판매가격에서 단위당 변동비를 차감한 것이다.
> • 판매량 = 2,000만원 / (1,000원 − 600원) = 50,000개
> • 판매액 = 50,000개 × 1,000원 = 50,000,000원

13 ① 14 ③ 15 ②

제3과목

경영컨설팅

- **CHAPTER 01** 경영컨설팅의 이해
- **CHAPTER 02** 국내외 컨설팅산업
- **CHAPTER 03** 컨설턴트 요건
- **CHAPTER 04** 컨설팅 수행모델과 관리
- **CHAPTER 05** 컨설팅방법론
- **CHAPTER 06** 중소기업 컨설팅

회독체크

구 분	학습포인트	1회독	2회독	3회독
제1장	제1절 경영컨설팅의 개요	☐	☐	☐
	제2절 경영컨설팅의 이론	☐	☐	☐
제2장	제1절 컨설팅산업의 개요	☐	☐	☐
	제2절 경영컨설팅 역사 및 시장 현황	☐	☐	☐
제3장	제1절 경영컨설턴트의 이해	☐	☐	☐
	제2절 컨설턴트 기본스킬	☐	☐	☐
제4장	제1절 컨설팅 수행모델	☐	☐	☐
	제2절 분야별 컨설팅 관리	☐	☐	☐
제5장	제1절 컨설팅방법론 개요	☐	☐	☐
	제2절 문제해결 컨설팅 도구 활용	☐	☐	☐
	제3절 경영전략 컨설팅 도구 활용	☐	☐	☐
제6장	제1절 중소기업의 이해	☐	☐	☐
	제2절 중소기업 컨설팅	☐	☐	☐

☑ 칸에 학습진도를 체크하세요.

배우기만 하고 생각하지 않으면 얻는 것이 없고,
생각만 하고 배우지 않으면 위태롭다.

− 공자 −

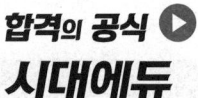

자격증 · 공무원 · 금융/보험 · 면허증 · 언어/외국어 · 검정고시/독학사 · 기업체/취업
이 시대의 모든 합격! 시대에듀에서 합격하세요!
www.youtube.com → 시대에듀 → 구독

CHAPTER 01 경영컨설팅의 이해

> **출제포인트**
> - 경영컨설팅의 개념 및 유형
> - 경영컨설팅 이론(공급측면, 수요측면 이론)

제1절 경영컨설팅의 개요

컨설팅(Consulting)이라는 용어는 전통적 경영컨설팅에서뿐만 아니라 지식서비스분야 전반에 걸쳐 전문지식의 자문이라는 측면에서 다양하게 사용되고 있다. 사전적 의미로는 자문이나 조언을 제공하는 서비스 활동이라고 하지만 실제 컨설팅 비즈니스에서는 솔루션(Solution)까지 제시해야 하므로, 보다 확장된 개념으로 이해하여야 한다.

1 경영컨설팅의 정의 및 속성 빈출도 ★★☆

(1) 사전적 의미

컨설팅의 사전적 의미로는 "특정 분야에 대해 전문적인 지식이나 정보, 전문성 등을 바탕으로 의뢰인으로부터 대가를 받고 자문이나 조언을 제공하는 서비스 활동"을 뜻한다.

(2) Greiner와 Metzger의 정의

경영컨설팅 분야의 대표적인 연구자인 Greiner와 Metzger(1983)의 정의는 다음과 같다.

> "경영컨설팅이란 특별한 훈련을 통해 일정한 가격을 갖춘 사람들이 고객과의 계약에 따라 독립적이고 객관적인 태도로 고객조직이 경영상의 문제들을 확인·분석하는 것을 도와주고, 이러한 문제들에 대한 해결안을 고객에게 추천하는 것이다. 또한 고객이 이러한 해결안을 실행함에 있어 도움을 요청했을 때 도움을 제공하는 어드바이스 서비스"이다.

(3) 일반적인 정의

경영컨설팅은 대상기업이나 조직에 대한 문제의 발견, 해결방안의 제안, 실행지원을 바탕으로 정의된다. 기존에는 경영컨설팅이 분석, 자문업무 위주로 수행되었으나 최근에는 권고한 실행안의 기획, 지도 및 훈련 등까지 포함하고 있다.

주요 기관과 학계에서 제시한 경영컨설팅의 정의는 다음과 같다.

〈표 3-1〉 기관 및 학계 컨설팅 정의

구 분		정 의
기 관	국제노동기구(ILO)	조직의 목적을 달성하는 데 있어서 경영과 업무상의 문제를 해결하고, 새로운 기회를 발견 및 포착하며, 학습을 촉진하고, 변화를 실현하는 관리자와 조직을 지원하는 독립적인 전문 서비스
	컨설팅협의회	컨설턴트가 지닌 특화된 지식, 기술 및 자산을 활용하여 전문적이고 객관적 조언을 제공함으로써 기업이 문제를 해결하고, 부가가치를 창출하며, 성장과 개선 등의 성과를 극대화하도록 지원하는 것
	한국경영기술지도사회	전문 자문역량을 갖춘 사람들이 독립적이고 객관적 방법으로 기업 경영상의 문제를 파악 및 분석하여 해결방안이나 개선책을 제시하고 이를 기업이 실행할 수 있도록 자문하는 전문서비스로서, 기업에 제반 경영상의 문제와 이슈에 관해 자문하고 지원하는 산업활동
	미국 경영컨설팅 엔지니어협회	특별히 훈련받고 경험을 쌓은 사람들이 기업 경영상의 여러 문제를 규명하고 해결하도록, 실질적인 해결방안을 제시하고 그 해결방안이 직시에 실시되도록 도와주기 위한 전문적 서비스를 제공하는 것
	영국 경영컨설팅협회	독립적이고 능력을 갖춘 사람들이 정책, 조직, 절차, 방법상의 문제점들을 연구 및 분석하고 적절한 해결책을 제시하며, 나아가 이를 수행할 수 있도록 돕는 것
	호주 경영컨설팅협회	목표설정 및 사업수행을 위해 보다 발전적인 계획, 조직, 동기부여, 소통 또는 자원활용을 통하여 경영자문 및 지도를 하는 행위
학 계	Nikolova&Devinney(2012)	기업경영자가 기업 내 여러 조직단위의 관리 및 운영문제를 식별하고 해결되도록 특별히 훈련하며 경험이 풍부한 전문가가 수행하는 전문적 서비스
	Butler.D.(2012)	경영 및 운영상의 문제 해결, 새로운 기회 파악 및 확보, 학습 강화, 변화관리를 통해 경영자와 조직이 목적 달성되도록 지원하는 독립적이고 전문적인 자문 서비스
	유현선(2010)	고객과는 독립적인 컨설턴트들이 자신 또는 (컨설팅) 기업의 계약을 토대로 (고객)기업이나 조직의 사업계획 및 운영에 관해 진단, 지도, 훈련, 상담 등의 자문활동을 수행하는 것

출처 : 기술신용평가입문(김진희, 2022) 내용을 토대로 저자 재정리

(4) 협의의 컨설팅 및 광의의 컨설팅

고객의 문제해결에 주안점을 두고 정의하는 전통적 경영컨설팅을 협의의 컨설팅이라 하고, 지식서비스컨설팅까지 포함한 현재의 컨설팅을 광의의 컨설팅이라고 한다(나도성, 2019).

2 경영컨설팅의 기본속성 빈출도 ★☆☆

경영컨설팅은 컨설팅의 본질이라 할 수 있는 전문성이 있어야 하고, 산업으로 유지하기 위해서는 사업성과 고객지향성을 갖춰야 하며, 환경변화에 맞춰 환경대응성도 지녀야 한다. 최근에는 ESG 경영이 점차 중요해지면서 환경대응성은 더욱 더 중요해지고 있다.

<표 3-2> 경영컨설팅의 4가지 기본속성

구 분	내 용
전문성	• 고객이 컨설팅에 대한 타당성과 신뢰성을 결정하는 요소임 • 컨설팅에 있어 가장 핵심적인 속성임
사업성	• 컨설팅 조직이나 개인은 영리적인 목적을 가짐 • 컨설팅은 전문서비스로서의 상품적 가치를 지녀야 하며, 고객은 이들이 제공하는 컨설팅에 대한 대가를 지불해야 함
고객지향성	투철한 고객 지향적 서비스 정신이 요구되고, 고객의 문제와 고충을 이해하며, 고객만족을 위해 최선을 다하여 컨설팅 결과물의 효용가치가 극대화되도록 고도의 전문성과 윤리성을 발휘할 수 있어야 함
환경대응성	기술의 발전, 친환경 관리 및 경영, 지속가능 경영 등 변화하는 사회와 산업환경 변화에 따라 계속해서 진화해 나가야 존재할 수 있음

출처 : 기술신용평가입문(김진희, 2022)

개념체크OX

01 경영컨설팅의 4가지 속성은 전문성, 미래지향성, 고객지향성, 환경대응성이다. O X

정답 X

3 경영컨설팅의 목적 및 유형

(1) 경영컨설팅의 수요요인

특히 중소기업은 내부에 전문가 수준의 인적자원을 고정적으로 갖추기가 쉽지 않다. 이러한 한계를 극복하기 위해 기업은 외부전문가의 역량을 활용하게 된다.

경영컨설팅의 수요요인
- 기업 내 전문지식 부족
- 추가 도움 또는 자원의 확보
- 빠른 문제 해결 등
- 독립적이며 객관적인 조언 필요
- 기업 내 인력부족

출처 : 기술신용평가입문(김진희, 2022)

(2) 경영컨설팅의 목적

경영컨설팅은 기업의 동기부여와 혁신적인 변화 및 창조적 가치를 이끌어 내는 것을 목적으로 한다.

경영컨설팅의 목적
- 조직이 추구하는 바와 목적의 달성
- 새로운 기회의 발견과 활용
- 변화의 실행
- 경영과 비즈니스상의 문제 해결
- 학습의 증진

출처 : 경영컨설팅실무방법론(권혁진 외, 2016)

(3) 중소기업 컨설팅의 대상과 목표

중소기업 컨설팅의 대상과 목표를 다음과 같이 세부적으로 나누어 볼 수 있다.

〈표 3-3〉 컨설팅의 대상과 목표

대 상	목 표	컨설팅 구조와 방법
가 치	가치 창조	• 내부 : 제품의 기능 개선, 신제품R&D 등 • 외부 : 유통구조 개선, 전략적 협력 등
효 용	효용 극대화	• 관리·조직화, 생산체계, 제품기능, 서비스창조 등
가 격	적정 가격	• 마케팅관리, 거래협상, 브랜드가치 등
비 용	비용 최소화	• 생산성 향상 및 원가관리, 공정관리 • 구매원 및 적정한 구매원천
수 익	이익 최대화/최적화	• 자본구조, 조직시스템, 영업구조 등

출처 : 중소기업기술정보진흥원(2011), 기술신용평가입문(김진희, 2022)

(4) 컨설팅의 유형

국내외 컨설팅시장에는 다양한 컨설팅서비스가 존재한다. 컨설팅의 정의나 이론에 대한 학술적 연구가 충분히 축적되지 않은 상황에서 컨설팅 현장의 실천적 문제해결 서비스로서 컨설팅서비스가 확산된 결과이다(나도성, 2019).

다양한 컨설팅서비스가 존재하기에 컨설팅의 유형도 분류 방식에 따라 다양하다. 계약내용에 따른 분류, 법령에 따른 분류, 수행업무 영역별 분류, 수행주체별 분류, 중대형 컨설팅사 수행분야별 분류는 다음과 같다.

① 계약내용에 따른 분류

구 분	내 용
조언·자문형 컨설팅	컨설턴트가 고객의 문제를 규명(진단)하고 문제해결을 위한 처방(솔루션)을 제시하면 이에 대한 실행은 의뢰인 스스로 행하는 컨설팅 유형
실행형 컨설팅	컨설턴트가 고객의 문제에 대하여 최선의 해결책을 제안할 뿐만 아니라, 의뢰인이 수행하기 어려운 경우에는 의뢰인과의 합의에 따라 컨설턴트가 제안한 혁신과 개선제안을 컨설턴트가 직접 수행하는 유형

② 법령에 따른 분류

경영지도사 및 기술지도사에 관한 법률에서는 컨설팅 업무를 다음과 같이 분류하고 있다.

㉠ 인적자원관리
㉡ 재무관리
㉢ 생산관리
㉣ 마케팅관리
㉤ 기술지도(기술혁신관리, 정보기술관리)

③ 수행업무 영역별 분류

구 분	내 용
전사개선 컨설팅	• 기업 전반을 대상으로 실시하는 컨설팅 • 기존의 업무수행 활동을 개량시키는 수준으로 혁신의 정도는 낮은 편임
부문개선 컨설팅	• 특정분야나 기능에 한정하여 실시하는 컨설팅 • 기존의 업무수행 활동을 개량시키는 수준으로 혁신의 정도는 낮은 편임
전사혁신 컨설팅	• 기업에 근본적인 변화를 가져다주는 컨설팅 • 혁신의 정도가 깊고 범위가 넓음
부문혁신 컨설팅	• 특정분야나 기능에 한정하여 실시하는 컨설팅 • 혁신의 정도는 깊고, 속도에서는 신속한 변화를 강조함

출처 : 기술신용평가입문(김진희, 2022)

④ 수행주체별 분류 빈출도 ★☆☆

구 분	내 용
아웃바운드 컨설팅	• 외부전문가가 기업이나 고객에게 컨설팅 서비스를 제공함 • 컨설팅은 태생적으로는 아웃바운드 서비스 속성을 띠고 있음 • (장점) 인하우스 컨설팅보다 기밀유지 속성이 강함
인하우스 컨설팅	• 조직 내부에 컨설팅 부서를 두고 컨설팅 서비스를 제공함 • 회사 간 경쟁이 치열해지면서 인하우스 컨설팅이 늘고 있음 • (장점) 아웃바운드 컨설팅보다 배태성, 경제성 측면에서 유리함 (단점) 독립성과 객관성이 결여되고 여러 기업의 다양한 상황에 대한 경험이 부족함

⑤ 중대형 컨설팅사 수행분야별 분류

구 분	컨설팅 주요 수행주제
운영컨설팅	• 공급망 관리(SCM)의 효율화 • 효율적인 세금관리 • 효과적인 아웃소싱 도입
조직컨설팅	• 인력 채용 및 소싱 • 인재관리를 통한 성과 창출 • 효율적인 조직 운영 • 다양한 HR 성과지표의 효과적 관리
전략컨설팅	• 비전 및 전략 개발 • 내부 조율 및 전략의 효율적 이행 • 성장동력 발굴 – 인수합병 등 포트폴리오 조정
재무회계컨설팅	• 투명성 향상 • 의사결정 효율성 제고
규제/준수/위험관리	• 규제와 법률 • 글로벌화 • 평판 및 대중적 인지
변화관리컨설팅	• 비즈니스 모델 혁신 • 운영성과 향상 • 조직 및 성과관리 제고
진단컨설팅	• 경영진단 • 조직진단

출처 : 컨설팅 다시보기

> **개념체크 OX**
>
> 01 경영지도사 및 기술지도사에 관한 법률에서 정한 컨설팅 업무로는 인적자원관리, 재무관리, 변화관리, 조직관리, 마케팅관리, 기술혁신관리, 정보기술관리이다. O X
>
> 02 전사혁신 컨설팅은 기업에 근본적인 변화를 가져다주는 컨설팅으로, 혁신의 정도가 깊고 범위가 넓은 것이 특징이다. O X
>
> 정답 X, O

제2절 경영컨설팅의 이론

그동안 학계와 컨설팅 업계에서는 컨설팅서비스에 대한 다양한 이론적 근거를 제시해 왔다. 컨설팅의 이론에 대한 논의는 컨설팅모델에 대한 이론적 논의로서 공급측면의 이론이 제시되었고, 컨설팅의 경제사회적 역할에 대해서는 수요측면의 이론으로 구분하여 제시하였다.

1 공급측면의 이론 빈출도 ★★★

경영컨설팅을 고객에게 제공하는 공급자로서 컨설턴트의 역할에 근거한 이론으로 전문가모델, 사회학습모델, 비판모델과 이 3가지 모델을 통합한 통합모델*이 있다.

*통합모델은 방법론적 지식을 기반으로 학문적 이론체계보다는 현장의 문제해결을 위한 방법론으로서 나도성(2019)이 주장한 이론이다.

구 분	내 용
전문가모델	• 컨설팅에 관한 가장 초기 이론으로 컨설팅의 전형적 관점(stereo-type)을 제시함 • 고객에게 탈(脫)맥락적이고 객관적이며 합리적 전문기술을 제공함 • 전문지식의 수요에 비해 공급이 과잉 상태에 있어 시대변화에 부응한 신지식의 선점 및 차별적 경쟁우위를 확보해야 함 • 정보화시대 및 4차 산업혁명시대에는 지식과 정보에 대한 접근성이 완화되면서 한계에 봉착함
사회학습모델	• 행동과학이론에 기원을 두고 있음 • 고객과 컨설턴트 간 공동작업과 고객의 컨설팅 참여를 강조함 • 컨설턴트는 공공학습 과정에 참여함으로써 기업이 자신의 문제를 직접 해결할 수 있도록 지원함 • 동 모델은 참여 및 학습, 실행을 강조하면서 컨설턴트의 전문지식과 고객의 깊은 지식을 결합하는 것임 ※ 전문가모델이 컨설팅서비스 공급자 우위 모델이라면, 사회학습모델은 공급자와 수요자 간의 상호작용을 통한 문제해결과 지식전이를 고려한 모델임
비판모델	• 컨설턴트는 인상관리로서 충실하며 고객과 상호관계는 일종의 상호작용으로서 설득시스템에 불과하다는 비판적 접근법임 • 컨설턴트는 고객 상호작용 과정에서 프로세스를 단순화하기 위해서 툴과 테크닉에 초점을 맞춰 고객의 역할을 과소평가하는 경향이 있다는 비판론임
통합모델	• 방법론적 지식을 기반으로 컨설턴트와 고객이 협력하여 과학적·합리적·시스템적으로 문제를 해결하는 것에 주목함 • 컨설팅은 학문적 이론체계의 목적보다는 현장의 문제해결을 위한 방법론으로서 수단이라는 점이 더욱 중요함

〈표 3-4〉 컨설팅의 공급측면 이론 비교

구 분	전문가모델	사회학습모델	비판모델
컨설턴트 역할	• 전문지식 판매자 : Yan Aharoni (1997) • 닥터 : Gallessich(1982)	• 도움을 주는 자 : Schein(1999) • 반성적 실무자 : Schon(1983)	• 수사가 • 인상관리자 및 스토리텔러 • 경영유행창출자 • 경영자 동맹
고객요구	• 실행 전문지식 필요	• 밀접한 상호작용 • 지식의 이전	• 사회적 정당성 확보
컨설팅 본질	• 고객 문제해결을 위한 지식의 자문	• 고객 문제해결 과정에서 상호작용	• 경영의 유행을 창출하고 확산
컨설팅 지식	• 탈맥락적, 객관적, 합리적 • 객관주의 · 사실주의 관점	• 상호작용의 맥락적 지식 • 구성주의 · 해석주의 관점	• 제도화된 신화 • 이미지, 스토리, 상징으로 표현된 합리성의 대체물

출처 : 기술신용평가사 3급 자격검정수험서(나도성, 2019) 내용을 토대로 저자 재정리

2 수요측면의 이론 빈출도 ★★★

컨설팅을 제공받는 수요자로서 고객이 왜 컨설팅을 필요로 하고 시장이 왜 존재하는지에 대한 이론이다. 수요측면의 이론은 신(新)제도형성이론, 신호이론, 거래비용이론, 배태이론으로 구분된다.

구 분	내 용
신제도형성 이론	• 수요자가 사회 논리적으로 정당하다고 받아들이는 새로운 제도를 제공하고 확산시키는 역할을 수행함. 사회학적 개념인 신제도주의이론을 적용한 이론임 • 기업들은 기술적 효율성보다는 사회적으로 정당하다고 인정하는 경영혁신기법 또는 경영아이디어를 도입한다고 보는 견해임
신호이론	• 컨설팅은 경제적 측면에서 신뢰성이나 불확실성이 높은 서비스로 공급자의 위상과 품질, 신뢰성에 대한 강한 신호를 보내야 한다는 이론임 • 신호이론은 사회 논리적으로 정당하고 유효한 해법이 제공된다는 사실을 수요자에게 알리기 위해서 강한 신호를 보내야 한다는 점을 강조함
거래비용이론	• 경제학의 거래비용이론을 근거로 컨설팅의 거래빈도가 낮은 경우는 시장에서 컨설팅서비스를 구매하는 반면에 자주 발생하는 과업의 경우는 내부에서 인하우스 컨설팅을 진행하는 것이 유리함 • 컨설팅 수요자인 기업은 불확실성이 크면 내부화, 통제 가능하면 외부 구매, 거래빈도가 자주 발생하면 내부화, 거래빈도가 낮은 경우 외부 구매, 자산특수성이 크면 내부화, 부족하면 외부화함
배태이론	• 기업이나 조직이 컨설팅서비스를 시장에서 구매할지, 내부화할지는 거래비용을 고려하겠지만 구매결정에는 사회적 배태성이 더 중요한 역할을 한다는 주장임(배태성이란 대부분의 사람들이 일단 제도가 형성되면 대안의 제도를 생각하지 않고, 그냥 그것에 안착하기를 원하는 성향을 말함) • 컨설팅서비스를 구매하는 이유로 거래비용보다 불확실성이 더 큰 요인으로 작용하기도 함 • 컨설팅서비스가 수요자와 공급자의 인간적인 네트워크에 더 의존하는 경향을 보이는 것도 배태이론이 작동하기 때문이라고 봄

개념체크OX

01 컨설팅 이론 중 공급측면의 이론으로는 전문가모델, 사회학습모델, 비판모델과 이 3가지 모델을 통합한 통합모델이 있다. O X

02 컨설팅의 거래빈도가 낮은 경우는 시장에서 컨설팅서비스를 구매하는 반면에, 자주 발생하는 과업의 경우는 내부에서 인하우스 컨설팅을 진행하는 것이 유리하다고 주장한 이론은 신호이론이다. O X

정답 O, X

CHAPTER 01 | 경영컨설팅의 이해

단원별 출제예상문제

01 경영컨설팅에 대한 설명으로 옳지 않은 것은?

① 컨설팅시장의 형성 및 작동에 따라 경영컨설팅 정의도 다양하게 전개되고 있다.
② 컨설팅의 사전적 의미로는 "특정 분야에 대해 전문적인 지식이나 정보, 전문성 등을 바탕으로 의뢰인으로부터 대가를 받고 자문이나 조언(助言)을 제공하는 서비스 활동"을 말한다.
③ 실제 컨설팅 비즈니스에서는 사전적 의미를 넘어서 솔루션을 제시하여야 한다.
④ 최근에는 경영컨설팅이 분석 및 자문 업무 중심으로 이루어지고 있다.
⑤ 경영컨설팅은 대상기업이나 조직에 대한 문제의 발견, 해결방안의 제안, 실행지원을 바탕으로 정의된다.

해설 기존에는 경영컨설팅이 분석 및 자문 업무 중심으로 이루어졌으나, 최근에는 권고한 실행안의 기획, 지도 및 훈련 등으로 확대되는 경향을 보이고 있다.

02 경영컨설팅 기본속성 중 다음 설명은 어떤 속성과 가장 관련이 깊은가?

> 컨설팅에 있어 가장 핵심적인 속성으로 고객이 컨설팅에 대한 타당성과 신뢰성을 결정하는 요소가 된다.

① 사업성 ② 전문성
③ 고객지향성 ④ 환경대응성
⑤ 논리성

해설 경영컨설팅에서 전문성은 컨설팅의 본질이라고 할 수 있으며, 산업으로 유지되기 위해서는 사업성과 고객지향성을 갖춰야 한다. 또한 컨설팅은 환경변화에 대응해서 계속 진화해 나가야 존재할 수 있다.

03 중소기업의 컨설팅 목적으로 옳지 않은 것은?

① 조직이 추구하는 바와 목적의 달성
② 경영과 비즈니스의 문제 해결
③ 새로운 기회의 발견과 활용
④ 고정관념의 배제
⑤ 변화의 실행

해설 중소기업의 컨설팅을 주목적으로 운영하는 한국경영기술지도사회는 중소기업의 컨설팅 목적을 5가지로 제시하고 있다. 즉, 조직이 추구하는 목적의 달성, 경영과 비즈니스의 문제 해결, 새로운 기회의 발견과 활용, 학습의 증대, 변화의 실행이다.

04 컨설팅의 공급측면 이론 중 하나인 사회학습모델과 가장 가까운 내용은?

① 컨설턴트의 지식은 객관적이고 합리적이라는 가정하에 고객의 문제해결을 위하여 고객에게 이전한다고 보았다.
② 고객과의 상호작용 과정에서 프로세스를 단순화하기 위해 룰과 테크닉에 초점을 맞추면서 고객의 역할을 과소평가하는 경향이 있는 비판론에 근거하고 있다.
③ 행동과학이론에 기원을 두고 있으며, 고객과 컨설턴트 간 공동작업과 고객의 컨설팅 참여를 강조하고 있다.
④ 방법론적 지식을 기반으로 컨설턴트와 고객이 협력하여 과학적·합리적·시스템적으로 문제를 해결하는 것에 집중한다.
⑤ 컨설턴트의 위상, 품질, 신뢰성에 대한 강한 신호를 받고 이를 수용한다는 이론이다.

> **해설** 사회학습모델은 고객과 컨설턴트 간 공동작업과 고객의 컨설팅 참여를 강조하고 있다.
> ※ 경영컨설팅의 배경이론 중 공급측면 이론에는 전문가모델(①, ⑤), 사회학습모델(③), 비판모델(②), 통합모델(④)이 있다.

05 다음 설명과 가장 관련이 깊은 이론은?

> • 컨설팅 서비스를 구매하는 이유로 거래비용보다 불확실성이 더 큰 요인으로 작용한다.
> • 이 이론이 작동하는 것은 컨설팅서비스가 수요자와 공급자의 인간적인 네트워크에 의존하면 대안적 제도를 생각하지 않으려는 성향이 나타나기 때문이다.

① 신제도 형성이론 ② 신호이론
③ 거래비용이론 ④ 통합이론
⑤ 배태이론

> **해설** 배태이론이란 기업이나 조직이 컨설팅서비스를 시장에서 구매할지 혹은 내부화할지는 거래비용을 고려하겠지만 구매결정에는 사회적 배태성이 더 중요한 역할을 한다는 주장이다.
> ※ 경영컨설팅의 배경이론 중 수요측면 이론에는 신제도 형성이론, 신호이론, 거래비용이론, 배태이론이 있다.

06 컨설팅의 수행주체별 분류의 설명으로 옳지 않은 것은?

① 컨설팅의 수행주체별 분류는 아웃바운드 컨설팅과 인하우스 컨설팅으로 구분된다.
② 외부전문가가 기업에 컨설팅을 제공하는 형태를 아웃바운드 컨설팅이라 하며, 조직내부에 컨설팅 부서를 두고 서비스를 제공하는 것은 인하우스 컨설팅이라고 한다.
③ 컨설팅서비스는 기본적으로 인하우스 서비스 속성이 강하다고 할 수 있다.
④ 인하우스 컨설팅은 아웃바운드 컨설팅에 비해 전문성, 경제성 측면에서 유리하기 때문에 지속적으로 증가하는 추세이다.
⑤ 인하우스 컨설팅은 독립성과 객관성이 결여되고, 여러 기업의 다양한 상황에 대한 경험이 부족하다는 약점이 있을 수 있다.

> **해설** 컨설팅 관련한 이론과 실무에 대한 연구와 논의는 대부분 아웃바운드 컨설팅 중심으로 진행되었다.

정답 01 ④ 02 ② 03 ④ 04 ③ 05 ⑤ 06 ③

CHAPTER 02 국내외 컨설팅산업

> **출제포인트**
> - 컨설팅산업의 정의 및 인프라
> - 컨설팅산업의 역사

제1절 컨설팅산업의 개요

1 컨설팅산업의 의미

컨설팅산업은 선진국에서 이미 100년이 넘는 역사를 가지고 있는데 초기에는 주로 엔지니어링 및 재무 분야에서 시작되었고 그 후 점점 더 영역을 넓혀 나갔다. 반세기 전부터는 컨설팅산업이 매우 유망한 산업으로 성장하고 있다.

(1) 종합적인 정의

컨설팅산업은 타 산업의 지식집약화와 고부가가치화를 지원하는 대표적인 지식서비스 산업이라 볼 수 있다.

(2) 컨설팅산업의 범위

경영지도사 및 기술지도사에 관한 법률에서는 "중소기업 기술문제에 대한 종합진단과 기술경영, 연구개발, 기술고도화의 진단·지도, 정보통신, 시스템응용, 소프트웨어의 진단·지도 등에 대한 상담, 자문" 등을 컨설팅의 범위에 포함시키고 있다. 또한 IT컨설팅도 컨설팅산업에 포함되어 대형 컨설팅회사의 주력사업 중 하나가 되었다.

(3) 컨설팅산업의 성격

컨설팅산업은 Hard-Ware의 성격을 갖는 자동차산업, Soft-Ware의 성격을 갖는 유통업과 달리 전체 산업구조에서 지식을 통한 부가가치의 창출이라는 측면에서 Knowledge-Ware로 분류되고 있다.

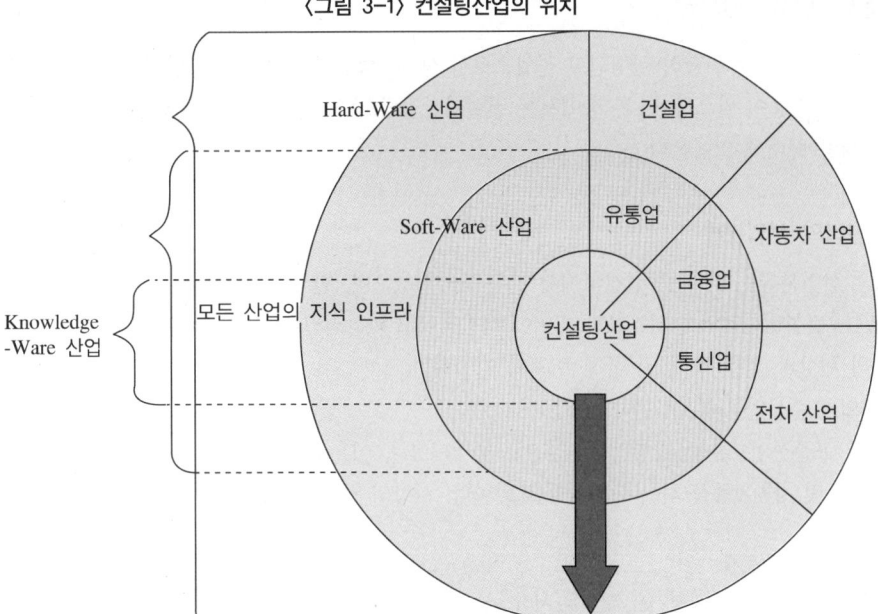

〈그림 3-1〉 컨설팅산업의 위치

출처 : 박진수(2005), 컨설팅산업 발전방안, 산업연구원

요약하면, 컨설팅산업은 지식기반의 고부가가치 산업이자 산업전반에 대한 전·후방 연쇄효과가 큰 산업으로 벤처기업 및 첨단분야 기업들의 발전속도를 가속화시켜 주고, 기존 산업의 디지털 전환에도 기여한다는 점에서 컨설팅산업에 대한 중요도가 높아지고 있는 추세이다.

(4) 컨설팅산업 역할과 중요성

① 국민경제적 측면
  ㉠ 산업 구조의 측면에서 보면 컨설팅산업의 활성화는 제조업 기반 생산형 경제에서 지식서비스업 기반 혁신형 경제로의 산업구조 고도화를 촉진할 수 있다.
  ㉡ 국가적 측면에서 컨설팅산업은 거시 경제정책의 지적 인프라로서의 역할을 수행하며 각 산업별로 선진 경영기법 및 한국형 경영기법을 널리 전파하는 기능도 가지고 있다.
  ㉢ 서비스부문에서의 고용창출 효과가 높은 산업이다.

② 수요기업 측면
  ㉠ 기업의 입장에서는 전문성과 객관성을 기반으로 한 컨설팅을 통해 경영상의 효율성과 효과성을 추구할 수 있다.
  ㉡ 새로운 기업의 전략적 기회를 탐색하고 주요 사업방향에 큰 시사점을 제공해 줄 수 있다.
  ㉢ 기업 내부에서 해결하기 어렵고 복잡한 문제들을 전문지식을 갖춘 외부 인력들의 아웃소싱을 통하여 명쾌하게 해결할 수 있는 계기를 갖는다.

2 컨설팅산업의 인프라

컨설팅서비스가 현장에서 원활히 실행되고 산업으로서 성장·발전하기 위해서는 법적, 제도적, 규범적 기반구조의 구축과 활용이 필요하다. 본 장에서는 컨설팅산업의 주요 인프라로서 업종분류, 국가표준, 자격제도, 관련 법령에 대해 알아본다.

(1) 컨설팅산업의 산업분류

컨설팅의 산업분류는 미국 등 선진국에서 먼저 도입되었으며, 한국은 1990년대에 처음 도입되어 진화하고 있다. 컨설팅산업의 산업분류가 되어야 객관적이고 과학적인 통계 및 데이터 분석을 통한 국민경제에서의 위상과 역할 정의 및 국제 비교가 가능하다.

① 한국의 표준산업분류(2017년 제10차 KSIC10)

한국은 표준산업분류상 '경영컨설팅업'으로 한정되었다. 이는 다른 사업체에게 사업경영 문제에 대해서 자문 및 지원활동을 하는 산업활동을 말한다. 시장의 컨설팅 진화에 비해서 좁게 규정된 것이다.

> 한국 표준산업분류
> - 대분류 : M 전문, 과학기술 및 기술서비스업
> - 중분류 : 71 전문서비스업
> - 소분류 : 715 회사본부 및 경영컨설팅서비스업
> - 세분류 : 7153 경영컨설팅 및 공공관계서비스업
> - 세세분류 : 71531 경영컨설팅업

② 미국의 표준산업분류

미국은 컨설팅산업이 세세분류까지 6단계로 자세하게 분류되어 있어 컨설팅시장이 활성화되어 있는 컨설팅산업의 글로벌 선두 국가이다.

> 미국 표준산업분류(North American Industry Classification System)
> - 중분류 : 54 전문과학기술서비스
> - 소분류 : 5416 경영, 과학 및 기술 컨설팅서비스
> - 세분류 : ① 54161 경영컨설팅서비스
>   ② 54162 환경컨설팅서비스
>   ③ 54169 기타 과학기술컨설팅서비스
> - 세세분류 : ① 541611 행정 및 일반경영컨설팅서비스
>   ② 541612 인적자원컨설팅서비스
>   ③ 541613 마케팅컨설팅서비스
>   ④ 541614 프로세스, 자원배분, 물류 컨설팅서비스
>   ⑤ 541618 기타 경영컨설팅서비스
>   ⑥ 541620 환경컨설팅서비스
>   ⑦ 541690 기타 과학 및 기술 컨설팅서비스

(2) 컨설팅의 표준규격

① 국가표준규격

우리나라 경영컨설팅서비스는 국가표준이 2007년에 제정되었다. 이는 경영컨설팅서비스가 하나의 산업분야로 분류되면서 동 산업의 핵심 플레이어인 경영컨설팅 기업이 구비해야 할 기본요건을 표준화된 규격으로 제시한 것이다. 국가기술표준원에서 관장하는 컨설팅 표준규격은 제정 이후 2012년, 2017년, 2022년에 개정되었다.

㉠ 경영컨설팅서비스(컨설팅 프로세스) : KS S 1010-1 : 2012 (2022 확인)
㉡ 경영컨설팅서비스(컨설팅 기반구조) : KS S 1010-2 : 2012 (2022 확인)

〈표 3-5〉 경영컨설팅서비스 프로세스

구 분	내 용
적용범위	고객을 대상으로 한 경영컨설팅 전 과정
인용표준	KS S 1010-1 : 2012 (2022 확인) 경영컨설팅서비스 - 제1부 : 프로세스
프로세스 조항	1. 적용범위 → 2. 인용표준 → 3. 용어와 정의 → 4. 사전진단 → 5. 제안요구서 작성 → 6. 컨설팅 제안 → 7. 컨설팅 실적확인 및 증명 → 8. 컨설팅 계약 → 9. 기초조사 → 10. 수행계획서 → 11. 컨설팅 수행 → 12. 보고서 → 13. 컨설팅 수행 종료 → 14. 불만 처리 → 15. 피해 보상 → 16. 사후관리

출처 : 국가표준인증 통합정보시스템(표준번호 KS S 1010-1)

경영컨설팅서비스의 수행프로세스는 16개 조항으로 구성되어 있으며, 수행을 위한 컨설팅사들이 갖추어야 할 기반구조는 11개 조항으로 구성되어 있다.

경영컨설팅서비스 프로세스 및 기반구조의 진행과정별 세부 구성 요소는 다음 〈표 3-6〉과 같다.

〈표 3-6〉 경영컨설팅서비스 기반구조

구 분	내 용
1. 적용범위	경영컨설팅서비스를 제공하는 모든 경영컨설팅사에 적용
2. 인용표준	KS S 1010-2 : 2012 (2022 확인) 경영컨설팅서비스 - 제2부 : 기반구조
3. 용어와 정의	-
4. 조직 및 인력	4.1 컨설팅사의 조직 및 인력 4.2 컨설턴트의 컨설팅 수행능력
5. 시 설	5.1 업무환경 5.2 데이터베이스 5.3 보안시설
6. 교육훈련	6.1 신규 컨설턴트 입문교육 : 교육시기, 교육시간, 교육과목 및 훈련방법, 강사 6.2 경력 컨설턴트 보수교육 : 교육프로그램, 교육시간, 교육과목, 강사 6.3 교육 실시 : 교육주관, 공동프로그램, 교육관리, 교육담당자의 임무, 평가, 온라인 교육
7. 프로젝트 관리	7.1 범위 7.2 책임자 선정 7.3 지침서 작성 7.4 계획수립 및 이행 7.5 교육 7.6 모니터링 및 평가

	8.1 독립성 유지
8. 컨설팅 윤리	8.2 고객이익 우선 8.3 부당거래 금지 8.4 부당한 제안요구 거절 8.5 적정수임료 8.6 고객정보 관리
9. 품질관리	–
10. 불만처리 및 피해보상 체계	–
11. 고객의 소리 및 고객 만족도 평가	–

출처 : 국가표준인증 통합정보시스템(표준번호 KS S 1010-2)

② 경영컨설팅의 국제표준(ISO 20700)

국제표준화기구(ISO)는 2017년 6월 경영컨설팅서비스 가이드라인으로 ISO 20700을 제정·발표하였다. 이는 경영컨설팅서비스의 국제표준을 제시한 것이다.

개념체크OX

01 컨설팅산업은 타 산업의 지식집약화와 고부가가치화를 지원하는 대표적인 지식서비스산업이다. O X

02 우리나라 컨설팅산업의 표준산업분류상으로는 "경영컨설팅업" 외에 "환경컨설팅업", "과학기술컨설팅업"으로 분류하고 있다. O X

정답 O, X

---

(3) 컨설턴트 자격증제도

① 컨설팅 자격증의 종류

한국의 컨설팅 전문인력을 공증하는 자격증제도는 국가자격증, 민간자격증 그리고 국제자격증 세 가지로 분류된다.

㉠ 국가자격증 : 국가공인 자격으로는 '경영지도사 및 기술지도사 제도'가 있으며, 본 제도와 관련한 내용은 2020년 4월에 제정된 경영지도사 및 기술지도사에 관한 법률에 담겨 있다. 본 법률에서는 지도사의 업무, 자격과 시험, 등록과 갱신, 권리와 의무, 양성과 교육 등에 관한 내용들이 규정되어 있다.

㉡ 민간자격증 : 한국능률협회컨설팅, 한국생산성본부, 한국표준협회, 한국서비스진흥협회, 한국프렌차이즈협회 등 다양한 종류의 컨설턴트 민간 자격증이 있다.

㉢ 국제자격증 : 국제경영컨설팅협회(ICMCI)에서 표준 CMC 프레임워크 역량모델에 근거한 자격인증 프로세스를 거쳐서 부여하는 CMC자격증 제도가 있다. 전 세계 51개국이 가입되어 있으며, 우리나라에서는 한국경영기술지도사회가 사무국을 맡고 있다.

(4) 컨설팅 관련 법령

우리나라 컨설팅산업은 민간 자유 계약에 의한 용역서비스가 가장 큰 시장을 형성하고 있다. 시장논리에 의한 용역서비스 외에 관련 법령, 각 지방자치단체의 조례 등에 의해서 소상공인 및 중소기업의 경쟁력 강화를 위한 컨설팅 지원, 컨설팅 지원기관의 설립 및 운영, 상담회사 및 컨설팅회사 운영, 컨설턴트 선발 및 운영 등에 대해 규정하고 있어 컨설팅산업의 기반을 형성하고 있다.

〈표 3-7〉 컨설팅 관련 법령

법률명	주요내용
경영지도사 및 기술지도사에 관한 법률	지도사의 업무범위 및 법적 지정 내용
중소기업 관계 법령	중소기업기본법 외 23개 및 그 하위 법령
사회적기업육성법	사회적 기업에 대한 컨설팅 지원
협동조합기본법 및 시행령	협동조합에 대한 경영지원 및 교육훈련지원
농업·농촌 및 식품산업 기본법	농업경영체의 기술수준 및 경영능력 제고
조세특례제한법 시행령	제주지역 보건의료기술 연구개발서비스업(컨설팅 등) 법인세 감면지원
국가 과학기술 경쟁력 강화를 위한 이공계지원특별법	연구개발서비스업의 정의에 컨설팅 포함
산업집적 활성화 및 공장 설립법	경영컨설팅 기업의 산업단지 입주자격
정보통신기반보호법	정보보호 컨설팅 전문업체의 지정, 합병, 취소 등
환경기술개발 및 지원에 관한 법률	환경컨설팅회사의 등록, 지원 등
환경친화적 산업구조로의 전환촉진에 관한 법률	환경경영컨설팅사업 육성을 위한 사업 지원

출처 : 기술신용평가입문(김진희, 2022)

제2절 경영컨설팅 역사 및 시장 현황

경영컨설팅의 역사는 세계 컨설팅 역사와 맥을 같이 한다. 산업혁명 이후 자본주의 시장경제의 진화과정에서 컨설팅이 발전해 온 역사를 시대별로 나눠서 살펴보면 경영컨설팅을 이해하는 데 도움이 될 것이다.

1 세계 컨설팅의 역사 빈출도 ★☆☆

(1) 경영컨설팅의 개화(1889년대~1910년대)

산업이 복잡해지고 기업의 규모가 커지면서 경영자들이 전문가를 필요로 하게 되었고, 1886년 최초의 경영컨설팅회사 Arthur D. Little이 설립되었다.

① 1886년 MIT 교수 Arthur D. Little은 자신의 이름으로 초기형태 컨설팅회사를 설립하였다.

② 1890년대 Taylor는 과학적 관리기법(Scientific Management Theory)을 연구하면서 컨설턴트로 활약하였다.

③ 19세기 말부터 20세기 초까지 유수의 컨설팅사가 등장하였다.

　㉠ 1898년 Coopers & Lybrand와 Pricewaterhouse Coopers가 설립되었다.

　㉡ 1914년 Arthur Anderson LLP 회계컨설팅사가 등장하였다.

(2) 경영컨설팅 산업의 발달(1920년대~1940년대)

미국의 은행법과 자본시장법으로 인해 은행, 변호사, 회계사, 엔지니어의 컨설팅 활동이 규제되면서 경영컨설팅산업의 산업기반이 마련되었고, 미국 유수의 MBA 출신들이 경영컨설팅회사로 영입되었다.

① 1929년 대공황 이후 규제법률의 결과, 미국 컨설팅회사들이 1930년에 100개에서 1940년대에는 4배가량 성장하였다.
② 1926년 Mckinsey & Company와 A.T. Kearney 설립으로 관리, 공학, 회계의 연합이 형성되었다.
③ 미국 유수의 경영대학원 MBA 출신 인재를 컨설턴트로 선발하기 시작하였다.

(3) 정보기술 컨설팅 및 전략 컨설팅의 등장(1950년대~1960년대)

미국의 정보담합 및 독점규제 정책으로 컴퓨터업체들이 컴퓨터 컨설팅자문이 금지되면서 대형회계법인들이 정보기술 컨설팅 부문을 확장하였고, 브루스 핸더슨이 보스톤컨설팅그룹을 창업하면서 전략컨설팅이 본격적으로 등장하였다.

① 1950년대 기업 간 정보담합 및 독점규제 정책은 컨설팅 성장에 기여하였고, IBM 같은 컴퓨터업체의 컴퓨터 컨설팅 자문 금지는 대형회계회사의 정보기술컨설팅 확장에 도움을 주었다.
② 유수 MBA 출신들이 대거 컨설팅 회사에 영입되었다.
③ 1950년대 말 1세대인 과학적 관리(조직관리 및 공정관리 중심)에서 2세대 컨설팅서비스(인간중심의 컨설팅서비스)로 전환이 본격화되었다.
④ 1963년 GE의 전략계획가 Bruce Henderson이 이적하여 BCG를 창업하고 전략컨설팅이 등장하였다.
⑤ 컨설팅산업은 1960년대 초에 국제화가 시작되어 미국의 경영컨설팅회사가 유럽으로 진출, 우수한 컨설팅 모델과 경험을 바탕으로 유럽시장을 장악해 나갔다.

(4) 전략컨설팅의 황금시대 및 IT컨설팅의 확산(1970년대~1980년대)

오일쇼크로 인한 세계적인 불황으로 전략컨설팅이 더욱 필요하였고, IT분야에서 IT기업의 컨설팅이 배제되면서 정보기술컨설팅 분야가 확대되었으며, 일본기업의 성장으로 일본식 경영기법을 바탕으로 한 컨설팅 방법론이 등장하였다.

① 1970년대 BCG, Booz Allen 등 컨설팅사들은 유명 MBA와 협력, 컨설팅방법론 및 분석도구 개발 활성화로 경영대학원과 경영컨설팅회사의 공생관계가 공고화되었다.
② Bain & Company 등과 같은 대형 컨설팅사가 설립되었고, 중소규모 컨설팅 회사들도 활발하게 진출하는 등 컨설팅산업의 황금기를 구가하였다.
③ IT분야도 미 연방법 확대로 IBM이 배제되고 정보기술컨설팅이 확산되었으며, 1977년 Nolan, Norton & Company 등 IT기술관리컨설팅에 특화하여 설립되었다.
④ 미국과 유럽 간의 컨설팅사 상호 진출로 M&A 컨설팅도 등장하였다.
⑤ 일본식 경영기법을 바탕으로 한 컨설팅방법론이 등장하였다.

(5) 신자유주의 기반 컨설팅의 글로벌화(1990년대~2000년대)

세계 컨설팅시장은 전략컨설팅과 운영컨설팅이 양대산맥을 형성하게 되었고, 성과중심의 컨설팅시장에 환경경영 및 디지털전환 등 변화가 나타나기 시작했다. 미국에서는 엔론사태로 컨설팅부문과 회계부문이 분리되었다.

① 1990년대 컨설팅산업은 고속 성장하면서 전략과 운영의 양대 축으로 발전하였다.
② 인터넷 확산으로 컨설팅도 e비즈니스화 및 글로벌화되어 확산되었다.
③ 컨설팅 수요자도 기업에서 다양한 조직과 기관, 정부까지 확산되고, 컨설팅 분야도 환경, 에너지, 글로벌 협력, 디지털, ESG경영 등 다양한 환경변화에 부응한 지식서비스컨설팅으로 확장되었다.
④ 컨설팅의 학문적 관심과 학술적 연구가 활발해지고 방법론 개발도 확산되었다.
⑤ 1990년대 후반에 발생한 IMF외환위기는 미국 및 유럽의 컨설팅 회사들이 아시아 각국에 활발하게 진출하는 계기가 되었다.

(6) 2010년대 이후

전략컨설팅의 영역이 축소되고, 컨설팅사가 제안한 전략이나 혁신을 직접 실행하거나 운영컨설팅의 영역이 확장되고 있으며, ESG 컨설팅, DT컨설팅에 대한 수요가 대폭 증가하고 있다.

① 최근 기업의 사회적 책임, 환경친화적 경영에 대한 컨설팅의 관심사가 급증하고 있다.
② 금융 및 IT 관련 컨설팅이 급성장하였다.
③ 디지털전환(DT)이 기업의 생존과 성장의 핵심으로 대두되고 있고, 이 분야에 대한 컨설팅 수요가 대폭 증가하고 있다.

개념체크OX

01 경영컨설팅이 개화된 시기는 1920년대이다. O X
02 정보기술 컨설팅 및 전략 컨설팅이 등장한 시기는 1950년대부터 1960년대 사이이다. O X

정답 X, O

---

2 국내 컨설팅의 역사 빈출도 ★☆☆

(1) 발전과정

국내 컨설팅 시장이 형성된 시기는 글로벌 컨설팅기업들이 국내에 진출하기 시작한 1980년대 후반부터 1990년대 초반이다. 이후 1997년 경제위기와 2000년 초 정보통신의 급격한 발전 속에서 성장하였다.

① 1950년대 공적 유관단체 및 공공기관들이 컨설팅 영역을 부분적으로 담당하였는데 이는 우리나라 컨설팅 시장의 태동기라 할 수 있다.
② 1986년 현재의 한국경영기술지도사회가 설립되었고, 1990년 한국능률협회 컨설팅이 설립되면서 본격적으로 국내 컨설팅전문기관이 탄생하였다.

③ 1997년 IMF 외환위기 이후 정부, 대기업, 금융 등 구조조정으로 컨설팅이 본격 도입되었고 정책서비스 및 중소기업 역량강화를 위한 정책지원컨설팅도 확대되었다.
④ 2000년대는 인터넷의 발달로 인해 정보화컨설팅 시장이 본격적으로 시작되었다.
⑤ 2010년대는 국내 대기업 컨설팅사 및 중견 컨설팅사가 IT능력을 기반으로 성장해 나갔다.
⑥ 액센츄어가 한국법인을 매각하여 철수하고, 국내 대형컨설팅사가 해외로 진출하는 등 국내 대형 컨설팅사의 규모화 및 전문화가 진행되었다.

(2) 국내 컨설팅시장의 실태
한국 컨설팅시장의 구조적 실태를 대형시장, 중견 및 공공시장, 중소 저변시장으로 나눌 수 있다.
① 대형시장
  ㉠ 대기업 및 공기업 등 대형시장의 경우에는 전략 컨설팅에 강점이 있는 해외 대형 컨설팅 법인(글로벌사)이 주도하고 있다.

> **글로벌사가 주도하는 이유**
> - 풍부한 국제적 경험과 정보 네트워크
> - 막강한 자금력을 바탕으로 엘리트 인재 영입
> - 국내 고객들의 외국컨설팅 브랜드 선호 현상
> - 정보입수 능력의 우위 선점
> - 인재발굴, 교육, R&D, 홍보력 등에서 절대 우위를 지님

  ㉡ 대형 회계법인 컨설팅사는 금융기관이나 중견 기업군을 대상으로 하고 있으며, 금융 규제나 컴플라이언스 컨설팅이 주류를 이룬다.
  ㉢ 대형 컨설팅사들은 IT컨설팅 분야를 확대하고 있다.
② 중견 및 공공시장
  ㉠ 중견기업 및 지자체, 협회, 단체 등 중규모 시장은 글로컬사 및 한국능률협회컨설팅이나 한국생산성본부 등 국내 공공부문의 컨설팅 기관이 두각을 보인다. 아울러 글로컬사나 이들 기관들은 대형시장 및 중소시장에도 진출하고 있다.
  ㉡ (약점) 글로벌사와의 경쟁에서 우위를 차지하지 못해 정부 및 공공기관 등의 부분 개선 및 혁신 컨설팅, 교육 및 인증업무 등으로 전문화하는 경향을 띠고 있다.
  ㉢ 중대형 회계법인들은 신규 컨설팅시장을 창출하거나 신 방법론 등의 개발이 미진하여 성장이 정체되고 있다.
③ 중소 저변시장
  ㉠ 중소기업 및 소상공인 등 중소 저변시장의 경우에는 중소컨설팅사(로컬사) 및 프리랜서 (또는 1인 기업) 등이 다양하게 존재한다.
  ㉡ (약점) 수요에 비해 소규모 컨설팅업체(공급자)나 프리랜서들이 계속 진입하여 과당경쟁이 발생하고 있다.

ⓒ 소상공인 및 중소기업에 대한 컨설팅은 주로 공공 지원기관*과 중소컨설팅사 등을 통해 수행되고 있다.

*중소벤처기업부 산하기관 : 창업진흥원, 중소벤처기업진흥공단, 소상공인시장진흥공단 등
 지자체 산하기관 : 서울시 자영업지원센터, 경기시장상권진흥원 등
 특정분야 지원기관 : 한국사회적기업진흥원, 장애인기업종합지원센터, 6차 산업 지원센터 등

ⓛ 중소컨설팅사는 경영·기술지도사들 중심으로 조직되어 있는데 주로 중소기업, 벤처기업의 진단, 자금조달자문, 인증, 사업계획 및 생산관리, 총무, 마케팅 등의 컨설팅을 수행한다.
ⓜ 국내 컨설팅 시장은 글로벌사와 대형 컨설팅사가 주도하는 시장이어서 중견 시장 및 중소 저변 시장은 컨설팅산업의 생산성 향상이 더디게 진행되고 있다.

3 주요 국가의 컨설팅산업 현황

〈표 3-8〉 주요 국가의 컨설팅산업 현황 비교 빈출도 ★☆☆

구 분	미 국	유럽국가	일 본
발전 과정	• 생산성과 조직의 관리효율성을 중심으로 발전 • 경영관리의 과학화와 조직, 인적 경쟁을 바탕으로 발전	• 산업구조적 관점에서 기여하고 발전함 • (독일) 사회적 시장경제주의에 기반하여 발전	• 일본 컨설팅사와 글로벌사와의 제휴로 급속한 성장 • 생산 및 품질관리 컨설팅기법은 세계적인 수준임
구 조	• 과학적관리법, 호오손 실험을 기반으로 다양한 각도에서 발전(초기) • 시장경쟁을 기반으로 패권주의에 입각하여 이익극대화에 초점을 맞춤	• 수공업 조합과 길드의 영향으로 협회나 조합중심의 컨설팅이 수행됨 • 개별 엔지니어 파트별로 컨설팅 분야가 발전함	• 컨설팅서비스를 중소기업 혁신정책의 우선 과제로 함 • 중소기업을 위한 정부의 경영기술 공공컨설팅 서비스는 높게 평가받고 있음
특 징	• 사업유형을 경영컨설팅, 환경컨설팅, 기타 과학·기술컨설팅으로 구분 • 중소기업 컨설팅은 주로 중소기업청(SBA)에서 주도	• 지방분권주의에 입각하여 지역경제 발전을 위한 컨설팅이 활성화됨 • 정책 관련 컨설팅이 발달됨	• 중소기업 컨설팅 지원제도가 체계적이고 세부적으로 발달됨 • 중소기업 지원센터에 기업을 위한 원스톱 서비스 체계 구축

개념체크OX

01 국내 컨설팅시장은 1997년 IMF 외환위기 이후에 정부, 대기업, 금융 등 구조조정으로 컨설팅이 본격 도입되었다. O X

정답 O

CHAPTER 02 | 국내외 컨설팅산업

단원별 출제예상문제

01 컨설팅산업에 대한 설명으로 옳지 않은 것은?

① 컨설팅산업은 지식기반의 고부가가치 산업이자 산업전반에 대한 전·후방 연쇄효과가 큰 산업이라 할 수 있다.
② 컨설팅산업이 중요한 이유는 벤처기업 및 첨단분야 기업 등의 발전속도를 가속화시켜 주고, 기존 산업의 디지털 전환에도 기여한다는 점이다.
③ 컨설팅산업은 전체 산업구조로 보면 지식을 통한 부가가치의 창출이라는 측면에 가까우므로 Soft-Ware의 성격을 지닌다고 볼 수 있다.
④ 컨설팅산업에 IT컨설팅을 포함하고 있다.
⑤ 국가의 컨설팅 역량강화·결집 정책은 산업의 성공에 중요한 요소로 작용하고 있다.

> **해설** 컨설팅산업은 지식을 통한 부가가치를 창출이라는 측면에서 Knowledge-Ware로 분류되고 있다.

02 국가기술표준원은 경영컨설팅서비스의 규격을 프로세스와 기반구조로 분리하여 규정하고 있다. 다음 중 프로세스 진행과정별 세부 구성요소에 포함되지 않는 것은?

① 제안요구서 작성
② 컨설팅 실적확인 및 증명
③ 수행계획서
④ 프로젝트 관리
⑤ 클레임

> **해설** 프로젝트 관리는 경영컨설팅서비스 기반구조의 절차에 포함된다.
> ※ 경영컨설팅서비스 프로세스에는 사전진단, 제안요구서 작성, 컨설팅 제안, 컨설팅 실적확인 및 증명, 컨설팅 계약, 기초조사, 수행계획서, 컨설팅 수행, 보고서, 컨설팅 수행의 종료, 클레임, 사후관리가 포함된다.

03 미국 컨설팅산업에 대한 설명으로 옳은 것은?

① 미국 유수대학을 축으로 발전한 미국경영학의 확산과 병행하여 글로벌 컨설팅사의 태동과 글로벌 활동을 중심으로 발전을 거듭하였다.
② 기업의 경영합리성과 생산조직으로서의 기능제고에 컨설팅의 초점이 맞추어져 있다.
③ 개별 엔지니어 파트별로 컨설팅 분야가 발전해 왔다.
④ 지방분권주의에 입각하여 지역경제의 발전을 위한 컨설팅도 크게 활성화되어 있다.
⑤ 중소기업 컨설팅 지원제도가 매우 체계적이며 세부적으로 발달해 왔다.

> **해설** ②, ③, ④는 유럽국가 컨설팅산업에 대한 내용이며, ⑤는 일본 컨설팅산업에 대한 내용이다.

04 세계 컨설팅의 역사에 대한 설명으로 옳지 않은 것은?

① 산업화 초기는 경영컨설팅의 개화시기로 1890년대에 테일러(Frederic W. Taylor)가 과학적 관리법으로 경영컨설팅을 최초 수행하였다.
② 1920년대~1940년대 경영컨설팅은 미국의 은행법과 자본시장법으로 은행, 변호사, 회계사, 엔지니어의 컨설팅 활동이 규제되면서 경영컨설팅산업의 산업기반이 마련되었다.
③ 1950년대~1960년대 경영컨설팅 특성으로는 제2세대 컨설팅인 사람중심의 서비스가 본격화하였고 또한 BCG(Boston Consulting Group)가 창업돼 전략컨설팅을 수행하였으며 컨설팅방법론과 분석 도구들이 본격적으로 개발되었다.
④ 1970년대~1980년대는 전략 및 IT 컨설팅이 확산되는 시기이다.
⑤ 1990년대~2000년대는 전략컨설팅과 운영컨설팅이 양대산맥을 형성하였다.

해설 컨설팅방법론과 분석 도구들을 본격적으로 개발한 시기는 1970년대~1980년대이다.

05 국내 컨설팅산업의 현황 및 역할에 대한 설명으로 옳지 않은 것은?

① 국내 컨설팅기업은 해외 대형 컨설팅사에 비해 아직은 상당한 격차가 존재한다.
② 소상공인과 중소기업에 대한 컨설팅은 정부지원 컨설팅을 바탕으로 대부분 프리랜서 또는 1인 컨설팅기업 형태로 참여해 왔다.
③ 고용 창출 효과가 높은 산업이지만 국내 중소규모 컨설팅 회사들은 전반적으로 위축된 상태이어서 고용 창출은 예상보다 더딘 상황이다.
④ 국내 컨설팅산업의 역할측면에서는 제조업 기반 혁신형 경제로 산업구조 고도화를 촉진할 수 있다.
⑤ 기업은 컨설팅사로부터 선진화된 경영 기법을 전수받아 경영상의 효율성 등을 추구할 수 있다.

해설 지식서비스업 기반 혁신형 경제로 산업구조 고도화를 촉진할 수 있다.

06 경영컨설팅의 시대적 특징에 대한 설명으로 옳지 않은 것은?

① 경영컨설팅의 등장은 경영학 탄생과 함께 기업경영의 방법론 개발로 출발했다.
② 1920년대~1940년대 경영컨설팅은 관리, 공학, 회계의 연합 방향으로 진화했다.
③ 1950년대~1960년대 경영컨설팅은 IT, 전략 등 다양한 컨설팅분야가 등장했다.
④ 1970년대~1980년대 경영컨설팅은 글로벌 연계와 IT, 전략 컨설팅이 확산되었다.
⑤ 1990년대~현재 경영컨설팅은 다양화와 방법론 개발 및 학술적 연구가 활발하다.

해설 산업혁명 이후 기업의 이윤창출을 위한 이론 연구로써 경영학이 탄생했고, 100여 년 후 테일러의 과학적 관리기법의 개발 및 적용을 통한 경영컨설팅이 등장했다.

정답 01 ③ 02 ④ 03 ① 04 ③ 05 ④ 06 ①

07 국가별 컨설팅산업 현황에 대한 설명으로 옳지 않은 것은?

① 미국은 신자유주의하의 경쟁에 입각한 경영관리의 과학화 그리고 조직 및 인적경쟁을 바탕으로 발전해 왔다.
② 미국의 중소기업 컨설팅은 주로 중소기업청(SBA)에서 주도하고 있다.
③ 유럽국가 컨설팅시장 구조는 미국처럼 종합컨설팅사 또는 전략컨설팅사 중심으로 발전하였다.
④ 일본 컨설팅은 외국계 글로벌 컨설팅의 진출에 따른 영향력으로 전략컨설팅과 경영관리컨설팅 특히 생산관리 분야의 혁신 및 품질관리 컨설팅이 크게 발전하였다.
⑤ 일본의 중소기업 컨설팅 지원제도는 매우 체계적이며 세부적으로 발달해 왔다.

해설 유럽국가 컨설팅시장 구조는 미국과 달리 개별 엔지니어 파트별로 컨설팅 분야가 발전했으며, 기업 내 컨설팅은 보편적으로 교육, 세미나 등과 연관되어 이루어졌다.

08 국내 컨설팅 자격제도에 대한 설명으로 옳은 것은?

① 국내 컨설팅 자격제도에서 공인된 자격증은 경영지도사, 기술지도사, 기술가치평가사가 있다.
② 경영지도사와 기술지도사 자격제도는 중소기업법에 근거하여 만들어졌다.
③ 국제경영컨설팅협회(ICMCI CMC)의 우리나라 사무국은 한국표준협회가 운영하고 있다.
④ 경영지도사와 기술지도사 자격시험은 중소벤처기업부장관의 소관이다.
⑤ 한국생산성본부는 기술거래사 자격제도를 운영하고 있다.

해설 경영지도사와 기술지도사 자격시험은 중소벤처기업부장관의 소관이다.
① 국내 컨설팅 자격제도에서 공인된 자격증은 경영지도사와 기술지도사이다.
② 경영지도사와 기술지도사 자격제도는 경영지도사 및 기술지도사에 관한 법률에 근거하여 만들어졌다.
③ 국제경영컨설팅협회(ICMCI CMC)의 우리나라 사무국은 한국경영기술지도사회가 맡고 있다.
⑤ 한국기술거래사회에서는 기술거래사 자격제도를 운영하고 있다.

09 다음 컨설팅회사 중 주요 컨설팅 서비스의 성격이 다른 곳은?

① Arthur D. Little
② Bain & Company
③ McKinsey & Company
④ Boston Consulting Group
⑤ KPMG

해설 ①~④까지의 회사는 전략 및 경영컨설팅이 주요 서비스 분야이며, KPMG는 회계감사와 세금 관련 분야가 주요 서비스 분야이다.

CHAPTER

03 컨설턴트 요건

출제포인트
- 경영컨설턴트의 역할
- 경영컨설턴트의 업무와 윤리
- 경영컨설턴트의 역량 및 스킬

제1절 경영컨설턴트의 이해

1 경영컨설턴트의 업무

(1) 경영컨설턴트의 정의

경영컨설턴트라는 용어는 컨설턴트가 개입하는 영역(경영)을 가리키는 것이다. 컨설턴트의 정의에 대해서는 다양한 견해들이 있으며, 경영컨설턴트의 정의도 또한 다양하다.

① Kubr(1993)는 경영컨설턴트를 경영 및 비즈니스 관련 전문지식, 경험 및 노하우를 제공하고, 고객의 문제점을 파악하여 해결책을 제시하며, 객관적이고 독립적인 조언자로서 직업윤리를 준수하기로 한 사람이나 조직으로 정의하고 있다.

② 권혁진(2016)은 경영컨설턴트를 기업 혹은 조직의 경영·업무상 해결해야 할 문제나 과제에 대해 전문적인 식견을 가지고 조언과 지도를 해주는 전문직업인으로 정의하고 있다.

(2) 컨설턴트의 역할

컨설턴트가 고객의 문제해결 자문을 하는 데 있어 강조하는 측면에 따라 역할 모델이 다르게 규정된다. 고객과 상호작용 측면 모델과 주도적 역할 측면 모델은 다음과 같다.

① 고객과 상호작용 측면 [빈출도] ★☆☆

Schein(1978)은 컨설턴트가 고객과 어떻게 상호작용을 하는가에 따라 전문가 구매 모델, 의사–환자 모델, 프로세스 컨설팅 모델로 구분하여 제시하였다.

⟨표 3-9⟩ 고객과 상호작용 측면에서의 컨설턴트 역할

구 분	내 용
전문가 구매 모델	컨설턴트들이 특정과제에 대해 전문성을 바탕으로 독립적인 관점을 제공해 주기를 바라는 고객들이 활용함(고객과의 상호작용을 기대하지 않음)
의사환자 모델	컨설턴트들이 고객의 문제를 조사하고 분석하는 진단능력을 강조함(고객 친밀성과 신뢰관계를 강조)
프로세스 컨설팅 모델	컨설턴트는 고객의 문제해결과정에서 관련 전문성을 제공하는 조력자 개념에 기초함(고객에게 최선의 해결방안을 조언이나 조력함)

출처 : 기술신용평가사 3급 자격검정수험서(나도성, 2019)

② 지시적-비지시적 스펙트럼 역할 측면 빈출도 ★★★

Lippitt & Lippitt(1978)는 지시적-비지시적 스펙트럼에 따라 컨설턴트 역할모델을 8가지로 제시하고 있다.

㉠ 컨설턴트의 지시적(Directive) 역할은 컨설턴트가 리더십을 갖고 주도하거나 고객에게 지시하는 행위를 말한다.

㉡ 비지시적(Non-Directive) 역할은 컨설턴트가 고객에게 다양한 자료를 제공하는 행위를 말한다.

⟨표 3-10⟩ 컨설턴트의 스펙트럼별 역할모델

비지시적							지시적
클라이언트 주도							컨설턴트 주도
프로세스 컨설팅							전문가 컨설팅
성찰자	프로세스 전문가	사실 발견자	대안 확인자	문제해결 협력자	트레이너/ 교육자	기술 전문가	주창자
사고를 촉진하기 위한 반성적 질문을 제기	문제해결 프로세스를 관찰하고 피드백을 반영하는 이슈를 제기	데이터를 모으고 사고를 촉진	고객을 위한 대안과 지원을 확인하고 결과에 대한 평가를 지원	대안을 제안하고 의사결정에 참여	고객을 훈련시키고 학습과정에 참여	정책 또는 관행을 결정하기 위한 정보와 제안을 제공	문제해결 과정에 있어서 지침·설득·지시 등을 함

출처 : Lippitt & Lippit(1978), 나도성(2019)

(3) 컨설턴트 업무

「2021년 한국직업전망」에서는 경영컨설턴트 업무 및 역량을 제시하고 있고, 법령에 의해서도 컨설턴트의 업무 및 업무범위를 제시하고 있다.

① 직업으로서의 컨설턴트 업무

한국직업전망에서는 경영컨설턴트(경영 및 진단전문가)를 전문영역에 따라 전략, 조직, 재무, 마케팅, 생산품질, IT, 환경 컨설턴트 등으로 세분화하였다. 경영진단, 기업체분석을 수행하고 구체적인 해결책 등을 제시하면서 실행까지를 업무 범위로 제시하고 있다.

② 법령에서 정한 컨설턴트 역할 및 업무

경영지도사 및 기술지도사에 관한 법률에서는 경영·기술지도사의 역할과 업무범위를 명시하고 있다.

㉠ 경영지도사 업무범위 : 경영지도사의 전문분야 및 그 업무는 다음 각 호와 같다.

> - 인적자원관리 : 인사, 조직, 노무, 사무관리의 진단·지도
> - 재무관리 : 재무관리와 회계의 진단·지도
> - 생산관리 : 생산, 품질관리의 진단·지도
> - 마케팅관리 : 유통·판매관리 및 수출입 업무의 진단·지도
> - 제1호부터 제4호까지의 관련된 상담, 자문, 조사, 분석, 평가, 확인
> - 제1호, 제3호 및 제4호와 관련된 업무의 대행(중소기업 관계 법령에 따라 기관에 하는 신고, 신청, 진술, 보고 등의 대행을 말한다)
>
> 출처 : '경영지도사 및 기술지도사에 관한 법률' 참조

㉡ 기술지도사 업무범위 : 기술지도사의 전문분야 및 그 임무는 다음 각 호와 같다.

> - 기술혁신관리 : 기술경영, 연구개발, 기술고도화의 진단·지도
> - 정보기술관리 : 정보통신, 시스템응용, 소프트웨어의 진단·지도
> - 제1호 및 제2호와 관련된 상담, 자문, 조사, 분석, 평가, 확인, 증명 및 업무의 대행 (중소기업 관계법령에 따라 기관에 하는 신고, 신청, 진술, 보고 등의 대행을 말한다)
>
> 출처 : '경영지도사 및 기술지도사에 관한 법률' 참조

(4) 컨설턴트 관련 단체

① (사)한국경영기술지도사회
  ㉠ 국가공인 경영지도사 및 기술지도사 자격사 모임단체
  ㉡ ICMCI CMC자격증, APEC CBC의 한국 운영기관

② 국제경영컨설팅협회 협의회(ICMCI)
  ㉠ 1987년에 설립된 UN 지정 경영컨설팅 비영리 국제기구
  ㉡ 세계 53개국의 회원국이 있으며, 공인경영컨설턴트(CMC) 인증 프로그램을 개발하여 회원국에 보급

③ 민간컨설팅업체 모임
  ㉠ 분야별로 컨설팅 업체의 이익대변, 교육훈련, 프로젝트 수주
  ㉡ 민간자격증명, 업종별, 전문분야별로 사단법인을 설립하여 운영

④ 공공적 성격의 단체
  ㉠ 주요 단체로는 한국표준협회와 생산성본부, 중소기업진흥공단, 한국산업기술진흥원 등
  ㉡ 공공기관의 고유목적 사업과 연계된 컨설팅 운용
  ㉢ 주로 정부에서 발주한 컨설팅 수행기관
  ㉣ 이외에도 컨설팅과 관련된 정부 유관기관들 다수 있음(2장 '컨설팅산업의 인프라' 내용 참조, p.234)

(5) 컨설팅 자격제도 실태 및 과제
① 한국의 컨설팅 자격제도는 국가공인 경영 및 기술지도사 제도와 국제적인 컨설턴트 자격제도인 CMC, 그리고 민간차원의 다양한 컨설턴트 자격제도가 공존하고 있다.
② 주로 정책적 목적이나 비즈니스 차원에서 개발되고 부여되고 있기 때문에 전반적으로 표준화가 미흡한 상황이다. 향후 CMC와 같은 자격증으로 표준화하여 그 핵심역량을 명확히 규정하고 자격증 제도의 실효성을 높여야 한다.

개념체크 OX

01 컨설턴트 역할을 고객과 상호작용 측면에서 전문가 구매모델, 의사환자 모델, 프로세스 컨설팅 모델에서 제시하고 있다. O X

02 스펙트럼 역할모델에서 성찰자는 지시적 경향이 매우 높은 성향을 지닌다. O X

정답 O, X

---

(6) 컨설팅 윤리 빈출도 ★☆☆

컨설팅 계약서 작성과정에서 컨설팅사 및 컨설턴트의 윤리 내용도 명시해야 한다. 예컨대 지식재산권의 활용 시 유의사항, 고객에 대한 비밀 유지 등이 있다. 한국산업표준(KS) 컨설팅서비스 기반구조에서는 컨설팅 윤리를 규정하고 있는데, 그 내용은 〈표 3-11〉과 같다.

〈표 3-11〉 컨설팅 윤리(한국산업표준 규정)

항 목	세부내용
독립성 유지	컨설팅사는 컨설팅 수행과정 및 결과에 있어서 이해당사자들의 주장과 요구 및 모든 영향으로부터 독립성을 유지하여야 한다.
고객이익 우선	컨설팅사는 고객의 이익을 최우선으로 해야 하며, 고객이 이해하지 못하는 상태에서 장기적 이익을 해하면서 단기적 이익을 취하는 방안을 고객에게 제시하지 않는다.
부당거래 금지	컨설팅사 또는 컨설턴트는 계약서상 정해진 수임료 이외에 알선 등의 행위로 돈을 받거나 고객의 내부정보를 이용하여 부당한 이익을 취해서는 안 된다.
부당한 제안 요구 거절	다음의 경우에는 고객의 컨설팅 제안요구에 응하지 않는다. ① 고객의 컨설팅 실시의 취지에 대하여 설명이 미흡하고, 제안에 필요한 기본 자료를 제공하지 않을 경우 ② 컨설팅사의 과거 고객 및 컨설팅 성과를 자료로 요청할 경우 ③ 제안서 제출기한을 비현실적으로 짧게 설정할 경우 ④ 특정 컨설팅사를 사전에 지정하였을 가능성이 있다고 판단될 경우 ⑤ 제안서의 내용을 컨설팅에 근접하는 시간과 노력이 수반되는 수준으로 요구할 경우 ⑥ 컨설팅의 기본 목적에서 벗어나는 절차 및 결과를 강요하거나, 공공질서에 반하는 컨설팅을 요구할 경우 ⑦ 제안요구를 해온 고객이 컨설팅사가 이미 수행 중인 다른 고객의 경쟁회사이고, 의뢰하고자 하는 컨설팅의 내용이 그 다른 고객의 이익과 밀접하게 관련된 사안일 경우
적정 수임료	컨설팅사는 고객에게 부당하게 과도한 수임료를 제시하여서는 안 되며, 또한 컨설팅서비스의 품질유지가 어려울 정도의 수임료 할인 행위를 하지 않는다.

구분	내용
고객정보 관리	① (비밀보호) 컨설팅사는 과제의 수주 여부를 불문하고 고객응대 또는 컨설팅 수행 과정에서 알게 된 고객의 내부정보 및 영업비밀을 외부에 유출할 수 없다. ② (정보사용의 조건) 컨설팅 수행을 통해 부득이하게 고객의 정보를 외부에 유출해야 할 경우에는 사전에 해당 고객에게 정보의 사용 목적, 범위, 조건 등을 명확하게 설명하고 동의를 얻어야 한다. 다만, 불가항력으로 인하여 정보의 유출이 발생하였을 경우는 예외로 하며 컨설팅사는 이를 지체 없이 고객에게 통보해야 한다. ③ (동의의 형식) 고객 정보 유출에 대한 동의는 반드시 서면으로 이루어져야 하며, 유출을 허락하는 정보의 목록을 기재해야 한다. ④ (고객 자료의 반환 및 파기) 컨설팅 과제가 종료된 후 컨설팅사는 그동안 취득한 고객의 내부정보 및 영업비밀이 기록된 문서를 고객에게 반환하거나 고객의 요구에 따라 파기하고, 컴퓨터 파일로 기록된 자료는 이를 삭제해야 한다. ⑤ (증빙 서류의 구비) 고객 자료의 반환 및 파기는 컨설팅사와 고객이 상호 확인하고 그 사실을 서면으로 작성하여 각각 보관해야 한다.

출처 : 국가표준인증 통합정보시스템, 경영컨설팅서비스 기반구조, 기술신용평가입문(김진희, 2022)

2 컨설턴트 기본요건 및 핵심역량

(1) 컨설턴트 기본요건 빈출도 ★☆☆

컨설턴트가 갖춰야 할 기본요건은 아래와 같다.

〈표 3-12〉 컨설턴트 기본요건

구 분	내 용
전문지식	컨설팅을 할 수 있는 전문지식과 정보, 실무경험, 컨설팅 성공사례, Data Base, 컨설팅 모델 및 기법에 대한 활용능력
리더십	위험에 따르는 변혁을 선도하고 실천을 요구할 수 있는 지도력과 친화력
신뢰성	과학적 분석자료나 기술적 근거로 논리성과 신빙성을 입증하는 업무수행방식과 모든 약속을 정확히 지키는 습관
의사소통	구두, 문서, 전자통신 등의 방식에 의거 체계적, 효율적으로 쌍방 의사소통을 긴밀히 유지하는 능력, 특히 설득능력 이상으로 경청하고 이해하는 수용능력
창조력	경험적 타성에서 벗어날 수 있도록 새로운 방법, 제도, 시스템을 창조해 내는 능력
직업윤리	직무수행과정에서 취득한 고객의 모든 기밀과 정보에 관한 보안책임과 컨설팅성과에 대한 책임의식

출처 : 한국경영기술지도사회 홈페이지(컨설팅)

(2) 컨설턴트 핵심역량 빈출도 ★★★

① 수요자 관점

Simon & Kumar(2001)는 경영컨설팅의 성공과 컨설턴트의 전략적 역량에 대한 수요자(고객) 관점에서 10개의 컨설턴트 핵심역량을 제시하였다.

- 기업(고객)의 말을 경청하고 이해하는 능력
- 균형감과 정직성
- 혁신성과 창의성
- 컨설팅서비스 품질
- 문제와 기회 식별력
- 기술 지식
- 파생된 추가문제 지원
- 기업(고객)과 컨설턴트 간 의사소통능력
- 전반적인 신뢰성
- 문제해결 능력

출처 : Simon & Kumar(2001), 기술신용평가입문(김진희, 2022)

② 공급자 관점

컨설턴트가 갖춰야 할 핵심역량을 공급자 측면에서 보면 세 가지 관점에서 나누어 볼 수 있다.

〈표 3-13〉 컨설턴트 핵심역량(공급자 관점)

구 분		내 용
서비스관점	신동주&유연우(2012)	지식, 기술, 태도
프로젝트관점	배용섭(2013)	기간과 예산 준수 능력, 프로젝트 수행 능력, 비전제시 능력, 돌발 상황 대응력
비즈니스관점	이인수&유연우(2012)	컨설턴트의 역량과 스킬, 전문성, 성실성, 목표의 구체성, 적절한 대응, 진행사항 보고

출처 : 기술신용평가입문(김진희, 2022)

③ CMC역량 모델

글로벌 컨설턴트 자격을 부여하는 ICMCI에서 제시하고 있는 CMC(Certified Management Consultant) 역량 모델로 컨설턴트가 갖추어야 할 역량을 국제적으로 표준화한 것이다. 이 모델에서는 컨설턴트의 핵심역량을 다음과 같이 3가지 축의 프레임워크로 제시하고 있다.

〈표 3-14〉 CMC 컨설턴트의 역량 모델

구 분	내 용	
비즈니스 역량	• 고객 비즈니스 통찰	• 컨설팅 비즈니스 통찰
기술적 역량	• 기능적 전문화	• 컨설팅 스킬
가치 및 행동 역량	• 윤리 및 프로정신 • 대인 관계	• 분석 스킬 • 자기 계발

출처 : ICMCI CMC · Global(2015), 나도성(2019)

(3) 컨설턴트 실무능력 3요소 빈출도 ★★☆

훌륭한 컨설턴트가 되려면 다양한 요건을 갖춰야 하지만 그 중에서도 가장 중요한 핵심능력으로는 문제해결 능력, 프로젝트 관리 능력, 의사소통 능력이 있다.

〈표 3-15〉 컨설턴트 실무능력 3요소

구 분	내 용
문제해결 능력	객관성의 정도, 끝없는 호기심, 귀납적 추리력, 분석 및 종합 능력
프로젝트 관리 능력	팀 내 또는 팀 간 플레이와 협업, 고객 관계관리
의사소통 능력	언어표현 능력, 탁월한 문장력, 인터뷰 및 청취 스킬

(4) 컨설턴트의 자격요건 빈출도 ★★☆

기본적인 능력, 자질, 지식은 컨설턴트가 반드시 갖추어야 할 요소이다.

〈표 3-16〉 컨설턴트가 갖추어야 할 지식

구 분	내 용
산업 지식	전자, 화학, 통신, 은행, 자동차 등 다양한 산업에 대한 지식
업무 지식	구매, 생산, 제조, 판매, 재무, 인사, R&D 등 기업 업무 관련 지식
IT 지식	최근 산업을 견인하는 IT 트렌드와 핵심기술
정책방향 및 지원정보 지식	정부와 지자체의 정책방향, 업종별, 규모별, 기관별 지원정보 정리

출처 : 하찬호(2017), 김진희(2022)

〈표 3-17〉 컨설턴트가 갖추어야 할 자격요건

구 분	내 용
자 질	• 의사소통능력 • 인터뷰, 프레젠테이션 스킬 등
기본지식	• 경영일반에 대한 이해 • 분석 및 진단기술 : 정보수집, 인터뷰, 설문작성, 데이터분석, 문제정의 • 해결 및 실행기술 : 문제해결 능력, 창의력, 벤치마킹, 설계기술 • 프로젝트의 사전기획과 제안작성 : 프로젝트 진행단계별 모니터링 • 프로젝트의 추진능력 : 컨설팅 절차와 기법의 숙지
전문지식	• 해당분야 업무의 수행절차와 연관 업무와의 전반적인 관계 이해 • 객관적인 평가와 올바른 판단을 위한 고도의 전문지식 • 새로운 컨설팅 영역의 개척과 신기법 연구개발 • 전문 분야의 정보수집 채널 필요
경험지식	• 기업체의 실무/현장 경험 • 프로젝트 수행을 통해서 얻게 되는 프로젝트 관리역량
개인적인 능력	• 지적능력, 리더십, 열정, 정서, 의사소통능력 • 과정지향, 윤리성, 문화의 이해, 신뢰성 등

출처 : 경영컨설팅실무방법론(권혁진 외, 2016)

> **개념체크OX**
>
> 01 KS 경영컨설팅서비스의 컨설팅 윤리에서 고객정보 유출에 대한 동의는 서면이나 구두로 이행하면 된다. O X
>
> 02 컨설턴트 실무능력 3요소는 문제해결, 프로젝트 관리, 의사소통 능력이다. O X
>
> 정답 X, O

제2절 컨설턴트 기본스킬

컨설팅 스킬은 컨설턴트가 가져야 할 기본적인 역량으로 크게 사고 스킬(Thinking Skills)과 커뮤니케이션 스킬(Communication Skills)로 구분할 수 있다. 또한 사고 스킬에는 논리적 사고와 문제해결 기법 활용능력을 포함한다.

1 논리적 사고(Logical Thinking) 스킬

컨설턴트의 논리적인 사고 스킬은 보고서 작성 시에 내용의 논리적 구성·배열을 모범적으로 수행할 수 있다.

(1) 논리적 사고

논리적 사고는 개념적 수단 특히 언어를 사용하는 논리 법칙에 적합한 사고의 방식으로 그 중에서도 추론적 사고방식을 말한다. 추론적 사고방식이란 실제 행동하기보다는 머릿속에서 절차나 순서를 생각하면서 그 결과를 유추해보는 것이다.

① 로직 트리 작성법은 컨설팅 스킬을 구성하는 대표적인 논리적 사고 방식이다.
② 바바라 민토의 저서『논리의 기술』은 논리적 사고를 바탕으로 글쓰기 및 의사소통 기술에 관한 내용으로 컨설팅업계의 바이블로 통한다.

(2) SCQA 프레임워크

SCQA 프레임워크는 논리 피라미드를 만들기 전의 상황과 전개, 질문을 정리하여 논리적 흐름을 명확하게 하는 데 사용되는 것으로 상황과 전개, 질문으로 시작한다.

① 상황(Situation)은 주제에 대해 확인된 사실로 논리 피라미드 전개의 시작점이라 할 수 있다.
② 전개(Complication)는 상황에서 확인된 사실에 대해 일차적으로 제시된 사항들이다.
③ 질문(Question)은 그 사실에 대한 진실성을 확인하는 것이다.
④ 질문에 대한 답(Answer)이 새로운 시작점이 된다. 즉 논리 피라미드를 전개하기 위한 도입부인 셈이다.
⑤ 바바라 민토는 논리 피라미드를 전개할 때 먼저 아래〈표 3-18〉처럼 정리해 볼 것을 권고하고 있다.

〈표 3-18〉 SCQA 프레임워크의 구성

상황(Situation)	전개(Complication)	질문(Question)
주제에 대해 확인된 사실	그 다음 발생하여 질문을 유도하는 사항	질문사항
해야 할 일이 있다.	그 일을 방해하는 무언가가 등장한다(발생한다).	어떻게 해야 하나?
문제가 있다(상황1)	해결책을 알고 있다.	해결책을 실행하려면 어떻게 해야 하나?
문제가 있다(상황2)	해결책이 제시되었다.	올바른 해결책인가?
행동을 취했다.	그 행동이 효과가 없었다.	왜 효과가 없는가?

출처 : 바바라 민토(2004), 논리의 기술, 컨설팅 다시보기

(3) 논리 피라미드 구조 만들기

① 논리 피라미드를 하는 이유

특정한 주제에 대한 문장을 수평상태에서 이해하려면 복잡한 사고를 거쳐야 하기 때문에 어렵지만 수직상태(피라미드 구조)로 전개되면 보다 훨씬 이해가 쉬워진다. 전달하고자 하는 내용이 피라미드 구조 형태로 배열되면 두뇌는 분류를 쉽게 하기 때문이다.

② 피라미드 형태로 구성하기 위한 3원칙

㉠ 어떤 계층에 있는 메시지이든 하위그룹의 메시지를 요약해야 한다.
㉡ 그룹 내에 메시지는 항상 동일한 종류이어야 한다.
㉢ 그룹 내에 메시지는 항상 논리적 순서로 배열되어야 한다.

③ 연역적 구조와 귀납적 구조의 이해

㉠ 논리 피라미드에서 하위 소그룹들은 서로 수평적 구조를 가지면서 그 논리 구조는 연역적 구조 혹은 귀납적 구조를 가진다.
㉡ 연역적(Deductive) 구조는 논리적 구조의 선행 요소가 후행 요소의 원인이 되어 결과를 보여주는 형식이다.
㉢ 귀납적(Inductive) 구조는 많은 사실 사이의 공통적인 본질을 구하는 방법으로 결론을 유도하기까지 수집된 많은 자료들이 거의 MECE에 가깝다.

〈그림 3-2〉 연역적 구조와 귀납적 구조의 비교

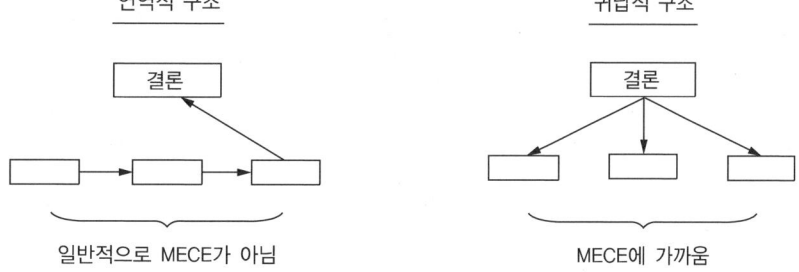

출처 : 바바라 민토(2004), 논리의 기술, 컨설팅 다시보기

> **개념체크OX**
>
> 01 논리적 사고란 개념적 수단, 특히 언어를 사용하는 논리 법칙에 적합한 사고의 방식으로 그 중에서도 추론적 사고방식을 말하는 것이다. O X
>
> 02 SCQA 프레임워크는 논리 피라미드를 전개할 때 상황에 따른 질문을 예시한 것이다. O X
>
> 정답 O, O

④ 그룹 내 생각 요약하기
  ㉠ 하위그룹의 메시지를 올바르게 요약해야 한다.
  ㉡ 연역적 구조와 귀납적 구조 가운데 하나를 통해 생각을 발전시킨다.
⑤ 논리적 순서 정하기 빈출도 ★☆☆
  ㉠ 연역적 구조(연역적 그루핑)에서는 논리 전개의 순서에 따라 글이 구성되기 때문에 논리적 순서를 찾는 일에 거의 문제가 되지 않는다.
  ㉡ 반면에 귀납적 구조(귀납적 그루핑)에서는 논리 전개의 순서를 필자가 결정해야 하므로 논리 전개의 순서를 정하고 이를 통해 자신의 생각을 점검해야 한다.
  ㉢ 바바라 민토는 논리적 분석을 하는 데 3가지 기준(시간의 순서, 구조의 순서, 정도의 순서)을 제시하고 있다.

시간의 순서	① 원인과 결과 구분하기 ② 근거가 되는 프로세스 밝히기
구조의 순서	① 구조 만들기 : 중복과 누락이 없어야 한다(MECE). ② 구조를 글로 표현하기 ③ 구조의 변화 제안하기 ④ 구조의 순서를 통해 생각을 명확하게 하기
정도의 순서(중요도의 순서)	① 적절한 분류 그룹 만들기 ② 부적절한 분류 그루핑 파악하기

출처 : 논리의 기술(바바라 민토, 2004), 기술신용평가입문(김진희, 2022)

(4) MECE(Mutually Exclusive Colletively Exhaustive)

MECE는 항목들이 상호 배타적이면서 모였을 때 완전히 전체를 이루는 것을 의미하는 것으로 중복과 누락이 없는 분류를 말한다. MECE는 프레임워크라기보다는 프레임워크를 활용하기 위한 원칙으로 보면 된다.

① 적용사례
  ㉠ 마케팅 계획 수립 : 4P – 제품, 가격, 유통경로, 판매촉진
  ㉡ 기업 경쟁분석 : 5Force – 경쟁사, 공급자, 구매자, 대체품, 신규진입자
  ㉢ 기업경영분석 : 4C – 고객, 자사, 경쟁사, 채널

(5) 로직트리

로직트리는 논리 피라미드와 같은 개념으로 논리를 전개할 때 하나의 요소에서 점점 가지를 치면서 세분화의 깊이가 깊어져 여러 층의 구성요소를 배열하며 설명하는 프레임워크이다. 주요과제의 원인이나 해결책을 MECE의 사고방식에 기초하여 논리적으로 분해 및 정리하는 방법으로 나무 모양 형태를 가진다. 문제 형태에 따라 이슈 트리와 가설 기반 트리로 나눌 수 있다.

① 이슈 트리

What Tree기법과 How Tree기법을 사용하여 답을 도출하는 방식이며 주로 문제해결 초기단계에 사용한다.

② 가설 기반 트리

What Tree기법을 사용하여 검증에 필요한 논거를 도출하는 방식이며 주로 문제가 무엇인지 이미 파악되었을 때에 사용한다.

2 문제해결 스킬

문제해결을 위해서는 고객의 니즈에 부합한 방법론적 지식을 활용하여 최적의 실현가능한 대안을 제시해야 한다. 이를 위해 컨설턴트는 사물과 현상을 보고 생각하는 방식을 익히고 활용해야 한다. 문제해결 스킬로는 노구치 요시아키의 문제해결 스킬 5요소 등이 있다.

(1) 노구치 요시아키의 문제해결 스킬 5요소   빈출도 ★★☆

〈표 3-19〉 문제해결 스킬 5요소

개념화	① 문제의식화	미래상과 현실 사이의 갭(gap)을 인식하는 것이 문제의식화이다.
	② 목적화	문제 정의에 부합한 기업이나 조직의 미래상을 재조명한다.
	③ 차별화	항상 고객의 니즈에 기반한 경쟁우위 가능성에 초점을 맞춘다.
구조화	① 계층화	하나의 기축 위에 전체요소를 나열하고 순위를 매긴다.
	② 상관화	여러 개의 축이나 사분면에서 관계를 규정하여 제시한다.
	③ 사고화	축 위에 옮겨진 분석정보를 종합적, 체계적으로 인식한다.
측정화	① 수치화	데이터 및 정보를 수집하여 측정 가능한 수치로 표시한다.
	② 위치화	1, 2, 3차의 축 위에 위치의 상대적 비교를 통해 데이터의 의미를 찾는다.
	③ 도표화	그래프화, 비교화, 시각화, 컬러화, 레이아웃 등 다양하게 활용한다.
동기화	① 인식화	고정관념에 사로잡혔다는 자기인식과 이를 타파하겠다는 자기결심이다.
	② 비전화	이념과 목표를 통합하여 실천해 나갈 가치와 방향을 보여준다.
	③ 실천화	실천은 자기혁신과 비전 구축, 목적수행에 앞장서는 리더십의 실체이다.
시스템화	① 혁신화	혁신은 부분적인 개선이 아니라 가치체계를 구조적으로 변화시킨다.
	② 순환화	정보, 가치, 개념, 행동이 지속적으로 움직이며 순환해야 한다.
	③ 학습화	사람만 학습하는 것이 아니고 지식경영을 위한 조직의 학습이 중요하다.

출처 : 노구치 요시아키(2011), 나도성(2019)

> **개념체크OX**
>
> 01 바바라 민토가 제시한 논리적 분석의 3가지 기준은 시간의 순서, 구조의 순서, 정도의 순서이다. O X
>
> 정답 O

(2) 바바라 민토 문제정의 스킬

논리적 사고에 입각한 문제해결 프로세스로 일련의 질문에 대한 해답을 찾아내는 매우 효율적인 문제해결의 기술이다. 문제정의하기는 '순차적 분석' 프로세스의 초기단계에 해당된다.

〈표 3-20〉 순차적 분석 프로세스

① 문제가 있는가? (또는 개선의 기회가 있는가?) ② 문제가 어디에 있는가?	문제 정의하기
③ 왜 문제가 있는가?	분석 구성하기
④ 문제에 대해서 무엇을 할 수 있는가? ⑤ 문제에 대해 무엇을 해야 하는가?	해결책 찾기

출처 : 바바라 민토(2004), 김진희(2022)

(3) 맥킨지 문제해결 7단계 프로세스

맥킨지가 사용하는 문제해결 프로세스로 고객의 핵심적인 문제해결에 집중하기 위해 체계적이고 논리적인 방법으로 접근한 것이다. 이 방식의 가장 핵심은 첫 단계인 '문제정의' 단계이다.

첫 단계에서 문제가 제대로 정의되지 않으면 다음 여섯 단계에서 효과적이고 구조적인 해결책이 도출되기 어렵기 때문이다.

〈표 3-21〉 맥킨지의 7단계 문제해결 프로세스

단계별		내 용
1단계	문제정의	우리에게 가장 중요한 문제는 무엇인가?
2단계	문제의 구조화	정의된 문제의 핵심요소는 무엇인가?
3단계	이슈의 우선순위 선정	문제의 본질에 접근하는 데 있어 가장 중요한 이슈는 무엇인가?
4단계	이슈의 분석 및 워크플랜	어떻게 팀의 시간을 활용하는 것이 최선인가?
5단계	분석수행	우리가 증명해 내고자 하는 것이 무엇인가?
6단계	분석결과 종합 및 시사점 도출	우리가 찾아낸 내용이 가지고 있는 최종 시사점은 무엇인가?
7단계	제안 도출	무엇을 시행해야 할 것인가?

출처 : 맥킨지앤드컴퍼니, 김진희(2022) 내용을 토대로 저자 재정리

3 커뮤니케이션 스킬

커뮤니케이션 스킬로는 다양한 기법들이 소개되고 있으나 컨설팅에 유용한 스킬로서 인터뷰, 문서화, 프레젠테이션 스킬에 대해 살펴본다.

(1) 인터뷰(Interview, 면담) 스킬 빈출도 ★★☆

인터뷰는 컨설팅을 수행하기 위한 정보를 수집하고, 수집된 자료와 컨설팅 활동을 관계자에게 이해시키기 위해 사전에 계획하고 형식화한 상호 간 의사소통이다. 프로젝트의 성격에 따라 특정한 인터뷰의 목적을 설정할 수 있다.

① 인터뷰 목적
  ㉠ 현황 분석을 위한 정보 수집
  ㉡ 프로젝트 주요 관계자들의 의견 청취
  ㉢ 프로젝트에 대한 적극적인 동참 유도
  ㉣ 피면담자의 표출하는 감정변화 및 개인적인 의견도 수집 가능

② 인터뷰 계획서
  인터뷰(면담)의 진행 순서는 다음 〈표 3-22〉와 같다.

〈표 3-22〉 인터뷰 진행 순서

인터뷰 순서	세부내용
1. 면담계획의 수립	① 컨설턴트는 사전에 필요한 자료를 구체화하고 면담의 목적과 수집항목, 면담대상자 및 기법을 기술한 면담계획을 수립한다. ② 면담항목의 특성과 고객의 여건에 따라 피면담자, 면담범위, 면담방식을 정한다. 면담순서는 일반적으로 최고경영진부터 실무진 순서로 진행한다.
2. 면담계획의 검증	③ 면담항목이 도출되면 MECE 기준에 따라 완전성과 항목 간 선후관계를 검증하여 면담 및 질의순서를 정한다. ④ 질문항목에 따른 면담방식의 적절성도 함께 검토한다.
3. 면담의 실행	⑤ 피면담자의 솔직하고 의미 있는 답변을 유도할 수 있도록 면담의 취지, 목적, 기밀보장 등을 설명하고 면담을 시작한다. ⑥ 면담은 약 30분~1시간을 기준으로 하며, 각 항목별로 10분 내외의 시간을 분배한다. ⑦ 피대면자에게 의견, 이유, 기대사항의 순서로 답변을 유도하여 단답형 답변을 예방하고, 면담의 취지나 목적에 어긋나는 이야기로 빠지지 않도록 사전에도 주지시키고 면담 중에도 이를 환기시킨다.
4. 면담결과의 정리 및 활용	⑧ 면담이 끝난 즉시 도출한 결과와 시사점을 정리한다. ⑨ 면담과정에서 얻은 자료를 정리한 후에 전문가 그룹을 통해 검증한다. ⑩ 전문가 그룹을 통한 심층면담으로 결과를 정리하면 시사점과 개선영역을 도출하는 데 유용하다.
5. 면담결과의 피드백	⑪ 면담활동을 종료한 후에 피면담자의 성향과 반응, 변화 수용도 등을 점검한다. 피드백 방법으로 공지, 교육, 보고, 회의, 사내보가 있다. ⑫ 피드백을 통해 변화에 불만과 저항을 가지고 있는 부정적인 변화 전파자의 발생 또는 확대를 사전에 방지해야 한다.

출처 : 컨설팅입문(조민호 · 설증웅, 2011) 내용을 토대로 저자 재정리

효과적인 인터뷰가 되기 위해서는 다음과 같은 사항을 고려하는 것이 바람직하다.

- 무엇에 집중할 것인가?
- 어떤 정보를 알고, 얻고 싶은가?
- 필요한 정보는 어떻게 확보할 것인가?
- 인터뷰 시 어떤 질문을 어떻게 적절하게 사용해야 하는가?
- 누구를 대상으로 인터뷰해야 하는가?

출처 : 기술신용평가입문(김진희, 2022)

③ 인터뷰 시 응대
  ㉠ 처음부터 끝까지 성의를 보여라.
  ㉡ 상대의 눈을 보고 이야기하라.
  ㉢ 대답에도 우선순위가 있으므로 시간 배분을 잘 해라.
  ㉣ 인터뷰 도중, 새로운 내용이 발견되면 그것을 파고들어도 무방하다.
  ㉤ 상대에게도 생각할 시간을 주라.
  ㉥ 같은 주제에 상대 의견이 다를 경우 중시하는 자세를 가져라.

(2) 문서화(Documentation) 스킬 빈출도 ★☆☆

문서화 능력은 컨설틴트가 지녀야 할 필수 스킬이다. 프로젝트 문서는 컨설팅 프로젝트의 궁극적인 산출물이기 때문이다. 모범적인 문서화를 위해서는 다음과 같이 고려할 사항들이 있다.
① 프로젝트 문서는 명확한 주제가 있어야 하고, 논리적인 구성을 고려해야 한다.
② 작성근거 및 기대사항 등 명확한 메시지가 담겨야 한다.
③ 전달하고자 하는 내용들을 간결하고 정확하게 표현하여야 한다.
④ 문서를 읽는 대상과 그들의 요구사항과 기재수준을 고려하여야 한다.

(3) 프레젠테이션(Presentation) 스킬 빈출도 ★★☆

① 프레젠테이션의 목적
  프레젠테이션의 목적은 크게 설명과 설득으로 구분한다. 설명을 위한 프레젠테이션의 경우 핵심현상과 사실에 대한 자료를 제공하여 청중의 이해를 높이는 것을 목적으로 한다. 반면, 설득을 위한 프레젠테이션은 청중이 이해한 사실에 대해서 관점을 변화시키는 것을 목적으로 한다.

② 목적에 따른 고려사항
  모범적인 프레젠테이션을 하려면 핵심과 본질에 집중해야 하며, 그것을 표현함에 있어 구조적이고 간결한 시각화를 사용하는 것이 좋다.
  ㉠ 기획안・사업계획 발표 : 실행 가능성에 대하여 논리성・타당성을 갖추도록 일목요연하게 정리해 발표한다.
  ㉡ 신상품 소개・사업 수주・고객 만족 : 경쟁우위, 파급효과 극대화, 고객관리 등의 내용이 반드시 포함되어야 한다.
  ㉢ 문제에 대한 프레젠테이션 : 문제 도출, 이슈 정의, 로드맵 제시, 원인 도출, 대안 제시에 초점을 두어야 한다.
  ㉣ 대안 결정 : 대안의 중요성, 대안 리스트, 대안 비교, 최종 대안의 수행계획 등에 초점을 두어야 한다.
  ㉤ 결과 보고 : 명확한 주제, 토론, 안건 목록화, 우선순위 결정, 후속조치 등에 초점을 두어야 한다.

③ 프레젠테이션의 구성요소
  프레젠테이션의 본문에서 전달하고자 하는 내용은 3가지(핵심 메시지, 이야기 구조, 변수)로 구성된다.
  ㉠ 핵심 메시지(Key Messages) : 그 목적에 따라 참석자에게 정보를 제공하거나 이들을 설득하거나 어떤 행동을 유발하게 해야 한다.

ⓒ 이야기 구조(Storyline) : 하나의 주제에서 간결하고 연관성 있는 다양한 메시지들이 도출될 수 있도록 구성해야 한다.
ⓒ 변수(Arguments) : 단순한 숫자, 표, 그래프로 요약하는 것이 필요하다.

〈표 3-23〉 프레젠테이션 구성요소 예시

핵심 메시지	이야기 구조	변 수
기업의 강력한 성장세는 주주에게도 이익이다.	매출과 이익의 신장	매출 30% 이익 12% 증가, 기업경쟁력 강화
	신규 지점 지속 확장	기존 지점 개선, 18개 신규 지점 개설
	이익잉여금, 중간배당 실시	기존 대비 20% 증가, 매 분기 배당

출처 : 컨설팅 다시보기

④ 성공적인 프레젠테이션을 위한 경험법칙
  ㉠ 매끄러운 진행으로 청중을 압도한다.
  ㉡ 자료를 간단명료하게 구성한다.
  ㉢ 유머를 가미한다.
  ㉣ 구술력과 상상력을 발휘한다.
  ㉤ 정확하고 간결한 어휘를 선택한다.
  ㉥ 보조도구를 적절히 사용한다.

(4) 커뮤니케이션 정리도구 빈출도 ★☆☆

① 차트 활용
프레젠테이션 자료를 작성하는 데 텍스트, 데이터, 표 등이 활용되지만 가장 신속하고 명확하게 의사소통을 할 수 있는 도구는 차트이다.

② 슬라이드 활용
프레젠테이션의 슬라이드는 보고서의 흐름과 동일하게 구성하는 것이 좋다. 정해진 시간 내에 발표할 수 있도록 슬라이드를 배치하고, 핵심내용이 잘 전달되도록 작성한다. 보고서와는 다르게 슬라이드에는 내용을 효과적으로 전달할 수 있도록 표와 그림을 이용하는 것이 좋다.

③ 기타 도구 활용
이외에도 자료 시각화를 위해 화이트보드, 프로젝터(OHP), 영상 등이 활용된다.

개념체크 OX

01 맥킨지 문제해결 7단계 프로세스에서 가장 핵심은 첫 단계인 '문제정의' 단계이다. O X
02 프레젠테이션의 본문에서 전달하고자 하는 내용은 3가지로 구성되는데 3가지는 핵심 메시지, 이야기 구조, 변수이다. O X

정답 O, O

단원별 출제예상문제

01 Lippitt & Lippitt의 스펙트럼별 컨설턴트 역할모델에서 제시한 역할자 유형 중 가장 지시적인 역할자와 비지시적 역할자로 옳게 짝지어진 것은?

	가장 지시적 역할자 유형	가장 비지시적 역할자 유형
①	주창자	성찰자
②	기술 전문가	프로세스 전문가
③	트레이너와 교육자	사실 발견자
④	문제해결의 협력자	대안 확인자
⑤	기술전문가	성찰자

해설 지시적 역할자는 컨설턴트 주도형으로 주창자가 가장 강한 역할이며, 비지시적 역할자는 클라이언트 주도형으로 성찰자가 가장 강한 역할로 분류한다.

02 고객에 대한 영향력 측면에서 컨설턴트 역할에 해당하지 않는 것은?

① 대안확인자
② 성찰자
③ 프로세스 창조자
④ 사실 발견자
⑤ 트레이너와 교육자

해설 클라이언트 주도 측면에서는 성찰자, 프로세스 전문가, 사실 발견자, 대안확인자, 트레이너와 교육자 등을 들 수 있다.

03 Schein은 컨설턴트가 고객과 어떻게 상호작용을 하는가에 따라 몇 개의 모델로 구분하여 제시하였다. 다음 설명은 어느 모델에 해당하는가?

> • 고객은 컨설턴트에게 본인의 문제에 대하여 정확한 진단을 듣고 싶어 한다.
> • 고객은 모든 문제에 대한 정보를 공유해 주어야 컨설턴트가 정확하게 판단할 수 있으므로 상호 신뢰가 중요하다.

① 전문가 구매 모델
② 의사환자 모델
③ 프로세스 컨설팅 모델
④ 비즈니스 모델 캔버스
⑤ 기술적 전문가 모델

> **해설** 의사환자 모델에 대한 내용이다.
> ※ Schein은 컨설턴트의 역할로 고객과 상호작용 측면에서 전문가 구매 모델, 의사환자 모델, 프로세스 컨설팅 모델로 구분하고 있다.

04 Simon & Kumar가 제시한 컨설턴트의 핵심역량과 가장 거리가 먼 것은?

① 기업과 컨설턴트 간 의사소통 능력
② 회계 지식
③ 컨설팅서비스 품질
④ 혁신성과 창의성
⑤ 문제와 기회 식별력

> **해설** Simon & Kumar는 경영컨설팅 성공과 컨설턴트의 전략적 역량에 대한 고객 관점 연구에서 10가지를 컨설턴트 핵심역량으로 제시하고 있는데 기업의 말을 경청하고 이해하는 능력, 컨설팅서비스 품질, 기업과 컨설턴트 간 의사소통 능력, 균형감과 정직성, 기술 지식, 전반적 신뢰성, 파생된 추가문제 지원, 문제와 기회 식별력, 혁신성 및 창의성, 문제해결 능력이 있다.

05 컨설팅 기본스킬에 대한 설명으로 옳지 않은 것은?

① 어떤 사건이나 상황에 대하여 논리적으로 생각해서 구조화하는 것은 컨설턴트에게 기본적으로 요구되는 능력이다.
② 논리적 사고는 로직 트리 작성이나 문제해결 기법의 원동력이 된다.
③ 바바라 민토 저서 "논리의 기술"은 컨설팅 업계의 바이블이라 할 수 있다.
④ 컨설턴트는 논리적 사고를 이해하기 위해서 SCQA 프레임워크, MECE 원칙 및 논리 피라미드 등을 알아야 한다.
⑤ 논리적으로 순서를 정할 때 구조의 순서 → 시간의 순서 → 정도의 순서(중요도의 순서)로 진행한다.

> **해설** 논리적으로 순서를 정할 때는 시간의 순서 → 구조의 순서 → 정도의 순서(중요도의 순서)를 정하고 이를 통해 자신의 생각을 점검해야 한다.
> ※ 컨설턴트는 논리적 사고 능력을 갖추어야 하며, 논리적 사고는 문제해결의 원동력이 된다.

정답 01 ① 02 ③ 03 ② 04 ② 05 ⑤

06 컨설턴트의 스킬 중에서 문제해결 스킬의 5요소에 해당하지 않는 것은?

① 개념화(Concept)
② 가치화(Value)
③ 구조화(Structure)
④ 측정화(Measurement)
⑤ 동기화(Motivation)

해설 노구치 요시아키는 컨설턴트가 보다 적절한 전략·계획·시스템 등을 구축할 수 있도록 체계화하고 정리한 체크리스트 항목으로 문제해결 스킬의 5요소를 제시하고 있는데 개념화, 구조화, 측정화, 동기화, 시스템화이다.

07 MECE 예시 중에서 옳은 예시는?

① 사람은 남성, 여성, 장애인으로 나눈다.
② 영화의 장르는 액션, 스릴러, 공포로 나눈다.
③ 자동차는 국산차, 현대차, 수입차로 나눈다.
④ 시간은 현재, 과거, 미래로 나눈다.
⑤ 음식점은 한식음식점, 서양음식점, 중식음식점으로 나눈다.

해설 MECE는 항목들이 상호 배타적이면서 모였을 때 완전히 전체를 이루는 것을 의미한다. 이를 테면 '겹치지 않으면서 빠짐없이 나눈 것'이라 할 수 있다.

08 프레젠테이션 스킬에 대한 설명으로 옳지 않은 것은?

① 핵심과 본질에 집중해야 한다.
② 핵심 메시지는 그 목적에 따라 참석자에게 정보를 제공하거나, 설득하거나 어떤 행동을 유발하게 해야 한다.
③ 이야기 구조는 귀에 쏙쏙 들어오도록 구조적으로 구성해야 한다.
④ 정확하고 간결한 단어를 선택하여 적절한 비유를 구사하는 것은 좋은 방법이다.
⑤ 정리도구는 가급적 활용하지 않는 것이 좋다.

해설 커뮤니케이션에서는 프레젠테이션이 매우 효과적인 방법으로 자료를 작성할 때는 텍스트, 데이터, 표, 차트 등 커뮤니케이션 정리도구를 활용한다.
※ 컨설턴트는 커뮤니케이션 스킬 또한 중요하다. 커뮤니케이션 스킬에는 인터뷰, 문서화, 프레젠테이션 등이 있다.

09 우수 컨설팅 제안서의 요건으로 옳지 않은 것은?

① 프로젝트의 배경, 목적, 범위를 명확히 한다.
② 논리가 올바르게 전개되어야 하며, 그 이유가 타당해야 한다.
③ 문장이 읽기 쉬워야 하며, 구성이 조직적이라야 한다.
④ 고객 신뢰 획득을 위해 관련업종 유사 프로젝트 수행실적·사례를 첨부한다.
⑤ 고객이 기대치가 높아질 수 있으므로 기대효과 등은 제시하지 않는 것이 바람직하다.

해설 기대효과 등을 제시하는 것도 바람직하다.

CHAPTER 04 컨설팅 수행모델과 관리

> **출제포인트**
> - 컨설팅 수행모델의 이론적 발전방향과 역사적인 모델
> - 컨설팅 수행의 실무적 모형 및 수행 프로세스
> - 컨설팅 프로젝트 관리
> - 경영컨설팅서비스 국가표준 주요내용

제1절 컨설팅 수행모델

컨설팅을 받는 각 조직 및 의뢰인의 특성, 환경 등에 따라 컨설팅 수행절차는 달라지는 것이므로 컨설팅 수행모델을 한 가지로 정형화하여 모든 고객 기업에 일관되게 적용하는 것은 불가능하다. 따라서 다양한 모델들을 상황에 맞게 적용하는 것이 바람직하다. 조직변화를 이끌어내는 컨설팅 수행절차의 대표적인 이론적 모델에는 르윈·샤인 모델, 콜프·프록만 모델, 매거리슨 모델, ILO-밀란 모델이 있다.

1 이론적 모델 빈출도 ★★★

(1) 르윈·샤인 모델(Lewin & Schein Model) 빈출도 ★★☆

개인, 집단, 조직 차원의 변화는 '해빙 → 이동 → 재동결' 세 단계를 거치면서 이루어진다는 이론이다.

① 해빙(Unfreezing)
조직 내·외부의 변화에 대한 조직의 수용성을 높이기 위해 동기유발을 이끄는 단계로, 구성원에게 비전과 목표를 제시한다.

② 이동(Moving)
실제로 변화를 위한 행위를 선택하여 시행하는 단계로, 조직 비전과 목표에 맞는 세부 실천과제와 실행계획을 수립·실천하는 과정이다.

③ 재동결(Refreezing)
변화가 이루어지고 새로운 수준의 균형이 이루어진 후 고착화되는 단계로, 조직 내·외부적으로 변화관리가 이루어지고 조직이 원하는 모습으로 변화해 가는 과정이다.

(2) 콜프·프록만 모델(Kolb & Frohman Model) 빈출도 ★★☆

조직의 변화하는 과정을 7단계로 파악하고, 각 단계별로 변화담당자와 피변화자 간 적절한 관계가 형성되어야 하는 것으로 보고 있다.

① 조사(Scouting)

변화담당자와 피변화자가 서로 상대방의 요구와 노력을 평가하여 착수점을 결정하는 단계이다.

② 착수(Entry)

문제, 목표, 목적에 대한 정의를 내리고, 상호 관점과 신뢰를 확인하며, 변화의 필요성에 대한 인식을 확실히 하는 단계이다.

③ 진단(Diagnosis)

문제와 목표의 정의를 위한 자료를 수집하고, 이와 관련하여 이용가능한 자원을 평가하는 단계이다.

④ 계획(Planning)

구체적인 목적을 정의하고 목적달성을 위한 대안과 각 대안이 조직에 미치는 영향을 평가하여 실제적인 행동계획을 수립하는 단계이다.

⑤ 실행(Action)

최선의 대안을 실행으로 옮기고 예기치 못한 상황이 발생할 경우에 행동계획을 수정하는 단계이다.

⑥ 평가(Evaluation)

목적이 얼마나 달성되었는지를 평가하고 계속적으로 발전시킬 것인지 중지시킬 것인지를 결정하는 단계이다.

⑦ 종료(Termination)

새로운 행동양식을 확인하고 시스템의 소유권을 피변화자에게 완전히 이양시키는 단계이다.

(3) 매거리슨 모델(Margerison Model) 빈출도 ★☆☆

매거리슨 모델은 수행절차를 크게 3단계로 구분하고, 3단계를 다시 12과정으로 세분화하였다.

① 도입단계
- ㉠ 접촉(Contact) : 고객의 문제에 대한 토론이 시작되는 과정으로, 쟁점에 관한 의견의 접근을 이끌어내야 한다.
- ㉡ 준비(Preparation) : 고객에 대해 표면적으로 파악한 사항을 정리하고 제공할 자료를 준비하는 과정으로, 본 자료에 대해 고객이 동의한다면 본격적으로 고객과의 접촉에 임할 수 있다.
- ㉢ 계약(Contact) : 향후 진행될 컨설팅 프로젝트에 대해 법적, 절차적으로 명시하는 근거를 구상하는 과정으로 수행의 범위, 주체, 시기, 장소, 방법, 이유, 비용 등에 관한 의견교환과 접근, 일치가 이루어지는 과정이다.
- ㉣ 계약을 위한 협상(Contact Negotiation) : 전 단계에서 구상한 계약내용에 대해 고객과 구체적으로 협의하는 과정으로 고객은 컨설턴트가 제출한 제안서를 평가하고, 이에 대해 동의하기 전에 조직 내부 담당자들과 토론을 거치게 된다.

② 접근단계
- ㉠ 자료수집(Data Collection) : 계약체결 후 컨설턴트는 면접 및 집단회의, 설문지 또는 적절한 다른 방법들을 이용하여 자료를 수집하는 과정이다.
- ㉡ 자료수집 및 진단(Data Analysis and Diagnosis) : 수집한 자료를 평가하고 검토하는 과정이다.
- ㉢ 분석 자료의 피드백(Data Feedback) : 수집 분석된 자료를 고객에게 구두 또는 서면으로 발표하는 과정이다.
- ㉣ 분석 자료에 대한 토의(Data Discussion) : 고객과 함께 분석 자료를 토의하는 과정이다.

③ 적용단계
- ㉠ 권고, 제안(Proposals) : 분석 자료에 제안서의 내용이 포함되며, 고객이 가진 문제에 대한 모든 대안을 제시하는 과정이다.
- ㉡ 최고경영층의 판단(Executive Decisions) : 제출된 제안서의 토의과정을 통해 최종판단을 내리는 과정이다.
- ㉢ 의사결정(Implementation) : 고객과 컨설턴트 간의 의견을 일치시키는 과정으로 향후 컨설팅 수행으로 연결되는 시작점이다.
- ㉣ 검토와 평가(Review) : 컨설팅 결과를 검토하고 평가하는 과정이다.

(4) ILO-밀란 모델(ILO-Milan Model) 빈출도 ★★★

국제노동기구 주관으로 정리된 컨설팅 수행절차이다. 제반 이론들을 포괄적으로 정리한 것으로 "밀란 모형"이라고도 한다.

① 착수(Entry)

의뢰인과 컨설턴트의 만남이 이루어지고 예비진단과정을 통해 컨설팅계약을 성립하는 단계(의뢰인과의 첫 대면, 예비 문제진단, 컨설팅 수행계획 수립, 의뢰인에게 수행계획 제안, 컨설팅계약 체결)

② 진단(Diagnosis)

의뢰인이 직면한 현안과 달성하고자 하는 목표에 대해 정보를 수집하여 문제를 파악하고 원인을 규명하는 단계(목적분석, 문제분석, 사실발견, 사실분석과 종합, 의뢰인에게 피드백)

③ 실행계획 수립(Action Planning)

진단단계를 통해 파악된 문제의 원인을 바탕으로 대안을 도출하고 실행계획을 수립하는 단계(해결대안 개발, 대안의 평가, 의뢰인에게 해결대안 제시, 실행계획 수립)

④ 구현(Implementation)

수립된 실행계획에 따라 변화를 유도하는 단계(실행지원, 해결대안 조정, 교육/훈련 실시)

⑤ 종료(Termination)

컨설팅 프로젝트의 완료 결과를 보고하고 철수하는 단계(평가실시, 최종보고서 작성, 경영층 승인 획득, 사후관리 계획수립, 철수)

〈표 3-24〉 경영컨설팅 이론모델들의 수행절차 요약

컨설팅 수행모델	단 계	수행절차
르윈·샤인 모델(1961)	3단계	해빙, 이동, 재동결
콜프·프록만 모델(1971)	7단계	조사, 착수, 진단, 계획, 행동, 평가, 종료
매거리슨 모델(1986)	3단계(12과정)	• 도입(접촉, 준비, 계약, 계약을 위한 협상) • 접근(자료수집, 자료분석 및 진단, 분석 자료의 피드백, 분석 자료에 대한 토의) • 적용(권고·제안, 최고경영층의 판단, 의사결정, 검토와 평가)
ILO-밀란 모형(1996)	5단계	착수, 진단, 실행계획수립, 구현, 종료

2 실무적 모형

(1) ILO-밀란 모형(ILO-Milan Model)

ILO-밀란 모델은 이론적 모형에 포함되지만 실무적 모형에도 포함된다. 중소기업 컨설팅 수행기관에서는 컨설팅 프로세스를 설계할 때 대부분 ILO-밀란 모형을 표준으로 하고 있다.

(2) 한국능률협회컨설팅(KMAC) 모형

〈표 3-25〉 KMAC 컨설팅 프로세스

Phase 1	Phase 2	Phase 3	Phase 4
사전준비	경영진단 및 컨설팅과제 도출	현장컨설팅 수행	결과공유 및 후속관리
• 기업사전조사 • 산업/아이템별 전문가 구성 • 산업추진 준비	• 전문가관점 진단 • 대상기업 관심분야 점검 • 개선과제 도출 • 개선과제 확정 • 컨설팅 진행방식 및 KPI 확정	• 담당자 사전 워크샵 • 현장컨설팅 • 기업간담회	• 결과보고 • 후속관리

출처 : KMAC, 기술신용평가입문(김진희, 2022)

(3) 보스턴컨설팅그룹(BCG) 모형

보스턴컨설팅그룹의 모형은 문제해결을 위한 6단계와 3가지 주요 원칙을 제시하여 여러 제약조건하에서 현재의 상태와 목표의 상태 차이를 인식하고 해결책을 찾는 과정이다.

〈표 3-26〉 BCG 모형

구 분	내 용
문제해결의 6단계	• 문제의 정의 및 구조화 • 이슈의 우선순위화 및 가설 수립 • 작업계획 작성 • 자료수집 분석 • Insight 도출 • 스토리라인 구성 및 슬라이드 작성
유의사항의 3원칙	• Blank Sheet Approach : 의뢰인 조직의 각 계층별로 다양한 사람을 만나 파악하기 전까지 기존의 어떠한 툴과 템플릿도 사용하지 않음 • Hypothesis Driven Approach : 파악된 핵심 문제와 이슈를 짧은 시간에 효과적으로 해결하기 위한 접근방법으로 가설기반 접근법을 사용함 • Iterate, Iterate, Iterate : 6단계 문제해결 완료 시까지 계속 반복하여 파악된 이슈와 도출된 해결방안을 다양한 각도로 검증하고 보완함

출처 : 기술신용평가사 3급 자격검정수험서(나도성, 2019) 내용을 토대로 저자 재정리

(4) 한국경영기술지도사회(KMTCA) 모형

한국경영기술지도사회는 5단계로 구성된 컨설팅 프로세스를 제시하고 있다.

〈표 3-27〉 KMTCA 컨설팅 프로세스

① 착 수	② 진 단	③ 활동계획수립	④ 실 행	⑤ 종 료
• 공고 및 접수 • 예비진단 • 컨설팅 제안 • 착수 OT • TFT 구성	• 자료수집 분석 • 수준 및 문제 진단 • 문제점 및 전략과제 도출	• 대안의 탐색 • 대안의 평가 • 대안도출 및 실행계획 수립 • 프레젠테이션	• 실행지원 • 모니터링 • 성과측정 • 교육훈련	• 평 가 • 보고서 작성 • 경영층 승인 • 후속작업계획 • 사후관리

출처 : 한국경영기술지도사회 홈페이지(컨설팅)

개념체크 OX

01 콜프·프록만 모델에서 개인과 집단, 조직의 태도 변화는 해빙, 이동, 재동결 세 단계를 거치면서 이루어진다. O X

02 ILO-밀란 모형은 컨설팅수행절차를 크게 5단계로 나누어 설명하고 있는데 착수, 진단, 실행계획 수립, 구현(실행), 종료이다. O X

정답 X, O

제2절 분야별 컨설팅 관리

KMTCA가 제시한 6가지 컨설팅 분야는 경영기획관리, 재무관리, 생산관리, 마케팅, 인적자원관리, 정보기술이다. 이와는 별도로 경영컨설팅서비스의 프로세스도 이해하여야 한다.

1 KMTCA의 6가지 컨설팅 관리 분야

〈표 3-28〉 KMTCA의 6가지 컨설팅 분야

구 분	개 념	주요내용
경영기획관리	기업경영활동에 있어서 종합적이고 총괄적인 활동	• 경영전략(사업전략, 기업전략) • 경영계획
재무관리	자금의 조달과 운용, 관련된 계획과 통제 등의 활동	• 회계조직, 장부처리, 사무처리 • 재무구조 • 자본운용 • 이익과 비용관리
생산관리	비교적 단시간에 좋은 품질의 제품을 최소의 비용으로 생산하는 활동과 관련된 관리활동	• 생산계획 • 관리활동(공정관리, 작업관리, 외주관리, 원재료·구매관리, 재고관리, 품질관리 등)

마케팅	고객만족 수단으로서의 마케팅활동	• 세분화, 타켓팅, 포지셔닝 • 제품정책 및 가격정책 • 유통경로 • 영업·촉진활동
인적자원관리	경영성과와 구성원의 만족을 모두 충족시킬 수 있도록 인적자원의 핵심역량에 의한 가치창출활동	• 인사 • 동기부여
정보기술	정보시스템의 구축 자문, 정보전략계획 수립활동	• 시스템 구축 자문 • 정보전략계획(ISP), 프로세스 재정립(BPR)

출처 : 기술신용평가입문(김진희, 2022) 내용을 토대로 저자 재정리

(1) 정보기술 분야 컨설팅

최근에는 기업의 운영관리가 모두 디지털 시스템으로 전환됨에 따라 정보기술 컨설팅의 비중이 점차 높아지는 추세로 컨설팅의 중요 분야로 자리매김하고 있다.

① 정보기술의 개념

정보기술은 컴퓨터 멀티미디어의 하드웨어와 생활, 경영혁신, 행정쇄신 등 용도에 맞게 효용성을 불어넣는 소프트웨어, 양자를 조화롭게 묶는 시스템 등 정보와 수단의 총체적인 유형·무형기술을 말한다.

② 정보기술 분야의 컨설팅

최근의 기술적 활용 자원과 현재 상황에 대한 정보를 고려해 시스템을 구축하고 조언, 자문하는 컨설팅을 의미한다. 정보전략계획(ISP) 및 프로세스 재정립(BPR) 등의 도구를 활용하여 컨설팅을 수행한다. (※ 후술한 5장 '경영전략 컨설팅 도구 활용'에서 ISP와 BPR 내용 참조, p.296~297)

③ 정보기술 도입 시 고려사항

정보기술 도입에 따른 변화관리는 탐색 → 계획 → 실행 → 통합단계로 진행된다. 정보기술 도입과정에서 고려할 핵심요소는 다음과 같다.

㉠ 지속적이고 상시적인 변화관리 : 정보기술 시스템 구축 시의 변화관리는 일시적인 프로젝트 성격이 아니라 장기간 관리하는 프로그램의 성격을 지닌다.
㉡ 변화 초반부터 이해당사자 관리
㉢ 교육, 훈련 및 홍보 강화
㉣ 최고 의사결정권자 지지획득
㉤ 정보기술 도입에 따른 보안 문제 고려

(2) 전사아키텍처

전사아키텍처(Enterprise Architecture)의 개념
체계화된 정보화를 추진하기 위해 업무, 데이터, 시스템 등 정보화 구성요소와 상호관계를 미리 규정한 정보화 종합 설계도이다. 정보화 구성요소들의 상호 연계되는 모습을 총괄적으로 해석한 후, 기업의 주요 비즈니스, 정보, 응용시스템, 기술전략 등의 요소가 사업과 업무 프로세스에 미치는 영향 등을 분석하여, 정보기술자원의 획득, 구현, 관리를 체계적으로 지원할 수 있도록 표준화하는 것을 말한다.

출처 : 기술신용평가입문(김진희, 2002)

2 컨설팅 프로젝트 관리

(1) 프로젝트 관리(Project Management)

프로젝트 관리란 프로젝트에 영향을 끼칠 수 있는 요소의 관리를 의미한다. 컨설팅 프로젝트가 비정형성을 지니며, 암묵적 지식 형성을 바탕으로 이뤄진다는 특성으로 인해 이해관계자 간의 의사소통이 원활하게 일어나지 못하기도 한다. 목표는 명확하지만 유한한 자원을 가지고 결과물을 만들어 내야 하는 프로젝트는 영역별로 철저하게 진행되어야 한다.

〈표 3-29〉 프로젝트 관리의 9가지 관점 빈출도 ★☆☆

구 분	내 용
통합관리	프로젝트 현장 개발, 프로젝트 관리계획 수립, 프로젝트 실행지시 및 관리, 프로젝트 작업 감시 및 통제, 통합 변경 통제, 프로젝트 종료 관리 등
범위관리	프로젝트 범위 계획, 범위 정의, 작업분류체계(WBS) 작성, 범위 검증, 범위 통제관리 등
일정관리	작업정의, 작업순서 배열, 작업별 자원 산정, 작업기간 산정, 일정 개발, 일정 통제 등
비용관리	지원계획, 비용 산정, 비용 예산 및 비용 통제 등
품질관리	품질계획, 품질보증, 품질관리 등
인적자원관리	조직계획, 인적자원 획득, 프로젝트 팀 확보, 프로젝트 팀 개발, 프로젝트 팀 관리 등
위험관리	위험관리 계획, 위험 식별, 정성적 위험 분석, 정량적 위험 분석, 위험 대응 계획, 위험감시 통제 등
의사소통관리	의사소통 계획, 정보 배포, 진척 관리, 종료 절차 등
조달관리	획득계획, 공급자 유치계획, 공급자 선정, 계약관리, 계약종료 등

출처 : 하찬호(2019), 기술신용평가입문(김진희, 2022)

(2) PMO의 역할 빈출도 ★☆☆

프로젝트의 규모가 크거나 다수의 프로젝트를 관리해야 할 경우에는 별도로 프로젝트팀 PM(Project Manager)을 지정하거나 PMO(Project Management Office) 서비스를 활용하게 된다. PMO는 PM보다 큰 사업관리조직이다.

대형 프로젝트이거나 해외에서 진행하는 프로젝트의 경우 발주업체가 프로젝트 관리 및 진행에는 어려움이 있기 때문에 PMO를 운영하는 경우가 비용측면에서 유리할 수도 있다.

PMO 정의	프로젝트 전체 추진단계 및 전 분야를 총괄 관리하는 전달조직으로서, 체계적인 프로젝트 관리체계 구축과 발생 가능한 위험요소들에 대한 효과적인 관리 및 통제, 지원을 통해 프로젝트의 성공적인 추진을 지원하는 조직
PMO 역할	• 방법론, 관리기법 관련 지식 축적 및 공유, 전문인력 육성 등 체계적인 프로젝트 관리체제 구축 • 프로젝트 수행 중 발생 가능한 위험요소들에 대한 효과적 관리 및 통제와 관련 지식 등을 지원

출처 : 한국감리컨설팅

PMO와 프로젝트팀의 업무 차이점을 다음 〈표 3-30〉을 통해 알 수 있다.

〈표 3-30〉 PMO와 프로젝트팀의 업무 비교

프로젝트팀	영 역	PMO
프로젝트 진행상황 취합정리	통합관리	변경 승인, 성과 종합, 프로세스 준수
협업 부서의 요구사항 검토	범위관리	프로젝트 진행상황 종합보고, 범위 변경의 협의 및 승인
공정별 진척관리	일정관리	전체 일정 취합관리, 일정 가이드
품질목표 유지	품질관리	품질 검토 및 검수(프로세스, 산출물)
위험 식별 및 추적, 이슈발생 대처	위험관리	프로젝트 위험취합 및 모니터링
프로젝트 이해관계자 소통 지원	의사소통관리	의사소통계획 이행여부 검토
인력확보, 인력관리	인력관리	공정별 투입인력 분석 및 적정성 검토
지표 및 성과측정 지원	성과관리	성과측정 결과 검토
하도급 계약관리 점검	하도급관리	하도급 준수실패 점검
보안대상 식별 및 관리	보안관리	보안지침 준수 점검
시스템에 의한 프로세스 조직, 산출물관리	변화관리	시스템 변화에 대한 모니터링

출처 : 하찬호(2019), 기술신용평가입문(김진희, 2022)

개념체크OX

01 KMTCA가 제시한 6가지 중소기업 컨설팅 분야는 경영기획, 재무, 변화, 마케팅, 인적자원, 정보기술에 대한 관리이다. O X

02 대형 프로젝트이거나 해외에서 진행하는 프로젝트의 경우 발주업체가 프로젝트 관리 및 진행하는 데는 어려움이 있기 때문에 PMO를 운영하는 경우가 비용측면에서 유리할 수도 있다. O X

정답 X, O

3 경영컨설팅서비스 프로세스(국가표준) 빈출도 ★★☆

정부 및 지자체에서 지원하는 컨설팅의 경우에는 국가표준을 기준으로 프로젝트를 관리하고 있다. 국가기술표준원이 정한 경영컨설팅서비스 프로세스(KS S 1010-1)에 있는 업무항목, 업무범위, 세부내용들을 발췌한 것으로 학습 외에 실무적으로도 도움이 될 것으로 보인다.

(1) 사전진단

컨설팅사는 다음 사항을 적용하여 사전진단을 실시해야 한다.

- 사전진단 계약서의 작성
- 당면 과제 분석, 컨설팅 발주 타당성 및 제안요구사항 자문업무에 한정
- 사전진단보고서의 작성

(2) 제안요구서의 작성

고객은 다음 사항을 포함하여 제안요구서를 작성하여야 한다.

- 고객의 일반현황
- 제안요구 배경
- 컨설팅사의 일반현황 요구
- 예상 발주금액
- 제안서 접수 기한
- 발주과제 명칭
- 제안요구 세부내용
- 컨설팅사의 실적증명
- 제안서 작성지침
- 선정방법 및 선정일정

(3) 컨설팅 제안서 작성

컨설팅사는 다음 사항을 포함하여 제안서를 작성하여야 한다.

- 과제에 대한 이해
- 컨설팅사 현황 및 소개
- 참여컨설턴트 이력
- 컨설팅 제안내용
- 컨설팅 수행실적
- 수임료

(4) 컨설팅 실적확인 및 증명

실적증명서는 다음 사항을 포함하여야 한다.

- 고객 명칭(비공개요구 시 기호로 표기)
- 계약명칭
- 계약기간
- 증명일자, 증명자 성명 및 날인
- 고객의 업종 및 주요 품목
- 컨설팅 분야
- 참여컨설턴트 성명 및 약력

(5) 컨설팅 계약

고객과 컨설팅사 간에 작성하는 계약서에는 다음 사항을 포함하여야 한다.

- 컨설팅 과제 명칭
- 컨설팅 실시기간
- 컨설팅 종료 확인방법 및 최종산출물
- 추가비용 사전고지, 합의, 청구방법
- 지적재산의 소유권
- 분쟁의 해결방법
- 계약 체결자 서명 날인
- 계약자 명칭 및 소재지
- 과제의 내용 및 범위
- 수임료 및 기타비용, 청구방법과 일정
- 정보 및 비밀사항에 대한 보안방법
- 계약 변경 및 해지
- 기타 고객과 컨설팅사 간의 합의사항

(6) 기초조사

컨설팅사는 다음 사항을 포함하여 기초조사를 실시한다.

- 사전진단 보고서 또는 고객 내부 과제현황에 대한 자료조사
- 컨설팅 세부계획수립에 필요한 기초자료 확보
- 제안요구서와 계약서에 근거한 과제의 범위, 내용, 방법, 목적 등을 확인

(7) 수행계획서

컨설팅사는 다음 사항을 포함하여 수행계획서를 작성하여야 한다.

- 고객 일반현황
- 컨설팅 방향 및 목표 설정
- 컨설팅 수행절차 및 일정
- 컨설팅 추진체계 및 컨설턴트 이력사항 등
- 컨설팅사 소개
- 고객 경영현황과 현안 과제
- 컨설팅 방법론, 기법, 도구의 적용방안
- 고객과의 협력 체계 및 내용
- 컨설팅비용 산출내역

상기 (1)~(7) 내용의 출처 : 국가기술표준원(KS S 1010-1), 기술신용평가입문(김진희, 2022)

(8) 컨설팅 수행 절차*
　① 수행준비
　　㉠ 업무분장 : 컨설팅사는 과제의 효율적 관리를 위한 업무분장을 하여야 하며, 과제의 성격을 고려하여 과제책임자(PM) 및 컨설턴트를 선별하여 구성하여야 한다.
　　㉡ 효과적 기법, 방법론 및 정보 활용 : 컨설팅사는 컨설팅을 수행함에 있어 고객의 여건을 고려하여 가장 효과적인 컨설팅기법 및 방법론을 선별하여 적용해야 하며, 또한 보유한 정보를 최대한 활용하여야 한다.
　② 컨설팅 수행 빈출도 ★★☆
　　㉠ 자료조사 및 수집 : 문헌자료 수집 및 조사, 관찰조사, 면접조사, 서면질의조사
　　㉡ 자료정리
　　　• 개별자료 분류 및 정리, 자료 계량화 및 도표화, 폐기
　　　• 고객의 내·외부 환경, 운영상태 문제점 분석, 전략 및 개선사항 도출
　　　• 대안제시
　　㉢ 보고서

작성원칙	• 보고서 내용은 간결, 명료, 정확해야 함 • 근거자료는 객관적이고 정확한 것이어야 함 • 대안의 제시는 6하원칙에 따라 구체적으로 제시해야 함 • 제시하는 대안은 합리적이고 효율적이며 건전해야 함 • 제시 대안은 실행 가능하도록 구체적, 실질적이어야 함
작성도구	• 고객이 원하는 SW로 작성하고 고객요청 시 파일과 함께 제출해야 함
최종검토	• 보고서 작성 전에 상호검토 여부를 고객에게 확인해야 함 • 고객 요청이 있을 경우 상호검토 후 작성해야 함
수 정	• 보고서의 수정은 미처 고려하지 못한 부분을 보완하는 수준으로 함 • 고객의 주관적 판단에 영향을 받아서는 안 됨
제 출	• 컨설팅의 수행을 통해 정리된 분석자료 및 결과를 보고서의 형태로 작성하여 고객에게 제출해야 함

　③ 수행일반사항
　　㉠ 컨설팅 수행장소 : 컨설턴트는 고객과 사전 약정한 장소에서 합의된 날짜, 일수, 시간의 범위 내에서 수행하여야 하며, 이에 대한 변경이 불가피한 경우에는 고객에게 양해를 구해야 한다.
　　㉡ 과제 수행일지 : 컨설턴트는 과제 수행기간 중에 과제 수행일지를 작성하여야 한다.
　　㉢ 초과업무 사전고시 : 컨설팅 진행 중 고객과 합의된 일정에서 벗어난 시간 사용 및 업무 내용 초과가 예상될 경우, 과제책임자(PM)는 이를 즉시 고객에게 알리고 상호 협의 하에 과제 진행 일정을 조정해야 한다.
　　㉣ 추가보고 : 컨설턴트는 사전 계획했던 정기보고 외에 필요한 경우, 개별 사안에 대하여 고객에게 보고할 수 있다.
　　㉤ 추가비용 지출승인 : 고객의 요구에 의한 출장, 물품 구매, 신규인력 투입 등 계약의 범위를 벗어나는 활동으로 인하여 추가비용이 발생할 경우, 과제책임자(PM)는 비용 발생에 대한 내역을 사전에 고객에게 통보하여 비용결제에 관한 합의를 득한 후에 이를 진행하여야 한다.

④ 수행완료 및 사후관리
  ㉠ 컨설팅 수행 종료
    (종료시점) 컨설팅 과제의 종료 조건은 계약서에 따르되, 계약서에 규정이 없는 경우에는 과제 수행기간이 경과되고 최종 보고서가 제출되면 컨설팅 과제는 종료된 것으로 본다.
    (최종 성과물) 컨설팅사는 컨설팅 수행의 종료시점에서 제안서 및 계약서에서 명시한 보고서 등 최종 성과물을 제출하여야 한다.
  ㉡ 불만처리 : 불만사항 접수 → 확인 → 처리(조사/대응/소통/종결) → 추가조치
  ㉢ 피해보상 : 피해사항 접수 → 확인 → 조치 및 보고
  ㉣ 사후관리 : 컨설팅 과제 종료 후에도 고객에 대해 지속적인 관심을 갖고 유용한 정보를 제공하거나 고객의 일시적 요청에 응하는 등의 고객관리 활동을 할 수 있다.

*상기 (8) 내용의 출처 : 국가기술표준원(KS S 1010-1), 기술신용평가입문(김진희, 2022)

> **개념체크OX**
>
> 01 컨설팅사가 고객에게 제안서를 작성할 때 제안서 내용에는 컨설팅 수행실적, 참여컨설턴트 이력, 수임료도 포함된다. O X
>
> 02 보고서 작성 시 작성도구는 컨설턴트가 원하는 SW로 작성하며, 고객요청 시 파일과 함께 제출해야 한다. O X
>
> 정답 O, X

CHAPTER 04 | 컨설팅 수행모델과 관리

단원별 출제예상문제

01 다음 설명에 해당하는 컨설팅 수행모델은 무엇인가?

> • 조직의 변화과정을 3단계로 파악한다.
> • 이 모델은 해빙 → 이동 → 재동결 단계로 구분하였다.

① 르윈・샤인 모델
② 콜프・프록만 모델
③ 매거리슨 모델
④ BCG(보스톤컨설팅그룹) 모델
⑤ 한국능률협회컨설팅 모형

해설 르윈・샤인 모델은 가장 간단하게 설명한 모델이다.
※ 컨설팅 수행이론은 크게 전통적 이론모델과 실무적 모형으로 구분한다. 전통적 이론모델로 대표적인 것은 르윈・샤인 모델, 콜프・프록만 모델, 매거리슨 모델, ILO-밀란 모형이 있다.

02 ILO-밀란 모형 절차의 두 번째 단계인 진단 업무에 해당하지 않는 것은?

① 해결대안의 개발
② 목적 분석
③ 사실 발견
④ 문제 분석
⑤ 사실 분석과 종합

해설 진단 업무에서는 목적 분석, 문제 분석, 사실 발견, 사실 분석과 종합, 의뢰기관에 피드백으로 구성된다.
※ 전통적 이론모델 중에서 실무에 가장 많이 활용하는 모형은 ILO-밀란 모형이다. ILO-밀란 모형의 수행절차는 착수, 진단, 실행계획 수립, 실행, 종료 5단계로 나누고 각 단계마다 세부적인 내용을 담고 있다.

03 컨설팅 수행모델과 거리가 먼 것은?

① 르윈・샤인 모델
② 콜프・프록만 모델
③ 매거리슨 모델
④ ILO-밀란 모형
⑤ 전략캔버스 모델

해설 전략캔버스 모델은 컨설팅방법론으로 비즈니스 모델 창조 도구로 활용된다.

04 ILO-밀란 모형에 대한 설명으로 옳지 않은 것은?

① 국제노동기구(ILO) 주관으로 정리된 컨설팅 수행절차로 "밀란(Milan) 모형"이라고도 한다.
② 컨설팅시장에서 가장 많이 활용되는 수행 모형이다.
③ 조직의 변화단계를 7단계로 파악한다.
④ 진단 단계에서는 의뢰 기관이 직면한 현안과 달성하고자 하는 목표에 대해 심층적 정보수집을 통해 문제를 파악하고 원인을 규명한다.
⑤ 착수 단계는 첫대면, 예비진단, 컨설팅 계약 순으로 진행된다.

해설 ILO-밀란 모형은 조직의 변화단계를 5단계로 파악한다.

05 컨설팅 수행 프로세스에 대한 설명으로 옳지 않은 것은?

① 중소기업 컨설팅 수행기관에서는 컨설팅 프로세스를 설계할 때 대부분 ILO-밀란 모형을 표준으로 하고 있다.
② 보스턴컨설팅그룹(BCG) 모델은 문제해결을 위한 6단계와 3가지 주요원칙을 제시하고 있다.
③ 르윈·샤인 모델은 컨설팅 과정을 도입단계, 접근단계, 적응단계로 구분하고 있다.
④ 콜프·프록만 모델은 조직의 변화과정을 7단계로 파악하고, 각 단계별 변화담당자와 피변화자 간 적절한 관계가 형성되어야 하는 것으로 보고 있다.
⑤ 실무적 모형은 ILO-밀란 모형, KMTCA 모형, 한국능률협회컨설팅 모형, BCG 모델 등으로 실무 적용에 많이 활용되는 모형이다.

해설 르윈·샤인 모델은 컨설팅 과정을 3단계로 파악하였다. 즉, 해빙 → 이동 → 재동결 순이다.

06 KMTCA(한국경영기술지도사회)가 제시하는 6가지 컨설팅 분야에 해당하지 않는 것은?

① 경영기획관리
② 재무관리
③ 생산관리
④ 정보기술
⑤ 변화관리

해설 KMTCA가 제시하는 6가지 컨설팅 분야는 경영기획관리, 재무관리, 생산관리, 마케팅, 인적자원관리, 정보기술이다. 이 프로세스는 실무에 유용하게 활용되고 있다.

정답 01 ① 02 ① 03 ⑤ 04 ③ 05 ③ 06 ⑤

07 컨설팅 계약서에 포함되는 내용으로 옳지 않은 것은?

① 컨설팅 과제의 명칭, 내용 및 범위
② 컨설팅 종료 확인방법 및 최종산출물
③ 수임료 및 기타 비용, 청구방법과 일정
④ 컨설팅의 방향과 목표 설정
⑤ 지식재산의 소유권

해설 컨설팅의 방향과 목표 설정은 수행계획서에 포함되는 내용이다.
※ 국가기술표준원은 경영컨설팅서비스의 프로세스를 국가표준규격(KS S1010-1)으로 정하고 있다. 경영컨설팅서비스 프로세스에는 업무항목, 업무범위 및 세부내용을 담고 있다. 그중에는 컨설팅 계약서에 포함해야 할 내용을 명시하고 있다.

08 프로젝트 관리의 9가지 관점에서 관리영역과 주요 프로세스가 잘못 연결된 것은?

① 범위관리 : 프로젝트 범위 계획, 범위 정의, 작업분류체계(WBS), 범위 검증 등
② 통합관리 : 조직계획, 인적자원 획득, 프로젝트 팀 확보, 프로젝트 팀 개발, 프로젝트 팀 관리 등
③ 일정관리 : 작업 정의, 작업순서 배열, 작업별 자원 산정, 작업 기간 산정 등
④ 조달관리 : 취득계획, 공급자 유치계획, 공급자 선정, 계약관리, 계약종료 등
⑤ 의사소통관리 : 의사소통 계획, 정보 배포, 진척관리, 종료 절차 등

해설 ②는 인적자원관리 내용이다.
※ 컨설팅 프로젝트 관리의 9가지 관점은 통합관리, 범위관리, 일정관리, 비용관리, 품질관리, 인적자원관리, 위험관리, 의사소통관리, 조달관리이다.

09 PMO(Project Management Office)에 대한 설명으로 옳지 않은 것은?

① PMO는 프로젝트팀과 별도로 프로젝트를 성공적으로 이끌기 위한 방법을 고민하고 지원하는 사업관리조직을 말한다.
② 전반적 리스크는 기업 수준에서 관리한다.
③ 다수의 프로젝트를 관리할 때는 프로젝트 간의 의사소통을 조정한다.
④ PM(Project Manager)과 PMO는 거의 유사한 의미이며, 수행하는 역할도 거의 유사하다.
⑤ 최근 PMO의 부각 이유 중 하나는 차세대 시스템 추진 등의 프로젝트 대형화, 복잡화, 전문화 때문이라 할 수 있다.

해설 프로젝트 팀보다 보다 전문성을 지닌 PM을 지정하여 운영하는 경우도 있으나 PMO 역할보다는 적다고 할 수 있다.
※ PMO는 사업위탁관리로 컨설팅 프로젝트 전체를 컨설팅 기관에 위탁하여 운영하는 형태이다. 주로 프로젝트의 규모가 크거나 다수의 프로젝트를 관리할 경우 활용된다.

CHAPTER 05 컨설팅방법론

> **출제포인트**
> - 컨설팅방법론의 이해
> - 컨설팅방법론의 유형
> - 경영전략 컨설팅방법 활용도구들

제1절 컨설팅방법론 개요

1 컨설팅방법론의 이해

그동안 학계 등에서 컨설팅에 대한 논의는 주로 컨설팅의 이론 및 유형, 컨설턴트의 역량과 자질, 컨설팅 수행모델 및 관리를 대상으로 진행되었는데 이는 공급자 중심의 시각에서 바라본 것이다. 그러나 컨설팅서비스를 둘러싼 대내외 환경이 급변하면서 고객의 문제해결 상황과 전문 지식 및 경험을 유효하게 연계하는 방법론적 지식을 잘 활용해야 하는 시기에 도래되었다. 현재는 경영컨설팅을 포함한 다양한 지식서비스컨설팅까지 활용되는 방법론지식으로 작동하고 있다.

아래 〈그림 3-3〉에서 ?으로 표시된 부문을 '방법론적 지식'이라 할 수 있는데 그동안 경영컨설팅에서는 기법이나 도구 등 다양한 명칭으로 방법론적 지식이 개발되어 활용되고 있다(나도성).

〈그림 3-3〉 문제해결 프레임워크

출처 : 기술신용평가사 3급 자격검정수험서(나도성, 2019)

컨설팅 수행모델 및 기법들은 컨설팅 프로젝트 전반의 관리에 관한 이론인 반면, 컨설팅방법론은 그중 문제해결 방법과 경영전략 수립, 경영프로세스 구축을 위한 핵심을 다루는 방법이라 할 수 있다.

〈표 3-31〉 컨설팅방법론과 컨설팅수행모델 비교 빈출도 ★☆☆

구 분	초 점	이용단계	역 할
컨설팅방법론	What to do?	문제해결 방법, 경영전략 등	문제해결, 경영전략을 위한 사고의 틀
컨설팅수행모델	How to do?	현상 분석과 대안 도출	사고를 위한 도구

2 컨설팅방법론의 정의

컨설팅방법론은 "다양한 지식공급 요소를 고객의 문제해결 수요에 최적 유효하게 연계시키는 논리적, 시스템적인 절차와 도구들의 체계"라고 정의할 수 있다(나도성).

일반적으로 방법론이라고 불리게 되려면 단계적 절차, 도구와 기법, 템플릿과 사례와 같은 몇 가지 요소들이 충족되어야 한다(하찬호).

> **방법론 충족요건**
> - 단계적 절차는 프로세스라고 할 수 있는데 어떤 단계와 절차에 따라 진행하며, 각 단계나 절차에서 해야 하는 업무나 행동(tasks or activities)이 정의되어야 한다.
> - 방법론은 각 단계와 절차가 제시하는 일을 하기 위해 논리적 사고체계에 기반한 도구와 기법(tools and techniques)을 제시해야 한다.
> - 방법론은 그런 도구와 절차를 적용한 문서 템플릿과 사례(templates and references)를 포함하고 있어야 한다.
>
> 출처 : 하찬호(2017), 기술신용평가입문(김진희, 2022)

컨설팅방법론은 문제해결 컨설팅방법론과 경영전략 컨설팅방법론으로 발전하였고 현재는 전통적인 경영컨설팅 추진방법론의 보완 및 대체에 대한 필요성까지 제기되고 있는 상황이다.

현재 국내에서는 컨설팅의 목적에 따라 경영전략 수립, 프로세스 혁신, 신사업 개발, 사업타당성 분석, 정보전략 등 다섯 가지 정도로 구분해서 운영되고 있다.

3 컨설팅방법론 사례(예시)

(1) 컨설팅방법론 기본절차

경영컨설팅의 핵심 4단계는 ① 진단 → ② 분석 → ③ 문제정의/설계 → ④ 실행계획 수립으로 이루어져 있으며 다음과 같이 단계별로 기본적인 프로세스를 따르고 있다.

〈표 3-32〉 컨설팅 프로세스 기본절차 예시

① 환경진단	② 환경분석	③ 전략&프로세스 정의/설계	④ 실행계획 수립

• 외부 환경진단
• 내부 환경진단
	• 현황업무
	• 프로세스 분석
		• 개선안
		  - 경영전략 수립
		  - 프로세스 설계
			• 경영전략 추진순위
			• 경영전략 추진일정
			• 경영전략 추진예산
			• 경영전략 추진효과

출처 : 기술신용평가입문(김진희, 2022)

(2) 문제해결 분야의 방법론

문제해결 분야의 방법론은 다양하지만, 자주 활용되는 5단계 방법론의 예시는 다음과 같다.

> ① 문제정의 → ② 현황파악 → ③ 원인분석 → ④ 대안개발 → ⑤ 대안평가

(3) 경영전략 분야의 방법론

경영전략 분야의 방법론도 다양하지만, 자주 활용되는 4단계 방법론의 예시는 다음과 같다.

> ① 환경분석 → ② 현황분석(AS/IS) → ③ 미래모형분석(TO/BE) → ④ 통합실행계획 수립(MP)

〈표 3-33〉 경영전략 컨설팅방법론(예시) 빈출도 ★☆☆

환경분석	현황분석 (As-Is)	미래모형분석 (To-Be)	통합실행계획 수립 (MP)
• 외부환경분석 • 내부역량분석 • CSF(Mapping)	• 현재업무 프로세스 분석 • 현안도출 • 개선안도출 • 전략도출	• 전략정의 • 미래업무프로세스 모형수립	• 전략 간 우선순위화 • 전략추진비용 • 전략추진조직 • 기대효과 • 고려사항
변화관리			

출처 : 나도성(2019), 기술신용평가입문(김진희, 2022)

4 컨설팅방법론의 유형 및 양태 빈출도 ★☆☆

그동안 경영컨설팅에서 활용되어 온 컨설팅방법론은 유형 및 양태(역할측면)에 따라 구분할 수 있다.

(1) 컨설팅방법론의 유형

① 모델(Model)
문제해결 및 경쟁우위 창출을 위한 시스템적 논리 완결성을 지향하는 프레임워크이다.

② 모듈(Module)
문제해결 및 경쟁우위 창출을 위한 핵심적 특성요소의 집합적 체계이다.

③ 툴킷(Toolkits)
문제해결 및 경쟁우위 창출, 비즈니스 모델 창조를 위한 부문별 시스템 연계와 상호작용을 인식하고 분석하여 대안을 모색하기 위해 활용되는 형태의 도구이다.

④ 사례(Cases)
문제해결, 경쟁우위 창출, 비즈니스 모델 창조를 위한 표준 및 규범(S&R : Standard & Rule), 베스트 프랙티스 및 벤치마킹(B&B : Best Practice & Benchmarketing)의 모범사례이다. S&R의 예로는 ISO시리즈가 있다.

⑤ 솔루션(Solution)
표준화를 통해 데이터베이스(DB)가 축적되면 ICT기술을 결합하여 문제해결을 위한 다양한 솔루션을 개발할 수 있다.

(2) 컨설팅방법론의 양태
　① 정리도구
　　프로세스, 매트릭스, 차트, 로직 트리 등과 같이 정리를 위해 활용하는 도구이다.
　② 분석도구
　　3C, 5Force, BCG 매트릭스 등과 같이 현상의 분석을 위한 도구이다.
　③ 진단도구
　　조직이 안고 있는 문제를 진단하기 위한 도구이다.
　④ 참조도구
　　벤치마킹 사례, 국제 인증 규범 등과 같이 참조용으로 사용하는 도구이다.
　⑤ 요인도구
　　지식분야별 문제해결을 위해 특화된 핵심성공요인을 추출하여 도구화한 것이다.

개념체크OX

01 컨설팅방법론은 'What to do?'에 초점이 맞춰져 있다. O X

02 모듈(Module)은 문제해결 및 경쟁우위 창출을 위한 시스템적 논리 완전성을 지향하는 프레임워크이다. O X

정답 O, X

---

5 컨설팅 도구의 유용성

도구는 고객과 컨설턴트가 공감하는 과학적, 합리적, 체계적 결과물을 도출하는 데 도움이 된다.

(1) 도구의 유용성 판단 기준 5요소
　① 정확성
　　분석하고자 하는 현상·문제를 정확하게 설명하고 통찰력을 제공할 수 있어야 한다.
　② 일반성
　　시간이나 장소가 다른 맥락에서 적용되더라도 유사한 결과를 얻을 수 있어야 한다.
　③ 간명성
　　경영현상을 분석하고 설명하는 데 동원되는 개념의 수가 적을수록 좋다.
　④ 인과성
　　분석대상 현상·문제에 대해 인과관계가 높은 설명력을 제시할 수 있어야 한다.
　⑤ 열독성
　　현상·문제에 대한 분석결과를 시각적으로 쉽게 이해할 수 있도록 제시해야 한다.

(2) 분석 및 진단 도구
　분석 및 진단 도구는 '분석목적 정의 → 변수 선정 → 조작화 및 자료수집 → 분석·진단 → 결론'의 순으로 활용하게 된다. 분석결과는 가능하면 시각적으로 그래프(막대형, 꺾은선형, 레이더형, 분산형), 다이아그램, 매트릭스, 로직 트리 등을 활용하여 이슈와 시사점 그리고 결과를 정리하여 제시한다.

(3) 정리도구1 : 맥킨지 정리의 기술(McKinsey-Way Chart)

세계적인 컨설팅기관인 맥킨지에서 많이 사용하는 맥킨지 차트는 맥킨지의 비주얼 커뮤니케이션 디렉터인 진 젤라즈니에 의해 알려졌는데 현재 대표적인 정리도구로 사용되고 있다. 맥킨지 차트 단계는 아래 〈표 3-34〉와 같이 메시지 결정, 비교유형 파악, 차트형태 선택의 순으로 진행된다.

〈표 3-34〉 맥킨지 차트 단계

순 서	① 메시지 결정	② 비교유형 파악	③ 차트형태 선택
단 계	데이터 → 메시지	메시지 → 비교유형	비교유형 → 차트
내 용	전달하고자 하는 메시지 또는 강조하고자 하는 메시지를 가장 단순하고 효과적으로 표현할 수 있는 메시지로 결정	메시지는 5가지 비교유형 중에서 선택	전달하고자 하는 5가지 비교유형을 포함하고 있으며, 이것은 다시 5가지 기본차트 형태로 대응시켜야 함(점, 꺾은선, 세로막대, 가로막대, 원)
선택사항		• 구성요소 비교유형 • 항목 비교유형 • 시간적 추세 비교유형 • 도수분포 비교유형 • 상관관계 비교유형	

출처 : 진 젤라즈니(안진환 역, 2016), 나도성(2019)

메시지를 비교할 때는 구성요소, 항목, 시간추이, 도수분포, 상관관계의 5가지 비교유형 중에서 선택하도록 하며, 비교유형을 정리하기 위해서는 점, 꺾은선, 세로막대, 가로막대, 원의 5가지의 기본적인 차트형태에서 선택한다.

〈그림 3-4〉 McKinsey-Way Chart 선택 방식

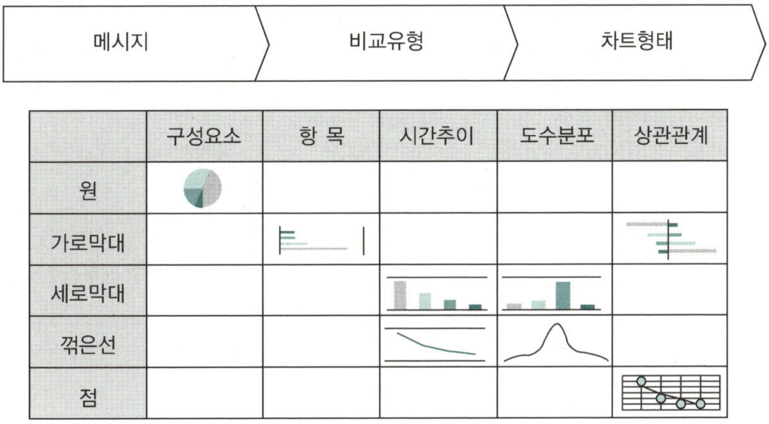

	구성요소	항 목	시간추이	도수분포	상관관계
원	◔				
가로막대		▥			▤
세로막대			▥	▥	
꺾은선			╲	⋀	
점					⋯

출처 : 맥킨지, 차트의 기술

(4) 정리도구2 : 로직 트리 방식

정리도구로서 활용되는 로직 트리의 경우는 크게 Why 트리, How 트리, What 트리로 나누어지며, 여기서 파생된 컨셉트리, 전략트리, 솔루션트리 등을 목적에 맞게 활용하면 된다.

(5) 정리도구3 : 매트릭스 방식

매트릭스 방식은 여러 개의 축으로 정보를 전달하는 사고 도구로서 자사를 포함한 시장전체를 상관관계로 보거나 위치관계를 파악하거나 항목별로 정보를 정리할 때 활용할 수 있는 도구이다. 매트릭스의 적용 분야는 포지셔닝 맵, 고객 포트폴리오 분석, PPM 분석, 핵심역량 분석, 사업 로드맵, 타켓 세그멘테이션, SWOT 분석 등 다양하게 활용된다.

개념체크OX

01 컨설팅 도구는 고객과 컨설턴트가 공감하는 과학적, 합리적, 체계적 결과물을 도출하는 데 도움이 된다. **O X**

02 맥킨지 차트 기법에서 비교유형을 정리하기 위해서는 5가지의 기본적인 차트형태에서 선택하여야 한다. 5가지 차트형태는 원, 가로막대, 세로막대, 꺾은선 그리고 네모이다. **O X**

정답 O, X

제2절 문제해결 컨설팅 도구 활용

문제해결 컨설팅 도구는 문제정의 및 방향성 도구, 현황파악 도구, 원인파악 도구, 대안개발 및 선택 도구 등이 있다. 예를 들면 현황파악 도구가 대안개발 도구에 사용되는 것도 있기 때문에 어느 소제목으로 분류한 범위 내에서만 사용되는 것이 아니다. 학자나 컨설턴트에 따라 기준을 다르게 적용할 수도 있다.

〈표 3-35〉 문제해결 컨설팅방법(도구) 예시 빈출도 ★★★

문제정의	현황파악 (경쟁상황/역량분석)	원인분석	대안 개발/선택	대안평가
• 파레토 분석 • System Diagram • Problem Bound Expansion	• SWOT 분석 • PEST 분석 • 5Force Analysis • BSC • VCM • VSM • 3C 분석 • 7S 분석	• Cause-Effect Diagram • 5Ws1H 방법론 • 5Way 방법론 • Keper Tregoe 분석 • KJ기법 • 피쉬본 차트	• 브레인스토밍 • KJ기법 • SCAMPER • 델파이법 • TRIZ • 전략캔버스 • 비즈니스모델 캔버스	• Cost-Benefit Analysis • Decision Tree Analysis • PMI Analysis

출처 : 나도성(2019), 기술신용평가입문(김진희, 2022)

1 문제정의 및 방향성 도구

(1) 파레토 분석(20:80의 법칙) 빈출도 ★☆☆

문제가 될 수 있는 이슈의 자료와 정보를 수집하고 이를 유형별로 그룹화해서 중요한 문제를 찾아내는 도구로, 기본 원리는 '20:80의 법칙'으로써 상위 20%가 80%의 역할을 다 해낸다는 것이다. 이후 이 법칙은 소득분배뿐만 아니라 다양한 경제활동과 자연현상에도 적용시킬 수 있는데, 현재는 재고관리, 매출관리, 마케팅 등 다양한 비즈니스에 활용되고 있다. (예 은행 순이익의 80%가 20%의 상위 고객에 의해 결정된다.)

2 현황파악 도구

(1) 3C 분석

고객(Customer), 경쟁사(Competitor), 자사(Company) 3요소와 관련한 하위 요인을 통해 시장경쟁 구도를 파악하는 도구로 전체적인 경쟁구조의 변화를 이해할 때 매우 효과적인 분석 도구이다.
① 고객 분석 요소 : 시장규모 및 성장성, 시장성숙도, 고객 집단별 니즈 현황/변화 추이
② 경쟁사 분석 요소 : 경쟁강도, 경쟁자현황 및 강·약점, 진입장벽
③ 자사 분석 요소 : 기업비전, 기술력/제품력, 기업윤리, 기업 내 자원수준

(2) 7S 기법 빈출도 ★★☆

기업의 경쟁력은 일곱 가지의 핵심요소에 의해 영향을 받는다는 전제하에 이들 요소들의 경쟁력을 평가하는 방법으로 하드 요소(Hard Factor)와 소프트 요소(Soft Factor)로 나누고 있다.
7S 기법은 조직을 이해하고 설계할 때 중요한 사항을 밝히는 데 유용하며 조직의 강·약점, 회사 문화와의 일체성 여부를 확인하는 데 도움을 주는 도구이다.

구분	내용
하드 요소	• 전략(Strategy) : 경쟁우위 확보, 사업의 방향성 • 조직(Structure) : 조직 전문화 및 세분화, 권한 분할, 조직매커니즘 • 시스템(System) : 의사결정 프로세스, 성과보상 및 측정시스템, 예산편성
소프트 요소	• 기술(Skill) : 조직으로서의 영업력, 기술력, 마케팅 능력 등 • 구성원(Staff) : 목표달성 및 전략을 실행하는 직원의 배경 및 역량 • 스타일(Style) : 최고경영자의 리더십 스타일, 기업고유의 문화 • 공유가치(Share Value) : 널리 공유되는 중요한 행동원칙

(3) VSM

VSM(Value Stream Map)은 제품이나 서비스가 가치흐름을 통하여 생산되거나 제공될 때, 그 바탕이 되는 '재료와 정보의 흐름'을 이해하고 파악할 수 있게 해 주는 도구로 '가치흐름도' 혹은 '가치흐름지도'라고도 불린다. 프로세스의 처리시간을 측정하여 낭비요소를 제거하고자 하는 LEAN의 가장 핵심적인 틀이다. 제조업에서는 ① 현장의 낭비 제거와 원가절감, ② Lean 프로세스 구축을 통한 업무 효율화, ③ Lean Time 단축 및 생산성 향상, ④ 최적의 생산시스템 구축과 품질개선 등의 목적에 활용된다.

3 원인분석 도구

(1) 5WHY 방법론

5Why 기법은 문제가 무엇인지를 결정하는 단계와 문제의 근본 원인을 파악하는 데 활용되는 도구이다. 문제해결을 염두하고 "왜"를 반복하는 것이다.

(2) KJ기법

① 일본의 인류학자인 가와키타 지로(Kawakita Jiro)가 1960년대에 고안한 아이디어의 도출과 그루핑을 통해 문제를 해결하는 기법으로 고안자 이름의 두 글자를 따서 KJ기법으로 불리고 있다.

② 이 기법은 도출된 아이디어들을 1차적으로 수렴하여 이를 대상으로 다시 브레인스토밍 과정을 거쳐 발산과 수렴을 반복한다. 주로 문제해결과정에서 초기문제의 명확한 정의 및 문제 현상을 List-up하는 과정에서 활용되고 있다.

> **진행방법**
> - 제1단계 : 아이디어를 포스트 잇(또는 카드)에 하나씩 따로 적는다.
> - 제2단계 : 수집된 포스트 잇(또는 카드)을 같은 그룹으로 묶고 싶은 것끼리 분류한다.
> - 제3단계 : 유사한 그룹으로 포스트 잇(또는 카드)을 이동시킨다.
> - 제4단계 : 전체 포스트 잇 중에서 시발점이 된 1장의 포스트 잇을 뽑고 그 포스트 잇과 연관성이 있는 포스트 잇을 한곳으로 모아서 배치한다.

(3) 피쉬본 차트(Fishbone Chart) / 특성요인도(Cause & Effect Diagram)

일본의 이시가와 가로우 교수가 발명한 것으로 품질 특성치가 어떤 요인에 의해 영향을 받는지를 조사하여 특성과 원인과의 관계를 정리해 가시화한 차트로, 차트의 모습이 생선뼈와 닮았다 하여 피쉬본이란 이름이 붙여졌다. 제조업의 품질관리에 적용하면서 큰 성과를 거두었다.

〈그림 3-5〉 피쉬본 차트 예시

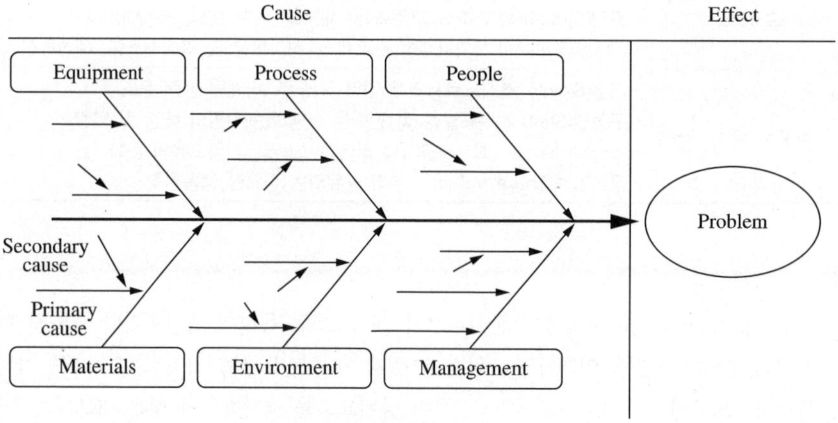

출처 : Wikipedia, Ishikawa diagram

4 대안 개발/선택 도구

(1) 브레인스토밍(Brainstorming) 기법 빈출도 ★★☆

① 개 요

1939년 미국의 Orsborn에 의해 창안된 기법으로, 여러 사람이 자유롭게 창의적인 아이디어를 제시하고 이를 결합 및 개선하여 많은 아이디어를 만들어 내는 기법이다. 이 기법은 창의적인 아이디어가 필요할 때 가장 널리 이용하는 도구이며 문제의 진단이나 아이디어 선택과정에도 활용된다.

② 브레인스토밍 기본원칙
  ㉠ 비판금지(판단보류)의 원칙 : 제시된 아이디어에 대한 판단을 잠시 보류해서 더 많은 아이디어를 유도한다.
  ㉡ 다양성의 원칙 : 아이디어 개수가 많으면 많을수록 좋은 아이디어는 더 많아진다.
  ㉢ 독창성의 원칙 : 특이하고 엉뚱한 생각도 수용한다.
  ㉣ 결합의 원칙 : 다른 사람의 아이디어에 내 아이디어를 조합하고 개선한다.
③ 자유로운 이야기 방식
  ㉠ Free Wheeling : 무작위 지정으로 자유로운 이야기를 하는 방식이다.
  ㉡ Round Robin : 테이블 자리 순서대로 자유로운 이야기를 하는 방식이다.
  ㉢ Slip Method : 쪽지를 이용해서 의견을 나누는 방식이다.

개념체크OX

01 일본의 가와키타 지로가 고안한 KJ기법은 문제해결 과정에서 초기문제의 명확한 정의 및 문제의 현상을 List-up하는 과정에서 주로 활용되고 있다. **O X**

02 브레인스토밍 기본원칙은 비판금지, 다양성, 독창성, 합리성의 원칙이다. **O X**

정답 O, X

---

(2) AHP(Analytic Hierarchy Process, 계층적 분석 절차) 기법 빈출도 ★★☆

① 복잡한 의사결정 문제가 다수의 평가기준으로 이루어져 있을 때 주로 활용하는 것으로 우선 평가기준을 계층화한 후 계층에 따라 중요도를 정해가는 다기준 의사결정기법이다.
② 목표들 사이의 중요도(Weight)를 계층적으로 나누어 대안 간의 1:1 쌍대비교를 통해 최적의 대안을 결정한다.
③ AHP는 인간의 뇌가 단계적으로 또는 계층적으로 분석하는 과정을 활용하여 판단한다는 원리에 기초한다.
④ AHP의 장점으로는 집단 의사결정에서 특정인의 영향력에 좌우되지 않고 합의도달을 위한 시간 및 비용 등의 현실적인 문제점을 완화한다는 점이다.

(3) SCAMPER(오스본의 발상 체크리스트)

① 스캠퍼는 아이디어를 내는 발산기법 중 하나로 고정된 사고의 틀을 벗는 데 도움이 되는 기법이다.
② 이 기법은 7가지 질문의 형태를 미리 정해놓고 다각적인 사고를 전개하기 때문에 브레인스토밍보다 더 구체적이고 실행 가능한 대안을 도출할 수 있다.
③ 스캠퍼는 7개의 단어의 첫 글자를 따서 지은 이름이다.

> 대체하기(Substitute), 결합하기(Combine), 응용하기(Adapt), 수정·확대·축소하기(Modify, Magnify, Minify), 새로운 용도에 놓기(Put to other uses), 제거하기(Eliminate), 재배열하기(Rearrange).

제3절 경영전략 컨설팅 도구 활용

경영전략 분야는 문제해결 분야보다 좀 더 다양한 프로세스와 도구가 활용된다. 따라서 상황에 맞는 적합한 툴킷을 선정하는 일이 매우 중요하다.

〈표 3-36〉 경영전략 분야 컨설팅 도구 빈출도 ★★★

외부환경 분석	산업환경 분석	시장 분석	경쟁사 분석
• STEEP 분석 • PEST 분석 • PESTEL 분석 • 산업구조 분석 • 산업매력도 분석	• 5Force 분석 • 산업구조 분석 • Industry Value Chain Analysis • PLC 분석	• 3C 분석 • PEST 분석 • PESTEL 분석 • 가치사슬 분석 • PLC 분석 • Marketing Sizing	• 3C 분석 • SWOT 분석 • 5Force 분석 • BCG매트릭스 분석
내부역량 분석	**재무 분석**	**전략 분석**	**아이디어 창출**
• Value Chain Analysis • SWOT 분석	• 재무비율 분석 • 현금흐름 분석 • 지속가능성장률 분석 • BEP/CVP 분석 • 경험곡선	• BCG Matrix • 비즈니스모델 분석 • 이해관계자 분석 • 전략캔버스 분석 • 시장예측	• Brain Storming • 로직트리 • 디자인씽킹 • 트리즈(TRIZ)

출처 : 나도성(2019), 김진희(2022)

1 외부환경 분석 / 산업환경 분석

(1) PESTEL 분석 빈출도 ★☆☆

기업에 영향을 주는 외부 거시환경요인들을 체계적으로 분석하는 도구이다. PEST(Politics, Economics, Socio-Cultural, Technological) 분석에 법적(Legel), 환경적(Environment) 요인을 추가하여 PESTEL 분석을 실시하는 것이다.

〈표 3-37〉 PESTEL 요인

구 분	내 용(예시)
정치적 요인	정치체제, 정부의 정책 변화, 기업활동 규제(완화), 외교문제 등
경제적 요인	GDP성장률, 이자율, 환율, 물가상승률, 에너지 가격, 경제동향 등
사회·문화적 요인	인구증가율, 교육제도, 1인 가구 증가, 소비자 라이프스타일 변화 등
기술적 요인	정보기술, 기술수준, 신소재 개발, 로봇 등 첨단 산업기술 발전 등
법적 요인	독점금지법, 플랫폼산업 규제, 영화쿼터제, 새로운 법률 제정 등
환경적 요인	기후변화, 탄소배출권, ESG 환경분야 정책 변화 등

(2) STEEP 분석

PEST 분석	정치적 요인, 경제적 요인, 사회·문화적 요인, 기술적 요인
STEEP 분석	정치적 요인, 경제적 요인, 사회·문화적 요인, 기술적 요인 + 환경적 요인
PESTEL 분석	정치적 요인, 경제적 요인, 사회·문화적 요인, 기술적 요인 + 환경적 요인 + 법적 요인

(3) CSF(Critical Success Factors) Analysis

핵심성공요인(CSF)은 목표 성취를 위해 필요한 요소를 의미한다. 전략적 분석 혹은 핵심성공요인 접근에서는 조직의 정보 요구사항이 소수 핵심성공요인으로 결정된다는 점을 강조한다. 따라서 핵심성공요인을 관리만 잘하면, 개인·부서 또는 기업 전체의 성과가 향상되는 특징을 지닌다. 산업환경 분석 중에서도 내부환경을 분석하는 방법으로 적은 양의 데이터만 필요로 하기에 전사적 분석의 상대적 개념으로 보면 될 것이다.

(4) 산업매력도 분석

산업매력도 평가는 다차원평가를 사용하는 것으로 평가항목에 대해 가중치를 부여해서 평가하는 방법이다.

〈표 3-38〉 산업매력도 분석항목

산업매력도	
산업성숙도	경쟁강도
시장크기, 시장성장률, 산업평균 수익률 규제, 기술혁신 위험, 거시경제 지표	경쟁자의 수/변화, 내부경쟁 정도, 신규진입 여지, 구매자 위험, 고객 위험, 대체재 위험

출처 : 기술신용평가입문(김진희, 2022)

2 시장 분석 / 경쟁자 분석

(1) 5Force 분석 빈출도 ★★★

마이클 포터 교수가 제시한 산업 분석과 경영전략 개발을 위한 프레임워크이자 도구이다. 컨설팅에서는 기업의 경쟁역량이나 경영환경을 분석하는 도구로 활용되고 있다. 그는 기업의 경쟁환경을 신규 진입자의 위험, 기업 간 경쟁관계, 대체품 및 대체 서비스의 위협, 구매자의 교섭력, 공급자의 교섭력에 의해 결정된다고 보았다.

① 산업 내의 기업 간 경쟁구조는 아래 〈표 3-39〉와 같다.

〈표 3-39〉 산업 내의 기업 간 경쟁구조

구 분	내 용
경쟁기업의 수와 규모	경쟁기업의 수가 많아지거나 기업의 규모가 서로 비슷해질수록 경쟁이 치열함
산업의 성장률	해당 산업의 성장률이 낮을수록 경쟁이 심화됨
고정비용과 과잉생산	높은 고정비용 혹은 과잉생산능력은 특정산업의 경쟁을 심화시킴
다양성의 정도	신제품이 나오면 해당산업의 경쟁관계는 안정에서 경쟁으로 전환됨
철수비용의 정도	노사협약, 정부의 사업허가 조건, 전문 시설 등이 존재할 시 철수비용이 높음

출처 : How Competitive Forces Shape Strategy(Michael E. Porter, 1979)

② 시장진입의 위험 측면에서 해당 산업의 진입장벽이 높을수록 수익성이 크고 지속가능성이 높기 때문에 시장위험이 작다.

〈표 3-40〉 신규진입자에 대한 위험

구 분	내 용
규모의 경제	생산시설에 대한 대규모의 투자가 필요하고 실패에 대한 진입위험이 큼
제품의 차별화	영업활동에 많은 비용이 필요하기 때문에 진입위험이 큼
대규모 사업자금	시장에 진입하기 위한 대규모 사업자금이 필요하기 때문에 실패에 대한 진입위험이 큼
교체비용의 부담	사용자들의 입장에서 새로운 제품으로 교체하고자 할 때 추가비용(부담)으로 작용함
견고한 판매망	새로운 판매망 구축에 대한 대규모 자금이 들기 때문에 진입위험이 큼
규모와 무관한 비용장벽	시장에 이미 진출한 기업들은 원가절감에 이미 유리(기술력 보호, 원재료 선정, 경험의 측면)함
정부의 정책	환경에 대한 통제(기준치와 표준화 등) 및 사업승인권이 진입장벽이 될 수 있음

출처 : How Competitive Forces Shape Strategy(Michael E. Porter, 1979)

③ 특수한 경우를 제외하고 대체적으로 구매자의 교섭력이 공급자의 교섭력보다 강하다. 포터 교수가 지적한 구매자의 교섭력이 지배적인 8가지 경우는 다음과 같다.

> 구매자의 교섭력이 큰 경우
> • 구매자의 수가 적은 경우와 해당 구매자가 매출액에서 큰 비중을 차지하는 경우
> • 구매자가 구입하는 제품이 표준화되어 있거나 다른 제품에 비하여 차별성이 없는 경우
> • 구매자가 구입하는 제품물량이 구매자의 원가에서 차지하는 비중이 큰 경우
> • 구매자의 대체비용이 낮은 경우
> • 구매자가 운영하는 사업의 수익성이 낮은 경우
> • 구매자가 구입하는 제품이 중간부분으로 주문에 의하여 제작되는 경우
> • 구매자가 구입하는 제품의 질이 중요하지 않은 경우
> • 구매자가 구매하는 제품에 대한 충분한 정보를 보유한 경우
>
> 출처 : How Competitive Forces Shape Strategy(Michael E. Porter, 1979)

④ 공급자의 교섭력은 구매자의 교섭력과 대비된다. 포터 교수가 지적한 7가지의 공급자의 교섭력이 지배하는 경우는 다음과 같다.

> 공급자의 교섭력이 큰 경우
> • 시장에서 공급자가 소수인 경우
> • 공급자가 판매하는 제품과 경쟁할 대체품이 시장에 거의 없는 경우
> • 구매자에게 공급자가 판매하는 물량이 매출액에서 큰 비중을 차지하지 않는 경우
> • 공급자의 제품이 구매자의 사업에 중요한 부품이 되는 경우
> • 공급자의 제품이 구매자의 원가절감에 기여하는 경우
> • 구매자의 대체비용이 높은 경우
> • 공급자가 구매자의 요구를 충분히 만족시킬 수 있는 기술력을 갖춘 경우
>
> 출처 : How Competitive Forces Shape Strategy(Michael E. Porter, 1979)

⑤ 대체품의 출현은 해당 산업에 가격 상승을 제한하는 효과를 가지고 있다. 특히 원재료비의 비중이 높은 산업에서 구매자들은 가격이 저렴한 대체품의 탄생을 기대하고 있기 때문이다.

(2) 마이클포터의 경쟁전략

포터 교수는 5Force 경쟁요인으로부터 자사를 지키는 기업의 경쟁전략을 3가지 제시하였다.

① 경쟁의 기본전략

㉠ 기본전략 : 원가우위 전략, 차별화 전략, 집중화 전략

㉡ 기본전략의 특징
- 원가우위 전략 : 원가우위는 경쟁업체에 대해 비용적인 우위를 가지는 것이다.
- 차별화 전략 : 차별화는 다른 기업에는 없는 특성으로 그 산업 내 특별한 위치를 점유하는 것이다.
- 집중화 전략 : 집중화는 기업의 자원을 특정 구매자집단이나 특정 시장을 집중적으로 공략하는 것이다.

② 경쟁전략의 체계

포터의 경쟁전략의 체계는 다음 〈표 3-41〉와 같다.

〈표 3-41〉 마이클포터의 경쟁전략

구분/항목		경쟁 우위성	
		타사보다 낮은 비용	차별화 전략
전략 대상의 범위	대상 넓다	원가 우위 가장 저렴한 가격으로 높은 점유율을 차지하는 전략	차별화 고부가가치로 가격 또한 고가인 전략
	대상 좁다	원가 집중 유형 〈집중전략〉 특정고객/시장에서 선두기업이 되는 전략	차별화 집중 유형 〈집중전략〉 특정고객/시장에서 선두기업이 되는 전략

출처 : 니카다 도요시(2011), 기술신용평가입문(김진희, 2022)

(3) PLC 분석(제품수명주기) 빈출도 ★☆☆

PLC(Product Life Cycle) 분석은 마케팅 분야에서 널리 사용되고 있다. 제품수명주기를 도입기, 성장기, 성숙기, 쇠퇴기로 구분하고 각 단계마다 특징을 분석하여 마케팅 대응전략을 세우는 기법이다.

〈표 3-42〉 PLC 특징과 마케팅전략

구 분	도입기	성장기	성숙기	쇠퇴기
매 출	저	급속 성장	최 대	감 소
이 익	적 자	증 대	고	감 소
고 객	혁신층	조기수용층	중간다수층	지각수요층
경쟁자	소 수	점차 확대	점차 감소	감 소
중점활동	제품(품질)관리, 1차 수요의 자극	촉진(광고)관리, 선택적 수요의 자극	가격관리, 브랜드의 경쟁우위 확보	제품 철수, 전략적 의사결정
제 품	기존 제품의 제공	제품확대, 서비스 및 보증 제공	상품(상표)과 모형의 다양화	취약제품의 폐기
가 격	흡수가격전략	시장침투가격	경쟁자대응가격	가격인하
유 통	선택적 유통, 좁은 유통커버리지	집약적 유통, 유통커버리지 확대	좀 더 집약적인 유통, 유통커버리지 극대화	선택적 유통, 유통경로 일부 폐쇄
판 촉	사용확보를 위한 강력한 판촉	수요확대에 따라 판촉 감소	상표전환의 유도를 위해 판촉 증대	최저수준으로 감소

3 내부역량 분석

(1) VCA(Value Chain Analysis) 기법 빈출도 ★☆☆

VCA는 마이클 포터에 의해 개발된 가치창출 중심의 기업 경쟁우위 상황을 판단하는 도구이다. 가치사슬(Value Chain)은 고객에게 가치를 제공함에 있어서 부가가치 창출에 직·간접적으로 관련된 일련의 활동, 기능, 프로세스의 연계를 의미한다. VCA 프레임워크는 본원적 활동과 지원 활동으로 나뉜다.

〈그림 3-6〉 제조업의 가치사슬 사례

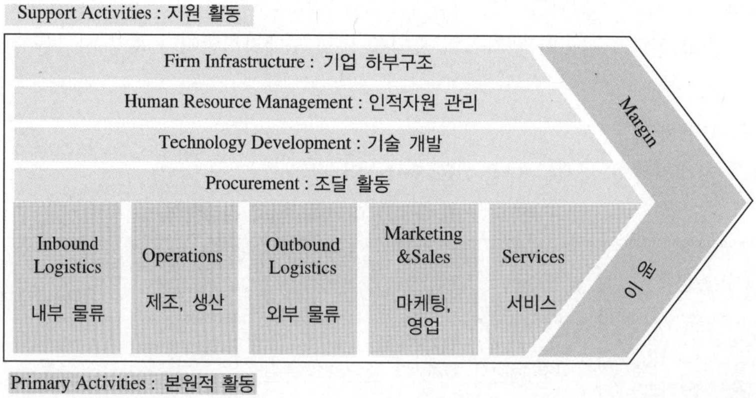

출처 : 기술신용평가입문(김진희, 2022)

① **본원적 활동(Primary Activities)** : 구매물류 활동, 생산 활동, 출하물류 활동, 마케팅과 판매 활동, 서비스 활동
② **지원 활동(Support Activities)** : 조달 활동, 기술 개발, 인적자원 관리, 전반적인 관리
③ **가치사슬 분석**
  ㉠ 비용이 크고, 부가가치가 낮은 경우 : 효율화
  ㉡ 비용이 적고, 부가가치가 낮은 경우 : 아웃소싱
  ㉢ 비용이 크고, 부가가치가 높은 경우 : 비용절감
  ㉣ 비용이 적고, 부가가치가 높은 경우 : 유지, 강화

(2) SWOT분석 빈출도 ★☆☆

외부환경의 기회요인(O)과 위협요인(T)을 파악하고 내부환경의 강점(S)과 약점(W)을 분석한 후 전략적 옵션을 찾는 도구이다. 기업내부요인(재무상 혹은 영업상) 중에서 강점과 약점을 파악하고 아울러 그 기업이 속한 산업에서 발생하는 기업외부요인 중에서 기회요인과 위험요인을 파악한 후 종합적으로 분석하여 평가하는 것이다. 스탠포드대학의 앨버트 햄프리 교수가 구축한 분석틀로 현재까지도 매우 유용하게 활용되고 있다.

4 재무 분석

(1) 비용구조 분석

사업의 어떤 항목들이 비용을 유발하고 가치를 창출하는지를 분석하는 것이 비용구조 분석이다. 비용구조 분석 중 하나인 원가계산법은 원가의 3요소인 재료비, 노무비, 경비를 어떻게 배분하느냐에 따라 다양한 원가계산법으로 파생된다.

(2) BEP분석(손익분기점 분석)

BEP(Break-Even Point), 즉 손익분기점은 일정기간의 매출액과 영업비용이 일치하여 이익 또는 손실이 발생하지 않는 판매량 또는 매출액을 뜻한다. 손익분기점 분석은 매출액과 영업이익 간의 관계를 분석하는 기법이므로 비용-조업도-이익 분석(CVP분석)이라고도 한다.

① BEP분석의 유용성
  ㉠ 경영자는 목표이익의 책정, 비용의 제한, 제품의 가격정책 결정 등에 관해 계획, 분석, 통제에 필요한 정보를 얻을 수 있다.
  ㉡ 투자안에 대한 경제적 타당성 판단도구로 활용된다.
  ㉢ 대략적으로 투자위험을 예측하는 데 사용된다.

② 손익분기점 산출방법
  ㉠ 등식법, 공헌이익법, 도표법 등이 있다.

개념체크 OX

01 PESTEL 분석은 PEST 분석에 법적, 환경적 요인을 추가한 것으로 거시적인 외부환경을 분석하기 위한 프레임워크이다. O X

02 포터 교수의 5Force 분석 이론에 따르면, 구매자의 대체비용이 낮은 경우에는 공급자의 교섭력이 크다고 주장하였다. O X

정답 O, X

---

(3) 경험곡선

경험곡선(Experience Curve) 효과는 1960년 BCG 컨설턴트였던 브루스 핸더슨에 의해 처음 사용된 것으로 기업의 규모나 누적생산량, 경험이 늘어남에 따라 단위원가가 떨어지는 현상을 말한다. 발표 이후 많은 컨설턴트와 학자들이 검증에 나섰는데, 누적생산량이 2배로 뛸 때마다 단위원가가 20~30% 감소했다고 한다.

① 경험곡선 효과를 이용하면 원가절감 목표, 가격정책 결정 등에 적용할 수 있어 수익성 분석의 보조적 분석으로 많이 활용되고 있다.
② 경험곡선을 발생시키는 요인으로는 학습, 전문화, 제품 디자인과 생산 프로세스 개선, 규모의 경제, 조직 구조, 낮은 자본 비용, 구매비용 절감 등이 있다.
③ 새로운 기술, 고기능이나 고가격 상품이 출시되면 경험곡선의 효과는 떨어지므로, 경험곡선 효과가 능사는 아니다.

5 전략 분석

(1) BCG 매트릭스 빈출도 ★★★

보스턴컨설팅그룹에서 개발·보급한 것으로 기업 내 각 사업단위에 대한 상대적 시장점유율과 시장성장률을 살펴본 후, 어떤 사업단위에 자원을 배분할지를 결정하는 기법으로 현재는 현황분석 기법으로 많이 활용된다.

시장성장율과 시장점유율의 매트릭스에서 위치에 따라 4분면에 구분하여 표시하게 되는데, Cash Cow, Star, Dog, Question Mark로 나눈다.

Cash Cow	시장성장율은 낮지만 시장점유율이 높은 사업	효자사업 / 사업유지
Star	시장성장율과 시장점유율이 모두 높은 사업	유망사업 / 계속투자
Dog	시장성장율과 시장점유율이 모두 낮은 사업	사업철수 고려
Question Mark	시장점유율은 낮지만 시장이 성장하고 있는 사업	판단유보 / 전략적 결정 필요

출처 : 기술신용평가입문(김진희, 2022)

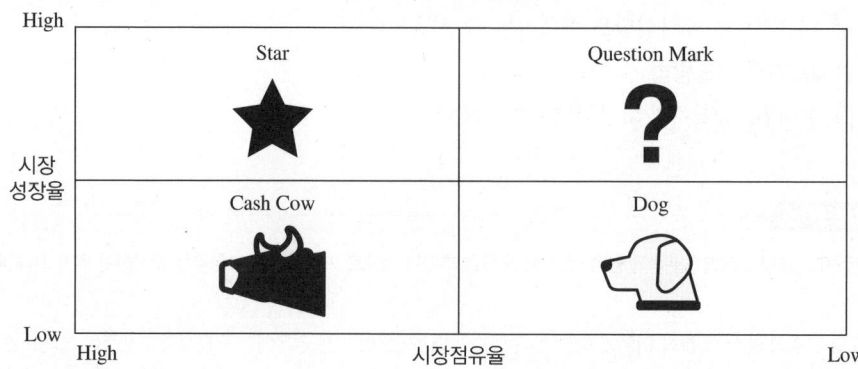

〈그림 3-7〉 BCG매트릭스

출처 : BCG Matrix(Boston Consulting Group, 1970)

① Question Mark 그룹은 신사업이나 신제품을 출시하는 경우에 해당한다. 해당 그룹에 속한 사업의 성공에 대한 미래는 불확실하고 위험하며, 산업에서 차지하는 제품의 라이프사이클은 도입기에 속한다고 볼 수 있다.

② Star 그룹은 Question Mark 그룹의 사업이 기대대로 성공하면 Star 그룹으로 이동한다. Star 그룹의 사업들은 높은 시장점유율을 유지하기 위하여 지속적인 투자로 대체로 자금은 부족한 상태이다. 해당 사업에서 차지하는 제품의 라이프스타일은 성장기에 속한다고 볼 수 있다.

③ Cash Cow 그룹은 높은 성장률을 유지하던 Star 그룹의 사업들이 성장률이 하락하게 되면 Cash Cow 그룹으로 이동한다. Cash Cow 그룹의 사업들은 성장률은 낮지만 높은 시장점유율을 유지하고 있다. 잦은 투자가 필요하지 않기 때문에 유입되는 현금으로 신사업에 대한 투자를 지원할 수 있으며, 해당 산업에서 차지하는 제품의 라이프스타일은 성숙기에 속한다고 볼 수 있다.

④ Dog 그룹은 Cash Cow 그룹에 속한 사업들이 시장점유율을 유지하지 못하고 축소되면 Dog 그룹으로 이동한다. Dog 그룹의 사업들은 시장점유율도 낮고 성장률도 낮다. 해당 산업에서 차지하는 제품의 라이프사이클은 쇠퇴기에 속한다고 볼 수 있다.

(2) 비즈니스모델 캔버스 빈출도 ★☆☆

비즈니스모델 캔버스는 오스터왈더가 2004년 발표한 사업모델 및 표현 도구이다. 국내외 스타트업을 포함한 기업체의 신사업계획 실무에 활용되고 있는 유용한 도구이다.

비즈니스모델 캔버스는 9개의 블록으로 이루어져 있는데, 9개 블록은 ① 고객 세그먼트, ② 가치제안, ③ 채널, ④ 고객관계, ⑤ 수익원, ⑥ 핵심자원, ⑦ 핵심활동, ⑧ 핵심파트너십, ⑨ 비용구조이다. 각 블록의 의미는 다음과 같다.

〈표 3-43〉 비즈니스모델 캔버스 블록의 의미

블록		의미
B1	고객 세그먼트	조직은 하나 이상의 고객 세그먼트에게 상품이나 서비스를 제공함
B2	가치제안	조직은 고객이 처한 문제를 해결해 주고 요구를 충족시켜 주는 특정한 가치를 제공함
B3	채 널	조직이 제공하는 가치는 커뮤니케이션, 물류, 세일즈 채널 등을 통해 고객에게 도달함
B4	고객관계	고객과의 관계는 각각의 고객 세그먼트 별로 특징적으로 확립되고 유지됨
B5	수익원	조직은 고객들에게 전달하고자 하는 가치를 성공적으로 제공했을 때 수익을 얻음
B6	핵심자원	앞의 다섯 가지를 실현하려면 자산으로서 핵심자원이 필요함
B7	핵심활동	앞의 다섯 가지를 실현하려면 조직은 또한 여러 유형의 핵심활동을 수행해야 함
B8	핵심파트너십	특정한 활동을 외부의 파트너십을 통해 수행하며(아웃소싱), 일부자원 역시 조직 외부에서 얻음
B9	비용구조	비즈니스 모델의 여러 요소를 수행하려면 비용이 듦

출처 : 기술신용평가사 3급 자격검정수험서(나도성, 2019) 내용을 토대로 저자 재정리

6 아이디어 창출 / 신사업 개발

(1) 트리즈(TRIZ)

트리즈는 겐리흐 싸울로비츠 알트슈레르가 개발한 것으로 소련해군에서 특허심사업무를 하면서 개발된 창의적 발명의 공통적인 특성을 체계화한 방법론이다.

① 방법론

문제를 일반화하여 해법을 찾고, 그 해법을 개별화하여 문제를 해결하는 방식으로 기존의 지식을 대체하는 것이 아니라 체크리스트로써 이를 보조하는 역할에 가깝다.

② 장 점

브레인스토밍과 달리 불필요한 시간 소비가 적고 체계화된 해결방법을 얻을 수 있다.

③ 단 점

이론 체계가 복잡하고 방대해서 학습 및 응용에 많은 노력과 시간이 소요된다.

(2) 디자인씽킹(Design Thinking)

디자인씽킹은 문제에 대한 실용적이고 창의적인 해결법으로 제품과 서비스, 비즈니스모델 및 프로세스에 이르기까지 다양한 형태의 문제해결 대안을 만들 수 있는 혁신 프로세스이다.
오늘날에는 모든 종류의 기업 및 디자이너가 사용자의 니즈에 대응하고 광범위한 문제에 대한 해결방법을 찾기 위해 디자인씽킹을 적용하고 있다.

① 디자인씽킹의 특징

㉠ 인간 중심의 디자인이다. 고객이나 잠재고객들의 니즈에서 출발하고 그 동기와 문제를 해결하려고 하는 것이다.

㉡ 통합적 사고이다. 모든 측면을 다양하게 관찰하는 통합적 사고가 핵심이다.

㉢ 무수한 실험과 지속적인 반복이다. 한 번에 완성된 것을 만드는 것이 아니라 지속적인 반복을 통해 점진적으로 완성의 모습을 갖추어 나가는 것이다.

> **개념체크 OX**
>
> 01 BCG 매트릭스 기법에서 Question Mark 그룹은 시장점유율은 낮지만 시장이 성장하고 있는 사업그룹에 속한다. O X
>
> 02 디자인씽킹은 문제에 대한 실용적이고 창의적인 해결법으로 제품과 서비스, 비즈니스모델 및 프로세스에 이르기까지 다양한 형태의 문제해결 대안을 만들 수 있는 혁신 프로세스이다. O X
>
> 정답 O, O

7 정보전략 컨설팅

ICT기술의 진화와 함께 기업경영 전반에 ICT기술을 접목하여 생산성 및 효율성을 높이고 더 나아가 ICT 중심의 기업 전략과 운영을 추구하는 흐름을 보이고 있다. 따라서 기업은 사업의 핵심 성공요소들을 경영정보관리시스템에 반영하여 실행하도록 하고 있다. 이러한 이유로 경영혁신 컨설팅인 BPR과 정보전략 컨설팅인 ISP가 하나의 컨설팅 프로세스로 합쳐지는 추세이다.

(1) ISP(Information Strategy Planning, 정보화 전략 수립)

ISP는 'ISP 단계별 핵심 요소를 도출하여 설계에 반영함으로써 정보화 사업단계의 내실화 및 효율화를 도모하는 것'이라고 정의할 수 있다. 즉 ISP 사업은 정보시스템 구축의 계획 단계로서 정보시스템 구축을 위한 조직의 전반적인 현황과 조직이 지향하는 목표까지 적용되어야 한다는 것이다.

① 구축목적
  ㉠ 경영목표에 부합하는 정보시스템 구축
  ㉡ 정보시스템 구축 시 비용산정 및 우선순위 도출
  ㉢ 정보시스템과 관련한 관리체계의 최적화
  ㉣ BPR효과의 정보시스템 구현에 필요성

② 국가 공공기관 활용
  기획재정부의 「예산 및 기금운용계획 집행지침」에 따라 국가 공공기관은 ISP 수립 절차, 준수사항이 명시돼 있는 「ISP 수립 공통 가이드」에 따라 정보화 전략계획(ISP)을 수립해야 한다.

③ 단계별 절차
  국가 공공기관은 「ISP 수립 공통 가이드」에 있는 ISP 절차에 따라야 하지만 일반 기업들은 일반적으로 널리 알려진 ISP 절차를 활용한다.

〈표 3-44〉 ISP 단계별 기본절차

사업환경 분석	AS-IS 분석	TO-BE모델 정립		DO PLAN
• 일반환경 분석 • 정보환경 분석	• 업무프로세스 분석 • 정보시스템 분석	㉠	• 요구정의 개선과제 도출	• 실행계획 수립
		㉡	• 벤치마킹	
		㉢	• 차이분석/개선방향	
		㉣	• 신 업무 프로세스 및 정보화전략 • 신 정보시스템 구축 • 정보관리 체계	

출처 : 기술신용평가입문(김진희, 2022)

(2) BPR(Business Process Re-engineering) 빈출도 ★☆☆

BPR은 비즈니스 프로세스에 대한 근본적인 사고전환과 급진적인 재설계를 통해서 기존과는 다른 새로운 구조를 정립하여 프로세스를 혁신적으로 최적화, 효율화하는 경영기법이다.

① BPR 4단계 추진절차

절 차		내 용
1단계	전략분석 및 비전수립	기존전략 분석, 외부환경 분석, 내부환경 분석, 프로세스운영모델 분석
2단계	AS-IS 프로세스 분석	현행 프로세스모델 정의, 현행 프로세스 분석 및 모델링, 프로세스진단 및 재설계방향 정립
3단계	TO-BE 프로세스 운영정책 정의	혁신테마 선정, 운영조직모델 정의, 운영정보기술모델 정의, 운영정책과제 종합
4단계	TO-BE 프로세스 설계	프로세스 재설계 영역 정의, 프로세스 재설계, 조직변화 요구사항 정의, 정보시스템 요구사항 정의

출처 : 기술신용평가사 3급 자격검정수험서(나도성, 2019) 내용을 토대로 저자 재정리

② BPR의 3가지 유형
  ㉠ 기능별 개선 유형 : 더 향상되고, 더 빠르게, 더 지능적으로 개선한다.
  ㉡ 업무재설계 유형 : 기존 부서의 경계를 초월한 가치사슬(Value)을 재설계한다.
  ㉢ 업무재고찰 유형 : 무에서 유를 창조한다.

③ BPR의 장·단점
  ㉠ 장점 : 기업 업무 방식의 극적인 개선, Best Practice 공유 용이
  ㉡ 단점 : 과정보다 결과 중시, 프로세스 재설계가 기업실적과 연계가 미흡, 구성원의 반발

④ BPR과 ISP의 비교

구 분	BPR	ISP
추진목표	• 급진적 혁신활동 • 프로세스 개선	• 중장기 계획 수립 목적
추진사항	• 특정 프로세스 중심 추진 • 프로세스 개선 중심 실시	• 전사적 중장기모델 기반 단계적 개발전략 수립
수행자	• 주로 경영관리 전문가	• 주로 IT 전문가

개념체크OX

01 ISP의 단계별 수행절차는 사업환경 분석 → AS-IS 분석 → TO-BE모델 정립 → DO PLAN 순으로 진행된다. O X

02 기업이 업무상 한계나 비효율을 느꼈을 때 새로운 시스템이나 비즈니스 프로세스 도입이 요구되는 경우 받고자 하는 컨설팅의 유형은 BPR 컨설팅이다. O X

정답 O, O

CHAPTER 05 | 컨설팅방법론

단원별 출제예상문제

01 컨설팅방법론에 대한 설명으로 옳지 않은 것은?

① 컨설팅방법론은 수행 중에 문제해결 방법과 경영전략 수립, 경영프로세스 구축을 위한 핵심을 다루는 방법이라 할 수 있다.
② 컨설팅방법론은 경영컨설팅 분야에서 모델, 툴킷, 기법 등의 다양한 명칭으로 개발·활용되고 있으며, 최근에는 지식서비스 컨설팅 분야까지 확산되고 있다.
③ 경영컨설팅의 핵심 4단계는 '착수 → 진단 → 분석 → 문제정의·설계' 단계를 지칭한다.
④ 문제해결 컨설팅의 표준절차는 5단계 절차 모델이 많이 사용되고 있다. 즉, '문제정의 → 현황파악 → 원인분석 → 대안개발/선택 → 대안평가' 순으로 구성되어 있다.
⑤ 경영전략 컨설팅의 절차는 '환경분석 → 현황분석(As-Is) → 미래모형분석(To-Be) → 통합실행계획 수립(MP)' 순으로 구성되며 모든 단계에는 변화관리가 포함된다.

해설 경영컨설팅의 핵심 4단계는 '진단 → 분석 → 문제정의·설계 → 실행계획 수립'이다.

02 다음 설명은 컨설팅방법론의 유형 중 하나로, 어떤 유형에 해당하는가?

> 문제해결, 경쟁우위 창출, 비즈니스 모델 창조를 위한 표준 및 규범, 베스트 프랙티스 및 벤치마킹과 같은 업무 수행방식

① 모델(Model)
② 모듈(Module)
③ 툴킷(Toolkits)
④ 사례(Case)
⑤ 솔루션(Solution)

해설 표준 및 규범, 베스트 프랙티스 및 벤치마킹은 대표적인 Case의 예이다. 또한 표준 및 규범(S&R)의 예로는 ISO시리즈를 들 수 있다.

03 문제해결 컨설팅 분야에서는 목적 상황에 맞게 도구를 선택 사용하고 있다. 다음 중 경쟁 상황 및 역량 분석에서 사용되는 도구가 아닌 것은?

① 3C 분석
② 5Force 분석
③ PEST 분석
④ VSM 분석
⑤ SCAMPER

해설 SCAMPER는 대안개발 및 선택 시에 활용되는 도구이다.

04 아래의 진행 절차는 어떤 컨설팅 유형에 대한 설명인가?

> • 전략분석 및 비전수립 → AS/IS 프로세스 분석 → TO/BE 프로세스 운영정책 정의 → TO/BE 프로세스 설계의 4단계 절차를 거친다.
> • 동 컨설팅은 기업이 업무상 한계나 비효율을 느꼈을 때 새로운 시스템이나 비즈니스 프로세스 도입이 요구되는 경우에 활용된다.

① 문제해결 컨설팅 ② 조직전략 컨설팅
③ 신규사업수립 컨설팅 ④ BPR 컨설팅
⑤ 경영전략수립 컨설팅

> 해설 BPR(Business Process Re-engineering) 컨설팅은 업무상 한계나 비효율을 느꼈을 때 새로운 시스템의 도입 등 BPR이 요구되는 경우 사용되는 컨설팅 유형이다.

05 보스턴컨설팅그룹(BCG)이 개발하고 현재 많은 기업에서 사용하고 있는 BCG매트릭스는 두 가지 기준을 축으로 사업부를 평가하고, 이를 바탕으로 자원을 효과적으로 분배할 수 있도록 하여 기업의 전략수립에 기본적인 분석도구로 활용되고 있다. X와 Y축의 기준에 따라 사업부를 개(Dog), 현금젖소(Cash Cow), 물음표(Question Mark), 스타(Star)로 나눌 수 있는데 이를 나누는 기준으로 정확하게 짝지어진 것은?

	X	Y
①	시장성장률	제품시장크기
②	수익률	제품시장크기
③	수익률	시장성장률
④	상대적 시장점유율	시장성장률
⑤	상대적 시장점유율	산업 내 경쟁 정도

> 해설 BCG분석기법은 시장점유율(X축)과 시장성장률(Y축)을 기준으로 매트릭스 4분면에 구분하여 표시한다.

06 다음 내용은 어떤 도구 방식에 대한 설명인가?

> 여러 개의 축으로 정보를 정리하는 사고 도구로서 자사를 포함한 시장전체를 상관관계로 보거나 위치관계를 파악하거나 항목별로 정보를 정리할 때 활용할 수 있는 도구이다.

① 로직 트리 ② McKinsey-Way Chart
③ 매트릭스 ④ 이해관계자 분석
⑤ 파레토 분석

> 해설 매트릭스에 대한 내용이다.

정답 01 ③ 02 ④ 03 ⑤ 04 ④ 05 ④ 06 ③

07 집단적 사고 기법인 브레인스토밍의 기본원칙에 대한 설명으로 옳지 않은 것은?

① 남의 발언을 비판하지 않는다.
② 자유분방한 분위기를 환영한다.
③ 전원이 많은 의견을 내게 한다.
④ 아이디어 주제를 정하고 더 많은 아이디어를 내기 위해서는 시간이 길면 길수록 좋다.
⑤ 다른 사람의 의견에 편승하여 더 좋은 발언을 한다.

> **해설** 브레인스토밍의 기본원칙은 비판금지(판단보류)의 원칙, 다양성의 원칙, 독창성의 원칙, 결합의 원칙이다.

08 다음 내용과 가장 관련성이 높은 것은?

- 원가우위 전략의 최대 무기는 저비용이다.
- 차별화는 다른 기업에는 없는 특성으로 그 산업 내 특별한 위치를 점유하는 것이다.
- 집중화는 특정 지역이나 타깃에 기업의 자원을 집중하는 것이다.

① 딜로이트의 4 Frontier
② 오마에 겐이치의 3C 분석
③ 마이클 포터의 경쟁전략
④ 보스턴 컨설팅그룹의 BCG 매트릭스
⑤ 오스터왈더의 비즈니스모델 캔버스 전략

> **해설** 마이클 포터 교수는 경쟁전략에서 원가우위 전략, 차별화 전략, 집중화 전략을 기본전략으로 제시하고 있다.

09 디자인씽킹(Design Thinking)의 특징으로 옳지 않은 것은?

① 사람 중심이다.
② 통합적 사고이다.
③ 무수한 실험과 지속적 반복이다.
④ 창조적 자신감을 갖는 것이다.
⑤ 모순과 모순 해소를 체계화한 것이다.

> **해설** ⑤는 트리즈(TRIZ)의 특징이다.
> ※ 아이디어 창출/신사업 개발에 사용되는 도구로는 트리즈(TRIZ), 디자인씽킹(Design Thinking), 브레인스토밍 등을 들 수 있다. 트리즈는 겐리히 싸울로비츠 알트슈레르가 개발한 것으로 소련해군시절 특허심사업무를 하면서 발견된 창의적 발명의 공통적인 특성을 체계화한 방법이다. 디자인씽킹은 사용자의 니즈를 이해하고 이를 해결하기 위한 방법을 찾아내기 위해 공감적 태도를 활용하는 논리추론적 접근방법이다.

CHAPTER 06 중소기업 컨설팅

출제포인트
- 혁신형 중소기업의 정의 및 유형
- 중소기업 관련 정책
- 중소기업 디지털 전환 현황

제1절 중소기업의 이해

1 중소기업의 개념 빈출도 ★☆☆

흔히 규모가 작은 사업장을 중소기업이라 부르지만, 법적인 의미의 중소기업은 보호와 육성의 대상으로 법령에서 규정한 기업을 말한다. 중소기업 범위기준은 「중소기업기본법」 제2조 및 같은 법 시행령 제3조에서 정하고 있다.

(1) 중소기업 기준
① 중소기업 기준은 영리기업 또는 비영리 사회적 기업 등을 대상으로 적용하며, 규모 기준(평균매출액)과 독립성 기준을 모두 충족해야 중소기업에 해당한다.
② 「중소기업기본법」 제2조에서는 중소기업을 영위하는 자를 중소기업자로 정의하면서 그 범위를 규정하고 있다.
   ※ '중소기업자'는 영리목적의 중소기업(개인사업자 포함)뿐만 아니라 법에서 정한 사회적 기업 등을 포함한다. 참고로 개인사업자(소상공인)는 소기업에 속하며, 소상공인기본법 시행령 제3조에서 정한 기준에 의해 소기업과 소상공인을 구분하고 있다.

(2) 중소기업자 범위
① 영리 목적 기업인 경우는 다음의 규모 기준, 독립성 기준 모두 갖춘 기업을 말한다.

> 업종별 규모 기준(외형적 판단 기준)
> - 주된 업종별 '평균매출액 또는 연간매출액'(약칭 "평균매출액등"이라 함)이 중소기업 규모 기준(시행령 별표1, 3)에 맞을 것
> - 자산총액이 5천억원 미만일 것

> **독립성 기준(계열관계에 따른 판단 기준)**
> • 아래 3가지 중 어느 하나에도 해당하지 아니할 것
>   – 공시대상기업집단에 속하는 회사 또는 소속회사
>   – 자산총액 5천억원 이상인 법인(외국법인 포함, 비영리법인 등 제외)이 주식등의 30% 이상을 직접적 또는 간접적으로 소유하면서 최다출자자인 기업
>   – 관계기업에 속하는 기업의 경우에는 출자 비율에 해당하는 평균매출액등을 합산하여 업종별 규모기준을 미충족하는 기업

② 영리 목적이 아닌 기업의 경우는 영리 목적사업 기준을 적용하되 '관계기업에 관한 기준'은 적용하지 않는 기업을 말한다(중소기업기본법 시행령에서 정한 영리목적 외 기업은 아래 참조).

> • 사회적 기업
> • (「협동조합 기본법」에 따른)
>   협동조합, 협동조합연합회, 사회적협동조합, 사회적협동조합연합회, 이종(異種)협동조합연합회(중소기업을 회원으로 하는 경우로 한정함)
> • (「소비자생활협동조합법」에 따른)
>   소비자생활협동조합, 소비자생활협동조합연합회, 소비자생활협동조합전국연합회
> • (「중소기업협동조합법」에 따른)
>   중소기업협동조합, 중소기업사업협동조합, 중소기업협동조합연합회

(3) 평균매출액등의 산정법

중소기업 규모 기준에 적용할 평균매출액등의 산정법은 다음과 같다.

> **평균매출액등의 산정법**
> 가. 직전 3개 사업연도의 총 사업기간이 36개월인 경우 : 직전 3개 사업연도의 총 매출액을 3으로 나눈 금액
> 나. 직전 사업연도 말일 현재 총 사업기간이 12개월 이상 ~ 36개월 미만인 경우 : 사업기간이 12개월인 사업연도의 총 매출액을 사업기간이 12개월인 사업연도 수로 나눈 금액
> ※ 일반적으로 3년 평균매출액을 계산하여야 하지만, 사업연도가 3년이 되지 않는 경우에는 평균매출액에 준하는 '연간매출액'으로 환산하여 산출하기 때문에 포괄적인 의미에서 '평균매출액'이 아닌 '평균매출액등'이라고 표현함

(4) 중기업·소기업·소상공인 구분

① 중기업과 소기업의 구분은 주된 업종별 평균매출액등을 기준으로 한다. 즉 중소기업기본법 시행령 별표3의 주된 업종별 평균매출액등의 소기업 규모 기준에 따라 소기업을 구분한다.
② 소상공인은 소기업 중 소상공인 기준을 충족하는 기업을 말한다. 소상공인기본법 시행령 제3조에서 정한 업종별 상시 근로자 수를 기준으로 소상공인과 소기업을 구분하고 있다.

〈표 3-45〉 업종별 상시 근로자 수 기준(소상공인기본법 시행령 제3조)

업 종	기 준
광업, 제조업, 건설업 및 운수업	상시 근로자 수 10명 미만
그 밖의 업종	상시 근로자 수 5명 미만

③ 근로자 중에서 다음에 해당하는 자는 상시 근로자 수에서 제외된다(소상공인기본법 시행령 제3조 제3항).
  ㉠ 임원 및 「소득세법 시행령」 제20조 제1항에 따른 일용근로자
  ㉡ 3개월 이내의 기간을 정하여 근로하는 사람
  ㉢ 기업부설연구소 및 연구개발전담부서의 연구전담요원
  ㉣ 단시간근로자로서 1개월 동안의 소정근로시간이 60시간 미만인 사람

2 혁신형 중소기업의 특성

(1) 혁신의 구분
중소기업기술혁신촉진법에서는 혁신을 기술혁신과 경영혁신으로 구분하여 정의하고 있다.

① **기술혁신**
새로운 기술의 개발·활용 중인 기술의 중요한 부분의 개선 또는 외부로부터 기술의 도입을 통하여 기업경영 개선 및 생산성을 높이고, 그 성과물을 거래하거나 사업화함으로써 새로운 부가가치를 창출하여 나가는 일련의 과정이다.

② **경영혁신**
기업의 경쟁력을 높이기 위하여 업무수행 방식과 조직구조 및 영업활동 등에서 새로운 경영기법을 개발하거나 기업의 중요한 경영 부분을 개선하는 것이다.

(2) 핵심기술과 핵심역량

① **과학적 핵심기술**
클라우스 슈밥(2018)은 그의 저서 『4차 산업혁명 The Next』에서 과학적 핵심기술을 4가지 영역 12가지 기술로 정리하고 있다.
  ㉠ 확장된 디지털 기술 : 뉴 컴퓨팅(중앙집중식 클라우드, 양자 컴퓨팅, 광학 컴퓨팅, 신경망 처리), 사물인터넷, 블록체인/분산원장 등은 현재 메가트렌드를 이루고 있는데 실물과 디지털의 연계를 가능케 하는 기술이다.
  ㉡ 물리계 재구성 기술 : 첨단소재/나노기술(NT), 적층제조/3D 프린팅, 인공지능/로봇공학 등 물리적 제품의 생산·판매·소비하는 방식을 바꾸는 기술이다.
  ㉢ 인간 변형 기술 : 바이오 기술(BT), 뇌/신경기술, VR/AR 등 인간의 세계관을 바꿔 놓은 기술이다.
  ㉣ 환경통합기술 : 에너지 확보/저장/전달, 지구공학, 우주기술 등 인간과 자연이 서로를 보호할 수 있도록 하는 기술이다.

② **핵심역량**
조직의 지속 가능한 경쟁우위를 창출하고 유지하는 역량을 말한다. 즉 기업 내 우월한 내부역량으로서 경쟁사와 차별화 되고 사업성공을 위한 핵심 요인으로 작용하는 역량이다.

(3) 혁신형 중소기업의 정의

혁신형 중소기업의 정의 및 개념은 매우 다양하다. 중소벤처기업을 담당하는 행정부서인 중소벤처기업부의 정의는 다음과 같다.

① 혁신형 중소기업

혁신활동을 수행 중이거나 혁신활동을 통해 높은 혁신성과와 경영성과를 달성하고 있는 기업으로서, 기존 제품 및 서비스의 개선과 신제품 및 서비스의 개발을 통해 고객가치를 향상시키고 양질의 고용을 확대하며 부가가치 창출을 주도하는 기업으로 정의한다.

② 중소기업기술혁신촉진법에서는 혁신형 중소기업을 기술혁신형 중소기업과 경영혁신형 중소기업으로 구분하고 있다. 벤처기업은 기술혁신형 중소기업으로 간주한다.

(4) 혁신형 중소기업의 유형 빈출도 ★☆☆

혁신형 중소기업의 유형으로 벤처기업, 이노비즈기업, 경영혁신기업(메인비즈기업)이 있다.

① 벤처기업

벤처기업육성에 관한 특별조치법에서는 벤처기업의 기준, 인증제도 운용 등을 규정하고 있다.

㉠ 벤처기업의 정의
- 고위험과 고성과를 목적으로 하는 사업을 영위하는 기업
- 새로운 아이디어와 기술, 진취적 기업가 정신을 바탕으로 사업에 도전하는 모험 기업
- 리스크는 크지만 성공 시 고수익을 얻는 사업을 영위하는 기업
- 하이테크 기반 기업 등

㉡ 벤처기업 인증제도
- 1998년 5월에 도입되었으며 현재 운영 중인 유형은 4가지로 벤처투자유형, 연구개발유형, 혁신성장유형, 예비벤처기업유형이다.
- 인증 지정기관으로는 (사)벤처기업협회가 지정·운영되고 있다.

② 이노비즈기업 빈출도 ★★☆

㉠ 이노비즈 의미 : 이노비즈(INNO Biz)란 혁신(Innovation)과 기업(Business)의 합성어로 기술우위를 바탕으로 경쟁력을 확보한 기술혁신형 중소기업을 의미한다. 국내 이노비즈는 OECD의 Oslo Manual에서 제시한 혁신성 평가 기준을 통과하고 중소벤처기업부로부터 이노비즈 인증을 받은 기업을 통칭한다.

㉡ 제도 시행 취지 : 기술, 자금, 펀드, 인력, 수출 등을 연계 지원함으로써 국제경쟁력 있는 우수기업으로 선도하기 위해 정책적으로 지원하고 육성하는 것을 목적으로 하며, 2001년 8월에 도입되었다.

③ 경영혁신기업(메인비즈) 빈출도 ★☆☆

㉠ 메인비즈 의미 : 메인비즈(MAIN Biz)란 경영(Management), 혁신(Innovation)과 기업(Business)의 합성어로 중소기업기술혁신촉진법 제15조의 3(중소기업의 경영혁신 촉진 지원사업)에 따라 중소벤처기업부로부터 경영혁신형 중소기업으로 인증받은 기업으로서 경영혁신 활동을 통하여 경쟁력 확보가 가능하거나 미래 성장가능성이 있는 기업을 통칭한다.

ⓒ 제도 시행 취지 : 마케팅과 조직혁신 등 비기술 분야의 경영혁신형 중소기업을 발굴하고 기술, 자금, 판로 등을 연계 지원함으로써 전통제조업 및 서비스산업의 경영혁신을 촉진하고 성장과 발전을 도모하는 데 있다. 이 제도는 2006년 7월에 도입되었다.

개념체크 OX

01 중소기업기본법에서 정한 중소기업의 범위는 법인인 중소기업과 소상공인을 포함한 개인사업자까지 포함한 개념이다. O X

02 경영혁신기업(메인비즈)은 기술우위를 바탕으로 사업경쟁력을 확보한 기술혁신형 중소기업을 말한다. O X

정답 O, X

제2절 중소기업 컨설팅

1 중소기업 지원 컨설팅 형태 및 혁신방안

(1) 중소기업 컨설팅 지원 유형

중소기업의 컨설팅 유형은 주로 다음과 같이 수행되고 있으며, 민간 중심의 컨설팅보다는 국가, 공공기관, 지자체 중심의 컨설팅이 우세하다.
① 과제해결형 경영 컨설팅 지원
② 경영 종합자문서비스 지원
③ 컨설팅산업 기반 조성 지원
④ 중소기업의 디지털 전환 지원 등

(2) 기관별 정책 컨설팅

우리나라는 중소기업에 대한 다양한 지원시책과 함께 한국적 특수상황을 고려하여 소상공인, 자영업자에 대한 컨설팅 지원사업을 수행해 오고 있다. 중소기업 정책 컨설팅은 크게 정부지원 컨설팅, 지방자치단체 컨설팅 등으로 나눌 수 있다.

① **정부지원 컨설팅**

정부 및 공공기관을 주축으로 중소기업 육성 및 지원을 위해 경영컨설팅 서비스를 지원하고 있다.

> **주요 지원기관 예시**
> 창업진흥원, 중소벤처진흥공단, 소상공인진흥공단, 한국경영기술지도사회, 한국농수산식품유통공사, 중소기업기술정보진흥원, 중소기업유통센터, 한국사회적기업진흥원, 장애인기업종합지원센터, 기술보증기금, 신용보증기금, 서민금융진흥원 등

② 지방자치단체 컨설팅
각 지자체에서는 해당 지역의 실정에 맞는 맞춤형 지원을 실시하고 있다.

> 지자체 지원기관 예시
> (지역별)테크노파크, (지역별)산업/기업진흥원, (지역별)소상공인지원기관, (지역별)사회적경제지원센터, (지역별)6차산업지원센터 등

(3) 중소기업 컨설팅 지원분야

중소기업에 대한 컨설팅 지원(과제해결형, 종합자문서비스)은 크게 경영지원, 기술지원, 창업지원, 규제대응지원, 사업정리지원 등을 들 수 있다. 수행분야는 경영전략, 재무회계, 연구개발, 인적자원, 마케팅, 생산운영, 경영시스템 등이 있다.

(4) 중소벤처기업부 지원 컨설팅 프로그램

중소벤처기업부는 지역산업 및 제조 중소기업 위기극복에 필요한 상담(컨설팅) 및 기술지원, 마케팅 분야 서비스를 진행하고 있다. 2022년 2월에 발표된 「중소기업 혁신바우처 사업 지원계획」에 따르면, 9개의 컨설팅 프로그램을 진행하고 있는데, ESG컨설팅과 IP컨설팅이 새로 추가되었고 탄소중립 경영혁신 컨설팅과 재기 컨설팅도 포함되어 있다.

〈표 3-46〉 중소기업 혁신바우처 컨설팅서비스 프로그램

컨설팅서비스 프로그램		서비스 지원내용
일 반	경영기술전략	생산관리, 품질관리, 기술사업화 전략, 노무, 인사, 조직, 세무, 재무, 회계, 경영전략, 구조개선, 영업전략
	스마트공장 추진전략	스마트공장 진단 및 실용화, 활성화, 고도화를 위한 전략 수립
	규제대응	최저임금제 대응, 근로시간 대응, 화학물질관리 대응
	산업안전	위험성 평가, 공정안전관리, 근로자 건강장해 예방 등
	융복합	적합도 분석, 협업계획서 작성 및 협업 승인 지원 등
	ESG컨설팅	수준진단 및 평가, 공급망 실사 상담(컨설팅), ESG 관련 인증 등
	IP(지식재산)컨설팅	분쟁 IP분석 및 대상 IP무효화, IP분쟁 공동대응 등
탄소중립 경영혁신		별도 트랙으로 지원
재 기		별도 트랙으로 지원

출처 : 중소벤처기업부 「2022년 혁신바우처 사업 지원계획('22.2.15)」을 토대로 저자 재정리

(5) 중소기업 컨설팅을 위한 혁신방안

① 원스톱 숍(One-stop Shop)과 통합된 지원
중소기업 고객들이 한 번의 방문으로 사업의 다양한 측면에 대한 어드바이스를 얻을 수 있다.

② 표준적인 도구들과 체크리스트의 활용
표준적인 도구의 활용은 컨설팅 수행에 도움이 되며, 비교적 저렴한 가격에 컨설팅서비스를 제공할 수 있다.

③ 핫라인(hot-line) 서비스

긴급을 요하는 정보와 조언을 필요로 하는 중소기업을 위하여 핫라인 전화서비스 등을 구축할 수 있다.

④ 벤치마킹 등 활용

벤치마킹 테크닉을 활용하는 컨설턴트는 참가자들에게 비교를 위한 데이터를 제공하고, 공동의 이슈를 인식하도록 도와야 하며, 토론을 활성화시키고 최상의 관행을 확인하고 개선방안을 추진하는 데 도움을 제공하여야 한다. 이외에 행동학습워크숍, 비즈니스클리닉 등을 활용할 수도 있다.

2 중소기업 디지털전환 컨설팅

급격한 사회경제적 변화로 인해 디지털전환(Digital Transformation)은 기업의 생존과 성장의 핵심으로 떠오를 정도로 디지털시대를 맞고 있다. 대기업은 이러한 변화에 능동적으로 대처하고 있지만 중소기업은 디지털전환에 제대로 대응하기가 어려운 것이 현실이다. 따라서 정부의 정책적인 지원도 중요하며, 기업들이 자생할 수 있도록 지원하는 디지털전환 컨설팅 서비스의 역할도 매우 중요한 시기이다.

(1) 디지털전환

① 디지털전환의 의미

프로세스, 고객 경험 및 가치를 근본적으로 변화시키기 위해 새로운 기술을 적용하는 것을 의미한다.

② 디지털전환의 중요성

디지털전환은 국가적 디지털 경제의 성장에 중요한 요인이며, 향후 국제경쟁력에서 도태되지 않도록 미리 디지털전환에 대비하기 위함이다.

(2) 정부 디지털전환 지원사업 현황(예시)

〈표 3-47〉 정부의 디지털전환 지원사업(예시)

지원기관	수행기관	지원내용	지원대상자
과학기술정보통신부	정보통신산업진흥원	디지털전환교육	중소기업, 비영리기관, 소상공인
중소벤처기업부	소상공인시장진흥공단 외	혁신모델 확산, 디지털 생태계 조성, 디지털 인프라 지원 등	소상공인
문화체육관광부	한국관광공사	컨설팅, 자금, 역량교육	여행업 중소기업
한국산업기술진흥협회	좌 동	클라우드 기반 R7D 서비스 전환 지원사업 외	소프트웨어기업
중소벤처기업부	벤처기업협회 외	비대면 바우처 지원사업	중소기업

출처 : 한국개발연구원(2020), 기술신용평가입문(김진희, 2022)

(3) 디지털전환 시 컨설팅의 중요성

성공적인 디지털전환을 위해서는 비즈니스 및 디지털기술에 대한 지식과 경험이 무엇보다도 중요하므로 디지털전환의 경험을 갖춘 컨설팅업체의 지원이 절대적으로 필요하다. 컨설팅업체는 디지털전환 컨설팅을 수행하기 위하여 훈련 및 경험 습득, 고객과의 커뮤니케이션 능력, 문제파악을 위한 전문 도구와 기법을 갖추어야 한다.

(4) 디지털전환 컨설팅 시 고려사항

〈표 3-48〉 디지털전환 컨설팅 시 고려할 사항들 빈출도 ★☆☆

구 분	고려사항
혁신성	• 빠르게 변화하는 디지털 기술들을 어떤 방식으로 이해하고 기업에 적용할 것인가 • 디지털전환을 위한 목표 및 전략의 성공을 위해서는 어떤 방식으로 추진해야 하는가
확장성	• 비즈니스 및 IT 이슈를 근본적으로 해결하기 위해서는 어떤 디지털 기술을 적용해야 하는가 • 디지털 전환을 위한 각 서비스 플랫폼의 장단점은 무엇이며 가장 적합한 서비스 플랫폼은 무엇인가
규제 준수	• 디지털 전환 시 야기되는 정보보안 및 법/규제 준수는 어떤 방법으로 해결해야 하는가
비용 절감	• 신규 디지털 기술 도입 후 어떻게 운영해야 하는가 • 어떤 디지털 기술들을 선후 또는 동시에 도입하여 어떤 업무부터 단계적으로 적용하는 것이 효과적인가 • 디지털 전환에 필요한 작업시간, 인력규모, 소요비용은 얼마이며 기존 대비 비용절감(TCO) 효과는 얼마인가

출처 : 한국개발연구원(2020), 기술신용평가입문(김진희, 2022)

3 중소기업 컨설턴트의 역할

중소기업 컨설턴트는 중소기업의 특성에 부합한 맞춤형 컨설팅서비스를 제공하는 전문가로 중소기업의 특성에 맞는 차별화된 방법론과 역량을 발휘하여야 한다. 중소기업 컨설팅의 특징은 Specialist보다는 Generalist의 자질을 요구한다.

(1) 통합적 시각의 문제해결

① 중소기업은 한 가지 기능상의 변화가 다른 기능에도 즉각적으로 영향을 미친다. 따라서 기능들 간의 상호작용에 대한 지식을 갖추어야 한다.
② 중소기업의 사업수행에는 회계, 세무, 법무, 노무, 행정 등 기본사항을 체득하고 활용하는 것이 필수적이다.
③ 중소기업 경영자가 경영에 필요한 통합적인 시각을 갖도록 유도하여야 한다.

(2) 현장 맞춤형 문제해결

① 중소기업 컨설팅은 해결안의 실행을 위한 기법뿐 아니라 비공식적인 교육과 다양한 테크닉도 필요하다.
② 중소기업의 현장 상황에 맞게 보고서는 최소한의 분량으로 알기 쉽고, 간략하게 작성하는 것이 좋다.
③ 전문지식을 강조하기보다는 단순한 스타일을 활용하는 것이 효과적일 수도 있다.

(3) 올-라운드 플레이어 역할 수행
   ① 정보 및 데이터의 결핍을 극복할 수 있도록 역할을 수행해야 한다.
   ② 중소기업 경영자가 언제라도 연락하여 도움을 요청할 때 컨설턴트는 시간에 구애받지 말고 주치의 역할을 해야 한다.
   ③ 지나친 컨설턴트 의존도를 피하도록 해야 한다.

(4) 정책지원 및 비즈니스 연계
   ① 정책지원을 경영현장에 연계되도록 도움을 주어야 한다. 이를 위해서는 중소기업 정책정보를 적극 활용하는 것이 좋다.
   ② 지원서비스를 활용하여 기업의 경쟁력 향상과 경쟁우위 창출에 도움이 될 수 있는 전략적 방향성을 마련하고 그 대안을 제시해야 한다.

개념체크 OX

01 코로나19로 인해 중소기업의 디지털전환 시기는 더 빨라지고 있다. O X

02 디지털전환 시 고려할 사항으로 혁신성, 확장성, 규제 준수, 비용 절감을 들 수 있다. O X

정답 O, O

CHAPTER 06 | 중소기업 컨설팅

단원별 출제예상문제

01 혁신형 중소기업에 대한 설명으로 옳지 않은 것은?

① 중소기업기술혁신촉진법에서는 "경영혁신"이란 새로운 기술의 개발, 활용 중인 기술의 중요한 부분의 개선 또는 외부로부터 기술의 도입을 통하여 기업경영 개선 및 생산성을 높이고, 그 성과물을 거래하거나 사업화함으로써 새로운 부가가치를 창출하여 나가는 일련의 과정으로 명시하였다.
② 클라우스 슈밥은 "핵심기술"을 4가지 영역 즉, 확장된 디지털 기술, 물리계 재구성 기술, 인간변형 기술, 환경통합 기술로 정리하였다.
③ "핵심역량"이란 기업이 보유하고 있는 우월적 내부역량으로서 경쟁사와 차별되고, 사업성공의 핵심요인으로 작용하는 역량이라 할 수 있다.
④ "혁신형 중소기업"은 벤처기업, 이노비즈기업, 경영혁신기업을 포괄하는 개념이다.
⑤ "혁신형 중소기업"은 기술·경영혁신활동을 통해 일반기업보다 높은 부가가치를 창출하는 기업으로 분류하고 있다.

해설 ①의 내용은 "기술혁신"에 대한 것이다.

02 다음 설명과 가장 관련이 높은 기업유형군은 어느 것인가?

> • 기술혁신 활동을 통하여 경쟁력을 확보하거나 장래에 성장할 가능성이 있어서 정부가 우대하여 지원하는 기술혁신형 중소기업을 지칭하며 이에 대한 인증제도는 2001년 8월에 국내에 도입되었다.
> • OECD의 오슬로 매뉴얼(2019)에서 제시한 혁신형 평가기준을 통과하고 중소벤처기업부로부터 인증받은 기업을 통칭한다.

① 벤처기업 ② 이노비즈기업
③ 메인비즈기업 ④ 우수기술기업
⑤ 가젤형기업

해설 이노비즈(INNO Biz)기업은 기술우위를 바탕으로 사업경쟁력을 확보한 기술혁신형 중소기업을 말하며, 메인비즈(MAIN Biz)기업은 중소벤처기업부로부터 경영혁신형 중소기업으로 인증받은 기업을 말한다.

03 현행 중소기업기본법상 중소기업자 범위에서 정한 규모기준(외형적 판단기준)으로 옳은 것은?

① 평균매출액과 자본금
② 자산총액과 설립기간
③ 상시근로자 수와 자산총액
④ 자본금과 상시근로자 수
⑤ 평균매출액과 자산총액

해설 현행 중소기업기본법상 중소기업자 범위에서 정한 업종별 규모기준은 평균매출액과 자산총액이다.

04 정부 지원기관과 디지털전환 지원내용에 대한 설명으로 옳지 않은 것은?

① 과학기술정보통신부 → 디지털전환 교육
② 중소벤처기업부 → 혁신모델 확산, 디지털 생태계 조성, 디지털 인프라 지원
③ 문화체육관광부 → 콘텐츠 개발, 콘텐츠 평가, 메타버스 교육
④ 한국산업기술진흥협회 → 클라우드 기반 R&D 서비스, 전환 지원 사업
⑤ 중소벤처기업부 → 비대면 바우처 지원사업

해설 문화체육관광부(수행기관 : 한국관광공사)는 컨설팅, 자금, 역량교육을 지원하고 있다.

05 중소기업이 컨설턴트를 활용해서 얻을 수 있는 이득으로 옳지 않은 내용은?

① 회사 전반에 대한 검토와 전문적인 평가를 받을 수 있다.
② 마케팅과 시장의 발전에 대한 참신한 시각을 얻을 수 있다.
③ 주관적인 전문가의 견해를 얻을 수 있다.
④ 회사발전을 위한 아이디어를 얻을 수 있다.
⑤ 전략적 접근방법의 개발 지원을 받게 된다.

해설 객관적인 전문가의 견해를 얻을 수 있다.

06 상시 근로자 수에 포함되는 자의 경우는?

① 임 원
② 소득세법 시행령 제20조 제1항에 따른 일용근로자
③ 기업부설연구소 또는 연구개발전담부서의 연구전담요원
④ 3개월 이내의 기간을 정하여 근로하는 자
⑤ 1개월 근로시간이 60시간 이상이면서 70시간 미만인 단시간 근로자

해설 ①・②・③・④에 추가하여 1개월 근로시간이 60시간 미만인 단시간 근로자는 상시 근로자에서 제외된다.
※ 소상공인기본법 시행령 제3조 제3항에서는 상시 근로자에서 제외되는 자를 규정하고 있다.

정답 01 ① 02 ② 03 ⑤ 04 ③ 05 ③ 06 ⑤

07 중소기업 컨설팅 지원에 대한 수행분야와 가장 거리가 먼 것은?

① 경영전략
② 연구개발
③ 마케팅
④ 자금지원
⑤ 경영시스템

> **해설** 중소기업 컨설팅 지원에 대한 수행분야에서 자금지원은 해당되지 않는다.
> ※ 중소기업 컨설팅 지원에 대한 수행분야는 경영전략, 재무회계, 연구개발, 인적자원, 마케팅, 생산운영, 경영시스템 등이다.

08 중소기업 디지털전환 컨설팅에서 디지털전환에 따른 고려사항으로 옳지 않은 것은?

① 시기 단축
② 혁신성
③ 확장성
④ 규제 준수
⑤ 비용 절감

> **해설** 디지털전환 시 고려사항은 혁신성, 확장성, 규제 준수, 비용 절감 등이다.

09 정부 컨설팅 지원기관으로 분류되지 않는 기관은?

① 창업진흥원
② (지역별) 소상공인지원기관
③ 중소벤처진흥공단
④ 중소기업유통센터
⑤ 기술보증기금

> **해설** (지역별) 소상공인지원기관, (지역별) 테크노파크, (지역별) 산업/기업진흥원 등은 지방자치단체 컨설팅 지원기관으로 분류한다.

10 중소기업 디지털전환의 중요성에 대한 설명으로 옳지 않는 것은?

① 디지털전환이 원활히 이루어지지 않으면 국제적인 경쟁력이 상실될 가능성이 높다.
② 다국적기업에 국내 시장과 산업을 점유당하게 된다.
③ 기업 입장에서는 비용 절감 측면에서도 디지털전환은 매우 중요하다.
④ 대기업은 디지털전환이 활발하게 이루어지고 있으나 중소기업에는 아직 영향을 미치지 않아 컨설팅의 필요성은 적다.
⑤ 디지털전환 시 혁신성, 확장성, 규제 준수 등을 고려하여야 한다.

해설 기업의 디지털전환은 국가적 디지털 경제의 성장에 중요한 요인으로, 대기업을 중심으로 활발하게 이루어지고 있으나 중소기업에도 현실로 다가온 문제이다.
※ 사회경제적 변화로 인해 기업의 디지털전환(DT)은 생존과 성장의 핵심으로 대두되고 있다. 성공적인 디지털전환을 위해서는 비즈니스 및 디지털기술에 대한 지식과 경험이 무엇보다도 필요하다. 정부를 이를 위해 중요 정책방향으로 계획을 수립하여 시행하고 있다.

우리가 해야할 일은 끊임없이
호기심을 갖고 새로운 생각을 시험해보고
새로운 인상을 받는 것이다.

– 월터 페이터 –

제4과목

지식재산권

CHAPTER 01 지식재산권의 개요
CHAPTER 02 특허권
CHAPTER 03 실용신안권
CHAPTER 04 디자인권
CHAPTER 05 상표권
CHAPTER 06 저작권
CHAPTER 07 특허정보조사 및 해외출원

회독체크

구 분	학습포인트	1회독	2회독	3회독
제1장	제1절 지식재산권의 이해	☐	☐	☐
	제2절 지식재산권 관련 국제기구 및 조약	☐	☐	☐
제2장	제1절 특허제도와 발명	☐	☐	☐
	제2절 특허출원절차 및 요건	☐	☐	☐
	제3절 특허요건 및 명세서의 이해	☐	☐	☐
	제4절 특허권의 내용 및 해석	☐	☐	☐
	제5절 특허의 소송	☐	☐	☐
제3장	제1절 실용신안권의 특성	☐	☐	☐
제4장	제1절 디자인권의 개념	☐	☐	☐
	제2절 디자인 출원 및 등록	☐	☐	☐
	제3절 디자인권의 내용 및 해석	☐	☐	☐
제5장	제1절 상표권의 개념	☐	☐	☐
	제2절 상표등록 출원 및 등록	☐	☐	☐
	제3절 상표권의 효력 및 침해	☐	☐	☐
제6장	제1절 저작자와 저작물의 개념	☐	☐	☐
	제2절 저작권의 개념	☐	☐	☐
제7장	제1절 특허문헌 및 선행기술 조사	☐	☐	☐
	제2절 해외출원제도	☐	☐	☐

☑ 칸에 학습진도를 체크하세요.

인생이란 결코 공평하지 않다.
이 사실에 익숙해져라.

− 빌 게이츠 −

CHAPTER 01 지식재산권의 개요

> **출제포인트**
> - 지식재산권의 종류 및 범위
> - 각 지식재산권의 존속기간
> - 지식재산권 관련 국제기구와 조약

제1절 지식재산권의 이해

1 지식재산(IP : Intellctual Property)의 의의 및 목적

(1) 지식재산의 법률상 정의
① 지식재산이란 인간의 창조적 활동 또는 경험 등에 의하여 창출되거나 발견된 지식・정보・기술, 사상이나 감정의 표현, 영업이나 물건의 표시, 생물의 품종이나 유전자원, 그 밖에 무형적인 것으로서 재산적 가치가 실현될 수 있는 것을 말한다(지식재산기본법 제3조 제1호).
② 지식재산권이란 법령 또는 조약 등에 따라 인정되거나 보호되는 지식재산에 관한 권리를 말한다(지식재산기본법 제3조 제3호).

(2) 지식재산권의 법률상 보호 목적
① 창작물을 보호하여 창작활동을 장려하기 위해서다.
② 지식재산의 공정한 이용을 도모로 산업과 문화의 발전에 기여한다.
③ 국민의 삶의 질 향상에 이바지하기 위해서다.

2 지식재산권의 종류 빈출도 ★☆☆

지식재산권은 〈표 4-1〉과 같이 크게 산업재산권, 저작권, 신지식재산권으로 분류된다.

〈표 4-1〉 지식재산권의 종류 및 관련법률

구 분		종류 및 관련법률
지식재산권	산업재산권	• 특허권 : 특허법 • 실용신안권 : 실용신안법 • 디자인권 : 디자인보호법 • 상표권 : 상표법
	저작권	• 저작권 : 저작권법 • 저작인접권 : 저작권법
	신지식재산권	• 컴퓨터 프로그램 : 특허법/저작권법 • 반도체직접회로 배치설계권 : 반도체배치설계법 • 식물신품종 : 특허법/식물신품종 보호법 • 유전자원과 전통지식 : 유전자원법 • 영업비밀 : 부정경쟁방지법 • 도메인이름 : 인터넷주소법/부정경쟁방지법 • 데이터베이스* : 저작권법 *데이터베이스는 저작권으로 분류하기도 함

3 산업재산권 및 저작권의 개요 빈출도 ★★★

산업재산권은 산업상 이용가치를 갖는 발명, 디자인, 표장 등에 관한 권리로서 보호대상에 따라 특허권, 실용신안권, 디자인권, 상표권으로 구분된다.

(1) 특허권 개요
① 특허권은 발명을 보호, 장려함으로써 국가산업의 발전을 도모하기 위하여 특허법에 의하여 보호되는 권리이다. 여기서 발명이란 '자연법칙을 이용한 기술적 사상의 창작으로서 고도한 것'을 의미하며, 물건의 발명, 방법의 발명, 물건을 생산하는 방법 모두를 보호하게 된다.
② 특허법의 목적은 '발명을 보호, 장려하고 그 이용을 도모함으로써 기술의 발전을 촉진하여 산업발전에 이바지함'이다. 특허법상 특허요건에는 산업상 이용가능성, 신규성, 진보성 등이 있다.
③ 특허청에 일정한 방식심사 및 실체심사를 거쳐 설정등록이 되어야 특허권의 효력이 인정된다. 특허권의 존속기간은 특허권을 설정등록한 날부터 특허출원일 후 20년이 되는 날까지이다.

(2) 실용신안권 개요
① 실용신안권은 산업상 이용할 수 있는 물품의 형상, 구조 또는 조합에 관한 고안에 대하여 부여되는 권리이다. 여기서 고안은 '자연법칙을 이용한 기술적 사상의 창작'으로, 발명과 고안은 창작의 정도가 고도한 것인지 여부에 따라서 구별된다.
② 특허는 기술과 관련된 아이디어로서 물질, 방법 등 모든 발명을 보호하나, 실용신안은 물품의 형상, 구조 및 조합에 관한 고안만 보호대상으로 한다.
③ 실용신안의 목적은 '실용적인 고안을 보호, 장려하고 그 이용을 도모함으로써 기술의 발전을 촉진하여 산업발전에 이바지함'이다. 실용신안법상 등록요건은 산업상 이용가능성, 신규성, 진보성 등이 있다. 다만, 진보성의 요건은 특허권에 비해 다소 완화되어 있다.

④ 실용신안권도 특허권과 마찬가지로 특허청에 일정한 방식심사 및 실체심사를 거쳐 설정등록이 되어야 실용신안권의 효력이 인정된다. 실용신안의 존속기간은 실용신안권을 설정등록한 날부터 실용신안출원일 후 10년이 되는 날까지이다.

(3) 디자인권 개요

① 디자인권은 독특한 형상, 모양, 색채 또는 이들을 결합한 것인 물품의 외관에 부여되는 권리로 디자인보호법에 보호를 받는다. 여기서 물품은 시각을 통해서 미감을 일으키게 하는 것을 의미한다. 예외적으로 글자체 디자인의 경우에는 물품에 상관없이 보호대상으로 하고 있다.
② 디자인보호법의 목적은 '디자인의 보호와 이용을 도모함으로써 디자인의 창작을 장려하여 산업발전에 이바지함'이다. 디자인보호법상 디자인등록요건은 공업상 이용가능성, 신규성, 창작비용이성 등이 있다.
③ 특허청에 출원된 디자인은 등록요건 등에 대한 심사관의 심사를 거쳐 디자인권이 설정등록 되어야 효력이 인정된다. 디자인권 존속기간은 설정등록한 날부터 출원일 후 20년이 되는 날까지이다.

(4) 상표권 개요

① 상표권은 상품에 관련한 표장인 상표를 배타적 독점적 권리로서 보호한다. 여기서 표장이란 기호, 문자 도형, 소리, 냄새, 입체적 형상, 홀로그램동작 또는 색채 등으로서 그 구성이나 표현방식에 상관없이 상품의 출처를 나타내기 위하여 사용하는 모든 표시를 의미한다.
② 상표법상 목적은 '상표를 보호함으로써 상표 사용자의 업무상 신용 유지를 도모하여 산업발전에 이바지하고 수요자의 이익을 보호함'이다. 상표법상 상표등록요건에는 자타상품의 식별력, 부등록 사유 등이 있다.
③ 특허청에 상표출원된 상표는 상표등록요건 등에 심사관의 심사를 거쳐 상표권이 설정등록되어야 효력이 인정된다. 상표권의 존속기간은 설정등록일로부터 10년이며, 10년씩 갱신할 수 있다.

〈표 4-2〉 산업재산권 종류별 특징 빈출도 ★★★

구 분	등록요건	보호대상	존속기간
특허권	산업이용성, 신규성, 진보성	모든 발명 중 고도한 것	등록일로부터 출원일 후 20년이 되는 날까지
실용신안권	산업이용성, 신규성, 진보성	물품의 형상, 구조 또는 조합에 관한 고안에 한정됨	등록일로부터 출원일 후 10년이 되는 날까지
디자인권	공업이용성, 신규성, 창작성	물품의 디자인	등록일로부터 출원일 후 20년이 되는 날까지
상표권	자타상품 식별력 부등록 사유	상품 및 서비스에 사용되는 표장(브랜드)	등록일로부터 10년 (10년씩 갱신 가능)

출처 : 특허청 홈페이지 내용을 토대로 저자 재정리

(5) 저작권의 개요 빈출도 ★☆☆

① 저작권이란 저작물(인간의 사상 또는 감정을 표현한 창작물)에 대하여 인정되는 저작인격권과 저작재산권을 말하며, 저작물의 예로 소설, 시, 논문, 강의, 각본, 음악, 연극, 무용, 미술, 건축, 사진, 영상, 도형, 컴퓨터프로그램 등이 있다(저작권법 제2조, 제4조).
② 저작권은 저작물을 창작한 때부터 발생하며, 어떤 절차나 형식을 밟지 않아도 발생한다. 저작물의 성립요건으로 창작성이 있어야 하며, 인간의 사상이나 감정의 표현일 것을 충족해야 한다.
③ 저작권과 특허권의 비교

〈표 4-3〉 저작권과 특허권의 비교 빈출도 ★☆☆

구 분	저작권	특허권
보호대상	창작물의 표현양식(저작물)	기술적 사상(발명)
방식주의	무방식주의, 등록은 제3자 대항요건임	방식주의, 설정등록해야 효력 발생
저작/발명	사용자주의	발명자주의
보호기간	(저작자) 생존기간 + 사후 70년 (업무상저작물 : 공표한 때부터 70년)	설정등록일로부터 출원일 후 20년

출처 : 지식재산의 이해(특허청·한국발명진흥회, 2012) 내용을 토대로 저자 재정리

④ 저작권의 분류

저작인격권은 저작자에게 인정되는 인격권을 말하며, 저작재산권은 저작자의 저작물에 대한 경제적 이익을 보호하는 권리이다. 협의의 저작권은 저작재산권을 의미하고 광의의 저작권은 저작자가 아닌 실연자, 음반제작자, 방송사업자에게 부여하는 저작인접권 등을 포함한다.

〈표 4-4〉 저작권의 분류체계 빈출도 ★☆☆

저작권(광의)		개념 및 종류
저작권	저작인격권	공표권, 성명표시권, 동일성유지권
	저작재산권	복제권, 공연권, 공중송신권, 전시권, 배포권, 대여권, 2차저작물작성권
저작인접권		실연자, 음반제작자, 방송사업자의 권리

출처 : 기술신용평가입문(윤준호, 2022)

개념체크OX

01 특허권의 보호대상은 발명이며, 실용신안의 보호대상은 고안이다. O X
02 특허권과 디자인권의 존속기간은 설정등록일로부터 20년이다. O X

정답 O, X

4 신지식재산권 빈출도 ★★☆

신지식재산이란 "경제, 사회 또는 문화의 변화나 과학기술의 발전에 따라 새로운 분야에서 출현하는 지식재산"이다(지식재산기본법 제3조).
신지식재산권에는 컴퓨터 프로그램, 식물신품종, 영업비밀, 반도체직접회로 배치설계, 유전자원과 전통지식, 도메인이름 등이 있다.

〈표 4-5〉 신지식재산권의 보호대상

유 형		종 류	보호기간
신지식재산권	정보재산권	데이터베이스*, 영업비밀 등	비밀관리기간
	첨단산업재산권	반도체직접회로배치설계권	설정등록일로부터 10년
		식물신품종보호권	• 설정등록일로부터 20년 • 과수와 임목인 경우 25년
	산업저작권	컴퓨터 프로그램(소스코드만 해당), 소프트웨어	창작 시부터 사후 70년

*데이터베이스는 신지식재산권(정보재산권)으로 분류하지만 저작권(편집저작물)으로 분류하기도 함

(1) 컴퓨터 프로그램
① 우리나라에서는 컴퓨터 프로그램을 저작물의 한 종류로 분류하여 저작권법의 보호를 받는다. 다만, 프로그래밍 언어에 의해 작성된 프로그램 소스코드(표현)만 보호되는 것이며, 컴퓨터 프로그램의 알고리즘(사상, 아이디어)을 보호하는 것이 아니다.
② 특허권으로 보호받으려면 컴퓨터 프로그램이 하드웨어를 이용하여 저장되거나 구현되는 경우만 해당된다.

(2) 식물신품종
① 식물신품종이 보호받으려면 식물신품종보호법상 품종보호권을 가져야 한다. 품종보호권이란 식물신품종보호법에 의하여 보호품종을 독점배타적으로 실시할 수 있는 권리를 말한다.
② 품종보호 요건에는 신규성, 구별성, 균일성, 안정성, 품종명칭 등이 있다. 품종보호권은 설정등록해야 효력이 발생하며, 존속기간은 설정등록일로부터 20년이고 과수와 입목인 경우에는 25년이다.
③ 종자번식 식물도 특허권으로 보호받을 수 있다.

(3) 영업비밀(노하우) 빈출도 ★☆☆
① 영업비밀이란 공공연하게 알려져 있지 않으나 경제적 가치를 가지는 것으로 상당한 노력에 의하여 비밀로 유지된 생산, 판매방법, 그 밖에 영업활동에 유용한 기술상 또는 영업상의 정보를 말한다.
② 영업비밀을 보호하는 법적 장치는 부정경쟁방지 및 영업비밀보호에 관한 법률에 마련되어 있다. 이에 따라 영업비밀 소지자는 영업비밀을 공개하는 대가로써 특허권을 얻는 방법을 선택하지 않고, 해당 내용을 영업비밀로 유지하며, 법적 보호를 받는 방법을 선택할 수 있다.
③ 부정경쟁방지법상 영업비밀이 성립되기 위해서는 비공지성, 경제적 유용성, 비밀관리성이 있어야 한다.

〈표 4-6〉 영업비밀과 특허권 비교

구 분	보호대상	공개여부	독점배타권	성립(등록)요건	보호기간
영업비밀	기술정보, 경영정보	비공개	없음	비공지성, 경제적 유용성, 비밀관리성	비밀 유지 시 제한없음
특허권	기술적 사상	공개	있음	산업상 이용가능성, 신규성, 진보성	설정등록일로부터 출원일 후 20년

출처 : 기술신용평가입문(윤준호, 2022)

(4) 반도체직접회로 배치설계
 ① 반도체직접회로 배치설계를 독점배타적으로 이용하려면 반도체집적회로의 배치설계에 관한 법률에 의한 배치설계권을 얻어야 한다.
 ② 보호요건에는 창작성이 있어야 한다. 전체적으로 볼 때 통상적이 아닌 제작자의 노력이 들어간 배치설계를 창작으로 보며, 설정등록해야 효력이 발생한다.
 ③ 특허청은 창작성에 대한 방식심사만 수행하며, 존속기간은 설정등록일로부터 10년이다.

(5) 데이터베이스
 우리나라는 1994년 저작권법 개정 시 창작성 있는 데이터베이스를 편집저작물로 규정하여 보호하였고 2003년 저작권법 개정 시에는 유럽과 같이 데이터베이스 제작자의 권리를 신설하여 창작성 유무에 관계없이 데이터베이스를 보호하고 있다.

제2절 지식재산권 관련 국제기구 및 조약

1 세계지식재산기구(WIPO)

(1) WIPO의 개요

WIPO는 국제연합(UN) 전문기구의 하나로, 파리협약 및 베른협약의 사무국을 겸하고, 지식재산권에 대한 국제조약의 제정을 추진하는 기구이다. 한국은 1979년에 정식으로 가입하였다.

(2) WIPO의 주요 임무
 ① 26개 국제조약 등 국제 지식재산권 규범 형성 및 관장
 ② PCT국제출원 등 국제 지식재산 출원 및 등록 서비스 제공
 ③ 정보 인프라 강화를 통한 국제 지식재산 시스템 효율화
 ④ 개발도상국에 대한 법제, 기술측면의 원조 실시
 ⑤ 지식재산권 인식 제고 활동

(3) WIPO의 주요 관장 협약

① 산업재산권 관련 조약에는 파리협약, 특허협력조약(PCT), 마드리드 시스템, 헤이그 협정 등이 있다. 파리협약은 산업재산권, 서비스표, 지리적 표시, 부정경쟁방지에 적용되며, 속지주의 원칙(= 특허독립의 원칙), 내외국인 평등의 원칙, 우선권제도 등 3대 기본원칙을 제시하였다.
  ㉠ 특허에서 속지주의는 각 국가의 특허법을 따르는 것을 말한다. 따라서 다른 국가에 특허를 출원하려면 PCT국제출원을 활용하면 된다.
    ※ PCT국제출원에 대한 상세 내용은 7장 '해외출원제도'를 참조, p.410
  ㉡ 우선권제도는 파리협약 동맹국의 제1국(예컨대 대한민국)에서 최선의 정규출원을 한 자 또는 그 승계인이 우선기간(6개월) 내에 다른 동맹국에 동일한 발명을 출원하여 우선권을 주장한 경우, 등록요건 등을 판단할 때 제1국의 출원일을 기준일로 취급하는 제도를 말한다.
② 저작권 관련 조약에는 베른협약, 로마협약 등이 있다. 베른협약은 저작권 보호에 관한 기본조약이며, 로마협약은 저작인접권 보호에 관한 조약이다.

2 세계무역기구(WTO)의 무역 관련 지식재산권에 관한 협정(TRIPs)

(1) TRIPs의 개요

WTO TRIPs는 지식재산권에 관한 가장 포괄적인 협정이자 최초의 다자간 규범이다. 통상문제와 연계하여 지식재산권 보호에 관한 최소한의 기준, 집행절차, 분쟁해결절차 등이 규정되었다. 이는 WTO 회원국 모두에게 적용된다.

(2) TRIPs의 의미

① 의무화된 최소한의 지식재산권 보호기준을 제시하고 침해에 대한 구제수단을 명기
② 실효적 조치
③ 최혜국대우 원칙을 최초로 도입
④ 포괄적 지식재산 협정(컴퓨터 프로그램, 데이터베이스, 집적회로, 영업비밀 등도 보호대상으로 포함)

개념체크 OX

01 컴퓨터 프로그램은 소스코드(표현)만 신지식재산권의 보호대상이며, 보호기간은 창작 시부터 사후 70년이다. O X

02 베른협약은 속지주의 원칙, 내외국인 평등의 원칙, 우선권제도를 제시하였다. O X

정답 O, X

단원별 출제예상문제

01 지식재산(권)에 대한 설명으로 옳지 않은 것은?

① 지식재산은 관련 지식재산권법에 따라 일반적으로 독점배타적 권리를 부여하여 보호된다.
② 지식재산권의 법적근거는 헌법 제22조 제2항에 근거하고 있다.
③ 저작권은 창작에 의해 자동적으로 권리가 발생하나, 저작권을 행사하기 위해서는 저작권을 등록하여야 한다.
④ 지식재산권은 침해가 용이하고, 침해를 발견하는 것이 매우 어렵다.
⑤ 지식재산권은 크게 산업재산권, 저작권, 신지식재산권으로 분류된다.

해설 저작권은 산업재산권과 달리 등록을 하지 않아도 권리가 발생하며 행사할 수 있다(무방식주의).

02 전문가에 따라 분류를 달리하고 있는데, 신지식재산권으로 분류하기도 하고 저작권으로 분류하기도 하는 것은?

① 유전자원과 전통지식
② 식물신품종
③ 데이터베이스
④ 반도체집적회로 배치설계
⑤ 도메인이름

해설 우리나라에서는 데이터베이스가 저작권법에서 보호받는 관계로 저작권으로 분류하고 있지만, 신지식재산권으로 분류하기도 한다.

03 지식재산(IP)에 대한 설명으로 옳지 않은 것은?

① 지식재산기본법 제3조 제1호에는 '지식재산'을 정의하고 있다.
② 지식재산에는 특허, 상표, 디자인, 저작권, 영업비밀 등이 있으며, 이들은 모두 등록을 하여야 권리가 발생한다.
③ 지식재산은 서로 다른 주체가 동시에 사용할 수 있다.
④ 지식재산의 보호에 관한 국제적인 조약이 있다.
⑤ 법률로써 보호하는 목적은 창작물을 보호하고 지식재산의 공정한 이용을 도모함으로써 산업과 문화의 발전에 기여하기 위함이다.

해설 저작권은 저작물을 창작한 때부터 발생하며, 어떤 절차나 형식을 밟지 않아도 발생한다.

04 산업재산권에 대한 설명으로 옳지 않은 것은?

① 실용신안권은 물품의 형태·구조·조합에 관한 실용성 있는 고안이 보호대상이다.
② 상표권은 타인의 상품과 식별하기 위하여 사용되는 기호·문자·도형·입체적 형상이나 이들을 결합한 것으로 보호기간은 10년이며, 10년마다 갱신이 가능한 반영구적 권리이다.
③ 특허권은 자연의 법칙을 이용한 기술적 사상의 창작으로서 발명수준이 고도한 것이다.
④ 디자인권은 물품의 형상·모양·색채 또는 이를 결합한 것 그리고 시각을 통하여 미감을 느끼게 하는 것으로 보호기간은 20년이다.
⑤ 특허권 사례로 하이브리드 엔진, ABS 등 자동차 관련 원천·핵심기술을 들 수 있으며 보호기간은 10년이다.

해설 특허권의 보호기간은 20년이다.

05 지식재산권 존속기간에 대한 설명으로 옳은 것은?

① 특허권 : 설정등록일부터 20년
② 실용신안권 : 설정등록일부터 10년
③ 디자인권 : 설정등록일부터 출원일 후 15년
④ 상표권 : 설정등록일부터 20년
⑤ 저작권 : 저작자 생존 시 창작일부터 저작자 사망 후 70년

해설 저작권의 존속기간은 창작 시부터 저작자 사망 후 70년까지 존속한다.
①·③ 특허권, 디자인권 존속기간 : 설정등록한 날부터 출원일 후 20년까지 존속(권리는 설정등록한 날에 발생하지만 존속기간 시작점은 출원일을 기준함)
② 실용신안권 존속기간 : 설정등록한 날부터 출원일 후 10년까지 존속(권리는 설정등록한 날에 발생하지만 존속기간 시작점은 출원일을 기준함)
④ 상표권 존속기간 : 설정등록한 날부터 10년까지 존속, 10년마다 갱신 가능(상표권은 설정등록한 날이 존속기간 시작점임)
⑤ 저작재산권, 저작인접권 존속기간 : 저작자 생존기간과 저작자 사후 70년까지 존속

정답 01 ③ 02 ③ 03 ② 04 ⑤ 05 ⑤

06 산업재산권에 대한 설명으로 옳은 것은?

① 제3자가 이미 판매하는 제품의 기술이라도 내가 출원하면 특허권을 가질 수 있다.
② 특허출원을 할 때 서류는 제출할 필요가 없다.
③ 한국에서 등록받은 특허권, 상표권, 디자인권은 전(全)세계에서 효력이 있다.
④ 상표권을 가지고 있으면 해당 제품에 동일하거나 유사한 상표를 사용하지 못하게 할 수 있다.
⑤ 디자인권은 출원하지 않아도 바로 권리가 발생한다.

> **해설** 상표권은 등록함으로써 타인이 동일·유사 상표 사용을 금지하는 독점적 권리를 가진다.
> ① 특허출원 전에 국내 또는 국외에서 공지(公知)되었던 발명은 신규성 상실로 특허권을 가질 수 없다.
> ② 특허출원인은 법령이 정한 양식에 따라 특허출원서를 특허청에 제출하여야 한다.
> ③ 한국에서만 효력이 있으며, 외국에 효력이 미치려면 해당 해외출원제도를 활용하여야 한다.
> ⑤ 디자인의 권리가 발생되려면 디자인등록을 하여야 한다.

07 WIPO(세계지식재산기구)에서 관장하는 조약이 아닌 것은?

① 파리협약
② 마드리드 의정서
③ 베른협약
④ 헤이그 협정
⑤ WTO TRIPs

> **해설** WTO TRIPs는 WTO 협정의 4개 부속서 중 하나로 지식재산권에 관한 가장 포괄적인 협정이자 최초의 다자간 규범이다.
> ※ WIPO에서 관장하는 산업재산권 관련 조약에는 파리협약, 특허협력조약, 마드리드 시스템, 헤이그 협정, 베른협약, 로마협약 등이 있다.

08 국내 보호체계에 대한 설명으로 옳지 않은 것은?

① 컴퓨터 프로그램은 프로그램 자체와 하드웨어로 실현되는 프로그램 모두 저작권법에서 보호하고 있다.
② 식물신품종은 식물신품종보호법에 의한 보호를 받으며, 품종보호 요건으로 신규성, 구별성, 균일성, 안정성, 품종명칭 등이 있다.
③ 영업비밀은 기술정보, 경영정보가 보호대상이며, 부정경쟁방지법에 의한 보호를 받는다.
④ 반도체직접회로 배치설계는 반도체설계법에 의한 보호를 받으며, 보호요건으로 창작성이 있어야 한다.
⑤ 데이터베이스는 창작성의 유무와 관계없이 저작권법에 의한 보호를 받는다.

> **해설** 프로그램 자체(즉, 소스코드)는 창작 시 저작권법 보호를 받지만, 하드웨어로 실현되는 프로그램(즉, 알고리즘)은 특허 등록 시 특허법 보호를 받는다.

09 특허권, 실용신안권, 디자인권, 상표권 제도에 대한 설명으로 옳지 않은 것은?

① 특허권은 자연법칙을 이용한 기술적 사상의 창작으로서 발명수준이 고도한 발명에 대하여 부여되는 권리이다.
② 실용신안권은 물품의 형상·구조·조합의 고안에 대하여 부여되는 권리이다.
③ 디자인권은 물품의 형상·모양·색채 또는 이들을 결합한 것으로 시각을 통하여 미감을 느끼게 한 것을 보호하는 권리이다.
④ 상표는 상품을 생산·가공 또는 판매하는 것을 업으로 영위하는 자가 자기의 업무에 관련된 상품을 타인의 상품과 식별하기 위하여 사용되는 표장을 말한다.
⑤ 특허권, 실용신안권, 디자인권, 상표권 이들 권리는 모두 무체재산권이기 때문에 질권의 대상으로 할 수 없다.

해설 특허권, 실용신안권, 디자인권, 상표권 모두 질권의 대상으로 할 수 있다.

CHAPTER 02 특허권

> **출제포인트**
> - 발명의 성립요건, 특허제도의 목적
> - 특허출원절차 및 관련제도
> - 특허요건, 특허효력, 심판 및 소송제도

제1절 특허제도와 발명

1 특허제도의 개념

특허법의 목적에 따라 특허제도를 요약하면 〈표 4-7〉과 같다.

〈표 4-7〉 특허법 목적에 따른 특허제도 개요 빈출도 ★☆☆

목적(보호)		출원전 보호	출원후 설정등록전 보호	설정등록후 보호
발명의 보호	실체적 보호	특허를 받을 수 있는 권리		특허권, 민사적 구제, 형사적 제재
		선사용권	보상금 청구권	
	절차적 보호	공지예외적용	보정, 분할출원, 변경출원, 조약우선권, 국내우선권, 우선심사	특허의 정정, 정정심판
발명의 장려		출원료·심사청구료·특허료의 면제 또는 감면		
발명의 이용	공개	출원공개, 명세서 기재요건의 법정화, 요약서 첨부		
	실시	• 특허권자의 실시 : 독점적 실시, 실시 의무 부과 • 제3자의 실시 : 실시권, 특허권 효력 제한, 특허권 소멸 후 실시		

출처 : 기술신용평가입문(윤준호, 2022) 내용을 토대로 저자 재정리

2 발명의 개념 빈출도 ★★☆

특허법에서 발명은 '자연법칙을 이용한 기술적 사상의 창작으로서 고도(高度)한 것'으로 정의하고 있다. 이는 발명의 성립요건을 표현한 것이다.

(1) 발명의 성립요건

① 자연법칙을 이용할 것

"자연법칙"이란 자연계에서 일어나는 일정불변의 필연적인 법칙으로서 자연계의 이치나 현상을 말한다. 수리(數理)상의 법칙이나 경제법칙, 사람들의 심리법칙, 게임규칙 등은 자연법칙이 아니므로 발명의 대상이 될 수 없다.

② 기술적 사상일 것

"기술적 사상"이란 어떠한 목적을 달성하기 위하여 합리적으로 이루어진 사상을 말한다. 즉 사람의 마음속에 존재하는 생각, 이상, 관념을 의미한다. 단 기술적 사상은 구체성을 띠어야 한다. 따라서 단순한 문제의 제기나 착상 또는 소망 같은 것은 발명이라 할 수 없다. 또한 기능이나 기예 등 단순한 정보의 제시, 회화, 조각 등도 발명이라 할 수 없다.

③ 창작일 것

인간의 정신적 창작 활동을 통해 '만들어진 것'이어야 한다.

④ 창작의 정도가 고도할 것

고도한 것은 기술적 사상의 창작의 난이도가 높은 것을 뜻한다.

(2) 특수한 발명(발명의 성립성 예외)

① 하드웨어를 이용하여 구체적으로 실현되는 경우에는 자연법칙을 이용한 것으로 보아 발명으로 인정한다.

② 물질이나 미생물을 인위적으로 분리하는 방법을 개발하고, 그러한 방법을 이용하여 분리된 물질이나 미생물은 발명에 해당된다.

③ 의약조성물, 화장료조성물 등의 경우는 용도발명이 인정된다.

3 특허법상 실시의 의미

특허법 제2조에서는 실시행위를 물건의 발명, 방법의 발명, 물건을 생산하는 발명으로 명확히 구분하고 있다.

물건발명	그 물건을 생산·사용·양도·대여·수입·수출하거나 그 물건의 양도 또는 대여의 청약(양도 또는 대여를 위한 전시를 포함하며, 이하 같다)을 하는 행위
방법발명	그 방법을 사용하는 행위 또는 그 방법의 사용을 청약하는 행위
제법발명	방법발명의 실시행위 외에 그 방법에 의하여 생산한 물건을 사용·양도·대여·수입하거나 그 물건의 양도 또는 대여의 청약을 하는 행위

제2절 특허출원절차 및 요건

1 특허출원 및 심사절차 개요

(1) 특허출원 빈출도 ★★☆

① 특허출원이란 특허권을 받고자 하는 자 또는 그 승계인이 국가에 대하여 형식을 갖춘 특허출원서류를 제출하면서 특허권의 부여를 요구하는 행위이다. 이때 특허출원서류를 제출하는 자가 특허출원인에 해당된다.

② 특허출원절차의 기본원칙은 서면주의(문서주의), 양식주의(요식주의), 국어주의, 도달주의이다.

③ 특허출원인은 법령이 정한 양식에 따라 명세서, 필요한 도면, 요약서를 첨부한 특허출원서를 특허청에 제출하며, 일반적으로 전자출원이 활용된다.

〈표 4-8〉 특허출원 서류의 구성 빈출도 ★★☆

구 분	기재사항
출원서	출원인, 대리인 및 발명(고안)의 명칭 등
명세서	• 발명의 상세한 설명 : 산업통상자원부령이 정하는 기재방법에 따라 명확하고 상세하게 기재 • 청구범위 : 특허발명의 보호범위 ※ 기술문헌으로서의 역할
도 면	필요한 경우 기술구성을 도시하여 발명을 명확히 표현 ※ 의무제출 사항 아님
요약서	발명의 요약정리(기술정보로 활용) ※ 특허발명의 보호범위를 정하는 데 사용불가

출처 : 특허청 홈페이지

(2) 특허등록

특허등록은 특허출원된 발명을 심사청구에 의해 심사절차에 따라 심사를 하고, 특허등록결정서가 통지된 후에 특허권 설정등록을 위해 특허료를 내고 등록되는 것을 말한다.

(3) 심사절차

〈그림 4-1〉 특허출원 후 심사흐름도

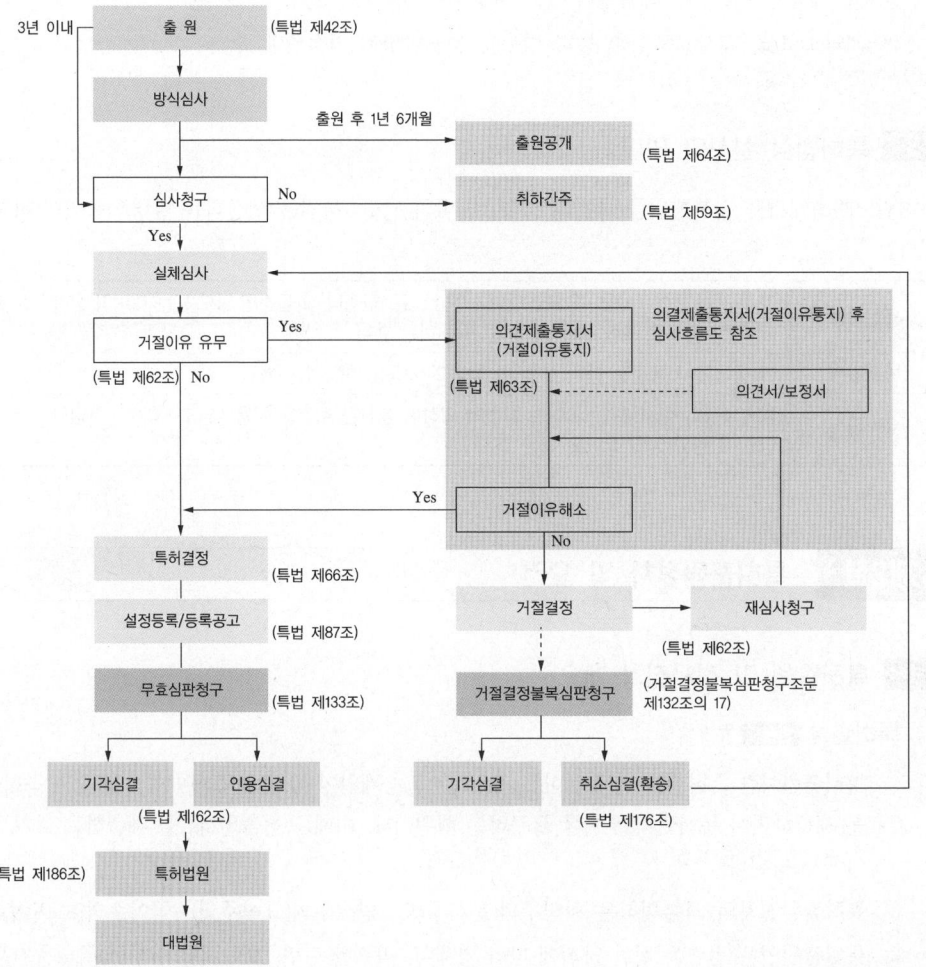

출처 : 특허청 홈페이지

심사절차는 방식심사 → 출원공개 → 실체심사 → 특허결정 → 등록공고 등으로 이루어진다.

〈표 4-9〉 특허출원 및 심사절차의 개념 빈출도 ★★☆

구 분	내 용
1. 방식심사	서식의 필수사항 기재 여부, 기간의 준수 여부, 증명서 첨부 여부, 수수료 납부 여부 등 절차상의 흠결을 점검하는 심사
2. 출원공개	특허출원에 대하여 그 출원일로부터 1년 6개월이 경과한 때 또는 출원인의 신청이 있는 때는 기술 내용을 공개 공보에 개재하여 일반인에게 공개
3. 실체심사	발명의 내용 파악, 선행기술 조사 등을 통해 특허여부를 판단
4. 특허결정	심사결과 거절이유가 존재하지 않을 시에는 특허결정서를 출원인에게 통지
5. 등록공고	특허결정되어 특허권이 설정 등록되면 그 내용을 일반인에게 공개

출처 : 특허청 홈페이지

① 방식심사 절차를 통과하면 심사청구를 하여야 한다. 심사청구제도는 출원인이 심사를 청구한 출원에 대해서만 심사하는 제도로, 특허출원 후 3년간 심사청구를 하지 않으면 출원이 없었던 것으로 간주한다(실용신안등록출원의 심사청구기간도 3년임).

② 심사청구를 하면 심사관은 실체검사를 수행한다. 실체검사는 특허요건, 즉 산업상 이용가능성, 신규성 및 진보성을 판단하는 심사이다.

③ 특허결정에 거절이유가 있는 경우에는 출원인에게 의견제출통지서를 발송하여 어떤 거절이유가 있는지 통지하고 의견의 제출 기회를 부여한다. 의견제출통지에 대하여 출원인이 보정서와 의견서를 제출하면 심사관이 다시 검토한 후 특허결정 여부를 정한다.

개념체크 OX

01 발명이 성립하려면 자연법칙 이용, 기술적 사상, 고도한 창작이 모두 충족되어야 한다. O X

02 의약조성물, 화장료조성물 등은 용도발명으로 인정된다. O X

정답 O, O

---

2 특허출원 관련 제도

(1) 보정제도 빈출도 ★☆☆

출원의 보정이란 특허출원서의 방식이나 명세서 또는 도면의 기재 내용에 있는 흠결에 대하여 특허청장 등의 명령에 의하거나 출원인이 자진하여 보정할 수 있도록 한 제도이다. 보정 내용에 따라 절차보정 및 실체보정으로 구분된다.

① 보정제도의 취지

출원서류의 흠결에 대하여 출원의 본질적 내용을 변경하지 아니하는 범위 내에서 보정할 수 있는 기회를 부여함으로써 출원인의 이익을 보호하고, 불필요한 출원건수를 감소시켜 심사를 촉진하기 위해서다.

② 절차보정과 실체보정 내용

구 분	내 용	가능한 보정	기 타
절차보정	출원의 절차에 관한 형식적인 요건의 흠결을 보충하거나 정정하는 것	명령에 의한 보정 의사에 의한 보정	-
실체보정	출원인이 명세서 또는 도면에 기재사항을 최초 제출한 명세서 또는 도면 기재 범위 내에서 보정 또는 정정하는 것	의사에 의한 보정	소급효 인정으로 엄격히 제한

(2) 분할출원제도 빈출도 ★☆☆

분할출원은 2개 이상의 발명을 하나의 특허로 출원하는 경우에 그 중 일부를 하나 이상의 출원으로 분할하여 출원할 수 있는 제도이다.

① 분할된 발명은 원출원의 특허출원서에 최초로 첨부된 명세서와 도면에 기재된 발명 중 어느 하나와 동일해야 한다. 이에 적법한 경우에는 원출원일에 출원한 것으로 간주한다.

② 다만, 출원일의 소급효가 적용되지 않는 경우는 분할출원이 확대된 선원의 지위를 갖는 타출원에 해당되는 경우, 공지예외적용을 위한 취지 및 증명서류 제출기간 기산 시, 조약우선권 주장 취지를 기재한 서류 제출기간 기산 시, 국내우선권 주장 취지를 기재한 서류 제출기간 기산 시, 등록지연에 따른 특허권의 존속기간의 연장 시, 특허출원일의 기산 시이다.

(3) 변경출원제도

변경출원은 특허출원과 실용신안등록출원의 상호 간에 출원의 형식을 변경하는 것이다. 단, 거절결정 등본을 송달받은 날로부터 30일이 경과하면 불가하다. 변경출원이 적법하면, 변경출원은 원출원을 한 때에 출원한 것으로 보며, 원출원인 실용신안등록출원은 취하된 것으로 본다.

(4) 조약우선권주장 제도 빈출도 ★☆☆

① 의 의

파리협약이나 WTO 회원국 간 상호 인정되는 제도로 제1국출원 후 1년 내에 다른 가입국에 출원하는 경우 제1국출원에 기재된 발명에 대하여 신규성, 진보성 등 특허요건 판단일을 소급하여 주는 제도이다.

② 인정 출원형식과 우선기간

출원내용의 동일성이 인정되면, 출원의 형식은 특허, 실용신안이나 디자인으로 출원하여도 우선권이 인정된다. 우선권주장출원은 우선기간 내에 출원되어야 하며, 우선기간은 특허 및 실용신안은 1년, 디자인의 경우는 6개월이다. 우선권주장이 부적법하면, 절차가 무효가 될 뿐이며, 출원 자체가 무효가 되는 것은 아니다.

(5) 국내우선권주장 제도 빈출도 ★☆☆

① 의 의

선출원 후 1년 이내에 선출원 발명을 개량한 발명을 한 경우 하나의 출원으로 선출원 발명을 포함하여 출원할 수 있도록 하는 제도이다. 제도의 취지는 발명을 더 포괄적으로 보호하며, 간편한 출원절차와 절감된 비용으로 출원인의 발명의욕을 높이기 위함이다. 또한 조약우선권 주장제도에 따른 내외국인 간 형평성을 도모하기 위해 도입되었다.

② 성립요건

선출원은 분할출원이나 변경출원이 아니어야 하며, 특허출원 또는 실용신안출원이어야 한다. 후출원의 청구범위에 기재된 발명이 선출원을 출원할 때 최초로 첨부한 명세서 또는 도면에 기재된 사항의 범위 이내이어야 한다. 국내우선권주장이 부적합하면, 우선권주장 절차가 무효가 되며, 출원 자체가 무효가 되는 것은 아니다.

(6) 분리출원제도(특허법 제52조의2, 2022.4.20. 시행)

분리출원제도는 출원인이 거절결정불복심판에서 지더라도 등록가능한 청구항을 따로 분리해서 출원할 수 있는 제도이다.

① 원출원의 명세서에 기재된 범위 이내에 대해서, 그리고 거절결정의 대상이 되지 않는 청구항에 대해서 분리출원이 가능하다.

② 청구항 일부를 분리출원할 경우 분리출원의 출원일은 원출원일로 소급된다.

> **분할출원과 분리출원의 차이점**
> ㉠ 거절결정불복심판 전(前)에는 분할출원을, 후(後)에는 분리출원을 통해 청구항을 분리할 수 있다.
> ㉡ 분할출원은 하나의 출원에 대해 반복적으로 재분할이 가능하지만, 분리출원은 한 번만 분리할 수 있다.

개념체크OX

01 특허출원절차에서 출원인이 특허출원서를 특허청에 제출하면 절차에 흠결이 없을 경우 방식심사 및 실체심사까지 진행된다. O X

02 실체보정에서는 '의사에 의한 보정'만 있고 '명령에 의한 보정'은 없다. O X

정답 X, O

---

3 심사절차 및 관련 제도

우리나라의 특허법에는 심사 및 출원공개와 관련하여 심사청구제도, 우선심사제도, 정보제공제도, 출원공개제도, 조기공개제도 등이 시행되고 있다.

〈표 4-10〉 특허 심사관련 제도 빈출도 ★☆☆

구 분	개 념	신 청	처리과정
심사청구제도	출원일로부터 3년 이내에 누구나 가능	심사청구서를 수수료와 함께 특허청장에게 제출	창구순서에 따라 실체심사가 개시, 출원일로부터 3년 이내에 심사청구되지 않은 특허출원은 취하로 간주
우선심사제도	심사청구 순위에 관계없이 다른 출원보다 먼저 심사하는 제도	출원공개 후에 정당한 권원이 없는 자가 실시한 경우 혹은 긴급처리가 필요하다고 인정되는 경우에 해당되는 출원에 대하여 신청	심사청구를 하면서 동시에 우선심사 신청 가능, 출원공개 전이라도 우선심사 신청 가능
정보제공제도	특허출원 거절이유에 해당되어 거절 취지의 정보를 특허청장에게 제공	특허출원 거절 취지의 정보 및 증거를 제공(누구나 가능)	배경기술, 다항제, 단일성 거절이유를 제외한 청구항마다 정보제공, 심사관은 이를 심사참고자료로 활용
출원공개제도	출원 후 1년 6개월이 경과하면 그 기술내용을 특허청이 공보의 형태로 공개하는 제도	출원인이 조기공개를 신청하는 경우에는 1년 6개월 이전에 공개(출원발명을 무단실시한 자에 대하여 보상금 청구권이 발생하지만 특허권의 등록 후에 행사 가능)	특허청에 계속 출원 중인 것은 모두 공개 대상 (예외) 출원 전 이미 등록공고, 특허출원 무효, 취하, 거절된 경우, 공서양속에 반하거나 국방상 비밀을 요하는 경우
조기공개제도	출원일로부터 1년 6개월 이전에 출원공개하는 제도	특허출원인이 신청한 경우에 한함	조기공개의 취하는 신청일 제출일로부터 10일 이내에 가능

(1) 보상금청구권 빈출도 ★☆☆

① 의 의

특허출원인이 출원공개 후 그 특허출원된 발명을 업으로서 실시하는 자에게 그 실시가 특허출원된 발명의 실시임을 서면으로 경고하거나 출원공개된 발명임을 알았을 때부터 특허권의 설정등록을 할 때까지의 기간 동안 그 특허발명의 실시에 대하여 합리적으로 받을 수 있는 금액에 상당하는 보상금의 지급을 청구할 수 있는 권리이다. 보상금청구권은 특허권의 행사에는 영향을 미치지 않는 독립된 별개의 채권적 성격의 권리이다.

② 성립요건

㉠ 특허출원이 공개되어야 한다.
㉡ 정당한 권원이 없는 제3자에게 서면으로 경고하거나 그 제3자가 출원공개된 발명임을 알아야 한다.
㉢ 제3자가 특허출원된 발명을 업으로서 실시하고 있어야 한다.
㉣ 제3자가 경고받거나 출원공개된 발명임을 안 날부터 특허설정등록일까지의 기간 내에 실시하여야 한다.

(2) 재심사청구제도

심사 후 거절결정된 경우 심판청구를 하지 않더라도 보정과 동시에 재심사를 청구하면 심사관에게 다시 심사받을 수 있는 제도이다.

제3절 　특허요건 및 명세서의 이해

1 　특허요건 I (실체적 요건)

특허요건은 특허법상 특허를 받을 수 있는 요건으로 크게 실체적 요건, 주체적 요건, 절차적 요건으로 구분된다. 실체적 특허요건은 특허법 제29조에 규정된 산업상 이용가능성, 신규성, 진보성 및 확대된 선출원의 지위를 뜻한다.

(1) 산업상 이용가능성 빈출도 ★☆☆

산업상 이용가능성은 산업에서 실제로 실시될 수 있는 발명에 한하여 특허를 받을 수 있도록 한 요건이다.

① 판단기준
　㉠ (주체적 기준) 심사단계는 심사관, 심판단계는 심판관, 소송단계는 법관이다.
　㉡ (객체적 기준) 청구범위의 청구항에 기재된 발명을 중심으로 판단한다.
　㉢ (시기적 기준) 판례상 출원 시를 기준으로 판단한다.

② 판단방법

〈표 4-11〉 산업상 이용가능성 유형별 판단방법 빈출도 ★☆☆

구 분	내 용	
	산업상 이용가능성이 없는 경우	산업상 이용가능성이 있는 경우
의료행위	• 인간을 수술·치료·진단하는 방법의 발명 • 인체를 처치하는 방법이 치료효과와 비치료효과를 동시에 갖는 경우(예 백내장 제거수술법, 채혈방법, 투약방법, 내시경 검사방법 등)	• 임상적 판단을 포함하지 않는 진단방법(예 대장암 진단에 필요한 정보를 제공하기 위해 환자의 시료로부터 암마커A를 검출하는 방법) • 동물을 대상으로 하는 것이 명시된 의료행위(예 동물 치료방법)
업으로 이용할 수 없는 발명	• 개인적·실험적·학술적으로만 이용할 수 있는 것	• 영업 또는 시판의 가능성이 있는 것
현실적으로 명백하게 실시할 수 없는 발명	• 이론적으로는 발명의 실시가 가능하나 현실적으로는 불가능하다는 사실이 명백한 발명(예 자외선의 증가를 방지하기 위해 지구표면 전체를 필름으로 둘러싸는 방법 등)	-

출처 : 특허청 심사기준

(2) 신규성

신규성이란 발명의 내용이 사회 일반에 공개되어 있지 않는 것, 즉 객관적 창작성이 있는 것일 때 특허를 받을 수 있도록 하는 요건이다. 따라서 이미 공개되어 있는 발명은 신규성을 인정하지 않는다.

① 신규성 상실사유 및 판단기준 빈출도 ★☆☆

신규성 상실사유 (특허 X)	• 국내 또는 국외에서 발명이 공지*되었거나 공연히 실시된 발명 　*공지란 불특정 다수인이 알 수 있는 상태 • 국내 또는 국외에서 반포*된 간행물에 기재된 발명 　*반포란 불특정인이 간행물을 볼 수 있는 상태 • 국내 또는 국외에서 전기통신회선을 통해 공중이 이용 가능하게 된 발명

신규성 판단기준	• 발명의 동일성은 원칙적으로 청구항에 기재된 사항으로부터 특정되는 발명의 동일성 여부에 의하여 판단 • 특허출원의 시·분·초까지도 고려한 자연 시(외국에서 공지된 경우 한국시간으로 환산한 시간) 개념의 '특허출원 전' (※ 시각주의 채택) • 국내 또는 국외 (※ 국제주의 채택)

출처 : 특허청 심사기준

② 공지예외 적용요건

공지예외란 비록 발명이 출원 전에 공지되어 있더라도 일정요건을 갖추면, 신규성에 관한 규정의 적용 시 공지되지 않은 것으로 간주하는 규정이다. 이 제도는 자신이 한 발명이 공개로 자신의 발명이 특허를 받지 못하게 된다는 측면과 예외를 인정하지 않으면 연구결과가 조속히 공개되지 않아 국가산업발전을 저해하는 측면을 동시에 고려한 것이다.

〈표 4-12〉 공지예외 적용요건 빈출도 ★☆☆

적용요건	절 차	효 과
권리자가 발명을 출원 전에 공지한 경우	• 본인 의사로 공지된 경우에 공지일로부터 12개월 이내에 출원하여야 함 • 출원과 동시에 그 취지를 기재한 서면 제출 • 출원일로부터 30일 이내에 증명서류를 제출	공지예외 적용이 인정된 '공지 등'은 신규성 또는 진보성 판단 시 인용방법으로 사용 불가능
권리자의 의사에 반하여 공지된 경우	• 본인 의사에 반한 공지인 경우에도 공지일로부터 12개월 이내에 출원하여야 함 • 의견제출통지서 등 문제제기가 된 경우 입증서류를 제출	

출처 : 특허청 심사기준

개념체크OX

01 의료행위 중 인간을 수술·치료·진단하는 방법의 발명은 특허를 받을 수 없다. O X

02 신규성 판단기준에서 발명의 동일성은 원칙적으로 명세서에 기재된 사항으로부터 특정되는 발명의 동일성 여부에 의하여 판단한다. O X

정답 O, X

(3) 진보성 빈출도 ★☆☆

진보성은 신규성이 있음을 전제로 하는 것으로, 그 발명이 속하는 기술 분야에서 통상의 지식을 가진 사람이 쉽게 발명할 수 없는 것에 대하여만 특허를 받을 수 있도록 하는 요건이다.

① 판단기준
   ㉠ '통상의 기술자'의 입장에서 판단한다. 여기서 '통상의 기술자'는 출원 전의 해당 기술분야의 기술상식을 보유하고 있고, 출원방법의 과제와 관련되는 출원전의 기술수준에 있는 모든 것을 입수하여 자신의 지식으로 할 수 있는 자로서, 연구개발을 위하여 통상의 수단을 이용할 수 있고, 통상의 창작능력을 발휘할 수 있는 특허법상의 상상의 인물이며, 1인의 자연인이다.
   ㉡ 청구항에 기재된 발명을 인용발명과 비교한다. 신규성과 달리 인용발명을 둘 이상 조합하여 사용할 수 있다. (※ 신규성 판단 시에는 하나의 인용발명과 대비하여야 함)
   ㉢ 특허출원 시를 기준으로 판단하며, 지역적으로는 국제주의를 채택하여야 한다.

(4) 선출원주의 빈출도 ★★☆

동일한 발명이 2 이상 출원되었을 때 어느 출원인에게 권리를 부여할 것인가를 결정하는 기준으로서 선출원주의와 선발명주의가 있으며, 우리나라는 선출원주의를 채택하고 있다.
① 선출원주의는 발명이 이루어진 시기에 관계없이 특허청에서 먼저 출원한 발명에 권리를 부여하게 된다.
② 선출원주의는 합리적이고 신속한 발명을 유도할 수 있어 법적 안정성을 도모할 수 있다. 반면에, 진정한 최선의 발명자를 보호하기 어렵고, 출원을 서두름에 따라 명세서의 완결성이 부족할 수 있다는 단점도 있다.

〈표 4-13〉 선출원주의 주요내용

구 분	내 용
선출원주의 단점 보완 규정	• 정당권리자의 보호(특허법 제34조, 제35조) • 선사용권 인정(특허법 제103조) • 특허출원을 한 때부터 국내에 있던 물건에 대한 효력 제한(특허법 제96조 제①항) • 발명자가 동일할 때 확대된 선출원의 지위 부적용(특허법 제29조 제③, ④항 단서) • 분할·변경출원의 출원일 소급 • 조약·국내 우선권주장의 판단시점 소급 • 출원의 보정(특허법 제47조) • 청구범위 제출 유예(특허법 제42조의2)
출원인 경합 시 처리방법	• 같은 날 출원한 경우 : 특허출원인 간에 협의를 통해 1인만 출원, 협의가 안 되면 출원인 모두 출원 불가 • 출원인이 동일하면서 같은 날 출원한 경우 : 하나만 선택하도록 함
판단기준	• '발명이 동일한 경우' 또는 '발명과 고안이 동일한 경우'에 적용 • 선출원주의는 특허출원일을 기준으로 판단 • 국내출원에 대해서만 판단 (※ 속지주의 원칙 적용)

(5) 확대된 선출원 빈출도 ★☆☆

확대된 선출원은 출원하려는 특허의 발명이 기존에 출원된 발명의 명세서 또는 도면에 기재된 발명과 동일한 경우에 특허를 받을 수 없도록 하는 방식을 말한다.
① 적용요건
  ㉠ 그 특허출원의 출원일 전에 타출원이 출원되어 있어야 한다.
  ㉡ 그 특허출원의 출원 후에 타출원이 출원공개 또는 등록공고되어 있어야 한다.
  ㉢ 그 특허출원의 청구항에 기재된 발명이 타출원의 최초로 첨부된 명세서 또는 도면에 기재된 발명(고안)과 동일해야 한다.
② 적용제외
  ㉠ 발명자(고안자)가 동일한 경우에는 확대된 선출원의 지위가 적용되지 않는다.
  ㉡ 출원인이 동일한 경우도 확대된 선출원의 지위가 적용되지 않는다.

(6) 특허를 받을 수 없는 발명

공공의 질서 또는 선량한 풍속에 어긋나거나 공중의 위생을 해칠 우려가 있는 발명에 대해서는 특허를 받을 수 없다.

2 특허요건 II (주체적 요건)

특허의 주체적 요건으로는 권리능력 인정범위, 특허를 받을 수 있는 자의 정의 및 권리를 의미한다.

〈표 4-14〉 특허의 주체적 요건 빈출도 ★☆☆

구 분	내 용
특허법상 권리능력	• 자연인과 법인 • 외국인은 권리능력을 인정 안 함 　(예외 : 내국인이 권리를 인정받을 수 있는 국가에 속한 외국인, 조약에 따라 특허권 또는 특허에 관한 권리가 인정받는 국가에 속한 외국인은 권리능력을 인정함)
특허를 받을 수 있는 자 및 권리부여	• 발명자 또는 그 승계인 (※ 1발명 1특허출원 원칙) 　(발명 완성 시 권리가 발생하며, 발명자에게 원시적으로 귀속) • 공동출원인 　(권리를 공유하며, 특허출원 시 공유자 모두 공동으로 출원하여야 함) • 법인은 발명이라는 사실행위의 주체가 될 수 없으므로 승계를 받아야 특허를 받을 수 있는 권리를 취득 〈권리 이전〉 • 계약 또는 상속 등을 통해 전부 또는 일부 지분 이전 가능함 • 질권의 목적은 불가 • 권리가 공유인 경우는 각 공유자가 모두 동의하면 그 지분 양도 가능

3 특허요건 III (절차적 요건)

(1) 특허명세서의 이해 빈출도 ★★★

① 의 의

특허명세서란 특허를 받고자 하는 발명의 기술적인 내용을 문장으로 명확하고 상세하게 기재한 서면을 말한다. 특허명세서에는 발명의 명칭, 기술분야, 발명의 배경이 되는 기술, 발명의 내용, 도면의 간단한 설명, 발명을 실시하기 위한 구체적인 내용들이 포함된다. 그 중 발명의 명칭, 발명의 배경이 되는 기술, 발명을 실시하기 위한 구체적인 내용은 필수적으로 작성하여야 한다.

② 특허명세서의 역할 빈출도 ★★★

㉠ 권리서로서의 역할 : 특허명세서의 특허청구범위는 등록 전에는 특허청에 특허의 권리를 요구하는 권리요구서가 되며, 등록 후에는 권리서로서의 역할을 하게 된다.

㉡ 기술문헌으로서의 역할 : 통상의 기술자가 그 발명을 쉽게 실시할 수 있도록 발명의 설명을 명확하고 상세하게 적으며, 발명의 배경이 된 기술을 적도록 규정하고 있다.

㉢ 심사 및 심판 대상의 특정 : 특허청에서 특허출원의 심사 또는 특허심판원에서의 특허관련 심판 절차를 진행할 때 심사 및 심판의 대상을 특정하는 데 있어서 기준이 된다.

③ 청구범위 제출 유예제도

특허 출원 시 청구범위를 적지 않은 명세서를 제출할 수 있게 하여 청구범위의 기재 없이도 출원임을 인정하는 제도이다. 이는 선출원주의 이래 출원인이 신속하게 출원할 수 있도록 하여 청구범위 작성에 시간을 주기 위함이다. 다만, 출원인은 출원일(우선권주장의 경우에는 최우선일)로부터 1년 2개월이 되는 날까지 명세서에 청구범위를 적는 보정을 하여야 한다.

(2) 청구범위의 기재방법 빈출도 ★★☆

① 청구항의 기재원칙
   ㉠ 발명의 설명에 의하여 뒷받침될 것 : 뒷받침되는지 여부는 특허출원 당시의 기술수준을 기준으로 하여 통상의 기술자 입장에서 특허청구범위에 기재된 사항과 대응되는 사항이 발명의 상세한 설명에 기재되어 있는지에 의하여 판단하여야 한다.
   ㉡ 발명이 명확하고 간결하게 적혀 있을 것 : 발명이 간결하게 기재되어야 한다는 것은 청구항의 기재 그 자체가 간결하여야 한다는 것이며, 그 발명의 개념이 간결하여야 한다는 것은 아니다.

② 다항제 기재방법
특허법은 청구범위에 청구항을 2 이상 적을 수 있도록 하는 다항제를 채택하고 있다.

〈표 4-15〉 다항제 기재방법

	특허청구범위의 청구항의 기재에 있어서는 독립항을 기재하고 그 독립항을 한정하거나 부가하여 구체화하는 다른 종속항을 기재할 수 있다.
①	청구항의 발명의 성질에 따라 적정한 수로 기재하여야 한다. 예 아래에서 청구항 1은 독립항이 되면, 청구항 2는 청구항 1을 한정하는 종속항이 된다. [청구항 1] A, B, C를 포함하는 것을 특징으로 하는 의자 [청구항 2] 제1항에 있어서, 상기 A는 목재인 것을 특징으로 하는 의자
②	다른 청구항을 인용하는 청구항은 인용되는 항의 번호를 적어야 한다.
③	2 이상의 항을 인용하는 청구항은 인용되는 항의 번호를 택일적으로 기재하여야 한다.
④	2 이상의 항을 인용한 청구항에서 그 청구항의 인용된 항은 다시 2 이상의 항을 인용하는 방식을 사용하여서는 아니 된다. 예 아래 청구항 중 청구항 4는 2 이상의 항을 인용하는 종속항으로 2 이상의 항을 인용하는 다른 청구항(청구항 3)을 인용하므로 청구범위 기재방법에 위배된다. [청구항 1] ~장치 [청구항 2] 청구항 1에 있어서, ~장치 [청구항 3] 청구항 1 또는 청구항 2에 있어서 ~장치 [청구항 4] 청구항 1, 청구항 2, 또는 청구항 3에 있어서, ~장치
⑤	인용되는 청구항은 인용하는 청구항보다 먼저 기재하여야 한다. 각 청구항은 항마다 행을 바꾸어 기재하여야 하고, 그 기재하는 순서에 따라 아라비아숫자로 일련번호를 붙여야 한다.

출처 : 기술신용평가사 3급 자격검정수험서(윤형근, 2019)

제4절 특허권의 내용 및 해석

1 특허권의 발생 및 소멸 빈출도 ★★★

(1) 특허권의 특성
특허권은 무체물을 대상으로 하고, 준물권적 특성을 지닌 사적 재산권이다. 또한 속지주의 원칙에 따라 국가별로 독립된 권리가 부여된다는 점 등을 종합적으로 고려하면 특허권은 무체재산권의 특성을 가진다는 것이 통설로 되어 있다.

(2) 특허권의 발생 및 존속기간 빈출도 ★★☆

특허권은 설정등록에 의하여 발생하며, 존속기간은 설정등록한 날부터 특허출원일 후 20년이 되는 날까지이다. 존속기간은 연장이 될 수 있다.

다만, 특허권 존속기간의 기산시기를 예외적으로 적용하는 경우는 다음과 같다.

① 무권리자에 대한 정당 권리자의 특허출원이 특허된 경우 존속기간 : 무권리자의 특허출원일로 기산한다.
② 분할출원 및 변경출원의 경우 : 원출원일로 기산한다.
③ 우선권주장출원의 경우 : 당해출원일로 기산한다.
④ 국제특허출원인 경우 : 국제출원일의 다음날부터 기산한다.

(3) 특허권의 소멸 빈출도 ★☆☆

특허권의 소멸이란 유효하게 발생한 특허권이 일정한 법정사유에 해당되어 장래를 향하여 효력을 상실하거나 소급하여 처음부터 없었던 것으로 되는 것을 말한다. 특허권의 소멸 사유는 특허권의 존속기간 만료, 특허료의 불납, 특허권의 포기, 상속인 부재, 특허의 취소, 특허의 무효 등이다.

개념체크OX

01 특허명세서에 발명의 명칭, 발명의 배경이 되는 기술, 발명을 실시하기 위한 구체적인 내용은 필수적으로 작성하여야 한다. O X

02 분할출원인 경우 존속기간 기산시점은 분할출원일부터 기산한다. O X

정답 O, X

---

2 특허권의 효력 빈출도 ★★☆

(1) 특허권의 효력이 미치는 범위

① 특허권은 설정등록이 있는 날부터 특허출원일 후 20년이 되는 날까지 보호된다. 다만, 존속기간연장제도에 의하여 허가 등에 따른 경우에는 5년의 기간까지, 등록지연에 따른 경우에는 지연된 기간만큼 존속기간이 연장된다.
② 특허권의 효력은 속지주의 원칙에 따라 우리나라 영토 내에서만 미치게 된다.
③ 특허발명의 보호범위는 특허청구범위에 기재된 사항에 의하여 정하여진다.

(2) 적극적 효력 및 소극적 효력 빈출도 ★☆☆

① 적극적 효력
특허권자만이 특허발명의 업으로서 그 특허발명을 실시할 권리를 독점한다.
② 소극적 효력
정당권원 없는 제3자가 특허발명의 보호범위에 속하는 발명을 업으로서 실시하면 이를 침해라고 하여 배제할 수 있다.

(3) 특허권 효력의 제한

① 적극적 효력의 제한
  ㉠ 전용실시권 설정에 의한 실시의 제한
  ㉡ 이용관계 및 저촉관계에 의한 실시의 제한
  ㉢ 특허권 공유에 의한 양도, 질권 설정 및 실시권 허락의 제한
  ㉣ 타법에 의한 실시의 제한
  ㉤ 특허권의 수용

② 소극적 효력의 제한 빈출도 ★★☆
  ㉠ 다음의 사유로 인해 특허권의 효력이 미치지 아니하는 경우

  > • 연구 또는 시험을 하기 위한 특허발명의 실시
  > • 국내를 통과하는 데 불과한 선박, 항공기, 차량 또는 이에 사용되는 기계, 기구, 장치 그 밖의 물건
  > • 특허출원 시부터 국내에 있는 물건
  > • 약사법에 의한 조제행위와 그 조제에 의한 의약

  ㉡ 특허료 추가납부, 보전에 의해 회복한 특허권의 효력 제한
  ㉢ 재심에 의해 회복된 특허권의 효력 제한
  ㉣ 기타 제한

3 특허법상 실시권 제도 빈출도 ★☆☆

(1) 전용실시권과 통상실시권

실시권이란 특허권자가 아닌 자가 업으로서 특허발명을 실시할 수 있는 권리를 말한다. 실시권은 특허권에서 파생되는 부수적인 권리이므로 특허권이 소멸되면 실시권도 함께 소멸한다. 실시권은 전용실시권과 통상실시권으로 분류되며, 통상실시권은 다시 허락에 의한 통상실시권, 법정실시권, 강제실시권으로 나누어진다.

① 전용실시권은 특허발명을 업으로서 독점배타적으로 실시할 수 있는 준물권적 권리로서, 설정등록하여야 효력이 발생한다. 전용실시권 이전 시 특허권자의 동의가 필요하다.
② 허락에 의한 통상실시권은 독점배타성 없이 단순히 특허발명을 업으로서 실시할 수 있는 채권적 권리로서, 설정등록 없이도 효력이 발생하고, 설정등록이 되면 제3자 대항요건이 성립된다. 통상실시권 이전 시 특허권자 또는 전용실시권자의 동의가 필요하다.

(2) 법정실시권

법정실시권이란 특허권자나 전용실시권자의 의사에 관계없이 법률규정에 의해 발생하는 통상실시권을 말한다. 법률에 규정한 성립요건을 만족할 때 효력이 발생하며, 실시권자가 성립요건을 만족했음을 증명하여야 한다. 법정실시권은 설정등록 없어도 제3자 대항요건이 된다.

법정실시권 법률조항
① 직무발명에 대한 통상실시권(발명진흥법 제10조 제①항)
② 특허권 추가납부, 보전에 의해 회복한 특허출원과 특허권에 대한 통상실시권(특허법 제81조의3)
③ 선사용에 의한 통상실시권(특허법 제103조)
④ 특허권의 이전청구에 따른 이전등록 전의 실시에 의한 통상실시권(특허법 제103조의2)
⑤ 무효심판청구 등록 전의 실시에 의한 통상실시권(특허법 제104조)
⑥ 디자인권의 존속기간 만료 후의 통상실시권(특허법 제105조)
⑦ 질권 행사로 인한 특허권의 이전에 따른 통상실시권(특허법 제122조)
⑧ 재심에 의하여 회복한 특허권에 대한 선사용자의 통상실시권(특허법 제182조)
⑨ 재심에 의하여 통상실시권을 상실한 원권리자의 통상실시권(특허법 제183조)

(3) 강제실시권

강제실시권은 특허권자의 의사에도 불구하고 법률이 정한 요건을 만족한 상태에서 특허청장이 행정처분이나 특허심판원의 심판에 의해 발생하는 통상실시권이다.

강제실시권 법률조항
① 국가비상사태 등에 의한 통상실시권(특허법 제106조의2)
② 재정에 의한 통상실시권(특허법 제107조, 제115조)
③ 통상실시권허락심판에 의한 통상실시권(특허법 제138조)

4 특허권의 해석

(1) 특허청구범위의 해석

특허청구범위의 기재된 사항의 해석원리로서 '주변한정주의'와 '중심한정주의'가 있다. 우리나라의 최근판례는 주변한정주의 입장이 다수 판결이다.

주변한정주의	특허발명의 보호범위는 특허청구범위에 기재된 사항의 문언적 의미로만 해석하여야 하고, 그 이외의 기재사항(발명의 상세한 설명 등)의 해석은 인정하지 않는 해석 방법이다.
중심한정주의	특허발명의 보호범위를 해석할 때 특허청구범위의 기재사항에 구애받지 않고, 명세서에 전체 표현된 실질적인 발명을 보호하려는 것으로 넓게 해석하는 방법이다.

(2) 보호범위 판단방법 빈출도 ★☆☆

① 구성요소 완비의 원칙(All Element Rule)

구성요소 완비의 원칙은 특허청구범위에 기재된 구성요소 전부를 실시하는 경우에만 특허의 보호범위에 속한다는 원칙이다. 특허발명의 특허청구범위에 기재된 구성요소는 모두 필수적인 구성요소로 보아야 하기 때문이다. 이는 주변한정주의적 해석이론이 적용된 판단방법이다.

② 균등론

균등론은 확인대상발명(침해대상물)과 특허청구범위에 기재된 발명의 구성요소가 완전히 일치하지 않지만, 구성요소 중 일부가 균등 관계에 있는 경우에는 침해에 해당한다는 이론이다. 특허발명의 보호범위를 균등범위까지 확장하여 주변한정주의를 보완하고자 도입되었다.

판례상 특허발명의 구성요소 중 일부가 변경된 확인대상발명에 균등론을 적용하기 위한 요건은 다음과 같다.

> **균등론의 적용요건**
> - 특허발명과 과제해결의 원리가 동일할 것
> - 변경된 구성요소와 원 발명 구성요소의 작용효과가 동일할 것
> - 그와 같은 변경이 통상의 기술자라면 누구나 용이하게 생각해 낼 수 있을 정도로 자명할 것

5 특허권의 침해 빈출도 ★★☆

(1) 침해의 성립요건

① 특허권이 유효하게 존재하여야 한다.
② 정당한 권원이 없는 자가 실시하여야 한다.
③ 특허발명의 보호범위에 속하는 발명을 실시하여야 한다.
④ 업으로서 실시하여야 한다.

(2) 직접침해 빈출도 ★★☆

판례상 인정되는 직접침해는 문언적 침해와 균등침해로 구분된다. 문언적 침해는 구성요소 완비의 원칙에 따라 특허청구범위에 기재된 구성요소를 전부 실시한 경우에 해당된다. 균등침해는 특허청구범위에 기재된 발명의 구성요소와 완벽하게 일치하지 않아도 구성요소 중에 일부가 균등할 경우에 침해에 해당된다.

〈표 4-16〉 문언적 침해를 판단하는 방법(예시)

원칙	내용
구성요소 완비의 원칙	• 특허청구 범위의 구성요소가 A + B + C라고 가정할 때, 1. A + B + C인 경우 침해이다. 2. A + B + C + D인 경우 침해이다. 3. A + B인 경우 침해가 아니다.

개념체크OX

01 허락에 의한 통상실시권은 채권적 권리의 성격을 지니고 있으며, 설정등록을 하여야 효력이 발생한다. O X

정답 X

(3) 간접침해 빈출도 ★☆☆

간접침해는 침해로 규정하는 직접침해에 이르지 않아도 침해의 개연성이 높은 행위를 말한다.
특허법에서 간접침해 행위로 본 규정은 다음과 같다.

① 특허가 물건의 발명인 경우에 그 물건의 생산에만 사용하는 물건을 생산·양도·대여 또는 수입하거나 그 물건의 양도 또는 대여의 청약을 하는 행위
② 특허가 방법의 발명인 경우에 그 방법의 실시에만 사용하는 물건을 생산·양도·대여 또는 수입하거나 그 물건의 양도 또는 대여의 청약을 하는 행위

(4) 침해에 대한 구제 빈출도 ★☆☆

특허권 침해에 대한 구제수단은 다음과 같이 분류된다.

- 민사적 구제 : 침해금지 또는 예방 청구권(특허법 제126조 제①항), 침해행위 조성물 등의 폐기청구권(특허법 제126조 제②항), 손해배상청구권(특허법 제128조 제①항), 신용회복청구권(특허법 제131조), 가처분신청(민사집행법 제300조)
- 형사적 구제(반의사불벌죄) : 특허침해죄(특허법 제225조), 몰수(특허법 제231조)

※ 특허침해죄는 친고죄였다가 2020년 10월 개정되면서 반의사불벌죄로 변경됨. 반의사불벌죄란 피해자의 명시적인 의사에 반하여 공소를 제기할 수 없는 것을 말한다.

(5) 지식재산권 종류별 침해죄 빈출도 ★☆☆

〈표 4-17〉 지식재산권 종류별 침해죄 비교

구 분	고소 유무	침해죄 형량
특허권	무 (반의사불벌죄)	7년 이하의 징역 또는 1억원 이하의 벌금
실용신안권, 디자인권	무 (반의사불벌죄)	
상표권	무 (비친고죄)	
저작재산권	유 (친고죄)	5년 이하의 징역 또는 5천만원 이하의 벌금

〈표 4-18〉 산업재산권의 침해형태에 따른 민사적 구제수단

구 분	침해형태	구제수단
특허, 실용신안, 디자인	생산, 양도, 대여, 수입, 전시, 수출	권리침해금지청구권, 손해배상청구권, 신용회복청구권 등
상 표	타인의 상표 표시, 양도, 인도, 전시, 수입, 수출, 모조, 소지	권리침해금지청구권, 손해배상청구권, 신용회복청구권 등
영업비밀	영업비밀 유출 등	권리침해금지청구권, 손해배상청구권, 신용회복청구권 등

제5절 특허의 소송

1 산업재산권법 심판제도 빈출도 ★★★

(1) 산업재산권법 심판의 개요

산업재산권의 발생·변경·소멸 및 그 권리범위에 관한 분쟁을 해결하기 위한 특별행정심판을 말하며, 특허심판(거절결정 불복심판, 무효심판, 권리범위 확인심판 등)은 특허청 소속 특허심판원의 심판합의체에 의하여 진행이 된다.

① 심판은 형식적으로는 행정행위로서의 성질을 가지고 있으나, 실질적으로는 민사소송에 준하는 엄격한 절차에 의하여 판단되는 준사법적 행정행위로서의 성질을 갖는다.

② 심판과 민사소송의 차이
  ㉠ 심판의 결과는 민사판결결과와 달리 당사자 이외에 제3자에게도 영향을 미쳐 효과측면에서 차이가 있다.
  ㉡ 심판은 직권주의가 적용되나 민사소송은 당사자주의가 적용된다.
  ㉢ 심판은 직권탐지주의가 적용되나 민사소송은 변론주의가 적용된다.
  ㉣ 심판은 구술심리 또는 사면심리가 모두 가능하나, 민사소송은 구술심리주의가 적용되어 절차 측면에서도 차이가 있다.

③ 특허심판원과 특허법원 빈출도 ★★☆
  ㉠ 특허심판원은 특허청장 소속으로 특허에 관한 1차적 심판, 취소신청, 재심, 조사연구 등의 사무를 관장하는 기관으로, 특허심판은 사실상 제1심 법원의 역할을 수행하고 있다.
  ㉡ 특허법원은 산업재산권 관련 특허분쟁을 해결하기 위해서 설립된 대법원 산하에 있는 고등법원급 전문법원이다. 특허심판원의 심결에 대한 불복의 소 등을 심판한다.
  유의할 점은 일반 지방법원에서 행해지는 특허침해소송에 대한 불복은 특허법원이 아닌 일반 고등법원에서 심판한다(민사소송의 이원화).

〈표 4-19〉 심판과 침해소송의 구분

구 분	내 용	관할법원
특허심판	산업재산권의 발생, 변경, 소멸 및 그 효력범위에 관한 분쟁	특허심판원
특허침해소송	산업재산권 관련 침해금지, 손해배상 소송 등	일반법원

출처 : 특허심판원

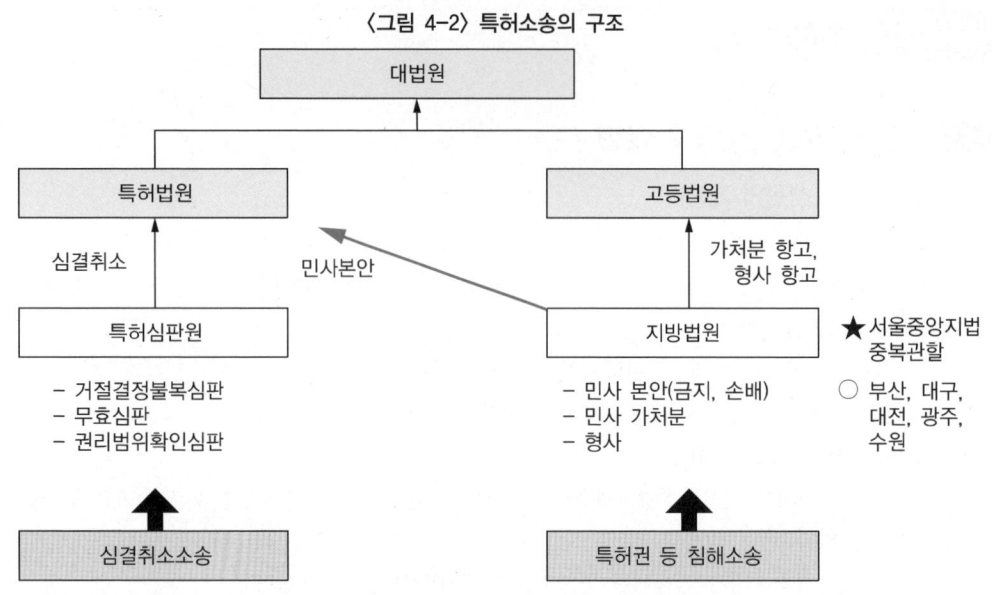

〈그림 4-2〉 특허소송의 구조

(2) 심판의 종류 빈출도 ★★☆

① 결정계 심판은 심판의 당사자인 청구인이 특허청장을 대상으로 하는 심판이며, 정정심판 및 거절결정불복심판 등이 결정계 심판에 해당된다.
② 당사계 심판은 특허권이 부여된 후에 발생한 분쟁을 판단하는 심판이다. 당사계 심판에는 권리범위확인심판, 무효심판, 통상실시권 허락의 심판, 정정의 무효심판, 상표등록의 취소심판 등이 있다.
③ 특허(실용신안등록)취소신청제도는 누구나 설정등록일로부터 등록공고일 후 6개월이 되는 날까지 등록취소이유를 제공하면 심판합의체에서 취소여부를 결정하는 제도이다.

2 결정계 심판

결정계 심판에 해당되는 거절결정불복심판과 정정심판의 요건 등은 다음과 같다.

〈표 4-20〉 결정계 심판의 종류와 요건 빈출도 ★★☆

구 분	요 건	적 용
거절결정 불복심판	• 특허심판원의 심결에 불복하여 거절결정의 취소를 요구하는 심판 • 재심사 청구를 하는 경우에는 심사관이 재심사 • 출원인이 청구해야 하며, 거절결정등본을 송달받은 날로부터 3개월 이내에 청구해야 됨	특허, 실용신안, 디자인, 상표
정정심판	• 특허청구범위의 감축, 불명료한 내용의 명확화, 오류의 정정에 한해 정정이 가능 • 특허청구범위의 정정된 사항은 출원 시 특허를 받을 수 있는 것이어야 함 • 단, 오류의 정정은 출원서에 최초로 첨부된 명세서 또는 도면에 기재된 사항의 범위 내에서 가능 ※ 무효심판 중에 정정을 청구할 경우에는 정정심판이 아닌 '특허의 정정'으로 가능함	특허, 실용신안

출처 : 특허청 홈페이지를 토대로 저자 재정리

> **개념체크OX**
>
> 01 특허권 침해에 대한 형사적 구제수단은 침해죄와 몰수이며, 침해죄인 경우는 반의사불벌죄에 해당된다. O X
>
> 02 특허심판원의 심결에 대한 불복의 소 등을 심판하는 기관은 고등법원이다. O X
>
> 정답 O, X

3 당사자계 심판

당사자계 심판에는 무효심판, 권리범위확인심판, 통상실시권허락심판 등이 해당된다. 무효심판절차 중에 정정을 청구하는 경우에는 정정심판이 아닌 '특허의 정정'으로 진행한다.

(1) 특허의 정정

'특허의 정정'이란 특허권자가 무효심판절차 중에 지정된 기간에 특허발명의 명세서 또는 도면에 대하여 정정을 청구하는 것을 말한다. 적법한 정정은 정정심판과 같이 소급하여 특허출원, 출원공개, 특허결정 또는 심결 및 특허권의 설정등록이 된 것으로 본다.

(2) 당사자계 심판의 종류

① 무효심판은 특허권 또는 존속기간연장등록 무효심판, 정정무효심판이 있다.
  ㉠ 정정무효심판은 특허발명의 명세서 또는 도면에 대한 정정(특허취소신청절차 또는 무효심판절차에서의 정정, 정정심판에 의한 정정)이 부적합한 경우에 그 정정을 무효로 하는 심판이다. 정정무효심판은 특허 및 실용신안에 적용된다.
  ㉡ 특허권 존속기간 연장등록 무효심판은 특허권존속기간 연장이 잘못된 경우 그 연장등록의 무효를 구하는 심판을 말한다. 특허 및 실용신안에 적용된다.
② 권리범위확인심판은 특허권자, 전용실시권자 또는 이해관계인이 특허발명의 보호범위를 확인하기 위하여 청구하는 심판이다.
③ 통상실시권허락심판은 특허발명이 선출원된 타인의 특허발명·등록실용신안·등록디자인 또는 이와 유사한 디자인을 이용하거나 특허권이 선출원된 타인의 디자인권 또는 상표권과 저촉되는 경우에, 그 타인이 실시에 대한 허락을 하지 않는 때에 한하여 강제적으로 특허발명을 실시할 수 있는 통상실시권을 허락하는 심판이다.

〈표 4-21〉 당사자계 심판의 종류와 요건 빈출도 ★★☆

구 분	요 건	적 용
무효심판	• 심사관 또는 이해관계인이 무효사유가 있음을 이유로 그 특허권을 무효화할 것을 요구하는 심판 • 무효심판에 의해 무효가 되지 않는 한 등록된 특허는 유효하게 인정 • 특허권의 존속기간뿐만 아니라 특허권이 소멸된 후에도 청구 가능 • 무효심결 확정 시에 해당 특허권은 처음부터 없었던 것으로 간주	특허, 실용신안, 디자인, 상표

구분	내용	적용
권리범위 확인심판	• 문제된 실시 형태에 대하여 특허발명의 권리범위에 속하는지 여부를 공적으로 확인하기 위해 청구하는 심판 • 심판결과는 침해소송에서 법원의 판단기준으로 제공됨 • 적극적 권리범위 확인심판은 특허권자가 다른 대상이 자신의 권리범위에 속한다는 심결을 구하는 것 • 소극적 권리범위 확인심판은 대항을 받은 자가 발명이 권리범위에 속하지 않는다는 심결을 구하는 것 • 특허권의 존속기간 중에만 심판청구 가능	특허, 실용신안, 디자인, 상표
통상실시권 허락심판	• 특허발명이 선출원된 타인의 특허발명 등을 이용하거나 특허권이 선출원된 타인의 디자인권 등과 저촉되는 경우에, 그 타인이 실시에 허락하지 않는 때에 한하여 강제적으로 특허발명을 실시할 수 있는 통상실시권을 허락하는 심판 • 특허권의 존속기간 중에만 심판청구 가능	특허, 실용신안, 디자인

출처 : 특허청 홈페이지 내용을 토대로 저자 재정리

4 산업재산권 무효심판

산업재산권의 무효심판을 요약 정리하면 특허권에는 '특허권 또는 존속기간연장등록 무효심판', '정정 무효심판'이 있으며, 실용신안권에는 '실용신안등록의 무효심판'이, 디자인권에는 '디자인권 무효심판'이, 상표권에는 '상표등록 또는 존속기간갱신등록 무효심판', '상품분류전환등록의 무효심판'이 있다.

〈표 4-22〉 산업재산권의 무효심판 종류

구 분	내 용	적 용	법조항
특허권 또는 존속기간연장등록 무효심판	• 등록공고일 후 30일 이내 누구나 청구가능 • 특허요건, 기재불비, 모인출원 등 사유	특 허	특허법 제133조
정정 무효심판	• 이해관계인 또는 심사관이 정정의 무효심판을 청구	특허, 실용신안	특허법 제137조 실용신안법 제33조
실용신안등록의 무효심판	• 이해관계인 또는 심사관이 청구 • 실용신안등록요건, 기재불비, 모인출원 등 사유	실용신안	실용신안법 제31조
디자인권 무효심판	• 이해관계인 또는 심사관이 청구 • 등록요건, 기재불비 등 사유	디자인	디자인보호법 제121조
상표등록 또는 존속기간갱신등록 무효심판	• 이해관계인 또는 심사관이 청구 • 무효사유에 해당되는 경우	상 표	상표법 제117조, 제118조
상품분류전환등록의 무효심판	• 이해관계인 또는 심사관이 청구	상 표	상표법 제214조

5 특허취소신청(특허, 실용신안)

특허취소신청제도는 특허권의 등록 취소사유가 있는 경우에 누구든지 특허권의 취소를 신청할 수 있는 제도이다.

(1) 신청은 특허권의 설정등록일로부터 등록공고일 후 6개월이 되는 날까지 할 수 있다.
(2) 취소사유는 산업상 이용가능성, 신규성, 진보성, 확대된 선출원, 선출원으로 제한되어 있다.
(3) 특허취소결정이 확정된 때에는 그 특허권은 처음부터 없었던 것으로 본다.

6 심결취소소송 빈출도 ★☆☆

심결취소소송은 특허심판원의 심결에 대한 불복의 소를 말하며, 소송 진행은 특허법원의 전속관할로 명시하고 있다.

(1) 특허심판원의 심결취소소송에 대한 소는 당사자의 주소가 어느 곳이든 상관없이 특허법원(대전 소재)에 제기하여야 한다.
(2) 심결취소소송의 당사자는 심판의 청구인 또는 피청구인이 된다. 결정계 심판의 경우에는 출원인이 심결취소소송 당사자가 되며, 피청구인은 특허청이 된다.
(3) 제소기간은 심결 또는 결정의 등본을 송달받은 날부터 30일 이내에 특허법원에 제기하여야 한다.
(4) 소의 이익은 당사자가 소송을 이용할 정당한 이익 또는 필요성을 의미하는 것으로, 소의 이익이 없으면 그 소송은 부적법한 것으로 소각하 판결을 받게 된다.
(5) 심결취소소송의 절차는 크게 소의 제기, 진행절차(준비절차, 변론), 심판종료(취하, 포기, 판결)의 순서로 진행된다.
(6) 특허법원에서 심결을 취소하는 판결이 확정되면 특허심판원은 그 사건을 다시 심리하여 심결을 하여야 한다. 특허심판원은 동일 사실관계 아래에서 동일 당사자에 동일 내용의 처분을 반복할 수 없기 때문에 취소의 기본이 된 이유에 대해서는 특허심판원을 기속한다.
(7) 특허법원의 기각 판결에 불복할 경우 판결정본송달일로부터 2주 이내에 상고장을 제출하여 대법원에 상고할 수 있다.

〈표 4-23〉 심결취소소송의 절차

항목		내용
소의 제기		심결 등본을 받은 날부터 30일 이내로 소장을 특허법원에 제출
진행절차	준비절차	양쪽의 당사자가 서면과 구두로 기술내용을 정리 (※ 상표와 디자인은 준비절차가 없음)
	변론	원고, 피고의 순서로 20분 이내의 범위에서 구술로 변론
심판종료	취하	소의 취하는 피고의 동의가 필요
	포기	원고 또는 피고의 포기로 소송 종료
	판결 기각	이유가 없다고 판단 시 기각
	판결 취소	심결취소소송이 이유 있다고 판단 시 취소

출처 : 지식재산의 이해(특허청, 한국발명진흥회, 2012), 특허청 홈페이지

7 특허분쟁 시 대응전략 빈출도 ★☆☆

특허분쟁은 특허를 보호하기 위해 개인과 기업 사이에 일어나는 분쟁이다. 특허분쟁은 특허권자의 대응전략과 특허권자에 대항하는 대응전략으로 구분할 수 있다.

(1) 특허권자의 대응전략
　① 특허권자는 가장 먼저 자신의 특허를 침해했는지의 여부를 검토해야 한다. 특허를 침해했다면 특허 무효가능성도 함께 고려해야 하고, 침해에 대한 경고장(내용증명)을 발송할 수 있다.
　② 경고장에 대한 합리적인 답변이 없다면 특허권자는 민사소송, 적극적 권리범위확인심판, 고소로 대응하는 방법이 있다. 침해자에게 합리적인 답변이 있다면 소송이나 고소의 대응이 아니라 침해자와의 합의에 이를 수 있다.

(2) 특허권자에 대항하는 대응전략
　① 특허권자에 대항하는 잠재적인 침해자의 경우에 침해에 해당되는지의 여부를 우선 검토해야 한다. 해당 특허의 보호범위에 속하는지 여부와 특허 무효가능성, 선사용권, 특허등록원부, 출원경과 등에 대한 검토가 필요하다.
　② 경고장에 대한 답변(내용증명)을 보낸 후에 침해에 해당되지 않는 경우에는 특허무효심판, 소극적 권리범위확인심판, 소송으로 대응하는 방법이 있다. 침해에 해당되는 경우에는 소송에 대한 대응이 어렵고 권리자와의 합의가 필요하다.

> **참고** 특허법 개정('24.12.27 국회통과, '25.7 시행)
> (1) '비밀취급명령 등' 위반시 형사처벌 규정 마련
> 　• 국방상 필요한 발명의 '비밀취급명령 등' 위반시 5년 이하의 징역 또는 5천만원 이하의 벌금에 처한다.
> (2) 특허발명의 실시 유형에 "수출"을 추가
> 　• 특허권자는 특허침해 제품을 수출하는 자에게도 특허침해금지를 청구할 수 있을 뿐 아니라, 손해배상청구를 하거나 침해죄 책임을 물을 수 있다.
> 　• 실용신안의 경우 고안의 실시에 "수출"을 추가하였다.
> (3) 의약품의 유효 특허권 존속기간 상한(캡) 도입, 연장가능한 특허권 수 제한
> 　• 유효 특허권 존속기간이란 의약품 품목허가 후의 특허권 존속기간을 말한다.
> 　• 의약품의 특허권 존속기간 연장은 의약품 허가 등으로부터 14년을 초과할 수 없도록 상한선을 둔다.
> 　• 또한 하나의 허가 등에 대하여 연장 가능한 특허권 수를 1개로 제한한다.
>
> **특허법 개정('24.2.20) : 특허법 제128조 제8항**
> (1) 특허권 침해시 손해배상한도 상향
> 　• 특허권 침해 행위시 손해배상한도를 3배에서 5배로 강화하였다.

개념체크OX

01 당사자계 심판에는 무효심판, 정정심판, 권리범위확인심판, 통상실시권허락심판 등이 해당된다. O X
02 특허권 또는 존속기간연장등록 무효심판은 심사관 또는 이해관계인이 청구하여야 한다. O X

정답 X, X

CHAPTER 02 | 특허권

단원별 출제예상문제

01 특허법의 목적으로 옳지 않은 것은?

① 발명을 보호・장려하고 그 이용을 도모하기 위한 것이다.
② 기술의 발전을 촉진하기 위한 것이다.
③ 산업발전에 이바지하기 위한 것이다.
④ 특허를 받을 수 있는 권리를 보호하는 것이다.
⑤ 발명의 사적 이익이 아닌 공적 이익을 도모하기 위한 것이다.

> **해설** 발명을 보호・장려하는 사적 이익과 발명의 이용을 도모하는 공적 이익의 균형과 조화를 도모하여, 기술의 발전을 촉진하여 궁극적으로는 산업발전을 달성하는 것이 특허법의 목적이다.

02 우리나라 특허법의 기본원칙과 거리가 먼 것은?

① 선발명주의
② 출원공개주의
③ 심사주의
④ 등록주의
⑤ 1발명 1특허출원 원칙

> **해설** 우리나라 특허법의 기본원칙은 선출원주의, 등록주의, 심사주의, 공개주의, 1발명 1특허출원 원칙 등이 있다.
> ※ 동일한 발명에 대하여 둘 이상의 출원이 있는 경우에 가장 먼저 출원한 자에게만 특허권을 부여하는 것이 선출원주의이며, 가장 먼저 발명한 자에게 특허권을 부여하는 것이 선발명주의이다.

03 발명의 완성 시점부터 발생하여, 특허 등록 시점에 이르기까지 발명자를 잠정적으로 보호하기 위하여 인정되는 권리는 무엇인가?

① 특허권
② 실용신안권
③ 특허보호권
④ 발명권(특허받을 권리)
⑤ 신지식재산권

> **해설** 발명의 완성 시점부터 발생하여, 특허 등록 시까지 발명자를 잠정적으로 보호하기 위하여 인정된 개념이 특허받을 권리이며, 이를 특허권과 구별하여 발명권이라고 한다. 발명권은 발명을 한 자에게 원시적으로 귀속된다.

정답 01 ⑤ 02 ① 03 ④

04 발명의 성립요건에 해당하지 않는 것은?

① 자연법칙을 이용할 것
② 경제적 효익이 있을 것
③ 기술적 사상일 것
④ 창작일 것
⑤ 창작의 정도가 고도할 것

해설 특허법에서는 '발명'을 '자연법칙을 이용한 기술적 사상의 창작으로서 고도한 것'으로 정의하고 있다.

05 발명의 성립성의 예외로 특수한 발명의 경우에는 발명으로 인정한다. 다음 중 이에 해당하지 않는 것은?

① 컴퓨터 프로그램 발명
② 의약조성물
③ 자연계의 미생물 발견
④ 전자상거래 발명
⑤ 화장품조성물

해설 자연계에 존재하는 물질이나 미생물의 발견은 발명으로 인정되지 않지만, 물질이나 미생물을 인위적으로 분리하는 방법을 개발하고, 그러한 방법을 이용하여 분리된 물질이나 미생물은 발명으로 인정된다.

06 특허법상 실시에 대한 설명으로 옳지 않은 것은?

① 특허법에서는 실시행위를 발명의 유형별로 명확히 구분하고 있다.
② 물건발명은 그 물건을 생산·사용·양도·대여·수입하거나 그 물건의 양도 또는 대여의 청약을 하는 행위를 말한다.
③ 방법발명은 그 방법을 사용하는 행위 또는 그 방법의 사용을 청약하는 행위를 말한다.
④ 제법발명은 방법발명의 실시행위와 동일하다.
⑤ 각 실시행위는 특허권의 효력상 서로 독립적이라 할 수 있다.

해설 특허법에서는 물건발명, 방법발명, 제법발명에 대한 정의를 명확히 구분하고 있다.

07 특허출원절차의 기본원칙으로 옳지 않은 것은?

① 국지주의   ② 양식주의
③ 국어주의   ④ 도달주의
⑤ 서면주의

해설 특허출원절차의 기본원칙은 서면주의(문서주의), 양식주의(요식주의), 국어주의, 도달주의이다.

08 특허출원서류 및 제출에 대한 설명으로 옳지 않은 것은?

① 특허출원인은 명세서, 필요한 도면 및 요약서를 첨부한 특허출원서를 특허청에 제출하여야 한다.
② 명세서는 일반인들에게는 참조할 기술문헌으로써의 역할을 한다.
③ 명세서는 발명의 설명 및 청구범위로 구성된다.
④ 도면은 발명의 설명에 필요한 경우 첨부하며 의무사항은 아니다.
⑤ 요약서는 특허발명의 보호범위를 정하는 데에 사용할 수 있다.

해설 요약서는 특허발명의 보호범위를 정하는 데에 사용할 수 없다.
※ 명세서는 발명의 기술적 내용을 상세하게 적어놓은 서면으로, 발명의 설명 및 청구범위로 구성된다. 따라서 권리서이자 기술문헌의 역할을 한다.

09 특허출원관련제도에 대한 설명으로 옳지 않은 것은?

① 분할출원은 2 이상의 발명을 하나의 특허출원으로 한 경우 그 중 일부를 별도로 분할한 출원이다.
② 변경출원은 실용신안 등록출원을 한 후 특허출원으로 변경하거나 특허출원을 한 후 실용신안등록출원으로 변경한 출원이다.
③ 절차보정이란 출원의 절차에 관한 형식적인 요건의 흠결을 보충하거나 정정하는 것을 말한다.
④ 절차보정은 소급효 인정에 따라 제3자에게 보정의 시기와 내용을 엄격히 제한하고 있다.
⑤ 분할출원은 원출원을 한 때에 소급하여 출원한 것으로 본다.

해설 실체보정은 소급효 인정에 따라 제3자에게 불측의 손해를 줄 우려가 있어 보정의 시기와 내용을 엄격히 제한하고 있다.

10 특허출원 시 국내우선권제도에 대한 설명으로 옳지 않은 것은?

① 선출원 후 1년 이내에 선출원 발명을 개량한 발명을 한 경우 하나의 출원에 선출원 발명을 포함하여 출원할 수 있도록 하는 제도이다.
② 이 제도로 인해 발명을 더 포괄적으로 보호하고 출원절차 간편 및 비용의 절감이 가능하여 출원인의 발명의욕을 고취시킬 수 있다.
③ 국내우선권 이용은 실시예로 보충, 상위개념 추출 또는 출원의 단일성 이용형태가 있다.
④ 우선권주장이 적법한 경우, 선출원의 출원일로 판단시점이 소급된다.
⑤ 우선권주장이 부적법하면, 출원 자체가 무효가 된다.

해설 우선권주장이 부적합하면, 우선권주장 절차가 무효가 되며, 출원 자체가 무효가 되는 것은 아니다.

정답 04 ② 05 ③ 06 ④ 07 ① 08 ⑤ 09 ④ 10 ⑤

11 미국에서 처음으로 특허출원을 한 출원인이 그것과 동일한 발명에 대해 우리나라 특허청에 특허출원을 하는 경우, 우선권을 인정받을 수 있기 위해서는 미국 출원일로부터 몇 개월 이내에 우리나라 특허청에 특허출원을 해야 하는가?

① 3개월
② 6개월
③ 12개월
④ 18개월
⑤ 24개월

해설 조약우선권주장 제도에 따라 특허 및 실용신안은 1년 이내, 디자인과 상표는 6개월이다.

12 아래 나열된 것 중 협의의 특허요건에 해당하는 것으로 모두 연결된 것은?

a. 산업상 이용가능성   b. 신규성
c. 진보성   d. 창작용이성

① a, b, c
② a, b
③ b, c
④ a, b, d
⑤ a, c, d

해설 협의의 특허요건은 산업상 이용가능성, 신규성, 진보성 및 확대된 선출원의 지위, 선출원주의를 말한다.

13 현행 특허법에 의거하여, A사는 자동차 엔진의 냉각 기술을 개발하여 2021년 10월 2일 소규모 포럼에서 해당 기술에 대해 발표하였다. 이후 A사는 해당 기술을 특허출원하려고 한다. 다음 설명 중 옳은 것은?

① 소규모 포럼의 경우 공지된 것으로 볼 수 없으므로 A사는 공지예외주장을 하지 않아도 특허를 받을 수 있다.
② A사가 출원 당시에 공지예외주장을 하지 않은 경우라도 추후 보정을 통하여 언제든지 공지예외주장을 할 수 있다.
③ A사의 해당 기술이 인터넷 매체를 통하여 공개되었다면 공지예외주장은 불가능하다.
④ A사는 소규모 포럼에서 공개하여 신규성을 상실한 발명이라 할지라도 공지된 날로부터 12개월 이내에 공지예외주장을 하여 특허출원을 할 수 있다.
⑤ 국내 출원 후, 동일한 내용으로 일본에 특허출원을 하기 위해서는 조약우선권주장제도를 이용하게 되며, 우선권 주장이 인정되기 위해서는 국내출원일로부터 30개월 이내에 출원하면 된다.

해설 국내외에 출원공개되거나 등록공고된 경우 본인 의사에 의한 공지에 해당하면 공지일로부터 12개월 이내에 출원 시 공지예외 적용을 받을 수 있다.
① 소규모 포럼의 경우도 공지된 것으로 보며, A사는 공지예외주장을 하여야 특허를 받을 수 있다.
② 언제든지 공지예외를 주장하는 것이 아니라 공지일로부터 12개월 이내에 하여야 한다.
③ 인터넷 매체를 통한 공개도 공지된 것으로 본다. 따라서 A사는 공지예외주장이 가능하다.
⑤ 우선권 주장이 인정되기 위해서는 국내출원일로부터 12개월 이내에 출원하면 된다.

14 다음의 산업상 이용가능성에 대한 설명으로 옳지 않은 것은?

① 특허법은 산업발전을 목적으로 하는 것이므로 산업상 이용가능성이 있는 발명에 대해서만 특허를 허용하고 있다.
② 산업상 이용가능성은 산업기술상 동일한 결과를 반복 실시할 수 있는 가능성을 말한다.
③ 특허출원 시에 실시할 수 있어야만 산업상 이용가능성이 있는 발명이다.
④ 개인적 또는 실험적, 학술적으로만 이용할 수 있고 업으로 이용할 수 없는 발명은 산업상 이용가능성이 없는 발명이다.
⑤ 인체로부터 분리하여 채취한 것을 이용한 진단방법은 산업상 이용가능성이 인정된다.

해설 즉시 실시될 것을 의미하는 것은 아니며, 장래에 이용가능성만 있으면 산업상 이용가능성이 있는 것으로 판단한다.

15 신규성 상실 사유에 해당하지 않는 것은?

① 공지(公知)
② 공연(公然) 실시
③ 전기통신회신을 통해 공중이 이용
④ 비밀출판물에 게재
⑤ 반포된 간행물에 게재

해설 비밀출판물에 게재는 신규성 상실 사유에 해당하지 않는다.

16 특허권 보호범위의 해석방법에 대한 설명으로 옳지 않은 것은?

① 주변한정주의란 특허발명의 보호범위는 청구범위에 적혀 있는 사항에 의하여 문언적 의미로만 해석해야 하고, 발명의 설명에 의하여 확장 해석해서는 아니 된다는 해석 이론이다.
② 중심한정주의란 청구범위에 적혀 있는 사항에 구애받지 않고, 발명의 설명과 도면 전체로부터 발명사상의 핵심을 파악하여 특허발명의 보호범위를 해석하는 이론이다.
③ 현재 우리나라에서는 중심한정주의적 입장을 취하고 있다.
④ 구성요소완비의 원칙이란 청구범위에 기재된 구성요소를 모두 실시하는 경우에만 보호 범위에 속한다는 원칙을 말한다.
⑤ 구성요소완비의 원칙은 청구범위에 기재된 사항은 모두 필수 구성요소로 보아야 하며 구성요소가 유기적으로 결합된 전체로서 존재해야 보호범위에 속한다는 것으로, 주변한정주의적 해석이론이 적용된 판단방법이라 할 수 있다.

해설 과거 판례에는 중심한정주의 입장이었으나, 최근 대부분의 판례는 주변한정주의 입장을 취하고 있다.

17 다음 보기의 발명(또는 고안)의 명칭으로 옳은 것은?

① 최신식 3단 접이식 우산
② 3단 접이식 특허 우산
③ 3단 접이식 실용신안 출원 우산
④ 3단 접이식 우산
⑤ 3단 접이식 홍길동 우산

해설 최신식, 특허, 출원, 이름 같은 용어는 사용하면 안 된다.

18 특허법에서 설명하고 있는 특허출원서류 중 분쟁발생 시 당해 특허권의 효력을 결정할 때 가장 중요한 기준이 되는 것은?

① 발명의 상세한 설명
② 청구범위
③ 도 면
④ 발명의 명칭
⑤ 요약서

해설 특허권의 효력을 결정할 때 가장 중요한 기준은 '청구범위'이다.

19 현행 특허법이 채택하고 있지 않은 제도는?

① 출원공개제도
② 심사청구제도
③ 우선심사제도
④ 특허이의신청제도
⑤ 거절결정제도

해설 현행 특허법에서는 특허이의신청제도는 채택하고 있지 않다.

20 특허발명의 구성이 A+B+C이고 C와 C'가 균등물이라 할 때, 특허침해 판단에 대한 설명 중 옳지 않은 것은?

① 대상발명이 A + B + C인 경우 침해에 해당한다.
② 대상발명이 A + B + C + D인 경우 침해에 해당한다.
③ 대상발명이 A + C' + D인 경우 침해에 해당한다.
④ 대상발명이 A + B + C' + D인 경우 침해에 해당한다.
⑤ 대상발명이 A + C'인 경우 침해에 해당하지 않는다.

해설 ③의 경우, 구성요소 B가 없으므로 침해에 해당하지 않는다.
직접침해에는 문언적 침해와 균등침해로 구분하는데 본 문제는 C'라는 균등물이 있으므로 균등침해로 판단한다. 균등침해는 특허청구범위에 기재된 발명의 구성요소와 완벽하게 일치하지 않아도 구성요소 중에 일부가 균등할 경우의 침해를 의미한다.

21 아래 심판 중 당사자계 심판에 해당하지 않는 것은?

① 무효심판
② 권리범위확인심판
③ 통상실시권허락심판
④ 거절결정불복심판
⑤ 정정무효심판

> **해설** 결정계 심판에는 거절결정불복심판, 정정심판이 해당한다.

22 A는 B가 무단으로 자신의 발명을 실시하는 것을 알았다. A가 취할 수 있는 조치가 아닌 것은?

① 경고장을 발송한다.
② 일반 민사법원에 침해금지 가처분을 신청한다.
③ 회피설계를 검토한다.
④ 침해죄로 고소한다.
⑤ 적극적 권리범위확인심판을 청구한다.

> **해설** B는 A의 발명을 무단으로 실시하였기 때문에 A의 '보호범위'를 침해한 것으로 본다. 따라서 본 사례에서 회피설계를 검토하는 것은 의미가 없다. 참고로 특허회피설계란 특허권의 보호범위를 피하여 발명을 설계하거나 실시하는 것을 말한다.
> ※ 권리범위확인심판은 청구의 취지에 따라 적극적 권리범위확인심판과 소극적 권리범위확인심판으로 구분된다. 적극적 권리범위확인심판은 특허권자 또는 전용실시권자가 청구하는 심판이다.

23 다음 심결취소소송에 대한 설명으로 옳지 않은 것은?

① 특허심판원의 심결 취소를 구하는 소송이다.
② 심결 또는 결정의 등본을 송달받은 날부터 30일 이내에 소를 제기하여야 한다.
③ 특허법원 이외의 다른 법원에는 소를 제기할 수 없다.
④ 특허심판원의 심판에 불복하는 자가 제기하는 행정소송으로서 특허심판절차행위가 소송에 영향을 미치지 않는다.
⑤ 결정계 심판의 경우 출원인은 피청구인이 된다.

> **해설** 결정계 심판의 경우에는 출원인이 심결취소소송 당사자(청구인)가 되며, 피청구인은 특허청장이 된다. 심결취소소송의 성질은 행정소송이며 실질적으로 항고소송의 특징을 갖는다.

정답 17 ④ 18 ② 19 ④ 20 ③ 21 ④ 22 ③ 23 ⑤

CHAPTER 03 | 실용신안권

출제포인트
- 실용신안법상 고안의 개념
- 실용신안제도와 특허제도의 차이점

제1절 실용신안권의 특성

1 실용신안법의 목적 및 보호대상

실용신안법의 목적에서 보호 대상이 '실용적 고안'인 반면, 특허법의 목적에서 보호 대상은 '발명'이다. 기본원칙은 특허법과 동일하며 절차 및 제도 또한 거의 동일하다.

2 실용신안법상의 고안

(1) 고안의 개념
　① 실용신안의 대상은 '고안'이지만 모든 고안이 실용신안의 대상이 되는 것은 아니다. 실용신안법은 실용신안의 대상으로 '물품의 형상, 구조 또는 이들의 조합에 관한 고안'만을 인정하고 있다. 따라서 특허제도와 달리 방법, 물질, 조성물에 관해서는 실용신안의 대상이 아니다.
　② 실용신안법에서 '물품'에 대한 정의는 없지만 판례상 공간적으로 형태를 가진 것으로 일반 상거래의 대상이 되고 사용목적이 명확한 것을 물품으로 본다.
　③ 출원인이 실용신안으로 출원한 것은 고안으로, 특허로 출원한 것은 발명으로 간주한다. 고도한지 여부는 주관적인 판단이기 때문이다. 고안으로 볼 수 있는 것을 특허출원한 경우, 실용신안등록출원으로 변경할 수 있는 '변경출원' 제도를 활용하면 된다.

(2) 실용신안제도와 특허제도의 차이

〈표 4-24〉 실용신안제도와 특허제도의 주요 차이점 빈출도 ★★☆

구 분	실용신안제도	특허제도
대 상	• '고안'을 대상 • 방법, 물질, 조성물은 대상이 아님	• '발명'을 대상 • 방법, 물질, 조성물도 대상임
등록요건	• 진보성 판단 완화(극히 쉽게 고안할 수 있는 것은 출원 대상이 아님)	• 진보성 판단 엄격
출원 관련	• 출원 시에 명세서, 도면, 요약서 첨부 (도면 : 필수 제출자료임)	• 출원 시 도면은 필요할 경우 제출 (도면 : 선택 제출자료임)
존속기간	• 등록 후 출원일로부터 10년 • 등록지연에 따른 존속기간 연장 가능 • 허가에 따른 존속기간 연장 불가	• 등록 후 출원일로부터 20년 • 등록지연에 따른 존속기간 연장 가능 • 허가에 따른 존속기간 연장 가능
간접침해, 생산방법 추정	• '방법'에 대한 규정 없음	• '방법'에 대한 규정 있음
침해죄	• 반의사불벌죄에 해당('22.6.10 개정)	• 반의사불벌죄에 해당
몰수규정	• 임의적 규정	• 강행 규정

CHAPTER 03 | 실용신안권

단원별 출제예상문제

01 실용신안권에 대한 설명으로 옳지 않은 것은?

① 실용신안권의 창작의 수준은 자연법칙을 이용한 기술사상의 창작으로서 고안 또는 소 발명이면 된다.
② 실용신안권의 보호대상은 물품의 형상, 구조, 조합으로 한정되므로 물품이 아닌 것에 대하여는 실용신안권이 인정되지 않는다.
③ 산업재산권 보호의 취지가 담긴 실용신안법 제1조에는 "발명을 보호·장려하고 그 이용을 도모함으로써 기술의 발전을 촉진하여 산업발전에 이바지함을 목적으로 한다"고 규정되어 있다.
④ 실용신안법은 특허법이 기본원리를 하고 있는 각종제도에 있어서 많은 부분이 완전히 일치하거나 유사하지만 일부는 다른 점도 있다.
⑤ 실용신안출원 고안에 대한 진보성 판단기준은 특허의 진보성 판단기준과 차이가 있다.

해설 실용신안법 제1조에서는 "실용적인 고안을 보호·장려하고 그 이용을 도모함으로써 기술의 발전을 촉진하여 산업발전에 이바지함을 목적으로 한다"고 규정하고 있다.

02 특허와 달리 실용신안에 없는 제도는 다음 중 어느 것인가?

① 허가 등에 따른 존속기간 연장등록제도
② 심사청구제도
③ 심판청구제도
④ 선출원주의
⑤ 국내우선권주장제도

해설 실용신안에서는 허가 등에 따른 존속기간 연장등록제도는 없다.

03 다음 중 실용신안등록을 받을 수 있는 것으로 옳은 것은?

① 천연 추출물을 함유하는 화장품 조성물
② 조성물을 이용하여 치아의 플라그를 제거하는 방법
③ 이미지를 편집하는 컴퓨터 프로그램
④ 전자제품 등의 회로
⑤ 사람을 제외한 포유동물의 치료방법

해설 제품 등의 회로는 물품의 구조로 보아 실용신안의 대상이 된다.
①·②·⑤ 물질, 조성물에 대하여는 실용신안을 받을 수 없으며, 방법에 대하여도 실용신안을 부여하지 않는다.
③ 전자이미지를 편집하는 컴퓨터 프로그램은 발명으로 보아 특허를 받을 수 있다.

01 ③ 02 ① 03 ④

CHAPTER 04 디자인권

> **출제포인트**
> - 디자인의 성립요건 및 등록출원
> - 디자인 관련 특유의 제도
> - 디자인 등록요건 및 출원서

제1절 디자인권의 개념

1 디자인보호법상의 디자인 빈출도 ★☆☆

(1) 기본원칙 및 정의

① 디자인보호법은 선출원주의, 등록주의, 1디자인 1출원 원칙을 기본원칙으로 하고 있다. 디자인등록출원에 대하여 심사주의와 일부심사주의를 병행하며, 신청 시에만 공개한다.
② 디자인이란 물품의 형상, 모양, 색채 또는 이들을 결합한 것으로서 시각을 통하여 미감을 일으키게 하는 것을 말한다. 즉, 디자인의 대상은 물품, 물품의 부분, 글자체, 화상이다.

물 품	독립거래가 가능한 구체적인 물품으로서 유체동산임
물품의 부분	물품의 전체 중에 일정한 범위를 점하는 부분의 형태로서 당해 물품에 있어서 다른 디자인과 대비대상이 될 수 있는 부분임
글자체	기록이나 표시 또는 인쇄 등에 사용하기 위하여 공통적인 특징을 가진 형태로 만들어진 한 벌의 글자꼴(숫자, 문장부호 및 기호 등의 형태를 포함)을 말함
화 상	디지털 기술 또는 전자적 방식으로 표현되는 도형, 기호 등(기기의 조작에 이용되거나 기능이 발휘되는 것에 한정하고, 화상의 부분을 포함)을 말함

(2) 디자인의 성립요건 빈출도 ★★★

디자인보호법상의 디자인이 되려면 물품성, 형태성, 시각성, 심미성을 구비하여야 한다.

〈표 4-25〉 디자인의 성립요건

구 분	내 용	디자인 대상이 아닌 것
물품성	독립적 거래대상, 유체물, 정형적 형태, 동산	부동산
형태성	형상, 모양, 색채를 띤 물품	형상이 결합되지 않은 모양
시각성	육안으로 식별가능한 것	감각이 주로 파악되는 것, 외부에서 볼 수 없는 것, 확대해야 볼 수 있는 것
심미성	미적 처리를 한 것	미감이 거의 없는 것, 짜임새 없고 조잡감만 주는 것

① 부분 디자인(물품의 부분)의 성립요건
　㉠ 부분 디자인의 대상이 되는 물품이 통상의 물품에 해당할 것
　㉡ 물품의 부분 형태라고 인정될 것
　㉢ 하나의 창작단위로 인정되는 부분일 것
　㉣ 물품이 기계에 의한 생산방법 등으로 반복적으로 양산될 수 있어야 할 것
② 글자체 디자인의 성립요건
　㉠ 글자체가 시각을 통하여 미감을 일으키는 것
　㉡ 기록이나 표시 또는 인쇄 등에 사용하기 위한 것일 것
　㉢ 공통적인 특징을 가진 형태로 만들어진 것일 것
　㉣ 한 벌로 구성될 것
③ 화상 디자인의 성립요건
　㉠ 물품의 부분에 표현된 '화면 디자인'은 물품에 구현될 것을 전제로 하는 '부분 디자인'의 태양으로서 일반적 성립요건에 충족하여야 한다.
　㉡ 물품에 독립적인 '화상 디자인'에서 '화상'은 기기의 조작에 이용되거나 기능이 발휘되는 것으로 한정하여 기능성 성립요건으로 하며, 그 외의 시각성 및 심미성 부분은 디자인의 일반적인 성립요건에 충족하여야 한다.
④ 동적 디자인의 성립요건
　동적 디자인이란 코가 움직이는 코끼리인형처럼 디자인에 관한 물품의 형태가 그 물품이 가지는 기능에 의하여 변화하는 디자인을 말한다.
　㉠ 물품의 형상이 그 물품의 기능에 기초하여 변화할 것
　㉡ 변화 후의 상태를 용이하게 예측할 수 없어야 할 것
　㉢ 변화가 시각에 의하여 감지되며, 변화에 정형성(일정성)이 있어야 할 것

제2절 디자인 출원 및 등록

1 디자인등록출원 및 심사절차

(1) 디자인등록출원
① 디자인등록출원은 심사등록출원과 일부심사등록출원으로 구분된다.
② 디자인등록을 받고자 하는 자는 도면이나 사진 또는 견본을 첨부하여 디자인등록출원서를 특허청장에게 제출하여야 한다.
③ 디자인등록출원에는 서면주의, 양식주의, 국어주의, 도달주의를 기본원칙으로 한다.

(2) 디자인 심사절차

심사는 방식심사와 실체심사로 구분된다.

① 방식심사는 출원서와 도면의 제출, 수수료 납부가 이루어진 후에 해당 내용에 오류가 있으면 수정이나 보완을 요구하는 심사이다.

② 실체심사는 방식심사를 통과하면 동일하거나 유사한 디자인이 없는지 확인하는 심사이다. 심사관은 출원디자인에 거절이유가 있는지 여부에 대해 실체심사를 수행한다.

2 디자인등록출원 관련 제도

(1) 디자인일부심사등록출원

① 디자인 로카르노 협정에 따른 물품류 중 제1류(식품), 제2류(의류 및 패션잡화용품), 제3류(다른 류에 명기되지 않은 여행용품, 케이스, 파라솔 및 신변용품), 제5류(섬유제품, 인조 및 천연 시트직물류), 제9류(물품운송, 처리용 포장 및 용기), 제11류(장식용품), 19류(문방구, 사무용품, 미술재료, 교재) 중 어느 하나의 물품류에 속하는 물품에 관한 디자인은 디자인일부심사등록출원으로만 출원할 수 있다.

② 일부심사등록출원은 원칙적으로 신규성, 창작비용이성, 확대된 선출원, 선출원주의, 관련디자인심사등록요건은 심사하지 않는다. 이는 유행의 주기가 짧고, 모방이 비교적 쉬운 물품의 디자인등록출원을 신속하게 권리화하기 위해서다.

③ 일부심사등록출원에 따라 디자인권이 설정등록된 후에 소정의 거절이유가 발생되면 등록에 대해 등록공고일 후 3개월 이내에 이의신청을 할 수 있다. 이는 제3자의 불측의 피해 및 부실 디자인의 권리화를 막기 위함이다.

(2) 분할출원

① 분할출원이란 2 이상의 디자인을 포함하는 디자인등록출원(원출원)의 일부를 1 이상의 새로운 디자인등록출원으로 분할하는 것을 말한다.

② 분할출원이 성립하려면 원출원은 적법하게 출원 계속 중이어야 하고, 분할출원은 1디자인 1출원 위반이거나 복수디자인등록출원이어야 한다.

③ 분할출원은 원출원을 한 때로 소급하여 출원한 것으로 본다.

(3) 조약우선권 제도

파리협약에 의한 우선권을 주장하여 출원하는 방법이며, 출원하는 국가의 법과 절차에 따르게 된다. 우선권을 주장하기 위해서는 선출원의 출원일부터 6개월 이내에 해당 국가에 출원해야 한다. 다만 정당한 사유로 기간(6개월)을 지키지 못한 경우에 그 기간의 만료일로부터 2개월 이내에 디자인등록출원에 대하여 우선권을 주장할 수 있다('23.6.20 단서 신설. '23.12.21 시행). 우선권주장출원의 출원일은 제1국 출원일로 본다.

3 심사절차 관련 제도

(1) 출원의 보정

출원의 보정은 '실체보정'과 '출원의 변경'으로 구분할 수 있다.

① 실체보정은 최초의 디자인등록출원의 요지를 변경하지 아니하는 범위 내에서 출원서의 기재사항, 도면, 사진 또는 견본(국제디자인등록출원의 경우 사진 및 원본은 제외) 및 도면의 기재사항에 대한 보정을 의미한다.

② 출원의 변경은 관련디자인등록출원을 단독의 디자인등록출원으로, 단독의 디자인등록출원을 관련디자인등록출원으로 변경하는 것을 의미한다.

(2) 비밀디자인제도 빈출도 ★☆☆

① 디자인등록출원인이 디자인권의 설정등록일로부터 3년 이내에 비밀디자인의 청구가 가능하다. 이는 타인의 침해를 방지하고, 사업화 준비기간을 확보해 주기 위해 도입되었다.

② 비밀디자인 청구대상은 심사 및 일부심사등록출원이며, 관련디자인등록출원은 기본디자인과 별개로 관련디자인에 대해서만 비밀디자인을 청구할 수 있다.

③ 최대 3년간 비밀이 유지되는 동안 과실추정 규정이 배제되고 침해금지청구권의 행사가 제한된다.

4 기타 디자인 관련 제도

(1) 기타 디자인 제도

① 디자인권 제도에는 특허제도처럼 우선심사제도, 정보공개제도, 재심사청구제도, 출원공개제도가 있다. 다만, 출원공개제도는 디자인보호법에서 출원공개를 의무화하고 있지 않아 특허법상의 조기공개제도와 유사하다고 할 수 있다.

② 한편, 디자인보호법에는 없는 제도도 있다. 심사청구제도, 국내우선권주장제도, 변경출원제도는 디자인보호법에서는 없지만 특허법에는 있다.

(2) 디자인특유의 제도 빈출도 ★☆☆

디자인보호법상 디자인특유제도로는 관련디자인, 부분디자인, 비밀디자인, 동적디자인, 화상디자인이 있으며 1디자인 1출원 원칙의 예외로 복수디자인등록출원 제도, 한 벌 물품의 디자인 제도가 있다.

① 관련디자인

㉠ 관련디자인제도란 디자인권자 또는 디자인등록출원인이 자기의 등록디자인 또는 디자인등록출원한 디자인(기본디자인)과 유사한 디자인(관련디자인)에 대하여는 그 기본디자인의 디자인등록출원일로부터 3년 이내에 디자인등록출원된 경우에 한하여 신규성 및 선출원주의 등록요건에도 불구하고 관련디자인으로 디자인등록을 받을 수 있는 제도를 말한다.

㉡ 제도의 취지는 개량, 변형한 유사디자인을 별도 권리로 등록받을 수 있도록 하여 모방과 침해를 미연에 방지하기 위해서이다.

② 복수디자인등록출원
　㉠ 복수디자인등록출원이 등록되려면 로카르노 협정에 따른 물품류 중 같은 물품류에 속해야 하고, 100 이내의 디자인이며, 1디자인마다 분리하여 표현해야 한다.
　㉡ 등록이 되면 각 디자인별로 독립된 디자인권이 발생하므로 각 디자인마다 분리하여 이전할 수 있고 분리하여 포기할 수 있다.

③ 한 벌의 물품의 디자인
　㉠ 2 이상의 물품이 한 벌의 물품으로 동시에 사용되는 경우 그 한 벌의 물품의 디자인이 한 벌 전체로서 통일성이 있는 때에는 1디자인으로 등록받을 수 있다. 예를 들면 한 벌의 커피 용구 세트 등이 있다.
　㉡ 취지는 다수 물품에 의한 통합적 미감을 보호하여 거래사회의 실정에 호응하기 위해서이다.
　㉢ 성립요건으로는, 2 이상의 물품이 한 벌로 동시에 사용되고, 한 벌 전체로서의 통일성이 있다고 인정되는 것이며, 디자인보호법 시행규칙 별표 5의 한 벌의 물품 구분에 해당되어야 한다.

개념체크OX

01 디자인의 성립조건으로 물품성, 시각성, 심미성, 형태성을 갖추어야 한다. O X
02 디자인 심사는 방식심사와 실체심사로 구분된다. O X

정답 O, O

---

5 디자인등록요건(주체적, 실체적)

(1) 디자인등록요건

디자인등록요건은 〈표 4-26〉과 같다.

〈표 4-26〉 디자인의 등록요건 빈출도 ★★☆

구 분	항 목	내 용
주체적	디자인등록을 받을 수 있는 자	• 디자인을 창작한 사람 또는 그 승계인은 디자인등록을 받을 수 있다. 단, 특허청 또는 특허심판원의 직원은 상속 또는 유증의 경우를 제외하고는 재직 중 디자인등록을 받을 수 없다. • 2명 이상이 공동으로 디자인을 창작한 경우에는 디자인등록을 받을 수 있는 권리를 공유한다.
실체적	공업상 이용 가능성	• 공업적 생산방법으로 동일한 디자인의 물품을 반복하여 다량으로 생산할 수 있는 것을 말한다. • 공업적 생산방법에는 기계공업적 생산방법 및 수공업적 생산방법이 포함된다.
	신규성	• 신규성이란 디자인등록출원을 하려는 디자인이 그 출원 전에 공중에게 알려지지 않은 상태를 말한다. • 다음의 어느 하나에 해당하는 디자인과 동일하거나 유사한 디자인은 신규성이 없다. 　- 국내 또는 국외에서 공지되었거나 공연히 실시된 것 　- 국내 또는 국외에서 반포된 간행물에 게재된 것 　- 국내 또는 국외에서 전기통신회선을 통하여 공중이 이용할 수 있게 된 것

		• 신규성의 판단기준은 다음과 같다. - 일반 수요자 기준으로 판단한다. - 출원디자인과 공지된 인용디자인을 비교하여 동일·유사를 판단한다. - 판단시점은 출원 시를 기준으로 한다. - 지역적 요건으로 국내외를 기준으로 판단한다(국제주의 채택).
	창작 비용이성	• 창작 비용이성이란 통상의 디자이너가 '쉽게 창작할 수 있는 디자인'은 등록받을 수 없는 것을 말한다. • 창작 비용이성의 판단기준은 다음과 같다. - 통상의 디자이너, 즉 당업계의 당업자의 기준으로 판단한다. - 공지디자인 또는 이들의 결합이나, 국내외에 널리 알려진 형상·모양·색채 또는 이들의 결합으로부터 출원디자인이 쉽게 창작 가능한지 판단한다. - 판단시점은 출원 시를 기준으로 한다. - 지역적 요건으로 국내외를 기준으로 판단한다.
	확대된 선출원	• 디자인등록출원한 디자인이 그 출원 후 디자인공보에 게재된 다른 디자인 등록출원서 및 도면·사진 또는 견본에 표현된 디자인의 일부와 동일하거나 유사한 경우에는 등록을 받을 수 없다. • 그 디자인등록출원의 출원인과 다른 디자인등록출원의 출원인이 같은 경우에는 등록을 받을 수 있다.
	신규성 상실의 예외	• '신규성 상실의 예외'란 디자인등록을 받을 수 있는 권리를 가진 자의 디자인이 공지된 경우, 공지일로부터 12개월 이내에 출원을 하면 신규성 또는 창작 비용이성 요건을 적용할 때에 공지된 디자인 등록에 해당하지 않는 것으로 보는 제도를 말한다. • 신규성 상실의 예외로 적용이 인정된 디자인은 신규성 또는 창작 비용이성 판단 시 인용디자인으로 사용할 수 없게 된다. 단, 출원일이 소급되지는 않는다.

출처 : 특허청 홈페이지 내용을 바탕으로 저자 재정리

(2) 디자인의 부등록요건

디자인의 성립요건과 등록요건을 만족하더라도 공익을 해치는 등 다음과 같은 사유로 디자인의 등록이 거절될 수 있다.

① 국기, 구장, 군기, 훈장, 포장 등과 동일하거나 유사한 것
② 공공기관 등의 표장·국기·국제기관 등의 표지와 동일하거나 유사한 것
③ 통상적인 도적관념 또는 풍속에 어긋나거나 공공질서를 해칠 우려가 있는 것
④ 타인의 업무와 관련된 물품으로 혼동을 일으킬 우려가 있는 것
⑤ 물품의 기능을 확보하는 데 필수적인 형상만으로 된 것

6 물품 및 디자인의 동일·유사 여부 판단 빈출도 ★★★

(1) 물품의 동일·유사 여부

물품의 동일·유사성 여부는 용도, 기능 등에 비추어 거래통념상 동일·유사한 물품으로 인정할 수 있는지 여부에 따라 결정하여야 한다.

- 동일물품이란 용도와 기능이 동일한 것을 말한다.
- 유사물품이란 용도가 동일하고 기능이 다른 것을 말한다. 예 볼펜과 만년필, 탁상시계와 손목시계
- 비유사물품도 용도가 혼용될 수 있는 것은 유사물품으로 볼 수 있다. 예 핸드폰케이스와 지갑, 수저통과 연필통

(2) 디자인의 동일·유사 여부 판단

① 디자인의 유사 여부는 이를 구성하는 각 요소를 분리하여 개별적으로 대비할 것이 아니라 그 외관을 전체적으로 대비 관찰하여 보는 사람으로 하여금 상이한 심미감을 느끼게 하는지의 여부에 따라 판단하여야 한다. 그 지배적인 특징이 유사하다면 세부적인 점에 다소 차이가 있더라도 유사하다고 보아야 한다.
② 시선을 가장 많이 끌기 쉬운 부분을 중요부로서 파악하고 여기서 심미감에 차이가 생기게 하는지의 여부에 따라 그 유사 여부를 결정하여야 한다.
③ 디자인 유사 판단 시 참고사항은 다음과 같다.

- 참신한 디자인일수록 유사의 폭은 넓고, 동종류의 것이 많이 나올수록 유사의 폭은 좁다.
- 물품의 잘 보이는 면에 유사 여부 판단의 비중을 둔다.
- 물품 중 당연히 있어야 할 부분은 그 중요도를 낮게 평가하고, 다양한 변화가 가능한 부분을 주로 평가한다.
- 상식적인 범위에서 물품의 대소의 차이는 유사 여부 판단의 요소로 고려하지 아니한다.
- 재질은 그 자체가 모양이나 색채로서 표현되는 경우에만 유사 여부 판단의 요소로 참작한다.
- 기능, 구조, 정밀도, 내구력, 제조방법 등은 그 자체가 외관으로 표현되지 않는 한 유사 여부 판단의 요소가 될 수 없다.

출처 : 기술신용평가사 3급 자격검정수험서(윤형근, 2019)

(3) 물품 및 디자인의 동일·유사·비유사 영역

디자인이 동일·유사하려면 물품이 동일·유사하여야 하며, 디자인의 형태도 또한 동일·유사하여야 한다.

〈표 4-27〉 물품 및 디자인의 동일/유사/비유사 영역 비교

형상·모양·색채	동일 물품	유사 물품	비유사 물품
동 일	동일 디자인	유사 디자인	비유사 디자인
유 사	유사 디자인	유사 디자인	비유사 디자인
비유사	비유사 디자인	비유사 디자인	비유사 디자인

> **개념체크OX**
>
> 01 디자인의 유사 여부는 이를 구성하는 각 요소를 분리하여 개별적으로 대비하여 판단하는 것이 원칙이다. O X
>
> 정답 X

7 디자인등록요건(절차적) 빈출도 ★★☆

디자인등록출원을 하려면 디자인의 대상이 되는 물품이어야 하며, 1디자인 1출원하여야 한다. 다만, 1디자인 1출원 원칙에도 불구하고 복수디자인등록출원과 한 벌의 물품의 디자인을 인정하고 있다.

(1) 디자인의 대상이 되는 물품
① 디자인등록출원 대상이 되는 물품은 산업통상자원부령으로 정한 '물품류 구분'에 따라야 한다. 따라서 특허청은 로카르노 협정에 따른 물품류를 근거로 용도와 기능 등을 기준으로 특허청장이 정하여 고시한 '디자인 물품류별 물품품목'에 따르도록 하고 있다.
② 물품의 명칭은 물품의 용도 및 기능 파악, 1물품 여부, 동일·유사물품 판단, 디자인의 권리범위 판단에 중요한 요소가 된다.

(2) 1디자인 1출원 원칙
① 디자인등록출원은 1디자인마다 1출원으로 한다. 1디자인은 1물품에 1형태를 말한다.
② 취지는 심사의 간편성, 권리파악의 명확화, 분류의 편리성 등을 도모하기 위해서이다.
③ 1디자인 1출원으로 인정하는 경우는 다음과 같다.

> - 물리적으로 분리되어 있으나 하나의 물품으로 거래된 것이 당연한 경우 예 양복 상하
> - 물리적으로 분리된 각 부분이 모여서 하나의 형상, 모양을 이루는 경우 예 조립완구
> - 의류 및 패션잡화용품의 형상, 모양을 완전히 보여주기 위해 보조적인 물품을 이용하는 것이 명백한 경우 예 마네킹

8 디자인등록출원서 및 도면의 이해

(1) 디자인등록출원서

① 디자인등록출원서는 출원디자인의 서지사항, 권리자와 창작자, 디자인의 대상이 되는 물품, 디자인의 설명 등에 관한 사항을 기재하도록 되어 있어 기재된 디자인과 도면, 사진 또는 견본에 설명된 내용에 따라 등록디자인의 보호범위가 정해진다.

② 등록 전에서는 등록절차의 서류 역할을 하며, 등록 후에는 권리서로서, 디자인의 구체적인 보호범위를 확정하는 역할을 한다.

③ 디자인등록출원서에는 출원서의 서지사항 이외에 부분디자인 여부, 출원공개신청 여부, 비밀디자인 청구 여부, 신규성 상실 예외의 취지 등을 기재할 수 있다.

④ 디자인등록출원일은 출원서가 특허청장에게 도달한 날로 한다. 그러나 다음과 같이 절차상 흠결 시에는 절차보완 시의 제출일을 출원일로 본다.

> • 디자인등록을 받으려는 취지가 명확하게 표시되지 않은 경우
> • 출원인의 성명이나 명칭이 적혀 있지 않거나 명확하게 적혀 있지 않아 출원인을 특정할 수 없는 경우
> • 도면, 사진 또는 견본이 제출되지 않거나 도면에 적힌 사항이 선명하지 않아 인식할 수 없는 경우
> • 한글로 적혀 있지 않은 경우

(2) 도 면

① **도면의 의의 및 구성** 빈출도 ★☆☆

㉠ 도면은 디자인등록출원서와 함께 제출하는 서류로 디자인에 관한 권리요구서, 권리서가 되며, 등록디자인의 권리를 판단하는 권리서, 디자인등록출원의 심사, 등록디자인의 심판 및 소송의 판단대상 및 창작의 참고자료 역할을 한다.

㉡ 도면이 아닌 경우에는 도면을 갈음하는 디자인의 사진 또는 견본을 첨부해야 한다.

㉢ 도면에는 물품류, 디자인의 대상이 되는 물품 명칭, 디자인의 성명, 디자인의 창작내용 요점, 도면(필수도면, 부가도면, 참고도면)이 포함된다.

㉣ 입체디자인의 필수도면은 일반적으로 정면도, 배면도, 좌측면도, 우측면도, 평면도 및 저면도이며, 평면디자인은 일반적으로 평면도와 저면도로 구성된다.

㉤ 디자인의 구체적인 형태를 표현하기 위하여 부가도면이 필요한 경우 단면도, 확대도, 전개도, 분해사시도 등을 추가할 수 있다. 부가도면은 권리범위를 해석하는 수단이다.(심사기준)

㉥ 참고도면은 필수도면 및 부가도면과 달리 권리범위를 해석하는 수단이 아니다.(심사기준)

㉦ 디자인 도면의 구성은 다음과 같다.

```
                    【디자인 도면】
【물품류】
【디자인의 대상이 되는 물품】
【디자인의 설명】
【디자인의 창작내용의 요점】
【도면 1.1】
【도면 1.2】
【도면 1.3】
```

② 도면의 작성
  ㉠ 도면은 등록받으려는 디자인의 전체적인 형태를 1 이상의 도면을 이용하여 명확하게 표현하여야 한다.
  ㉡ '물품류'란에는 디자인의 대상이 되는 물품이 속하는 하나의 물품류를 선택하여 기재한다. 화상디자인은 14류를 기재하며, 화면디자인은 해당 물품류를 기재한다.
  ㉢ '디자인의 대상이 되는 물품'란에는 특허청이 고시한 '디자인 물품류별 물품목록'에서 하나의 물품을 지정하여 기재한다.
  ㉣ '디자인의 설명'란에는 물품과 도면에 대한 설명을 적는다. 물품에 대한 설명은 물품의 사용목적, 사용방법, 재질 또는 크기 등의 설명이 필요하다고 인정될 경우에는 그에 관한 설명을 적는다. 도면에 대한 설명은 도면에서 길이 표시 생략에 대한 설명, 색채 등을 적는다.

제3절 디자인권의 내용 및 해석

1 디자인권의 의미

(1) 디자인권의 발생 및 소멸 빈출도 ★☆☆
  ① 디자인권은 설정등록에 의하여 발생한다.
  ② 디자인권의 소멸은 소멸사유로 인해 효력이 상실되거나 소급하여 처음부터 없었던 것을 말한다. 소멸의 사유는 ㉠ 디자인권의 존속기간 만료, ㉡ 등록료의 불납, ㉢ 디자인권의 포기, ㉣ 상속인 부존재, ㉤ 디자인권의 취소, ㉥ 디자인권의 무효 등이 있다.

(2) 디자인권의 효력범위
  ① 디자인권의 효력범위는 등록디자인 또는 이와 유사한 디자인까지 미친다. 특허와 달리 디자인은 모방이 용이하고 동일범위의 디자인만 효력이 미치도록 하면 디자인의 외관에 실질적인 보호가 어려울 수 있기 때문에 디자인보호법은 유사범위까지로 확대하고 있다.
  ② 속지주의 원칙에 따라 우리나라 영토 내에만 미친다.
  ③ 존속기간까지 효력이 미친다. 디자인권의 존속기간은 설정등록일로부터 등록출원 후 20년되는 날까지이다. 관련디자인으로 등록된 디자인권의 존속기간 만료일은 그 기본디자인의 존속기간 만료일이 된다.

(3) 디자인권의 효력 구분

① 적극적 효력
  ㉠ 디자인권자는 등록디자인 또는 이와 유사한 디자인을 업으로서 실시할 권리를 독점한다. 이렇게 디자인권자가 스스로 독점적인 실시할 수 있는 효력을 적극적 효력이라고 한다.
  ㉡ 디자인보호법상 적극적 효력이 제한되는 경우는 다음과 같다.
    • 전용실시권 설정에 의한 실시의 계획(디자인보호법 제92조 단서)
    • 이용관계 또는 저촉관계에 의한 실시의 제한(디자인보호법 제95조)
    • 디자인권 공유에 의한 양도, 질권 설정 및 실시권 허락의 제한(디자인보호법 제96조 제②, ④항)
    • 디자인권 등의 포기의 제한(디자인보호법 제106조)

② 소극적 효력
  ㉠ 정당한 권원이 없는 제3자가 등록디자인 또는 이와 유사한 디자인을 업으로서 실시하는 경우 이를 금지할 수 있다. 이렇게 디자인권자가 제3자에게 침해당했을 때 법에 의거 금지할 수 있는 효력을 소극적 효력이라 한다.
  ㉡ 일반적인 디자인권의 소극적 효력 제한은 특허법상의 효력 제한과 그 내용이 동일하다.

(4) 실시권

① 실시권이란 디자인권자 이외의 자가 일정한 범위 내에서 등록디자인 또는 이와 유사한 디자인을 업으로서 실시할 권리를 말한다. 디자인보호법상 실시권은 크게 전용실시권과 통상실시권으로 나누어지고, 통상실시권은 다시 허락에 의한 통상실시권, 법정실시권, 강제실시권으로 나누어진다.
② 전용실시권은 디자인권자 이외의 자가 설정행위로 정한 범위에서 등록디자인 또는 이와 유사한 디자인을 업으로서 독점배타적으로 실시할 수 있는 권리를 말한다.
③ 허락에 의한 통상실시권은 디자인권자의 허락에 의하여 디자인권자 이외의 자가 설정행위로 정한 범위에서 등록디자인 또는 이와 유사한 디자인을 업으로서 실시할 수 있는 권리이다.
④ 법정실시권은 법률규정에 의하여 발생하는 통상실시권이다. 디자인보호법상 법정실시권은 특허법상 법정실시권과 대부분 동일하나, '선출원에 따른 통상실시권(디자인보호법 제101조)'은 디자인보호법에 있고, '이전청구에 따른 이전등록 전의 실시에 의한 통상실시권'은 디자인보호법에는 없다.
⑤ 강제실시권으로는 통상실시권 허락심판에 의해 인정되는 실시권(디자인보호법 제123조)이 있다.

2 디자인권의 침해 빈출도 ★☆☆

(1) 디자인권의 침해 요건

① 디자인권의 침해가 되기 위해서는 ㉠ 유효한 디자인등록이 존재할 것, ㉡ 제3자의 업으로서 실시행위를 할 것, ㉢ 제3자에게 정당권원이 없을 것, ㉣ 디자인 및 물품 간에 동일유사성이 있을 것을 요건으로 한다.
② 등록디자인이나 이와 유사한 디자인에 관한 물품의 생산에만 사용하는 물품을 생산·사용·양도·대여·수출 또는 수입하거나 그 물품의 양도 또는 대여의 청약을 하면 디자인권의 침해로 간주한다. 이를 간접침해라고도 한다.

(2) 디자인권 침해 시 민사적 구제
   ① 민사적 구제 수단으로는 침해 금지 또는 예방 청구권(디자인보호법 제113조 제①항), 침해행위 조성물 등의 폐기 청구권(디자인보호법 제113조 제③항), 가처분 신청(민사집행법 제300조), 손해배상청구권(디자인보호법 제115조 제①항), 신용회복청구권(디자인보호법 제117조) 등이 있다.
   ② 또한, 입증책임을 경감하기 위해 손해액의 산정(디자인보호법 제115조 제②항), 손해액의 추정(디자인보호법 제115조 제③항), 합리적 실시료 상당액의 청구(디자인보호법 제115조 제④항), 과실의 추정(디자인보호법 제116조), 서류제출명령(디자인보호법 제118조)이 규정되어 있다.

(3) 디자인권 침해 시 형사적 구제
   ① 형사적 구제 수단으로는 침해죄와 몰수가 있다. 이는 특허법상 형사적 구제수단과 내용이 동일하다.
   ② 법 개정으로 디자인 침해죄도 특허 침해죄와 똑같이 반의사불벌죄에 해당된다.

개념체크 OX

01 디자인 도면에 포함된 필수도면, 부가도면, 참고도면 모두 권리범위를 해석하는 수단이 된다. O X

02 전용실시권은 디자인권자 이외의 자가 설정행위로 정한 범위에서 등록디자인 또는 이와 유사한 디자인을 업으로서 독점배타적으로 실시할 수 있는 권리를 말한다. O X

정답 X, O

CHAPTER 04 | 디자인권

단원별 출제예상문제

01 디자인보호법에서 정한 디자인에 대한 설명으로 옳지 않은 것은?

① 디자인보호법은 디자인의 보호와 이용을 도모함으로써 디자인의 창작을 장려하여 산업 발전에 이바지함을 목적으로 한다.
② 디자인등록출원에 대하여 공개신청한 경우만 공개할 수 있다.
③ 디자인 정의는 "물품의 형상·모양·색채 또는 이들을 결합한 것으로서 시각을 통하여 미감을 일으키게 하는 것"이다.
④ 색채만의 디자인 및 모양과 색채의 결합디자인은 인정된다.
⑤ 물품의 부분, 글자체, 화상도 물품에 포함된다.

해설　색채만의 디자인 및 모양과 색채의 결합디자인은 인정되지 않는다.
　　　※ 디자인으로 인정받으려면 물품의 형상·모양·색채 또는 이들을 결합한 것으로 시각성 및 심미성도 있어야 한다.

02 디자인보호법에서 법의 제정목적을 달성하기 위한 기본원칙에 해당하지 않는 것은?

① 후출원주의
② 등록주의
③ 1디자인 1출원 원칙
④ 등록출원 시 신청한 경우만 공개
⑤ 심사주의와 일부 심사주의

해설　디자인보호법은 선출원주의, 등록주의, 1디자인 1출원 원칙, 심사주의 또는 일부 심사주의, 신청 시 공개를 채택하고 있다.

03 1디자인 1디자인등록출원으로 인정하지 않는 물품은?

① 신사복(상, 하)
② 모자이크타일
③ 용기가 결합된 양초
④ 라디오 겸용 시계
⑤ 개폐식 덮개가 있는 장난감 노트북컴퓨터

해설　라디오 겸용 시계는 1디자인 1디자인등록출원으로 인정되지 않는다.

정답　01 ④　02 ①　03 ④

04 다음 설명과 가장 관련이 깊은 디자인의 성립요건을 고르면?

> 독립거래가 가능한 구체적인 유체동산

① 물품성　　　　　　② 형태성
③ 시각성　　　　　　④ 심미성
⑤ 창작성

해설 물품성에 대한 설명이다.

05 부분디자인의 성립요건에 해당하지 않는 것은?
① 부분디자인의 대상이 되는 물품이 통상의 물품에 해당할 것
② 동일한 테마를 중심으로 다수 창작할 것
③ 물품의 부분 형태라고 인정될 것
④ 하나의 창작단위로 인정되는 부분일 것
⑤ 기계에 의한 생산방법 또는 수공업적 방법에 의하여 반복적으로 양산되어야 할 것

해설 부분디자인 제도는 물품의 일부에 창작적 가치가 있는 경우에 이를 보호하기 위한 것이다. 부분디자인의 성립요건에는 ①, ③, ④, ⑤가 해당한다.

06 디자인등록출원에 대한 설명으로 옳지 않은 것은?
① 심사주의와 일부심사주의가 적용된다.
② 심사는 방식심사와 실체심사로 구분된다.
③ 출원공개를 신청하면 공개정보에 게재된다.
④ 주지 디자인에 의한 창작 비용이성 등록요건은 일부심사등록출원에서는 심사를 수행할 수 없다.
⑤ 분할출원이 가능하지만 단, 1디자인 1출원 위반이거나 복수디자인등록출원이어야 한다.

해설 주지 디자인에 의한 창작 비용이성 등록요건은 일부심사등록출원에서 심사를 수행할 수 있다.

07 디자인보호법에서 정한 디자인의 등록요건에 해당하지 않는 것은?
① 신규성　　　　　　② 창작 비용이성
③ 선출원주의　　　　④ 진보성
⑤ 공업상 이용 가능성

해설 디자인보호법에서 명시한 디자인의 등록요건은 공업상 이용 가능성, 신규성, 창작 비용이성(창작성), 선출원주의, 확대된 선출원 등이다.

08 현행 디자인보호법상 없는 제도는 다음 중 어느 것인가?

① 심사청구제도
② 관련디자인 제도
③ 비밀디자인 제도
④ 복수디자인등록출원 제도
⑤ 일부심사등록출원 제도

해설 디자인 심사청구제도는 없지만, 재심사청구제도는 있다.
※ 재심사청구제도란 거절 결정한 디자인등록출원에 대하여 일정 기간 이내에 보정하여 해당 디자인등록출원에 관한 재심사를 청구하면 심사관이 다시 심사하게 하는 제도이다.

09 관련디자인에 대한 설명으로 옳지 않은 것은?

① 관련디자인을 등록받으려면 그 기본디자인의 출원일로부터 6개월 이내에 출원해야 한다.
② 관련디자인제도 취지는 해당 디자인의 권리범위를 넓게 가져가기 위함이다.
③ 관련디자인의 출원인은 기본디자인의 출원인 또는 디자인권자와 반드시 동일해야 한다.
④ 관련디자인의 효력도 기본디자인처럼 관련디자인과 동일 또는 유사한 디자인까지 권리 범위를 가진다.
⑤ 관련디자인권은 기본디자인권과 분리하여 이전할 수 없다.

해설 관련디자인은 기본디자인의 출원일부터 3년 이내에 출원해야 한다. 디자인보호법 개정으로 종전 '1년 이내'에서 '3년 이내'로 변경되었다('23.6.20 개정, '23.12.21 시행).

10 디자인의 동일·유사 여부 판단에 대한 설명으로 옳지 않은 것은?

① 물품의 동일·유사성 여부는 물품의 용도, 기능 등에 비추어 거래통념상 동일·유사한 물품으로 인정할 수 있는지 여부에 따라 결정하여야 한다.
② '유사물품'이란 용도가 동일하고 기능이 다른 것을 말한다.
③ '기능'이란 용도를 실현할 수 있는 구조·작용 등을 뜻한다.
④ 디자인의 유사 여부는 이를 구성하는 각 요소를 분리하여 개별적으로 대비 관찰하여야 한다.
⑤ 참신한 디자인일수록 디자인의 유사범위의 폭을 넓게 보고 평가한다.

해설 디자인의 유사 여부는 그 외관을 전체적으로 대비 관찰하여야 한다.

정답 04 ① 05 ② 06 ④ 07 ④ 08 ① 09 ① 10 ④

11 특허권에는 없지만 디자인권에 존재하는 소멸 사유는 다음 중 어느 것인가?

① 디자인권의 포기
② 이의신청에 의한 디자인권의 취소
③ 등록료의 불납
④ 무효심판에 의한 무효
⑤ 상속인 부존재

해설 이의신청에 의한 디자인권의 취소는 디자인권에만 존재하는 소멸 사유이다.

12 디자인권 침해 시 민사적 구제 수단에 해당하지 않는 것은?

① 침해금지 및 예방청구권
② 손해배상청구권
③ 신용회복청구권
④ 합리적 실시료 상당액의 청구
⑤ 침해죄

해설 침해죄는 형사적 구제 수단이다.

13 디자인보호법상 실시권에 관한 설명으로 옳지 않은 것은?

① 디자인권자는 그 디자인권에 대하여 타인에게 전용실시권을 설정할 수 있다.
② 기본디자인과 관련디자인의 디자인권에 대한 전용실시권은 같은 자에게만 동시에 설정하여야 한다.
③ 전용실시권자는 그 설정행위로 정한 범위에서 그 등록디자인 또는 이와 유사한 디자인을 업으로서 실시할 권리를 독점한다.
④ 전용실시권자는 디자인권자의 동의를 받지 않아도 그 전용실시권을 목적으로 하는 통상실시권을 허락할 수 있다.
⑤ 통상실시권자는 일정한 범위에서 그 등록디자인 또는 이와 유사한 디자인을 업으로서 실시할 권리를 가진다.

해설 전용실시권자는 디자인권자의 동의를 받아 그 전용실시권을 목적으로 하는 통상실시권을 허락할 수 있다.
※ 디자인보호법상 실시권은 전용실시권과 통상실시권으로 분류되며, 통상실시권은 다시 허락에 의한 통상실시권, 법정실시권, 강제실시권으로 나누어진다.

CHAPTER 05 상표권

> **출제포인트**
> - 상표의 기능, 구성요건 및 종류
> - 상표등록요건 및 동일·유사 판단

제1절 상표권의 개념

1 상표의 개념 빈출도 ★★★

(1) 상표의 의의와 기능

① 상표는 제3자의 상품과 식별하기 위해서 사용되는 표장을 의미한다. 표장이란 '기호, 문자, 도형, 소리, 냄새, 입체적 형상, 홀로그램, 동작 또는 색채 등으로서 그 구성이나 표현방식에 상관없이 상품의 출처를 나타내기 위하여 사용하는 모든 표시'를 말한다.
② 상표법의 목적에서 '상표의 보호'는 상표 그 자체가 아니고 상표의 기능을 보호하는 것을 뜻한다. 상표는 디자인과 달리 창작성을 요하지 않는다.
③ 상표의 기능은 자타상품의 식별·출처표시·품질보증·광고선전·재산적 기능이 있다.

〈표 4-28〉 상표의 기능 빈출도 ★★☆

구 분	세부기능 구분	내 용
본원적 기능	자타상품의 식별 기능	상표의 표시로 자타상품을 식별하는 기능
	출처표시 기능	동일한 상표, 동일한 출처임을 나타내는 기능
	품질보증 기능	동일한 상표, 동일한 품질을 나타내는 기능
파생적 기능	광고선전 기능	상품과의 연상 작용으로 판매촉진 수단으로서의 기능
	재산적 기능	양도와 실시권 등 경제적·재산적 가치로서의 기능

출처 : 특허청 홈페이지

(2) 상표의 구성요건
　① 자기의 상품과 타인의 상품을 식별하기 위한 것일 것
　　㉠ 상표법상 상품은 서비스 자체와 서비스와 관련된 물건을 포함한다. 2016년 개정법에서 서비스표*를 상표로 통합하였기 때문이다. 다만, 지리적 표시의 경우는 상품만 보호하고 서비스는 제외되었다.
　　　*서비스표란 서비스업을 영위하는 타인의 서비스업과 식별되도록 하기 위해 사용하는 표장을 의미함
　　㉡ 열・향기와 같은 무체물, 운반이 불가능한 부동산, 반복거래의 대상이 될 수 없는 골동품・예술품 등은 상표법상의 상품에 해당되지 않는다.
　② 사용하는 것일 것
　　상표법상 '사용'은 다음과 같이 정의한다.
　　㉠ 상품 또는 상품의 포장에 상표를 표시하는 행위
　　㉡ 상품 또는 상품의 포장에 상표를 표시한 것을 양도・인도하거나 전기통신회선을 통하여 제공하는 행위 또는 이를 목적으로 전시하거나 수출・수입하는 행위
　　㉢ 상품에 관한 광고・정가표・거래서류, 그 밖의 수단에 상표를 표시하거나 전시하거나 널리 알리는 행위
　③ 표장일 것
　　상표법상 표장의 유형은 일반상표, 입체상표, 색채상표, 홀로그램상표, 동작상표, 소리상표, 냄새상표, 위치상표로 구분된다.

2 광의의 상표 개념 빈출도 ★★☆

다음 〈표 4-29〉와 같이 각각의 표장도 넓은 의미에서 상표의 개념에 포함된다.

〈표 4-29〉 광의의 상표 종류

구 분	내 용
단체표장	상품을 생산・제조・판매하거나 서비스를 제공하는 자가 공동으로 설립한 법인에서 직접 사용 또는 그 소속 단체원에게 사용하기 위한 표장
업무표장	비영리 업무를 영위하는 자가 그 업무를 나타내기 위해 사용하는 표장
증명표장	상품의 품질, 원산지, 생산방법 등을 증명하고 관리하는 것을 업으로 하는 자가 그것을 증명하는 데 사용하는 표장
지리적 표시	• 상품의 특성 품질・명성 또는 그 밖의 특성이 본질적으로 특정지역에서 비롯된 경우에 그 지역에서 생산・제조 또는 가공된 상품임을 나타내는 표시 • 지리적 표시는 '특정지역'을 확인시켜 주는 표장이므로 '독점적 소유자'가 없는 점이 상표와 차이가 있음

출처 : 특허청 홈페이지

제2절 상표등록 출원 및 등록

1 상표등록 절차 및 제도

(1) 상표등록출원 및 심사
① 상표의 출원
⊙ 상표법 제38조는 "상표등록출원을 하려는 자는 상품류의 구분에 따라 1류 이상의 상품을 지정하여 1상표마다 1출원을 하여야 한다"고 규정하여 1상표 다류 1출원주의를 채택하고 있다. 상표법 시행규칙 별표1에는 제1류부터 제45류까지 상품류를 구분하여 명시하고 있다.
⊙ 상표등록신청서에는 출원구분, 권리구분, 출원인, 대리인, 상표유형, 수수료 등의 내용이 기재된다. 그 외 우선권주장, 출원 시의 특례주장, 도면의 개수, 상표의 설명 등이 임의사항으로 필요 시 내용이 기재된다.
⊙ 심사는 방식심사와 실체심사로 구분된다. 방식심사는 출원서가 제출되면 진행되며, 상표등록출원일 불인정 사유, 절차에 중대한 하자인 반려사유, 절차의 보정사유로 나눌 수 있다.
⊙ 실체심사는 심사관이 해당 상표등록출원에 대해 상표등록에 필요한 실체적인 등록요건을 구비하였는지 여부를 결정한다.

(2) 상표등록출원일 불인정사유 보완
① 상표법에서 정한 등록출원일 불인정사유는 다음과 같다.
⊙ 상표등록을 받으려는 취지가 불명확한 경우
⊙ 출원인의 성명이나 명칭이 빠져있거나 불명확하여 출원인을 특정할 수 없는 경우
⊙ 상표등록출원서에 상표가 빠졌거나 적힌 사항이 불선명하여 상표로 인식할 수 없는 경우
⊙ 지정상품이 빠져있는 경우
⊙ 한글로 적혀 있지 않은 경우
② 특허청장은 불인정사유에 대해 적절한 기간 내에 보완할 것을 명하여야 하며, 이는 강행규정이다.
③ 보완명령을 받은 자는 절차보완서를 제출하여야 하며, 지정기간 내에 적법하게 보완한 경우 절차보완서가 특허청에 도달한 날을 상표등록출원일로 본다.

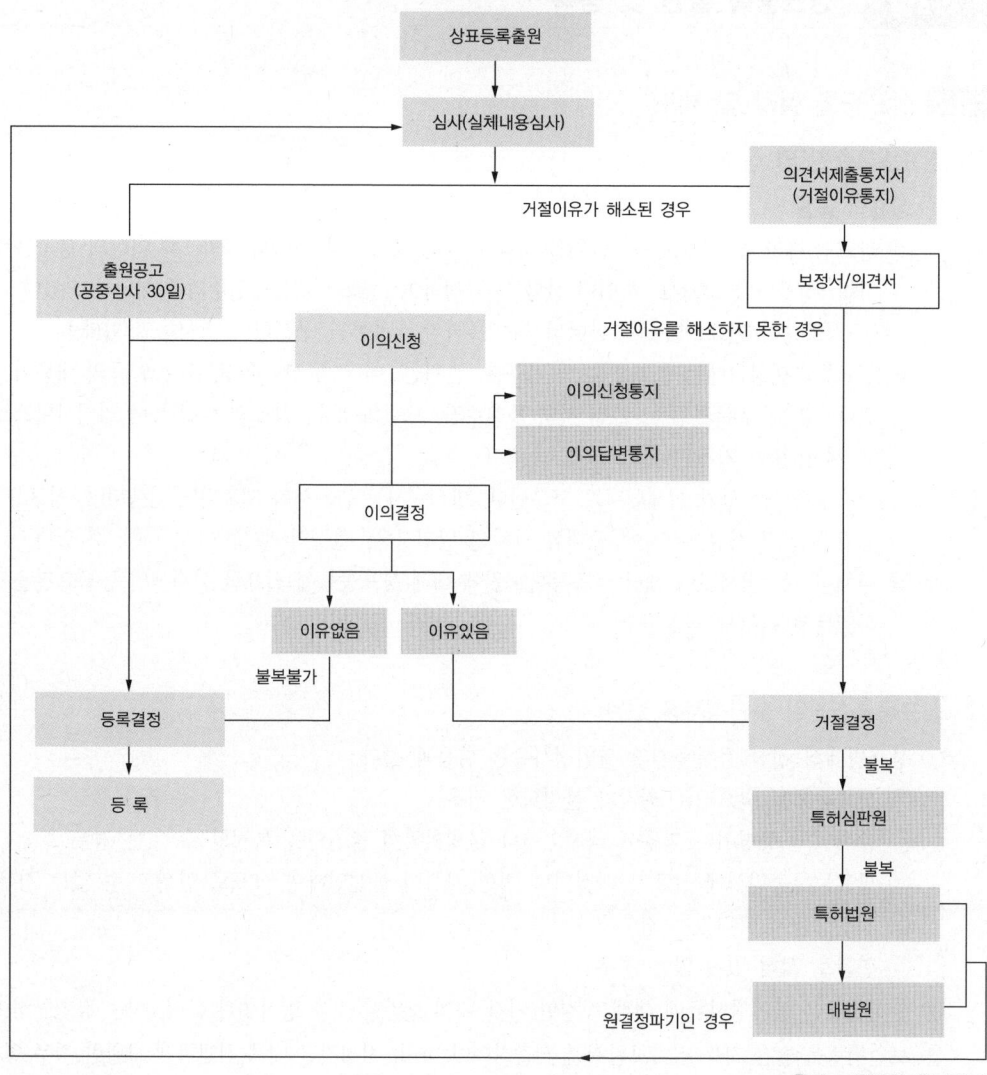

〈그림 4-3〉 상표의 심사절차

출처 : 특허청 홈페이지

개념체크OX

01 상표의 기능에는 자타상품의 식별 기능, 출처표시 기능, 품질보증 기능, 광고선전 기능, 권리적 기능이 있다. O X

02 비영리 업무를 영위하는 자가 그 업무를 나타내기 위해서 사용하는 표장을 증명표장이라고 한다. O X

정답 X, X

(3) 출원의 보정

출원의 보정은 절차보정과 실체보정으로 구분된다.

① 절차보정이란 출원의 절차에 관한 형식적인 요건의 흠결로 보충하거나 정정하는 것을 말한다. 이에는 특허청장 등의 명령에 의한 보정과 출원인에 의한 자진보정이 있다.

② 명령에 의한 보정은 상표에 관한 출원 및 그 밖의 절차가 행위능력 또는 대리권의 범위에 관한 법규정 등을 위반한 경우, 수수료 미납부 경우에 해당된다.

③ 실체보정이란 출원상표 또는 그 지정상품, 상표등록출원서의 기재사항을 보충 또는 정정하는 것을 말한다. 실체보정은 자진보정이 원칙이며, 예외적으로 심사관에 의한 직권보정이 있다.

④ 실체보정은 최초 상표등록출원의 요지를 변경하지 아니하는 범위 내에서만 보정이 가능하다. 여기에 해당되는 보정이 가능한 경우는 다음과 같다.
  ㉠ 지정상품의 범위의 감축 : 지정상품의 범위를 확대·변경하지 않는 범위 내에서 지정상품의 수가 증가해도 요지변경에 해당되는 않는다. 예 의류 → 의류, 속옷, 바지로 세분화
  ㉡ 오기의 정정 : 오기임이 객관적으로 명백한 경우에 한하여 인정된다. 예 '찾잔' → '찻잔'
  ㉢ 불명료한 기재를 명확하게 하는 것
  ㉣ 상표의 부기적인 부분의 삭제 : 부기적인 부분을 삭제해도 요지변경에 해당되지 않는 경우에 인정된다. 예 상표 중 'KS', '특허', '디자인' 등의 문자나 기호를 삭제
  ㉤ 그 밖에 상표등록출원에 따른 표장에 관한 설명 등 산업통상자원부령이 정하는 사항

(4) 출원의 변경

① 출원의 변경은 상표출원·단체표장출원·증명표장출원 상호 간의 출원변경 혹은 상표출원과 지정상품추가등록출원 간의 출원변경을 말한다. 이는 출원서의 권리구분 오기재의 경우로 선출원의 지위를 유지하면서 출원인의 이익을 보호하고 재출원으로 인한 중복을 방지하기 위함이다.

② 변경출원이 적법하게 인정되려면, 변경출원과 최초출원의 내용이 동일하여야 하며, 표장과 지정상품의 동일성이 유지되어야 한다.

③ 출원의 변경이 적법하게 이루어지면, 변경출원의 출원일은 원출원의 출원일로 소급이 되며, 최초출원은 취하된 것으로 간주된다.

④ 예외적으로 상표법 제46조 제1항(조약우선권 주장 및 그 증명서류의 제출), 제47조 제1항(상표등록출원을 한 때 특례 적용취지 및 그 증명서류의 제출)은 변경출원한 날을 기준으로 한다.

(5) 출원의 분할

① 출원의 분할은 1 또는 2 이상의 상품을 지정상품으로 하여 상표출원한 경우에는 이를 상품마다 또는 상품류 구분별로 출원을 분할할 수 있도록 한 것을 말한다. 즉, 출원의 분할은 지정상품의 분할을 뜻하며, 상표의 분할을 의미하지는 않는다.

② 분할출원이 적법하게 인정되는 요건은 다음과 같다.
  ㉠ 원상표등록출원이 2 이상의 상품 또는 1 이상의 포괄명칭을 지정한 출원으로 유효하게 계속 중이어야 한다.
  ㉡ 원출원의 지정상품 범위 내에서의 분할이어야 하며, 상표는 동일해야 한다.
  ㉢ 분할이 적법하면 분할출원은 원출원을 한 때에 출원한 것으로 본다.

(6) 조약우선권 제도

① 조약당사국인 제1국(외국)의 최선의 정규출원의 출원인과 동일하거나 적법한 승계인은 제1국 출원 상표 및 상품과 동일한 상표 및 상표에 대해 제1국 출원일로부터 6개월 이내에 국내에서 조약우선권 출원을 하면 제1국에 출원한 날을 대한민국에 출원한 날로 보는 제도이다.
② 파리협약은 우선권제도를 마련하여 내국민대우 원칙의 실효성을 보장하는 한편 상표의 국제적인 보호를 도모하고 있다.
③ 우선권주장이 인정되려면 제1국 출원일로부터 6개월 이내에 제2국에 출원해야 하며, 상표등록출원일로부터 3개월 이내에 최초에 출원한 국가의 정부가 인정하는 상표등록출원의 연월일을 적은 서면, 상표 및 지정상품의 등본을 우선권주장 증명서류로 특허청장에게 제출하여야 한다.
④ 우선권주장이 적법한 경우에는 선출원주의 적용 시 제1국 출원일을 대한민국에서의 출원일로 본다. 우선권주장이 부적합할 경우에는 우선권 주장이 상실될 뿐이어서 출원은 유효하고 대한민국(제2국)의 실제 출원일을 기준으로 심사를 하게 된다.

(7) 출원 시 특례제도

① 상표등록을 받을 수 있는 자가 소정의 박람회에 출품한 상품에 사용한 상표를 그 상품을 지정상품으로 하여 출품한 날부터 6개월 이내에 상표등록출원한 경우에는 그 박람회에 출품을 한 때에 출원한 것으로 간주하는 제도이다.
② 이 제도의 취지는 박람회 출품자의 보호, 박람회출품을 장려하여 산업발전에 이바지하기 위함이다.

(8) 상표의 출원공고제도

상표의 출원공고제도는 심사의 공정성과 완전성을 담보하고 부실권리의 발생을 예방하며, 등록 후 발생할 수 있는 분쟁을 미연에 방지하고자 상표등록출원에 대하여 심사관이 실체검사를 한 결과 거절이유를 발견할 수 없거나, 거절이유가 해소된 경우에 그 출원 내용을 공중에 공고함으로써 심사의 협력을 요청하는 제도이다.

(9) 상표의 이의신청제도

① 출원공고된 상표에 대하여 이의가 있을 때에는 누구든지 출원공고일로부터 30일* 이내에 이의신청을 할 수 있도록 하여 출원공고 상표에 대해 공중심사를 받게 하는 제도이다. 누구든지 이의신청이 가능하므로 이해관계가 있을 것을 요하지 않는다.

*상표법 개정으로 이의신청기간이 2개월에서 30일로 변경되었다('24.12.27 국회통과, '25.7 시행). 개정 목적은 상표출원 심사 종결기간을 단축하여 출원인 권리확보 시점을 앞당기기 위해서이다.

② 이의신청 성립 시 이의신청이 이유 있는 경우에 해당 상표등록출원은 거절결정되며, 출원인은 이에 대하여 거절결정불복심판의 청구로 불복할 수 있다.

(10) 정보제공제도

누구든지 상표등록출원 등록여부 결정전까지 출원상표가 거절이유가 있음을 이유로 심사관에게 정보제공을 할 수 있는 제도이다. 심사관은 이를 참고자료로 활용하지만 반드시 활용할 의무는 없다.

2 상표등록요건

상표등록요건은 주체적 요건, 실체적 요건 등이 있는데, 실체적 요건은 상표·상품의 유사판단에 중요하다. 실체적 요건은 다시 적극적 요건과 소극적 요건으로 구분할 수 있다.

(1) 상표를 받을 수 있는 자(주체적 요건)

① 우리나라에서 상표권자가 될 수 있는 자격을 갖는 자(개인 또는 법인)로서, 국내에서 상표를 사용하는 자(법인·개인·공동사업자) 또는 사용하려는 자는 상표법이 정하는 바에 의하여 자기의 상표를 등록받을 수 있다.

② 상표를 사용할 의사가 없다고 합리적인 의심이 드는 경우의 예는 다음과 같다.
  ㉠ 개인이 대규모 자본 및 시설 등이 필요한 상품을 지정하는 경우(예 인공위성, 선박)
  ㉡ 견련관계가 없는 비유사 상품의 종류를 다수 지정한 경우(예 견련관계 × : 비료, 컴퓨터, 숙박업 / 견련관계 ○ : 구두, 의류, 화장품)
  ㉢ 개인이 법령상 일정자격 등이 필요한 상품과 관련하여 견련관계가 없는 상품을 2개 이상 지정한 경우(예 견련관계 × : 병원업, 법무서비스업, 건축설계업)
  ㉣ 출원하는 것이라고 의심이 드는 경우

(2) 자타상품식별력 구비(적극적 요건) 빈출도 ★★☆

상표의 주된 기능은 자타상품의 식별 기능이다. 상표로 등록하려면 자타상품에 대한 식별력을 갖추어야 한다. 다음은 자타상품의 식별력이 없는 상표의 예시이다.

> **식별력이 없는 상표의 예**
> - 상품의 보통명칭인 상표 : 호두로 만든 과자 – 호두과자, 자동차 – Car
> - 관용상표(동종업자들이 관용적으로 쓰는 표장) : 과자 – 깡, 청주 – 정종
> - 성질표시 표장(기술적 표장) : 상품의 생산지(영광굴비), 품질 상태(상·중·하), 원재료(모, 실크), 효과와 성능(빠른 전송), 쓰임새(여성의류, 학생가방), 모양과 크기(소형, 슬림), 사용시기(봄·여름·가을·겨울), 생산·가공·사용방법(자연농법, 조립가구, 수제화)
> - 현저한 지리적 명칭·약어·지도 : 백두산, 한라산, 뉴욕
> - 성 또는 명칭 : 김씨, 부장, 조합, 총장, 상사
> - 간단하고 흔한 표장 : 1234, Seven 등
> - 기타 : 일반적인 구호·표어·인사 등

(3) 부등록사유(소극적 요건) 빈출도 ★☆☆

상표는 자타상품의 식별력을 갖추더라도 상표권은 독점적·배타적인 성격을 가지고 있기 때문에 공익과 제3자의 이익을 침해하면 상표권을 등록받지 못할 수 있다. 이러한 소극적 요건(부등록사유)은 다음과 같이 규정되어 있다.

> 상표의 소극적 요건(부등록사유)
> - 국기·국장 등과 동일·유사한 상표
> - 국가 등과의 관계를 거짓으로 표시하거나 비방하는 상표
> - 국가·공공단체 등의 업무를 나타내는 저명한 표장과 동일·유사한 상표
> - 공서양속을 해칠 우려가 있는 상표
> - 박람회의 상패·상장 등과 동일·유사한 표장이 있는 상표
> - 저명한 타인의 성명·명칭 등을 포함하는 상표
> - 상품의 품질을 오인하게 하거나 수요자를 기만할 염려가 있는 상표
> - 상품 등의 기능성에 꼭 필요한 입체적 형상 등만으로 된 상표
> - 포도주 또는 증류주의 산지에 관한 지리적 표시를 포함하는 상표
> - 식물신품종보호법에 따라 등록된 품종명칭과 동일·유사한 상표
> - 농수산물품질관리법에 따라 등록된 지리적 표시와 동일·유사한 상표
> - 자유무역협정에 따라 보호되는 지리적 표시와 동일·유사한 상표
> - 선등록상표와 동일·유사한 상표
> - 선등록 지리적 표시 단체표장과 동일·유사한 상표
> - 주지상표와 주지된 지리적 표시와 동일·유사한 상표
> - 신의성실의 원칙에 반하여 출원한 상표
> - 조약당사국에 등록한 상표와 동일·유사한 상표

출처 : 상표법

3 상표와 상품의 동일·유사 판단 빈출도 ★☆☆

상표와 상품의 동일·유사는 상표의 부등록사유, 선출원주의 등 상표의 등록요건일 뿐만 아니라 상표권의 효력, 보호범위, 침해, 소멸 등 상표법 전반에 걸친 핵심적인 개념이다. 그런데 상표법에서 상표유사의 개념이나 그 판단기준에 관하여 아무런 규정이 없으며 문제의 해결은 판례에 맡겨져 있다.

(1) 유사 판단의 원칙(판례)

① 양 상표의 외관·호칭·관념을 전체적, 이격적, 객관적으로 관찰하여 일반 수요자나 거래자가 직관적 인식을 기준으로 상품출처 오인, 혼동우려 여부에 따라 결정한다.

〈표 4-30〉 상표 유사 판단의 3요소

구 분	내 용
관념의 요소	대비되는 상표의 의미·관념이 유사해 상품출처의 오인·혼동을 가져오는 지각적 요인의 유사
외관의 요소	대비되는 상표의 기호·문자·도형·형상·색채의 구성이 유사해 상품출처의 오인·혼동을 일으키는 시각적 요인의 유사
호칭의 요소	대비되는 상표의 호칭이 유사해 상품출처의 오인·혼동을 일으키는 청각적 요인의 유사

출처 : 지식재산의 이해(특허청·한국발명진흥회, 2012)

② 상표 구성의 일부분만을 추출하여 타인의 상표와 비교하여 판단하는 것은 허용되지 않으며 상표를 전체로서 관찰하여 그 외관·호칭·관념을 비교 검토해야 함이 원칙이다. 다만, 적절한 전체관찰의 결론을 유도하기 위한 수단으로 기능적 관찰(분리 및 요부 관찰)을 할 수 있다.

(2) 상표 동일·유사 판단 시 고려사항

① 외관·호칭·관념 중 어느 하나가 유사하더라도 다른 점도 고려할 때 전체로서는 명확히 출처의 혼동을 피할 수 있는 경우에는 유사상표로 할 수 없고, 반대로 서로 다른 부분이 있어도 그 호칭이나 관념이 유사하여 일반 수요자가 오인·혼동하기 쉬운 경우에는 유사상표라고 보아야 할 것이다.
② 광고매체의 광범위한 보급으로 문자상표는 '호칭'이 가장 중요한 요소이며, 짧은 음절로 된 문자상표는 호칭 중 '첫음절'이 가장 중요하다고 본다. (예 설록차 vs 순록차 : 비유사)
③ 도형 상표의 경우 외관의 지배적 특징을 주로 비교하여 유사여부를 판단한다.

개념체크OX

01 상표 출원의 변경은 상표출원·단체표장출원·업무표장출원 상호 간의 출원 변경을 말한다. O X
02 상표의 유사판단 3요소는 외관·호칭·관념이다. O X

정답 X, O

제3절 상표권의 효력 및 침해

1 상표권의 발생 및 소멸

(1) 존속기간 갱신등록제도 빈출도 ★★★

① 상표권의 존속기간은 설정등록이 있는 날로부터 10년이지만, 존속기간 갱신등록제도에 의하여 10년씩 갱신할 수 있다.
② 상표권의 존속기간 만료 전 1년 이내에 갱신등록신청을 하여야 한다. 존속기간이 경과한 후에도 상표권자는 존속기간 만료 후 6개월 이내에 가산금을 납부하면 갱신등록신청을 할 수 있다.

(2) 지정상품 추가등록제도

① 상표권자 또는 상표등록출원인이 등록상표 또는 상표등록출원의 지정상품을 추가하여 등록받을 수 있는 제도이다.
② 등록요건은 다음과 같다.
　㉠ (주체적 요건) 지정상품추가등록출원의 출원인은 해당 상표권자 또는 출원인이거나 그의 정당한 승계인으로서 이전등록이나 출원인변경신고를 마친 자이어야 한다.
　㉡ (객관적 요건) 상표는 등록상표 또는 출원상표와 동일해야 하며, 상품의 범위에는 제한이 없다.
　㉢ (시기적 요건) 지정상품추가등록출원은 추가등록출원의 출원한 때 또는 등록여부결정을 할 때를 기준으로 한다.

(3) 상표권의 소멸

① 소멸의 원인은 다음과 같다.
  ㉠ 상표권의 존속기간 만료
  ㉡ 상표등록표의 분할납부에 있어 법정기간 내 2회차 등록료를 미납한 경우
  ㉢ 상표권의 포기
  ㉣ 상표등록의 취소 또는 무효
  ㉤ 상속인 부존재 및 상속인의 이전등기 불이행

2 상표권의 효력 빈출도 ★☆☆

(1) 상표권의 효력범위

① (내용적 범위) 등록상표의 보호범위는 출원서에 적은 상표 및 기재사항과 출원서 또는 상품분류전환등록신청서에 기재된 상품에 의하여 정해진다.
② (지역적 범위) 원칙적으로 국내에만 효력이 미친다. 다만, 진정상품병행수입은 속지주의 원칙의 예외이다.
③ (시간적 범위) 상표권의 존속기간은 설정등록일로부터 10년이다. 다만, 존속기간연장제도에 따라 10년씩 갱신이 가능하다.

(2) 적극적 효력과 소극적 효력

상표를 등록할 경우 상표권자는 지정상품에 관하여 그 등록상표를 사용할 독점권을 부여하는 것은 적극적 효력이다. 등록상표와 동일한 상표뿐만 아니라 유사범위에 속하는 타인의 사용에 대하여도 상표권의 침해로 간주하여 그 사용을 금지할 권리를 부여하는 것은 소극적 효력이다.

(3) 상표권의 침해

① 상표권의 침해의 예로는 등록된 상표와 동일한 경우, 유사한 상표를 그 지정상품과 동일하거나 유사한 상품에 사용하는 경우(직접 침해) 등을 들 수 있다. 그뿐만 아니라 교부·판매·위조·모조 등의 목적만으로도 침해의 개연성이 높은 예비적 행위를 침해(간접 침해)로 간주하고 있다.
② 상표권의 침해가 성립하려면 침해할 당시 다음과 같은 요건이 되어야 한다.
  ㉠ 등록상표권이 유효하게 존재해야 한다.
  ㉡ 상품에 상표를 사용하여 상표의 기능이 발휘되어야 한다.
  ㉢ 상표권의 보호범위 내이어야 한다.
  ㉣ 정당한 권원이 존재하지 않아야 한다.
  ㉤ 등록상표권의 배타적 효력이 제한되는 경우가 아니어야 한다.
③ 상표권 침해의 구제방법
  ㉠ 민사적 구제 : 손해배상청구, 침해금지 또는 예방 청구권, 가처분·가압류, 신용회복조치 청구, 침해행위 조성물 등의 폐기청구 등
  ㉡ 형사적 구제 : 침해죄, 몰수
  ※ 상표 침해죄는 공익적 성격을 고려해 피해자의 고소 없이도 공소를 제기할 수 있는 비친고죄이다.

(4) 상표의 사용권 제도

상표법상 사용권은 상표권자가 아닌 타인이 일정한 범위 내에서 해당 등록상표에 대해 사용할 수 있는 권리를 말한다. 상표권자의 허락에 의한 전용사용권과 통상사용권, 상표법 규정에 의한 법정통상사용권으로 분류할 수 있다.

① 전용사용권과 통상사용권

전용사용권	통상사용권
• 전용사용권자는 설정행위로 정한 범위에서 지정상품에 대한 등록상표를 사용할 권리를 독점 • 권리침해에 대하여 금지·예방을 청구할 수 있음 • 상표권자의 동의로 타인에게 이전하거나 통상사용권을 설정할 수 있음	• 통상사용권자는 등록상표를 사용할 권리를 가짐 • 상표권자와 전용사용권자의 동의로 통상사용권을 타인에게 이전할 수 있음 • 금지청구권은 없음

② 법정통상사용권

법정통상사용권이란 법률 규정에 의하여 발생하는 통상사용권을 말하며, 상표권자 또는 전용사용권자의 허락을 필요로 하지 않는다.

법률규정에 의한 법정통상사용권의 종류는 다음과 같다.

㉠ 특허권 등의 존속기간 만료 후 상표를 사용할 권리(상표법 제98조)
㉡ 선사용권(상표법 제99조) : 선사용권이란 선출원주의를 보완하고 모방상표 등록에 대한 유인을 제거하기 위해, 부정경쟁의 목적 없이 타인의 상표등록출원 전부터 국내에서 계속하여 사용하고 국내 수요자 간에 그 상표가 특정인의 상품을 표시한 것이라고 인식된 경우에 그 선사용자에게 해당 상표를 그 사용하던 상품에 대하여 계속하여 사용할 권리를 법으로 부여한 것이다.

> **상표법 개정 관련**
> (1) 상표 부분거절 및 재심사 청구제도 시행(2022.2.3 개정, 2023.2.4 시행)
>   • 상표 부분거절제도 : 상표등록출원 지정상품 중 일부에만 거절이유가 있는 경우라면 출원인이 상품 삭제 등 별도의 조치를 취하지 않더라도 거절이유가 없는 상품은 상표등록을 받을 수 있는 제도이다. 종전에는 일부에만 거절이유가 있더라도 출원인이 거절이유가 있는 상품을 삭제하거나 보정을 하지 않는다면 전체 상품을 등록받을 수 없었다.
>   • 재심사 청구제도 : 상표등록출원에 대한 거절결정이 상품 보정 등으로 간단하게 해소할 수 있는 경우에는 심사관에게 다시 심사를 청구할 수 있는 제도이다. 종전에는 거절결정 불복심판 청구를 해야만 가능하였다.
> (2) 변경출원 시 원출원의 우선권 주장 자동 인정(2024.5.1 시행)
>   • 원출원에 우선권 주장 또는 출원 시의 특례주장 및 관련 증명서류의 제출이 있는 경우 변경출원 시에도 이를 자동으로 인정한다.
> (3) 상표 공존 동의제 도입(2024.5.1 시행)
>   • 상표 공존 동의제 : 선등록상표권자 및 선출원인이 동의하는 경우, 동일·유사한 후출원상표도 등록받고 사용할 수 있도록 하는 제도를 말한다. 종전에는 선등록상표 또는 선출원상표와 동일·유사한 후출원상표는 등록이 거절되었다.

CHAPTER 05 | 상표권

단원별 출제예상문제

01 다음 설명은 상표의 기능 중 어디에 해당하는가?

> 상표의 상품에 대한 심리적인 연상작용을 동적인 측면에서 파악한 것으로 상품거래사회에서 판매촉진수단으로서의 상표의 기능을 말한다.

① 자타상품의 식별기능
② 재산적 기능
③ 출처표시 기능
④ 품질보증 기능
⑤ 광고선전 기능

해설 광고선전 기능에 대한 내용이다.
※ 상표의 기능은 자타상품의 식별기능, 출처표시 기능, 품질보증 기능, 광고선전 기능, 재산적 기능이 있다.

02 상표법상 상표(광의의 상표 개념 포함)가 아닌 것은?

① 냄새상표
② 자타상품식별의사와 무관한 가격표시
③ 동작상표
④ 홀로그램상표
⑤ 업무표장

해설 자기의 상품과 타인의 상품을 식별하기 위하여 사용되지 않는 표장을 상품에 사용하였을 경우는 상표법상의 상표에 해당되지 않는다.

03 상표제도에 대한 설명으로 옳지 않은 것은?

① 상표법은 선출원주의, 등록주의, 심사주의, 1상표 1출원 원칙을 기본원칙으로 한다.
② 상표법상 상표의 정의는 "자기의 상품과 타인의 상품을 식별하기 위하여 사용되는 표장"이다.
③ 상표권의 존속기간은 상표등록일로부터 10년간 유지되며, 갱신제도는 없다.
④ '업무표장'이란 비영리 업무를 하는 자가 그 업무를 나타내기 위하여 사용하는 표장을 말하며 기타 표장으로 분류하고 있다.
⑤ 상표법은 상표를 보호함으로써 상표 사용자의 업무상 신용 유지를 도모하여 산업발전에 이바지하고 수요자의 이익을 보호함을 목적으로 한다.

해설 상표권의 존속기간은 상표등록일로부터 10년간 유지되며, 10년씩 갱신할 수 있다.
※ 업무표장은 일반적으로 상표에 관한 규정이 적용되나, 별도의 제한규정도 있다.

04 상표법상 보호되는 기타 표장에 대한 설명으로 옳지 않은 것은?

① 상품을 생산·제조·가공·판매하거나 서비스를 제공하는 자가 공동으로 설립한 법인이 직접 사용하거나 그 소속 단체원에게 사용하게 하기 위한 표장을 '단체표장'이라고 한다.
② 단체표장에서 지리적 표시를 사용할 수 있는 상품인 경우에는 지리적 표시 단체표장으로 분류한다.
③ 영리 업무를 영위하는 자가 그 업무를 나타내기 위하여 사용하는 표장을 '업무표장'이라고 한다.
④ 상품의 품질, 원산지, 생산방법 또는 그 밖의 특성을 증명하고 관리하는 것을 증명으로 하는 자가 타인의 상품에 대하여 그 상품의 품질, 원산지, 생산방법 등을 증명하는 데 사용하기 위한 표장을 '증명표장'이라고 한다.
⑤ 단체표장, 증명표장, 업무표장은 광의의 상표 개념으로써 상표법상에서 상표로 보호받는다.

해설 업무표장은 비영리 업무를 영위하는 자만 인정된다.

05 상표법상의 상품(서비스)으로 인정되는 것은?

① 열·향기와 같은 무체물
② 운반이 가능한 조립가옥
③ 골동품 및 예술품
④ 마약류 및 유가증권
⑤ 기업체 내부의 인사관리나 교육

해설 운반이 불가능한 부동산은 상표법상의 상품에 해당되지 않는다. 다만 운반이 가능한 조립가옥은 상품으로 인정된다.

06 상표등록출원 절차에 대한 설명으로 옳지 않은 것은?

① 현재 상표법은 1상표 1류 1출원주의를 채택하고 있다.
② 상표등록출원 지정상품 및 상품에 대하여 최초의 상표등록출원의 요지를 변경하지 아니하는 범위에서 보정하여야 한다.
③ 출원의 변경은 상표출원, 단체표장출원 및 증명표장출원 상호 간에 인정된다.
④ 다만, 지리적 표시 단체표장출원 및 업무표장등출원에 대해서는 인정되지 않는다.
⑤ 변경출원이 적법하게 인정되려면, 변경출원과 최초출원의 내용이 동일하여야 하며, 표장과 지정상품의 동일성이 모두 유지되어야 한다.

해설 1997년 개정상표법에 따라 '98.3.1부터 "1상표 다류 1출원주의"를 채택하고 있다. 이는 상표마다 출원하되 상표와 서비스업을 동시에 지정하여 출원할 수 있게 하기 위함이다.

정답 01 ⑤ 02 ② 03 ③ 04 ③ 05 ② 06 ①

07 다음 설명은 상표법에서 정한 상표등록출원제도 중 어느 것인가?

> 출원의 절차상 또는 내용상의 흠결을 특허청장 또는 심판원장의 명령에 의하여 또는 출원인이 자진하여 보충 정정할 수 있는 제도

① 출원의 등록
② 출원의 보정
③ 출원의 변경
④ 출원의 분할
⑤ 재출원

해설 출원의 보정에 대한 내용이다. 출원의 보정에는 절차보정과 실체보정이 있다.
※ 상표등록출원제도로는 출원의 보정, 출원의 변경, 출원의 분할, 출원 시의 특례, 조약권에 따른 우선권 주장 등이 있다.

08 다음 설명의 빈칸에 들어갈 숫자로 옳게 짝지어진 것은?

> 조약에 따른 우선권 주장이 인정되려면, 제1국 출원일로부터 (㉠)개월 이내에 제2국에 출원해야 하며, 상표등록출원일로부터 (㉡)개월 이내에 최초로 출원한 국가(제1국)의 정부가 인정하는 상표등록출원의 연월일을 적은 서면, 상표 및 지정상품의 등본을 우선권주장 증명서로 특허청장에 제출하여야 한다. (상표법 제46조 제④항)

① ㉠ 6 ㉡ 6
② ㉠ 12 ㉡ 6
③ ㉠ 6 ㉡ 3
④ ㉠ 3 ㉡ 3
⑤ ㉠ 12 ㉡ 12

해설 조약에 따른 우선권 주장이 인정되려면 제1국 출원일로부터 6개월 이내에 제2국에 출원하여야 하며, 상표등록 출원일로부터 3개월 이내에 서면, 상표 및 지정상품의 등본을 제출하여야 한다.

09 상표 유사판단의 3요소로 옳게 묶인 것은?

① 관념·혼동·창작
② 목적·외관·저명
③ 외관·칭호·관념
④ 저명·칭호·목적
⑤ 모방·저명·혼동

해설 상표의 유사여부 판단의 일반원칙은 두 개의 상표에 대하여 외관·호칭·관념 등을 전체적·객관적·이격적으로 관찰하여 거래상 상품출처의 오인·혼동을 일으킬 우려가 있는 여부에 따라 판단하는 것이다.

10 상표권의 효력에 대한 설명으로 옳지 않은 것은?

① 등록상표의 보호범위는 상표등록출원서에 적은 상표 및 기재사항에 따라 정해지며, 지정상품의 보호범위는 상표등록출원서 또는 상품분류전환등록신청서에 기재된 상품에 따라 정해진다.
② 원칙적으로 속지주의에 의해 국내에만 효력이 미친다.
③ 상표권의 효력은 크게 적극적 효력과 소극적 효력으로 나누어진다.
④ 적극적인 효력은 상표권자가 독점권 및 금지권을 행사할 수 있으며 침해금지청구권, 손해배상청구권까지 행사할 수 있는 것을 의미한다.
⑤ 상표권의 존속기간은 설정등록일로부터 10년이며, 10년씩 갱신이 가능하다.

해설 침해금지청구권 및 손해배상청구권은 소극적 효력에 해당한다.

11 상표법상 사용권 제도에 대한 설명으로 옳지 않은 것은?

① 상표법상 사용권이란 상표권자가 아닌 타인이 일정한 범위 내에서 해당 등록상표에 대해 사용할 수 있는 권리를 말한다.
② 상표법상 사용권은 '전용사용권'과 '통상사용권' 그리고 '법정통상사용권'이 있다.
③ 통상사용권자는 설정된 범위 내에서 지정상품과 관하여 등록상표를 사용할 권리를 독점하게 된다.
④ 통상사용권의 설정·이전 등은 등록하지 아니하면 제3자에게 대항할 수 없다.
⑤ 전용사용권의 설정·이전 등은 등록하지 아니하면 제3자에게 대항할 수 없다.

해설 통상사용권자는 등록상표를 사용할 수 있는 권리를 가지는 것이며, 독점 사용권이 아니라는 점에서 전용사용권과 구분된다.

12 상표 동일·유사 판단에 대한 설명으로 옳지 않는 것은?

① 상표법에 상표유사의 개념이나 그 판단기준에 관한 규정을 정하고 있다.
② 판례에 의한 유사 판단의 원칙이 정해져 있다.
③ 상표 구성의 일부분만을 추출하여 타인의 상표와 비교하여 판단하면 안 되고 상품 전체를 관찰하여 그 외관, 칭호, 관념을 비교 검토해야 함이 원칙이다.
④ 외관·칭호·관념 중 어느 하나가 유사하다 하더라도 다른 점도 고려할 때 전체로서는 명확히 출처의 혼동을 피할 수 있는 경우에는 유사상표라 할 수 없다.
⑤ 동형 상표의 경우 외관의 지배적 특징을 주로 비교하여 유사여부를 판단한다.

해설 상표법에는 상표유사의 개념이나 그 판단기준에 관한 규정이 없으며 문제의 해결은 판례에 맡겨져 있다.

CHAPTER 06 저작권

> **출제포인트**
> ■ 저작물의 종류 및 저작자의 개념
> ■ 저작인격권과 저작재산권 종류 및 각각의 권리

제1절 저작자와 저작물의 개념

1 저작물의 개념

(1) 저작물의 의의
 ① 저작권법은 문학, 예술, 학술 등에 속하는 창작물에 대하여 저작자나 그 권리 승계인이 행사하는 배타적, 독점적 권리를 부여한다.
 ② 저작권법의 보호대상인 저작물은 인간의 사상 또는 감정을 표현한 창작물을 말한다. 창작성은 단순히 남의 것을 베끼거나 모방하지 않은 정도이면 만족하며, 독창성을 요하는 것은 아니다. 따라서 전문가가 아니더라도 창작물로서 모두 법적 보호를 받을 수 있다.

(2) 보호되는 저작물 빈출도 ★★☆
 ① 저작권법에서는 표현수단에 따른 저작물을 다음과 같이 예시를 두고 있다.

> - 소설·시·논문·강연·연설·각본 그 밖의 어문저작물
> - 음악저작물
> - 연극 및 무용·무언극 그 밖의 연극저작물
> - 회화·서예·조각·판화·공예·응용미술저작물 그 밖의 미술저작물
> - 건축물·건축을 위한 모형 및 설계도로서 그 밖의 건축저작물
> - 사진저작물(이와 유사한 방법으로 제작된 것을 포함)
> - 영상저작물
> - 지도·도표·설계도·약도·모형 그 밖의 도형저작물
> - 컴퓨터프로그램저작물

 ② 저작물의 순서에 따라 원저작물, 2차적 저작물로 분류된다. 2차적 저작물은 원저작물을 번역·편곡·변형·각색·영상제작 그 밖의 방법으로 작성한 창작물로서 독자적인 저작물로서 보호된다. 2차적 저작물의 보호는 그 원저작물의 저작자의 권리에 영향을 미치지 아니하고 독립성을 가진다.

③ 편집물은 저작물이나 부호·문자·음악·영상 그 밖의 형태의 자료의 집합물을 뜻한다. 편집저작물도 2차적 저작물처럼 독자적인 저작물로 보호되며 원저작물의 저작자의 권리에 영향을 미치지 않는다.

(3) 외국인의 저작물
① 외국인의 저작물은 대한민국이 가입 또는 체결한 조약에 따라 보호된다.
② 대한민국 내에 상시 거주하는 외국인의 저작물과 맨 처음 대한민국 내에서 공표된 저작물은 보호된다. 다만, 보호되는 외국인의 저작물이더라도 그 외국에서 대한민국 국민의 저작물을 보호하지 않는 경우에는 그에 상응하는 조약 및 이 법에 따른 법의 보호를 제한할 수 있다.
③ 외국인 저작물이더라도 그 외국에서 보호기간이 만료된 경우에는 이 법에 따른 보호기간은 인정하지 않는다.

(4) 보호되지 않는 저작물 빈출도 ★★☆
저작권법에서는 공익적 견지에서 국민이 자유롭게 이용할 수 있도록 보호되지 않는 저작물을 규정하고 있다.

- 헌법·법률·조약·명령·조례 및 규칙
- 국가 또는 지방자치단체의 고시·공고·훈령 그 밖의 이와 유사한 것
- 법원의 판결·결정·명령 및 심판이나 행정심판절차 그 외 유사한 절차의 의결·결정 등
- 국가 또는 지방자치단체가 작성한 것으로서 규정된 편집물 또는 번역물
- 사실의 전달에 불과한 시사보도

(5) 공동저작물
① 공동저작물의 성립요건
  ㉠ 저작물은 2인 이상이 공동으로 창작한 것이어야 한다(자연인과 법인, 법인과 법인 조합 가능함).
  ㉡ 창작에 참여한 저작자들 사이에 공동창작 의사가 존재하여야 한다.
  ㉢ 저작물이 분리이용이 불가능하여야 한다.
② 저작재산권 및 저작인격권을 행사하려면 저작재산권자의 전원 합의가 있어야 하며, 지분 양도, 질권 설정도 전원 합의가 있어야 한다.
③ 공동저작물의 저작재산권의 보호기간은 공동저작자 중 마지막에 사망한 자의 사후 70년간 존속한다.

(6) 업무상저작물
① 업무상저작물은 법인 등이 기획 하에 법인 등의 업무에 종사하는 자가 업무상 만든 저작물을 말한다. 업무상저작물의 저작자는 계약 또는 근무규칙 등에 다른 정함이 없는 경우에 그 법인 등이 된다.
② 업무상저작물의 보호기간은 공표한 때부터 70년간 존속한다.

> **개념체크 OX**
>
> 01 저작권법에서 보호되는 저작물에는 어문, 음악, 연극, 미술, 건축, 영상저작물 등과 시사보도저작물, 컴퓨터프로그램저작물이 포함된다. O X
>
> 02 저작물의 원본이나 그 복제물에 저작자로서의 실명 또는 이명으로서 널리 알려진 것이 일반적인 방법으로 표시된 자는 저작자로 추정한다. O X
>
> 정답 X, O

2 저작자

(1) 저작자의 의의

① 저작자는 저작물을 창작한 사람을 말한다. 원칙적으로 저작자가 저작권자가 되기 때문에 저작자가 누구인지 중요하며 저작물의 소유권자와 저작권자는 분리될 수 있다.

② 창작의 동인을 준 데 지나지 않은 자, 창작활동을 돕는 조수, 창작을 의뢰한 자 등은 저작자에 해당되지 않는다.

(2) 저작자와의 관계

① 저작자와 창작자

창작자가 저작자가 되는 원칙의 예외로 업무저작물, 영상저작물을 들 수 있는데 그 법인이 저작자가 될 수도 있다.

② 저작자와 저작권자

저작자가 저작권을 양도하거나 상속하게 되면 저작자와 저작권자(저작재산권자)는 구별이 된다.

③ 저작권과 소유권

저작권과 소유권 모두 권리자의 허락을 받아야 한다는 점은 같지만, 소유권을 보유하였다고 해서 저작권을 보유하게 되는 것은 아니다(예 책을 구입했다 해서 저작권까지 구입한 것은 아님).

④ 저작자 등의 추정

저작권법 제8조에서는 "저작자 등의 추정" 내용을 규정하고 있다. 아래 어느 하나에 해당하는 자는 저작자로서 그 저작물에 대한 저작권을 가지는 것으로 추정한다.

- 저작물의 원본이나 그 복제물에 저작자로서의 실명 또는 이명(예명・아호・약칭 등)으로서 널리 알려진 것이 일반적인 방법으로 표시된 자
- 저작물을 공연 또는 공중송신하는 경우에 저작자로서의 실명 또는 저작자의 널리 알려진 이명으로서의 표시된 자

⑤ 업무상 저작물의 저작자

업무상 저작물의 저작자는 계약 또는 근무규칙 등에 다른 정함이 없는 경우에 그 법인 등이 된다. 다만, 컴퓨터프로그램저작물의 경우 공표될 것을 요하지 아니한다.

제2절 저작권의 개념

1 저작권의 이해

(1) 저작권의 발생 빈출도 ★☆☆

① 저작권은 저작자가 창작물을 창작할 때부터 발생한다. 어떤 절차나 형식의 이행을 필요로 하지 않는다(베른조약에 따른 무방식주의 원칙).
② 저작권은 저작자에게 부여되는 저작물에 대한 독점·배타적인 권리를 의미한다.
③ 저작권 등록 시에는 등록부에 기재된 저작자와 창작일, 공표일이 표시되어 있어 해당 내용이 추정되는 법적 효과가 있다. 다만, 양도 등 권리 변동사항은 등록해야만 제3자에게 법률적으로 대항할 수 있다.

(2) 저작권의 체계

저작권의 체계는 다음 〈표 4-31〉과 같다.

〈표 4-31〉 저작권의 체계 빈출도 ★★★

구 분			내 용
저작인격권	공표권		저작물을 일반에게 공표할지 여부에 대한 권리
	성명표시권		저작물에 저작자가 자신의 이름을 표시할 권리
	동일성유지권		저작물의 내용/형식/제호 등 저작자 의사와 달리 변경을 금지할 권리
저작재산권	복제권		저작물을 인쇄, 녹화 등의 방법으로 일시적/유형물에 고정하거나 다시 제작할 권리
	공연권		저작물을 상연/연주, 재생 등의 방법으로 공중에게 공개할 권리
	공중송신권	방송권	공중송신 중 공중이 동시 수신목적으로 음/영상 등을 송신할 권리
		전송권	공중송신 중 공중의 구성원이 개별적 시간/장소에 접근해 이용할 권리
		디지털 음성송신권	공중송신 중 디지털방식의 음을 송신할 권리
	전시권		미술/사진/건축물 저작물의 원본/복제물을 일반 공중에게 전시할 권리
	배포권		저작물의 원작품/복제물을 일반 공중에게 양도/대여할 권리
	대여권		영리 목적으로 판매용 음반/컴퓨터 프로그램 저작물을 대여할 권리
	2차적 저작물 작성권		원저작물의 번역 등의 방법으로 독창적 저작물을 제작 및 이용할 권리

출처 : 기술신용평가사 3급 자격검정수험서(윤형근, 2019)

2 저작인격권 빈출도 ★★☆

저작인격권은 저작자의 인격을 보호하기 위한 권리라고 할 수 있으며, 저작자 일신에 전속한다. 저작인격권의 종류는 공표권, 성명표시권, 동일성유지권이 있다.

(1) 공표권

저작권법에서는 공표동의 추정 또는 간주를 다음과 같이 규정하고 있다.
① 저작자가 공표되지 아니한 저작물의 저작재산권을 양도, 이용허락, 배타적 발행권의 설정 또는 출판권의 설정을 한 경우, 그 상대방에게 저작물의 공표를 동의한 것으로 추정한다.
② 저작자가 공표되지 아니한 미술저작물 등의 원본을 양도한 경우, 그 상대방에게 저작물의 원본의 전시방식에 의한 공표를 동의한 것으로 추정한다.
③ 공표하지 아니한 저작물을 저작자가 도서관 등에 기증한 경우, 별도의 의사를 표시하지 않는 한 공표에 동의한 것으로 추정한다.
④ 원저작자의 동의를 얻어 작성된 2차적 저작물 또는 편집저작물이 공표된 경우, 그 원저작물도 공표된 것으로 간주한다(본 ④항은 추정이 아닌 간주 규정임).

(2) 성명표시권

저작자가 특별한 의사표시가 없는 한 저작물 이용자는 저작자의 실명 또는 이명이 표시한 바에 따라 이를 표시하여야 한다. 이를 변경 표시한 경우에는 침해에 해당한다.

(3) 동일성유지권

저작자의 저작물의 내용·형식·제호의 동일성을 유지해야 하지만 이용목적 등에 비추어 부득이하다고 인정되는 경우에는 동일성유지권의 예외를 인정하고 있다.

3 저작재산권 빈출도 ★★☆

저작재산권은 일신전속적 권리가 아니라 전부 또는 일부를 양도할 수 있고, 상속도 가능하다.

(1) 저작재산권의 종류

① 복제권

복제는 저작물과 복제물 사이에 실질적 동일성이 있어야 인정된다. 저작물을 사소한 정도의 수정 또는 변경한 경우는 동일성이 있다고 보아 복제에 해당된다. 저작물의 복제는 일시적인 경우도 포함한다(예 원고 출판, CD 음악의 디지털파일 변환 등).

② 공연권

공연은 저작물을 대상으로 불특정 다수인(특정 다수인 포함)에게 공개하는 점에서 실연과 구별된다. 동일인의 점유에 속하는 연결된 장소에서의 송신은 방송이 아니라 공연에 해당한다(예 소설을 연극으로 공연, 음악 연주, 학교의 교내음악방송 등).

③ 공중송신권

공중송신은 방송, 전송, 디지털음성송신 등을 포함한다(공중송신권의 예 유선 또는 무선을 통해 저작물을 송신하는 방송 등).

④ 전시권

전시권의 적용대상은 미술저작물, 사진저작물, 건축저작물이다. 저작권법상 가정 등 사적 모임에서의 전시는 공중에 공개하는 것이 아니므로 전시에 포함되지 않는다.

⑤ 배포권

배포권에서는 '권리소진의 원칙'이 반영되고 있다. '권리소진의 원칙'이란 원저작물이나 그 복제물을 판매되고 난 후에는 배포권이 소진되어 더 이상 재배포는 행사할 수 없는 것을 말한다. 다만, 원저작물과 그 복제물이 해당 저작재산권의 허락을 받아 판매 등의 방법으로 거래에 제공되는 경우는 제외하고 있다(배포권의 예 출판된 책의 판매).

⑥ 대여권

대여권은 권리소진원칙의 예외로서 저작자가 상업적 목적으로 공표된 음반이나 상업적 목적으로 공표된 프로그램을 영리를 목적으로 대여할 권리를 갖는 것을 말한다. 따라서 만화책이나 영상저작물은 대여권의 대상에 포함되지 않는다(대여권의 예 음반의 유상 대여, 프로그램의 유상 대여).

⑦ 2차적 저작물 작성권

저작권자가 자신의 원작품을 번역, 편곡, 변형, 각색, 영상제작, 그 밖의 방법으로 작성할 권리이다(예 소설의 영화화, 영화의 뮤지컬화 등).

개념체크 OX

01 저작인격권에는 공표권, 성명표시권, 동일성유지권이 있다. O X

02 동일인의 점유에 속하는 연결된 장소에서의 송신은 방송에 해당된다. O X

정답 O, X

(2) 저작재산권의 제한 빈출도 ★☆☆

저작권법은 저작권의 보호와 함께 공익적 저작물의 공정한 이용을 도모하기 위해 저작재산권을 일정 범위 내에서 제한하고 있다. 저작재산권의 구체적인 사례는 다음과 같다.

- 재판 또는 수사를 위하여 필요한 경우
- 입법·행정 목적을 위한 내부 자료로서 그 한도 안에서 저작물을 복제하는 경우
- 학교교육 목적 등에 이용하는 경우
- 공개적 정치연설 및 법정·국회 또는 지방의회에서 공개적으로 행한 진술
- 공공저작물의 자유 이용
- 방송·신문 등에 의하여 시사보도하는 경우
- 사적 이용을 위한 복제
- 시험문제를 위한 복제·배포·공중송신

(3) 저작재산권의 보호기간 빈출도 ★☆☆

원칙은 저작자의 생존기간 및 사망 후 70년으로, 그 보호기간의 기산방법은 저작자가 사망하거나 저작물을 창작 또는 공표한 다음 해 1월 1일부터 기산한다.

- 무명 또는 이명 저작물 : 공표 후 70년
- 업무상 저작물 : 공표 후 70년
- 영상저작물 : 공표 후 70년
- 공동저작물 : 맨 마지막 사망한 저작자의 사망 후 70년

(4) 저작물 이용의 법정허락(강제허락)

저작재산권자의 이용허락을 받지 못하여도 일정한 경우 법으로서 적정한 보상금을 적립하거나 공탁하여 저작물 이용을 허락하는 법정허락제도가 있다. 법정허락의 유형은 다음과 같다.

① 공표된 저작물(외국인의 저작물은 제외)의 저작재산권자의 거소를 알 수 없어 그 저작물의 이용허락을 받을 수 없는 경우
② 공표된 저작물을 공익상 필요에 의하여 방송하고자 하는 방송사업자가 그 저작재산권자와 협의하였으나 협의가 성립되지 않은 경우
③ 판매용 음반이 우리나라에서 처음으로 판매되어 3년이 경과한 경우 그 음반에 녹음된 저작물을 녹음하여 다른 판매용 음반을 제작하고자 하는 자가 그 저작재산권자와 협의하였으나 협의가 성립되지 않은 경우

4 저작인접권 빈출도 ★☆☆

저작인접권이란 저작물을 공중에 전달하는 과정에서 투자·기여를 한 자에게 부여되는 권리이다. 저작인접권는 실연자, 음반제작자, 방송사업자로 구분된다.

실연자	저작물 등을 연기, 무용, 연주, 가창, 구연, 낭독, 그 밖의 예능적 방법으로 표현하는 자(지휘, 연출 또는 감독을 하는 자 포함)
음반제작자	음을 최초로 마스터테이프에 고정하는 녹음을 주도하고 그에 책임을 지는 자
방송사업자	방송을 업으로 하는 자

(1) 실연자의 권리 내용

① 실연자에게는 인격권으로서, 일신전속권인 성명표시권과 동일성유지권이 부여된다.
② 실연자에게는 저작재산권과 비슷하게 복제권, 배포권, 대여권, 공연권, 방송권, 전송권, 그리고 보상청구권이 부여된다.
③ 2인 이상이 있는 경우 실연자의 권리(인격권은 제외)는 공동으로 실연하는 자가 선출하는 대표자가 이를 행사한다. 대표자가 없는 경우에는 지휘자 또는 연출자 등이 이를 행사한다.
④ 독창 또는 독주가 포함한 공동실연에 대해 실연자의 권리를 행사하는 경우에는 독창자 또는 독주자의 동의가 필요하다.

(2) 음반제작자의 권리 내용

음반제작자에게는 재산권으로서 복제권, 배포권, 대여권, 전송권 그리고 재산청구권이 부여된다. 재산청구권에는 방송사용에 대한 보상금청구권, 디지털음성송신에 대한 보상청구권을 가진다.

(3) 방송사업자의 권리 내용

① 방송사업자에게는 재산권으로서 복제권, 동시중계방송권 및 공연권이 부여된다.
② 방송의 내용이 반드시 저작물일 필요는 없다.

(4) 저작인접권의 보호기간 빈출도 ★☆☆

① 실연자

실연을 한 때의 다음 해부터 기산하여 70년(다만, 실연을 한 때부터 50년 이내에 실연이 고정된 음반이 발행된 경우에는 음반을 발행한 때부터 70년), 실연자의 인격권은 제외

② 음반제작자

음반을 발행한 때의 다음 해부터 기산하여 70년(다만, 음을 음반에 맨 처음 고정한 때의 다음 해부터 기산하여 50년이 경과한 때까지 음반을 발행하지 아니한 경우에는 음을 음반에 맨 처음 고정한 때의 다음 해부터 기산하여 70년)

③ 방송사업자

방송을 한 때의 다음 해부터 기산하여 50년

5 저작권의 침해와 구제

(1) 저작권의 침해

저작권의 침해는 저작물을 저작권자의 허락을 받지 않고 일정한 이용형태로 저작물을 이용하는 행위이다. 저작권의 침해는 의거관계와 실질적 유사성을 입증해야 성립한다.

① 의거관계란 침해자가 원저작물 또는 그 복제물에 접근하여 그 표현내용을 인식하고 실제로 이용하였는지 여부를 의미한다. 실질적 유사성은 표현부분이 실질적으로 유사한지를 뜻한다.
② 저작권의 직접적 침해는 아니나, 저작권 침해로 간주하는 규정이 있다(저작권법 124조).

- 수입 시에 대한민국 내에서 만들어졌더라면 저작권 그 밖에 이 법에 따라 보호되는 권리의 침해로 될 물건을 대한민국 내에서 배포할 목적으로 수입하는 행위
- 저작권 그 밖에 이 법에 따라 보호되는 권리를 침해하는 행위에 의하여 만들어진 물건(제1호의 수입물건을 포함한다)을 그 사실을 알고 배포할 목적으로 소지하는 행위
- 프로그램의 저작권을 침해하여 만들어진 프로그램의 복제물(제1호에 따른 수입 물건을 포함한다)을 그 사실을 알면서 취득한 자가 이를 업무상 이용하는 행위

(2) 저작권 침해의 구제
저작권 침해에 대한 구제로는 민사상 조치, 형사상 조치, 저작권 분쟁조정의 방법이 있으며 그 내용은 다음과 같다.

민사상 조치	• 저작권침해 정지 및 예방 청구권, 침해행위 물건 등 폐기청구권, 가처분 • 손해배상청구권, 손해액추정, 과실추정, 명예회복 등의 청구권, 법정손해배상청구권 등
형사상 조치	• 침해죄, 몰수
분쟁조정	• 한국저작권위원회의 알선이나 조정절차

※ 저작권 침해죄는 원칙적으로 친고죄이다. 다만, 영리를 목적으로 또는 상습적인 경우에는 비친고죄이며, 컴퓨터프로그램저작물의 저작권을 침해할 복제물인지 알면서도 취득하여 업무상 사용한 자에 대해서는 반의사불벌죄가 적용된다.

(3) 저작권 침해의 판별
① 저작물을 그대로 이용하는 경우에는 이용된 부분의 양과 질이 상당한가의 여부에 따라 침해 여부를 결정한다. 그러나 저작물을 수정하거나 변경하여 이용한 경우에는 다르게 결정해야 한다.
② 저작권 침해를 판별하기 위해서는 모방과 실질적 유사성이 있는지를 확인해야 한다. 그러나 모방을 확인하는 것이 어렵기 때문에 피고가 원고의 저작물에 접근할 기회가 있었는지 확인한다.
③ 실질적 유사성은 저작권으로 보호받지 못하는 아이디어와 보호받는 표현을 분리한다.

표절과 저작권 침해의 비교
• 표절은 저작물의 작성단계에서 발생, 저작권 침해는 저작물의 이용단계에서 발생
• 표절은 대상 저작물이 저작권으로 보호되지 않는 경우에도 있을 수 있지만 저작권 침해는 반드시 저작권으로 보호되는 것(보호기간이 만료된 저작물의 경우 표절은 있을 수 있지만 저작권 침해는 발생하지 않음)
• 침해자가 자신의 것으로 속이지 않더라도 그 이용만으로도 침해로 인정

출처 : 시대고시기획, 기술신용평가3급(김건우, 2021)

개념체크OX

01 저작인접권이란 저작물을 공중에 전달하는 과정에서 투자·기여를 한 자에게 부여되는 권리로, 실연자, 음반제작자, 방송사업자로 구분된다. O X

02 저작권 침해에 대한 구제로는 민사상 조치, 형사상 조치, 저작권 분쟁조정의 방법이 있다. O X

정답 O, O

참고 지식재산권 참고자료 빈출도 ★★☆

■ 기간

구 분	특 허	실용신안	디자인		상 표
			비밀디자인	관련디자인	
조약 우선권 주장 기간	제1국 출원일로부터 1년 이내	1년	6개월 이내		제1국 출원일로부터 6개월(3개월 이내에 증명서류 제출)
출원 시 특례 신규성 상실예외			신규성 상실예외 : 12개월 이내		특례 : 6개월 이내
심사청구기간	실체심사 : 특허출원일로부터 3년 이내				
출원시기				기본디자인 출원일로부터 3년	
국내 우선권 출원주장	선출원일로부터 1년 이내				
국내 우선권주장이 적법한 경우	선출원 건은 1년 3개월이 지난 때 자동 취하				
공 개	특허출원일로부터 1년 6개월 지난 후 공개(단, 조기공개도 가능)		최대 3년간 비밀유지		
특허거절결정 불복 (재심사 청구)	송달받은 날로부터 3개월 이내				
청구범위제출 유예제도	보정 : 1년 2개월 이내				
선출원				1년 이내	
(특허)취소신청	설정등록일로부터 등록공고일 후 6개월이 되는 날까지	6개월			
상표출원 이의신청					출원공고일로부터 30일 이내 (누구든지 신청가능)

■ 기본원칙

특허권	디자인권	상표권
• 선출원주의 • 등록주의 • 심사주의 • 공개주의 • 1발명 1특허 출원 원칙	• 선출원주의 • 등록주의 • 심사주의와 일부 심사주의 • 등록출원 시 신청한 경우만 공개 • 1디자인 1출원 원칙	• 선출원주의 • 등록주의 • 심사주의 • 1상표 다류 1출원주의

■ 저작권의 분류 및 권리행사

저작권	저작인격권	공표권, 성명표시권, 동일성유지권
	저작재산권	복제, 배포, 대여, 공연, 공중송신, 전시, 2차적 저작물 작성
저작인접권	실연자	복제, 배포, 대여, 공연, 방송, 전송, 보상청구권, 성명표시권, 동일성유지권
	음반제작자	복제, 배포, 대여, 전송, 보상청구권.
	방송사업자	복제, 공연, 동시중계방송권

CHAPTER 06 | 저작권

단원별 출제예상문제

01 저작권법에 대한 설명으로 옳지 않은 것은?

① 저작권이란 문학, 예술, 학술 등에 속하는 창작물에 대하여 저작자나 그 권리 승계인이 행사하는 배타적, 독점적 권리를 말한다.
② 저작권법의 보호대상인 저작물은 인간의 사상 또는 감정을 표현한 창작물을 가리킨다.
③ 저작물로 인정되기 위해서 완전한 의미의 독창성을 요하는 것은 아니다.
④ 2차적 저작물이란 원저작물을 번역·편곡·변형·각색·영상제작 그 밖의 방법으로 작성한 창작물을 말한다.
⑤ 2차적 저작물의 보호는 그 원저작물의 저작자의 권리에 영향을 미치므로 독립성을 가질 수 없다.

해설 2차적 저작물의 보호는 그 원저작물의 저작자의 권리에 영향을 미치지 아니하고, 독립성을 가진다.

02 저작권법 제4조에 열거하고 있는 저작물의 종류가 아닌 것은?

① 어문(語文)저작물
② 발명저작물
③ 도형저작물
④ 사진저작물
⑤ 컴퓨터프로그램저작물

해설 저작물은 표현수단에 따라 어문, 음악, 연극, 미술, 건축, 사진, 영상, 도형, 컴퓨터프로그램저작물 등으로 분류된다.

03 저작권법상 보호받지 못하는 저작물에 해당하는 것은?

① 시사보도
② 컴퓨터프로그램
③ 광고 사진
④ 매뉴얼
⑤ 한국지도

해설 사실의 전달에 불과한 시사보도는 저작권법상 보호받지 못하는 저작물에 해당한다.
※ 보호받지 못하는 저작물은 공익적 견지에서 일반 국민이 자유롭게 이용하여야 하는 저작물들로 저작권법 제7조에 명시되어 있다.

- 헌법·법률·조약·명령·조례 및 규칙
- 국가 또는 지방자치단체의 고시·공고·훈령 그 밖의 이와 유사한 것
- 법원의 판결·결정·명령 및 심판이나 행정심판절차 그 외 유사한 절차의 의결·결정 등
- 국가 또는 지방자치단체가 작성한 것으로서 규정된 편집물 또는 번역물
- 사실의 전달에 불과한 시사보도

04 저작재산권에 해당하지 않는 것은?

① 복제권
② 공표권
③ 전시권
④ 배포권
⑤ 대여권

해설 공표권은 저작인격권에 해당한다.
※ 저작재산권의 유형으로는 복제권, 공연권, 공중송신권, 전시권, 대여권, 배포권, 2차적 저작물 작성권이 있다.

05 다음 설명에서 영상저작물의 저작권자는 누구인가?

> A 씨가 지은 소설을 원작으로 B 씨는 시나리오를 작성하였다.
> C 감독은 B 씨가 작성한 시나리오를 대본으로 D 씨를 주연배우로 내세웠다.
> 이를 총괄하는 영화제작사는 E라는 회사이다.

① A
② B
③ C
④ D
⑤ E

해설 본 사례는 창작자와 저작자가 다른 경우의 예이다. A는 실제 창작자(원저작물의 저작자)에 해당한다. 본 영상저작물은 2차적 저작물에 해당되며 2차적 저작물의 보호는 별도 독립성을 가지므로 영상저작물의 대표성을 띠고 있는 영화제작사 E가 저작권자가 된다.

06 저작권법상 공중송신권에 속하는 권리를 모두 올바르게 짝지은 것은?

① 방송권 - 전송권 - 디지털음성송신권
② 전송권 - 공연권 - 디지털음성송신권
③ 전송권 - 디지털음성송신권
④ 방송권 - 전송권 - 공연권
⑤ 위 어느 것도 아니다.

해설 공중송신은 방송, 전송, 디지털음성송신을 포함한다.

정답 01 ⑤ 02 ② 03 ① 04 ② 05 ⑤ 06 ①

07 저작권법상 자유롭게 사용할 수 없는 저작물은 어느 것인가?

① YTN 사건보도 내용
② 지방법원의 판결문
③ 경기도청이 발행한 편집물
④ 초등학생이 그린 그림
⑤ 관보에 게재된 내용

> **해설** 초등학생이 그린 그림은 자신의 독자적인 사상 또는 감정의 표현을 담고 있어 저작권법상 보호받는 저작물에 해당되므로 자유롭게 사용할 수 없다.
> ① 사실의 전달에 불과한 사건보도 내용은 자유롭게 사용할 수 있는 저작물이다.
> ② 법원의 판결문은 공익적 견지에서의 저작물로 자유롭게 사용할 수 있는 저작물이다.
> ③, ⑤ 국가 또는 지방자치단체의 고시 · 공고 · 훈령 등도 공익적 견지에서의 저작물로 자유롭게 사용할 수 있는 저작물이다(지자체가 발행한 편집물, 관보 게재 내용 등).

08 저작인접권에 대한 설명으로 옳지 않은 것은?

① 저작권법상 저작인접권자는 실연자, 음반제작자, 방송사업자로 규정하고 있다.
② 실연자도 저작자의 저작인격권과 저작재산권과 같은 비슷한 권리를 갖는다.
③ 2인 이상이 있는 경우 실연자의 권리는 공동으로 실현하는 자가 선출하는 대표자가 저작인격권과 저작재산권을 모두 행사할 수 있다.
④ 음반제작자는 복제권, 대여권, 전송권, 방송사업에 대한 보상금청구권, 디지털음성송신에 대한 보상청구권을 가진다.
⑤ 방송사업자에게는 경제적 이익을 보호하는 재산권으로서, 복제권, 동시중계방송권 및 공연권이 부여된다.

> **해설** ③의 내용 중 저작인격권은 제외된다.

09 저작권에 대한 설명으로 옳지 않은 것은?

① 저작권법에서는 저작재산권 제한의 경우를 열거하고 있으며, 이에 해당되면 저작권자의 허락을 받지 않고 저작물을 이용할 수 있다.
② 저작자가 저작권을 양도하거나 상속하게 되면 저작자와 저작권자는 구별이 된다. 따라서 양수인과 상속인은 저작권자가 된다.
③ 저작권법상 저작물의 창작을 의뢰한 사람은 저작자가 아니다.
④ 실제 창작자와 작품에 표시된 저작자가 반드시 일치되는 것은 아니다.
⑤ 소유권을 보유하게 되면 저작권도 함께 보유하게 된다.

> **해설** 소유권을 보유하였다고 해서 반드시 저작권까지 보유하게 되는 것은 아니다.

10 저작권 침해에 대한 설명으로 옳지 않은 것은?

① 저작물 이용의 법정허락이란 권리자를 알 수 없거나 권리자의 소재를 파악할 수 없는 경우에 법으로서 그 이용을 허락하는 제도를 말한다.
② 저작권법 규정상 저작권이 제한되는 경우에는 저작권 침해로 보지 않는다.
③ 저작권의 침해로 간주하는 규정은 저작권법에 별도 언급이 없다.
④ 공표된 저작물을 공익상 필요에 의하여 방송하고자 하는 방송사업자가 그 저작재산권자와 협의하였으나 협의가 성립되지 아니하는 경우에도 저작물 이용의 법정허락 사유에 해당되어 방송할 수 있다.
⑤ 저작권 침해 판단을 위해 저작물 사이에 실질적 유사성이 있는지 판단하여야 한다.

해설 저작권법에는 저작권의 직접 침해행위 이외에 저작권의 침해로 간주하는 규정이 있다(저작권법 제124조).

CHAPTER 07 특허정보조사 및 해외출원

출제포인트
- 특허정보조사, 특허맵, 특허코드
- 해외출원제도(특허, 디자인, 상표)

제1절 특허문헌 및 선행기술 조사

1 특허정보조사

특허정보조사는 광의로는 R&D 기획, R&D 효율제고, 특허 침해 리스크 검증 등을 위해서 행해지는 경우가 많다. 협의로는 간단하게 원하는 특허를 조사하여 그 내용과 서지사항 등을 파악하기 위해서 행해지는 조사를 말한다.

(1) 특허정보조사 목적
① 기술동향을 파악하여 특정분야의 신기술 개발, R&D 전략수립 설정에 도움을 주며, 기존 기술에 대한 중복 연구·투자를 방지할 수 있다. 유사 기술 존재 시 신기술과의 차이점도 검토할 수 있다.
② 특허침해 가능성을 판단하는 데 유용하다.
③ 기술개발과정에서 장애요소가 발생하면 광범위한 특허분석으로 문제해결의 아이디어를 찾아볼 수 있다.
④ 등록 가능성이 없는 기술에 대한 선제적 조치로 인해 효율적인 특허출원전략을 마련할 수 있다.
⑤ 경쟁사 특허에 대한 선행기술조사로 기존 특허의 무효화하는 방안을 찾아볼 수 있다.

(2) 특허정보조사 방법
특허정보조사는 그 방법에 따라 문헌번호조사, 선행기술조사, 특허맵 등으로 구분되며, 조사하는 방법이나 데이터양 측면에서 특허맵으로 갈수록 증가하게 된다.
① 문헌번호조사
문헌번호조사는 간단하고 특정된 특허정보를 얻을 목적으로 키프리스 등의 사이트에 접속하여 필드에서 검색하는 조사를 말한다. 출원번호, 공개번호, 등록번호 등의 특허문헌번호로 검색하게 된다.

② 선행기술조사
　㉠ 선행기술조사는 보통 10건~20건 정도의 특허문헌을 조사하는 것으로서 협의의 특허조사라 할 수 있다. 선행기술조사나 특허맵 조사의 경우에는 검색분야의 키워드를 설정하는 것이 매우 중요하다.
　㉡ 검색분야의 대표발명 요약정리 후, 발명의 설명에 필수적인 구성요소 또는 주제어를 탐색한다. 사용할 핵심키워드가 선정되면 해당 키워드의 동의어, 유의어, 외래어표기, 약어, 단복수, 변화형, 하이픈(-) 연결 등을 고려하여 이들의 키워드를 확장 및 선정한다.
　㉢ 적절한 검색연산자를 활용하여 정확한 검색을 수행하고 불필요한 정보를 최소화하며 필요한 정보가 누락되지 않도록 해야 하는 것이 중요하다.

〈표 4-32〉 키프리스 연산자 검색예 빈출도 ★☆☆

구 분	기 호	의 미	검색예
AND	*	두 개 이상의 키워드를 모두 포함된 것을 검색할 경우	휴대폰*케이스
OR	+	두 개 이상의 키워드 중 적어도 하나를 포함한 것을 검색할 경우	핸드폰+휴대폰
NOT	!	연산자 뒤에 있는 키워드를 포함하고 있지 않는 것을 검색할 경우(일반적으로 기호*와 동시 사용함)	자동차*!엔진
NEAR	^	첫 번째 검색어와 두 번째 검색어의 거리가 1단어(^1), 2단어(^2), 3단어(^3) 떨어진 것을 검색할 경우	자동차^2엔진
절 단	?	해당 키워드로 시작되는 단어가 포함된 것을 검색할 경우	자동?
괄 호	( )	복수연산 시 괄호로 묶여진 검색식을 우선적으로 검색할 경우	자동차*(엔진+모터)

출처 : KIPRIS

③ 특허맵 빈출도 ★☆☆
　특허맵은 조사대상 기술에 대하여 다량(200건~6,000건)의 특허문헌을 조사하여 특정 기술 분야에 대한 국내외 특허권 및 특허 출원 상황 등 특허정보를 분류·가공·분석하여 도출된 자료를 도표나 도식으로 파악할 수 있는 자료이다.

(3) 특허맵 작성 및 활용 빈출도 ★☆☆
　① 특허맵 작성의 순서는 다음과 같다.
　　　㉠ 기술주제의 범위를 명확하게 설정하며, 검색 DB를 선택한다.
　　　㉡ 기술분류표를 작성한다(특허맵 작성 대상 기술을 세분화).
　　　㉢ 최적의 검색식을 작성하고 특허분류체계를 이용하여 검색한다.
　　　㉣ 데이터 추출 및 노이즈를 제거한다(관련 기술 분야 건만 필터링).
　　　㉤ 출원인별 등 정량분석을 수행하여 공백기술 등을 추출한다(테이블로 만든 후 도식화).
　　　㉥ 정성분석으로 R&D 전략, 특허포트폴리오 등을 마련한다.

　② 특허맵의 활용은 다음과 같다.
　　　㉠ 연구개발 분야 : 기술 개발동향, 기술 분포현황, 개발방향 설정, 공백기술 발굴, 문제특허 회피설계
　　　㉡ 특허관리 분야 : 특허침해 가능성, 특허출원전략 수립, 특허매입/라이선싱, 특허망 분석
　　　㉢ 경영·기획 분야 : 경쟁사 동향 파악, 시장 참여 현황

출처 : 기술신용평가입문(윤준호, 2022)

> **개념체크 OX**
>
> 01 특허정보조사는 문헌번호조사, 선행기술조사, 특허맵 조사가 있다. **O** X
>
> 02 선행기술조사는 조사대상 기술에 대하여 엄청난 다량의 특허문헌을 조사하여 특정 기술 분야에 대한 국내외 특허권 및 특허 출원 상황 등 특허정보를 분류·가공·분석하여 도출하는 조사이다. O **X**
>
> 정답 O, X

2 특허코드 및 검색 빈출도 ★☆☆

(1) INID 코드

조사된 특허문헌의 서지적 사항(출원일, 출원인, 출원번호, 등록번호 등)의 식별기호로서 INID (International agreed Numbers for the Identification of Data) 코드가 사용된다.

(2) 국제특허분류(IPC) 빈출도 ★☆☆

① 1968년 시행 이후 '국제특허분류에 관한 스트라스부르 협정'에 따라 전 세계 대부분의 특허공보는 IPC(International Patent Classification)에 의하여 분류된다. IPC는 발명의 기술분야를 나타내는 국제적으로 통일된 특허분류체계로, 우리나라 특허청은 특허문헌의 분류, 검색을 용이하게 하도록 1979년부터 도입하여 국내의 모든 출원 건에 대하여 IPC를 부여하고 있다.

② 섹션, 클래스, 서브클래스, 메인그룹, 서브그룹의 계층구조로 이루어진다.

〈표 4-33〉 IPC코드 섹션의 구분

코드	A	B	C	D	E	F	G	H
섹션	생활 필수품	처리조직	화학, 야금	섬유, 지류	고정 구조물	기계공학, 조명, 무기 등	물리학	전 기

(3) 선진특허분류(CPC) 빈출도 ★☆☆

① CPC(Cooperative Patent Classification, 협력적 특허분류)는 IPC보다 세분화된 특허분류체계로서 IPC(7만여 개소)보다 많은 26만여 개의 특허분류 개소를 갖고 있다.

② CPC는 효율적인 선행기술조사를 위해 미국특허청과 유럽특허청의 주도로 2012년 개발되어, 2022년 현재 전 세계 총 30개 국가가 특허문헌을 CPC로 분류하고 있다. 우리나라는 2015년 1월 이후 신규출원에 CPC, IPC를 함께 부여하고 있다.

(4) 한국형 혁신분류체계(KPC)

KPC(Korean Patent Classification)는 CPC 분류개소의 선행문헌 과밀화 현상 및 분류검색의 효율성 및 정확성 제고 등을 목적으로 2022년부터 도입된 우리나라 자체 특허분류체계이다.

(5) 일본 특허분류

일본도 기존의 IPC 외에 일본 자체 독자적인 내부분류인 FI(File Index)와 F-term(특정주제 세분화)을 개발하여 사용하고 있다.

3 한국특허문헌의 번호체계 빈출도 ★☆☆

출원번호와 공개번호의 앞 2자리는 지식재산권의 유형(특허(10), 실용신안(20), 디자인(30), 상표(40), 서비스표(41) 등)을 의미한다. 다음의 4자리는 출원연도와 공개연도를 의미하고, 마지막 7자리는 일련번호로 연도별로 누적되어 부여된다. PCT 출원인 경우에는 일련번호의 맨 앞자리가 7로 시작한다.

〈표 4-34〉 한국특허문헌의 번호체계

항 목	기 준
출원번호	OO(유형) - OOOO(출원연도) - OOOOOOO(일련번호)
공개번호	OO(유형) - OOOO(공개연도) - OOOOOOO(일련번호)
등록번호	OO(유형) - OOOOOOO(일련번호) - OO - OO

4 국제상품분류(NICE 분류)

(1) 의 의

국제상품분류는 '표장의 등록을 위한 상품 및 서비스의 국제분류에 대한 니스협정(1961년)'에 의거 국제적으로 통일화된 상품분류체계로 '니스분류'라고도 불린다. 대한민국은 1998년에 이 분류를 채택하였다.

(2) 상품류 등 구성

① 국제상품분류는 상품에 관해 용도, 재료 등에 따라 1류 내지 34류로 구분한다(예 화장품(3류), 의류(25류) 등).
② 서비스에 관해 서비스의 성질, 종류 등에 따라 35류 내지 45류로 구분한다(예 통신업(38류), 요식업(43류) 등).

5 디자인 국제분류(로카르노 분류)

로카르노 분류라고 불리는 산업디자인의 국제분류체계이다. 대한민국은 2014년부터 로카르노 분류를 사용하고 있다. 2021년 현재 로카르노 분류 13판에 따라 물품을 총 32개류 229개군, 5,332개로 분류한다(예 제1류 식품, 제12류 운송 또는 승강 수단).

개념체크 OX

01 우리나라에서는 선진특허분류(CPC)는 사용하지 않고 있다. O X
02 NICE 분류는 산업디자인의 국제분류체계이다. O X

정답 X, X

제2절 해외출원제도 빈출도 ★★★

해외출원방법에는 전통적인 출원방법과 국제출원 시스템에 의한 출원방법으로 구분된다. 전통적인 출원은 모든 나라에 각각 개별적으로 출원하는 방법으로 '파리루트를 통한 출원'이라고도 한다. 반면에, 국제출원 시스템에 의한 출원은 PCT 시스템(특허, 실용신안), 헤이그 시스템(디자인), 마드리드 시스템(상표)을 이용하여 1회의 국제출원으로 복수의 가입국에 출원할 수 있는 방법이다.

1 PCT 국제출원 빈출도 ★★★

(1) 출원방법

PCT(Patent Cooperation Treaty) 시스템은 국적국 또는 거주국의 특허청(수리관청)에 하나의 PCT출원서를 제출하고, 그로부터 정해진 기간 이내에 특허획득을 원하는 국가(지정(선택)국가)로의 국내단계에 진입할 수 있는 제도이다.

〈그림 4-4〉 PCT 출원 단계

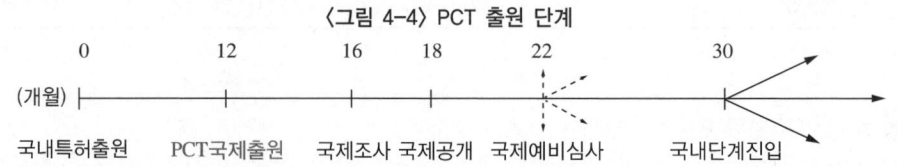

출처 : 특허청 홈페이지

① PCT 국제출원의 출원일이 지정국가에서 출원일로 인정받을 수 있다.
② 다만, 선(先) 출원에 대한 우선권을 주장하여 출원하는 경우 선출원의 출원일로부터 12개월 이내에 PCT 국제출원을 하여야 우선권주장을 인정받을 수 있다.

(2) PCT 국제출원의 장단점

장 점	• 출원일인정요건이 간편(다수의 가입국에 직접 출원한 효과) • 특허획득 가능(국제조사기관의 심사) • 출원서 작성이 용이(국가별 번역문 불필요) • 무모한 해외출원 방지 • 국내단계 진입 시 수수료 감면 향유
단 점	• PCT 국제출원 별도비용 부담 • 심사절차의 이중적 진행

출처 : 특허청 홈페이지

(3) PCT 국제출원 시 유의내용

① 이중의 단계

PCT 국제출원은 한 번의 출원으로 세계적으로 특허를 받는 것이 아니라 일단 국제출원일을 인정받은 후, 검증단계(국제조사 및/또는 국제예비조사)를 거친 후 각 지정국에 번역문을 제출하여야 비로소 각 국에서 특허허락 여부에 관한 심사가 진행된다. 따라서 PCT국제출원 한 번으로 외국의 특허권을 획득할 수 있는 것으로 이해하여서는 안 된다.

② 엄격한 절차

PCT는 각 단계별로 기간(수수료납부기간, 국내단계 진입기간 등)이 엄격히 정해져 있으므로 준수기간을 넘기면 불이익을 당할 수 있다.

③ 특허·실용신안에 한정

PCT 국제출원은 특허 및 실용신안에만 적용된다.

〈그림 4-5〉 국제출원절차와 일반해외 출원절차의 비교도

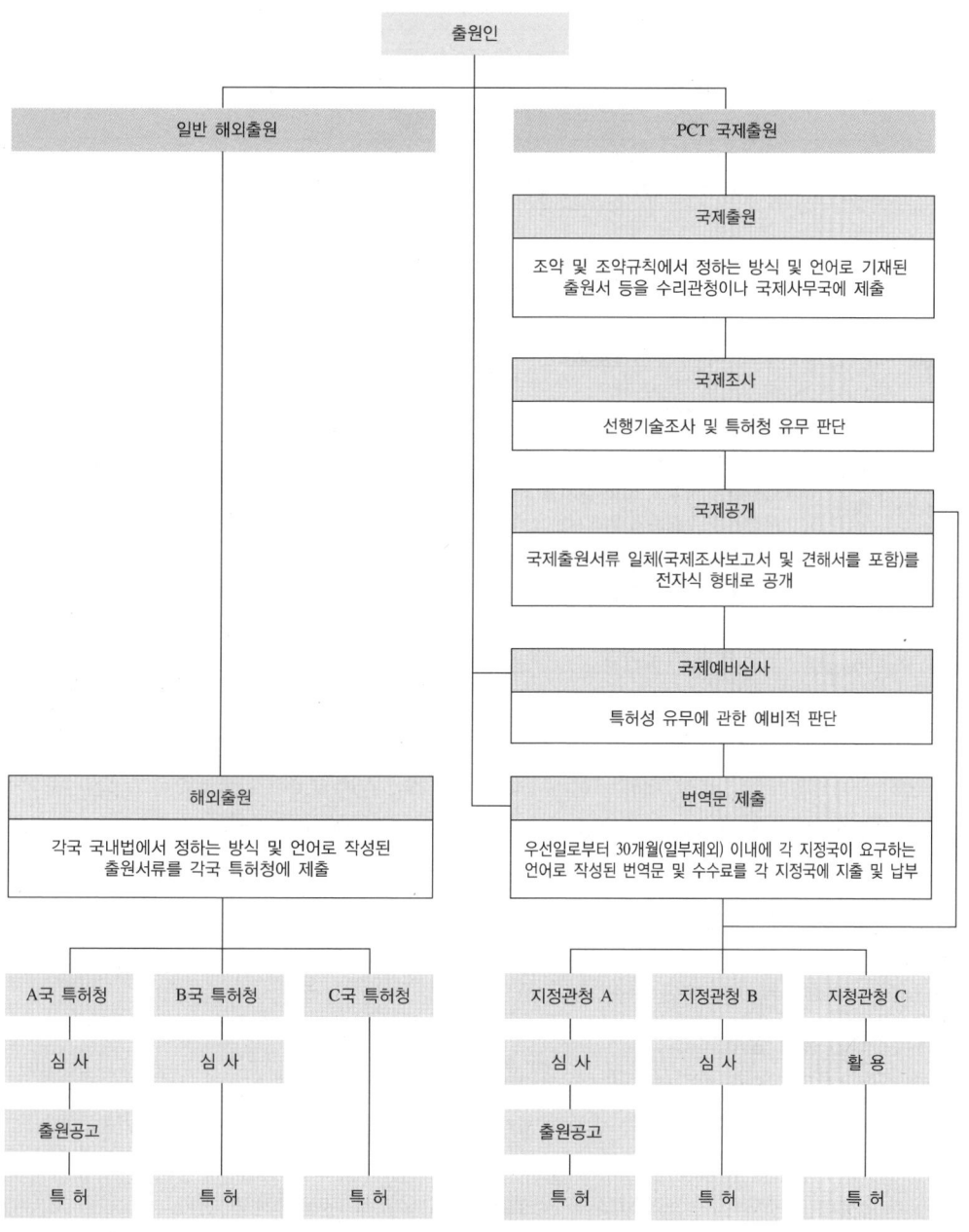

출처 : 특허청 홈페이지

(4) PCT 국제출원 관련 용어

국제조사기관	출원발명의 선행기술조사 및 특허 유무 판단 기관
국제예비심사기관	출원된 발명의 실체심사를 수행하는 기관(한국은 세계 9번째 국제예비심사기관)
우선일	우선권을 주장하는 경우 기초가 되는 선출원의 출원일(둘 이상의 우선권주장을 수반하는 경우에는 우선권이 주장된 최선출원의 출원일)이며, 우선권주장이 없는 경우에는 국제출원일을 의미함
국제사무국	세계지식재산권기구(WIPO)의 국제사무국으로 국제공개·변경통지서 송부 등 PCT 절차업무를 담당
수리관청	국제출원을 접수하는 관청으로 국제사무국도 수리관청으로서의 역할을 함
지정관청	국제출원으로 특허권을 받고자 하는 국가의 국내관청으로 출원서의 제출로써 국제출원일에 조약에 구속되는 모든 제약국의 지정을 구성함
선택관청	국제출원을 통해 권리를 보호받고자 하는 국가의 국내관청으로서 국제예비심사결과를 활용하고자 하는 국가의 국내관청

출처 : 특허청 홈페이지

2 디자인 헤이그 국제출원 빈출도 ★☆☆

외국에 디자인을 출원하는 방법은 다음과 같다.

파리루트에 의한 디자인 출원	• 파리협약에 의한 우선권주장 출원을 하면서 원하는 국가에 직접 출원하는 방법 • 출원하는 국가의 법과 절차를 따라야 함 • 우선권을 주장하기 위해서는 선출원의 출원일로부터 6개월 이내에 해당 국가에 출원하여야 함
헤이그 시스템을 이용한 출원	• 헤이그협정에 따라 헤이그 시스템을 이용하여 하나의 출원서로 협정 가입 국가 중 하나 또는 여러 국가에 동시에 디자인 출원을 할 수 있고 이를 헤이그 시스템이라 함 • 헤이그 시스템의 특징은 정부 간 기구인 유럽연합(EU)과 아프리카지식재산권기구(OAPI)도 헤이그 협정의 당사자라는 점임

(1) 헤이그 국제출원 시스템의 의의

헤이그 국제출원 시스템은 '헤이그 협정에 따른 국제출원'으로 디자인 국제출원의 단순화, 비용 절감, 관리의 용이성을 위해 하나의 출원서류를 세계지식재산기구(WIPO) 국제사무국이나 체약당사자 관청(수리관청)에 제출하면 복수의 국가 또는 정부 간 유럽연합(EU), 아프리카지식재산권기구(OAPI) 등에 출원한 것과 동일한 효과를 부여하는 시스템을 말한다.

(2) 헤이그 국제출원 시스템의 장점

① 간편한 출원 절차
  ㉠ 국제출원은 하나의 언어로 작성한 하나의 출원서를 하나의 관청(국제사무국)에 제출하고 하나의 통화로 수수료를 내는 절차를 통해 여러 국가에 출원한 효과를 볼 수 있다.
  ㉡ 복수디자인 출원도 가능하다. 다만, 하나의 출원에 포함되는 모든 디자인은 로카르노 분류의 같은 류에 속해야 하므로 모든 국제출원은 단일류에 대한 출원이 된다.
② 비용절감 효과

③ 국내에 출원 또는 등록의 불필요성

　　선출원 또는 선등록을 요구하지 않는다.

④ 권리 취득 파악의 용이성

　　지정관청이 거절이유 발견 시 국제등록의 6개월 또는 12개월 이내에 국제사무국에 통지해야 하고 거절이유통지가 없으면 자동으로 해당 지정관청에 등록되므로 권리취득 여부의 파악이 용이하다.

⑤ 디자인권 사후관리의 편리성

(3) 헤이그 국제출원 시스템의 단점

① 거절이유 통지 시 해당 국가의 대리인 선임이 필요하다.

② 체약당사자 국가의 지정이 제한되어 있다.

〈그림 4-6〉 개별국 직접출원과 헤이그 시스템에 의한 출원의 비교

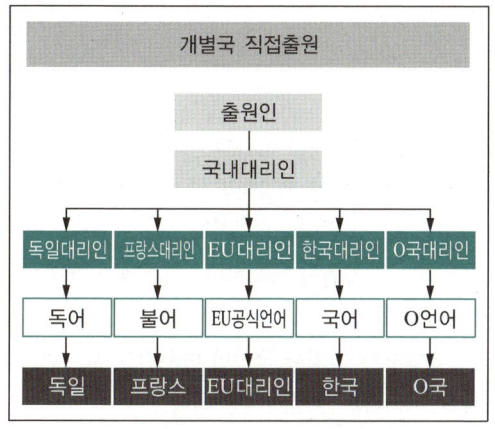
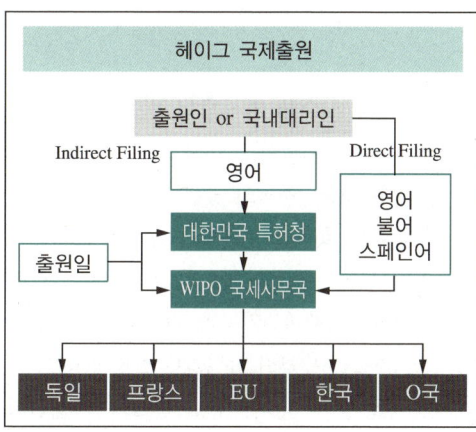

출처 : 특허청 홈페이지

> **개념체크 OX**
>
> 01 PCT 국제출원은 특허와 실용신안으로 한정되어 있다. O X
>
> 02 헤이그 국제출원 시스템은 디자인 국제출원의 단순화, 비용 절감, 관리의 용이성을 위해 하나의 출원서류를 세계지식재산기구 국제사무국이나 체약당사자 관청(수리관청)에 제출하면 복수의 국가 또는 정부 간 유럽연합(EU) 등에 출원한 것과 동일한 효과를 부여하는 시스템을 말한다. O X
>
> 정답 O, O

3 마드리드 시스템에 의한 국제상표출원 빈출도 ★☆☆

상표의 해외출원 방법은 파리루트에 의한 상표출원과 마드리드 시스템을 이용하는 것이다.
파리루트에 의한 상표출원은 파리협약에 의한 우선권을 주장하여 개별국가에 직접출원하는 방법이다.

(1) 마드리드 시스템 국제출원 의의

'마드리드 국제출원'은 마드리드 시스템에 따라 국내에서 출원하거나 등록받은 상표를 기초로 본국관청(기초 출원·등록이 있는 관청)을 경유하여 WIPO 국제사무국에 제출하면 복수의 지정국에 출원한 것과 같은 효과를 부여하는 제도이다.

① 마드리드 협정과 마드리드 의정서를 합하여 마드리드 시스템이라고 하며, 시스템의 행정 업무는 세계지식재산권기구(WIPO)의 국제사무국에서 담당하고 있다.

② 2008년 9월부터 마드리드 협정과 마드리드 의정서에 모두 가입한 국가만 마드리드 시스템 국제출원을 할 수 있다. 두 조약 모두 가입한 회원국을 마드리드 동맹이라고 한다.

〈그림 4-7〉 마드리드 의정서 체제에 의한 절차와 통상의 출원절차 비교

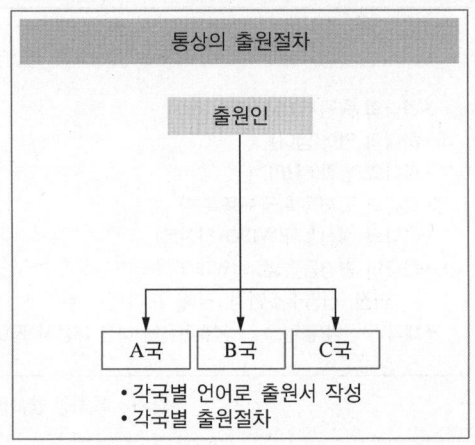
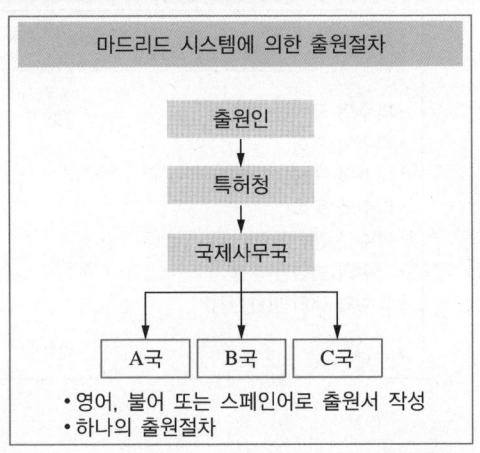

출처 : 특허청 홈페이지

(2) 마드리드 시스템의 특징

마드리드 시스템은 '다국가 1출원 시스템', 'User-friendly System'의 특징을 가지고 있다.

〈표 4-35〉 마드리드 시스템의 특징

구 분	내 용
절차의 간소화 및 비용절감	• 국내 등록(혹은 출원) 상표가 있으면, 이를 기초로 하여 하나의 언어로 작성된 하나의 국제출원을 하나의 본국관청에 제출하고 한 번의 수수료 납부로 하나의 번호로 된 국제등록을 취득하며 다수의 국가에서 보호(다국가 1출원 시스템효과) • 국제출원단계에서 각 개별 국가에 대한 대리인을 선임할 필요가 없어 대리인 선임비용을 절감
권리취득 여부의 명확성	• 지정국 관청에서 거절이유를 발견한 경우에는 국제사무국으로부터 지정통지를 받은 날로부터 1년 (1년 6월까지 연장 가능) 이내 국제사무국에 거절통지 필요 • 해당 기간 내에 거절통지가 없으면, 그 상표는 그 지정 국가에서 등록된 것과 동일한 보호를 받음 • 출원인은 일정 기간 내에는 각 지정 국가에서 상표권 취득여부를 알 수 있음
지정국의 추가 가능	마드리드 의정서에 새로 가입한 국가 또는 기존의 가입국가에서 추가적으로 상표를 보호받고자 하는 경우에는 국제등록 후에 그 국가를 지정하는 것이 가능하기 때문에 상표를 보호받고자 하는 국가를 간편하게 확장할 수 있음
상표권 권리의 일원화	상표권의 명의변경, 주소변경, 갱신, 양도와 같은 변동사항은 국제사무국에서 일원적으로 관리하여 국제사무국에 한 번 신청하면 국제등록부에 기록되고, 국제사무국에서 각 지정국 관청에 통보하기 때문에 각 지정국에 개별적으로 변경신청을 하지 않아도 됨

출처 : 특허청 홈페이지

(3) 국제출원 요건

국제출원 요건은 주체적 요건과 객체적 요건으로 구분할 수 있다.

> **주체적 요건**
> 출원인은 계약국의 주소가 있는 국민으로서 진정하고 실효적인 산업상 또는 상업상 영업소를 가진 자이어야 한다.
>
> **객체적 요건**
> • 국제출원서는 본국관청을 통해서만 제출할 수 있다(WIPO사무국에 직접 제출 불가).
> • 출원서에는 영어, 불어 또는 스페인어로 작성하여 본국관청에 제출한다(우리나라는 영어로 작성요).
> • 지정국을 1국 이상 지정하여야 하며, 출원 이후 다른 지정국을 추가 지정할 수 있다.
> • 국내 선출원 또는 선등록을 기초로 하여야 하며, 기초출원(등록)과 국제출원의 표장이 엄격하게 동일하여야 한다.

① 본국관청의 역할은 국내 기초출원(등록)의 표장과 지정상품 요건 만족 여부를 판단하고, 이상이 없는 경우에 WIPO사무국에 해당 출원서를 송부한다.

② 국제등록일은 원칙적으로 본국관청이 국제출원서를 접수한 날이다. 하자가 없어 국제상표등록부에 등록되고 국제공고가 되면, 국제등록일이 지정국에서의 출원일이 된다.

> **국제등록일 예외**
> • 본국관청이 국제출원서를 접수한 날로부터 2개월 이후에 국제사무국이 국제출원서를 접수한 경우 : 국제사무국이 실제로 접수한 날이 국제등록일임
> • 하자가 있는 경우 : 2개월 이후에 보완서가 국제사무국에 도착하면 보완서가 도착한 날이 국제등록일임

③ 국제등록의 효력은 5년 동안 기초출원(등록)에 의존하게 된다. 이를 '국제등록의 종속성'이라고 한다.

(4) 사후지정

① 마드리드 의정서에는 국가등록 후에도 의정서에 가입한 국가를 추가로 지정하는 것이 가능하므로 상표를 보호받고자 하는 국가를 간편하게 확장할 수 있다.
② 사후지정이 등록되면 공보에 게재하여 공고하고, 사후지정국의 관청에 통보한다. 국제등록 또는 사후지정 통지를 받은 지정국관청은 자국 법령에 따라 심사를 한다. 이때 지정관청이 거절이유를 발견하게 되면, 국제사무국으로부터 지정통지를 받은 날로부터 1년 또는 1년 6개월(단, 이의신청의 경우 예외) 이내에 국제사무국에 거절이유를 통지해야 한다.

(5) 헤이그 국제출원과의 차이점

마드리드 국제출원은 헤이그 국제출원의 장점과 유사하다. 다만, 선출원 또는 선등록이 요구되며, 사후지정이 가능하여 상표등록을 받고자 하는 국가를 간편하게 확장시킬 수 있다는 점에서 헤이그 국제출원과 차이가 있다.

(6) 해외출원 비교

〈표 4-36〉 PCT, 헤이그, 마드리드 해외출원 비교 빈출도 ★☆☆

구 분	PCT		헤이그		마드리드	
출원대상IP	특허, 실용신안		디자인		상표	
출원신청	수리관청 (특허청)	한국어, 영어, 일본어	수리관청 (특허청)	알아서 정함 (단, 우리나라는 영어만 가능)	본국관청 (특허청)	영어, 불어 스페인어
	WIPO 국제사무국	한국어, 영어, 일본어, 불어, 스페인어, 중국어, 독어, 러시아어 등	WIPO	영어, 불어, 스페인어	WIPO로 신청불가	X
국내 선출원 또는 선등록 요건			X (필요 없음)		O (필요함)	
자기지정 제도	우리나라는 제도 있음 (제도 없는 국가가 다수임)				자기지정제도 없음	
사후지정					O (가능함)	
체약국에 거주지가 있는 자 국제출원			O (가능함)			

개념체크OX

01 '마드리드 국제출원'은 마드리드 시스템에 따라 국내에서 출원하거나 등록받은 상표를 기초로 본국관청(기초 출원·등록이 있는 관청)을 경유하여 WIPO 국제사무국에 제출하면 복수의 지정국에 출원한 것과 같은 효과를 부여하는 제도이다. O X

02 헤이그 국제출원을 위해 우리나라 특허청에서 출원신청을 할 경우 신청서는 한국어로 작성 가능하다. O X

정답 O, X

단원별 출제예상문제

01 특허정보조사의 목적으로 옳지 않은 것은?

① R&D 전략수립 및 효율성 제고
② 기술개발의 문제점 해결
③ 특허출원전략 마련
④ 침해가능성 판단
⑤ 특허기술분야의 특허풀 구성

해설 특허기술분야의 특허풀 구성은 특허정보조사의 목적과는 거리가 멀다.

02 PCT 국제출원제도의 장점에 해당하지 않는 것은?

① 출원일 인정요건과 절차가 간편하다.
② 특허획득 가능성을 사전에 검토할 수 있다.
③ 한국어로 사용할 수 있어 출원서 작성이 용이하다.
④ 지정국가의 국내 진입단계까지 우선일로부터 30개월 또는 31개월로 충분한 시간을 확보할 수 있다.
⑤ 심사절차 이중적 진행에 따라 특허등록 요건 검토가 용이하다.

해설 국제예비조사를 받아도 지정국 국내단계 진입 시에 새로운 심사를 받게 되므로 심사절차가 이중적으로 진행될 가능성은 PCT 국제출원제도의 단점에 해당된다.

03 특허코드에 대한 설명으로 옳지 않은 것은?

① 국제적으로 통일된 특허 분류체계가 필요함에 따라 1968년에 국제특허분류(IPC)가 도입되었다.
② IPC코드는 섹션, 서브섹션, 클래스, 서브클래스, 메인그룹, 서브그룹의 계층구조로 이루어진다.
③ 선진특허분류(CPC)는 유럽과 미국 특허청의 주도로 IPC를 기반으로 하여 개발된 특허분류체계이며, 현재는 USPC와 ECLA을 폐기하고 CPC로 전환하였다.
④ 우리나라는 신규출원에 대하여 IPC코드만 부여하고 있다.
⑤ 일본은 독자적인 내부분류인 FI와 F-term을 개발하여 사용 중이다.

해설 우리나라는 2015년부터 신규출원에 대하여 CPC와 IPC를 함께 부여하고 있다.

정답 01 ⑤ 02 ⑤ 03 ④

04 헤이그 국제출원 시스템의 장점으로 옳지 않은 것은?

① 간편한 출원 절차
② 비용절감 효과
③ 국내에 출원 또는 등록의 필요성
④ 권리 취득 여부 파악의 용이성
⑤ 디자인권 사후관리의 편리성

> 해설 헤이그 국제출원은 마드리드 의정서에 따른 국제상표출원과 달리 국내 선출원 또는 선등록을 요건으로 하지 않음에 유의하여야 한다.

05 PCT 국제출원에 대한 설명으로 옳지 않은 것은?

① PCT 국제출원은 한국어로도 출원 가능하다.
② PCT 국제출원도 국제공개제도가 적용된다.
③ PCT 국제출원은 대한민국 특허청에 출원할 수 있다.
④ PCT 국제출원을 하였다는 것은 전 세계에서 통용될 수 있는 특허를 획득하였다는 의미이다.
⑤ 대한민국 특허청은 PCT 출원에 대한 국제조사기관 및 국제예비심사기관이다.

> 해설 PCT 국제출원을 하였다는 것은 전 세계에서 통용될 수 있는 특허를 획득하였다는 의미가 아니다. 정해진 기간 이내에 특허획득을 원하는 지정국가에 출원신청을 하여야 한다.

06 마드리드 시스템의 국제출원의 특징에 대한 설명으로 옳지 않은 것은?

① 해외디자인출원 절차의 간소화
② 국제등록의 종속성
③ 상표권 취득 여부 파악의 용이성
④ 상표권 관리의 일원화 및 간편성
⑤ 사후지정에 의한 지정국 확장 가능성

> 해설 마드리드 국제출원은 해외상표출원 절차의 간소화이다.

부록

최종모의고사

- **제1회** 최종모의고사
- **제2회** 최종모의고사
- **제3회** 최종모의고사

- **제1회** 최종모의고사 정답 및 해설
- **제2회** 최종모의고사 정답 및 해설
- **제3회** 최종모의고사 정답 및 해설

회독체크

구 분	학습포인트	Check!
제1회	최종모의고사	☐
제2회	최종모의고사	☐
제3회	최종모의고사	☐

☑ 칸에 학습진도를 체크하세요.

많이 보고 많이 겪고 많이
공부하는 것은 배움의 세 기둥이다.
- 벤자민 디즈라엘리 -

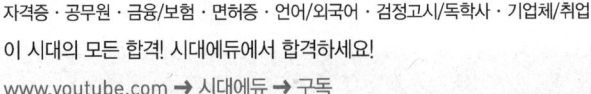

제1회 최종모의고사

제1과목 기술평가와 신용분석기초

01 기술의 이전 및 사업화 촉진에 관한 법률에서 정한 기술의 범위에 해당하지 않는 것은?

① 특 허
② 실용신안
③ 디자인
④ 상 표
⑤ 반도체배치설계

02 기술과 과학의 차이에 대한 설명으로 옳지 않은 것은?

① 기술은 과학을 활용하여 인간의 효용을 증가시킬 수 있는 재화·서비스의 생산에 필요한 수단 또는 응용된 지식으로 요약된다.
② 과학의 사전적 의미는 "자연에서 보편적인 진리나 법칙의 발견을 목적으로 한 체계적인 지식"이다.
③ 과학은 경제성이 중요하다.
④ 기술은 구체적이고 처방적(규범적)인 특성이 있다.
⑤ 과학의 결과는 이론적인 데 반해 기술의 결과는 실천적이다.

03 다음 설명은 기술의 속성 중 어디에 해당하는가?

- 기술의 본질은 원리나 기능처럼 물리적 실체가 없는 무형적·개념적 성격이 강하다.
- 이는 다른 사람에 의한 모방을 힘들게 한다.

① 비가시성
② 법적 권리성
③ 축적성
④ 외부성
⑤ 상호의존성

04 기술의 경제적 수명기간 내 여유현금흐름의 현재가치가 다음과 같을 때 기술가치금액은 얼마인가?

사업연도	1차년도	2차년도	3차년도	4차년도
여유현금흐름의 현재가치	-300백만원	100백만원	300백만원	500백만원

- 기술의 경제적 수명 : 4년
- 산업기술요소 : 50%
- 개별기술강도 : 60점

① 100백만원　　　　　　　② 180백만원
③ 250백만원　　　　　　　④ 300백만원
⑤ 500백만원

05 기술의 발전단계 및 수명주기에 따른 분류에 해당하지 않는 것은?
① 융·복합기술　　　　　　② 태동기술
③ 근간기술(기반기술)　　　④ 전개기술
⑤ 핵심기술

06 기업회계에서 무형자산으로 분류될 수 없는 것은?
① 산업재산권
② 개발단계에서 발생한 지출(조건이 충족된 경우)
③ 영업권
④ 컴퓨터 소프트웨어
⑤ 연구단계에서 발생한 지출

07 용어의 설명으로 옳지 않은 것은?
① 기술수명 : 새로운 기술에 의하여 대체될 때까지의 주기
② 기술력 : 현재의 기술수준과 기술개발력을 통합한 종합적인 역량
③ 기술격차 : 최고 기술 보유국의 기술수준을 100%로 보았을 때의 상대적 기술의 위치
④ 기술성숙도 : 해당 기술이 실제로 응용되어 쓰일 수 있기까지 어느 정도 준비가 되었는지를 확인하는 객관적 지표
⑤ 기술의 진부화 : 기존 기술에 내재된 기술경쟁력이 저하되고 시장점유율이 급격히 떨어지면서 기술 가치가 떨어지는 현상

08 다음과 같이 추정 값이 주어졌을 때 기술가치금액은?

- 평가시점에서 재계산한 총재생산비용 : 200백만원
- 개발보상비용 : 14백만원
- 진부화로 인한 가치감소분 : 62백만원
- 가감할 선택요인 없음
- 기술기여도 : 50%

① 62백만원
② 76백만원
③ 124백만원
④ 152백만원
⑤ 276백만원

09 다음 설명에 해당하는 기술사업화의 유형은?

분할회사(기업 또는 연구소)가 가지고 있던 기술을 현물출자 등의 방법을 통해 자회사를 신설하고, 도전적이고 창의적인 창업자를 통해 사업화를 추진하는 방식

① 기술지주회사
② 기술지도
③ 기술 라이선싱
④ 스핀오프
⑤ 공동연구개발

10 신지식재산권에 포함되지 않는 것은?

① 반도체집적회로의 배치설계권
② 영업노하우
③ 생명공학기술
④ 도메인네임
⑤ 컴퓨터 제조기술

11 기술평가의 중요성에 대한 설명으로 옳지 않은 것은?

① 정책적 측면 : 산업기술혁신정책을 수립하고 집행하는 과정에서 정책적 지원의 타당성을 검토하거나 기술개발투자 등의 의사결정에 활용된다.
② 산업경제 측면 : 기술·지식기반경제에서 물적 기반 산업경제로의 변화에 맞춰 기술금융이 활용된다.
③ 기술혁신 프로세스 측면 : 연구 기획·평가·관리 등 기술개발과정의 효율성을 높이는 데 활용된다.
④ 기술이전 사업화 관점 : 창업투자, M&A, 기술이전, 합작 등에서 의사결정이나 협상 등의 참고자료로 활용된다.
⑤ 중소기업육성 측면 : 투·융자형 기술금융을 공급하거나 민간 보유기술의 이전·거래 시 활용된다.

12 기술의 이전 및 사업화 촉진에 관한 법률상 기술평가 관련 내용으로 옳지 않은 것은?

① 기술이전·사업화촉진계획에 기술평가활성화 방안을 수립·시행하도록 함
② 법상 기술평가기관의 기술평가를 받은 경우 법상 공인된 감정인의 감정으로 간주
③ 기술평가활성화를 위해 기술평가기관과 인력을 육성하는 등의 시책마련 법제화
④ 발명의 기술성·사업성 평가를 전문적으로 수행하는 기관을 평가기관으로 지정
⑤ 기술평가 기법의 개발 및 보급, 활용 촉진

13 기술신용평가기관(TCB) 근거법령에 해당하는 법률은?

① 기술의 이전 및 사업화 촉진에 관한 법률
② 신용정보의 이용 및 보호에 관한 법률
③ 외국인투자촉진법
④ 발명진흥법
⑤ 중소기업진흥에 관한 법률

14 다음 설명에서 괄호 안에 들어갈 가장 적당한 말로 옳게 연결된 것은?

> 기술평가자는 기술평가를 수행함에 있어 객관성, (㉠), 신뢰성을 확보하여야 하고 기술성, (㉡), 시장성, 사업성 등을 종합적으로 분석·평가하여야 하며, 기술평가의 기준시점은 기술평가보고서의 (㉢)로 하며, 유효기간은 원칙적으로 (㉣)개월로 한다.

① ㉠ : 공정성, ㉡ : 경제성, ㉢ : 제출일시, ㉣ : 12
② ㉠ : 전문성, ㉡ : 권리성, ㉢ : 제출일시, ㉣ : 12
③ ㉠ : 공정성, ㉡ : 권리성, ㉢ : 등록일시, ㉣ : 12
④ ㉠ : 사실성, ㉡ : 미래성, ㉢ : 등록일시, ㉣ : 6
⑤ ㉠ : 경제성, ㉡ : 미래성, ㉢ : 등록일시, ㉣ : 6

15 정부가 총괄지원만 하고 운영사는 우수한 기술 아이템을 보유한 창업팀을 민간주도로 선발하여 집중육성하는 내용의 기술금융 유형으로 옳은 것은?

① 모태펀드
② 엔젤투자
③ TIPS 프로그램
④ VC투자
⑤ 창업자금

16 기술가치평가에서 가치의 개념으로써 다음 중 옳은 것은?

① 공정시장가치
② 전략가치
③ 투자가치
④ 사회가치
⑤ 공공가치

17 기술가치평가의 활용 목적에 해당하지 않는 것은?

① 현물출자
② 투자·융자
③ 경영전략수립
④ R&D 평가
⑤ 청 산

18 은행 자체 기술신용평가 역량 평가에서 평가항목에 해당하지 않는 것은?

① 평가서 건수
② 전문인력 수
③ 기타 물적 요건
④ 실적 요건(직전 단계 실시기간)
⑤ 평가서 수준

19 기술신용평가에 대한 설명으로 옳지 않은 것은?

① 기술신용평가에서 수행하는 기술평가는 기술평가 유형 중 기술력등급평가에 가장 가깝다고 볼 수 있다.
② 기술신용평가 제도는 2014년 산업통상자원부 주도하에 탄생되었다.
③ 기술평가와 신용평가를 결합한 형태이다.
④ 기술신용평가 유형은 융자용 기술신용평가와 투자용 기술평가로 구분할 수 있다.
⑤ 기술신용평가 수행은 TCB회사와 자체TCB은행 즉, 레벨(1~4등급) 진입은행만 가능하다.

20 TCB 기술평가모형에서 '기술경쟁력' 평가항목(중항목)에 해당하는 것은?

① 경영주역량
② 기술개발역량
③ 시장현황
④ 제품화역량
⑤ 수익전망

21 기술신용등급에 대한 설명으로 옳지 않은 것은?

① 기술신용등급(TCB등급)은 기업의 미래 성장가능성을 반영한 채무불이행위험을 나타내는 등급으로 정의된다.
② 기술신용등급과 기술등급은 동일한 평가등급체계로 되어 있어 부도율 관점에서 기업의 신용도 변동 폭을 쉽게 알 수 있다.
③ 신용등급(CB등급)은 최근 수년간의 재무실적과 인적역량 등을 평가하여 산출한다.
④ 기술등급(T등급)은 기술기업의 기술사업화 역량과 기술경쟁력 등을 평가하여 미래성장가능성을 표현한다.
⑤ 기술신용등급은 기술금융활성화를 위해 개발된 기술평가정보로서 금융기관이 기술금융 취급 시 기술에 관한 정보비대칭성을 해소하는 역할을 한다.

22 「기술금융 가이드라인」에 따른 TCB평가 종류 및 의뢰기준에 대한 설명으로 옳지 않은 것은?

① 약식평가는 표준평가서에서 세부평가의견이 제외된 형태이다.
② 간이평가는 약식평가와 동일하나, 현장실사를 생략한 경우에 수행된다.
③ 약식평가의 의뢰기준으로는 재평가 기업 중 간이평가 미해당 기업 등이 해당된다.
④ 재평가란 기존 평가서의 유효기간 내에 전차와 동일한 TCB평가기관에 다시 평가를 의뢰하는 것을 말한다.
⑤ 신규평가 유형은, 표준평가, 약식평가, 심층평가가 해당되며, 재평가 유형은 약식평가, 간이평가가 해당된다.

23 기술신용평가서의 시장경쟁력(중항목)의 주요 평가내용으로 옳지 않은 것은?

① 목표시장 규모
② 인지도
③ 시장진입용이성
④ 경쟁제품과 비교우위성
⑤ 시장점유율

24 기술금융의 특성과 그 설명을 연결한 것으로 옳지 않은 것은?

① 높은 불확실성 – 안정성, 예측가능성 등을 최우선하는 금융의 속성상 기술금융 공급자는 변동성이 낮은 기업을 선호하게 된다.
② 정보비대칭성 상존 – 기업과 금융공급자 사이에 정보의 격차가 존재하는 것이 일반적이다.
③ 담보력이 미약한 무형자산 – 특허, 영업비밀, 인적 자본 등의 지식재산을 핵심 경쟁력으로 하고 있다.
④ 기술의 내부효과성 – 산업재산권 등은 독점·배타적 성격을 지니기 때문에 기술 보유기업은 이를 전적으로 사유화하므로 금융공급자는 충분한 보상을 받는다.
⑤ 기술투자의 불가분성 – 여러 단계의 프로젝트로 구분하는 것이 불가능함에 따라 자금 공급이 적시에 이루어질 수 없을 가능성이 높다.

25 벤처캐피탈(VC)에 대한 설명으로 옳지 않은 것은?

① 지분 투자를 통해서 자금을 공급한다.
② 벤처기업이 필요로 하는 재무, 마케팅, 기술지원 등 기업의 성장을 위한 경영지원 서비스를 제공한다.
③ 통상 5년~10년 이상이 소요되는 투자이며, 기업공개 시 자본조정에 필요한 자금을 연결시켜 준다.
④ 자금조달부터 투자, 자금회수를 통한 순환과정이 반복적으로 일어난다.
⑤ VC의 투자는 중기와 후기단계보다는 초기단계에 더 많은 공급을 하고 있다.

26 신용의 개념에 대한 설명으로 옳지 않은 것은?

① 신용은 자본주의 사회의 필수요소로 자리 잡고 있다.
② 신용은 미래 지불능력인 예상소득을 현재시점의 가치로 전환하여 미리 앞당겨서 사용, 소비할 수 있는 능력이다.
③ 신용은 상업신용에서 유래되었는데, 상업신용은 화폐의 직접 매매를 수반하여 경제적 제거래를 성립시킨다.
④ 신용을 화폐흐름 측면에서 보면 재화와 교환을 매개하는 수단뿐만 아니라 가치의 이전 수단으로 흐르게 한다.
⑤ 거래를 통해 발생하는 신용은 판매(지급)신용과 대출신용으로 구분할 수 있다.

27 신용평가와 신용분석에 대한 설명으로 옳지 않은 것은?

① 기업 신용분석은 신용위험을 종합적으로 분석하는 것으로 기업내부에서 발생하는 위험요소와 기업외부에서 발생하는 위험요소로 구분할 수 있다.
② 신용분석은 분석 대상 기업이 채무를 만기일에 상환할 수 있는 능력을 평가하는 것이다.
③ 채무자의 채무상환능력은 부채상환과 비용지급능력을 의미한다.
④ 신용등급은 채무자의 채무상환능력을 분석하여 신용도를 등급이나 점수, 숫자로 나타낸 것이다.
⑤ 신용평가는 신용분석과는 전혀 다른 개념이다.

28 기술력, 생산능력, 마케팅능력 등 구매·생산·판매활동에 필요한 효율성의 부족으로 발생하는 위험은?

① 신용위험   ② 시장위험
③ 경영위험   ④ 영업위험
⑤ 사회위험

29 신용분석 시 고려할 요소에 대한 설명으로 옳은 것은?

① 2차적으로 기업신용에 영향을 미치는 요소는 기업의 경영 분야, 사업 분야 및 재무 분야를 들 수 있다.
② 1차적 요소로는 계열 분야, 산업 분야 및 금융 분야를 들 수 있다.
③ 3차적 고려요인은 산업정책 및 금융정책 분야와 거시경제 분야 등이 있다.
④ 기업 외화표시 채무의 신용위험을 분석할 때는 해당국가의 신용도에 대한 분석은 생략할 수 있다.
⑤ 기업의 신용위험 분석 시 일반적으로 Bottom-up 접근방법을 많이 사용한다.

30 제조업을 하는 기업의 주요활동을 5가지로 분류할 때 이에 해당하지 않는 것은?

① 영업활동   ② 구매활동
③ 시장조사활동   ④ 경영활동
⑤ 생산활동

31 계속기업의 자기자본을 가장 정확하게 표현한 것은?

① 자본금   ② 잉여금
③ 이익잉여금   ④ 자본금 + 잉여금
⑤ 자본잉여금

32 재무제표분석의 한계점으로 볼 수 없는 것은?

① 회계자료를 이용하므로 회계처리 방법에 따라 그 결과가 달라질 수 있다.
② 재무제표가 기업의 가치를 적절하게 반영하지 못한다.
③ 자료를 입수하는 데 많은 노력과 비용이 든다.
④ 분석과 평가를 위한 기준이 주관적이다.
⑤ 정답 없음

33 판매부진으로 인한 재고누적이 많은 기업의 유동성을 분석하는 데 보다 적절한 비율은?

① 당좌비율
② 이자보상비율
③ 유동비율
④ 부채비율
⑤ 순운전자본비율

34 다음은 어떤 분석법에 해당하는 설명인가?

> 정태보고서를 근거로 정태비율을 사용하여 기업의 재산상태를 동태적인 시각으로 파악할 수 있게 하는 분석기법

① 동태분석
② 추세분석법
③ 백분율법
④ 계단식분석법
⑤ 정태분석

35 (주)한국이 20x2년 10월 1일에 자동차보험료 1,200,000원(보험기간 20x2.10.1~20x3.9.30)을 현금으로 전액 지급하면서 비용으로 인식하여 회계처리하였다. 결산일인 20x2년 12월 31일에 결산분개를 옳게 한 것은?

① (차) 선급보험료 900,000 (대) 보험료 900,000
② (차) 선급보험료 300,000 (대) 보험료 300,000
③ (차) 보험료 900,000 (대) 선급보험료 900,000
④ (차) 보험료 300,000 (대) 선급보험료 300,000
⑤ (차) 선급보험료 1,200,000 (대) 보험료 1,200,000

36 산업구조 분석에 대한 설명으로 옳지 않은 것은?

① 개별기업의 경영성과는 그 개별기업이 속한 해당산업의 경영성과와 밀접한 관계가 있기 때문에 산업구조 분석이 필요하다.
② 일반적인 경기변동과 다르게 나타나는 산업의 환경에 대한 분석이 필요하다.
③ 개별기업의 경영성과에 대한 장기적인 전망을 하면 산업의 추세분석에 도움이 된다.
④ 산업구조 분석에서 가장 많이 활용되는 도구는 포터의 산업 내 경쟁구조 모델이다.
⑤ 산업의 환경과 산업의 수명주기, 수급분석 등이 주로 행하여진다.

37 다음 중 감사보고서에 없는 정보는?

① 내부회계관리제도 검토의견
② 재무제표에 대한 경영진의 책임
③ 감사의견 및 강조사항
④ 주요 경영진의 경력사항
⑤ 재무제표에 대한 주석

38 회계상 '단기금융상품'에 해당하는 것은?

① 당좌예금
② 회사채
③ 취득당시 만기가 3개월 이내 도래하는 양도성예금증서
④ 취득당시 만기가 12개월 이내 도래하는 유가증권
⑤ 타인발행수표

39 재고자산의 단가 결정 방법에 해당하지 않는 것은?

① 개별법
② 선입선출법
③ 후입선출법
④ 실지재고조사법
⑤ 이동평균법

40 자본의 분류 중에서 자본잉여금에 해당하는 것은?

① 주식발행초과금　　② 우선주자본금
③ 자기주식　　　　　④ 이익준비금
⑤ 배당건설이자

41 (주)청솔은 20x1년 1월 1일 (주)삼영의 사채(액면 1,000,000원, 표시이자율 4%, 만기 3년)를 950,000원에 취득하였고, 유효이자율은 6%이다. 20x1년 12월 31일 사채의 기말분개로 다음 중 옳은 것은?

① (차) 이자비용	40,000	(대) 현 금	40,000		
② (차) 이자비용	57,000	(대) 현 금	57,000		
③ (차) 이자비용	60,000	(대) 현 금	40,000		
		사채할인발행차금	20,000		
④ (차) 이자비용	57,000	(대) 현 금	40,000		
		사채할인발행차금	17,000		
⑤ (차) 이자비용	60,000	(대) 현 금	20,000		
		사채할인발행차금	40,000		

42 A기업의 자본총계는 1억 6천만 원이고 부채총계는 4천만 원이다. 이때 A기업의 자산총계와 부채비율은 각각 얼마인가?

① 자산총계 1억 2천만 원, 부채비율 20%
② 자산총계 1억 6천만 원, 부채비율 400%
③ 자산총계 2억 원, 부채비율 25%
④ 자산총계 2억 4천만 원, 부채비율 17%
⑤ 자산총계 2억 원, 부채비율 400%

43 다음 산식은 어떤 비율을 나타낸 것인가?

$$비유동자산 \div (비유동부채 + 자기자본) \times 100\%$$

① 비유동장기적합률　　② 자기자본 부채비율
③ 총부채비율　　　　　④ 자기자본이익률
⑤ 총자산이익률

44 재무비율에 대한 설명으로 옳지 않은 것은?

① 주당장부가치비율(PBR) = 1주당 주식가격 ÷ 1주당 자기자본가치
② 이자보상비율 = 영업이익 ÷ 이자비용
③ 부채비율 = 부채 ÷ 자기자본
④ 매출액순이익률 = 영업이익 ÷ 매출액
⑤ 당좌비율 = 당좌자산 ÷ 유동부채

45 사업위험 분석은 크게 산업분석과 기업분석으로 구분된다. 다음 중 기업분석에 포함되지 않는 것은?

① 계열위험분석
② 경영위험분석
③ 기술위험분석
④ 산업구조분석
⑤ 영업위험분석

46 기업의 단기지급능력에 대한 설명으로 옳지 않은 것은?

① 매출채권의 회수
② 재고자산의 증가
③ 순운전자본의 크기
④ 기업의 차입능력
⑤ 현금창출능력(현금흐름)

47 定石회사의 20x2년도 당기순이익은 ₩200,000이다. 이와 관련된 자료는 다음과 같다. 이 회사의 20x2년도 영업활동으로 인한 현금흐름은 얼마인가?

- 감가상각비 : ₩50,000
- 매출채권 감소분 : ₩20,000
- 매입채무 증가분 : ₩10,000
- 유형자산처분이익 : ₩25,000
- 유상증자 : ₩150,000
- 사채 상환 : ₩100,000
- 기계구입 : ₩20,000

① ₩195,000
② ₩245,000
③ ₩255,000
④ ₩265,000
⑤ ₩285,000

48 포괄손익계산서를 통해 알 수 있는 정보로 옳지 않은 것은?

① 회사가 계속 성장하고 있는지 정체 상태인지 알 수 있다.
② 회사의 비용관리가 제대로 이루어지고 있는지 알 수 있다.
③ 회사의 영업활동 및 기타활동의 성과를 알 수 있다.
④ 당해 연도의 전반적인 경영성과를 알 수 있다.
⑤ 이익잉여금의 크기를 통해 과거 영업활동으로 내부 유보된 자금이 얼마인지를 알 수 있다.

49 기업부실의 원인은 1차적, 2차적, 3차적 원인으로 구분할 수 있다. 다음 중 2차적 원인끼리 옳게 연결된 것은?

① 과대한 재고와 높은 이직률
② 원재료 가격 상승 및 친족 경영의 결점
③ 출혈판매와 자기자본 부족
④ 의사결정 능력과 세계 경제의 침체
⑤ 금융비용과다와 임금체불

50 2023년 1월에 1백만원 A자산을 취득한 후 정액법(5년)과 정률법(5년)을 비교·검토하였을 때 2024년 감가상각비는 얼마인가? (※ 정률법에서 5년 상각률은 0.451이다)

	정액법	정률법
①	250,000원	451,000원
②	250,000원	247,599원
③	200,000원	135,931원
④	200,000원	451,000원
⑤	200,000원	247,599원

제2과목　경영컨설팅과 지식재산권

51 기업이 경영컨설팅을 의뢰하는 주된 이유라고 볼 수 없는 것은?

① 기업 내 전문지식이 부족하여 경영상의 문제점을 해결하고자 이용한다.
② 독립적이며 객관적인 조언이 필요하여 이용한다.
③ 새로운 사업상의 기회를 발견하고 활용하고자 이용한다.
④ 기업 내 인력 부족에 따른 빠른 문제해결을 위해 이용한다.
⑤ 정책자금의 다양한 지원조건을 알기 위해 이용한다.

52 다음 설명과 관련이 깊은 것은?

- 조직 내부에 컨설팅 부서를 두고 서비스를 제공하는 형태이다.
- 기업 내 우수인재가 유입되어 전문성과 경제성을 갖추게 된다.
- 회사 간 경쟁이 치열해지면서 이를 이용하는 기업들이 증가하고 있다.

① 전략 컨설팅　　　　　　　　　② 인하우스 컨설팅
③ 융합기술 컨설팅　　　　　　　④ 부문혁신 컨설팅
⑤ 아웃바운드 컨설팅

53 컨설팅의 이론적 근거를 바탕으로 컨설팅서비스를 공급측면에서 설명한 이론은?

① 사회학습모델　　　　　　　　② 신제도형성이론
③ 신호이론　　　　　　　　　　④ 거래비용이론
⑤ 배태이론(내장이론)

54 전문가모델에 대한 설명으로 옳지 않은 것은?

① 컨설팅에 관한 가장 초기 이론이며 전형적인 컨설팅에 대한 관점을 제시한다.
② 컨설턴트의 주요 역할은 기업주치의로서 경영활동에서 발생하는 제반 문제의 해결을 위한 기술적 전문지식과 구체적인 해결방안을 제공하는 것이다.
③ 컨설턴트의 전문성과 수행 능력, 문제해결 능력을 강조한다.
④ 정보화시대 및 4차 산업혁명시대로 진화하면서 지식의 데이터베이스화, 도구화, 공유화, 보편화에 따라 그 한계에 봉착하고 있다.
⑤ 고객과 컨설턴트 간의 상호작용을 통한 문제해결 지식전이를 고려한 모델이다.

55 국가기술표준원의 KS 규격의 경영컨설팅서비스-기반구조(KS S 1010-2)에서 요구하는 절차 요소에 해당하지 않는 것은?

① 교육훈련
② 시 설
③ 프로젝트 관리
④ 제안요구서
⑤ 품질관리

56 컨설팅 수행모델에 대한 설명으로 옳은 것은?

① 르윈은 밀란의 개념을 더욱 발전시켰다.
② 매거리슨 모델은 컨설팅과정을 해빙-이동-재동결 3단계로 크게 구분하고 다시 12과정으로 세분하였다.
③ 르윈은 개인, 집단 및 조직의 태도 변화는 3단계를 거치면서 이루어진다고 보았다.
④ 콜프-프록만 모델은 프로젝트 구축 및 작업계획 등 6단계로 조직의 변화과정을 파악하였다.
⑤ 한국능률협회컨설팅 모델(1997)은 조직의 변화과정을 조사, 착수 등의 7단계로 파악하였다.

57 국내 컨설팅시장의 구조에 대한 설명으로 옳지 않은 것은?

① 글로벌사, 글로컬사, 로컬사로 통칭되는 3극화 구조가 형성되어 있다.
② 회계법인 등 대형 전문서비스기업과 IT기업들도 대형시장에 적극 진출하고 있어 경쟁이 치열하다.
③ 중대형 회계법인은 오랜 기간 동안 안정적인 브랜드 지위를 통해 신규 컨설팅시장을 창출하거나 새로운 방법론 등의 개발로 빠르게 확장되어 가는 추세이다.
④ 대형 회계법인 컨설팅사는 금융기관이나 중견 기업군 컨설팅을 많이 수행하고 있으며, 금융 규제나 컴플라이언스 관련 컨설팅이 주류를 이룬다.
⑤ 정부 및 공공부문에서 컨설팅서비스를 지원하는 경우 주로 로컬 컨설팅사나 전문 프리랜서를 활용한다.

58 SWOT 기법에서의 4가지 전략에 해당되지 않는 것은?

① ST전략
② SO전략
③ WO전략
④ SW전략
⑤ WT전략

59 정보화 사회에서 컨설팅 기업들이 가진 주요 특징으로 옳지 않은 것은?

① 컨설팅 수요가 늘어남에 따라 공급자도 늘어나고 있다.
② 일반적인 경영관리에 대한 분석적인 접근이 시도되고 있다.
③ 세계 40대 컨설팅 기업이 60%가 넘는 시장점유율을 보이고 있다.
④ 유명 컨설팅 자회사와 지사가 전 세계 도처에 산재해 있다.
⑤ 컨설팅회사의 해외국가로 전입이 활발해지고 있다.

60 지시적-비지시적 스펙트럼 측면에서 컨설턴트 역할모델을 8가지로 제시하고 있다. 다음 중 8가지에 해당하지 않는 것은?

① 사실발견자(Fact Finder)
② 성찰자(Reflectioner)
③ 주창자(Advocate)
④ 전략 지시자(Strategy Instructor)
⑤ 대안확인자(Alternative Identifier)

61 한국경영기술지도사회에서 정한 컨설턴트 기본요건으로 옳지 않은 것은?

① 신뢰성　　　　　　　　　② 의사소통
③ 리더십　　　　　　　　　④ 정확성
⑤ 창조력

62 바바라 민토는 논리적 분석을 하는 데 3가지 기준 및 세부적인 절차를 제시하고 있다. 다음 중 '구조의 순서'의 절차로 옳은 것은?

> ㉠ 구조 만들기 : MECE원칙 적용
> ㉡ 구조의 순서를 통해 생각을 명확하게 하기
> ㉢ 구조의 변화를 제안하기
> ㉣ 구조를 글로 표현하기

① ㉠ → ㉡ → ㉢ → ㉣　　② ㉠ → ㉢ → ㉡ → ㉣
③ ㉠ → ㉣ → ㉢ → ㉡　　④ ㉡ → ㉣ → ㉢ → ㉠
⑤ ㉢ → ㉠ → ㉣ → ㉡

63 컨설턴트의 문제해결 스킬의 5요소에 해당하지 않는 것은?

① 가치화(Value)
② 개념화(Concept)
③ 구조화(Structure)
④ 측정화(Measurement)
⑤ 동기화(Motivation)

64 컨설턴트의 기본스킬에 해당하지 않는 것은?

① 문제해결 스킬
② 기술혁신 스킬
③ 논리적 사고 스킬
④ 커뮤니케이션 스킬
⑤ 프로젝트 관리 스킬

65 프레젠테이션에 대한 설명으로 옳지 않은 것은?

① 핵심과 본질에 집중하여야 한다.
② 본문에서 전달하고자 하는 내용에는 핵심 메시지, 이야기 구조, 변수(Arguments) 등 3가지 요소로 구성된다.
③ MICE 원칙에 따라 이야기할 것들을 논리적으로 전개하면서 하나의 주제에서 하나의 메시지로 귀결되는 형태로 구성하는 것이 필요하다.
④ 변수는 이야기를 전개하면서 그 주장을 보다 객관적인 관점에서 지지하기 위해 사용한다. 즉 단순한 숫자 또는 표, 그래프로 요약하는 것이 필요하다.
⑤ 비즈니스 문서에 비해 프레젠테이션은 핸디캡이 있고 이를 극복하기 위해서는 매우 전략적이어야 한다.

66 컨설턴트의 커뮤니케이션 스킬에 해당하지 않는 것은?

① 인터뷰
② 문서화
③ 정리도구 활용
④ 프렌젠테이션
⑤ 대안 도출

67 컨설팅 수행 절차의 각 단계로 옳게 연결된 것은?

① 착수 → 진단 → 실행계획 수립 → 실행 및 종료
② 착수 → 실행계획 수립 → 실행 및 종료 → 진단
③ 진단 → 착수 → 실행계획 수립 → 실행 및 종료
④ 진단 → 실행계획 수립 → 실행 및 종료 → 착수
⑤ 진단 → 실행계획 수립 → 착수 → 실행 및 종료

68 아래 보기의 하부절차는 ILO-밀란 모형의 절차 중에서 어느 단계인가?

실행지원 → 해결대안의 조정 → 교육훈련 실시

① 착 수
② 진 단
③ 실행계획 수립
④ 실 행
⑤ 종 료

69 컨설팅 프로젝트 관리에 대한 설명으로 옳지 않은 것은?

① 컨설팅은 프로젝트로 진행되기 때문에 프로젝트 관리방법론은 컨설팅 방법론의 근간을 이룬다고 할 수 있다.
② 일반적으로 프로젝트는 일시성, 고유성, 완결성의 속성을 가지고 있다.
③ 프로젝트는 관리영역별로 정해진 프로세스에 따라 철저하게 진행되어야 한다.
④ 일반적으로 프로젝트 관리의 핵심 관리영역은 9가지 관점에서 수행된다고 볼 수 있다.
⑤ 정보시스템 관리는 프로젝트 관리의 9가지 관리영역에 포함된다.

70 다음 설명은 무엇에 대한 것인가?

- 프로젝트를 성공적으로 이끌기 위한 방법을 고민하고 지원하는 사업관리 조직
- 프로젝트 진행과정에서 발생하는 이슈를 보다 좋은 결과로 만들기 위해 외부 전문 요원으로 구성된 프로젝트 관리조직

① PMO
② BSC
③ BPO
④ ERP
⑤ PM

71 BPR컨설팅방법론의 절차로 옳게 연결된 것은?

① 환경분석 → 전략방향 수립 → 경영전략 수립 → 실행계획 수립
② 전략방향 수립 → 경영전략 수립 → 실행계획 수립 → 환경분석
③ 전략분석 및 비전수립 → AS-IS 프로세스 분석 → TO-BE 프로세스 운영정책 정의 → TO-BE 프로세스 설계
④ AS-IS 프로세스 분석 → TO-BE 프로세스 운영정책 정의 → TO-BE 프로세스 설계 → 전략분석 및 비전수립
⑤ AS-IS 프로세스 분석 → TO-BE 프로세스 운영정책 정의 → 전략분석 및 비전수립 → TO-BE 프로세스 설계

72 BCG 매트릭스에 따르면, 시장성장률은 낮지만 시장점유율이 높은 사업은 다음 중 어느 부문에 해당하는가?

① Star
② Question Mark
③ Cash Cow
④ Dog
⑤ Cat

73 경영전략 등 컨설팅 도구에서 다음 중 아이디어 창출 도구에 가장 가까운 것은?

① PESTEL 분석
② VCA
③ TRIZ
④ BEP/CVP 분석
⑤ PLC 분석

74 디지털전환 시 컨설팅이 중요하다. 다음 중 디지털전환 시 고려할 사항과 가장 거리가 먼 것은?

① 혁신성
② 정확성
③ 규제 준수
④ 확장성
⑤ 비용 절감

75 상표법상 상품에 해당하지 않는 것은?

① 다운로드가 가능한 컴퓨터프로그램
② 용기에 담긴 가스
③ 운반 가능한 조립가옥
④ 봉지에 담긴 과자
⑤ 골동품

76 지식재산권의 보호대상으로 잘못 연결된 것은?

① 특허권 – 발명
② 상표권 – 상호
③ 디자인권 – 디자인
④ 실용신안권 – 고안
⑤ 저작권 – 저작물

77 저작재산권에 해당되지 않는 것은?

① 공연권
② 2차적저작물 작성권
③ 공표권
④ 복제권
⑤ 배포권

78 다음은 특허법 제2조 제1항으로서, 본 조항에서는 발명에 대하여 정의하고 있다. 괄호 안에 들어갈 내용이 순서에 맞게 기재된 것은?

> 발명이라 함은 ( )을/를 이용한 기술적 사상의 ( )으로서 ( )한 것을 말한다.

① 아이디어, 개량, 고도
② 자연법칙, 창작, 고도
③ 아이디어, 발전, 고도
④ 자연법칙, 개량, 진보
⑤ 새로운 발견, 창작, 진보

79 국내우선권주장은 성립요건이 충족되어야 한다. 다음 중 이에 해당하지 않는 것은?

① 선출원은 분할출원이나 변경출원이 아니어야 하며, 특허출원 또는 실용신안출원이어야 한다.
② 국내우선권주장 시 선출원이 출원 계속 중이어야 한다.
③ 후출원의 청구범위에 기재된 발명이 선출원을 출원할 때 최초로 첨부한 명세서 또는 도면이 기재된 사항의 범위 이내이어야 한다.
④ 선출원 발명을 개량한 발명은 진보성과 창의성이 있어야 한다.
⑤ 우선권주장출원은 선출원의 출원일로부터 1년 이내에 출원하여야 한다.

80 특허 출원공개의 효과로서 출원인에게 발생하는 권리는?

① 보상금 청구권
② 특허권
③ 특허를 받을 수 있는 권리
④ 전용실시권
⑤ 통상실시권

81 甲은 2 이상의 발명을 하나의 특허로 출원하였다. 이후에 2 이상의 발명 중 하나를 원출원과 분리하여 출원하는 것을 무엇이라 하는가?

① 변경출원
② 개량출원
③ 보정출원
④ 분할출원
⑤ 국내우선권주장출원

82 산업상 이용가능성이 없는 발명은?

① 수술용 기구나 장비
② 사람을 제외한 포유동물의 치료방법
③ 의약품
④ 의료기기 그 자체
⑤ 인간을 수술, 치료 또는 진단하는 방법

83 甲은 A 발명을 고안한 후 다음의 행위 중 신규성을 상실하지 않은 경우는?

① 甲이 미국 LA에서 A 발명에 의해 만들어진 제품을 판매한 경우
② 甲이 국내 학술대회에서 A 발명에 대한 논문을 발표한 경우
③ 甲이 국립대학에서 운영하는 전기통신회선의 게시판에 A 발명에 대한 글을 게시한 경우
④ 甲이 특허출원을 위해 변리사 乙을 찾아가 상담한 경우
⑤ 甲이 A 발명에 대한 내용이 담긴 CD를 배포한 경우

84 다음은 특허요건 중 '진보성'에 관한 설명이다. 괄호 안에 들어갈 용어는 무엇인가?

> 진보성이란 창업자가 (　　)를 기준으로 공지기술로부터 용이하게 발명할 수 없는 것을 말한다.

① 발명창작 시　　② 발명상담 시
③ 특허결정 시　　④ 특허소멸 시
⑤ 특허출원 시

85 특허 명세서에 대한 설명으로 옳지 않은 것은?

① 특허 명세서는 특허를 받으려는 발명의 기술적인 내용을 특허법에서 정하는 양식에 따라 상세하게 적은 문서이다.
② 특허 명세서의 서식은 크게 발명의 설명 및 청구범위 항목으로 구성된다.
③ 발명의 설명은 발명의 명칭, 기술분야, 발명의 배경이 되는 기술, 발명의 내용, 도면의 간단한 설명, 발명을 실시하기 위한 구체적인 내용으로 구분되어 있다.
④ 특허 명세서에는 청구범위를 필수적으로 작성하여야 한다.
⑤ 발명의 상세한 설명은 기술문헌으로서의 역할과 함께 특허청구범위를 해설하는 권리해설서로서의 역할을 하게 된다.

86 특허청구범위를 해석하는 데 참작하지 않는 것은?

① 요약서　　② 공지기술
③ 상세한 설명　　④ 의견서 및 보정서
⑤ 출원과정에서 심사관이 제시한 의견

87 특허법상 전용실시권과 통상실시권의 차이점에 대한 설명으로 옳지 않은 것은?

① 전용실시권은 특허발명을 업으로서 독점배타적으로 실시할 수 있는 준물권적 권리이다.
② 전용실시권은 반드시 설정등록하여야만 효력이 발생한다.
③ 통상실시권은 독점배타성이 없이 단순히 특허발명을 업으로서 실시할 수 있는 준물권적 권리이다.
④ 허락에 의한 통상실시권은 설정등록 없어도 효력이 발생한다. 다만, 설정등록은 제3자에 대한 대항요건이다.
⑤ 전용실시권 이전 시 특허권자의 동의가 필요하나, 통상실시권 이전 시에는 특허권자 또는 전용실시권자의 동의가 필요하다.

88 특허와 실용신안의 차이점에 대한 설명으로 옳지 않은 것은?

① 특허법과 실용신안법의 제정·운용 목적은 서로 다르다.
② 특허출원서에는 필요한 경우에만 도면이 첨부되지만 실용신안등록출원서에는 반드시 도면이 첨부되어야 한다.
③ 특허법상 발명의 진보성은 선행기술에 대비하여 고도하여야 하는 데 반해, 실용신안법상 고안의 진보성은 선행기술에 대비하여 고도할 필요는 없다.
④ 특허는 예외적으로 특허권 존속기간 연장등록제도가 있는 반면, 실용신안법에는 허가에 따른 존속기간 연장등록제도가 없다.
⑤ 권리의 실시요건에 있어서 발명과 고안이라고 하는 양법의 보호대상에서 다소 차이가 있다.

89 실연자의 권리에 해당하지 않는 것은?

① 성명표시권
② 공표권
③ 동일성유지권
④ 배포권
⑤ 대여권

90 디자인보호법에서 정한 디자인의 성립요건에 해당하지 않는 것은?

① 물품성
② 형태성
③ 시각성
④ 심미성
⑤ 신규성

91 디자인 등록요건에 대한 설명으로 옳지 않은 것은?

① 공업상 이용가능성은 동일한 디자인의 물품을 반복하여 다량으로 생산할 수 있는지를 말하는 것이므로 수공업적 생산방법은 이에 포함되지 않는다.
② 창작 비용이성이란 어떤 디자인이 다른 디자인과 객관적으로 명확하게 구별되는 정도를 말한다.
③ 우리나라는 디자인 등록에 있어서 선출원주의를 채택하고 있다.
④ 디자인등록출원한 디자인이 그 출원 후에 디자인공보에 게재된 다른 디자인등록출원의 출원서 및 도면에 표현된 디자인의 일부와 동일하거나 유사한 경우에는 등록을 받을 수 없다.
⑤ 이미 국내에서 반포된 간행물에 게재된 경우에는 신규성이 없어 등록을 받을 수 없다.

92 디자인 제도에 대한 설명으로 옳은 것은?

① 5년 이내의 기간을 정하여 비밀로 해줄 것을 청구하는 비밀디자인 제도가 있다.
② 1출원으로 15개 이내의 디자인을 출원하는 복수디자인 등록출원 제도가 있다.
③ 법에서 정한 일부 대상물품에 한해 일부심사등록출원제도를 운영하고 있다.
④ 디자인은 물품을 대상으로 하므로 물품의 부분에 대하여 등록받을 수 없다.
⑤ 한 벌의 물품의 디자인제도는 1디자인 1출원에 위배되어 운영하지 않고 있다.

93 디자인권의 소멸 원인으로 옳지 않은 것은?

① 1디자인 1출원 위반
② 디자인권의 존속기간 만료
③ 등록료의 불납
④ 상속인 부존재
⑤ 디자인권의 무효

94 상표의 기능에 해당하지 않는 것은?

① 자타상품의 식별 기능
② 출처표시 기능
③ 적극적 독점 기능
④ 품질보증 기능
⑤ 광고선전 기능

95 상표등록출원의 요지변경에 해당하는 경우는?

① 지정상품의 범위의 감축
② 외국어로 된 상표에 한글 음역을 병기하는 경우
③ 오기(誤記)의 정정
④ 불명료한 지정상품 기재를 명확하게 하는 경우
⑤ 상표의 부기적인 부분의 삭제

96 상표법에서 예시하고 있는 거절이유에 해당하지 않은 것은?

① 보통명칭에 해당하는 상표
② 단순한 지리적 명칭에 해당하는 상표
③ 흔히 있는 성 또는 명칭인 상표
④ 간단하고 흔히 있는 표장으로 구성된 상표
⑤ 상품의 관용적인 명칭에 해당하는 상표

97 현행 저작권법상 보호대상인 저작물에 대한 설명으로 옳지 않은 것은?

① 컴퓨터프로그램은 저작권 보호대상이다.
② 창작성은 남의 것을 모방하지 않는 정도이면 충분하다.
③ 초등학생이 쓴 편지글은 저작권이 인정된다.
④ 침팬지가 그린 그림은 저작권이 인정된다.
⑤ 마트 전단지에 싣기 위해 바나나를 사실적으로 찍은 사진은 저작권이 인정되지 않는다.

98 저작재산권에 대한 설명으로 옳지 않은 것은?

① 저작물의 복제는 일시적인 경우도 포함되며, 복제부수와 제한이 없어 1부만 복제하여도 복제에 해당한다.
② 백화점에서 각층에 음반을 틀어주는 것은 동일인의 점유에 속하는 연결된 장소이므로 방송이 아니라 공연에 해당한다.
③ 공중송신권에서 공중송신은 방송·전송·디지털방송을 포함한다.
④ 전시권의 적용대상은 미술저작물, 사진저작물, 건축저작물이며, 가정 등 사적 모임에서의 전시는 포함되지 않는다.
⑤ 대여권의 대상은 영리를 목적으로 대여한 경우이며, 저작물 중 상업용 음반과 상업적으로 공표된 프로그램, 영상저작물에만 적용된다.

99 PCT출원에 대한 설명으로 옳지 않은 것은?

① 국제조사, 국제공개, 국제예비조사를 통해 특허 취득 가능성을 높일 수 있다.
② 단일의 출원서만을 작성하면 되므로 출원서 작성이 용이하다.
③ 특허가능성이 낮은 출원에 대하여 무모한 해외출원을 방지할 수 있다.
④ 국제출원일을 각 지정국에서의 출원일로 인정받을 수 있다.
⑤ PCT출원만으로 지정국에서 특허를 받을 수 있다.

100 상표 국제출원제도에 대한 설명으로 옳지 않은 것은?

① 해외에 상표를 출원하는 방법은 파리루트에 의한 직접 출원방법과 마드리드 국제출원을 이용하는 방법이 있다.
② 파리루트에 의한 상표출원방법에 있어서 국내 상표출원인이 해외에 상표출원을 위해 우선권을 주장하려면 국내 출원일로부터 1년 이내에 하여야 한다.
③ 마드리드 국제출원은 다국가 1출원 시스템이다.
④ 마드리드 국제출원은 영어·불어·스페인어 중 하나의 언어로 하나의 출원서를 작성한다.
⑤ 본국관청을 통한 출원 절차에서 기초출원이나 기초등록은 반드시 존재하여야 한다.

제2회 최종모의고사

제1과목 기술평가와 신용분석기초

01 상표권을 기술 범위에 포함한 관련 법률은?

① 기술의 이전 및 사업화 촉진에 관한 법률
② 외국인투자촉진법
③ 벤처기업육성에 관한 특별조치법
④ 기술보증기금법
⑤ 산업교육진흥 및 산업연협력 촉진에 관한 법률

02 기술과 과학에 대한 비교에서 옳지 않은 것은?

	기 술	과 학
①	발견된 자연현상을 실생활에 응용	자연현상의 탐구·발견·이해
②	실제 유용성	지적 호기심
③	know-how	know-why
④	인공물 이해, 경제적 유용성	자연현상 합리적 이해
⑤	보편적, 미래 예측적	구체적, 처방적(규범적)

03 다음 설명과 가장 관계가 깊은 기술의 분류는?

> 개별 요소기술 등의 물리적인 결합으로 기존 산업의 한계를 극복해 나가는 과정에서 일어나는 공동 기술혁신 현상

① 전개기술
② 복합기술
③ 핵심기술
④ 제품기술
⑤ 근간기술

04 고객수용 정규곡선과 혁신제품에 대한 수용자 집단별 특징 중 다음 내용은 어느 부류에 속하는가?

> 사회 평균적 구성원보다 조금 더 빨리 혁신을 받고, 주변과 빈번하게 상호작용을 하며, 실질적인 문제에 관심을 갖는 실용주의자

① Innovator(혁신수용자)
② Early Adapter(조기수용자)
③ Early Majority(전기다수 수용자)
④ Late Majority(후기다수 수용자)
⑤ Laggers(지각수용자)

05 무형자산에 대한 설명으로 옳지 않은 것은?

① 자산의 분리 가능성 여부에 의하여 판단할 수 있다.
② 제3자의 접근을 제한할 수 있는지 여부에 의해 판단할 수 있다.
③ 자산의 사용에 따른 기타 효익의 형태로 발생한다.
④ 재화의 생산이나 용역의 제공에 사용할 목적으로 기업이 보유한다.
⑤ 자체의 특성상 객관적인 평가가 쉽다.

06 기술사업화 유형에 대한 설명으로 옳지 않은 것은?

① 기술 양도는 기술과 관련된 모든 권리를 이전 및 거래하는 방식이다. 그러나 기술의 복잡성이 증가하고 기술개발 과정에 관련된 이해관계자가 많아 기술의 개별화·모듈화가 쉽지 않고 적정한 기술대가의 결정이 어렵다는 한계가 있다.
② 공동연구개발은 기술을 보유한 대학 및 공동연구기관 등이 자본 및 기술을 출자하여 설립한 기술사업화 전문조직이다.
③ 인수합병 유형은 사업화기간과 투자부담이 감소하며 전체적으로 통제력을 확보할 수 있는 장점이 있다.
④ 합작투자는 이해관계가 상충되거나 주도권 경쟁이 격화될 경우에는 합작투자 또는 전략적 제휴가 와해되기 쉽다는 단점이 있다.
⑤ 외주 기술개발은 기술적 역량을 단기간에 확보해야 할 경우, 또는 내부의 개발인력이 없거나 부족한 경우 선택할 수 있는 기술사업화 유형이다.

07 기술평가에 대한 설명으로 옳지 않은 것은?

① 광의의 기술평가란 기술개발이 초래할 부정적 효과에 대한 정보를 신속히 파악하여 사회적으로 바람직하고 유용한 기술개발의 촉진에 기여하는 평가이며, 일종의 조기 경보 시스템이라 할 수 있다.
② 기술력평가의 목적은 기술사업화 주체가 해당 기술로 수익을 창출할 수 있는 능력이 어느 수준인지 평가하는 것이다.
③ 기술평가의 유형은 등급이나 점수로 나타나는 기술력평가와 화폐단위로 나타나는 기술가치평가로 구분된다.
④ 기술가치평가 결과로 산출되는 가치는 공정시장가치를 원칙으로 한다.
⑤ '기술존속의 가정'은 반증이 없는 한 기술이 미래에도 존재할 것이라는 기술력평가의 기본 가정이다.

08 캐즘(Chasm)에 대한 설명으로 옳지 않은 것은?

① 일시적으로 수요가 정체되거나 후퇴하는 단절현상을 말한다.
② 첨단기술 제품의 경우 혁신성을 중시하는 소비자가 주도하는 초기시장에 진입하기 전에 나타난다.
③ 기술사업화는 시장수용 단계가 Early Majority 그룹까지 도달하면 성공한 것으로 인식한다.
④ 단절현상을 극복하지 못하면 기술사업화에 성공하지 못하고 시장에서 퇴출될 위험에 처한다.
⑤ 캐즘을 극복하기 위해서는 신기술 제품 시장과 소비자 속성을 더 면밀하게 파악하는 마케팅 전략이 필요하다.

09 금융위원회는 2024년 4월과 6월에 "기술금융 개선방안"을 발표하였다. 다음 중 개선방안에 해당되지 않는 내용은?

① 기술금융 대상에서 비(非)기술기업을 제외하였다.
② 현장실사 및 평가에서 세부평가의견 작성을 의무화하였다.
③ 은행에서는 차주에게 기술금융 절차를 반드시 안내하도록 하였다.
④ 품질심사평가 결과에 대한 재심의요구권을 신설하였다.
⑤ 테크평가에서 기술신용대출 차주 수, IP담보대출 차주 수를 평가요소로 추가 신설하였다.

10 기술, 기능, 과학, 암묵적 지식의 개념에 대한 설명으로 옳지 않은 것은?

① '기술'은 인공(arifact)을 다루고 '과학'은 자연을 다룬다.
② 기술, 과학, 기능, 암묵적 지식 등은 상호작용을 하면서 중첩되어 존재한다.
③ 암묵적 지식은 상당부분 비체계적이고 개인에게 체화되었다는 점에서 기능과 유사하다.
④ '기능'은 물건을 만드는 방법과 능력에 직접 관계되는 용어이다.
⑤ 과학, 기술, 기능의 연관관계에서 항상 과학 > 기술 > 기능의 사이클로 돌아간다.

11 기술가치평가 시에 적용하는 접근법에 해당하지 않는 것은?

① 동태적 수익접근법
② 상대가치평가법
③ 로열티공제법
④ 시장접근법
⑤ 조정재생산 비용접근법

12 다음은 수익접근법의 기술가치 산출식이다. (A)는 무엇을 의미하는가?

$$기술가치 = \sum_{t=1}^{n} \frac{(A)_t}{(1+r)^t} \times 기술기여도$$

① 추정매출액
② 여유현금흐름
③ 기술의 경제적 수명
④ 할인율
⑤ 영업이익

13 아래와 같이 예시 값이 주어졌을 때 가중평균자본비용(WACC)은 얼마인가?

[예시 값]
• 자기자본비용 20%
• 타인자본비용 10%
• 자기자본비율 70%
• 법인세율 20%

① 3.4%
② 13.6%
③ 16.4%
④ 17.0%
⑤ 19.2%

14 종합신용정보집중기관을 통해 집중관리·활용되는 기술신용정보와 기술신용정보 관련 신용 공여 현황 및 신용도 판단정보의 구체적인 등록 및 이용기준을 정한 법규는?

① 신용정보의 이용 및 보호에 관한 법률
② 신용정보의 이용 및 보호에 관한 법률 시행령
③ 신용정보업감독규정
④ 은행업감독규정
⑤ 기술신용정보관리규약

15 다음 TDB에 대한 설명으로 옳지 않은 것은?

① TDB업무의 법적 근거는 신용정보법, 동법 시행령, 신용정보업감독규정에 두고 있다.
② 현재 종합신용정보집중기관은 은행연합회로 TDB업무를 맡고 있다.
③ TDB가 제공하는 정보는 내용에 따라 기업정보, 기술정보, 시장정보, 통계분석정보이다.
④ TCB회사 및 자체TCB은행으로부터 받는 기술신용평가결과는 협의의 기술신용정보라고 할 수 있다.
⑤ 광의의 기술신용정보라 함은 신용거래정보(기업신용공여 현황) 및 신용도 판단정보까지를 포함한다.

16 기술신용평가기관에 해당되지 않는 곳은?

① 한국평가데이터
② 한국기술신용평가
③ 이크레더블
④ SCI평가정보
⑤ 한국기업평가

17 TECH평가에 대한 설명으로 옳지 않은 것은?

① TECH에서 H는 정량평가에 해당된다.
② 정량지표는 기술신용대출 공급규모, 기술대출기업지원, 기술기반 투자확대이다.
③ 정성평가와 정량평가 점수를 합쳐 100점 만점제로 채택하고 있다.
④ TECH평가 시 기술신용대출은 TCB평가 기반 대출 외에 IP담보대출도 포함한다.
⑤ 현재 TECH평가 순위에 따라 정책금융 인센티브(신보·기보 출연료율)를 차등부여하고 있다.

18 은행 자체 TCB평가 역량심사 요건의 내용으로 옳지 않은 것은?

① 레벨1 진입을 위해서는 전문인력 5명 이상(단, 소형은행 3명 이상)이 필요하다.
② 레벨2 진입을 위해서는 별도 조직 마련, 자체모형 구축, 전산화 등이 필요하다.
③ 레벨3에 진입한 은행은 자체 TCB평가를 30% 취급할 수 있다.
④ 레벨4 진입을 위해서는 직전 실시기간 1년이 필요하다.
⑤ TECH평가 실적의 인정비율은 레벨4의 경우에 제한 없이 인정된다.

19 기술금융가이드라인에 포함된 내용으로 옳지 않은 것은?

① 기술금융대상
② 기술신용대출 절차
③ 은행자체 TCB평가역량 심사
④ 기술평가 품질관리체계
⑤ 기술가치평가 지침

20 기술신용평가의 도입 배경으로 옳지 않은 내용은?

① 기술금융의 활성화 일환이다.
② 기업이 기술력을 보유하고 있지만 신용평가에서는 기술력 평가가 거의 반영되지 않아 이를 보완하는 제도로 도입되었다.
③ 금융회사의 자체 평가 역량을 더 혁신하기 위해서이다.
④ 금융회사의 비전문성을 보완하여 정보격차를 축소한다.
⑤ 다양한 민간 전문평가기관으로 참여할 수 있도록 유도한다.

21 기술신용평가기관의 기술신용등급 체계에 포함되지 않는 것은?

① AA+ ② A−
③ BBB ④ BB+
⑤ B−

22 기술신용평가 신청자료(법인인 경우)에 해당하지 않는 것은?

① 법인등기사항증명서(법인등기부등본)
② 주주명부
③ 4대보험 가입자명부
④ 사실관계증명서
⑤ 기술사업계획서

23 평가대상 기술(제품)을 기준으로 기술개발 진척도가 어느 정도인지 평가하는 항목명은?

① 모방의 난이도
② 기술수명
③ 기술의 자립도
④ 기술의 완성도
⑤ 사업화 진척도

24 기술신용평가의 대상으로 적절하지 않은 것은?

① 기술력을 기반으로 사업 중인 중기업
② 산업적 노하우를 사업화하는 소기업
③ 도입기술을 개량하여 사업화하는 기업
④ 자신의 발명을 사업화하려는 예비창업자
⑤ 생산성 향상 기술을 이용하여 사업 중인 기업

25 융자형 기술금융에 해당하지 않는 것은?

① 기술력평가 대출
② IP담보 대출
③ 온렌딩 대출
④ 개발기술사업화자금
⑤ TIPS 프로그램

26 신용분석의 구조와 시기에 대한 설명으로 옳지 않은 것은?

① 신용분석은 채무자 또는 특정채무의 신용위험 수준을 분석하는 것이다.
② 넓은 의미의 신용위험은 채무불이행위험 이외의 손실위험까지 포함한다.
③ 시장가치 하락에 따른 손실위험은 신용분석 대상이다.
④ 기업의 채무불이행위험 정도는 현금흐름 창출능력 및 채무상환 부담의 비교와 미래의 환경변화에 따른 채무상환능력의 안정성 수준에 대한 분석을 통해 차별화된다.
⑤ 신용분석 시기는 상황에 따라 달라지지만 일반적으로 신규 평가, 정기 평가, 수시 평가로 진행한다.

27 신용평가등급은 다양한 용도로 활용되고 있다. 다음 중 활용 용도로 옳지 않은 것은?

① 고객선정의 기준
② 신용위험관리
③ 이자율 및 수수료 결정
④ 대손충당금 설정기준
⑤ 기술력평가의 기준

28 신용평가회사의 등급전망 표기방법에 해당하지 않는 것은?

① Stable
② Positive
③ Negative
④ Speculative
⑤ Evolving(=Developing)

29 기업 신용분석의 일반적인 절차로 옳은 것은?

ⓐ 고객정보조사
ⓑ 사업분석과 사업전망
ⓒ 재무분석과 재무전망
ⓓ 채무 상환능력 분석

① ⓐ → ⓑ → ⓒ → ⓓ
② ⓐ → ⓒ → ⓑ → ⓓ
③ ⓐ → ⓑ → ⓓ → ⓒ
④ ⓒ → ⓑ → ⓓ → ⓐ
⑤ ⓓ → ⓒ → ⓑ → ⓐ

30 다음 설명에 해당되는 분석기법으로 옳은 것은?

> • 일정기간 영업활동의 결과로 발생한 재무상태의 변화를 분석하는 방법
> • 영업이익률, 매출액순이익률과 관련이 있음

① 정태분석
② 동태분석
③ 추세분석
④ 절대분석
⑤ 상대분석

31 산업의 수명주기에서 성장기에 해당하는 설명으로 옳은 것은?

① 신규진입으로 경쟁이 심화되고 투자비용이 지속적으로 투입되지만 수익성은 점차 개선된다.
② 제품 측면에서는 품질이 열위하며 표준화가 안 되어 있다.
③ 마케팅 측면에서는 광고 마케팅을 중단하고 마케팅 비용을 감소시킨다.
④ 제조 유통 측면에서는 제품의 다양성 증대로 물적 유통 비용이 증가한다.
⑤ 수익성 측면에서는 저마진, 저가정책을 추진한다.

32 자산의 유동성을 가장 잘 보여주는 비율은 어느 것인가?

① 이자보상비율
② 총자본투자효율
③ 매출채권회전율
④ 총부채비율
⑤ 비유동장기적합률

33 포터 교수가 지적한 산업의 경쟁구조에 영향을 미치는 5가지 요소 중 '산업 내의 경쟁구조'에 관한 사항이 아닌 것은?

① 경쟁기업의 수와 규모
② 산업의 성장률
③ 견고한 판매망
④ 높은 고정비용과 과잉생산능력
⑤ 다양성의 정도

34 영업이익 50,000원, 이자비용 3,000원, 당기순이익 18,000원, 부채 5,000원, 자기자본 30,000원일 경우 자기자본순이익률(ROE)을 구한 값으로 옳은 것은?

① 10% ② 30%
③ 50% ④ 60%
⑤ 80%

35 재무제표에 대한 설명으로 옳은 것은?
① 재무상태표는 일정기간의 재무상태를 표시한 보고서이다.
② 재무상태표는 재무적 탄력성과 유동성에 대한 정보를 제공하고 있다.
③ 포괄손익계산서는 일정기간 동안 현금이 어떻게 변화했는지를 보여주는 보고서이다.
④ 현금흐름표는 발생주의 회계원칙에 의해 작성된다.
⑤ 자본변동표는 일정시점 자본의 변동을 표시한다.

36 무형자산에 대한 설명으로 옳지 않은 것은?
① 무형자산이 성립되는 조건은 식별가능성, 자원에 대한 통제, 미래 경제적 효익을 모두 갖추어야 한다.
② 영업권은 광의의 무형자산에는 속하지만 식별가능하지 않아 무형자산의 성립조건에는 충족하지 못한다.
③ 산업재산권은 무형자산으로 처리한다.
④ 연구비는 연구단계에서 발생한 비용으로 무형자산이 아니라, 판매비와 관리비로 처리한다.
⑤ 개발비와 경상개발비도 무형자산이 아니므로, 판매비와관리비로 비용 처리한다.

37 손익계산서와 포괄손익계산서 간의 차이를 가져오는 항목은?
① 매출총손익 ② 기타포괄손익
③ 당기순손익 ④ 영업손익
⑤ 경상손익

38 현금흐름표에 대한 설명으로 옳지 않은 것은?

① 미래현금흐름에 대한 정보제공
② 이익의 질에 대한 정보제공
③ 현금흐름의 창출능력 평가를 위한 정보제공
④ 특정시점의 재무상태 정보제공
⑤ 현금흐름 조절능력 평가를 위한 정보제공

39 일정기간 기업의 경영성과를 보여주는 재무제표에 영향을 미치지 않는 계정과목은?(K-IFRS 기준임)

① 매출채권 및 기타채권　　② 매출원가
③ 이자비용　　　　　　　　④ 계속사업손실
⑤ 매출액

40 이익잉여금 항목에 속하지 않는 것은?

① 이익준비금　　　　　　　② 감자차익
③ 기타법정적립금　　　　　④ 임의적립금
⑤ 차기이월이익잉여금

[문제 41~42] 다음 A기업의 재무제표를 보고 물음에 답하시오.

자 료					
요약 재무상태표 (단위 : 1,000원)			요약 포괄손익계산서 (단위 : 1,000원)		
유동자산	60	유동부채 20	매출액	100	경상이익 12
비유동자산	40	비유동부채 40	매출원가	80	법인세차감전이익 11
		자본금 20	매출총이익	20	당기순이익 10
		잉여금 20	영업이익	15	

41 유동비율은 얼마인가?

① 100% ② 150%
③ 200% ④ 300%
⑤ 400%

42 부채비율은 얼마인가?

① 100% ② 150%
③ 200% ④ 250%
⑤ 300%

43 상환능력 평가 시 고려할 사항이 아닌 것은?

① 현금창출능력 ② 유동성
③ 여유현금흐름 ④ 감가상각비
⑤ EBITDA

44 기업이 자산을 얼마나 효율적으로 관리하는가에 사용되는 재무비율에 해당하는 것은?

① 안정성비율 ② 활동성비율
③ 수익성비율 ④ 생산성비율
⑤ 성장성비율

45 산업 분석에서 고려할 사항이 아닌 것은?

① 산업의 일반적인 특징 ② 산업의 수명주기
③ 분석 대상 산업 결정 ④ 수급분석
⑤ 기술개발 관련 인프라 수준

46 다음 예시에 대해 올바르게 전입회계처리된 것은? (보기의 상단은 20X1년도의 퇴직금 지급 시 분개이며, 하단은 20X1년도 결산정리분개임)

> (주)백설은 퇴직금제도를 설정하여 운용하고 있다고 가정한다. 20X0.12.31. 현재 퇴직금 추계액은 ₩60,000,000이다. 20X1년 중에 ₩17,000,000의 퇴직금이 현금으로 지급되었으며, 20X1년 12.31 현재 전임직원의 퇴직금의 추계액은 ₩90,000,000이다.

① 〈20X1년도의 퇴직금 지급〉
　　(차) 퇴직급여충당부채　　17,000,000　　(대) 현　금　　　　　　17,000,000
　〈20X1년도 결산정리분개〉
　　(차) 퇴직급여　　　　　　47,000,000　　(대) 퇴직급여충당부채　47,000,000
② (차) 퇴직급여충당부채　　17,000,000　　(대) 현　금　　　　　　17,000,000
　　　 퇴직급여　　　　　　90,000,000　　　　 퇴직급여충당부채　90,000,000
③ (차) 퇴직급여충당금　　　17,000,000　　(대) 현　금　　　　　　17,000,000
　　　 퇴직급여　　　　　　30,000,000　　　　 퇴직급여충당금　　30,000,000
④ (차) 현　금　　　　　　　17,000,000　　(대) 퇴직급여충당부채　17,000,000
　　　 퇴직급여충당부채　　47,000,000　　　　 퇴직급여　　　　　47,000,000
⑤ (차) 퇴직급여충당금　　　17,000,000　　(대) 현　금　　　　　　17,000,000
　　　 퇴직급여　　　　　　90,000,000　　　　 퇴직급여충당금　　90,000,000

47 한국채택국제회계기준(K-IFRS)에서 규정한 내용과 다르게 설명된 것은?

① 영업권 : 20년 이내에서 정액법 상각
② 유형·무형 자산 : 원가모형이나 공정가치를 활용한 재평가모형 중 선택
③ 투자부동산 : 원가모형이나 공정가치 모형 중 선택
④ 주 재무제표 : 연결재무제표
⑤ 상환우선주 : 상환해야 하는 계약상 의무 등을 부담하는 경우 부채로 분류

48 다음 설명과 가장 관계가 깊은 비율을 고르면?

> • 해당 비율은 자산 항목 중 가장 규모가 큰 재고자산이 포함되지 않은 비율로 현금요구량을 즉각적으로 충당할 수 있는지 보여준다.
> • 해당 비율은 유동자산에서 재고자산을 뺀 것을 유동부채로 나눈 값이다.

① 당좌비율
② 현금비율
③ 재고자산회전율
④ 부채비율
⑤ 현금흐름 유동부채보상비율

49 부실기업의 회생전략 추진 시 회생가능성을 높이는 요소로 옳지 않은 것은?
① 새 경영진 구성, 동기유발
② 재무통제시스템의 개선
③ 고정비품·제조원가 절감
④ 대형투자사업 추진
⑤ 제품평가, 마케팅활동의 강화

50 다음 설명은 부실기업의 처리방법 중의 하나로 무엇에 대한 설명인가?

> 채무적으로 파산위기에 처한 채무자에게 법원, 정리위원, 관재인의 보조·감독 하에 채무자와 채권자 사이에 협정을 체결하여 채권에 대한 변재 조건을 정하고 파산선고를 면하는 제도

① 법정관리　　　　　　　　　② 화 의
③ 워크아웃　　　　　　　　　④ 은행관리
⑤ 청 산

제2과목　경영컨설팅과 지식재산권

51 경영컨설팅의 4가지 기본속성으로 옳지 않은 것은?

① 전문성
② 독립성
③ 환경대응성
④ 사업성
⑤ 고객지향성

52 다음 설명은 경영컨설팅 배경이론 중 어떤 이론인가?

> 기업들은 기술적 효율성보다는 사회적으로 정당하다고 인정하는 경영혁신기법 또는 경영아이디어를 도입한다고 보는 이론이다.

① 배태이론
② 신제도형성이론
③ 거래비용이론
④ 신호이론
⑤ 통합이론

53 인하우스 컨설팅 활성화와 가장 관계가 깊은 컨설팅 배경이론은 무엇인가?

① 거래비용이론
② 신호이론
③ 사회학습모델 이론
④ 신 제도형성이론
⑤ 배태이론

54 한국산업표준(KS) 컨설팅서비스 기반구조에서는 컨설팅 윤리를 규정하고 있다. 다음 중 옳지 않은 것은?

① 컨설팅사 또는 컨설턴트는 계약서상 정해진 수임료 외에 부당거래를 취해서는 안 된다.
② 컨설팅사는 고객응대 또는 컨설팅 수행과정에서 알게 된 고객의 내부 정보 및 영업 비밀을 외부에 유출할 수 없다.
③ 고객 정보 유출에 대한 동의는 반드시 서면으로 이루어져야 하며, 유출을 허락하는 정보의 목록을 기재하여야 한다.
④ 컨설팅사는 컨설팅 수행과정 및 결과에 있어서 이해당사자들의 주장과 요구 및 모든 영향으로부터 조건부로 수용하여야 한다.
⑤ 컨설팅사는 고객의 이익을 최우선으로 해야 한다.

55 다음 설명은 세계 컨설팅 산업의 역사 중에서 어느 시대에 해당하는가?

산업현황	세계 컨설팅시장은 전략컨설팅과 운영컨설팅이 양대산맥을 형성하게 되었고, 성과중심의 컨설팅시장에 환경경영 및 디지털전환 등의 변화가 나타나기 시작했다.
이론/전략	3가지 경쟁전략(마이클 포터), 가치사슬, 블루오션전략, 리엔지니어링

① 1880년대~1910년대
② 1920년대~1940년대
③ 1950년대~1960년대
④ 1970년대~1980년대
⑤ 1990년대~2000년대

56 마이클 포터의 가치사슬 분석(VCA)에서는 가치사슬의 주요활동을 크게 본원적 활동과 지원활동으로 구분한다. 다음 중 본원적 활동에 해당되지 않는 것은?

① 내부 물류
② 제조, 생산
③ 마케팅, 영업
④ 기술개발
⑤ 서비스

57 Lippitt & lippitt의 컨설턴트 역할모델에서는 8가지의 컨설턴트 역할을 제시하고 있다. 클라이언트 주도 쪽에 강한 성향을 보이는 역할자는 다음 중 어디에 가장 가까운가?

① 기술적 전문가
② 대안 확인자
③ 성찰자
④ 문제해결 협력자
⑤ 주창자

58 다음 설명 중 옳지 않은 것은?

① MECE란 "중복과 누락이 없는 분류의 기술" 정도를 말하며 프레임워크를 활용하기 위한 기본원칙이라 할 수 있다.
② MECE의 적용사례로는 마케팅 계획 수립 시 4P, 기업 경쟁분석에 활용되는 5Force 등이 있다.
③ 로직트리(Logic Tree)는 MECE의 사고방식에 기초하여 논리적으로 분해하는 것을 뜻한다.
④ 로직트리는 문제 유형에 따라 이슈트리와 가설기반트리로 나눌 수 있다.
⑤ MECE의 중요성은 가급적 작은 크기로 내용을 쪼개 놓아서 상황을 명확하게 파악하고 해결해 나갈 수 있기 때문이라 할 수 있다.

59 의뢰인과의 인터뷰 과정에서 컨설턴트에게 필요한 태도로 옳지 않은 것은?

① 성의를 보여주고 상대가 좋아하도록 노력해야 한다.
② 상대의 눈을 보고 이야기해야 한다.
③ 의뢰인이 요구사항을 이야기하면 즉각적인 답변으로 신뢰감을 줄 수 있어야 한다.
④ 상대에게 생각할 시간을 주어야 한다.
⑤ 인터뷰 도중, 새로운 발견이 있으면 그것을 파고들어도 좋다.

60 맥킨지의 문제해결 프로세스에 대한 설명으로 옳지 않은 것은?

① 빠르고 복잡하게 변화하는 경영환경에서 고객의 핵심적인 문제해결에 집중하기 위하여 체계적이고 논리적인 방법으로 맥킨지에서 사용하는 문제해결기법이다.
② 한정된 자원과 시간 내에서 가장 중요한 문제를 해결하는 것이 가장 큰 효과를 낸다는 사고가 기반에 깔려 있다.
③ 맥킨지의 문제해결 프로세스는 7단계로 구성되어 있다.
④ 문제정의 → 문제의 구조화 → 이슈의 우선순위 선정 → 분석수행 → 제안도출 순으로 이루어진다.
⑤ 가장 핵심이 되는 것은 '문제의 구조화' 단계라 할 수 있다.

61 다음 설명과 가장 관련이 깊은 것은?

- 어떻게 할 것인가?(How to do?)
- 작업단위별로 컨설팅 과정에서 활용
- 절차 및 작업방법에 대한 컨설팅 도구

① 컨설팅 이론적 모형　　② 대안 도출
③ 프로젝트 관리　　　　　④ 컨설팅 수행기법
⑤ 프레젠테이션

62 'ILO-밀란 모형'의 컨설팅 과정 단계로 옳게 연결된 것은?

① 해빙 → 이동 → 재동결
② 도입 → 접근 → 적용
③ 조사 → 착수 → 진단 → 계획 → 실행 → 평가 → 종료
④ 착수 → 진단 → 실행계획 수립 → 실행 → 종료
⑤ 도입 → 진단 → 적용 → 평가 → 종료

63 다음 설명에 해당하는 컨설팅 수행모델은 무엇인가?

> • 조직의 변화과정을 7단계로 파악한다.
> • 성공적인 변화를 위해서는 변화과정의 각 단계별 변화담당자와 피변화자 간에 적절한 관계가 형성되어야 한다.

① 콜프·프록만 모델
② 매거린슨 모델
③ 르윈·샤인 모델
④ ILO-밀란 모형
⑤ BCG 모델

64 컨설팅 보고서 작성원칙으로 옳지 않은 것은?

① 보고서 내용은 간결, 명료, 정확해야 한다.
② 근거자료는 객관적이고 정확한 것이어야 한다.
③ 제시하는 대안은 합리적이고 효율적이며 건전해야 한다.
④ 대안의 제시는 6하 원칙을 꼭 따를 필요는 없으며, 항시라도 변동이 가능해야 한다.
⑤ 제시 대안은 실행 가능하도록 구체적, 실질적이어야 한다.

65 PMO 업무를 영역별로 표기하였다. 다음 중 잘못 표기된 보기는 어느 것인가?

① 통합관리 : 변경 승인, 성과 종합, 프로세스 준수
② 범위관리 : 프로젝트 진행상황 종합보고, 범위변경 협의/승인
③ 위험관리 : 프로젝트 위험취합 및 모니터링
④ 의사소통관리 : 의사소통계획 이행여부 검토
⑤ 변화관리 : 시스템에 의한 프로세스 조직, 산출물 관리

66 컨설팅방법론의 유형에 해당하지 않는 것은?

① 모 듈
② 툴 킷
③ 도 해
④ 솔루션
⑤ 사 례

67 문제해결 컨설팅방법론에서 표준 모델로 자주 활용되는 것은 5단계 절차 모델이다. 아래 보기 중 단계별로 분석기법이 잘못 연결된 것은?

① 문제정의 – 파레토 분석 활용
② 현황파악 – 3C 분석, 7S 기법 활용
③ 원인분석 – Cause-effect Diagram, 5Why 활용
④ 대안개발 – BSC 활용
⑤ 대안평가 – Cost-benefit Analysis 활용

68 다음 설명은 어떤 도구에 대한 내용인가?

- 문제가 될 수 있는 이슈의 자료와 정보를 수집하고 이를 유형별로 그룹핑해서 중요한 문제를 찾아내는 도구이다.
- 기본 원리는 '20 : 80의 법칙'으로서 상위 20%가 80%의 역할을 다 해낸다는 것이다.

① 로직트리
② 파레토 분석
③ BCG 매트릭스
④ AHP 기법
⑤ PESTEL 분석

69 7S 기법의 핵심요소로 7가지가 있다. 다음 중 Soft Factor에 해당하지 않는 것은?

① 가치관
② 전 략
③ 스타일
④ 인 재
⑤ 기 술

70 브레인스토밍에 대한 설명으로 옳은 것은?

① 2개 이상의 것을 결합하여 합성한다는 의미이다.
② 고정관념을 배제하고 수용적인 분위기에서 많은 아이디어를 찾아내기 위한 방식이다.
③ 사전적으로 '끝장을 보는 회의라는 뜻으로' CE의 잭웰치(John Frances Welch Jr.) 전 회장이 기업문화 혁신을 위한 수단으로 주창했다.
④ 개개의 사실이나 정보를 직관적으로 연계하는 것이다.
⑤ 많은 아이디어를 유발하여 양보다는 질 우선의 원칙을 준수하며, 엉뚱한 생각은 불수용한다.

71 컨설팅방법론에 대한 설명으로 옳지 않은 것은?
① 컨설팅방법론에서는 수행기법으로 절차와 도구라는 요소를 포함하고 있다.
② 컨설팅방법론에서는 문제해결방법, 경영전략수립, 경영 프로세스 구축방법을 중점적으로 다루고 있다.
③ 경영컨설팅 프로젝트에 보편적으로 적용할 수 있는 방법론이다.
④ 한 개의 프로젝트에는 한 개의 컨설팅방법을 사용하는 것이 원칙이다.
⑤ 컨설팅방법론은 컨설팅수행이론과는 다른 시각에서 접근하고 있다.

72 PLC분석에 대한 설명으로 옳지 않은 것은?
① 성장기에는 제품 차별화가 필요하고 성숙기에는 제품 다각화가 필요하다.
② 시장성장률은 성장기에 높고 성숙기에 낮다.
③ 자금수요는 성숙기와 쇠퇴기에 적다.
④ 쇠퇴기에는 촉진전략의 효과가 감소된다.
⑤ 성장기에는 마케팅 전략으로 시장을 확대시켜야 한다.

73 다음 설명 중 옳지 않은 것은?
① 혁신형 중소기업의 유형은 벤처기업, 이노비즈기업, 경영혁신기업으로 구분된다.
② 혁신형 중소기업은 기술·경영혁신활동을 통해 일반기업보다 높은 부가가치를 창출하는 기업으로 분류된다.
③ 벤처기업은 벤처기업법에서 정한 기준을 충족하는 기업을 말한다.
④ 경영혁신기업은 기술우위를 바탕으로 사업경쟁력을 확보한 기술혁신형 중소기업을 말한다.
⑤ 이노비즈기업제도의 시행취지는 금융, 인력, R&D, 판로, 수출 등을 정책적으로 집중 지원하여 다른 기업의 기술혁신 등을 선도하기 위함이다.

74 중소기업을 진단하는 컨설턴트의 자세로 옳지 않은 것은?
① 핵심 문제를 중심으로 해결책을 설정하고 집중 분석한다.
② 임직원과의 소통에 힘쓴다.
③ 인터뷰를 통해서도 자료를 수집한다.
④ 최소한의 정량적 진단기법만을 활용한다.
⑤ 기업체의 경영 및 기술 측면의 문제점을 찾아 개선책을 권고한다.

75 중소기업 컨설팅 수행분야와 가장 거리가 먼 것은?
  ① 경영시스템
  ② 재무회계
  ③ 연구개발
  ④ 생산운영
  ⑤ 기업평가

76 아래 법률들 중 '물품의 형상, 구조 혹은 조합에 관한 고안'을 고유한 보호대상으로 하는 것은?
  ① 상표법
  ② 저작권법
  ③ 특허법
  ④ 실용신안법
  ⑤ 디자인보호법

77 지식재산권 중 실체심사 없이 방식심사만을 거쳐 설정등록 시 권리가 발생하는 것은?
  ① 상표권
  ② 디자인권
  ③ 품종보호권
  ④ 반도체집적 배치설계권
  ⑤ 데이터베이스

78 특허출원공개에 대한 설명으로 옳지 않은 것은?
  ① 특허출원공개가 되어야만 제3자는 그 특허출원에 대해 정보제공을 할 수 있다.
  ② 특허출원은 원칙적으로 출원일 후 1년 6월이 경과한 때 공개된다.
  ③ 특허출원인은 출원일 후 1년 6월 이전이라도 출원공개를 신청할 수 있다.
  ④ 특허출원인이 출원 후 1년 6월이 경과하기 전에 취하하는 경우 특허출원은 공개되지 않는다.
  ⑤ 특허출원공개를 출원인이 아닌 자가 신청할 수는 없다.

79 신규성과 진보성에 대한 설명으로 옳은 것은?
  ① 출원 전에 국내에서 내가 발표한 논문은 특허 결정에 영향을 미치지 않는다.
  ② 신규성 판단은 동일하지 않은 자료와도 비교할 수 있다.
  ③ 진보성 판단은 기존의 공지된 자료와 얼마나 차별성을 가지는가를 기준으로 판단한다.
  ④ 지식재산권 제도는 속지주의의 영향을 받기 때문에 신규성과 진보성 판단은 해외에서 자료들을 살펴볼 필요가 없다.
  ⑤ 진보성을 판단할 때는 여러 개의 공지기술이 있더라도 한 개 자료만 선택하여 비교 및 판단하여야 한다.

80 특허법상의 확대된 선출원에 대한 설명으로 옳지 않은 것은?

① 확대된 선출원의 지위는 선출원의 후출원에 대한 배제범위를 청구범위에서 '최초로 첨부한 명세서 또는 도면 전체에 기재된 발명'으로 확대된 것을 의미한다.
② 해당 특허출원과 타출원의 발명자(고안자)가 동일한 경우에는 확대된 선출원의 지위가 적용되지 않는다.
③ 그 특허출원의 출원일 전에 타출원이 출원되어 있어야 하며, 동일한 날에 출원된 경우에도 적용되어 시·분·초까지 고려한다.
④ 판례상 미완성발명은 확대된 선출원 지위가 없다.
⑤ 속지주의 원칙에 따라 국내출원에 대해서만 판단한다.

81 특허권에 대한 설명으로 옳지 않은 것은?

① 특허권은 양도가 가능하다.
② 특허권자가 사망한 경우 상속인이 없다면, 그 특허권은 국유로 된다.
③ 특허권은 무체재산권이라 보는 것이 통설이다.
④ 특허권에 대해 질권의 설정이 가능하다.
⑤ 특허권은 여러 명이 공유할 수 있다.

82 특허권의 효력이 미치지 아니하는 범위에 해당하지 않는 것은?

① 연구 또는 시험을 하기 위한 특허발명의 실시
② 국내를 통과하는 데 불과한 선박, 항공기, 차량
③ 특허출원 시부터 국내에 있는 물건
④ 물질이나 미생물을 인위적으로 분리하는 방법의 개발
⑤ 약사법에 따른 조제행위

83 특허의 실체적 요건 및 주체적 요건과 가장 거리가 먼 것은?

① 신규성
② 물품성
③ 산업상 이용가능성
④ 진보성
⑤ 권리능력 인정범위

84 지식재산권 종류별 침해죄의 성격을 나열하였다. 다음 중 잘못 연결된 것은?

① 특허권 – 고소 無, 비친고죄
② 디자인권 – 고소 無, 반의사불벌죄
③ 상표권 – 고소 無, 비친고죄
④ 저작재산권 – 고소 有, 친고죄
⑤ 실용신안권 – 고소 無, 반의사불벌죄

85 특허출원 후 심사 결과에 대한 불복과 관련하여, 심급구조로서 옳은 것은?

① 특허심판원 – 특허법원 – 대법원
② 특허심판원 – 특허법원 – 헌법재판소
③ 특허심판원 – 고등법원 – 대법원
④ 특허법원 – 특허심판원 – 대법원
⑤ 특허법원 – 특허심판원 – 헌법재판소

86 디자인등록출원의 기본원칙에 해당하지 않는 것은?

① 발신주의
② 서면주의
③ 양식주의
④ 국어주의
⑤ 도달주의

87 디자인권의 내용에 대한 설명으로 옳지 않은 것은?

① 등록료를 납부하여 디자인의 특허청에 등록되어야 디자인권이 발생한다.
② 기본디자인권이 소멸하면 유사디자인권도 함께 소멸한다.
③ 디자인의 유사 여부 판단 시 물품이 비유사하지만 형상, 모양, 색채가 동일·유사하면 유사한 것으로 판단한다.
④ 디자인의 유사 여부는 해당 물품의 유통과정에서 일반 수요자가 혼동할 가능성이 있는지 여부로 판단한다.
⑤ 디자인권의 효력은 공익적인 이유가 있을 경우 제한될 수 있다.

88 디자인등록출원 시 도면에 대한 설명으로 옳지 않은 것은?

① 등록받으려는 디자인의 전체적인 형태를 1 이상의 도면을 이용하여 명확하게 표현하여야 한다.
② 6개면도와 전개도, 단면도, 확대도는 디자인의 권리범위를 판단하는 기초가 된다.
③ 디자인에서 도면은 권리요구서이자, 권리서로서 역할을 한다.
④ 심사기준에 있어서 사용상태도 등 참고도면은 권리범위를 판단하는 기초가 된다.
⑤ 일부 형태가 반복하여 동일하면 일부 도면을 생략할 수 있다.

89 상표법상 상표의 구성요건으로 옳지 않은 것은?

① 자기의 상품과 타인의 상품을 식별하기 위한 것일 것
② 상품이 아닌 서비스인 경우에는 독립하여 상거래의 대상이 되는 서비스에 한해 타인의 이익을 제공하는 것일 것
③ 창작물로서의 가치를 보호하는 것일 것
④ 사용하는 것일 것
⑤ 표장일 것

90 '보성녹차', '춘천막국수' 등과 같은 상품의 지리적 표시를 보호받을 수 있는 상표법상 표장은?

① 관용표장
② 보통표장
③ 지리적 표시 단체표장
④ 서비스표장
⑤ 업무표장

91 상표등록 요건에 대한 설명으로 옳지 않은 것은?

① 보통명칭상표는 상품 자체를 보통으로 표시하는 데 지나지 않아 상표로 등록받을 수 없다.
② 성질표시표장 또는 기술적 표장은 보통으로 사용하는 방법으로 표시한 표장만으로 구성된 상표는 등록받을 수 없다.
③ 현저하게 인식된 지리적인 명칭, 지리적 명칭의 약어 또는 지도만으로 된 상표는 상표 등록이 가능하다.
④ 흔히 있는 자연인의 성 또는 법인, 단체, 상호임을 표시하는 명칭을 보통으로 사용하는 방법으로 구성된 표장만으로 된 상표는 등록받을 수 없다.
⑤ 영문자 2자 이내 또는 숫자 2자리 이내 등 간단하고 흔히 있는 표장은 상표로 등록받을 수 없다.

92 상표권 침해에 대한 민사적 구제 수단에 해당하지 않는 것은?

① 침해 금지
② 임시조치(가처분)
③ 신용회복청구
④ 몰 수
⑤ 손해배상청구

93 저작권의 보호기간에 대한 설명으로 옳지 않은 것은?

① 저작재산권은 원칙적으로 저작자가 생존하는 동안과 사망한 후 70년간 존속한다.
② 공동저작물의 저작재산권은 맨 마지막으로 사망한 저작자를 기준으로 사망 후 70년간 존속한다.
③ 업무상저작물의 저작재산권은 원칙적으로 공표한 날을 기준으로 50년간 존속한다.
④ 무명 또는 널리 알려지지 아니한 이명이 표시된 저작물의 저작재산권은 원칙적으로 공표된 때부터 70년간 존속한다.
⑤ 영상저작물의 저작재산권은 원칙적으로 공표한 때부터 70년간 존속한다.

94 다음 설명은 무엇에 대한 의의인가?

저작물을 해석하고 전달하는 사람에게 부여하는 권리

① 저작재산권
② 저작인접권
③ 저작인격권
④ 동일유지권
⑤ 공표권

95 저작재산권의 제한의 경우에 해당하지 않는 것은?

① 도서관 등에서의 복제
② 개인적 목적의 이용
③ 저작물의 공정한 이용
④ 정치적 연설 등의 이용
⑤ 영리 목적의 공연

96 다음 설명에서 나타내는 특허분류는 어디에 해당하는가?

> • ( )는 유럽과 미국 특허청의 주도로 IPC를 기반으로 하여 개발된 특허분류체계이다.
> • 우리나라는 2015년부터 전면 도입하여 현재 사용 중이다.

① CPC(선진특허분류)　　② IPC(국제특허분류)
③ INID 코드　　　　　　④ USPC 코드
⑤ FI 코드

97 특허 해외출원제도에 대한 설명으로 옳지 않은 것은?
① 해외출원방법에는 크게 전통적인 출원방법과 PCT에 의한 출원방법으로 나눠진다.
② PCT국제출원의 출원일은 지정국가에서도 출원일로 인정받을 수 있다.
③ 선 출원에 대한 우선권을 주장하여 출원하는 경우, 선출원의 출원일로부터 12개월 이내에 PCT국제출원하면 우선권주장을 인정받을 수 있다.
④ PCT국제출원은 각국 국내법에서 정하는 방식 및 언어로 작성된 출원서류를 각국 특허청에 제출하여야 한다.
⑤ PCT국제출원제도의 단점은 국제출원을 위한 비용이 별도로 소요되고, 심사절차도 이중적으로 진행될 가능성이 있다는 점이다.

98 다음 괄호 안에 들어갈 적절한 단어는 무엇인가?

> ( )란/이란 시장의 특허취득 상황을 이해하기 쉽게 데이터베이스화한 것이다. 이러한 ( )은/는 일정한 범위 내에서 특정 정보사항을 쉽게 추출하여 도표화한 것으로서, ( )의 작성과 분석은 기업의 유효한 연구개발전략의 수립 및 심사를 위해 반드시 필요하다.

① 특허맵　　　　　　② 특허출원
③ 크로스 라이센스　　④ 특허 포트폴리오
⑤ 노하우

99 특허심판의 종류 중에서 그 성격이 다른 하나는?
① 정정심판　　　　　　② 정정무효심판
③ 권리범위확인심판　　④ 무효심판
⑤ 특허권 존속기간 연장등록 무효심판

100 특허권 침해의 성립요건이 아닌 것은?

① 특허권이 유효하게 존재하고 있을 것
② 침해한 자에게 고의 또는 과실이 있을 것
③ 정당한 권원이 없는 자가 실시할 것
④ 특허발명의 보호범위에 속하는 발명을 실시할 것
⑤ 업으로서 실시할 것

제3회 최종모의고사

제1과목 기술평가와 신용분석기초

01 다음 내용(개념 및 특성)과 가장 관련성이 있는 기술의 정의는?

- 사업수행을 위해서 반드시 보유해야 할 기술
- 표준화되어 있으며 대부분의 경쟁자들도 이용 가능
- 기술수명주기상 성숙기와 쇠퇴기에 주로 사용되는 기술

① 복합기술 ② 태동기술
③ 전개기술 ④ 근간기술
⑤ 핵심기술

02 TRL(Technology Readiness Level) 모델에서 "파일롯 규모 시작품 제작 및 성능 평가" 단계에 해당되는 것은?

① TRL5 ② TRL6
③ TRL7 ④ TRL8
⑤ TRL9

03 표준기술평가모형의 평가항목인 '제품화역량(중항목)'과 가장 관련성이 있는 소항목으로 짝지어진 것은?

㉠ 생산역량   ㉡ 투자규모의 적정성
㉢ 마케팅역량 ㉣ 자금조달능력
㉤ 인지도

① ㉠, ㉡, ㉢ ② ㉡, ㉢, ㉣
③ ㉢, ㉣, ㉤ ④ ㉡, ㉢, ㉤
⑤ ㉠, ㉡, ㉣

04 다음 괄호 안에 들어갈 기술가치평가 방법으로 옳게 연결된 것은?

> - (㉠)은 평가대상기술 관련 활성화된 거래시장이 존재하지 않거나 거래시장 자체가 정상적으로 작동하지 않지만 대상기술을 사업화할 수 있는 시장이 존재할 경우 적용 가능한 방법으로 미래 현금흐름의 확률적·선택적 불확실성을 반영하고자 할 때 사용한다.
> - (㉡)은 과거 투입비용 추정이 가능한 경우나 기술의 완성도가 낮은 미성숙된 기술을 가치평가할 경우에 적용 가능한 방법이다.

	㉠	㉡
①	정태적 수익접근법	시장접근법
②	동태적 수익접근법	시장접근법
③	정태적 수익접근법	비용접근법
④	동태적 수익접근법	비용접근법
⑤	기술요소법	로열티공제법

05 한국신용정보원의 TDB(Tech Data Base)가 제공하는 정보는 정보의 원천에 따라 기술신용정보, 자체생산정보 등으로 구분된다. 다음 중 자체생산정보에 해당되지 않는 것은?

① 기술자산유동화정보　　　② 기업기술력정보
③ 기술정보　　　　　　　　④ 시장정보
⑤ 통계분석정보

06 (주)기술은 타인자본 500억원, 자기자본 500억원을 조달하였다. 또한 동사의 자본비용이 타인자본 10%, 자기자본 20%일 때 가중평균자본비용(WACC)은? (단, 법인세는 고려하지 않음)

① 5%　　　　　　　　　　② 10%
③ 15%　　　　　　　　　　④ 20%
⑤ 25%

07 다음은 기술의 속성(특성)에 대한 설명이다. 괄호 안에 들어갈 말로 옳게 연결된 것은?

- (㉠) : 최초 개발자가 많은 비용을 들여 개발하더라도 다른 사람들이 쉽게 이용 가능하다.
- (㉡) : 신기술을 개발하거나 기존 기술을 발전시킨 경우, 다른 기존 기업들은 대가를 지불하지 않고도 생산비용을 절감시킬 수 있다.

	㉠	㉡
①	비배제성	비경합성
②	비경합성	비배제성
③	축적성	비가시성
④	비배제성	외부성
⑤	비경합성	외부성

08 다음 괄호 안에 들어갈 말로 옳게 연결된 것은?

기술신용평가에서는 기존거래・평가여부・유효기간 등에 따라 평가를 2가지로 나눌 수 있다. 그 중 (㉠)는 은행을 기준으로 평가서 유효기간 만료 등의 사유로 유효기간 경과 후 (㉡)개월 이내에 전차와 동일한 기술신용평가기관에 다시 의뢰하는 평가를 말한다.

	㉠	㉡
①	신규평가	1
②	재평가	1
③	재평가	3
④	신규평가	6
⑤	재평가	6

09 IP담보대출 및 회수지원시스템에 대한 설명으로 옳지 않은 것은?

① 정부가 회수전담기관에 전액출자
② 회수전문기관의 부실 담보IP 매입
③ 기업의 채무불이행으로 발생한 은행 손실의 최대 50% 이내 보전
④ 특허청 산하 한국발명진흥회가 사업전담
⑤ 발명의 평가기관의 IP가치평가

10 융자용 TCB평가지표에서는 기술사업역량과 기술경쟁력이란 2개의 대항목으로 구분된다. 다음 중 기술경쟁력 항목에 해당되지 않는 것은?

① 모방의 난이도
② 기술완성도
③ 시장규모
④ 기술인력 전문성
⑤ 경쟁제품과의 비교우위성

11 기술금융 유형의 하나인 직접금융 사례에 해당되는 것은?

① 기술신용대출
② 기업어음
③ IP담보대출
④ 기술보증서대출
⑤ 개발기술사업화자금

12 기술가치평가의 핵심 변수인 할인율에 대한 설명으로 옳지 않은 것은?

① 할인율은 미래 현금흐름을 현재가치로 환산하기 위해 사용된다.
② 할인율은 대상기술이 갖는 기술위험, 시장위험, 사업위험 등 제반환경을 고려해야 한다.
③ 할인율이 높아질수록 가치는 높아지며, 할인율이 낮아질수록 가치는 낮아진다.
④ 일반적으로 기술가치평가에서 할인율의 대용치로 가중평균자본비용(WACC)을 사용한다.
⑤ WACC는 자기자본비용과 세후 타인자본비용을 자본구성비로 가중평균하여 산출한다.

13 기술평가기준 운영지침(산업통상자원부 고시)에 따를 때 다음 정의와 가장 가까운 것은?

> 기술평가의 한 유형으로 기술을 활용하는 주체의 인력 조직 지원서비스 등을 종합적으로 평가함으로써 그 주체의 기술개발, 흡수 및 혁신능력을 평가하는 것을 말하며, 등급점수 등 다양한 형태로 표시될 수 있다.

① 기술평가
② 기술가치평가
③ 기술력평가
④ 사업타당성평가
⑤ 경제성평가

14 수익접근법에 따른 기술가치 산정 절차로 옳은 것은?

> ㉠ 기술의 경제적 수명 기간 추정　　㉡ 여유현금흐름 산정
> ㉢ 현재가치 계산　　　　　　　　㉣ 기술가치 산정

① ㉠ → ㉡ → ㉢ → ㉣
② ㉠ → ㉡ → ㉣ → ㉢
③ ㉡ → ㉠ → ㉣ → ㉢
④ ㉢ → ㉠ → ㉡ → ㉣
⑤ ㉢ → ㉣ → ㉠ → ㉡

15 기술금융의 특성에 대한 설명으로 옳지 않은 것은?
① 금융시장에서 평가하고 관리할 수 없는 기술개발 과정의 불확실성이 존재한다.
② 무형의 지식재산이 핵심 경쟁력으로 자리 잡고 있어 금융공급자들은 높은 수익이 예상되면 회수위험이 높은 기업들을 선호한다.
③ 기술의 불가분성 속성에 따라 여러 단계의 프로젝트로 구분하는 것이 불가능하다.
④ 중소기업금융이 지니는 금융거래 당사자 간 획득할 수 있는 정보의 양이 제한적이며, 차이가 존재한다.
⑤ 기술의 외부효과성이 존재한다.

16 기술완성도에 대한 설명으로 옳지 않은 것은?
① 기술완성도란 단순한 아이디어로 출발하여 기술개발에서 사업화 단계에 이르기까지 진척도를 의미한다.
② 기술완성도는 R&D 관리, 사업위험관리, 의사결정 등에 활용된다.
③ 기술의 완성도가 높을수록 불확실성과 위험도가 감소하게 된다.
④ 기술완성도 측정방법으로 가장 널리 알려진 것은 TRL 모델이다.
⑤ TRL은 기초연구, 실험, 시작품, 실용화 4단계와 8개의 세부단계로 구분된다.

17 신용정보의 이용 및 보호에 관한 법률 및 동법 시행령에 의거 기업CB 중 기술신용평가업을 인가받으려면 "공인회계사, 기술사, 변리사, 3년 이상 기술에 관한 가치를 평가하는 업무에 종사했던 사람 등"을 몇 명 이상 상시고용 전문인력으로 보유해야 하는가?

① 5명
② 7명
③ 10명
④ 15명
⑤ 20명

18 다음은 법률 등에 의한 평가기관의 지정·운영 목적을 설명한 것이다. 잘못 설명된 보기는?

	지정·운영목적	관련 법령(소관부처)
①	벤처기업이 출자목적물인 '산업재산권 등' 가격평가	벤처기업법(중소벤처기업부)
②	발명에 대한 평가	발명진흥법(특허청)
③	기술지주회사에 기술을 현물출자 시 그 가치를 평가	기술이전법(산업통상자원부)
④	기술금융을 위한 기술신용평가 수행	신용정보법(금융위원회)
⑤	코스닥상장심사와 관련하여 기술성, 사업성 등을 평가	코스닥시장 상장규정(금융위원회)

19 기술가치평가 수행 시 설정하고 있는 가정에 해당되지 않는 것은?

① 기술실체의 가정
② 기술존속의 가정
③ 기술변동의 가정
④ 평가기간의 가정
⑤ 평가시점의 가정

20 투자용 기술평가모형에 대한 설명으로 옳지 않은 것은?

① 기업의 성장 가능성을 예측하는 기술성, 시장성에 대한 배점을 강화하였다.
② 기업의 안정성 및 부실 위험 예측에 초점을 맞추고 있다.
③ 평가의 정확성을 제고하기 위해 사업화 여부 및 성장단계에 따라 기업을 분류하였다.
④ 기술보호성, 성장성, 수익성, 기업가정신, 신뢰성 등의 평가지표를 강조하고 있다.
⑤ 투자대상 발굴을 지원할 목적으로 정부주도로 개발되었다.

21 기술신용평가의 절차로 옳은 것은?

> ㉠ TCB회사는 기업에 서류요청
> ㉡ 의뢰기업 대출신청
> ㉢ 여신심사 및 대출실행
> ㉣ 현장실사와 기술신용평가 실시
> ㉤ 금융기관이 TCB회사에 평가의뢰
> ㉥ 기술신용평가서 작성 및 금융기관에 회신

① ㉡ → ㉣ → ㉤ → ㉠ → ㉥ → ㉢
② ㉡ → ㉣ → ㉤ → ㉥ → ㉠ → ㉢
③ ㉡ → ㉤ → ㉠ → ㉣ → ㉥ → ㉢
④ ㉣ → ㉡ → ㉤ → ㉠ → ㉥ → ㉢
⑤ ㉣ → ㉡ → ㉤ → ㉥ → ㉠ → ㉢

22 다음 설명 중 옳지 않은 것은?

① 경영주의 동업종 경험수준 평가 시 동업종은 한국표준산업분류 중분류를 기준으로 한다.
② 기술개발역량 평가 시 기술인력은 기술개발인력뿐만 아니라 공정기술, 품질관리 등 생산관리인력도 포함하여 평가한다.
③ 기술개발을 기반으로 제품화하고 시장에 출시하여 매출이 발생하면 제품상용화실적으로 평가한다.
④ 품질관리역량은 국내외 공인기관으로부터 기술 인증, 규격 인증, 시스템 인증 등을 의미한다.
⑤ 모방의 난이도 항목은 기술개발에 소요되는 비용, 기간, 지식재산권 등록 등을 종합적으로 반영하여 평가한다.

23 기술기여도(%) 산식으로 옳은 것은?

① 무형자산가치 × 개별기술강도
② 개별기술강도 × 기술자산비중
③ 최대 실현 무형자산가치 비율 × 평균기술자산비율
④ 산업기술요소 × 개별기술강도
⑤ 산업기술요소 × 무형자산가치 × 기술자산비중

24 기술평가의 유형에 대한 설명으로 옳지 않은 것은?

① 산업부 고시 "기술평가기준 운영지침"에서는 기술력평가와 기술가치평가를 명시하고 있다.
② 기술보증기금의 "기술평가규정"에서는 기술가치평가, 기술사업타당성평가, 종합기술평가로 구분하고 있다.
③ 비교적 많이 활용되는 유형은 기술력평가, 사업타당성평가, 기술가치평가이다.
④ 기술력평가는 재무제표를 바탕으로 한 정량적 가치를 평가하는 것이다.
⑤ 사업타당성평가는 넓게 보면 기술성, 경제성 등 기업가치평가까지 포괄한다.

25 기술신용평가 신청서류 중에서 상시근로자 수를 확인하기 위해 받는 서류는?

① 4대보험가입자명부
② 법인등기사항증명서
③ 주주명부
④ 사실관계증명서
⑤ 연구인력개발 인력 현황

26 신용분석기법에 대한 설명으로 옳지 않은 것은?

① 정태분석은 특정시점에 해당 기업의 재무상태를 분석하는 것이다.
② 계단식분석법은 정태비율(부채비율 및 유동비율)을 사용하여 동태분석으로 전환하는 것에 주로 사용되는 분석기법이다.
③ 동태분석은 일정기간 영업활동의 결과로 발생한 재무상태의 변화를 분석하는 것이다.
④ 백분율법은 각각의 재무제표에서 합계를 표시하는 금액을 100%로 하고 그 속에 있는 계정과목이 나타내는 수치를 A/100로 표시하여 비교연도와 비교하는 것이다.
⑤ 동태분석의 주요 대상은 포괄손익계산서와 현금흐름표이다.

27 재고자산의 단가 결정에 대한 설명으로 옳지 않은 것은?

① 재고자산의 단가를 결정하는 방법으로는 개별법, 선입선출법, 후입선출법, 평균법 등이 있다.
② 후입선출법은 현행수익과 최근 원가가 대응되기 때문에 수익비용 대응 원칙에 적합하다.
③ 선입선출법은 한국채택국제회계기준에서 인정하지 않는다.
④ 인플레이션하에서 후입선출법은 절세효과를 기대할 수 있다.
⑤ 일단 채택한 방법은 정당한 사유가 없는 한 계속적으로 적용해야 한다.

28 기업회계기준서에서 정하고 있는 유형자산의 감가상각방법에 해당되지 않는 것은?

① 정액법
② 정률법
③ 연수합계법
④ 생산량비례법
⑤ 이동평균법

29 다음은 감사의견과 관련된 내용이다. 빈칸에 들어갈 말로 옳게 연결된 것은?

감사의견의 변형을 초래한 사항의 성격	해당 사항이 재무제표에 미치거나 미칠 수 있는 영향의 전반성에 대한 감사인의 판단		
	중요하지 않은 경우	중요하지만 전반적이지 아니한 경우	중요하며 동시에 전반적인 경우
재무제표가 중요하게 왜곡 표시된 경우	적정의견	한정의견	(㉠)
충분하고 적합한 감사증거를 입수할 수 없는 경우	적정의견	(㉡)	(㉢)

	㉠	㉡	㉢
①	부적정의견	부적정의견	한정의견
②	부적정의견	한정의견	한정의견
③	한정의견	한정의견	의견거절
④	한정의견	부적정의견	의견거절
⑤	부적정의견	한정의견	의견거절

30 현금흐름은 영업활동, 투자활동, 재무활동으로 구분된다. 다음 중 현금흐름과 구성항목의 연결이 잘못된 것은?

① 재무활동 – 대여금의 회수
② 영업활동 – 재고자산의 판매
③ 투자활동 – 유형자산의 처분
④ 재무활동 – 신주발행
⑤ 영업활동 – 직원 관련 직·간접 지출 급여

31 순운전자본의 구성요소와 관련이 없는 것은?

① 재고자산
② 현 금
③ 매출채권
④ 투자자산
⑤ 매입채무

32 A기업의 회계정보가 다음과 같을 때 ROE 값은?

- 총자산 : 200억원
- 영업이익 : 12억원
- 매출액 : 300억원
- 자기자본 : 100억원
- 당기순이익 : 10억원

① 8.33%
② 10%
③ 16.66%
④ 20%
⑤ 30%

33 수익적 지출에 해당하는 것은?

① 승강기 설치비용
② 건물의 증설비용
③ 일상적인 공장설비의 유지·보수 비용
④ 빌딩의 피난시설 설치비용
⑤ 냉난방장치 설치비용

34 포괄손익계산서를 분석할 때 점검해야 할 사항이 아닌 것은?

① 매출액
② 차입금상환능력
③ 비용지급능력
④ 비용구조
⑤ 수익성

35 (주)기술은 2022년 12월 31일로 종료되는 회계연도의 현금흐름표에 표시된 영업활동으로 인한 현금흐름은 ₩160,000원이다. 같은 기간의 손익계산서에는 감가상각비 ₩21,000, 유가증권평가이익 ₩14,000이 계상되어 있다. 2022년 중 각 계정의 변동내용은 다음과 같다.

- 매출채권 : ₩25,000 감소
- 재고자산 : ₩12,000 증가
- 매입채무 : ₩8,000 증가

그렇다면 2022년 회계연도의 당기순이익은 얼마인가?

① ₩132,000
② ₩139,000
③ ₩178,000
④ ₩180,000
⑤ ₩181,000

36 신용분석은 신규평가, 정기평가, 수시평가로 분류할 수 있다. 다음 설명 중 가장 옳지 않은 것은?

① 신규평가는 최초로 대출금 등 신용을 공여하기 위해 실시하는 신용분석이다.
② 정기평가는 신용도 수준과 상관없이 1년에 한 번씩 신용평가를 한다.
③ 기존의 여신고객일 경우 결산이 끝나고 감사보고서가 나온 후 정기평가를 실시하며, 이는 여신금리 등에 적용된다.
④ 수시평가는 최초에 실시한 신규평가 또는 정기평가 때에는 예상치 못했던 사건들이 정기평가 이후 발생할 때 이루어진다.
⑤ 수시평가에서 보고서의 형태가 약식으로 작성된다 하여 분석의 범주나 내용도 약식으로 진행하면 안 된다.

37 회계거래에 대한 설명으로 옳지 않은 것은?

① 회계상 거래로 인식되려면 화폐단위 측정이 가능해야 한다.
② 현금으로 비품을 구입하면 자산이 증가한다.
③ 부채를 현금으로 상환하면 자산과 부채가 동시에 감소한다.
④ 용역을 제공하고 대금을 어음으로 수취하면 수익이 발생하고 자산이 증가한다.
⑤ 회계거래의 유형에 관계없이 항상 회계등식은 성립한다.

38 기업이 타인자본인 부채의 사용으로 재무고정비가 발생하고 이에 따라 나타나는 주당순이익 또는 순이익의 확대효과를 파악하는 분석법으로 옳은 것은?

① 공헌이익   ② 손익분기점
③ 재무레버리지   ④ 유동비율
⑤ 거래신용비용

39 다음의 자료를 바탕으로 산출한 (주)청솔의 매출원가는?

- 기초재고액 : 3,000,000
- 기말재고액 : 1,000,000
- 당기매입액 : 7,000,000
- 당기매출액 : 11,250,000

① 4,125,000   ② 5,000,000
③ 7,250,000   ④ 8,000,000
⑤ 9,000,000

40 외부회계감사를 받는 비상장 중소기업이 적용할 수 있는 회계기준을 모두 고른 것은?

　　A. 중소기업회계기준　　B. 일반기업회계기준　　C. 한국채택국제회계기준

① A
② A, B
③ A, C
④ B, C
⑤ A, B, C

[문제 41~42] (주)청솔의 재무상태는 다음과 같다.

제9기에는 매출채권 회전기간 30일, 재고자산 회전기간 90일, 매입채무 회전기간 25일이고, 제10기에는 매출채권 회전기간 50일, 재고자산 회전기간 110일, 매입채무 회전기간 40일, 매출액 6,000백만원이다.

41 제10기에는 현금전환기간이 제9기에 비하여 며칠 연장되었는가?

① 20일
② 25일
③ 30일
④ 40일
⑤ 50일

42 제10기에는 제9기에 비하여 영업활동과정에서 현금이 얼마나 더 유출되었는가?

① 411백만원
② 483백만원
③ 550백만원
④ 658백만원
⑤ 822백만원

43 자본의 증감에 영향을 미치지 않는 것은?

① 현금배당
② 주식배당
③ 유상증자
④ 감 자
⑤ 당기순이익 발생

44 재고자산의 취득원가에 포함되는 않는 항목은?

① 매입 운임
② 하역비
③ 매입에누리
④ 운송보험료
⑤ 수입관련 관세

45 신용위험분석 시 영향을 미치는 다양한 위험의 평가요소에 대한 설명으로 옳지 않은 것은?

① 산업위험 - 산업의 일반적 특성, 산업의 수명주기, 경기민감도
② 영업위험 - 매출구성, 시장지위, 매출증대 노력, 수급분석, 생산시설
③ 경영위험 - 기업지배구조, 경영능력, 기업문화
④ 계열위험 - 계열 전체 신용위험, 계열간 채무보증, 전략적 중요성
⑤ 재무위험 - 매출 및 수익구조, 회계정책, 재무탄력성, 자산건전성

46 거래신용에 대한 설명으로 옳지 않은 것은?

① 기업이 고객에게 제공하는 신용이 거래신용이다.
② 고객에게 신용을 제공하는 이유는 기업이 대금 지급시점과 지급된 현금을 획득하는 시점 간의 시차를 단축하기 위해서 하는 것이다.
③ 거래신용 조건에서 "2/10, n/30"이란 조건은 구매기업이 10일 이내에 결제하면 2%를 할인해 주고 적어도 30일 이내에는 전액을 지급해야 한다는 의미이다.
④ 상품을 매출하는 기업이 고객에게 제공하는 대출이 거래신용이다.
⑤ 거래신용에는 어음 수취 증서가 필요하다.

47 경영위험 평가요소로 옳지 않은 것은?

① 지배구조　　　　　　　　　② 기업문화
③ 일반주주　　　　　　　　　④ 경영능력
⑤ 경영진

48 기업부실의 개념에 대한 설명으로 옳지 않은 것은?

① 기업부실은 경제적 부실, 지급불능, 법률적 부실(파산)으로 구분할 수 있다.
② 지급불능은 기술적 지급불능과 실질적 지급불능으로 구분된다.
③ 일시적인 유동성에서 발생하는 부실의 경우는 기술적 지급불능 상태라고 한다.
④ 경제적 부실은 기업의 재무적 상황이 급격히 악화되어 수익성이 떨어진 상태를 말한다.
⑤ 파산은 기업의 누적된 결손으로 인해 만성적인 파산적 지급불능 상태를 말한다.

49 주요 재무비율의 계산식에 대한 설명으로 옳지 않은 것은?

① 당좌비율 = 당좌자산 ÷ 유동부채
② 부채비율 = 부채총액 ÷ 자기자본
③ 이자보상비율 = 영업이익 ÷ 이자비용
④ 매출채권회전율 = 매출액 ÷ 자기자본
⑤ 자기자본비율 = 자기자본 ÷ 총자본

50 현금흐름표의 차별점으로 옳지 않은 것은?

① 해당 기업의 현금유입과 현금유출 내용을 알 수 있다.
② 영업활동, 투자활동, 재무활동 현금흐름을 구분하여 표시한다.
③ 기업의 투자 및 재무구조의 변화를 파악할 수 있다.
④ 발생주의에 근거하여 작성하여 실제 현금창출능력 판단에 용이하다.
⑤ 현금이나 현금성 자산의 수준이 매년 무엇에 의해 변화하고 있는가를 파악할 수 있다.

제2과목   경영컨설팅과 지식재산권

51 SWOT분석에서의 SO전략에 대한 설명으로 옳은 것은?

① 약점을 극복하면서 기회의 이점을 살리는 전략이다.
② 회사의 규모를 줄이고 필요하다면 청산까지 고려한다.
③ 위험을 피하기 위해 강점을 활용하는 전략이다.
④ 기회의 이점을 얻기 위해 강점을 활용하는 전략이다.
⑤ 약점을 최소화하고 위험을 피하는 전략이다.

52 다음은 경영컨설팅에서의 거래비용이론을 설명한 것이다. 괄호 안에 들어갈 말로 옳은 것은?

- 기업이 어느 부분은 내부에서 생산하며, 어느 부분은 외부 거래를 통할 것인지를 의사결정하게 되는데 그 결과 조직의 경계가 결정된다는 이론이다.
- 거래비용이론은 (   ), (   ), (   ) 세 가지 측면에서 작동한다고 한다.

① 불확실성, 거래빈도, 자산특수성
② 불확실성, 사업타당성, 거래빈도
③ 비밀유지, 자산특수성, 거래빈도
④ 비밀유지, 사업타당성, 자산특수성
⑤ 거래빈도, 비밀유지, 사업타당성

53 한국경영기술지도사회(KMTCA)는 5단계로 구성된 컨설팅 프로세스를 제시하고 있다. 다음 중 옳게 프로세스를 나열한 것은?

> ㉠ 실행
> ㉡ 활동계획수립
> ㉢ 진단
> ㉣ 착수
> ㉤ 종료

① ㉢ → ㉡ → ㉣ → ㉠ → ㉤
② ㉢ → ㉡ → ㉠ → ㉣ → ㉤
③ ㉣ → ㉡ → ㉢ → ㉠ → ㉤
④ ㉣ → ㉢ → ㉡ → ㉠ → ㉤
⑤ ㉣ → ㉡ → ㉠ → ㉢ → ㉤

54 다음의 내용과 가장 관련성이 높은 문제해결 컨설팅 도구는?

> • 의사결정문제가 다수의 평가기준으로 이루어져 있을 때 주로 활용한다.
> • 평가기준을 계층화한 후 계층에 따라 중요도를 정해 가는 다기준 의사결정방법이다.
> • 이 방법은 인간의 뇌가 단계적으로 또는 계층적으로 분석하는 과정을 활용하여 판단한다는 원리에 기초한다.

① SCAMPER기법
② PESTEL 분석기법
③ AHP기법
④ KJ법
⑤ 비즈니스모델 캔버스기법

55 경영컨설팅의 이론에 대한 설명으로 옳지 않은 것은?

① 사회학습모델은 고객과 컨설턴트 간 공동작업과 고객의 컨설팅 참여를 강조한다.
② 전문가모델은 컨설턴트가 전문성을 갖고 문제해결을 위한 해결방안을 제시한다고 보았다.
③ 신제도형성이론에 따르면 기업은 기술적 효율성보다는 사회적으로 정당하다고 인정하는 경영혁신기법을 더욱 중시하는 경향이 있다.
④ 배태이론은 사회 논리적으로 정당하고 유효한 해법이 제공된다는 사실을 수요자에게 알리기 위해서 강한 신호를 보내야 한다는 점을 강조한다.
⑤ 배태이론에서 배태성이란 기존 제도에 대한 대안을 생각하지 않고 그냥 그것에 안착하기를 원하는 성향을 말한다.

56 컨설턴트의 커뮤니케이션 스킬에 대한 설명으로 옳지 않은 것은?

① 인터뷰의 목적은 현황 분석을 위한 정보 수집과 프로젝트 주요 관계자들의 의견 청취 등이다.
② 인터뷰는 면담계획수립 및 검증, 면담 실행, 면담결과 정리 및 활용 순으로 진행된다.
③ 프로젝트 문서는 명확한 주제가 있어야 하고 논리적인 구성을 고려해야 한다.
④ 프레젠테이션의 목적은 크게 설명과 설득으로 구분할 수 있다.
⑤ 프레젠테이션의 본문에서 전달하고자 하는 내용은 주제, 형식, 정리도구로 구성된다.

57 마이클 포터의 경쟁전략에 대한 설명으로 옳지 않은 것은?

① 차별화 전략은 다른 기업에는 없는 특성으로 그 산업 내 특별한 위치를 점유하는 것을 말한다.
② 집중화 전략은 특정 지역이나 타깃에 기업의 자원을 집중하는 것을 말한다.
③ 원가우위 전략의 최대 무기는 값싼 원재료 구매 능력을 말한다.
④ 경쟁의 기본전략은 원가우위 전략, 차별화 전략, 집중화 전략으로 5force 경쟁요인으로부터 자사를 지키는 전략이다.
⑤ 특정고객/시장에서 선두기업이 되는 전략은 원가 집중 유형 및 차별화 집중 유형이다.

58 경영컨설팅 핵심 4단계 순서로 가장 옳은 것은?

① 진단 → 분석 → 문제정의/설계 → 실행계획수립
② 분석 → 진단 → 문제정의/설계 → 실행계획수립
③ 진단 → 문제정의/설계 → 분석 → 실행계획수립
④ 문제정의/설계 → 진단 → 분석 → 실행계획수립
⑤ 문제정의/설계 → 분석 → 진단 → 실행계획수립

59 경영전략 컨설팅의 환경분석 절차와 관련성이 없는 것은?

① PESTEL 분석
② 전략캔버스 분석
③ 산업매력도 분석
④ PLC 분석
⑤ CSF 분석

60 다음의 내용에 해당되는 컨설팅의 기본도구는?

> - 특정한 문제나 결과를 일으키는 원인들을 그룹별로 분류하여 인과관계를 일목요연하게 보여줌으로써 문제의 근본원인을 파악하고 해결책을 개발하는 데 도움을 준다.
> - 잠재적 원인을 범주화하고 하부 원인들을 모두 기술한 뒤에 주요 원인을 찾아 나가는 방식으로 활용된다.

① 히스토그램(Histogram)
② 파레토 도표(Pareto Chart)
③ 피쉬본 다이어그램(Fishbone Diagram)
④ 맥킨지 차트(McKinsey Chart)
⑤ 트리즈(TRIZ)

61 현황파악을 위한 문제해결 컨설팅 도구에 대한 설명으로 옳지 않은 것은?

① 7S 기법의 "S"는 경영자원을 의미하는 것으로 경영자원은 Hard Factor와 Soft Factor로 나뉜다.
② 7S기법의 Hard Factor는 Soft Factor보다 상대적으로 구축 또는 변경하는 데 오랜 시간이 필요하다.
③ 가치흐름도(VSM)는 제품생산의 바탕이 되는 재료와 정보의 흐름을 이해하고 파악할 수 있게 해주는 도구이다.
④ 3C 분석은 전체적인 시장 경쟁구조의 변화를 이해하는 데 매우 효과적인 분석 도구이다.
⑤ 3C 분석에서 "3C"는 자사(Company), 경쟁사(Competitor), 고객(Customer)을 의미한다.

62 국가기술표준원이 국가표준규격으로 정한 경영컨설팅서비스 프로세스에 대한 설명으로 옳지 않은 것은?

① 컨설팅사는 컨설팅 수행계획서를 먼저 작성 후 고객과 계약서를 작성한다.
② 컨설턴트는 과제 수행기간 중에 과제 수행일지를 작성하여야 한다.
③ 보고서를 수정할 때는 고객의 주관적 판단에 영향을 받아서는 안 된다.
④ 보고서 작성 시 대안의 제시는 6하원칙에 따라 구체적으로 제시하여야 한다.
⑤ 컨설팅과제의 종료 조건은 계약서에 따르되, 계약서에 규정이 없는 경우에는 과제수행기간이 경과되고 최종 보고서가 제출되면 종료된 것으로 본다.

63 PEST분석의 요인으로 옳은 것은?

① Politics, Experience, System, Technology
② Price, Economics, Society, Technology
③ Promotion, Experience, Society, Technique
④ Politics, Economics, Society, Technology
⑤ Price, Experience, System, Technique

64 소상공인 기본법 시행령 제3조에서는 업종별 상시 근로자 수의 기준을 정하고 있다. 다음 중 옳은 것은?

업 종	기 준
광업, 제조업, 건설업 및 운수업	상시 근로자 수 (㉠)명 미만
그 밖의 업종	상시 근로자 수 (㉡)명 미만

	㉠	㉡
①	5	3
②	10	5
③	20	10
④	30	15
⑤	50	30

65 컨설턴트가 갖춰야 할 핵심역량으로 옳지 않은 것은?

① 기업과 컨설턴트 간 의사소통 능력
② 컨설팅을 할 수 있는 전문지식, 기술지식, 정보 보유
③ 주관적 조언으로 기업을 설득할 수 있는 리더십
④ 새로운 방법, 제도, 시스템을 창조해 내는 능력
⑤ 논리성과 신빙성을 입증하는 업무수행방식과 모든 약속을 정확히 지키는 습관

66 효율적인 인터뷰 계획서를 작성하기 위해서 고려해야 할 사항이 아닌 것은?

① 무엇에 집중할 것인가?
② 어떤 정보를 알고, 얻고 싶은가?
③ 필요한 정보는 어떻게 확보할 것인가?
④ 상대에게 생각할 시간을 얼마나 줄 것인가?
⑤ 어떤 질문을 적절하게 사용해야 하는가?

67 매거리슨 모델의 도입단계에서 수행되는 업무가 아닌 것은?

① 접 촉
② 계약을 위한 협상
③ 계 약
④ 준 비
⑤ 분석 자료에 대한 토의

68 다음의 설명에 해당되는 용어는?

> 체계화된 정보화를 추진하기 위해 업무, 데이터, 시스템 등 정보화 구성요소와 상호 관계를 미리 규정한 정보화 종합 설계도이다.
> 즉, 정보화 구성요소가 사업과 업무 프로세스에 미치는 영향 등을 분석하여, 정보기술자원의 획득, 구현, 관리를 체계적으로 지원할 수 있도록 표준화하는 것이다.

① 정보전략계획
② 데이터 아키텍처
③ 기술 아키텍처
④ 전사 아키텍처
⑤ 아키텍처 매트릭스

69 경영컨설팅서비스 프로세스 국가표준규격에 따르면, 컨설팅 제안서 작성 시 적용할 내용을 명시하고 있다. 다음 중 이에 해당되지 않는 것은?

① 과제에 대한 이해
② 컨설팅 실시기간
③ 컨설팅 제안내용
④ 참여컨설턴트 이력
⑤ 수임료

70 컨설팅 수행 시 일반적으로 지켜야 할 사항으로 옳지 않은 것은?

① 사전 약정된 내용으로 수행하되, 변경이 불가피한 경우에 컨설턴트는 고객에게 양해를 구해야 한다.
② 컨설턴트는 과제 수행기간 중에 과제 수행일지를 반드시 작성하여야 한다.
③ 초과업무는 사전에 고지하여 상호협의하에 과정 진행일정을 조정하여야 한다.
④ 컨설턴트는 사전 계획했던 정기보고 이외에 필요한 경우, 개별 사안에 대하여 고객에게 보고하여야 한다.
⑤ 추가비용이 발생한 경우, 과제책임자(PM)는 빠른 업무수행을 위해 추가비용 내역을 사후에 통보한 후에 고객과 합의를 득해야 한다.

71 가치사슬분석(VCA)에 대한 설명으로 옳지 않은 것은?

① 마이클 포터 교수가 〈경쟁우위전략〉에서 발표한 것으로 가치창출 중심의 기업 경쟁우위 상황을 판단하는 도구이다.
② 가치사슬(Value Chain)은 원료의 조달에서 AS까지 사업프로세스의 전체 단계에서 어떤 가치를 창출하며 경쟁력이 있는 부분은 무엇인지를 분석하기 위한 프레임워크이다.
③ 가치사슬의 지원활동에는 내부물류, 생산활동, 외부물류, 마케팅·영업, 서비스로 구성된다.
④ VCA 프레임워크는 본원적 활동과 지원활동으로 나뉜다.
⑤ 가치사슬분석은 각 단계 핵심활동의 강점과 약점, 차별점을 분석하고 더 나아가서 각 활동단계별 원가동인을 분석하여 경쟁우위 구축을 위한 도구로 활용할 수 있다.

72 5-포스(force) 기법에 대한 설명으로 옳지 않은 것은?

① 하버드 대학의 마이클 포터 교수가 제시한 산업분석과 경영전략 개발을 위한 프레임워크이자 도구이다.
② 컨설팅 분야에서는 기업의 경쟁역량이나 경영환경을 분석하는 도구로 활용된다.
③ 5force 기법은 3C 기법에 비해 보다 경쟁자를 의식한 분석으로 좀 더 세밀하게 분석하는 도구이다.
④ 공급자 측면에서는 재료의 차별화, 판매자 전환에 따른 비용, 판매자 집중 정도, 산업의 후방통합의 위험 등을 검토한다.
⑤ 산업의 경쟁 환경을 결정하는 5요소는 경쟁자, 정부, 대체재, 공급자, 수요자이다.

73 밀란 모형에 의한 컨설팅 프로세스의 5단계 중 Action Planning 단계의 컨설팅 업무와 가장 거리가 먼 것은?

① 변화관리
② 해결대안의 개발
③ 대안의 경제성, 타당성 등에 대한 평가
④ 의뢰 기관에 해결 대안 제시
⑤ 실행계획 수립

74 중소기업의 디지털 전환에 대한 설명으로 옳지 않은 것은?

① 코로나19로 인해 중소기업의 디지털 전환의 필요성이 더 늦춰지고 있다.
② 코로나19로 인해 비대면·디지털 전환 방식이 가속화되면서 기업 중에서 소기업과 소상공인들이 가장 취약한 층으로 간주되고 있다.
③ 정부는 소상공인들의 디지털 전환을 지원하기 위해 종합적인 지원체계를 마련하였다.
④ 정부는 2021년부터 5년간에 걸쳐 디지털 전통시장 500곳, 스마트 상점 10만개 보급, 스마트 공장 1만개를 보급한다는 목표로 하고 있다.
⑤ 소기업 및 소상공인에 대한 디지털 지원사업에 사업 특성상 경영컨설팅이 필수적으로 수반된다고 할 수 있다.

75 컨설팅의 유형 중 계약내용에 따른 분류 유형으로 옳게 연결된 것은?

① 아웃바운드 컨설팅, 인하우스 컨설팅
② 인적자원관리 컨설팅, 재무관리 컨설팅
③ 조언·자문형 컨설팅, 실행형 컨설팅
④ 전사개선 컨설팅, 부문혁신 컨설팅
⑤ 물류 컨설팅서비스, 환경 컨설팅서비스

76 지식재산권에 대한 설명으로 옳지 않은 것은?

① 식물신품종과 영업비밀은 신지식재산권으로 분류될 수 있다.
② 우리나라에서 데이터베이스는 저작권법에 의해 보호를 받는다.
③ 저작인격권은 다른 사람에게 양도되거나 상속될 수 있다.
④ 지식재산권은 크게 산업재산권, 저작권, 신지식재산권으로 나눌 수 있다.
⑤ 기술적 사상인 발명은 특허권으로 보호를 받을 수 있다.

77 다음의 설명은 어떤 조약과 관련성이 있는가?

> • 특허 · 실용신안 · 디자인 · 상표 · 서비스표 · 지리적 표시 · 부정경쟁방지에 적용
> • 속지주의 원칙, 내외국인 평등의 원칙, 우선권제도 등 3대 기본원칙 제시

① 로마 협약
② 파리협약
③ 마드리드 의정서
④ 베른 협약
⑤ 헤이그 협정

78 특허출원의 효과에 대한 설명으로 옳지 않은 것은?
① 특허출원된 발명을 업으로서 실시한 자에게 특허출원된 발명임을 서면으로 경고할 수 있다.
② 특허출원된 발명을 업으로 실시한 자에게 보상금의 지급을 청구할 수 있다.
③ 출원공개된 발명은 출원공개 전 후출원에 대하여 확대된 선출원의 지위를 갖고, 출원공개 후 후출원에 대하여 공지기술의 지위를 가진다.
④ 특허출원인이 아닌 자가 업으로서 특허출원된 발명을 실시하고 있다고 인정되는 경우에는 우선심사를 신청할 수 있다.
⑤ 특허출원인은 업으로서 특허발명을 실시할 권리를 독점한다.

79 특허의 진보성 판단에 대한 설명으로 옳지 않은 것은?
① 진보성 판단은 특허출원 시를 기준으로 판단한다.
② 진보성은 특허요건 중에서 가장 중요한 요건이므로 신규성보다 진보성을 먼저 판단한다.
③ 진보성은 출원발명과 선행기술의 목적 · 구성 및 효과를 종합적으로 비교하여 판단한다.
④ 하나의 청구항에 대해 신규성이 없다는 거절이유와 진보성이 없다는 거절이유를 함께 통지하더라도 위법은 아니다.
⑤ 특허출원 전에 그 발명이 속하는 기술 분야에서 통상의 지식을 가진 자가 공지된 발명에 의해 용이하게 발명할 수 있을 때에는 특허를 받을 수 없다.

80 다음 보기에서 나열한 것 중 특허를 받을 수 없는 발명만으로 묶인 것은?

> ㉠ 노인의 효율적인 허리 디스크 수술 방법
> ㉡ 유성 생식에 의해 반복생산 가능한 변종 식물
> ㉢ 마약 흡입 기구
> ㉣ 수치 제어 장치의 제어 방법

① ㉠
② ㉠, ㉡
③ ㉠, ㉢
④ ㉠, ㉡, ㉢
⑤ ㉡, ㉢, ㉣

81 다음 괄호 안에 들어갈 말로 알맞은 것은?

> (   )는 특허출원된 내용을 심사청구의 유무에 관계없이 일정기간이 지난 후 공보에 게재하여 공표하는 제도이다. 이는 중복연구 및 투자를 방지하기 위함이다.

① 심사청구제
② 출원공개제도
③ 조기공개제도
④ 재심사청구제도
⑤ 선출원주의

82 특허출원 심사청구제도에 대한 설명으로 옳은 것은?

① 특허출원의 심사청구는 누구든지 할 수 있다.
② 특허출원의 심사청구가 없는 때에는 출원공개를 해서는 안 된다.
③ 특허출원의 심사는 특허출원 순서에 따라 진행된다.
④ 특허출원의 심사청구는 특허출원일로부터 1년 이내에 해야 한다.
⑤ 특허출원의 심사청구의 취하는 출원인이 심사청구를 한 경우에만 허용된다.

83 특허 명세서상 발명의 명칭 기재에 대한 설명으로 옳지 않은 것은?

① 발명의 명칭에 개인명, 상표명, 최신식, 문명식, 특허와 같은 표현을 사용해서는 안 된다.
② 발명의 명칭은 한 줄 이내로만 간단명료하게 기재해야 한다.
③ 발명의 명칭은 그 발명이 무엇을 청구하는지 명확히 알 수 있도록 기재해야 한다.
④ 보정에 의해 청구범위에 기재된 발명이 변경되는 경우에는 발명의 명칭도 이에 부합되도록 보정해야 한다.
⑤ 청구범위에 2 이상의 카테고리의 청구항을 기재하는 경우에는 이들 복수의 카테고리를 모두 포함하는 간단하고 명료한 병칭으로 기재해야 한다.

84 특허권 소멸 후 청구할 수 있는 특허심판의 유형에 해당되지 않은 것은?

① 정정심판
② 무효심판
③ 정정무효심판
④ 권리범위확인심판
⑤ 특허권 존속기간 연장등록 무효심판

85 특허권을 받기 위해 출원발명이 갖추어야 할 요건으로 옳지 않은 것은?

① 신규성
② 진보성
③ 수익성
④ 산업상 이용가능성
⑤ 확대된 선출원의 지위

86 다음은 어떤 특허제도에 대한 설명이다. 빈칸에 들어갈 알맞은 말은?

( )는 출원을 서두르는 출원인의 편의를 위해 출원 시 특허청구범위 기재를 생략하고 명세서를 제출할 수 있는 제도이다.

① 조기공개제도
② 선출원제도
③ 청구범위 유예제도
④ 전자출원제도
⑤ 우선심사제도

87 다음 괄호 안에 들어갈 말은?

• 특허심결취소송의 성질은 (㉠)이며 실질적으로 항고소송의 특징을 갖는다.
• 특허취소결정에 대한 소는 (㉡)의 전속관할로 한다.
• 특허심판의 심결 또는 결정에 대한 소송은 (㉢)심제로 운영하고 있다.

	㉠	㉡	㉢
①	민사소송	지방법원	3
②	민사소송	특허법원	1
③	행정소송	특허법원	2
④	행정소송	고등법원	3
⑤	민사소송	고등법원	3

88 특허권의 발생 및 효력에 대한 내용으로 옳지 않은 것은?

① 속지주의 원칙상, 우리나라에 특허권의 효력은 우리나라에만 미친다.
② 특허권은 설정등록에 의해 발생한다.
③ 특허권자는 업으로서 특허발명을 실시할 권리를 독점하며, 정당한 권원이 없는 제3자의 특허발명 실시를 금지할 수 있다.
④ 존속기간이 만료되면 특허권의 효력도 사라진다.
⑤ 특허청구범위에 기재되어 있지 않더라도, 발명의 상세한 발명에 기재되어 있는 발명 내용도 특허권의 보호범위를 정하는 데 사용된다.

89 특허권과 실용신안권에 대한 설명으로 옳지 않은 것은?

① 특허권은 설정등록한 날부터 특허출원일 후 20년이 되는 날까지 존속하며, 실용신안권은 설정등록한 날부터 실용신안등록출원일 후 10년이 되는 날까지 존속한다.
② 특허와 실용신안은 발명과 고안으로 구분된다.
③ 방법, 품질, 조성물에 대해서는 실용신안권을 받을 수 없다.
④ 특허와 실용신안 모두 출원공개되는 것이 원칙이다.
⑤ 특허출원서와 실용신안등록출원서에는 도면을 반드시 첨부하여야 한다.

90 다음은 어떤 상표의 개념을 설명한 것이다. 괄호 안에 들어갈 알맞은 말은?

( )은(는) 처음에는 특정인의 상표였던 것이 주지·저명한 상표로 되었다가 상표권자가 상표관리를 허술히 함으로써 동업자들이 자유롭게 사용하게 된 상표를 말한다.

① 지리적표시
② 관용상표
③ 증명표장
④ 업무표장
⑤ 단체표장

91 상표등록요건에 대한 설명으로 옳은 것은?

① 상표의 가장 중요한 기능은 자타상품식별기능이기 때문에 상표로 등록되기 위해서는 자타식별력만 구비하면 된다.
② 자타식별력 존재여부의 판단은 상표등록출원의 출원한 때를 기준으로 판단한다.
③ 결합상표의 경우 그 상표의 구성 부분을 각각 분리하여 상표의 자타식별력을 판단하는 것이 원칙이다.
④ 수요자에게 현저하게 알려진 지리적인 명칭이 독특한 문자나 로고와 결합된 경우 자타식별력을 갖춘 것으로 보아 상표 등록이 가능하다.
⑤ 영문자 2자로 된 상표는 사용에 의한 식별력을 얻더라도 등록받을 수 없다.

92 다음 괄호 안에 들어갈 말은?

> 상표권 존속기간 만료 전 1년 이내에 존속기간 갱신등록 신청을 해야 하나, 그 기간이 경과한 경우에도 상표권 존속기간이 만료된 후 ( ) 이내에 가산금을 납부하면 갱신등록신청을 할 수 있다.

① 1개월　　　　　　　　　　　② 2개월
③ 3개월　　　　　　　　　　　④ 6개월
⑤ 1년

93 디자인보호법에 대한 설명으로 옳지 않은 것은?

① 디자인권자의 실시의무를 부과하지 않고 있다.
② 특허법과 달리 변경출원제도 및 심사청구제도가 없다.
③ 디자인보호법에도 출원공개제도가 있어 특허법처럼 출원공개를 의무화하고 있다.
④ 법의 목적은 디자인의 창작을 장려하여 산업발전에 이바지하려는 것이다.
⑤ 비밀디자인제도, 부분디자인제도, 관련디자인제도 및 한 벌 물품 디자인제도는 디자인보호법상 특유의 제도이다.

94 디자인의 등록요건에 대한 설명으로 옳지 않은 것은?
① 2명 이상이 공동으로 디자인을 창작한 경우에는 디자인등록을 받을 수 있는 권리를 공유한다.
② 공업적 생산방법인 기계공업적 생산방법은 디자인 등록요건에 해당된다.
③ 국내에서 전기통신회선을 통하여 공중이 이용할 수 있게 된 디자인과 동일한 디자인은 등록될 수 없다.
④ 국외에서 반포된 간행물에 게재된 디자인과 유사한 디자인은 등록될 수 있다.
⑤ 국외에서 공지된 디자인에 기초하여 창작할 수 있는 디자인은 등록될 수 없다.

95 디자인권 등록 무효사유에 해당되지 않는 것은?
① 디자인 등록출원 시 물품류 또는 물품을 잘못 기재한 경우
② 조약을 위반하여 디자인을 출원한 경우
③ 통상의 디자이너가 국내 또는 국외에서 공지된 디자인을 기초로 쉽게 창작할 수 있는 디자인을 출원한 경우
④ 국기, 국장 군기, 훈장, 포장, 기장, 그 밖의 공공기관 등의 표장과 동일하거나 유사한 디자인을 출원한 경우
⑤ 공업상 이용가능성이 없는 디자인을 출원한 경우

96 저작권에 대한 설명으로 옳은 것은?
① 원저작물을 변형·각색하여 독자적인 저작물을 작성할 경우 원저작물에 대한 저작권 침해를 구성하지 않는다.
② 특허침해자에 대해 침해정지를 청구할 경우 공동저작자 전원의 합의가 있어야 한다.
③ 편집저작물은 독자적인 저작물로서 보호된다.
④ 동일한 시간과 밀접한 장소에서 공동의 창작행위가 이루어져야 공동저작물이 될 수 있다.
⑤ 우리나라 저작권법은 외국인의 저작물을 보호하지 않는다.

97 다음 빈칸에 들어갈 말은?

> (   )은 저작물이 제3자에 의해 무단으로 변경되지 않도록 하여 저작물의 내용·형식·제호를 원형 그대로 유지하고 일반 공중이 이용할 수 있도록 한 권리를 말한다.

① 대여권
② 동일성유지권
③ 공표권
④ 성명표시권
⑤ 일신전속권

98 선행기술조사 시 키워드 검색을 많이 활용한다. 노이즈를 최소화하기 위해 두 검색어가 인접한 정보를 검색할 때 사용하는 연산자는?

① near
② not
③ and
④ or
⑤ *

99 다음은 지식재산권의 국제출원에 대한 설명이다. 괄호 안에 들어갈 말은?

> (   )은 국내에서 출원하거나 등록받은 상표를 기초로 본국관청(기초 출원·등록이 있는 관청)을 경유하여 WIPO 국제사무국에 제출하면 복수의 지정국에 출원한 것과 같은 효과를 부여하는 제도로 본 제도의 시스템 행정 업무는 WIPO 국제사무국에서 담당한다.

① PCT 국제출원
② 파리루트를 통한 출원
③ 마드리드 국제출원
④ 르카르노협정에 따른 출원
⑤ 헤이그 국제출원

100 특허맵 작성 과정의 각 단계를 순서대로 옳게 연결한 것은?

> a. 기술분류표 작성
> b. 최적의 검색식 작성
> c. 데이터 추출 및 노이즈 제거
> d. 정성분석 수행
> e. 정량분석 수행

① c → b → a → d → e
② c → a → b → d → e
③ a → c → b → d → e
④ a → b → c → e → d
⑤ c → a → b → e → d

제1회 최종모의고사 정답 및 해설

01	02	03	04	05	06	07	08	09	10	11	12	13	14	15
④	③	①	②	①	⑤	③	④	④	⑤	②	④	②	②	③
16	17	18	19	20	21	22	23	24	25	26	27	28	29	30
①	④	①	④	②	④	①	④	⑤	③	⑤	④	③	③	③
31	32	33	34	35	36	37	38	39	40	41	42	43	44	45
④	③	①	②	①	⑤	④	④	④	①	④	③	①	④	④
46	47	48	49	50	51	52	53	54	55	56	57	58	59	60
②	③	⑤	③	⑤	⑤	②	①	⑤	④	③	③	④	②	④
61	62	63	64	65	66	67	68	69	70	71	72	73	74	75
④	②	②	②	③	⑤	①	④	⑤	①	④	②	③	④	⑤
76	77	78	79	80	81	82	83	84	85	86	87	88	89	90
②	③	②	④	①	④	⑤	④	⑤	④	①	③	①	②	⑤
91	92	93	94	95	96	97	98	99	100					
①	③	①	③	②	③	④	⑤	⑤	②					

제1과목 기술평가와 신용분석기초

01 정답 ④

기술이전법에서는 특허법 등 관련 법률에 의하여 등록된 특허, 실용신안, 디자인, 반도체배치설계 및 소프트웨어 등 지식재산, 기술이 집적된 자본재, 이에 대한 기술정보, 기술적·과학적 또는 산업적 노하우로 정의하고 있다. 즉, 상표는 여기에 포함되지 않는다.

02 정답 ③

기술의 목적은 인공물을 이해하고 제조하며, 경제적으로 유용하여야 한다.

03 정답 ①

기술은 보고 만질 수 없는(비가시성) 속성이 강해 다른 사람에 의한 모방을 힘들게 하고 기술 보유자로부터 다른 주체로의 기술이전 및 확산을 어렵게 할 수 있다. 참고로 기술의 본질적 속성에는 비가시성, 상호의존성, 복잡성, 진부화 성격이 있으며, 기술의 경제·사회적 속성에는 공공재, 외부성, 법적권리성, 불확실성, 축적성의 성격을 지니고 있다.

04 정답 ②

여유현금흐름의 현재가치의 합은 600백만원이며, 기술기여도는 30%이다. 그러므로 기술가치금액은 180백만원이다(600백만원 × 30%).
참고로 기술기여도 산출값은 산업기술요소에 개별 기술강도를 곱한 값을 말한다.

05 정답 ①

기술 간 결합여부 및 상태에 따른 분류에는 요소기술과 융·복합기술이 있으며, 기술의 발전단계 및 수명주기에 따른 분류에는 태동기술, 전개기술, 핵심기술, 근간기술이 있다.

06 정답 ⑤

연구단계에서 발생한 지출, 즉 연구비는 무형자산 인식요건에 충족되지 않아 비용으로 처리(판매비와 관리비)한다.

07 정답 ③

기술수준은 최고 기술 보유국의 기술수준을 100%로 보았을 때의 상대적 기술의 위치를 말하며, 기술격차는 최고 기술 보유국의 기술수준에 도달하는 데 소요될 것으로 예측되는 기간을 말한다.

08 정답 ④

조정재생산 비용접근법을 적용하여 기술가치금액을 산출하는 문제이다.
[산식] 기술가치 = 재생산비용 + 개발보상비용 − 진부화로 인한 가치감소분 + 선택요인
기술가치 산식에 대입하면 200백만원 + 14백만원 − 62백만원 = 152백만원이다.
기술기여도는 수익접근법에서만 적용하며 조정재생산 비용접근법에는 적용하지 않는다.

09 정답 ④

스핀오프(Spin-off)는 기업이나 연구소의 창의적이고 도전적인 잠재 창업자들에게 직접 신기술 또는 신사업의 기회를 주기 위해 기업분할을 하는 기술사업화의 유형이다.

10 정답 ⑤

컴퓨터 제조기술 중 발명에 속하는 것은 특허로, 고안에 속하는 것은 실용신안으로 분류된다.

11 정답 ②

산업경제 측면에서는 물적 기반의 산업경제에서 기술·지식기반경제로 패러다임이 변화하면서 기술금융의 필요성이 증대되었고 기술평가의 중요성도 증대되었다.

12 정답 ④

발명의 기술성·사업성 평가와 관련된 내용은 발명진흥법에서 명시하고 있으며, 동법에서는 '발명의 평가기관'을 별도 지정하고 있다.

13 정답 ②

TCB평가를 수행하는 TCB회사는 '신용정보의 이용 및 보호에 관한 법률(약칭 : 신용정보법)'을 근거로 탄생하였다.

14 정답 ②

기술평가실시의 일반원칙 : 기술평가자는 객관성과 전문성 및 신뢰성을 확보해야 하고 기술성, 권리성, 시장성, 사업성 등을 종합적으로 분석·평가해야 하며, 기술평가의 기준시점은 기술평가보고서의 제출일시로 하며, 유효기간은 원칙적으로 12개월로 한다.

15 정답 ③

팁스(TIPS) 프로그램에 대한 설명이다.

16 정답 ①

기술가치평가결과로 산출되는 가치는 공정시장가치를 원칙으로 한다. 공정시장가치란 "측정 기준시점의 주된(또는 가장 유리한) 시장에서 시장참여자 사이의 정상거래에서 자산을 매도하면서 수취하거나 부채를 이전하면서 지급하게 될 가격"을 의미한다.

17 정답 ④

기술가치평가의 목적은 기술이전 및 거래, 현물출자, 투·융자, 경영전략수립, 세무, 소송, 청산 등이다. R&D 평가는 주로 기술력평가로 수행된다.

18 정답 ①

은행 자체 TCB평가 역량 평가에서 평가항목은 전문인력 수, 평가서 수준, 실시기간, 기타 물적 요건이다. 평가서 건수와는 무관하다.

19 정답 ②

기술신용평가 제도는 2014년 금융위원회 주도하에 탄생하였다.

20 정답 ③

대항목은 기술사업역량과 기술경쟁력으로 구분된다. 시장현황은 기술경쟁력에 포함되는 중항목이다. 참고로 한국신용정보원의 '표준기술평가모형(2021)'에 의하면, 기술사업역량의 중항목에는 경영주역량, 경영진역량(또는 관리역량), 기술개발역량, 제품화역량, 수익전망이, 기술경쟁력의 중항목에는 기술혁신성(또는 기술우위성), 시장현황, 시장경쟁력(또는 제품우위성)이 있다.

21 정답 ②

기술신용등급과 신용등급은 18개 등급체계이고, 기술등급은 10개 등급체계이다.

22 정답 ④

재평가는 은행을 기준으로, 평가서 유효기간 만료 등의 사유로 유효기간 경과 후 3개월 이내에 전차와 동일한 TCB평가기관에 다시 의뢰하는 평가이다.

23 정답 ①

목표시장 규모는 시장현황(중항목)에 해당되는 내용이다.

24 정답 ④
기술의 외부효과성이 맞는 내용이다. 기술혁신으로 인한 사회적 편익은 사적인 이익을 초과하기 마련인데 그 이유로 아래와 같이 두 가지 정도를 들 수 있다.
- 기술개발로부터의 이익을 전적으로 사유화하기가 어렵기 때문이다.
- 기술혁신 과정에서 습득하는 노하우들은 비공시적으로 네트워크를 통해 다른 기업의 기술혁신을 도와주게 된다. 즉, 한 기업의 기술개발투자는 다른 기업의 기술개발투자 성과를 높여주는 외부효과를 가지고 있다.

25 정답 ⑤
VC의 투자는 초기단계는 미흡하며, 중기와 후기단계에서 보다 더 많은 투자를 하고 있다.

26 정답 ③
상업신용은 화폐의 직접 매매를 수반하지 않고 경제적 제거래를 성립시켜 재화와 용역의 대량생산, 유통을 가능하게 한다.

27 정답 ⑤
신용평가와 신용분석은 거의 같은 개념이다.

28 정답 ④
영업위험은 기업이 이윤추구를 위하여 발생하는 구매활동, 생산활동, 판매활동 및 이들을 지시 감독하는 경영활동으로부터 발생할 수 있는 위험이다.

29 정답 ③
3차적 고려요인은 산업정책 및 금융정책 분야와 거시경제 분야 등이다.
① 1차적으로 기업신용에 영향을 미치는 요소는 기업의 경영 분야, 사업 분야 및 재무 분야이다.
② 2차적 요소로는 계열 분야, 산업 분야 및 금융 분야를 들 수 있다.
④ 기업 외화표시 채무의 신용위험을 분석할 때는 다양한 위험요소 이외에 해당국가의 신용도에 대한 분석도 함께 이루어져야 한다.
⑤ 기업의 신용분석 시 일반적으로 Top-down 접근방법을 많이 사용한다.

30 정답 ③
제조업을 하는 기업의 주요활동의 5가지는 구매활동, 생산활동, 판매활동, 재무활동, 경영활동이다.

31 정답 ④
자기자본이란 회계계정에서 자본을 의미한다. 자본에는 자본금과 잉여금으로 구분하고 있으므로 자기자본을 가장 정확히 표현한 것은 자본금+잉여금이다.

32 정답 ③
재무제표 자료는 역사적 원가 기준이므로 현재가치를 반영하지 못하며 재무분석의 기준비율이 주관적이다. 반면에, 재무자료의 수집비용은 상대적으로 저렴하다.

33 정답 ①
재고누적이 많은 경우 유동비율만으로는 유동성을 측정하는 데 한계가 있다. 당좌비율은 재고자산을 제외한 유동자산의 유동성을 측정하는 비율이다.

34 정답 ②
추세분석법은 과거의 시계열 자료에서 나타난 추세가 앞으로도 이어지리라는 전제하에 과거 자료를 바탕으로 미래를 예측하는 기법이다.
① 동태분석은 일정기간의 영업활동의 결과로 발생된 재무상태의 변화를 분석하는 것이다.
③ 백분율법은 재무제표에서 합계를 표시한 수치를 100%로 하여 해당 수치의 계정과목들이 나타내는 수치를 A/100%로 다른 연도와 비교하는 방법이다.
④ 계단식분석법은 원인을 분석하는 방법으로 비교하는 연도에 변화한 수치나 비율과 원인을 찾아내고, 그 원인에 영향을 준 요소를 찾아낸다.
⑤ 정태분석은 해당 기업의 특정시점의 재무상태를 분석하는 것이다.

35 정답 ①
선급보험료 1,200,000 × (9 / 12) = 900,000
보험료 1,200,000 중 20X3년분에 해당하는 900,000은 대변에서 차감하고 차변에 선급보험료를 같은 금액으로 계상한다.

36 정답 ⑤
산업의 환경과 산업의 수명주기, 수급분석 등은 산업위험 분석에서 이루어진다.

37 정답 ④
주요 경영진의 경력사항에 대한 내용은 감사보고서에 포함되지 않는다.

38 정답 ④

당좌예금, 타인발행수표, 취득당시 만기가 3개월 이내 도래하는 양도성예금증서는 '현금성자산'으로 보며, 회사채는 '유가증권'으로 본다.

39 정답 ④

기말재고의 수량 파악 방법으로 계속기록법과 실지재고조사법이 있으며, 재고자산의 단가 결정 방법에는 개별법, 선입선출법, 후입선출법, 이동평균법, 총평균법이 있다.

40 정답 ①

우선주자본금은 자본금으로, 주식발행초과금은 자본잉여금으로, 이익준비금은 이익잉여금으로, 자기주식 및 배당건설이자는 자본조정으로 분류한다.

41 정답 ④

- 사채이자 = 1,000,000 × 4% = 40,000
- 유효이자 = 950,000 × 6% = 57,000
- 사채할인발행차금 = 57,000 − 40,000 = 17,000

42 정답 ③

자산 = 자본(160,000,000) + 부채(40,000,000)이며, 부채비율 = 부채(40,000,000) ÷ 자기자본(160,000,000) 이다.

43 정답 ①

비유동장기적합률은 장기 투자와 조달 간의 관계를 평가하는 비율이다.

44 정답 ④

매출액순이익률 = 당기순이익 ÷ 매출액

45 정답 ④

산업구조분석은 기업분석에 속하지 않고 산업분석에 속한다.

46 정답 ②

재고자산 증가는 기업의 장기지급능력과 관련이 있다.
※ 기업의 단기지급능력에 영향을 미치는 중요한 요소는 매출액, 운전자본, 유동성, 현금흐름, 기업의 차입능력을 들 수 있다.

47 정답 ③

유상증자, 사채상환은 재무활동이며, 기계구입은 투자활동이므로 영업활동에서 제외된다.

당기순이익	₩200,000
가산(괄호는 차감) :	
감가상각비	50,000
유형자산처분이익	(25,000)
매출채권 감소분	20,000
매입채무 증가분	10,000
영업활동으로 인한 현금흐름	₩255,000

48 정답 ⑤

이익잉여금의 크기를 통해 과거 영업활동으로 내부유보된 자금이 얼마인지를 알 수 있는 재무제표는 재무상태표이다.

49 정답 ③

기업부실의 2차적 원인은 경영자의 잘못된 의사결정 결과로 1차적 요인에 포함되지 않는 원인을 말한다. 출혈판매와 자기자본 부족은 2차적 원인에 해당한다.
- 1차적 원인 : 경영자요인, 경기 및 자금요인, 정치 및 국제요인 등에서 비롯됨
- 2차적 원인 : 판매행동, 재무행동, 매입 및 생산행동, 기업구조, 조직과 노무행동에서 비롯됨
- 3차적 원인 : 금융비용과다, 높은 이직률, 생산성 저하, 매출액 감소, 임금체불, 과다한 재고 및 반품 증가

50 정답 ⑤

- 정액법 : 1,000,000 ÷ 5년 = 200,000원 (매년 감가상각비 200,000원임)
- 정률법 : 2023년 감가상각비 = 1,000,000 × 0.451 = 451,000원
  2024년 감가상각비 = (1,000,000 − 451,000) × 0.451 = 247,599원

제2과목 경영컨설팅과 지식재산권

51 정답 ⑤

정책자금의 다양한 지원조건을 알기 위해 경영컨설팅을 이용하는 것은 주된 목적과는 거리가 멀다.

52 정답 ②
컨설팅의 수행주체별 분류에서 외부전문가가 기업이나 고객에게 컨설팅 서비스를 제공하는 형태는 아웃바운드 컨설팅이라 하며, 조직 내부에 컨설팅 부서를 두고 서비스를 제공하는 형태를 인하우스 컨설팅이라 한다.

53 정답 ①
컨설팅의 공급측면 이론은 컨설팅을 고객에게 제공하는 공급자로서 컨설턴트의 역할을 근거한 이론으로 전문가모델, 사회학습모델, 비판모델 그리고 통합모델이 있다.

54 정답 ⑤
전문가모델은 컨설팅서비스 공급자 우위 모델이다.
⑤ 고객과 컨설턴트 간의 상호작용을 통한 문제해결과 지식전이를 고려한 모델은 사회학습모델이다.

55 정답 ④
국가기술표준원의 KS 규격의 경영컨설팅서비스-기반구조(KS S 1010-2)에서 요구하는 절차 요소는 조직 및 인력, 시설, 교육훈련, 프로젝트 관리, 컨설팅 윤리, 품질관리 등이다.

56 정답 ③
① 르윈-샤인 모델은 ILO-밀란 모델보다 앞서 발표되었다.
② 매거리슨 모델은 컨설팅과정을 크게 도입-접근-적용 3단계로 구분하고 다시 12과정으로 세분하였다.
④ 7단계로 파악하였다.
⑤ 6단계로 파악하였다.

57 정답 ③
중대형 회계법인은 새로운 방법론 등의 개발이 미진하여 성장이 정체되어 있다.

58 정답 ④
SWOT 기법에서의 4가지 전략은 SO전략, WO전략, ST전략, WT전략이다.

59 정답 ②
일반적인 경영관리에 관한 분석적인 접근은 정보화 사회가 아닌 1900년대 초기에 시도되었다.

60 정답 ④
전략 지시자는 해당되지 않는다.
Lippitt & Lippitt (1978)는 지시적-비지시적 스펙트럼에 따라 컨설턴트의 역할모델을 8가지로 제시하고 있다. 즉, 성찰자, 프로세스 전문가, 사실발견자, 대안확인자, 문제해결 협력자, 트레이너/교육자, 기술적 전문가, 주창자이다.

61 정답 ④
한국경영기술지도사회는 컨설턴트 기본요건으로 전문지식, 리더십, 신뢰성, 의사소통, 창조력, 직업윤리를 제시하고 있다.

62 정답 ③
바바라 민토는 논리적 분석을 하는 데 3가지 기준을 제시하고 있다. 3가지 기준은 시간의 순서, 구조의 순서, 정도의 순서(중요도의 순서) 이다. 또한 구조의 순서를 아래와 같이 세분화하였다.
① 구조 만들기(MECE 적용)
② 구조를 글로 표현하기
③ 구조의 변화를 제안하기
④ 구조의 순서를 통해 생각을 명확하게 하기

63 정답 ①
컨설턴트의 문제해결 스킬의 5요소(노구치 요시아키 스킬 5요소)는 개념화, 구조화, 측정화, 동기화, 시스템화이다.

64 정답 ②
기술혁신 스킬은 컨설턴트의 기본스킬과는 거리가 멀다.

65 정답 ③
하나의 주제에서 간결하고 연관성 있는 다양한 메시지들이 도출될 수 있도록 구성하는 것이 필요하다.

66 정답 ⑤
대안 도출은 컨설턴트의 커뮤니케이션 스킬과는 거리가 멀다.

67 정답 ①
착수 다음에 진단, 실행계획 수립, 실행 순으로 이어진다.

68 정답 ④
ILO-밀란 모형의 실행단계에서의 세부절차는 ㉠ 실행지원 ㉡ 해결대안의 조정 ㉢ 교육훈련 실시이다.

69 정답 ⑤
프로젝트 관리의 9가지 관리영역 : 통합관리, 범위관리, 일정관리, 비용관리, 품질관리, 인적자원관리, 위험관리, 의사소통관리, 조달관리

70 정답 ①
PMO(Project Management Office)에 대한 설명이다.
② BSC는 Balanced Score Card로 비즈니스 성능 측정 방법론이다.
③ BPO는 Business Process Outsourcing으로 회사의 핵심업무를 제외한 과정을 외부 업체에 맡기는 아웃소싱 방식이다.
④ ERP는 기업 내 생산, 물류, 재무, 회계, 영업 등의 경영활동 프로세스를 통합적으로 연계하여 관리해 주는 것으로 전사적자원관리시스템 혹은 전사적통합시스템을 의미한다.

71 정답 ③
BPR컨설팅방법론의 절차는 전략분석 및 비전수립 → AS-IS 프로세스 분석 → TO-BE 프로세스 운영정책 정의 → TO-BE 프로세스 설계 순으로 진행된다.

72 정답 ③
Cash Cow는 시장성장률은 낮지만 시장점유율이 높은 사업에 해당한다.
• Star : 시장성장율과 시장점유율이 모두 높은 사업
• Dog : 시장성장율과 시장점유율이 모두 낮은 사업
• Question Mark : 시장점유율은 낮지만 시장이 성장하고 있는 사업

73 정답 ③
대안 개발, 아이디어 창출 도구로는 트리즈(TRIZ), 디자인씽킹, 브레인스토밍이 활용된다.

74 정답 ②
디지털전환 시 고려사항은 혁신성, 확장성, 규제 준수, 비용 절감 등이 있다.

75 정답 ⑤
골동품은 반복 거래의 대상이 되지 않는 것으로 상표법상 상품에 해당되지 않는다. 이 외에도 열·향기 같은 무체물, 움직이지 않는 주택 등은 상표법상 상품에 해당하지 않는다.

76 정답 ②
상표권의 보호대상은 상표이다.

77 정답 ③
공표권은 저작인격권에 해당된다.

78 정답 ②
특허권은 발명을 보호대상으로 하며, 특허법에서는 발명의 정의를 명시하고 있다.

79 정답 ④
후출원의 청구범위는 선출원의 청구범위 내에서만 요건이 충족되기 때문에 청구범위 내에서 개량한 발명이면 된다.

80 정답 ①
특허등록 이전 단계이기 때문에 출원인은 특허를 받을 수 있는 권리가 발생하며, 출원공개 시에는 보상금 청구권을 갖게 된다.

81 정답 ④
분할출원에 대한 설명이다.

82 정답 ⑤
인간을 대상으로 하는 수술방법, 치료방법, 진단방법 그리고 인체를 직접적인 구성요소로 하는 발명은 산업상 이용가능성이 불인정된다.

83 정답 ④
신규성 판단기준에서 신규성이 상실되지 않는 '공지예외 적용'이 있다. 적용 사유로는 첫째, 본인의 의사에 의한 공지 둘째, 본인의 의사에 반한 공지이다. 본 문제 사례처럼 특허출원을 위해 변리사를 찾아가 상담한 경우는 신규성 상실과는 무관하다.

84 정답 ⑤
진보성 판단은 특허출원 시를 기준으로 판단한다.

85 정답 ④
발명의 설명에는 발명의 명칭, 발명의 배경이 되는 기술, 발명의 실시를 위한 구체적인 내용은 필수적으로 작성해야 하며, 그 외 항목은 작성하지 않을 수 있다.
청구범위는 기재하는 것이 원칙이나 반드시 기재해야 하는 것은 아니다. 청구범위 제출 유예제도가 있어 특허출원 시 청구범위를 적지 않은 경우에는 출원일로부터 1년 2개월이 되는 날까지 명세서에 청구범위를 적는 보정을 하여야 한다. 특허 명세서의 역할에는 권리서로서의 역할, 기술문헌으로서의 역할, 심사·심판·특허소송 단계의 대상을 특정하는 역할로 요약된다.

86 정답 ①
요약서는 특허청구범위를 해석하는 데 참작하지 않는다.

87 정답 ③
통상실시권은 독점배타성이 없이 단순히 특허발명을 업으로서 실시할 수 있는 채권적 권리이다. 특허법에는 법정실시권 및 강제실시권이 인정되는 경우가 규정되어 있다.

88 정답 ①
특허법과 실용신안법의 제정·운용 목적은 동일하다. 따라서 양법의 차이점이 아니라 공통점에 해당된다.

89 정답 ②
공표권은 저작인격권에는 해당되지만 실연자의 권리에는 포함되지 않는다.
실연자의 권리에는 인격권 중 성명표시권, 동일성유지권이 있으며, 재산권으로는 복제권, 배포권, 대여권, 공연권, 방송권, 전송권, 보상청구권이 있다.

90 정답 ⑤
디자인보호법 제2조에서 디자인의 성립요건을 명시하고 있다. 디자인의 성립요건에는 물품성, 형태성, 시각성, 심미성이 있다. 신규성은 디자인의 등록요건에 해당된다.

91 정답 ①
다량 생산은 기계공업적 생산방법에 대한 설명이며, 공업상 이용가능성 범주에는 수공업적 생산방법도 포함된다.

92 정답 ③
디자인 로카르노 협정에 따른 물품류 중 일부 대상 물품에 한해 디자인일부심사등록출원으로만 출원할 수 있도록 하였다.
① 3년 이내의 기간을 정하여 비밀로 해줄 것을 청구하는 비밀디자인 제도가 있다.
② 1출원으로 100개 이내의 디자인을 출원하는 복수디자인 등록출원 제도가 있다.
④ 부분디자인제도가 있으므로 물품의 부분에 대하여도 등록받을 수 있다.
⑤ 한 벌의 물품의 디자인 제도는 법상 인정되어 운영하고 있다.

93 정답 ①
디자인권의 소멸 원인은 디자인권의 존속기간 만료, 등록료의 불납, 디자인권의 포기, 상속인 부존재, 디자인권의 취소, 디자인권의 무효이다.

94 정답 ③
적극적 독점 기능은 상표의 기능에 해당하지 않는다.

95 정답 ②
외국어로 된 상표에 한글 음역을 병기하는 경우는 요지변경을 본다.

96 정답 ②
현저한 지리적 명칭에 해당되는 상표는 거절이유에 해당되지만 ②처럼 단순한 지리적 명칭에 해당하는 상표는 거절이유에 해당하지 않는다. 예를 들면, 금강산, 백두산, 뉴욕 등은 현저한 지리적 명칭에 해당된다.

97 정답 ④
저작권법에서는 저작물을 인간의 사상 또는 감정을 표현한 창작물로 정의하고 있어 동물이나 인공지능이 작성한 저작물에 대해서는 저작권이 인정되지 않는다. 또한 예술 사진이 아닌 단순 사실적인 실체 모양 사진도 저작권이 인정되지 않는다.

98 정답 ⑤
대여권의 대상은 영리를 목적으로 대여한 경우이며, 저작물 중 상업용 음반과 상업적으로 공표된 프로그램에만 적용된다. 영상저작물은 대여권의 대상이 아니다.

99 정답 ⑤
국제예비심사를 받았음에도 불구하고 지정국 국내단계에서 각국마다 새로운 심사를 받게 되므로, 심사절차가 이중으로 진행될 가능성은 PCT출원제도의 단점이다.

100 정답 ②
상표인 경우 국내 출원일로부터 6개월 이내에 하여야 한다.

제2회 최종모의고사 정답 및 해설

01	02	03	04	05	06	07	08	09	10	11	12	13	14	15
②	⑤	②	③	⑤	②	⑤	②	⑤	⑤	②	②	③	③	②
16	17	18	19	20	21	22	23	24	25	26	27	28	29	30
⑤	①	③	⑤	③	①	④	④	④	⑤	③	⑤	④	①	②
31	32	33	34	35	36	37	38	39	40	41	42	43	44	45
①	③	③	④	②	⑤	②	④	①	②	②	④	④	②	⑤
46	47	48	49	50	51	52	53	54	55	56	57	58	59	60
①	①	①	④	②	②	④	①	④	⑤	④	③	⑤	③	⑤
61	62	63	64	65	66	67	68	69	70	71	72	73	74	75
④	④	①	④	③	④	②	②	④	④	①	④	④	④	⑤
76	77	78	79	80	81	82	83	84	85	86	87	88	89	90
④	④	①	③	③	②	④	②	①	①	①	③	④	④	③
91	92	93	94	95	96	97	98	99	100					
③	④	③	②	⑤	①	④	①	①	②					

제1과목 기술평가와 신용분석기초

01 정답 ②
상표권을 기술의 범주에 포함한 법률은 외국인투자촉진법이다.

02 정답 ⑤
기술은 구체적, 규범적 성격인 반면에, 과학은 보편적, 미래 예측적 성격을 띠고 있다.

03 정답 ②
오늘날 기술혁신은 융·복합기술이 주도하고 있다.
융합기술과 복합기술에 대한 정의는 아래와 같다.
- 복합기술 : 개별 요소기술 등의 물리적인 결합으로 기존 산업의 한계를 극복해 나가는 과정에서 일어나는 공동 기술혁신 현상을 말한다.
- 융합기술 : 화학적 결합으로 인해 개별 요소기술들의 특성이 상실되면서 전혀 새로운 특성을 갖는 혁신적 기술이 창출되는 현상을 말한다.

04 정답 ③
전기다수 수용자에 해당하는 내용이다.
※ 에버릿 로저스는 소비자가 혁신적인 기술이나 하이테크 제품을 채택하고 수용하는 데 걸리는 시간과 태도에 따라 혁신수용자, 조기수용자, 전기다수 수용자, 후기다수 수용자, 지각수용자의 5개 소비자 군으로 구분하였다.

05 정답 ⑤
무형자산의 자체 특성상 객관적인 평가가 쉽지 않다.
※ 무형자산의 특징(인식조건) : 식별가능성, 통제, 미래경제적 효익

06 정답 ②
② 기술지주회사에 대한 설명이다.

07 정답 ⑤
⑤ 기술력평가의 가정이 아닌 기술가치평가의 기본 가정이다.

08 정답 ②
캐즘(Chasm)은 일시적으로 수요가 정체되거나 후퇴되는 단절현상을 말한다. 일반적으로 첨단기술이나 어떤 제품이 개발되면 초기시장과 주류시장으로 진입하기까지 사이에서 캐즘이 발생된다.

09 **정답** ⑤
⑤는 "기술금융 개선방안"과는 무관한 내용이다. 기술신용대출 차주 수는 이미 평가요소로 반영되어 있으며, IP담보대출 차주 수는 평가요소에 해당되지 않는다.

10 **정답** ⑤
과학, 기술, 기능, 지식 등은 상호작용을 통해 발전해 가면서 중첩되어 존재하기 때문에 항상 일정한 사이클은 존재하지 않는다.

11 **정답** ②
상대가치평가법은 기업의 주가로 기업가치를 평가할 때 사용한다.

12 **정답** ②
A는 여유현금흐름을 의미한다.
※ 수익접근법에서 핵심 4요소는 여유현금흐름, 기술의 경제적 수명, 할인율, 기술기여도이다.

13 **정답** ③
WACC = [자기자본비용 × 자기자본비율] + [타인자본비용 × (1 − 법인세율) × 타인자본비율]
위 식에 대입하면 WACC = [20 × 0.7] + [10 × (1 − 0.2) × 0.3] = 14 + 2.4 = 16.4%

14 **정답** ③
신용정보업감독규정 "별표6"에는 기술신용정보의 등록 및 이용 기준을 명시하고 있다.

15 **정답** ②
2016년 1월에 한국신용정보원이 설립되면서 TDB업무가 은행연합회에서 한국신용정보원으로 이관되었다.

16 **정답** ⑤
한국기업평가는 기술신용평가기관과 무관하다.

17 **정답** ①
H는 Human Resources로 지원역량 평가지표로 정성평가 지표에 해당된다.

18 **정답** ③
심사결과에 의거하여 부여받은 레벨에 따라 자체 TCB평가서 기반 기술신용대출금액 비중은 직전반기 기술신용대출 잔액 증가분을 기준으로 레벨2 은행은 20%, 레벨3 은행은 50%, 레벨4 은행은 제한 없이 취급할 수 있다.

19 **정답** ⑤
기술금융가이드라인에는 기술가치평가 지침 내용은 포함되어 있지 않다.

20 **정답** ③
기술신용평가 도입시기에는 은행 자체 기술평가시스템이 미약하였으며, 자체 평가 역량도 미흡하였다.

21 **정답** ①
기술신용등급에서 A, BBB, BB, B등급은 우열에 따라 "+" 또는 "−"로 세부등급으로 구분하여 전체 18개 등급체계로 되어 있다. 따라서 기술신용등급에서 AA+는 없다.

22 **정답** ④
사실관계증명서는 TCB평가 서류와 전혀 무관하다.

23 **정답** ④
기술개발 진척도가 어느 정도인지를 평가하는 항목은 '기술의 완성도'이다.

24 **정답** ④
기술력을 가진 예비창업자는 아직 기업을 보유하고 있지 않은 상태이므로 기술신용평가 대상이 아니다. 기술신용평가 대상은 중소기업기본법상 중소기업(자)에 해당하고, 아이디어와 기술의 개발·사업화 등 기술연관성이 높은 업종과 기업이다.

25 **정답** ⑤
투자 형태의 기술금융에는 벤처캐피탈 투자, 모태펀드, TIPS 프로그램 등이 있다.

26 **정답** ③
시장가치에 따른 손실위험은 금리변동이나 환율변동과 같은 시장위험을 내포하고 있기 때문에 신용분석 대상이 되지 않는다

27 **정답** ⑤
기술등급(T등급)은 기술력평가의 기준으로 활용되고 있다.

28 정답 ④
안정적, 긍정적, 부정적, 유동적으로 구분된다. 유동적은 영문 표기에 있어 Evolving 또는 Developing으로 쓰인다.

29 정답 ①
기업 신용분석의 절차는 일반적으로 고객정보조사, 사업분석, 재무분석, 채무 상환능력 분석으로 진행되는 Top-down방식으로 많이 사용된다.

30 정답 ②
동태분석은 일정기간 영업활동의 결과로 발생한 재무상태의 변화를 분석하는 방법이다.

31 정답 ①
산업의 수명주기는 도입기, 성장기, 성숙기, 쇠퇴기로 구분되며, 주기별로 각각의 주요 특징들이 나타난다. ①은 성장기, ②는 도입기, ③은 쇠퇴기 ④는 성숙기 ⑤는 쇠퇴기에 나타나는 특징이다.

32 정답 ③
매출채권회전율은 한 회계기간 동안 매출채권이 현금으로 회수되었는지 나타내는 재무비율로 자산의 유동성을 점검하기에 적합한 비율이다.

33 정답 ③
견고한 판매망은 '시장진입의 위협'에 관한 사항이다.

34 정답 ④
자기자본순이익률 = (당기순이익 / 연평균자기자본) × 100 = (18,000 / 30,000) × 100 = 60%

35 정답 ②
①은 일정시점의 재무상태이며, ③은 현금흐름표의 내용이다. ④는 현금주의 회계원칙이 옳으며, ⑤는 일정기간 자본의 변동이 옳은 내용이다.

36 정답 ⑤
개발비는 무형자산 인식조건(성립조건)을 충족하기 때문에 무형자산으로 처리하며, 경상개발비는 무형자산의 인식조건 미충족으로 인해 판매비와관리비로 비용 처리한다.

37 정답 ②
손익계산서와 포괄손익계산서 간의 차이는 미실현손익인 '기타포괄손익' 항목의 포함 여부인데, 전자에는 포함되지 않지만, 후자에는 포함된다. 포괄손익계산서에는 '당기순손익' 항목 아래쪽에 '기타포괄손익'이 기록된다.

38 정답 ④
①, ②, ③, ⑤ 외에도, 현금 및 비현금 거래가 기업의 재무상태에 미치는 영향에 관한 정보 제공, 예측한 미래현금흐름에 대한 피드백 정보의 제공, 비교가능성 제고를 위한 정보의 제공 등이 현금흐름표의 차별점이라 할 수 있다.

39 정답 ①
기업의 경영성과를 보여주는 재무제표는 포괄손익계산서이며, 계정과목으로 매출액, 매출원가, 이자비용, 계속사업손실이 포함된다. 매출채권 및 기타채권은 재무상태표 계정과목이다.

40 정답 ②
감자차익은 자본잉여금에 속한다.

41 정답 ④
유동비율 = (유동자산 ÷ 유동부채) × 100
= (60 ÷ 20) × 100 = 300%

42 정답 ②
부채비율 = (총부채 ÷ 자기자본) × 100
= (60 ÷ 40) × 100 = 150%

43 정답 ④
감가상각비 자체만을 가지고 상환능력 평가에 사용하지는 않는다.

44 정답 ②
활동성비율은 기업의 자산 이용 효율성을 측정하는 관점에서 효율성비율이라고도 한다.

45 정답 ⑤
기술개발 관련 인프라 수준은 기업분석 중 기술위험 분석에서 고려할 사항이다.

46 정답 ①
퇴직급여충당부채전입액(2021년도분)
= 90,000,000 − (60,000,000 − 17,000,000)
= 47,000,000원
①번이 올바른 회계처리이다.

47 정답 ①
K-IFRS에서의 영업권은 상각하지 않고 손상평가한다.

48 정답 ①
당좌비율은 100% 이상이 안정구간이며, 70% 이하에서는 위험구간인 만큼 얼마나 신속하게 매출을 현금화할 수 있는가에 주목해야 한다.

49 정답 ④
대형투자사업 추진은 부실기업의 회생가능성을 높이는 요소로 볼 수 없다.

50 정답 ②
화의에 대한 설명이다. 화의는 회사정리절차(법정관리)와 다르게 경영권이 유지된다.

제2과목 경영컨설팅과 지식재산권

51 정답 ②
② 독립성은 기본속성과는 거리가 멀다.
경영컨설팅의 4가지 속성은 전문성, 사업성, 고객지향성, 환경대응성이라 할 수 있다.

52 정답 ②
수요측면 이론 중 신제도형성이론에 대한 설명이다.

53 정답 ①
거래비용이론은 기업이나 조직이 경영컨설팅서비스를 이용하는 근거이론으로 기업의 컨설팅 수요원인 및 인하우스 컨설팅이 활성화되는 이유를 설명할 수 있다.

54 정답 ④
부당한 제안요구는 거절하여야 한다.

55 정답 ⑤
1990년대에서 2000년대의 세계 컨설팅시장은 전략컨설팅과 운영컨설팅으로 양대산맥을 형성한 시기이다.

56 정답 ④
기술개발은 지원활동에 해당된다.

57 정답 ③
클라이언트 주도 쪽에서 가장 강한 성향을 보이는 역할자는 성찰자이다.

58 정답 ⑤
⑤ 로직트리의 중요성에 대한 설명이다.

59 정답 ③
의뢰인이 요구사항을 이야기하면, 컨설턴트는 가급적 즉각적인 답변을 피하고 시간적 여유를 둔다.

60 정답 ⑤
가장 핵심이 되는 것은 첫 단계인 '문제정의'이다.

61 정답 ④
컨설팅 수행기법을 묻는 내용이다.

62 정답 ④
ILO-밀란 모형의 컨설팅 수행절차는 착수, 진단, 실행계획 수립, 실행, 종료 순으로 진행된다.

63 정답 ①
콜프·프록만 모델을 묻는 내용이다.

64 정답 ④
국가기술표준원은 경영컨설팅서비스의 프로세스를 국가표준규격으로 정하고 있어 공공기관들은 이를 따르고 있다. 여기에는 컨설팅 보고서 작성원칙을 정하고 있는데, 대안의 제시를 할 때는 6하 원칙에 따라 구체적으로 제시하여야 한다고 명시되어 있다.

65 정답 ⑤
PMO 변화관리 업무는 시스템 변화에 대한 모니터링이다.

66 정답 ③
컨설팅방법론의 유형은 모델(Model), 모듈(Module), 툴킷(Tookits), 사례(Case), 솔루션(Solution)이 있다.

67 정답 ④
BSC(Balanced Score Card)는 균형성과평가제도로 현황파악에 유용한 모델이다. 대안개발 모델로는 브레인스토밍, 델파이기법, TRIZ, KJ기법, SCAMPER 등이 있다.

68 정답 ②
파레토 법칙은 일명 '20:80의 법칙'으로 불리고 있다.

69 정답 ②
7S 기법은 맥킨지가 개발한 것으로 조직을 분석하기 위해 만들어낸 기업문화 분석모델이다. 경영자원으로 Hard Factor에는 전략, 조직, 시스템이 Soft Factor에는 기술, 인재, 스타일, 가치관이 있다.

70 정답 ②
브레인스토밍은 미국의 알렉스 F. 오즈번에 의해 개발된 창의적 아이디어 개발 기법이다.

71 정답 ④
한 개의 프로젝트에 한 개의 컨설팅방법을 사용하는 원칙은 없다. 대형 프로젝트인 경우에는 여러 가지의 방법론이 사용된다.

72 정답 ①
제품 차별화는 성숙기에 필요하며, 제품 다각화는 성장기에 필요하다.

73 정답 ④
④ 이노비즈기업에 대한 내용이다.
경영혁신기업(메인비즈)은 경영혁신활동을 통하여 경쟁력 확보가 가능하거나 미래성장가능성이 있는 기업을 말한다.

74 정답 ④
정량적 진단기법은 최대한 활용하는 것이 바람직하다.

75 정답 ⑤
기업평가는 중소기업 컨설팅 수행분야에 해당하지 않는다.

76 정답 ④
고안은 실용신안으로, 보다 고도화된 발명은 특허로 보호하고 있다.

77 정답 ④
반도체집적 배치설계권은 보호요건(창작성)에 대한 실체검사 없이 방식심사만 수행하며, 존속기간은 설정등록일로부터 10년이다.

78 정답 ①
특허출원공개 이전에도 제3자는 그 특허출원에 대하여 정보제공을 할 수 있다.

79 정답 ③
진보성 판단은 기존의 공지된 자료와 얼마나 차별성을 가지는가를 기준으로 한다.
① 출원 전에 국내에서 내가 발표한 논문은 특허 결정에 영향을 미친다.
② 신규성 판단은 동일하지 않은 자료와 비교해서는 아니 된다.
④ 신규성과 진보성 판단은 모두 국제주의를 채택하고 있어 해외 자료들도 살펴야 한다.
⑤ 진보성은 신규성과 달리 둘 이상의 자료들을 비교 및 판단할 수 있다.

80 정답 ③
출원일 기준으로 동일한 날에 출원된 경우에는 확대된 선출원은 적용되지 않는다.

81 정답 ②
특허권의 소멸사유 중 상속인 부존재 시에는 그 특허권은 소멸된다.

82 정답 ④
물질이나 미생물을 인위적으로 분리하는 방법을 개발하는 것은 발명으로 인정되어 특허권 효력이 미친다.

83 정답 ②
물품성은 디자인의 성립요건 중 하나이다.

84 정답 ①
특허권은 고소 無이며, 반의사불벌죄에 해당된다. 반의사불벌죄란 피해자가 가해자의 처벌을 원하지 않는다는 의사를 표시하면 처벌할 수 없는 범죄를 말한다.

85 정답 ①
특허출원 후 심사 결과에 불복할 경우 특허심판원 – 특허법원 – 대법원 순으로 제기할 수 있다.

86 정답 ①
디자인등록출원의 기본원칙은 서면주의, 양식주의, 국어주의, 도달주의이다.

87 정답 ③
디자인의 유사 여부는 물품의 유사 여부를 전제로 물품이 비유사하면 형상, 모양, 색채가 동일·유사하더라도 비유사한 것으로 판단한다.

88 정답 ④
참고도면은 디자인의 권리범위를 판단하는 기초가 되지 않는다.

89 정답 ③
상표법에서는 상표의 창작물로서의 가치를 보호하는 것이 아니라 건전한 상거래 질서의 유지를 위해 상표의 기능을 보호하는 데 목적을 두고 있다.

90 정답 ③
'보성녹차' 또는 '춘천막국수'는 지리적 표시 단체표장으로 보호받을 수 있다.

91 정답 ③
③의 경우는 등록이 불가능하다.

92 정답 ④
침해죄와 몰수는 형사적 구제 수단이다.

93 정답 ③
업무상저작물의 저작재산권은 공표한 날을 기준으로 70년간 존속한다.

94 정답 ②
저작인접권에 대한 설명이다.

95 정답 ⑤
영리를 목적으로 하는 공연은 저작재산권의 제한의 경우에 해당되지 않는다.

96 정답 ①
선진특허분류에 대한 설명이다.

97 정답 ④
④ 전통적 해외 직접출원에 대한 설명이다.

98 정답 ①
특허맵에 대한 내용이다.

99 정답 ①
정정심판은 결정계 심판이며, 나머지 ②~⑤는 당사자계 심판이다.

100 정답 ②
침해한 자에게 고의 또는 과실이 있을 것은 특허권 침해의 성립요건에 해당되지 않는다.

제3회 최종모의고사 정답 및 해설

01	02	03	04	05	06	07	08	09	10	11	12	13	14	15
④	②	⑤	④	①	③	④	③	①	④	②	③	③	①	②
16	17	18	19	20	21	22	23	24	25	26	27	28	29	30
⑤	③	③	②	③	③	②	④	④	①	③	③	⑤	⑤	①
31	32	33	34	35	36	37	38	39	40	41	42	43	44	45
④	②	③	②	①	②	③	③	⑤	④	②	①	③	②	②
46	47	48	49	50	51	52	53	54	55	56	57	58	59	60
⑤	③	⑤	④	④	④	①	④	③	④	⑤	③	①	③	③
61	62	63	64	65	66	67	68	69	70	71	72	73	74	75
②	①	④	②	③	④	⑤	④	②	⑤	③	⑤	①	①	③
76	77	78	79	80	81	82	83	84	85	86	87	88	89	90
③	②	⑤	②	③	②	①	②	④	③	③	③	⑤	⑤	②
91	92	93	94	95	96	97	98	99	100					
④	④	③	④	①	③	②	①	③	④					

제1과목 기술평가와 신용분석기초

01 정답 ④

기술을 발전단계 및 수명주기에 따라 분류하면 근간기술, 핵심기술, 전개기술, 태동기술로 나눌 수 있다. 본 문제는 근간기술에 대한 설명이다.

02 정답 ②

"파일럿 규모 시작품 제작 및 성능 평가"의 TRL 세부단계는 TRL6이다.

03 정답 ⑤

제품화역량(중항목)에는 생산역량, 투자규모의 적정성, 자금조달능력이 가장 관련이 높은 평가항목이다. 마케팅역량은 수익전망(중항목)에 속하고 인지도는 시장경쟁력(중항목)에 속하는 평가항목이다.

04 정답 ④

㉠은 동태적 수익접근법에 대한 설명이다. 미래현금흐름의 확률적·선택적 불확실성을 반영하면 동태적 수익접근법을, 반영하지 않으면 정태적 수익접근법을 적용한다.
㉡은 비용접근법에 대한 설명이다.

05 정답 ①

기술자산유동화정보는 TDB의 자체생산정보에 해당되지 않는다. 자체생산정보에는 기업기술력정보, 기술정보, 시장정보, 통계분석정보, IP금융정보가 있다.

06 정답 ③

WACC = [자기자본비용 × 자기자본비율] + [타인자본비용 × (1 − 법인세율) × 타인자본비율]
위 식에 대입하면 WACC = [20 × 0.5] + [10 × (1 − 0) × 0.5] = 10 + 5 = 15%

07 정답 ④

기술의 경제·사회적 속성으로는 공공재(비배제성, 비경합성), 외부성, 불확실성, 축적성 등이 있다. 본 문제는 비배제성과 외부성을 묻는 문제이다.

08 정답 ③

기술신용평가에서는 기존거래·평가여부·유효기간 등에 따라 신규평가와 재평가로 구분된다. 본 문제는 재평가의 정의를 묻는 문제이다.

09 정답 ①
정부와 은행이 공동으로 회수전담기관에 출자하였다.

10 정답 ④
기술인력 전문성은 기술사업역량에 해당된다.

11 정답 ②
기업어음은 직접금융에 해당되며, 나머지 ①, ③, ④, ⑤는 간접금융에 해당된다.

12 정답 ③
할인율이 높아질수록 가치는 낮아지며, 할인율이 낮아질수록 가치는 높아진다.

13 정답 ③
기술이전법에서 정한 기술력평가의 정의이다.

14 정답 ①
수익접근법에 따른 기술가치 산정은 기술의 경제적 수명 추정 → 여유현금흐름 산정 → 현재가치 계산 → 기술가치 산정 순으로 이루어진다.

15 정답 ②
무형의 지식재산이 핵심 경쟁력으로 자리 잡고 있지만 금융공급자들은 물적 담보력이 확실하고 회수위험이 낮은 기업들을 선호한다.

16 정답 ⑤
TRL(기술준비도 또는 기술성숙도) 단계는 기초연구, 실험, 시작품, 실용화, 사업화(양산) 5단계와 9개의 세부단계로 구분된다.

17 정답 ③
기술신용평가업(TCB평가업)을 인가받으려면 신용정보법 등에서 정한 상시고용 전문인력 10명 이상을 갖추어야 한다.

18 정답 ③
기술지주회사에 기술을 현물출자 시 그 가치를 평가하는 근거는 산학협력법이며, 소관부처는 교육부이다.

19 정답 ③
기술가치평가는 기업이 아닌 기술자체를 평가한다는 '기술실체의 가정', 반증이 없는 한 미래에도 존재한다는 '기술존속의 가정', '평가시점 또는 평가기간의 가정' 하에 이루어진다.

20 정답 ②
투자용 기술평가모형은 기업의 기술력을 기반으로 한 미래 성장 가능성 예측에 초점을 두고 있다.

21 정답 ③
기술신용평가의 절차는 의뢰기업 대출신청 → 금융기관이 TCB회사에 평가의뢰 → TCB회사는 기업에 서류요청 → 현장실사와 기술신용평가 실시 → 기술신용평가서 작성 및 금융기관에 회신 → 여신심사 및 대출실행 순으로 이루어진다.

22 정답 ③
기술개발을 기반으로 제품화하고 시장에 출시하여 매출이 발생하면 기술개발실적으로 평가한다.

23 정답 ④
기술기여도 값은 산업기술요소에 개별기술강도를 곱한 값을 말한다.

24 정답 ④
기술력평가는 개별기술보다는 기업의 전반적인 기술능력을 다양한 측면에서 정성적, 서술적으로 평가하는 방법이다.

25 정답 ①
상시근로자 수를 확인하기 위한 서류는 4대보험가입자명부이다.

26 정답 ②
추세분석법에 대한 내용이다. 계단식분석법은 원인을 분석하는 방법으로, 비교하는 연도에 변화한 수치나 비율과 원인을 찾아내고, 그 원인에 영향을 준 요소를 찾아낸다.

27 정답 ③
후입선출법은 한국채택국제회계기준에서 인정하지 않는다.

28 정답 ⑤
이동평균법이 아닌 이중체감법은 유형자산의 감가상각방법에 해당한다.

29 정답 ⑤
㉠ 부적정의견, ㉡ 한정의견, ㉢ 의견거절이다.

30 정답 ①
대여금의 회수는 투자활동이다.

31 정답 ④
투자자산은 순운전자본의 구성요소와 거리가 멀다.

32 정답 ②
ROE = 당기순이익 ÷ 자기자본 = 10억 ÷ 100억 = 10%

33 정답 ③
일상적인 공장설비의 유지·보수 비용은 수익적 지출이며, ①, ②, ④, ⑤는 자본적 지출이다.

34 정답 ②
차입금상환능력은 현금흐름에 의하여 평가한다.

35 정답 ①
당기순이익을 X라고 하면
당기순이익   X
현금의 유출이 없는 비용 가산 :
 감가상각비   21,000 (+)
현금의 유입이 없는 수익 차감 :
 유가증권평가이익   14,000 (−)
영업활동으로 인한 자산·부채의 변동 :
 매출채권 감소   25,000 (+)
 재고자산 증가   12,000 (−)
 매입채무 증가   8,000 (+)
영업활동으로 인한 현금흐름   ₩160,000
그러므로 X = ₩132,000

36 정답 ②
거래 금융기관의 여신정책에 의해 신용도가 상대적으로 낮은 기업의 경우에는 연간 2회 이상 신용분석을 실시할 수 있다.

37 정답 ②
현금으로 비품을 구입하면 비품자산은 증가하지만 동시에 현금자산은 감소하므로 자산총액은 변하지 않는다.

38 정답 ③
재무레버리지 분석은 재무고정비로 인해 발생하는 손익확대 효과의 크기를 측정하는 분석법이다.

39 정답 ⑤
매출원가 = 기초재고액(3,000,000) + 당기매입액(7,000,000) − 기말재고액(1,000,000) = 9,000,000이다.

40 정답 ④
외부회계감사를 받는 비상장 중소기업은 일반기업회계기준 또는 한국채택국제회계기준(K-IFRS)을 적용할 수 있지만, 중소기업회계기준은 적용할 수 없다.

41 정답 ②
9기 현금순환주기 : 30 + 90 − 25 = 95일
10기 현금순환주기 : 50 + 110 − 40 = 120일
따라서 120일 − 95일 = 25일
(10기가 9기에 비해 1년 기준으로 25일가량 현금이 더 유출되었다는 뜻임)

42 정답 ①
$6{,}000\text{백만원} \times \dfrac{25}{365} = 411\text{백만원}$

43 정답 ②
주식배당은 이익잉여금이 감소하고 자본금 증가로 자본 총액에는 변동이 없다.

44 정답 ③
재고자산의 취득원가에는 순수매입금액에 매입부대비용이 포함된다. 매입부대비용으로는 매입 운임, 하역비, 매입수수료, 운송보험료, 수입관련 관세 등이 포함된다. 매입에누리는 취득원가를 계산할 때 매입금액에서 차감한다.

45 정답 ②
수급분석은 산업위험분석의 평가요소이며, 생산시설은 생산위험과 관련이 있다.

46 정답 ⑤
은행대출과 다르게 서류작업이 필요하지 않다는 것이 거래신용의 장점이다.

47 정답 ③
일반주주는 경영위험의 평가요소에 해당되지 않는다.

48 정답 ⑤

파산적 지급불능은 재무적 측면에서의 지급불능을 말하며, 파산은 법률적 측면에서의 지급불능 상태이다. 즉 파산은 실질적 지급불능의 결과로 인해 기업이 영업활동을 중지하게 되어 법상으로 기업이 청산되는 것을 말한다.

참고로 지급불능은 기술적 지급불능과 실질적 지급불능으로 구분되며, 기술적 지급불능은 유동성 부족에 따른 지급불능 상태로 장기적으로는 정상화가 가능할 수도 있지만, 실질적 지급불능은 부채가 자산을 초과하여 완전히 지급불능이 된 상태로 사실상 회복이 어려운 파산적 지급불능 상태를 말한다.

49 정답 ④

매출채권회전율 = 매출액 ÷ [(전기말매출채권 + 당기말매출채권) ÷ 2]이다.

50 정답 ④

현금주의에 근거하여 작성한다. 현금흐름표는 동태적 측정치를 보여주는 재무제표이다.

제2과목 경영컨설팅과 지식재산권

51 정답 ④

④ SO전략에 해당한다.
① WO전략, ③ ST전략, ⑤ WT전략이다.

52 정답 ①

거래비용이론은 불확실성, 거래빈도, 자산특수성 세 가지 측면에서 작동한다.

53 정답 ④

한국경영기술지도사회의 컨설팅 프로세스는 착수 → 진단 → 활동계획수립 → 실행 → 종료 순으로 이루어진다.

54 정답 ③

AHP(계층적 분석 절차)기법에 대한 설명이다.

55 정답 ④

④ 신호이론에 대한 설명이다.

56 정답 ⑤

프레젠테이션의 본문에서 전달하고자 하는 내용은 핵심 메시지, 이야기 구조, 변수로 구성된다.

57 정답 ③

원가우위 전략의 최대 무기는 저비용이다.

58 정답 ①

경영컨설팅 핵심 4단계 순서는 진단 → 분석 → 문제정의/설계 → 실행계획수립이다.

59 정답 ②

전략캔버스 분석은 환경분석에 속하지 않고 전략분석에 속한다고 할 수 있다.

60 정답 ③

피쉬본 다이어그램에 대한 설명이다.

61 정답 ②

7S기법의 Soft Factor는 Hard Factor보다 상대적으로 구축 또는 변경하는 데 오랜 시간이 필요하다.

62 정답 ①

컨설팅사는 컨설팅 제안서를 먼저 작성 후 고객과 계약서를 작성한다.

63 정답 ④

PEST분석의 요인은 Politics(정치적), Economics(경제적), Society(사회・문화적), Technology(기술적)이다.

64 정답 ②

광업, 제조업, 건설업 및 운수업은 상시 근로자 수 10명 미만이고 그 밖의 업종은 상시 근로자수 5명 미만이다.

65 정답 ③

주관적인 조언으로 기업을 설득할 수 있는 리더십은 컨설턴트 핵심역량과 거리가 멀다.

66 정답 ④

'상대에게 생각할 시간을 얼마나 줄 것인가?'는 고려할 사항이 아니다.

67 정답 ⑤

분석 자료에 대한 토의는 접근단계에서 수행되는 업무이다.

68 정답 ④

전사 아키텍처에 대한 내용이다.

69 정답 ②
컨설팅 실시기간은 컨설팅 계약 시 계약서에 포함되는 내용이다.

70 정답 ⑤
PM은 추가비용 발생에 대한 내역을 사전에 고객에게 통보하여 비용결제에 관한 합의를 득한 후에 이를 진행해야 한다.

71 정답 ③
가치사슬의 본원적 활동에는 내부물류, 생산활동, 외부물류, 마케팅·영업, 서비스로 구성된다.

72 정답 ⑤
⑤ 정부가 아니라 신규참여자이다.

73 정답 ①
변화관리는 실행계획 수립단계와 전혀 무관하다.

74 정답 ①
코로나19로 인해 중소기업의 디지털 전환의 필요성이 더 빨라지고 있다.

75 정답 ③
계약내용에 따른 분류 유형은 조언·자문형 컨설팅, 실행형 컨설팅이다.

76 정답 ③
저작인격권은 다른 사람에게 양도되거나 상속될 수 없다.

77 정답 ②
파리협약에 대한 내용이다.

78 정답 ⑤
특허출원인이 실시할 권리를 독점하려면 특허설정등록을 하여야만 특허권이 발생하며 동시에 독점배타권이 부여된다.

79 정답 ②
신규성 판단 시 하나의 인용발명과 대비하여야 하나, 진보성 판단 시에는 인용발명을 둘 이상 조합하여 사용할 수 있다. 따라서 신규성을 먼저 판단해야 한다.

80 정답 ③
인체를 대상으로 하는 수술 방법과 공서양속에 반하는 마약 흡입 기구는 특허를 받을 수 없다.

81 정답 ②
출원공개제도에 대한 설명이다.

82 정답 ①
특허출원의 심사청구는 출원일로부터 3년 내 누구든지 할 수 있다.
② 심사청구와 출원공개는 무관하다.
③ 심사청구의 순서에 따라 심사가 진행된다.
④ 특허출원의 심사청구는 특허출원일로부터 3년 이내에 하여야 한다.
⑤ 출원심사의 청구는 취하할 수 없다.

83 정답 ②
발명의 명칭은 간단하고 명료하게 기재해야 하지만 한 줄 이내로만 제한하지는 않는다.

84 정답 ④
정정심판, 무효심판은 특허권 소멸 후에도 청구가 가능하나, 권리범위확인심판은 특허권 존속기간 중에만 심판을 청구할 수 있다.

85 정답 ③
수익성은 요건에 해당되지 않는다. 특허권을 받기 위해 출원발명이 갖추어야 할 요건은 특허법 제29조에 규정된 산업상 이용가능성, 신규성, 진보성 및 확대된 선출원의 지위이다.

86 정답 ③
청구범위 유예제도에 대한 내용이다.

87 정답 ③
특허심결취소소송의 성질은 행정소송이며 실질적으로 항고소송의 특징을 갖는다. 특허취소결정에 대한 소는 특허법원의 전속관할로 한다. 특허심판의 심결 또는 결정에 대한 소송은 특허법원 → 대법원으로 이어지는 2심제로 운영하고 있다.

88 정답 ⑤
특허청구범위에 기재된 내용대로 특허권의 보호범위가 정해진다.

89 정답 ⑤
특허출원 시 도면은 반드시 제출해야 하는 서류가 아니지만, 실용신안등록출원 시에는 도면을 반드시 첨부 제출하여야 한다.

90 정답 ②
관용상표에 대한 내용이다.

91 정답 ④
① 상표등록요건은 자타식별력(적극적 요건) 구비 이외에 부등록사유(소극적 요건)에 해당되지 않아야 한다.
② 자타상품식별력의 판단 시점은 원칙적으로 상표의 등록여부 결정 시이다(※ 특허는 신규성, 진보성 판단 시점이 특허출원 시임에 유의할 것).
③ 2개 이상의 구성이 결합된 결합상표는 원칙적으로 구성 요소가 결합된 전체로서 판단한다. 다만, 판례는 구성 요소가 불가분적으로 이루어지지 않는다면 분리하여 판단도 가능하다고 판시한다.
⑤ 상표법에서는 식별력 없는 상표가 사용에 의해 식별력을 획득한 경우 자타식별력을 인정하여 상표등록을 받을 수 있다. 따라서 영문자 2자로 된 상표도 사용에 의해 식별력을 얻으면 등록받을 수 있는데 그 예로 LG, KT 등이 있다.

92 정답 ④
상표권 존속기간이 만료된 후 6개월 이내에 가산금을 납부하면 갱신등록신청을 할 수 있다.

93 정답 ③
디자인보호법상 출원공개는 의무화되어 있지 않아 특허법과 상이하다.

94 정답 ④
국외에서 반포된 간행물에 게재된 디자인과 유사한 디자인은 등록될 수 없다.

95 정답 ①
물품류 또는 물품을 잘못 기재한 경우처럼 절차적 흠결로 인한 경우에는 무효사유에 해당되지 않는다.

96 정답 ③
① 원저작물을 번역·편곡·변형·각색·영상제작 그 밖의 방법으로 독자적인 저작물을 작성할 경우 이는 원저작물의 2차적 저작물로서 침해를 구성할 수 있다.
② 침해에 대한 구제처럼 소극적 효력에 대해서는 공동저작자 전원의 합의가 없어도 개별적으로 대응이 가능하다.
④ 공동의 창작 의사가 존재해야 하지만 반드시 동일한 시간과 밀접한 장소에서 공동의 창작행위가 이루어져야 공동저작물이 될 수 있는 것은 아니다.
⑤ 우리나라 저작권법은 외국인의 저작물을 보호하고 있다.

97 정답 ②
동일성유지권에 대한 내용이다.

98 정답 ①
노이즈를 최소화하기 위해 두 검색어가 인접한 정보를 검색할 때 사용하는 연산자는 near이다.

99 정답 ③
상표를 보호 대상으로 하는 국제출원은 마드리드 국제출원이다.

100 정답 ④
특허맵 작성과정은 「기술분류표 작성 → 최적의 검색식 작성 → 데이터 추출 및 노이즈 제거 → 정량분석 수행 → 정성분석 수행」 순이다.